黄进，1958年12月生，湖北利川人。1988年毕业于武汉大学，获法学博士学位。美国耶鲁大学法学院富布莱特学者(1993~1994年)、德国萨尔大学法学院客座教授(2000年)、瑞士比较法研究所访问学者、海牙国际法学院国际法讲习班学员(1986~1987年)。现任武汉大学法学院教授（博士生导师）、武汉大学副校长、教育部高等学校人文社会科学重点研究基地——武汉大学国际法研究所所长；兼任国务院学位委员会法学学科评议组成员，教育部社会科学委员会委员，中国国际私法学会会长，中国国际法学会副会长，国际体育仲裁院(CAS)仲裁员，解决投资争端国际中心（ICSID）仲裁员，中国国际经济贸易仲裁委员会(CIETAC)委员、仲裁员，武汉仲裁委员会委员、仲裁员，《中国国际私法与比较法年刊》主编，武汉大学《法学评论》、《武大国际法评论》主编，《中国大百科全书·法学》修订版国际私法分支副主编，英文《中国国际法杂志》（英国出版）副主编，英文《国际私法年刊》（荷兰出版）顾问委员会成员。1991年被国务院学位委员会和国家教委评为"作出突出贡献的中国博士学位获得者"，1995年被中国法学会评为首届十名"中国杰出青年法学家"之一。主要著作有：《国家及其财产豁免问题研究》、《区际冲突法研究》、《中国国际私法》、《国际私法学》、《澳门国际私法总论》(合著)、《国际公法国际私法成案选》(合著)、《仲裁法学》(合著)、《国际私法》(主编)、《区际司法协助的理论与实务》(主编)、《国际私法与国际商事仲裁》（主编)、《中国的区际法律问题研究》（主编）等。

中国 大杰出中青年法学家文丛

宏观国际法学论

黄 进 著

武汉大学出版社

图书在版编目(CIP)数据

宏观国际法学论/黄进著．—武汉：武汉大学出版社，2007.6
中国十大杰出中青年法学家文丛
 ISBN 978-7-307-05485-1

Ⅰ．宏… Ⅱ．黄… Ⅲ．国际法—法的理论 Ⅳ．D990

中国版本图书馆 CIP 数据核字（2007）第 034910 号

责任编辑：钱　静　　责任校对：程小腔　　版式设计：支　笛

出版发行：武汉大学出版社　　（430072　武昌　珞珈山）
（电子邮件：wdp4@whu.edu.cn　网址：www.wdp.com.cn）
印刷：武汉中远印务有限公司
开本：720×980　1/16　印张：41.75　字数：639 千字　插页：2
版次：2007 年 6 月第 1 版　　2007 年 6 月第 1 次印刷
ISBN 978-7-307-05485-1/D・721　　定价：66.00 元

版权所有，不得翻印；凡购我社的图书，如有缺页、倒页、脱页等质量问题，请与当地图书销售部门联系调换。

自 序

在我看来，将自己的论文结集出版应该是很资深的人士所为的事情。我自己还处在中年，远没到那个时候和地步，故一直没有编个人文集的打算。不巧，武汉大学出版社策划出版一套"中国十大杰出中青年法学家文丛"，提出要收入我写的一本书。刚开始，我还真有点儿犹豫，要说犹豫的原因，就是我手头没有现存的专著书稿。但作为在武汉大学学习、工作和生活了26个年头的武大人，我实在不好意思拒绝本校出版社的美意，特别是担心我的拒绝会让文丛的具体负责人感到为难，毕竟大家都是武大多年的同事嘛。无奈，只好编一本文集凑凑数。我有时冷静地想，这次不接受收编吧，他们可能会失望；但把这本凑数的文集收入文丛，恐怕他们也会失望。

无论如何，这本文集就要出版了。在本文集出版前，我有必要向读者做些说明：

首先，关于书名。自步入学术殿堂以来，我主要的学术兴趣在国际私法、区际私法、国家豁免法、国际商事仲裁等领域，间或对法学基本理论有所触及。因此，本文集在编辑时分为法学理论探幽、国际私法探析、国家豁免探讨、区际私法探究和名家法思探寻五编。看看这些标题就知道，很难找一个恰当的书名"统领全局"，囊括全书的内容。本文集收入的《宏观国际法学论》一文发表于1984年，在所有收入的论文中发表最早，也安置在文集的首位。它是我学术生涯早期具有代表性的一篇论文，反映了我对国际法的一些基本问题的认识，可以这样说，该文的完成意味着我形成了自己的国际法观，而且至今未变。所以，选择这样一篇论文的标题作为本文集的书名有着特殊的意义。当然严格地讲，本文集不全是一本国际法学文集，以《宏观国际法学论》为书名，难免以偏概全。

其次要说明的是，本文集收入的论文发表在不同时期，跨度20余年。细心的读者一定会发现，所有的论文都是特定历史条件下的产物，带有明显的时代痕迹，文中的有些表述已经过时，文中的有些观点已不合时宜，但我们这次编辑的原则是保持原貌，只对过去明显的文字和编排错误进行订正。历史就是历史。过去的东西再现出来，就得还历史的本来面目。过去的事情有些缺憾，有些瑕疵，有点儿美中不足，那有什么关系？它们已经过去，已是历史。

还要说明的是，本文集收入的部分论文系本人和他人的合作之作，既有本人执笔的合作之作，也有他人执笔的合作之作。为了肯定合作者的贡献，对合作者予以必要的尊重，本文集收入的合作之作均注明了合作者的大名。同时，考虑到本文集收入的论文均为过去公开发表过的论文，本文集注明了收入其中的每篇论文第一次发表的报刊或者其他出处。在本文集的编辑过程中，我过去的两位学生邹国勇博士和杜焕芳博士协助我做了大量的工作。他俩的热情、他俩的细致、他俩的效率，是本文集能顺利出版的重要因素。我要借此机会表达我的谢意，感谢他俩的辛勤劳动和奉献。同时，也借此机会衷心感谢武汉大学出版社及其策划人和编辑对本文集的策划、编辑和出版。

2007年4月于法国巴黎南郊 Sceaux

目 录

第一编 法学理论探幽

宏观国际法学论 / 3

论当代法律的若干发展趋势 / 11

现代商人法论
　　——历史和趋势 / 22

中国法制的新发展：从单一法制到
　多元法制 / 49

澳门法律本地化之我见 / 62

多元法律秩序与法律选择
　　——兼谈澳门国际私法中的有关规定 / 70

WTO 框架下"最惠国待遇原则"在中国内地、
　香港、澳门和台湾的适用 / 83

"One Country, Two Systems", Three Law Families, and Four Legal Regions: The Emerging Inter-regional Conflict of Laws in China / 90

On Macro-Science of International Law and International Law System / 130

第二编　国际私法探析

国际私法及其调整对象　/　141
论国际统一实体私法　/　150
论国际私法公约在法制不统一国家
　　的适用　/　169
关于国际私法总则的若干思考　/　182
国际私法上的法律规避　/　213
论国际私法中外国法的查明
　　——兼论中国的实践　/　217
国际私法上的公共秩序问题　/　223
论国际私法上的物权问题　/　234
电子商务与冲突法的变革　/　245
论WTO法对我国国际私法
　　的影响　/　275
中国冲突法体系初探　/　296
中国近来国际私法之发展　/　316
"九五"期间我国国际私法研究的回顾
　　与展望　/　324
中国国际私法领域内重要理论
　　问题综述　/　335
The Structure of China's Conflicts Law: New Developments of the Rules on Special Commercial Law　/　352
New Developments of Chinese Private International Law　/　377

第三编　国家豁免探讨

国家及其财产豁免问题刍议　/　409
略论国家及其财产豁免法的若干
　　问题　/　418

论限制国家豁免理论 / 429
国家及其财产管辖豁免的几个悬而未决
　　的问题 / 449
Immunities of States and Their Property: The
　　Practice of the People's Republic of China
　　/ 468

第四编　区际私法探究

区际法律冲突初探 / 497
略论区际冲突法的历史发展 / 506
试论解决区际法律冲突的途径 / 515
中国区际法律冲突问题研究 / 525
论宪法与区际法律冲突 / 549
香港冲突法研究 / 557
澳门国际私法初探 / 569
关于审理涉港澳民事、经济案件的若干
　　法律问题 / 589
Constitutional Law and Inter-regional Conflict of
　　Laws: A Survey of Hong Kong
　　and Macao / 609
Evolution of Private International Law of Macao
　　/ 622

第五编　名家法思探寻

董必武国际法思想初探 / 639
韩德培教授法学思想研究 / 648

第一编 宏观国际法学论

法学理论探幽

宏观国际法学论[*]

综观法律，它可以大体分为两大部分，一部分是国内法，一部分是国际法。与之相适应，法学也可分为国内法学和国际法学。传统的国际法指国际公法，即调整国家之间关系的有拘束力的法律规范的总体。[①] 因此，传统的国际法学是围绕国际公法展开研究的。

20世纪以来，随着生产和科学技术的飞速发展，国际交往日益频繁，国家、国际组织、不同国籍的法人和自然人相互间的关系越来越错综复杂。这种客观现实促使调整这些关系的法律规范不断涌现，从而在国际法中出现了许多新的法律分支或部门。这表明，以国际法律规范作为研究对象的国际法学在理论上应该有一个突破。

一

笔者认为，国际法本身的发展已提出从宏观的角度来研究国际法的问题。这里我们姑且称之为宏观国际法学。

要论述宏观国际法学首先得从国际法的概念谈起。以往的学者对国际法概念下的定义都是就国际公法而言的。尽管如此，这些定义仍然是五花八门。这是因为学者们从不同的立场、观点和方法给国际公法下定义，正如我国国际法学前辈周鲠生教授所指出的那样，"很难有一个定义能使得学者人人满意"。[②] 但总的说来，以往的学者对国际公法概念下的定义有一个共同的特点，即肯定国际法是调整国家与

---

[*] 本文原载于《法学评论》1984年第2期。中国人民大学复印报刊资料《法律》1984年第9期转载。

[①] 参见王铁崖主编：《国际法》，法律出版社1981年版，第1页。

[②] 周鲠生：《国际法》，商务印书馆1981年版，第2页。

国家之间关系的法律规范。

传统的国际法概念,无论是其内涵还是其外延,都不能容纳已有惊人发展的国际法本身。国际法的这种发展主要表现在:

第一,出现大量调整国际经济关系的法律。20世纪国际经济交往的繁荣情况,远非昔日可比。特别是第二次世界大战以后,由于新独立国家不断涌现,第三次科技革命推动下的世界经济的飞速发展,以及有关经济合作的国际会议和国际组织大量增加,国际贸易、国际金额、国际投资、科学技术的输出和转让等经济活动都达到前所未有的活跃程度。作为上层建筑的国际法不可能置身于国际经济交往之外,而国际经济交往日益复杂的本身需要国际法规范来调整,以便使国际经济交往处于正常的法律秩序之中。因此,大量调整国际经济关系的法律应运而生,如1924年的《统一提单的若干法律规定的国际公约》、1929年的《统一国际航空运输某些规则的公约》、1930年的《统一本票、汇票法公约》、1964年的《国际货物买卖统一法公约》及《国际货物买卖合同成立统一法公约》、1965年的《关于解决各国和其他国家的国民之间的投资争端公约》以及1966年后联合国贸易法委员会主持制定的《国际货物买卖时效公约》、《国际货物销售合同公约》等。此外,还有大量解决国际经济交往矛盾的区域性条约和双边条约以及在国际经济交往实践中产生的国际上公认的惯例。这些法律不仅用来调整主权国家、国际组织相互之间的经济关系,而且更多地是用来调整不同国家的法人和自然人相互之间以及他(它)们同外国国家和国际组织的经济关系。

第二,出现大量调整国际民事关系和国际民事诉讼关系的法律。国际民事关系就某一具体国家而言,就是涉外民事关系。20世纪以前,各国处理涉外民事案件,主要根据本国冲突规范的规定,选择适用适当的准据法,或直接通过适用本国的民事法律规范来加以处理。到20世纪,在国际民事和民事诉讼法律领域,出现了国际统一和协调的趋势。这一方面表现在订立了许多国际条约,如1902年的《海牙婚姻公约》及《海牙监护公约》、1928年的《布斯塔曼特法典》、1952年的《船舶碰撞中民事管辖权方面若干规定的国际公约》、1954年的《民事诉讼法公约》、1969年的《国际油污损害民事责任公约》等。另一方面,许多国家通过缔结双边条约,确立两国共同遵守的民事或民事诉讼法律规则，如1969年的《匈保司法协助协定》。

此外，在国际社会中，我们还可以看到一些直接规定法人或自然人权利和义务的法规。其中有国际公约的规定，如关于惩治国际犯罪的公约；也有双边条约的规定，如某两国订立的领事条约，直接赋予两国的法人或国民在对方国家的权利和义务；另外还有国际组织确立的一些行政性法规，例如，就国际组织职员的雇佣而言，它一般不受国内法管辖，而是受该国际组织制定的、并且要按照行政法的一般原则解释的一套详细规则的管辖。国际行政法庭负责审理国际组织和它们的职员的争端。这类法规是有组织的国际社会制定的。但它们并不是用来调整国家之间或国家与国际组织之间的关系的，因而不是传统的国际公法所要研究的问题。有的学者称之为"国际社会内部法"。①

由此可见，国际法本身的发展已经突破了传统国际公法作为调整国家之间关系的行为规则的范围。正如奥地利著名国际法学家菲德罗斯所指出的那样，"国际社会原先只是抓住了一些国家和其他社会之间的关系，而将对个人生活关系的规定付诸各国。但是，从原先把国际法限制于国际间的关系不能先验地得出结论说，国际社会被剥夺了对个人生活关系的规定。相反国际法学必须认识这个事实：国际社会已逐渐对这些生活关系的若干类别自行予以规定。"② 作为以国际法为研究对象的法律科学应该敏感地反映这种事实，从宏观的角度对新的国际法律现象加以归纳和概括。当某种新的法律现象出现，而不能用原有的类别加以归类时，那么决不应对之视而不见，而必须构成新的类别。只有这样，国际法学才能紧跟事物本身前进的步伐。

二

鉴于国际法的发展，笔者认为，国际法已不是传统的国际公法，而是反映国家意志的协调，调整一切国际关系（不仅仅限于国家之间的政治关系）的具有法律约束力的行为规范的总和。对这种国际法规范从宏观的角度进行系统和科学的研究的法学，就是宏观国际

---

① 参见［奥］菲德罗斯等：《国际法》，李浩培译，商务印书馆1981年版，第9页。

② ［奥］菲德罗斯等：《国际法》，李浩培译，商务印书馆1981年版，第9页。

法学。

宏观国际法学首先把国际法概念和国际公法概念区别开来。这里，我们不是给国际公法下一个什么新定义，也不是否认国际公法是调整主权国家之间关系的法律，而是从更广阔的范围来谈国际法。宏观国际法学认为，国际法是一个体系，而不是一个部门法。国际法体系大致可分为以下部门：国际公法、国际私法、国际经济法、国际刑法、国际诉讼法、国际行政法等。在这些部门法中，还可依据法律规范所调整的社会关系的某一方面而进一步作分支部门的划分。国际公法只是整个国际法体系的一部分或一个分支。

宏观国际法学在国际法的性质上承认其有阶级性，但也更强调各国国家意志的协调。任何法律都是统治阶级意志的反映，而统治阶级的意志是通过国家意志体现出来的。国际法也不例外。由于国际法的效力根据在于国家，在于国家意志，这就表现了国际法的阶级性。但国际法的阶级性又体现了各国意志的协调，因为各国要同其他国家进行各种交往，须从整个国际社会的角度来考虑自己的所作所为，不能为所欲为。国际法所反映的这种国家意志的协调是以国家主权原则和平等互利原则为基础的。这就表明，一方面，参加国际法立法活动的各国以独立的主权者的身份来表达自己的意志，不容任何外力的干涉和胁迫；另一方面，参加国际法立法活动的各国的主权是平等的，它们必须互相尊重，特别是尊重各自的利益，不容任何强权国家凌驾于其他国家之上。为了共同需要的正常国际交往和其他利益，彼此协调，达成协议，以便建立相对稳定的国际法律秩序，求得和平共处。

宏观国际法学认为，国际法调整的社会关系是超越国界的一切国际社会关系，国家与国家的关系只是其中一部分。我们知道，国际法和国内法的划分是以它们适用的范围和调整的社会关系为标准进行划分的。从它们适用的范围来看，国内法是适用于一国领域内的全部法律的总称。而国际法的适用范围超出了一国界限。这里所说的"国际"不仅仅指国家之间的意思。在汉语中，"际"除有"彼此之间"的意义外，还有"交界"、"边"的意义。如李白名句"孤帆远影碧空尽，唯见长江天际流"中的"际"的意义即属后者。因此，我们所说的"国际"系指超越国界的意思。国际法的适用范围有以下几种情况：（1）国际社会普遍接受因而适用于全世界的国际法规范。这就是国际法所称的强行法（Jus Cogens），如国际法的基本原则即是。① （2）在特定区域适用的国际法规范。如美洲国家组织制定的对美洲国家具有法律约束力的公约就属此类。（3）在世界各国适用的国际法规范。从适用的地域讲，这类国际法规范的适用范围也许跨出了地区界限，对各地区的一些国家适用；也许没跨出地区界限，对特定地区内的部分国家适用。从适用的国家数量来讲，多至全世界绝大多数国家，少至三四个国家。因此其中一部分法律具有相当的普遍性，另一部分则适用范围相对狭小。（4）仅适用于两个国家的双边条约。上述情况表明，国际法和国内法的适用范围有明显区别，凡适用于两国以上的法律规范均属国际法。

再从国内法和国际法调整的社会关系看，国内法一般是调整一国内部的各种社会关系，而国际法调整的社会关系超出了一国的范围，也就是说，它调整的是具有国际因素的社会关系，即国际关系。由于国际法调整的社会关系超出了一国范围，它必然涉及不同国家的立法、行政和司法管辖权，对两个以上的国家发生影响。何谓"超出一国范围"的社会关系？众所周知，所谓社会关系是指社会主体在社会活动中依据一定的行为规范所结成的各种权利和义务关系，它包括三要素，即主体、客体和内容（权利与义务）。在宏观国际法学看来，国际法律关系的主体主要包括国家、国际组织、不同国家的法人和自然人。只要社会关系的三要素涉及两个以上的国家或两个以上国家的法人和自然人，这种社会关系就是"超出一国范围"的社会关系，也即国际关系。国际法调整的国际关系按不同的标准可作不同的分类。如果以其主体作为划分的标准，我们可以分为国家间关系、国际组织间关系、国家与国际组织的关系、不同国家的法人间关系、一国法人同外国和国际组织的关系、不同国家的自然人间的关系、一国自然人同国际组织和外国及其法人的关系。

国际法和国内法是两个不同的法律体系。但宏观国际法学并不赞

---

① 国际法上强行法的概念源于国内法，强行法就是指必须执行的法律规范。1969年的《维也纳条约法公约》第53条和第64条第一次在国际公约中正式使用这一概念，但对国际法中哪些规范为强行法，意见不一。参见李浩培：《强行法与国际法》，载1982年《中国国际法年刊》，第37～63页。

成二元论者在国际法和国内法关系上极端地强调两者区别的那种主张。① 国际法和国内法的划分是相对的,不是绝对的。从唯物辩证法的观点看,国际法和国内法的区分既确定又不确定。之所以谓"确定",是因为如上所述两者存在着相对确定的区别。之所以谓"不确定",是因为两者又有密切的联系。国内法是国家制定的,而国际法是国家参与制定的。一般来说,国家在制定国内法时要考虑国际法的要求,而在参与制定国际法时也要考虑国内法的立场。因此,国际法和国内法在一定条件下互相渗透、互相补充、互相转化。国际法和国内法的结合部分、交叉部分成为一些新兴的边缘法学、横向法学或比较法学研究的对象。

基于上述理由,有必要说明这种情况,即各国国内立法的一部分法律也调整涉及本国的国际关系。各国的这一部分法律是国内法还是国际法呢?我们认为,对这个问题不能一概而论。我们知道,任何法律一经制定,均有一个付诸实施的问题。法律规范的实施是指其在社会生活中得到贯彻执行。若法律规范在社会生活中得不到贯彻执行,任何法律便会成为一纸空文,在法律上所表现的国家利益与意志也就成为空谈。国际法的适用范围超越一国范围,其贯彻执行在于各国基于主权原则和平等互利原则彼此协调解决。各国可以自行制定直接调整某些国际关系的法律,由于这种法律调整的社会关系超越本国范围,涉及到他国及其法人或自然人,它们具有一种虚拟的域外效力。但这种法律要在国际社会得到贯彻执行,也就是说,其虚拟的域外效力要变成现实的域外效力,除在本国领土范围内,仍需国际社会中的各国根据主权原则和平等互利原则彼此协调。因此,各国在制定这类法律时不得不考虑遵守国际法的一般原则和尊重其他国家的权益,争取他国在平等互利的基础上对本国法律的尊重。否则,其法律就不能或者很难得到贯彻执行,在域外就不能发生效力。这里,我们之所以强调这类法律的现实域外效力,是因为这是它们在国际社会得到实施的关键所在。回过头来回答前面提出的问题,可以这样说,如果调整

---

① 二元论者认为,国际法和国内法是绝对不同的法律体系,由于他们过分强调两者不同,以致造成两者的对立。参见周鲠生:《国际法》,商务印书馆1981年版,第17~19页。

国际关系的某国立法在国际社会实现了其域外效力，其适用范围在两国或两国以上，那么它们就在这种条件下转化为国际法。反之，它们就是国内法的一部分。这种情况是国际法和国内法划分既确定又不确定的反映，故我们说，对这种法律不能一概而论。

三

作为并非调整国家之间关系的国际法存在的历史，可以追溯到很久以前，只是那时它们并不发达，而不为人们所重视。20世纪以来，特别是第二次世界大战以后，由于生产和科学技术的飞跃发展，国际交往空前频繁，调整除国家关系外的其他国际关系的国际法律日新月异。这种情况日益受到各国国际法学者的关注。从他们研究的情况看，大致可分为两大学派：一派是局限于国际公法的范围，或者把调整并非国家间关系的国际法律简单纳入国际公法范畴，因而得出结论认为公司、个人是国际公法的主体，但并没有对此进行广泛和深入的研究；① 或者机械地严守国际法和国内法、公法和私法的划分，把一部分新出现的国际法归入国际公法，把另一部分新出现的国际法，主要是调整所谓"私法"关系的国际法排除在国际法之外，如把调整国家之间的经济关系的国际经济法放在国际公法体系，而把调整非国家间经济关系的国际经济法及民事法规排除在外。②

另一派则突破国际公法的范围，甚至打破国际公法学、国际私法学以及比较法学之间、国际法与国内法之间互相隔绝的界限，强调国际法与国内法之间的相互渗透作用，把调整国家、国际组织、法人、个人彼此间的各种国际关系的国际法律，甚至一部分国内法作为研究对象，出现了"国际交易关系法"（the law of international transactions and relations）和"跨国法"（transnational law）等名称。这一派中最引人注目的是"跨国法"的构想。跨国法学派以美国哥伦比亚大学的杰塞普（P. Jessup）、哈佛大学的卡兹（M. Katz）和布鲁斯特尔

---

① 参见［英］M. 阿库斯特：《现代国际法概论》（中译本），汪瑄等译，中国社会科学出版社1981年版，第1、83~87页。

② See J. G. Starke. *An Introduction to International Law*, Chapter 12（8th ed. 1977）；王铁崖主编：《国际法》，法律出版社1981年版，第421页。

（K. Brewster）为代表。1956年，杰塞普撰写了《跨国法》一书，第一次系统阐述了跨国法问题。他在该书中认为，跨国法"包括调整跨越国界的行为和事件的一切法律。不论国际公法还是国际私法都有包括在内，正如其他完全不适合这种分类标准的规范也包括在内一样"。他还认为，"传统的国际公法、国际私法、关于国家契约的法律及国际行政法等，均将构成跨国法的各个独立分支"。① 跨国法学派关于跨国法的构想及其研究方法的特点是，针对具体问题，通过对调整国际关系的各种国际法律规范进行综合研究以达到解决实际问题的目的，这种构想值得我们在研究当前纷繁复杂的国际法律现象时参考借鉴，值得宏观国际法学参考借鉴。

综上所述，按照宏观国际法学的观点，国际法是调整一切国际关系的法律规范的总和，国际法律规范是多种多样的，它们涉及国际社会生活的各个方面，有着各种不同的内容和形式。但是，它们并不是杂乱无章的，而是由有着一定联系的各个部分所构成的一个统一的体系。

---

① See P. Jessup. *Transnational Law* 2-3, 15 (1956).

论当代法律的若干发展趋势[*]

在人类即将告别20世纪，迈向21世纪之际，作为人类社会最重要的行为规范的法律，将如何演变，如何发展，如何完善，是值得人们关注的一个重大课题。对这一问题的探讨无论是在理论上还是在实践上，都有十分重要的意义。在笔者看来，当代法律在跨世纪之际已呈现出如下发展趋势：

一、法律调整的社会关系越来越广泛，规范的领域越来越多，已深入到社会生活的各个方面

这一趋势是法律发展的固有趋势。人类社会的发展是一个从简单到复杂、由低级到高级、从原始到现代的过程。在这一过程中，随着生产力的发展，特别是科学技术的发展，人与人以及人与自然的关系在不断地演变，人类的社会关系越来越复杂，人类的活动领域越来越宽广。法律由于是社会经济基础在上层建筑中的反映，是人类社会活动及社会关系的规范，因而其调整的范围也就自然而然越来越广泛，规范的领域也就越来越多。另一方面，就存在法律的社会而言，法律规范的领域越多，调整的社会关系越广泛，标志着社会越进步，其文明程度越高。反之亦然。法律的规范程度不仅指法律自身的进步性和科学性这一质的方面，而且也包括其调整范围广泛这一量的方面。

我们不难有事实来说明法律的这种发展趋势。例如，在国际公法领域，海洋法是一个古老的法律部门，随着科学技术的进步和国际交往的频繁，它已从过去单纯的海面法规延伸到海底制度。海洋法在领

---

[*] 本文原载于《法学评论》1997年第4期。

海范围、大陆架、专属经济区、远洋捕鱼以及深海资源等方面，都有了许多新的规定。又如，航空法虽然是一个较年轻的法律部门，但在半个多世纪里，为了解决月球及其他天体的归属和使用问题，已由空气空间发展到了宇宙空间，出现了所谓"外层空间法"。此外，在和平利用原子能及核技术交流中，产生了新的核能法。在污染及环境公害的威胁下，产生了环境法。在极地科研活动的推动下，产生了极地法。在各国要求共同惩治国际犯罪的情况下，国际刑法也正在形成。在国际私法领域亦复如此。早期，国际民商事法律关系较为简单，多为涉及财产、婚姻、家庭和继承等事项的一般民事关系。因此，各国最初仅用冲突规范来调整国际民商事法律关系。后来，随着国际民商事关系日趋发达，在19世纪末20世纪初，国际社会便开始制定直接调整国际民商事关系的统一实体规范。而这种国际统一实体私法规范本身亦呈现日趋扩大的趋势。在19世纪末，它们最初出现在知识产权领域，后来逐渐发展到货物买卖、海事、运输、保险、支付、投资、技术转让、融资等领域。就是在知识产权领域，随着科学技术的飞速发展，知识产权的范围也不断扩大，关于知识产权的国际统一实体私法规范在不断增多，其范围也相应扩大。

二、法律的民主化

古今中外，一切国家都有法律，统治者均运用法律制度来进行国家和社会的管理，即实行法治。当然，在奴隶社会和封建社会，奴隶主和皇帝金口玉言，号称"朕即国家"、"朕即法律"，法律只是统治者任意更改和利用的统治工具。其法治同现代意义上的法治实则有很大的不同。现代意义上的法治始于资本主义。若从形式方面来说，法治就是一个国家内，由具有权能的机关，利用法律的强制力来实行统治，以维持社会秩序。即所谓"万事皆归于一，百度皆准于法"。若从实质方面即从政治意义方面来说，法治即是借法律制度的强制力来推行或实现政治上的民主社会模式。因此，在政治上对民主的主张不同者所主张的法治有不同的内容和意义。时下，人们讨论法治，多注重其形式上的意义，而忽略其实质上的意义。①

---

① 参见《韩德培文选》，武汉大学出版社1996年版，第493～496页。

实质意义上的法治,是以民主政治为其精髓和灵魂的。诚然,我们需要一个"万事皆归于一,百度皆准于法"的法治国家,但我们更需要一个实行民主政治的法治国家。民主政治的真谛,简而言之,就是人民真正当家作主,人民的正当利益高于一切。法律的民主化,就是法律制度建筑于民主政治之上。如果法律不建筑于民主政治之上,则法律不免常常成为少数人弄权营私、欺世盗名的工具。唯有在民主政治的保证之下,法律才是民主的法律,法治才能真正成为有利于人民的一种制度。也唯有在民主政治的保证之下,法律的目标才能够真正达到,法治亦才能得到充分实现。

法律的民主化在国内法和国际法上均有表现。在国内法上,法律的民主化体现在如下几方面:(1)立法过程的民主化。在立法过程中,参与立法的人员不断增多,参与立法的人员的层面不断扩大,法律专家广泛地参与到立法过程的各个阶段,人民群众的呼声和意见在立法过程中得到尊重和重视。(2)法律内容的民主化。随着社会的发展,法律已由原来的保护少数人的利益转变为保护多数人的利益,并进而转变到保护最大多数人的利益甚至全社会的利益。平等观念深深根植于各类法律之中。对人权的保护成为众多法律部门的着眼点,惩罚性法律逐渐转变为经营性法律。(3)法律执行的民主监督不断加强。在国际法上,法律的民主化也有基本相似的表现。在国际关系中,尽管强权政治仍时时可见,但在新的国际法律秩序的建立过程中,民主平等的气氛更加浓厚,许多新的国际法律制度都是在尊重大多数国家的意见的情况下产生的。国际法律的民主化是建立国际法律新秩序的重要内容。

总之,在当今世界,无论在发展中国家还是发达国家,无论在社会主义国家还是资本主义国家,法律的民主化已成为一种趋势。

三、道德规范的法律化

道德规范同法律一样,也是人类社会的行为规范。它是人们关于善与恶、正义与非正义、公正与不公正、光荣与耻辱的行为规范的总和。在一定的社会中,占统治地位的道德与法律必然是互相配合、互相补充和互相渗透的。一方面,占统治地位的道德积极地替法律作辩护,影响社会舆论,要求人们遵守法律。另一方面,法律又积极保护占统治地位的道德，在必要时把它上升为法律规范加以推行。但是，道德和法律毕竟是两种不同的社会现象，两者有不少的差别。譬如，在实施方法方面，法律通常借助国家强制力来保证实施，而道德规范的遵守则靠社会舆论和人们的内心信念；在表现形式方面，法律一般是以国家的规范性文件形式来表现的，而道德规范则存在于人们的观念和风俗习惯之中，一般没有固定的形式，甚至是不成文的。道德规范在表现形式和实施方法方面的特性决定了它常常在不道德行为面前，进而在对人们的行为进行规范方面，显得无力，不及法律之细密、严肃和具有强制力。

在中国古代，儒家作为占统治地位的思想学派，比较重视德治、礼治，而不太重法治。孔子曾说："道之以政，齐之以刑，民免而无耻；道之以德，齐之以礼，有耻且格。"他们讲的德治、礼治，就是主张用道德规范来约束人们，维系社会。现代社会是法治社会。现代社会的实践证明，对人的道德水平与其估计过高，不如估计较低。在社会生活中，凡事靠自觉自律，靠道德的力量，对于不自觉者便失去了办法。市场经济在激发人的创造力的同时，也引发了人的多种私欲，而在人的私欲有可能淹没人的良知时，各种的恶行就会因缺乏约束力而呈无限蔓延之势。在这种情况下，如果将一些属于道德范畴的问题进行科学的法律界定，也就是实行道德规范的法律化，那么，不仅丝毫不会限制自觉者，从而使自觉者做得更好，而且会对不自觉者有所限制，更有利于保障社会的基本秩序。法律越来越细密，道德水准就越高越好。现在，一些发达国家的法律越来越繁多，越来越细密。例如，英国竟有关于果树枝延伸到邻居家如何处置的规定。我国许多地方亦制定了诸如见义勇为者权利保障条例和医务人员职责条例之类的法规。这可以说是道德规范法律化的具体反映和表现。这种细密、严肃的法律规定可以避免许多可能产生的矛盾，比单靠自觉自律、凭良心讲道德要好得多。当然，道德规范的法律化并不是说不讲遵守道德规范，因为人类社会需要道德，法律不能完全代替道德，德治并没有过时。我们讲道德规范的法律化也不排斥法律规范的道德化，因为法律规范的道德化仍对保证法律的实施发挥着重要作用，遵守法律本身就是一种道德要求。法律规范完全道德化，既不可能亦无必要，但道德规范的法律化是现阶段法律发展过程中所表现出来的一种趋势。

四、法律的统一化和民族性并行不悖

随着社会经济的发展和科学技术的进步,以及人类共同利益的驱使,世界各国之间的联系越来越密切。这主要表现在区域经济一体化浪潮一浪高过一浪,各国政治、经济、文化的融合不断加强,各国各种层次的交流与合作日趋频繁。正如联合国前秘书长加利在1995年世界经济论坛第25届年会开幕式上所说的那样,"我们已经进入一个全球一体化的时代"。在这方面,我们不妨看看欧洲联盟的发展。欧盟作为区域一体化的组织,实现了共同关税、共同农业、工业和环境政策,目前正逐步建立经济和货币联盟,建立统一的中央银行等机构,力图实现政治上更高程度的联合。在此政策和目标的推动下,法律的统一和逐步接近也就成为其重要的任务和工作重点,并且取得了重大成就。目前,可以说,一体化在全球范围内都是相当明显的。无论是维护世界和平还是发展经济,无论是环境保护还是控制人口,无论是对付艾滋病还是控制国际犯罪,一切有关人类共同未来的重大问题都已跨越了国界,需要各国联合起来在全球范围内解决。全球的一体化必然带动法律的趋同化和统一化。

但我们也应该看到,在全球一体化的同时,世界仍是一个由众多主权国家组成的共同体,并且至少在目前,多极化仍是世界格局发展变化的方向。各国的社会、政治、经济、文化、历史发展轨迹乃至自然环境仍有很大的差异,因此,法律的民族性或国家特色仍然很鲜明。所以,一方面,法律的趋同化或统一化在削弱法律的民族性;另一方面,各国又在根据自身所处的历史条件和具体情况不断地创造自己的法律的民族特色。如同一般文化一样,有时越具有民族特色的法律文化越具有世界性。我们既不能只看到法律的民族性而忽视法律的统一化趋势,也不能过分强调法律的统一化而不充分尊重法律的民族性。法律的统一化和各国法律的多元共存并不矛盾,将长期存在下去。

五、国际法的国内化,国内法的国际化

由于国际联系的加强,各国出于有利于自己对外开放的需要,已

开始大量将传统上属于国际法范围的问题纳入国内法解决范畴。例如，外交特权与豁免问题、领事特权与豁免问题、领海与毗连区问题、引渡问题以及司法协助问题等，原来都属于国际法解决的问题，而现在许多国家通过国内立法加以重述，或者结合本国的具体情况作出更加具体的规定。国际法国内化体现着主权国家的利益关系，同时也是各国共同维护国际秩序的一种方法。另一方面，国际法国内化也是加强国际法强制力的体现。这种趋势说明国际法已经成为当代法律体系中不可或缺的部分，而不再是游离于一国法律秩序的外来者。

传统国际法，为了维护"文明"大国的权益，在主权原则下，将国际法所未明确规定的事项，都归于主权国家任意决定的"保留范围"。但第二次世界大战以后，由于人类对国际关系认识的加深和国际社会发展的需要，情况正在发生变化。国际法的触觉逐渐伸入国家主权的保留范围。例如，战争权问题、国籍问题、关税及贸易问题、产品责任问题、反倾销问题、反垄断问题以及人权问题等传统上由国内法规范的问题，已受到各种国际条约及国际惯例的规范。因此，我们可以说，国内法正在国际化。另外，拿国际私法来说，在国际私法产生的早期，就其渊源而言，国际私法规范源于国内法。但19世纪末以后，在各国和国际组织的推动下，大量涉及广泛领域的国际私法公约问世。第二次世界大战以后，仅海牙国际私法会议就主持制定了32个国际私法公约。国际的国际私法或者说来自国际法渊源的国际私法的大量出现，也是国内法国际化的反映和表现。但是，值得注意的是，国内法的国际化并不意味着少数强权国家可以将本国意志强加于别国，可以干涉别国内政。

六、立法的超前化

法律是人类社会发展到一定阶段的产物。由于任何法律都是随着实际生活对它的需要而产生的，加上立法一般是对已有实践经验的总结，所以，法律有时不可避免会滞后于客观社会本身的发展。这种情况在社会发展比较快的时期尤其突出。出现这种状况的原因，固然有受立法力量和立法技术的限制等因素，但更重要的是受传统的立法经验的束缚，习惯于先实践后立法的"经验立法"。从认识论的观点看，经验立法的方式无可非议，否则法律将是无源之水，无土之木。

但是，法律的发展并不总是滞后于社会的发展的，它在一定程度上应具有超前性。这种超前性反映在立法上就是立法的超前化。所谓"超前立法"，是指立法者根据社会运行的发展趋势和客观规律，对已出现或必将出现的趋势，进行全方位、多维性的分析研究，提出科学的立法预测，制定出法律，使出现的社会关系从一开始就纳入法制的轨道。从马克思主义关于经济基础和上层建筑的关系来看，法律同其他上层建筑一样，一方面受经济基础的决定和制约，另一方面对经济基础又起积极的反作用。法律对经济的反作用，要求立法机关把有利于生产力发展的客观规律，通过法律的形式加以规范化，实现对经济发展的导向。同时，法律本身的作用也决定了立法应具有的超前性。法律产生之初只具有规范和约束社会关系的作用，但这是不全面的，随着社会的发展，法律的引导和保障作用逐渐显露出来。为了使社会、政治、经济和文化生活保持稳定和有序的发展，立法者便需要超前地制定法律，对其予以正确引导。

七、示范法成为立法的重要方式

由学者、专家组成的学术团体、职业团体或者专门机构草拟的示范法对国内、国际立法的影响越来越大。这一方面是因为示范法并不是现行法，而只是起示范作用的样板，立法者可以全部采用，可以部分采用，也可以不采用。因而它易于被人们从心理上接受；另一方面是因为示范法的起草者多为专家和学者，常常能在示范法中反映该法所涉领域的最新理论成果，增强了法律的科学性和进步性。

在国内立法方面，最有名的例子是美国全国统一州法委员会和美国法学会合作拟定的《统一商法典》。该法典后被美国各州立法机构普遍采用。而美国法学会编纂的《冲突法重述》和美国全国统一州法委员会起草的《统一州际和国际诉讼程序法》，也分别在各州司法和立法实践中被广泛采用。

在国际立法方面，最有名的例子是《联合国国际贸易法委员会国际商事仲裁示范法》，到目前为止，已有澳大利亚、保加利亚、加拿大、塞浦路斯、尼日利亚、马来西亚、新加坡、中国香港、俄罗斯、埃及等国家和地区，或者是完全采纳了该示范法，或者是稍加修改后予以采用。美国的加利福尼亚、康涅狄格、俄勒冈、得克萨斯等州以及英国的苏格兰等，也基本上采用了该示范法。在阿根廷、印度、日本、意大利等国，有关机构已采取了积极的准备步骤或者有影响的人士已向政府提出建议，采纳示范法。此外，1986年后颁布的新仲裁法例，如1986年荷兰仲裁法、1988年西班牙仲裁法和1988年瑞士国际私法中的新的仲裁法规定等，都或多或少地受到该示范法的影响。

八、公法规范和私法规范、管理性规范和约定性规范、实体规范和程序规范、实体规范和法律适用规范或民商事规范和刑事规范集于一体，综合调整某一具体法律关系或解决某一具体法律问题

在古代社会，有些国家如中国的法律是民刑合一、实体法和程序法不分的。后来，民法和刑法分离，实体法和程序法相别，成为法律进化和发展的一个标志。但在当今，需要法律解决的新问题、需要法律规范的新领域、需要法调整的新的社会关系越来越多，而且这些新问题、新领域、新的社会关系都很复杂，仅靠单独地运用传统上的民商法规范、刑法规范、行政法规范或者程序法规范已不能满足调整的需要，而要求针对具体问题、具体领域或具体的社会关系制定集公法规范和私法规范、管理性规范和约定性规范、实体规范和程序规范、实体规范和法律适用规范、甚至民商事规范和刑事规范于一体的单项法规。这种针对某一具体问题并集多种规范于一体的法律文件，无论是对于执法者还是对于受该法约束的社会对象来说，都更容易掌握，适用起来更为便利，从而也有利于提高法律的效能。

与前述趋势相适应，在解决某一具体的法律问题时，需要采取综合调整方式。即综合运用实体法、程序法、法律适用法、或者综合运用多种部门法或多个法规来解决某一具体的法律问题。这在一定程度上也带动了司法的改革。

九、争议解决方式的多样化

为了解决社会上不可避免的纠纷，最初人们发明了神明裁判、调解、公断等方法。但是随着国家机器的建立和统治手段的不断完善，司法诉讼以其权威性和有强权为后盾逐步取代上述方法而成为正统的方法。不过，司法诉讼并没有完全消除其他方法的存在，在司法诉讼之外，还有其他一些解决争议的方法，可以在某些情况下替代诉讼这一严格的司法程序。现在的趋势是，非司法或非诉讼的争议解决方式越来越多，越来越受到重视。目前，在讼案较多的国家，越来越多的人们在谈论 ADR，使用 ADR。所谓 ADR，是英文"alternative dispute resolution"的缩写，意为解决争议的替代方法。这种替代解决争议方法的适用，一般以当事人自愿为条件。

在美国，ADR 有 20 余种，其中最主要的有六种：

1. 调解—仲裁（mediation-arbitration）。这种方法一般为政府和劳资关系部门所采纳。例如，在劳资双方发生争议时，双方先要进行调解程序，调解不成则申请仲裁。

2. 无约束力仲裁（non-binding arbitration）。这种方法是由仲裁员作出决定，是否执行仲裁员的决定则依靠当事人的信用，且该决定不能向法院申请强制执行。

3. 法院附属者的早期中立评估（court-annex early neutral evaluation）。这种方法是指当事人可在法院门口寻找专家、律师或心理学家对争议进行分析评价，就地解决争议，而不诉诸法院。

4. 小型审判（mini-trial）。这种方法是由争议当事人各自派出的有授权的高级职员充当公断人，与当事人各自委托的律师一起研究如何解决争议。小型审判有可供当事人自由选择的程序规则。通过小型审判达成的协议，一方当事人不自动履行的，可以据以在法院进行简易审判程序，法院一般不改变协议的实体内容，即判决予以执行。

5. 借用法官（rent judge）。这种方法是指争议当事人在法院办理登记手续后，借用已退休的法官主持审理程序，该法官的决定与普通法院法官的决定具有相同的效力，败诉方不服决定的，可以向当地法院上诉。

6. 仲裁（arbitration）。仲裁也称为公断，是指当事人协议将其已经发生或将来可能发生的争议提交第三者居中评断是非并作出对当事人具有拘束力的裁决的争议解决方式。当事人可以据此裁决向法院申请强制执行。第三者可以是一个个人，也可以是几个人组成的仲裁庭。而仲裁机构可以是临时的，也可以是常设的。不过，目前仲裁机构的常设化在各国已成为普遍现象。

十、对立法、执法、司法的评价由单纯的社会效益标准向社会效益与经济效益标准并重转化

1992年诺贝尔经济学奖获得者,美国经济学家贝克尔(Gary S. Becker)认为,经济学研究的领域已扩大到了研究人类的全部行为以及与之有关的全部决定。因此,他把法学、社会学、人口学、教育学、政治学等其他人文社会科学研究的课题统统纳入经济学研究领域。在他看来,人们所进行的一切活动,其目的只有一个,那就是追求效用最大化,而不管这些人的活动是商业性的,还是非商业性的。换言之,由于人类的一切活动都蕴藏着效用最大化的动机,因而都可以用经济分析加以说明。按照他的观点,对立法、执法和司法也可作经济分析。

对立法、执法和司法的评价,不同的人站在不同的角度有不同的评价。一般来说,普通民众对三者的评价标准主要是社会公正,侧重于公共正义,而统治者对三者的评价标准则主要是社会的稳定和秩序。不过,归结起来,这些标准都属于社会效益标准。随着人类社会更加重视经济发展,各国法律和国际法律对经济生活的干预加强,法律对经济成长的影响也越来越大。法律界对立法、执法和司法的评价已由单纯的社会效益标准向社会效益与经济效益并重的标准转化。20世纪六七十年代后,在西方(主要是美国)日趋成型的一门交叉学科"法经济学"或"法和经济学",就是这种趋势在理论上的反映。法经济学的研究在整体上的特征是,淡化法官的内在视角而使外界视角彻底化;放松法学的正义标准而使效率标准占优势。这种学说主张用经济学(主要是微观经济学)的准则和价值观判断研究法律问题,即对法律进行经济分析,强调的是促进效益最优选择的效率。它试图从理论上解决如何对立法、执法和司法进行经济效益的评价。

有些法律领域本来就适合经济分析方法的研究,如反垄断法、公司法、证券交易法、税法和劳动法等,经济学学者和法学学者的合作研究在这些方面也早已不足为奇。但自20世纪70年代以来,理论界对与经济现象和经济学并无直接关系的部门法也开始进行经济分析。这的确是法学理论上的一大突破。如果采取法律工具主义立场,如果承认各个人的行为符合合理选择理论的假定,那么,法经济学方法是

有益的。当然，从工具主义的观点并不能全面把握法现象，各个人的行为也包含着许多非理性因素，因此还应留意法的非经济性的一面。近年来，极力倡导法经济学方法的美国学者波斯纳也对效率性采取了节制的态度。因此，现在外界对法现象的评价是社会效益和经济效益并重，采取双重标准，而不偏废其中一个方面。

　　上述讨论，仅为笔者在法律教学和研究中的粗浅体会，只看到现象，没有触及到本质，也未穷尽当代法律的种种发展趋势。对当代法律的发展趋势的研究尚有待深入，但愿本文能起到抛砖引玉的作用。

现代商人法论[*]
——历史和趋势

现代商人法理论的提出及其在实践中的适用,为国际经济贸易的发展和国际商事争议的解决提供了一个足有成效的理论和方法,但同时也对法律冲突法的生存和发展提出了挑战,因而,深入研究现代商人法的理论和实践及其对冲突法的影响有着必要性和现实意义。

一、商人法的历史源流

现代商人法(new *lex mercatoria* 或 modern law merchant)的概念和理论是借鉴了中世纪商人法的概念提出的,因此有必要首先考察一下商人法的历史源流。就拉丁语 *lex mercatoria* 和英语 law merchant 而言,有人译为"商法";[①] 有人译为"商人习惯法"或"商业习惯法";[②] 也有人译为"商人法",[③] 并为中国学者徐国建所采纳;[④] 还有人译为"国际商事法"。[⑤] 最后一种译法的理由则是认为,此词有

---

[*] 与胡永庆(武汉大学法学博士,现为上海市第一中级人民法院法官)合作撰写,本文原载于《比较法研究》1997年第2期。

[①] 参见韩健:《现代国际商事仲裁法的理论与实践》,法律出版社1993年版,第247页。

[②] 参见[英]施米托夫:《国际贸易法文选》,赵秀文译,中国大百科全书出版社1993年版,第2页。

[③] 参见[英]戴维·M·沃克编:《牛津法律大辞典》,北京社会与科技发展研究所组织翻译,光明日报出版社1998年版,第524页。

[④] 参见徐国建:《现代商人法论》,载《中国社会科学》1993年第2期。

[⑤] 参见[法]米歇尔·维拉利:《国际商事法——第三种法律秩序的理论探讨》,李泽锐译,载《法学译丛》1986年第6期。

其特定的含义，且作为"跨国法（或超国家法）"的同义语，译为"国际商事法"较为恰当。考察上列译法，若译为"商法"，则和作为一个法律部门、法学学科的 commercial law 的译文"商法"有混淆之嫌，而就 lex mercatoria 或 law merchant 形成而言，它是一个具有历史性、地域性的概念。"商人习惯法"或"商业习惯法"的译法则把 lex mercatoria 或 law merchant 的渊源束之过窄，不利于商人法理论以至其现代发展——现代商人法理论的研究。而"国际商事法"的译法过于背离原文。最好还是译为"商人法"比较恰当，从其形成来看，它主要是由商人自己发展起来，并适用于商人阶层中的交易关系的。本文采"商人法"的译法。

对于商人法的定义，有从它所调整的法律关系的主体角度来概括的，如《牛津法律大辞典》把商人法定义为产生于中世纪西欧商人中间，调整他们彼此间关系的一系列习惯和法律。① 该项定义的缺陷在于它的外延和内涵不够确定，没能指明商人法所调整的对象究竟为何种法律关系。因为，商人作为个人而言，以不同的身份参加不同的法律关系，应受不同的法律支配，诸如教会法、城市法、封建庄园法、商人法等。只有在他们之间国际贸易活动中的交易关系才得以适用商人法。有学者就认为，商人法与其说是商人们的特殊规范，不如说是商人之间商业交易的特殊规范。② 有的则从商人法的内容下定义：商人法是欧洲关于商业习惯的总体，包括汇票、合伙以及其他商业事项的规则。③ 这种定义方式显得没有任何特色，既没有指明商人法所产生的特定历史条件，而且列举的方法也未能穷尽。倒是这样描述的定义有较多的可取之处：在中世纪时，商人们为保护其之间的商事权利，确立了他们自己的法律或惯例，从而发展成为我们所说的商

---

① 参见［英］戴维·M·沃克编：《牛津法律大辞典》，北京社会与科技发展研究所组织翻译，光明日报出版社 1998 年版，第 524 页。

② See Frederick Pollock & Frederic W. Maitland. *The History of English Law*, 467 (1978).

③ See E. R. Hardy, Zvamy Mozley & Whiteley's Law Dictionary, 153 (11th ed. 1993).

人法。① 我们认为，商人法是产生于中世纪商人阶层的商事活动中，调整他们之间商事交易关系的习惯和法律。

欧洲商人法的最初渊源自然应该到地中海地区去寻找。很早的时候，在地中海地区所发展起来的沿海贸易和商业实践是依赖于非常古老的贸易习惯。公元前2世纪或公元前3世纪时，在海上贸易中心的罗德岛地区发展起来了罗德岛法（Lex Rhodia）。而古罗马法中所包括的由商人共同体所发展起来的商业习惯就可溯源于上述二者。当优士丁尼的《民法大全》在东罗马帝国的拜占庭环境下使用中遇到了来自于语言、汇编的特点和精神等方面的困难时，东罗马帝国皇帝巴西里·马其顿（Basillio il Macedone，公元867~886年）及其继任者里奥（Leone，公元886~912年）在公元9世纪末发布了旨在解释优士丁尼《民法大全》的Basilica，② 该部作品主要包括了海事规则的汇编。而与此同时，在公元600年至公元800年间，起源于腓尼基人和希腊人的海事法，发展为当时盛行的罗德海事法（Rhodian Sea law）。罗马法中包括万民法在内的习惯法支配着并没有作出自觉区分的商业契约，万民法则是适用于那些非罗马公民的诸民族之间及其与罗马人之间关系的习惯法。罗马帝国的衰落则挫败了编纂这些习惯的可能性，罗马帝国的衰亡使得商业关系和贸易活动只是在有限的规模上存在。而接续其存在的法兰克王国与罗马帝国比较起来，是一个农业型的国家，商业并不发达，封建庄园和封建农村里占统治地位的是自然经济。相对而言是一个封闭的社会，对外贸易在这个时代很不发达。而6世纪到10世纪之间的漫长岁月里则是以村落和庄园为基础的农业社会。

而11世纪和12世纪变化了的经济条件和社会基础为近代欧洲商人法的基本概念和制度的形成创造了机会，产生了事实上支配那些往返于商业交易所在的文明世界各港口、集市之间的商人们的习惯法规则。欧洲丧失了它的城市框架是始于罗马帝国末期，其实在日耳曼人

---

① See Aronold J. Goldman & Willam Disigismond. *Business Law: Principles and Practices*, 7 (1988).

② 参见［意］朱塞佩·格罗素：《罗马法史》，黄风译，中国政法大学出版社1994年版，第455~456页。

入侵之前,罗马帝国的城市已逐渐衰落,直至 11 世纪初欧洲城市的振兴才得以开始复苏和加快。而与此同时,乡村的发展也迅速扩张。城市的发展与农村保持了协调,而且更为重要的是,城市权利往往脱胎于农村的集体特权,城市和商业的发展是以农村的发展为前提的,并且城市通常不过是对农村的一种改组。① 广泛的商业活动与庄园的生产方式和封建的社会政治关系是并存的,因而,在中世纪时期,商人法与封建法、庄园法一并存在也就有其合理的社会基础了。

在欧洲大陆的商人法发展历史中,城市的作用不容忽视。欧洲大陆的城市享有无与伦比的自由,它们自成天地、自由发展。由于大小城市星罗棋布、互通声气,城市得以执行自己的经济政策,扩大贸易往来和货物的自由流通,将各种障碍粉碎。而更为重要的则是,某些城市完全摆脱了政治空间的限制,获得充分自治,成为"城邦"(city state)。城市的发达和城市权力的庞大,使得各地方的商人共同体通过各种组织形式来逐步形成并发展不受国家立法权力干涉和阻碍的商人法制度。作为在西欧城市发展中起重要作用的手工业与农业的分离的更进一步发展,就是从手工业者中分离出来了专业商人,他们成为城市中新的社会阶层。② 此前,手工业者最初同时也是商人,自己兼营商业。当然,在封建社会里,商人在城市出现之前,在早期中世纪就已经存在,但那时与西欧诸国里的农业和手工业的分离并无关联,因而并未形成一个阶层或阶级。在 11~12 世纪里城市中出现的商人阶层及这一阶层的扩大与国内市场的发展、城市手工业和乡村农业发展所导致的剩余产品的出现以及城乡商品交换都有关系。商人阶层的出现是中世纪商人法发展的一个必要前提,它从多个方面促进了商人法的形成和发展,这些因素包括国际市场和集市的建立以及商事法院的设立等。

商品货币关系的形成使得封建领主与城市之间的斗争尖锐化,城市自治就是在这种斗争过程中形成的。城市自治运动也必然暗含了商

---

① 参见[法]布罗代尔:《15 至 18 世纪的物质文明、经济和资本主义》(第一卷),顾良、施康强译,三联书店 1992 年版,第 605~608 页。
② 参见刘明翰主编:《世界史·中世纪史》,人民出版社 1986 年版,第 287 页。

人的自治。一方面，商人通过商人行会等组织形式实行自治，创立了一套不受封建庄园法支配的规则体系。意大利是中世纪欧洲商业和法律生活的中心，在那里，商人有相当的自由来组织管理机构，拥有更大权力的商人执政官出现了，商人行会组织经常发布调整商业活动的详细规则。① 而北欧国家和城市的商人法是源于向占据和常驻市场的商人授予的专营权和特权，商人行会则依照这种特权和专营权制定商业习惯法。另一方面，商事法院的出现为商人法的发展作出了创造性的贡献，因为中世纪商人法不只是原有的商业习惯的照搬，而且还有革新，这个革新的任务则主要是由商事法院完成的。商事法院的形式多种多样，包括市场法院、集市法院、城市商事法院。它们像领事法院和庄园法院一样，是非专业的社会共同体法院。② 在意大利，这些特别商事法院一开始就是由商人主持的；在北欧，到大约 1500 年，人们也已接受这样的原则，即商事法院应由商人主持。在商事案件中大量存在着本地商人与外邦商人之间的争议，为防止对外邦人的歧视，米兰于 1154 年设立的商人领事法院制度随后扩散到意大利的许多城市和欧洲的其他城市。在英格兰，城市并不像意大利那样拥有强大的自治权，它在早期就发展了强有力和集中化了的普通法，建立了有力的立法机构。但正是由于商业发展的实质性要求和意大利城市商人法的传播作用，通过另一种机制，即商事法院的形式，来促进商业的发展的必要性已经凸显出来。于是，贸易集市中设立了集市法院，也称泥足法庭（pepoudrous courts），地方海事法院（admiralty courts）则对涉及海运货物的商事案件和海事案件拥有管辖权。③ 商人们通过各种形式的商事法院所形成的参与裁判制，有助于单个商事案件迅速、公正地解决，并使商人法与王室的、甚至城市的控制相隔离，为商人法发展和实施的自治性打下了基础。

11～12 世纪西欧城市的商人，大部分已不再是到处流动的行商，

---

① 参见［英］戴维·M·沃克编：《牛津法律大辞典》，北京社会与科技发展研究所组织翻译，光明日报出版社 1998 年版，第 524 页。

② 参见［美］伯尔曼：《法律与革命》，贺卫方等译，中国大百科全书出版社 1993 年版，第 421～429 页。

③ See Plucknett. *A Concise History of the Common Law*, 660-662 (5th ed. 1956).

而是于某地设立固定店铺,从而形成了各地的集市。而另一方面,随着地区贸易和国际贸易的发展,在13~14世纪,欧洲形成了两个主要的商业区域,一个是地中海地区,另一个则是包括北海和波罗的海的区域。联系这两大海上贸易中心的道路主要有两条,一条是越过阿尔卑斯山直穿中欧到北方或佛兰德尔,另一条是从地中海出直布罗陀再到英国和北海各港口。在这两条海陆贸易通道上形成了众多市场和集市。① 由于市场和集市交易的国际性,导致了各地的集市法趋于协调和统一,从而为商人法的形成提供了基本条件。

11世纪晚期和12世纪所创立起来的公证人体系,② 使得商业习惯自觉地适应新的情势而发展成为商人法。公证人办理的事项包括诸如登记商业文件、起草公证合同、本票、汇票或其他付款凭证,而那时的公证合同类似于现今所采用的标准合同,是有法律拘束力的。

有学者认为,商人法在这个阶段内由各地方习惯法发展成为一个世界性的法律(cosmopolitan law),其中最根本的原因还是在于商业的国际性特征。但是,说中世纪的商人法具有世界性的特征并不表明它是全球统一的,如在海事法规方面,由位于第勒尼安海的意大利海岸的阿马尔菲共和国采用的一个海商法汇编《阿马尔菲表》(Amalfitan Table),其权威逐渐被意大利所有的城市共和国所承认。由罗德法发展而来的《海事法汇编》(Consulato del Mare)汇集了巴塞罗那领事法庭所遵行的海事习惯,流行于地中海各商业中心,《维斯比法》(Laws of Wisby)成为波罗的海国家中的支配性法律,而奥莱龙法(Rules of Oleron)则成为英国海事法的基础。

总结这段时期商人法发展的特征,可归纳如下:(1)中世纪商人法建立在商人共同体的实践和习惯基础之上,即具有习惯法的本质特征。但是,商人法并非完全是不成文的习惯和惯例,体现在上文述及的商事法规汇编、公证商业文件以及商事法院的裁决中。(2)它

---

① 参见[苏联]科斯基、斯卡斯金主编:《中世纪史》(第一卷),朱庆永等译,三联书店1957年版,第302~304页;另见朱寰、王建吉:《世界古代中世纪史》,北京大学出版社1993年版,第264~266页。

② 参见[英]施米托夫:《国际贸易法文选》,赵秀文译,中国大百科全书出版社1993年版,第7页;[美]伯尔曼:《法律与革命》,贺卫方等译,中国大百科全书出版社1993年版,第432~433页。

是一个自我规范的不受国家立法和司法干预的习惯法体系，具有自治法的特性。（3）商人法的各种权利和义务规范在各个贸易集市上的适用朝着减少差异的趋势发展，更加普遍化。（4）它是独立的法律体系，是商人自我发展起来并自己执行的法律体系。

当历史的车轮驶入 16 世纪的时候，商人法的发展又进入了另一个阶段。法国思想家博丹（Bodin, 1530～1596）首先把主权同国家联系起来，把主权定为国家的特性，提出了近代资产阶级主权学说。他认为，主权是超乎于公民和臣民之上的、不受法律限制的最高权力。博丹之所以提出主权的观念是为了反对封建地方割据，同时也针对高度自治的西欧城市。因而，自 16 世纪开始，延展至并主要是在 18 世纪和 19 世纪，发生了商人法的国内化倾向，即各国出于各种不同的政治和社会经济等方面的原因，采用不同的实施方法，把商人法纳入各国的国内法律体系中。

随着英国在 17 世纪和 18 世纪的国际贸易的扩展，商人法也就被逐渐地纳入了英国普通法。本来，英国普通法院只有在承认了案件的涉外因素是发生在英国时才能够就包含涉外因素的案件行使管辖权并作出裁决，但在那时，他们已经有权处理商事案件并且已经开始侵占商事法院和海事法院的管辖权。[1] 有一段时间，普通法院法官仍然把商人法看成是区别于普通法的独立的法律体系，但需在每个案件中去主张和查明。因而，随着商事法院和海事法院的衰落而国际贸易却迅速扩张，普通法院审理的商事和海事案件日趋上升，如果在每个案件中重复不断地主张和查明商事惯例则是不必要的，也是不合时宜的，因此就有必要把这些规则看成是法律而不是商业习惯。这是通过霍尔特（Holt）和曼斯菲尔德（Mansfield）的努力来接纳这一规则的，英国从而通过普通法院把商人法纳入了普通法。1666 年判决的伍德沃德诉罗维（Woodward v. Rowe）一案就宣称，"商人法是国内法。"[2] 因而，正像罗马法一样，英国的"市民法"（普通法）吸收了"万民法"（商人法），而其结果是普通法得到了丰富和发展。但是由于商

---

[1] See Plucknett. *A Concise History of the Common Law*, 662-664 (5th ed. 1956).

[2] 转引自［英］施米托夫：《国际贸易法文选》，赵秀文译，中国大百科全书出版社 1993 年版，第 135 页。

人法某些规则的不确定性，必须对商人法的各项原则和规定适合时代地加以发展，形成确定性的规范，并与普通法的原则协调起来，这种努力主要的成就应归于曼斯菲尔德的工作。

而在法国，王室法令对于最初把商人法纳入国内法发挥了一定的作用。从17世纪开始法国就陆续颁布了《商业法令》（Ordonnance du Commerce，1673）、《海事法令》（Ordonnance de la Marine，1861），它们包含有商事法和海事法的具体规则。而把作为习惯法规则的商人法纳入统一的国内法律体系中至为重要的因素则是法国大革命强烈的政治冲击和拿破仑的权威及决断力。法国于1807年颁布了《商法典》。而在德国，商人法的国内化则是德国为实现统一而进行的法典编纂运动的组成部分，1900年《德国商法典》生效。

从16世纪到19世纪，现代意义上的主权的民族国家逐渐形成并得到发展。一方面是为克服封建割据和地方自治的现象，这主要在于新兴的资产阶级的利益要求统一的国内市场，各国有必要把商人法纳入统一的国内法中；另一方面，由于主权的观念引入国际法，各国加强保护本国利益，使得商人法的国内化趋势得以发展。同大陆法系和普通法系的基本特征相吻合的，则是在大陆法系和普通法系中分别通过成文法和判例法的形式完成商人法国内化的进程。商人法的国内化使得商人法具有了依属于各民族国家的独特性，商人法不再是一个自治的和普遍性的法律体系。但是随着资本主义自由经济和贸易自由化的发展要求世界范围内的统一大市场，商人法的国际性的复归则是符合历史发展规律的。

二、现代商人法的内涵和本质

（一）现代商人法的提出及其动因

"现代商人法"的概念是于20世纪五六十年代由英国学者施米托夫和当时的南斯拉夫学者哥尔德斯坦首先提出的，并进而引起国际法学界的广泛讨论。施米托夫1957年在赫尔辛基大学讲演时指出："我们正在开始重新发现商人法的国际性，国际法——国内法——国际法这个发展圈子已经完成。各地商人法发展的总趋势是摆脱国内法的限制，朝着国际贸易法这个普遍性和国际性的概念发展。"他继而在1961年指出：作为政治和经济领域中国际主义概念的恢复的补充，法学领域则恢复了国际性的商人法的概念,出现了旨在发展为国际商业自治法的新的商业习惯法即现代商人法。① 哥尔德斯坦于同年撰文指出:尽管世界各国的政治、经济和法律制度不同,现代商人法却在国际贸易领域内迅速地发展着,现在是承认独立于国内法律制度的商业自治法存在的时候了。②

　　二战以后,某些国际法学者之所以不满于国际贸易合同受制于相互歧异的国内法的状况而寻求支配国际贸易活动的法律制度的国际性特征,是出于多种原因的。战后国际贸易得到了长足、不断的扩展,科学技术前所未有的进步使得我们的地球变得越来越小,工农业产品的大规模生产要求更广阔的市场和先进的流通手段。各国商人在这个发展进程中需要减少各方面的障碍,包括法律障碍。在变换了的现代国际贸易环境中,各国国内法的漏洞和歧异使得发展一种自治的国际商事法律——现代商人法成为必要。其次,在调整国际贸易的各国法律制度中,无论是资本主义国家还是社会主义国家,无论是发达国家还是发展中国家,都存在着各国都能接受的共同的或相似的基本原则和制度。这为现代商人法普遍性的回归打下了理论基础。而在国际合同法领域,当事人意思自治原则成为合同法律选择的首要原则,而当事人往往对对方当事人所属国家的法律并不熟悉,都不愿意适用对方当事人所属国家的法律,以免损害己方的利益,而更愿意适用非国内法,以确保合同准据法的中立性和公正性,从而出现了合同法律适用的"非国内化"倾向。而另一方面,在合同争议解决的程序法上,当事人更多地依赖仲裁的形式来解决,因为仲裁员并不像国内法院的法官有义务依其国内法来适用法律,他们可以适用包括商人法在内的非国内法。更有学者认为,现代商人法的出现乃是作为避免适用法律冲突规范的手段。最后,在某个国家与某外国私人或公司签订合同的情况下,使该合同受作为当事人一方的国家的法律支配,便会出现一

---

　　① 参见[英]施米托夫:《国际贸易法文选》,赵秀文译,中国大百科全书出版社 1993 年版,第 230、4 页。

　　② See Aleksandar Goldstajin. *The Law Merchant Reconsidered.* in *Law and International Trade*, 171-185 (Pabricius ed. 1973).

些困难的问题,① 因为缔约一方当事人不能以两种身份出现:既是合同的当事人,又是合同准据法的制定者,这两种身份是难于协调的。另一方面,国家一方又不愿受另一国家法律的支配。这些困难的存在,使得私方当事人希望使合同脱离该国的国内法,从而适用现代商人法。

(二) 现代商人法的定义

现代商人法是一个新近提出的概念,学界对于现代商人法的定义异出纷呈。现列述几种有代表性的观点如下:

1. 哥德曼(Berthold Goldman)认为:现代商人法是在国际贸易范围内自发地适用或制定且没有某特定国内法律制度的干涉而形成的一系列原则和习惯规则。②

2. 雷伊(Julian Lew)认为:现代商人法是用来管辖国际贸易中并非由某国内法规范的事项,并由仲裁员加以适用的非国内的或跨国的商法。③

3. 诺斯(Peter North)认为:现代商人法是一系列并不系属于任何国家的法律规范。④

4. 施米托夫认为:在与国家无原则性利害关系的任意性法律的范围内,在不同国家法律制度中发展起来的调整平等当事人之间关系的统一法。⑤

5. 兰多(Ole Lando)作了这样的表述:国际合同当事人有时同意不以国内法来管辖他们之间的争议。相反,他们使它由国际贸易的习惯和惯例或国际贸易中所有国家或大多数国家所共同的法律规范来

---

① 参见[美]汉斯·史密特主编:《国际合同》,刘歌等译,中国社会科学出版社1998年版,第18~30页。

② See Berthold Goldman. *The Applicable Law: General Principles of Law—The Lex Mercatoria*. in *Contemporary Problems of International Arbitration*, 116 (Lew ed. 1996).

③ See Julian Lew. *The Case for the Publication of Arbitration Awards*, 231 (Schultsz and Van den Berg ed. 1982).

④ See Peter North. *Private International Law Problems in Common Law Jurisdictions*, 109 (1993).

⑤ 参见[英]施米托夫:《国际贸易法文选》,赵秀文译,中国大百科全书出版社1993年版,第264页。

管辖。在这些共同的法律规范不能确切地查明时,仲裁员则选择对于他来说是最为恰当和公平的规范。其中,仲裁员用比较法的方法考察众多法律体系中的法律。这个裁决过程,部分地是法律规范的适用,部分地是一个选择性、创造性的过程,我们称之为商人法的适用。[1]

6. 中国学者徐国建则认为,现代商人法是指二战后,国际法学界的某些学者因不满于国际贸易合同受制于内容彼此相异的各主权国家国内法的状况而积极寻求的一种独立适用于日益发展变化着的国际贸易事业,并且能够反映国际贸易活动特征的法律制度。[2]

综观以上各国学者对现代商人法所给出的定义,尽管各有相异之处,但可概括出以下一些共同之处:首先,承认现代商人法是不依属于任何一国国内法的法律体系;其次,现代商人法是国际贸易领域内发展起来的;再次,现代商人法具有任意法的性质。有的学者把它限于仲裁庭适用的法律,则显定义过窄。有的学者认为它只是习惯和惯例规范,而施米托夫和诺斯等人则认为它是法律。兰多还主张把现代商人法和公平(equity)区别开来,因为现代商人法是必须得到适用的,这就涉及到下文所要论及的现代商人法性质的问题。

我们把现代商人法定义为,调整国际商事交易的、不依属于国内法律制度的、具有跨国法性质的规范体系。现代商人法同中世纪商人法比较起来,有其新的发展。其一,现代商人法所依存的国际社会是由主权国家组成的,这区别于中世纪商人法所赖以建立的社会基础,因而主权国家的因素在它的概念构成中应有影响,并与现代商人法的普遍性协调一致。其二,中世纪商人法的发展是自发的、不成体系的,尽管其也有惯例汇编。而在现代商人法的形成过程中,有组织、有计划地造法行为发挥了重大作用。

(三) 现代商人法的性质

首先,现代商人法是不是法律?有些学者虽然承认现代商人法作为一种规范存在着,但却认为由于它缺乏以国家为后盾的强制力,它对于商人们而言并不是支配其交易的法律,而是一种指引性的原则。

---

[1] See Ole Lando. *The Lex Mercatioria in International Commercial Arbitration.* 34 Int. & Comp. L. Q. 747 (1985).

[2] 参见徐国建:《现代商人法论》,载《中国社会科学》1993 年第 2 期。

与此相类似的观点还认为它只是一种商业原则，因为它不具有法律所应具有的五个特征，即可适用性、公正性、可预见性、权威性和连续性中的后三个特征。这种观点是直接承袭奥斯汀（John Austin）的法律实证主义而来的。如果认为规范和制度并非由某主权国家制定的就不是法律，这种观点也是与历史不相符的。在博丹提出国家主权观念和奥斯汀创立法律实证主义之前，法律作为一种规范和制度就已经存在。就与国内法相对的国际法而言，从其创立时起，人们就讨论国际法的法律性。霍布斯和普芬多夫都给出了否定的结论，而以后的法律实证主义者依照法律就是主权者的命令这一模式也否认了国际法的法律性。但在现代国际法中，一般都承认国际法的法律性。在某种程度上讲，这依赖于对"法律"的定义，若定义不同，则答案也会不同。确认现代商人法的法律性也是这样。如果我们只是以国内法中的法律定义为标准适用到其他的法律秩序中去，则未免过于狭隘。某一类规则缺乏国内法所具有的某些特征，我们仍可以认为它是法律。依照国内有代表性的意见，法律的特征在于法是由国家制定或认可的，以规定权利和义务的方式来调整人的行为或社会关系并以国家强制力保证实施的社会规范。① 现代商人法至少是符合了其中的部分特征，而且至为重要的是，现代商人法作为调整人的行为或社会关系的社会规范，能由裁决者在裁决过程中作为裁决依据来使用，我们则可以认定它是一个不完全的法律秩序。但由于国家实体和其他非国家实体逐渐地参加到了现代商人法的编纂和统一化运动中来，并因而使得作为国家机关的法院在判例中适用现代商人法的规范作为判决依据，现代商人法的弱点就得到某种程度上的克服。正如哥德曼所说，现代商人法是正在形成中的法律秩序，或者我们还可以这样认为，就其部分形式来讲是法律，其他的则是习惯法规则，在国家认可之前，仍处于不确定的状态。

其次，法律分类上的二元论观点认为法律分为国内法和国际法，某一法律体系非国内法则为国际法。但若依此种二元论的观点，把现代商人法归之于二者中之任一个都不恰当，那么，现代商人法能否认为是存在于上述二者之外的第三种法律秩序？主要的讨论集中于现代

---

① 参见沈宗灵主编：《法理学》，高等教育出版社1994年版，第31~34页。

商人法这种法律秩序是国际法（international law），还是超国家法（supernational law），抑或是一种跨国法（transnational law）。

认为现代商人法是国际法的观点是值得怀疑的。传统上，国际法的含义是指国际公法，适用于国家以及其他国际法主体（如国际组织）之间的关系，它是公法性质的规范，而现代商人法调整的国际商事交易关系，是一种私法关系。如果把调整私方当事人之间的国际商事交易的法律归入国际法的范畴，是不妥当的。或者说，传统的国际法的外延和内涵是容纳不下现代商人法规范的。若是依照"宏观国际法学"的主张，认为国际法调整的社会关系是超越国界的一切国际社会关系，[①] 似可把它归入这里所指称的广义国际法的体系内。但这只是一种研究方法，而不能等同于普遍认同的法律体系的划分，并有引起误解之嫌。在上文提及中世纪商人法具有国际性的特征时，并非说它是国际法，只是指这种法律适用上的普遍性。

而有的学者甚至提出现代商人法是一种超国家法，[②] 而超国家法指的乃是凌驾于国家之上的法律权威。这种观点的出发点在于现代商人法并非由国家制定而是通过国际商业实践和私法统一化运动发展起来的自治的法律体系。这种看法是一种形式主义的表现。在以主权为基本特征的、民族国家体系仍是平行式的国际社会的基本结构下，若是以具有私法性质的现代商人法形成国家之上的超国家法是不可能的，因为这种超国家法对国家来说是有强制性执行义务的；同时，以这种理论来指导实践还存在着这样一个危险，即否定国家主权。

考虑到现代商人法概念本身的非周延性，跨国法概念和制度的提出是有价值的。传统的法律分类为国内法和国际法，在逻辑上并不能表明在区分法律的性质时采用非此即彼的判断方法。由于上文所述及的现代商人法作为一种法律秩序非国内法，但又不是国际法，因此，有的学者就认为现代商人法是存在于国内法和国际法之外的第三种法律秩序。我们称之为跨国法，它所调整的是一种跨越国界的行为和社会关系，而其渊源又广泛分布于国内法和国际法中，所以把它称之为

---

① 参见黄进：《宏观国际法学论》，载《法学评论》1984年第2期。

② See Friedrich K. Juenger. *American Conflicts Scholarship and the New Law Merchant*. 28 *Vanderbilt Journal of Transnational Law*, 487-501（1995）.

跨国法是比较恰当的，以有别于国内法和国际法所调整的社会关系的性质。但是它并不能等同于世界法。我们说现代商人法是跨国法，一方面是指其性质，另一方面也是指的一种过程，正如它所赖以为基础的国际社会的全球化发展是一种过程，而不是一种结果一样。

最后，现代商人法是不是一种自治的法律体系呢？有一种观点认为，为了使现代商人法构成一个法律体系，它必须是自治的（autonomous）。① 在此种情况下，法律体系的自治直接依赖于支配国际商事交易关系的完整法典的存在。而就现代商人法的现实渊源来看，从这些渊源中所能抽象出来的原则很少，经常也是过于原则而不能适用。况且现代商人法并不能涵盖国际商事交易的所有领域。穆斯迪尔（Mustill）还认为，现代商人法并不能调整潜在争议范围内的所有问题。因此，这些学者认为现代商人法不是一个自治的、能够管辖国际商事交易所有方面的法律体系。

笔者认为，这样的观点确实有失偏颇。私法统一化运动促进了调整国际商事交易法律规范朝着法典化的方向前进，其中较为突出的则是在罗马国际统一私法协会（UNIDROIT）和联合国国际贸易法委员会（UNCITRAL）的努力下，对各大法系的法律原则和规范进行了协调，并在实践中得到广泛的适用。现代商人法出现的部分原因在于各国国内法的漏洞和歧异的存在，从而行使了一种补缺（stop-gap）的功能，并试图摆脱国内法的控制。那种认为现代商人法由于没能涵盖国际商事交易的所有领域因而不是一个自治的法律体系的观点，没有看到现代商人法发展的现状和趋势。当然，我们必须承认这样一个事实：现代商人法到目前为止仍不是一个完善的法律体系，没有（其实也没必要）规范跨国商事交易的所有方面。就如同国际法律体系一样，在某些问题上，它是依赖于国内法律制度去解决的。现代商人法作为一个自治的法律体系，是一个不断发展的、开放的法律体系。

（四）现代商人法的渊源

法律渊源的意义多种多样，或者指法律规范所形成的原因或方式，或者指法律规范确立或存在的形式，或者指法律规范第一次出现

---

① See Wilkinson. *The New Lex Mercatiria: Reality or Academic Fantasy?*. *Journal of International Arbitration*, 114 (1995).

的地方等，这些解释各有侧重点，本文不一一讨论，但可以兼采其长。

施米托夫把国际立法和国际商业惯例列为现代商人法的渊源。这种解释可以说是严格意义上的法律渊源，但范围过窄，不利于现代商人法的发展。况且，国际立法（international legislation）的措辞未必恰当，连施米托夫本人也承认这种提法有失适当性。有些学者在讨论现代商人法渊源时罗列了一般法律原则、国际贸易统一法、习惯和惯例、仲裁裁决。也有学者则把国际公法、国际统一立法、一般法律原则、国际贸易惯例、国际标准合同以及国际合同示范条款包括在现代商人法的法律渊源之内。国际公法作为一个法律体系，被纳入现代商人法的渊源是不正确的，尽管该说的支持者主要是指国际条约法领域，且不论国际条约法的原则适用于私法性质的国际合同是否恰当，但我们至少可以说它是用词不当。有的学者则以国际条约、国际贸易惯例和标准合同为其渊源，这种观点是比较注重其渊源的确定性的，但标准合同作为商业行为中普遍接受的规范，是可归入国际贸易惯例中的。我们认为，现代商人法的渊源可以包括一般法律原则、国际商事统一法及示范法、国际贸易惯例等。

1. 一般法律原则（general principles of law）。《国际法院规约》第38规定，"一般法律原则为文明国家所承认者"，这一规定对这些原则本身的性质未作明确说明。但无论人们认为一般法律原则是自然法的表现或是习惯规则，或是国际社会的宪法性原则，或者是由法律概念直接推演来的原则，或者是作为国际社会成员的全部或大部分国家的国内实在法所一般同意的原则，[1] 能够肯定的一点在于国际社会作为整体接受它们的存在并以它们作为现代商人法的渊源加以适用。所以，有学者就把现代商人法中所适用的一般法律原则定义为："基于国际社会中各民族的一致的法律意识，各国法律所共同具有的指导思想和原则，以及国际贸易实践所据以进行的为国际贸易的参加者所

---

[1] 参见李浩培：《国际法的概念和渊源》，贵州人民出版社1994年版，第114页。

普遍接受的原则。"① 一般法律原则之所以能够作为现代商人法的渊源之一，就因为它们是被一般接受的，并因而构成了国际商事交易当事人毫无疑问地接受从而作为他们交易的规范体系一部分的普遍实践。

就国际商事仲裁中适用一般法律原则的情况来看，一般法律原则在三种不同的意义上得以发挥作用。在某些裁决中，合同当事人在合同中提到一般法律原则时，强烈地表明他们想使其关系不受某国法律支配的愿望，从而产生合同非国内化的效果。在另一类案件中，一般法律原则表现为一种当事人不能加以损害的基本的国际公共秩序。在第三种情况下，一般是在当事人未指定准据法的情况下，仲裁员用来确定国际商事交易适用的非国内法的现代商人法构成的指导性要素。一般法律原则在第三种意义上的作用更具重要性。一般法律原则只是作为现代商人法的一个渊源，而不是一个精确的法律体系。让它单独地作为合同准据法是不可行的，也不足以处理现代商事交易的复杂性。这不仅在于发现某些共同的一般法律原则的困难，而且由于这些原则过于抽象和相当概括，其作用有限，必须同现代商人法的其他渊源结合起来发挥作用，更多地必须依赖于裁决者精细的解释工作，这几乎是一项创造性的工作。

有的学者提出了相反的看法：一般法律原则并不能脱离它所由产生的国内法律制度，并会受到各个独特的国内法律制度的影响、补充，结果使得一般法律原则只是停留在名义上的普遍性。② 他们的结论就是：一般法律原则并不具有可适用的法律原则所要求的实质性标准和统一性。我们认为，上述的看法在某种程度上讲是存在的，但并不能以此来否定一般法律原则的可适用性。首先，成文的国际统一私法可作为一般法律原则的证明，例如，1980 年《联合国国际货物销售合同公约》的规定在实践中就可以作为有关货物买卖合同方面的一般法律原则的具体内容的证明。此外，一般法律原则可以从比较法

---

① 参见李双元主编：《市场经济及当代国际私法趋同化问题研究》，武汉大学出版社 1994 年版，第 86 页。

② See Wilkinson. *The New Lex Mercatiria: Reality or Academic Fantasy?*. *Journal of International Arbitration*, 114 (1995).

的方法那里获得。

2. 国际商事统一法及示范法（uniform law and model law of international commercial transactions）。这里所说的国际商事统一法在一些著作中被称为国际条约。之所以在此不用国际条约这个名词，是因为国际商事统一法这个渊源是统一各国国内私法，而不是规定国家在国际关系中所承担的权利和义务，若用国际条约这个名称就不能反映这种渊源的独特性。所谓国际商事统一法，是指国家为协调彼此间的国际商事法律规范，通过在某地区或全世界范围内对某一或者某些私法领域的法律规范的统一，以国际条约的形式表现出来的统一法律规范。国际商事统一法通常由有关的国际统一私法的专门组织准备和起草，然后由缔约国签署和批准。就其所涉及的主体和普遍性而言，有双边的和多边的国际条约，以及地区性的和普遍性的统一法。就国际商事统一法的内容而言，它涉及货物买卖、票据、知识产权等领域。国际商事统一法的出现使得支配国际交易和国内交易的法律相分离，这也是国际贸易发展所必然要求的。国际商事统一法的出现使得支配合同的法律规范确定性增强，易于为法官和仲裁员适用，并有利于争议处理结果的统一性。但需注意，这种确定性在目前仍是较弱的。

还有另一种具有统一私法目的的规范即由国际组织制定的示范法。这种示范法是不具有条约性质的，它只是由从事私法统一的国际组织（政府间的或非政府间的）向特定国家或非特定国家所提出的一种建议，每个国家都可以接受这种法律原则，也可以在开始或事后改变和放弃这种原则。示范法的作用之一在于协调各国法律中某一领域问题的歧异，并结合情势的发展提出一个统一性的解决办法，并能使得在此方面较为落后的国家变革其法律。但因示范法并不具有国际条约的约束力，只具有指导性和任意性，因而其统一性不如前者，并且与前者比起来，国家对示范法的采用是单边性的。这方面的最近发展表现为罗马国际统一私法协会组织起草的《国际商事合同原则》。

编纂统一法的努力是私法统一进程的表征而不是起因。统一法律往往会忽视法律规则在某特定的社会政治环境下实施的情形。如果过于关注规范的统一，就可能会看不到这些规范在不同法律制度下适用所产生的结果的差异性。① 因此，国际商法在现代大多数成功的范例并不是法官或立法者的工作，而是民间机构工作的成果。另一方面，实践比原则和规范更为统一，商人们都愿意认可和尊重长期存在的贸易惯例、商业实践和习惯的造法力量。各国都很少愿意放弃他们的法律文化所根基的原则，因而统一法律并进而朝着趋同化方向发展的根本在于更多地关注于一个协调的法律原则所依据发展的共同法律文化。

3. 国际贸易惯例。从实质效力上讲，国际贸易惯例是指在某一地区或国际范围内的某行业中反复使用并得以遵守的、且有确定性内容的实践和规范。从形式上讲，国际贸易惯例体现于国际社会的共同商业实践，由某些国际组织或某些国家的商业组织根据长期形成的商业习惯所编纂的"法典化的"贸易惯例以及标准格式合同中。国际贸易惯例在性质上是任意性的，由当事人协商是否采用。如已协议采用，可变更惯例的内容，一旦采用了，则依它来处理争议。在当事人未明示选择时，国际贸易惯例也为裁决者处理争议提供了指导和参照。

不成文的国际贸易惯例反映在国际商业社会大多数成员所实施的普遍性实践中。在客观上，国际贸易惯例在国际商事交易实践中所客观存在并被普遍地反复适用。在主观上，商人们在进行交易时，认识到某一特定领域内存在着国际贸易惯例，并尊重它的适用和效力。有学者认为，当事人在缔约时，很少讨论某特定惯例的适用，也不在合同中用书面形式订明，他们认为它应当然地得到适用。② 但我们仍认为它是一种默示协议的形式。穆斯迪尔则认为，除非能够证明商人们适用共同商业实践中的惯例是因为他们感到必须这样做，那么这种不成文的国际交易惯例就不能作为现代商人法的渊源。这种观点违背了国际贸易惯例的实质性含义，它是没有强制性的，商人们之所以适用它是出于贸易惯例适用的简便性以及贸易惯例内容本身的先进性。

---

① See Arthur Rosseff. *Unification, Harmonization Restatement, Codification and Reform in International Commercial Law*. 40 Am J. Comp. 2 (1992).

② See Julian Lew. *The Case for the Publication of Arbitration Award*, 231 (Schultsz and Van den Berg ed. 1982).

由于不成文的国际贸易惯例在适用上的不确定性,因而促使一些国际组织努力编纂成文的国际贸易惯例,也使国际贸易惯例"法典化"了。其中较为成功的要数国际商会和国际法协会。国际商会于1936年公布了《国际贸易术语解释通则》(Incoterms),后经多次修订,现今适用的是1990年修订本。在国际货物买卖的支付中,国际商会1967年公布了《商业单据托收统一规则》,1978年修订,改名为《托收统一规则》;1933年公布了《商业跟单信用证统一惯例》,后更名为《跟单信用证统一惯例》。国际法协会1932年制定了《华沙—牛津规则》,1974年主持制定了《约克—安特卫普共同海损理算规则》。有人认为,由于这种"法典化"的贸易惯例的适用是通过当事人在合同中的协议实现的,因此,它们依合同适用于争议而无须援引现代商人法,是尊重当事人协议的结果。但我们认为,法律适用的主体不只是裁决者,当事人也是法律适用的主体,他们在合同中协议适用国际贸易惯例,也就适用了商人法。

标准格式合同或合同标准条款也是国际贸易惯例中的一部分。标准格式合同或合同标准条款是由某些国际组织或专业性的贸易协会所制定的、合同条款明确的、供当事人使用的合同。前者如由联合国欧洲经济委员会所制定的买卖合同共同条件和标准格式合同,后者如由各种贸易协会(包括伦敦谷物贸易协会、汉堡谷物贸易协会等,在此不逐一列举)制定的标准格式合同。

斯托科(Stoecker)和穆斯迪尔则对标准格式合同作为现代商人法的渊源表示怀疑。[①] 他们认为,在标准格式合同成为现代商人法的渊源之前,它必须为国际商业社会的实践所采用和接受。然而,这并不是容易完成的任务。当事人并无义务使其受一系列的标准合同约束。在贸易中存在着许多领域,其中必存在着不同的标准格式合同,况且就是同一领域内不同的组织也公布了许多种标准格式合同,因而不存在普遍性的标准格式合同,从而不能作为现代商人法的渊源。

对于上述的观点,我们认为,标准格式合同的起草是一种实证主义的方法,而不是理性的推演,它是基于总结国际商业实践中广泛接

---

① See Wilkinson. *The New Lex Mercatiria: Reality or Academic Fantasy?*. *Journal of International Arbitration*, 114 (1995).

受的原则来起草的,因此,标准合同在国际商业实践中是被采用和接受的。其次,国际贸易惯例的发展具有层次性。一方面,国际贸易惯例沿着从某些有影响的商人与商业实践活动,而后发展成为国际贸易中的一般做法(general practice),再发展成为国际贸易习惯(usage),最后发展成为具有稳定性的国际贸易惯例(custom)这样一条道路成长。另一方面,国际贸易惯例首先是地区性的,而后由地区性的贸易惯例加以协调而趋于发展成为统一的、普遍性的国际贸易惯例,或者在某一领域内先存在着几个并行的惯例体系,而后也会趋于统一,这是一个发展过程。因而上述反对意见所提到的情况并不能否认标准格式合同作为国际贸易惯例的一部分,从而成为现代商人法的渊源。

4. 许多学者认为公布的国际商事仲裁裁决是现代商人法的渊源之一,这种观点的支持者有卡伯尼耶(Thomas Carboneau)、兰多等人。他们认为仲裁裁决所确定的规则在国际贸易实践中得到承认,仲裁裁决的公布有利于现代商人法发展成为一致性的规范的总体,并会使仲裁庭和当事人更易于查明国际贸易合同方面的相关商事规范。

现代商人法的形成和发展与国际商事仲裁的实践是紧密相联的,它是仲裁庭确定仲裁所适用的实体法的可选择的方法之一,因而国际商事仲裁裁决在一定程度上反映了现代商人法的发展。而且国际商事仲裁裁决的公布也有利于现代商人法的发展。尽管如此,我们仍不能认为仲裁裁决是现代商人法的渊源之一。首先,到目前为止,公开发表的国际商事仲裁裁决为数有限,还没有形成一个像判例法那样系统化、制度化的仲裁裁决的报告制度。法律的功能之一在于让它所调整范围内的当事人知晓它的内容,从而能够预见到自己行为的后果,从而使他们的交易具有确定性和安全性。现代商人法不只是供仲裁员适用的,更重要的是规范当事人的行为。而国际商事仲裁裁决公布的数量有限,对于商人们的意义就很微小了。其次,当事人选择仲裁的原因之一在于仲裁所提供的保密性,所以除非当事人要求,仲裁一般不公开审理。如果公布仲裁裁决则会失去保密性,从而违背仲裁的目标。这也是仲裁裁决公布数量有限的原因之一。再次,仲裁庭的裁决并不具有判例法中的判例所具有的有拘束力的先例的效力,仲裁员并不受其他仲裁员作出的仲裁裁决约束,这也就失去了仲裁裁决作为法律渊源的基础。而且，在仲裁中并没有像司法诉讼中上诉法院和最高法院那样的"上诉仲裁庭或最高仲裁庭"来确保仲裁庭之间裁决的一致性。就目前来看，仲裁裁决是很难发展成为"判例法"的。

三、现代商人法对冲突法发展的影响

现代商人法理论是要使这种法律秩序脱离国内法律体系。乌拉圭学者阿尔方森（Quintin Alfonsin）1995年撰文提出一种"国际性的私法"理论（international private law）。① 他认为，国际合同应从内国法的歧异中解放出来，内国法是为国内的情势所规定的，不能充分有效地调整跨国合同关系。他还认为，现有的合同冲突规范（合同缔结地法或合同履行地法）不能解决这些问题，应由具有跨国性质的"国际性的私法"来调整。而美国最高法院大法官伯格（Burger）在具有里程碑性质的1972年的布雷默诉萨帕塔公司（Bremen v. Zapata Off-Shore Co.）一案中，批评第五巡回区上诉法院的法官们坚持"所有的争议必须在我国的法院中依我国法律来裁决这样一个狭隘的观念"，他也认为需要以一个独立的规范体系而不是纯粹内国性的法律来支配国际交易。② 这些都在理论上支持了现代商人法的发展。但现代商人法的发展对冲突法的地位和作用有何影响呢？二者之间的关系又应如何定位呢？

有学者认为，现代商人法的发展对法律冲突法的发展提出了严峻的挑战，在现代商人法的适用逐渐扩大的领域内，冲突法的领域则相对缩减。进而提出，由于冲突法的种种缺陷，在国际商事交易领域内应由现代商人法取代冲突法。

从历史发展来看，国际私法上解决跨国关系问题的方法可分为两种，其一是一种实体法的方法（the substantive law approach），意指适用直接支配跨国性关系的法律规范的方法；另一种就是运用冲突规范的方法，通过冲突规范中连结点的指引来适用跨国关系场所化了的地

---

① See Friedrich K. Juenger. *The Inter-American Convention on the Law Applicable to International Contracts: Some Highlights and Comparisons.* 42 Am. J. Comp. L. (1994).

② See Friedrich K. Juenger. *American Conflicts Scholarship and the New Law Merchant.* 28 *Vanderbilt Journal of Transnational Law*, 487-501 (1995).

方的法律。美国学者荣格（Friedrich K. Juenger）进而把第二种方法又分为单边主义的方法（the unilateralist approach）和多边主义的方法（the multilateralist approach）。① 所谓单边主义的方法是指通过这种方法来决定可能得到适用的内国法的属人和属地方面的适用范围。而多边主义的方法则是指在具有涉外因素的行为或社会关系与法律制度之间用法律选择规则连结起来，从而决定应适用的法律。我们可以把实体法的方法、单边主义的方法和多边主义的方法都称做是法律选择的方法。

这三种方法自中世纪以来就已相并而存在，但在国际私法的发展历程中，实体法的方法同后两种方法比较起来，并未得到更多的重视，而自萨维尼创立"法律关系本座说"之后，多边主义的方法更占优势地位。但在国际私法的晚近发展趋势中，一方面是单边主义的复兴，这主要体现在美国冲突法革命中，例如，艾伦茨威格（Ehrenzweig）提出的"法院地法说"；另一方面则是实体法的方法也得到更多的适用，现代商人法理论的提出和讨论就是其中一部分。

正如上文所述，实体法的方法在古代社会和中世纪即已存在，罗马的外事执政官（Praetor Peregrinus）发展起来的万民法、中世纪商人共同体发展起来的商人法，即是一种实体法的方法，它使得具有涉外因素的商业交易不受冲突规范的调整并进而脱离某国国内法的管辖。而在梅特兰（Maitland）看来，商人法则是中世纪的国际私法。因而，荣格认为在古代社会中难寻冲突法的痕迹。那么，我们能否以古代社会的情势类比于当代，从而认为在发达的法律制度中提出和发展现代商人法的理论和制度也预示着冲突规范作用趋于弱化呢？我们可以把多种法律选择方法的存在称为方法的多元主义（pluralism of methods）。方法的多元主义并不是一个新现象，在中世纪时就已形成，除了本文所论述的商人法以外，中世纪时期还通过分析法则的适用范围和效力来解决法律选择问题，更为重要的是，冲突法在这一时期已开始形成。从历史的经验来看，多种方法的存在是一个值得肯定的现象，我们没有必要以现代商人法制度来取代冲突法制度。

商人法并入各国国内法的首要原因就在于主权的民族国家的兴

---

① See Friedrich K. Juenger. *Choice of Law and Multistate Justice*, 44-46 (1922).

起；而促使商人法在现代发展的因素在于世界全球化发展的趋势使得各国应加强联系与合作，为促进各国在全球化发展的环境中联系与合作，超越各国法律歧异的障碍就受到了学者们和实务者们的关注，这其中主权观念在一定程度上的弱化和受到更多的限制也是一个促动因素。此外，冲突法制度本身的僵硬性及其所导致的各种缺陷不能够协调实质正义和它所追求的判决结果的一致性，而新自然法学派的兴起要求法官不只是硬性地适用冲突规范，而是要去解决争议问题并实现实质正义。可以说，现代商人法制度在一定程度上和一定范围内实现了实质正义的要求和判决结果一致性的协调。但问题在于现代商人法制度和冲突法制度是水火不相容的吗？

现代商人法制度到目前为止仍然是一个不完善的法律秩序，因而在实践中的适用受到多种因素的限制。对现代商人法适用最大的抨击乃是在于确定性。由于现代商人法在渊源上存在的缺陷，它的许多规则过于概括和模糊，不利于解决复杂的国际商事问题。斯托科就认为，现代商人法是一个不确定的规范体系，因此不能认定它是对每个人都有约束力的法律。尽管我们不赞成他不承认现代商人法的法律性的主张，但他的表述确实指出了现代商人法的缺陷之一，就连支持现代商人法理论的雷伊也承认，当事人之所以不愿意选择商人法的原因就在于它的不确定性。尽管有些商人法，如国际商会制定的《国际贸易术语解释通则》，应是确定的。而且这种不确定性在私法统一化运动中有所改善，但并未完全克服，仍需通过冲突法来适用可预见性和确定性相对较强的国内法律体系。

现代商人法作为法律体系的组成部分，其强制性仍是较弱的，商人们在寻求仲裁解决后，更为关注的是它的承认和执行问题，以使其利益得到实现。支持现代商人法理论的学者在论著中一般通过列举几个国家，诸如法国、德国、意大利、奥地利等国法院的几项判例，以此说明到目前为止世界上还没有哪一国的法院仅以仲裁裁决是根据现代商人法作出的为由而拒绝承认这种裁决的法律效力。① 笔者认为，这种实证分析方法的科学性是值得商榷的。虽然我们承认现代商人法

---

① 参见徐国建：《现代商人法论》，载《中国社会科学》1993 年第 2 期；韩健：《现代国际商事仲裁法的理论与实践》，法律出版社 1993 年版，第 252~254 页。

的法律性，但不赞成这种分析方法。这种方法采取抽样研究的途径，但这种抽样研究的范围是有限的，只是抽取少数几个国家的少数几个判例来作论述的佐证。在其中引用最多而分量也最重的一个判例乃是诺索罗诉帕巴克案（Norsolor. v. Pabalk，1979），该案是由法国诺索罗公司不服仲裁庭对这二者之间争议作出的裁决，请求奥地利维也纳商业法院撤销该项裁决，理由是裁决依据的是商人法和公平原则。维也纳商业法院判决该裁决有效，而在上诉中，维也纳上诉法院则撤销了依商人法作出的那一部分的仲裁裁决，其理由是因为商人法的效力并不确定，但维也纳上诉法院的判决被奥地利最高法院否定。从以上可以看出，对现代商人法的强制性仍是有争议的，现实主义的观点则认为它的强制性仍很弱。达塞尔（Dasser）在分析了到1987年为止的近50个国际商事仲裁裁决后，发现只有一个是完全依据现代商人法作出的，有200多个是同时以现代商人法与一个或多个国家的国内法为依据作出的。① 由此可见，冲突法的领域并未缩小。

　　另一方面，冲突法本身也通过各种"软化"处理的方法来设法克服冲突规范适用的僵硬性，弹性连结原则、最密切联系原则、政策导向和结果选择的方法、"自体法"理论等的采用使得冲突法在解决实质正义和判决结果一致性的关系上有所进展，并逐步注重个案解决的公正性，在一定程度上缓解了克格尔（Kegel）所称的"冲突法的危机"。而且，在美国冲突法革命中那种完全抛弃和否定冲突规范的理论也日益受到批评。不提现代商人法的规范并未能涵括冲突法的所有领域，即使在现代商人法自身领域中，冲突法的发展也是有必要的。瑞士学者冯·奥弗贝克（Alfred von Overbeck）指出，为了较圆满地解决具有国际性的法律关系的问题，应将冲突法和统一实体法结合起来。② 从现代商人法的角度来讲，冲突法也不应对它采取一种敌视的态度，法国学者勒内·达维德（René David）指出：设想冲突法理论在解决国际法律关系问题中并不是唯一适当的方法对于冲突法学者们而言是最困难的，他们紧抓这种方法，即使是在它导致了坏结果

---

① 转引自徐国建：《现代商人法论》，载《中国社会科学》1993年第2期。
② 参见韩德培主编：《中国冲突法研究》，武汉大学出版社1993年版，第32页。

的情况下也是如此。所以，我们应支持多元的方法论。

统一国际私法公约最新的发展是 1994 年《美洲国家间关于国际合同法律适用的公约》，这个公约为法律选择问题解决方法的多元主义提供了一个成功的范例。该公约第 9 条的规定是这样的：如果当事人没有选择准据法，或者如果他们的选择被确认为无效，合同得受与合同有最密切联系的国家的法律支配。法院在确定哪国的法律与合同有最密切联系时应考虑合同的主客观因素，法院同时也得考虑由国际组织所承认的国际商事法的一般原则。我们认为该公约把自体法理论与作为实体法方法的现代商人法结合起来，这种折中主义的态度把目的论引入到了完全的地域联系的分析中。而该公约第 10 条的规定更是扩大了现代商人法的适用。该条规定：除了前条的规定，为了满足特定个案中正义和公平的要求，得适用国际商事法的准则、惯例和原则及得到普遍承认的商业习惯和实践。该条款的规定充分显示了尊重实质正义和个案公正解决的要求。所以，这里已不再是现代商人法作为一个法律秩序是否存在的问题，而是某一具体的规范是否属于现代商人法中的"准则、惯例、一般法律原则以及得到普遍承认的商业习惯和实践"的问题，这就有赖于法院和仲裁庭在个案中分别加以认定了。

从上述该公约的规定及其分析来看，现代商人法理论在该公约第 9 条和第 10 条中分别作为适用冲突法的方法所考虑的因素和例外情形，并没有取得与冲突法的方法相平等的地位。就第 9 条的规定来看，它把现代商人法理论融进了自体法理论中，虽只是将其列为其中所考虑的因素之一，但仍然对现代商人法发展地位作了一定的肯定，另一方面也是对冲突法方法的一个限制。第 10 条虽把现代商人法的地位和作用提高了，但仍只是在特定案件中为实现正义和公平而适用现代商人法，而非一项基本原则和方法。也就是说，只有在依公约规定的冲突规范所指引的法律在处理争议问题时所可能得到的结果会违背正义和公平观念，才得以适用现代商人法。我们可以说，冲突规范的方法仍在解决法律选择问题中具有主导地位，而现代商人法制度作为一种实体法的方法在目前仍处于从属的或者说次要的地位。况且，现代商人法的适用在一定程度上是依据当事人意思自治原则的，而当事人意思自治原则乃是冲突法中合同领域内法律选择的首要原则，而且当事人意思自治原则也是一种冲突规范。

有学者认为,我国《涉外经济合同法》和《民法通则》是承认可以适用现代商人法的。① 前者的第5条第3款规定:中国法律未作规定的,可以适用国际惯例。后者的第142条第3款规定:中国法律和中国缔结或者参加的国际条约没有规定的,可以适用国际惯例。前两款中国际惯例的适用均是在中国法律为涉外民事法律关系的准据法时而中国法却没有有关问题的规定的情形下发生的,这在中国学者的著述中一般称为"国际惯例补缺"的原则。其实,这两项规定的本意并非承认可以适用现代商人法,而是在于我国当时法制建设处于发展的初期阶段,立法体系还不完善,一些问题尚未得到法律规范,出现了一些法律漏洞,因而规定"国际惯例补缺"原则乃是一项补充法律漏洞的便宜措施。这其中并没有把现代商人法作为一个独立的法律秩序和解决涉外民商事法律冲突问题的一种方法,所以并不能把"国际惯例补缺"原则的规定当做承认现代商人法制度的地位。但是,这项原则也确实在实践中有助于我们国家的立法、司法和理论界对现代商人法理论的认识。

我们反对以现代商人法理论和制度来否定和抛弃冲突法,赞同应维持和发展多元的方法论。但是我们更要强调的是冲突法在现今情势中的主导地位,且不谈在形式上私法统一化运动的各种缺陷,就现代商人法发展进程中最为重要的阻碍因素而言乃是主权的因素。现代商人法同中世纪商人法不同,后者是商人共同体依自身的力量发展起来并由自身加以实施的,而现代商人法的渊源和地位仍在一定程度上取决于主权国家的承认和努力;另一方面,主权国家的存在也维持其国内法的歧异和冲突的存在,冲突法的存在和发展就存在着最为坚实的社会基础。而比主权因素更为深层次的因素乃是"文明的冲突"。换句话说,各国法律文化的协调和统一仍是漫长的过程。文明的差异和各自利益的所在为各国在全球化进程中固守各自的传统法律文化中的原则提供了潜在的驱动力,这也是一个矛盾运动的进程。

同时,国际私法学者应以开阔的眼界对待现代商人法理论,扩大国际私法的研究范围,从现代商人法的方法论中吸收有利于冲突法发

---

① 参见徐国建:《现代商人法论》,载《中国社会科学》1993年第2期。

展的因素。现代商人法作为一种实体法的方法在调整涉外民商事法律关系方面与冲突规范相互依存、互为补充。韩德培教授用"一机两翼"的理论来形容冲突法、统一实体法和程序法之间的关系,① 即冲突法是机体,而统一实体法和程序法是两翼。这是符合目前发展现状的,但从发展的眼光来看,这种"一机两翼"的理论也可能会变换一种形式,即统一实体法成为机体,而冲突法和程序法是两翼,当然这只是一种预测,并且会有一个极其漫长的发展过程。

---

① 参见肖永平:《国外国际私法的新发展与中国国际私法的发展方向》,载《中国法学》1996年第1期。

中国法制的新发展：
从单一法制到多元法制*

一、导言

人类的历史表明，随着生产力和科学技术的不断进步，人类的社会生活日益丰富多彩，向多样化、多元化或多级化的方向发展。在法律领域，这种现象也有所反映。比如，随着目前全球共同关心的问题的增多，法律的统一化、国际化或趋同化倾向在当今世界十分明显。但是，世界仍然是一个由众多主权国家组成的共同体，各国的社会、政治、经济、文化、历史发展轨迹乃至自然环境仍有巨大的差距，法律的民族特色或国家特色仍然很鲜明，法律的统一化、国际化或趋同化并没有完全否定、取代或抹杀法律的多样化和多元化。

中华人民共和国自 1949 年成立到 1997 年，一直是一个单一法制国家，即全国施行统一的法律制度，各地适用的法律制度没有什么不同。为了维护这种法律制度的统一性，地方制定的地方性法规是不得同中央的法律或者说全国性的法律相抵触的。但是，香港和澳门分别于 1997 年 7 月 1 日和 1999 年 12 月 20 日回归祖国后，这种情况发生了变化。香港特别行政区和澳门特别行政区的原有法律制度在其回归后基本不变，仍然保留。这种情形已在中英《关于香港问题的联合声明》①和中葡《关于澳门问题的联合声明》② 以及对这两个地区具

---

* 本文原载于《武汉大学学报》（哲学社会科学版）1999 年第 2 期。
① 1984 年 12 月 19 日在北京签订。
② 1987 年 4 月 13 日在北京签订。

有宪法意义的《中华人民共和国香港特别行政区基本法》①（以下简称《香港基本法》）和《中华人民共和国澳门特别行政区基本法》②（以下简称《澳门基本法》）中得到肯定。这就意味着，在中华人民共和国领域内已出现两种以上在不同地区适用的不同的法律制度，中国的法律制度的整体结构已从单一走向多元或复合。

二、单一法制国家与多元法制国家

谈中国的法制从单一走向多元，必然要讨论什么是单一法制国家，什么是多元法制国家。

（一）单一法制国家

所谓单一法制国家，是指具有统一法律制度的国家。在单一法制国家内，全国法制是统一的，尽管各地方可能有一定的立法权，可以制定地方性法规，但按照"上位法优于下位法"（*lex superior derogat legi inferiori*）的原则，地方的立法不得与中央的法律尤其是宪法相抵触。另外，在单一法制国家内，司法制度和司法体系通常是统一的。目前世界上，有许多国家是单一法制国家，比较典型的有法国和葡萄牙等。

就中国的情形而言，如果暂不考虑台湾地区因素，在1997年7月1日恢复对香港行使主权前，中华人民共和国是一个单一法制国家，它在其主权所及的范围内实行统一的法律制度，上有统一的宪法、法律和行政法规，下有地方性法规和民族区域自治法规。尽管各地方性法规和民族区域自治法规都是根据本地或本民族实际情况和针对本地或本民族具体问题制定的，但仍不得违背全国性的宪法、法律和行政法规。

（二）多元法制国家

所谓多元法制国家，即复合法制国家或复数法制国家，是指其法

---

① 该法于1990年4月4日由中华人民共和国第七届全国人民代表大会第三次会议通过，同日中华人民共和国主席令第26号公布，自1997年7月1日起已施行。

② 该法于1993年3月31日由中华人民共和国第八届全国人民代表大会第一次会议通过，同日中华人民共和国主席令第3号公布，自1999年12月20日起施行。

制不统一，在其域内有两个或两个以上的不同法律制度体系存在的国家。多元法制国家主要有两种情形：一种是这种国家内部存在两个或两个以上适用不同法律制度的区域，如美国和澳大利亚有适用不同法律制度的各州，加拿大有适用不同法律制度的各省；另一种是这种国家内部存在两套或两套以上适用于不同人员群体的不同的法律制度。

1997 年 7 月 1 日香港回归祖国后，中华人民共和国成为一个典型的多元法制国家。因为中国在对香港恢复行使主权后，按照"一国两制"方针，设立了香港特别行政区，并在这个地区保持原有的社会制度和生活方式不变，保持其原有的法律制度基本不变，实行港人治港，高度自治。① 也就是说，由于香港继续施行不同于内地的法律制度，香港的回归导致在中华人民共和国域内同时存在两种分别在中国内地和中国香港适用的不同的法律制度，中国因而成为多元法制国家。1999 年 12 月 20 日澳门回归祖国，中国也将以"一国两制"模式处理，届时，基本不变的澳门原有法律制度在澳门继续适用，使中国法律制度更加多元化。

三、法域与多元法制国家

一个国家内部多元法制局面的形成，与法域这一现象有着天然的联系。所谓"法域"（law district, legal region, legal unit），又称法区或法律区域，系指具有或适用独特法律制度的区域。从法域的这一概念不难看出：一方面，法域应具有独特的法律制度，这种独特性有时涉及法律的各个方面或各个法律部门，有时仅涉及法律的某些方面或某些法律部门；另一方面，法域是特定的区域。这里讲的"区域"，既指有一定领土范围的国家，也指一个国家内部的不同地区。② 通常，一个法制统一的国家就是一个独立的法域。但是，世界上有不少国家的国内法制不统一，由数个以地区为单位的法域构成，这种国家

---

① 参见《中华人民共和国香港特别行政区基本法》第一章和《中华人民共和国澳门特别行政区基本法》第一章。

② See J. H. C. Morris. *The Conflict of Laws*, 2 (4th ed. 1993); I. Szászy. *Conflict of Laws in the Western, Socialist and Developing Countries*, 233 (1974); 翟楚：《国际私法纲要》，台湾编译馆 1982 年版，第 5~6 页。

被称为多法域国家或复合法域国家。① 从法域的角度讲，上面提到的单一法制国家，也可以叫做单一法域国家；而上面提到的多元法制国家，则可以叫做多法域国家或复合法域国家。所以，多元法制国家实际上就是指其境内有两个或两个以上法域的国家。

香港和澳门分别于1997年7月1日和1999年12月20日回归祖国，意味着中华人民共和国已由一个单一法域国家转变为一个多法域国家或复合法域国家。因为依"一国两制"理念，在中国恢复对香港和澳门行使主权后，香港和澳门仍将实行资本主义制度，原有法律基本不变，而这两个地区都有自己独特且分属普通法系和大陆法系的法律制度。因此，香港和澳门虽然回归祖国，但它们都是中华人民共和国领域内具有独特法律制度的独立法域。当然，内地经过50年的建设和发展，已建立和形成自己的法律体系，内地作为中华人民共和国领域内具有独特法律制度的一个独立法域，自不待言。如果把中国台湾地区的情况考虑进去，中国已出现一国两制三法系四法域共存的局面，中国也因此成为一个典型的多元法制国家。②

四、中国的多元法制所衍生的法律问题

在多元法制国家内部，不同法律制度的存在会带来一系列在单一法制国家不会产生的法律问题。结合中国的情形，我们对其中如下一些法律问题加以探讨。

（一）区际法律关系

在一个国家内部，随着社会的不断进步和科学技术的不断发展，生活在适用不同法律制度的地区的人们之间的各种各样的交往越来越频繁，越来越深入，越来越具体。各地人们在相互交往过程中，必然

---

① See E. Vitta. *Interlocal Conflict of Laws*. in 3 *International Encyclopedia of Comparative Law*, 3 (K. Lipstein et al. ed. 1985); R. H. Graveson. *Comparative Conflict of Laws*, 310 (Vol. 1, 1977); D. F. Cavers. *Contemporary Conflicts in American Perspective*. 131 Recueil des cours 77 (1970-III); 黄进：《区际冲突法研究》，学林出版社1991年版，第14~46页。

② Jin Huang & Andrew Xuefeng Qian. "One Country, Two Systems", Three Law Families, and Four Legal Regions: The Emerging Inter-regional Conflict of Laws in China. 2 *Duke Journal of Comparative & International Law*, 289-328 (1995).

会建立这样或那样的法律关系。这种法律关系就是区际法律关系。

区际法律关系是指在一个国家内部,适用不同法律制度的地区之间的法律关系。首先,它是一种国内法律关系,它不同于含有国际因素的国际法律关系,不涉及外国法律,不会受到国际协议的约束。其次,尽管区际法律关系是一种国内法律关系,但它不同于单一法制国家内的国内法律关系。单一法制国家内的国内法律关系受统一的法律支配,而区际法律关系同两种或两种以上的区域法律制度相联系,在法律适用方面有选择的余地。再次,区际法律关系是各法域在地位平等、独立的领域,如民商法等领域,所建立起来的法律关系。在地位不平等领域产生的国内法律关系,如在中国,中央政府和香港特别行政区政府之间的法律关系,就非区际法律关系了,而属于中央和地方之间的法律关系。最后,区际法律关系是一个含义广泛的一般概念,它包括区际民商事法律关系、区际刑事法律关系、区际行政法律关系、区际环境法律关系、区际诉讼法律关系、区际仲裁法律关系等。

香港和澳门回归后,内地与港澳地区的关系更加密切。在交往过程中,区际法律关系必然大量产生,成为中国国内一种新型的法律关系。这种区际法律关系包括内地与香港、澳门、台湾之间的法律关系,香港与内地、澳门、台湾之间的法律关系,澳门与内地、香港、台湾之间的法律关系,以及台湾与内地、香港、澳门之间的法律关系。由于区际法律关系具有其特殊性,它在中国的出现,要求中央和各法律区域制定相应的法律去调整和规范,这给我们的立法提出了新的课题。

(二) 区际法律冲突

区际法律冲突是中国的多元法制所衍生的又一法律问题。通常,生活在适用不同法律制度的地区的人们,自然受不同的法律支配。当分属不同地区并受不同法律支配的人们建立跨地区的法律关系时,由于该法律关系牵涉两个或两个以上的地区,而各地区的相应的法律制度又互不相同,就会产生该法律关系受哪个地区的法律支配的问题,也就是区际法律冲突问题。

所谓区际法律冲突,就是在一个国家内部不同地区的法律制度之间的冲突，或者说是一个国家内部不同法域之间的法律冲突。① 对于区际法律冲突，各国学者们在学术著作中根据区际法律冲突产生的不同情况，有不同的表述。主要有 interregional conflict of laws（直译为"区际法律冲突"）、internal conflict of laws（直译为"国内法律冲突"，这一表述一般既包括区际法律冲突，也包括国内的人际法律冲突②）、interprovincial conflict of laws（直译为"省际法律冲突"）、intercantonal conflict of laws（直译为"州际法律冲突"，专指瑞士各州之间的法律冲突）、interstate conflict of laws（直译为"州际法律冲突"，主要指美国和澳大利亚各州之间的法律冲突）等。③ 笔者认为，interregional conflict of laws（即区际法律冲突）这个名称更能概括地反映世界上各多法域国家内部各种不同地区的法律之间的法律冲突。我国学者亦多用"区际法律冲突"一词来表述这一概念。

因为区际法律冲突是一国内部具有不同法律制度的地区之间的法律冲突，所以，它是在一国内部不同地区的人们进行交往的过程中产生的，或者说是在一国内部的区际法律关系或跨地区的法律关系中产生的。在一国内部，区际法律冲突产生的条件有：（1）在一国内部存在着数个具有不同法律制度的法域；（2）各法域人民之间的交往导致产生众多的区际或跨地区法律关系；（3）各法域互相承认外法域人在本法域的法律地位；（4）各法域在一定条件下互相承认外法域的法律在自己的区域内的域外效力。在上述各条件中，第一个条件是区际法律冲突产生的最重要和最根本的条件。只有在一国内部存在着具有不同法律制度的区域，才可能有法律冲突的产生。如果我们撇开区际法律冲突产生的另外三个条件，那么，我们就会发现，在某种意义上讲，造成一国内部各地区法制不统一的原因也就是区际法律冲突产生的原因。造成一国内部各地区法制不统一的原因归结起来主要有：国家的联合与合并、国家的复活、国家的兼并、国家领土的割

---

① 参见黄进：《区际冲突法研究》，学林出版社 1991 年版，第 48~49 页。

② 例如，卡恩—弗罗因德认为 internal conflict of laws 有三类，即联邦制国家内的州际冲突或省际冲突、单一制国家内的地方间的冲突和一国内的人际法律冲突。See Kahn-Freund. *General Problems of Private International Law*, 147-148 (1976).

③ See I. Szászy. *Conflict of Laws in the Western. Socialist and Developing Countries*, 233 (1974).

让、国家领土的回归等。①

区际法律冲突只是众多的法律冲突现象中的一种，它具有如下特征：其一，区际法律冲突是在一个主权国家领土范围内发生的法律冲突。区际法律冲突只可能发生在一国领土范围之内。如果某一法律冲突超越一国领土范围，或者说它是一种跨越国界的法律冲突，那么，它就不是区际法律冲突。其二，区际法律冲突是在一个主权国家领土范围内具有独特法律制度的不同地区之间的法律冲突。其三，区际法律冲突主要是一个主权国家领土范围内不同地区之间的民商法律冲突。这也就是说，区际法律冲突主要是一种私法方面的冲突。其四，区际法律冲突是一个主权国家领土范围内不同地区的法律制度之间的横向冲突（horizontal conflict）。总而言之，区际法律冲突是在一个主权国家领土范围内不同地区的法律之间的横向冲突。

区际法律冲突可以按照不同的标准进行分类。以国家结构形式为标准，区际法律冲突可划分为单一制国家内的区际法律冲突和联邦制国家内的区际法律冲突。以社会制度为标准，区际法律冲突可划分为具有相同社会制度的各法域之间的区际法律冲突和具有不同社会制度的各法域之间的区际法律冲突。以法系为标准，区际法律冲突可划分为属同一法系的不同法域之间的区际法律冲突和非属同一法系的不同法域之间的区际法律冲突。②

目前，内地、香港、澳门和台湾的相互往来已十分频繁。在我国恢复对香港和澳门行使主权，解决台湾问题，完成祖国统一大业后，各地区之间的交往必将更加频繁，更加广泛，更加深入。但是，由于内地、香港、澳门和台湾施行互不相同的法律，是互为独立的法域，在人们的区际交往中，当某一事项或一项争议涉及两个或两个以上的地区时，究竟应适用哪个地区的法律处理争议的问题，亦即区际法律冲突问题，不可避免地会产生。比如说，一个公司是否有效成立是依内地法律确定还是依香港法律确定；一个香港人在内地结婚，其婚龄

---

① 参见黄进：《区际冲突法研究》，学林出版社 1991 年版，第 14~25 页。
② See Kahn-Freund. *General Problems of Private International Law*, 147-148 (1976); I. Szászy. *Conflict of Laws in the Western, Socialist and Developing Countries*, 235 (1974).

是依内地法律决定还是依香港法律确定；一个内地法院的判决或仲裁机构的裁决如何在香港得到承认与执行，等等。

与国际法律冲突不同，中国内地、香港特别行政区、澳门特别行政区、台湾地区相互之间的区际法律冲突，是在中华人民共和国领土范围内发生的法律冲突，有其鲜明的特点。首先，中国的区际法律冲突是一种特殊的单一制国家内的区际法律冲突。根据《关于香港问题的联合声明》和《关于澳门问题的联合声明》以及两个基本法，特别行政区享有高度的自治权，其权利甚至大大超过在联邦制国家内其成员国所享有的权利。因此，中国的这些法域的法律之间的差别极大。这表明，区际法律冲突的范围可能同国际法律冲突的范围差不多；而且，各法域都有独立的立法权、司法权和终审权。但话说回来，这些地区享有的高度自治权绝非本身所固有，而是国家根据这些地方的历史与现实赋予它们的一种特殊待遇。特别行政区是在中央政府领导之下的地方行政区域，从行政上讲，它同中央政府的关系实质上仍是中央同地方的关系。这与在联邦国家内联邦和成员国之间的关系又有所不同。其次，中国的区际法律冲突既有属于同一社会制度的法域之间的法律冲突，也即社会性质完全相同的法律之间的冲突，如香港、澳门和台湾相互之间的法律冲突；又有社会制度根本不同的法域之间的法律冲突，亦即社会主义法律与资本主义法律这两种性质不同的法律之间的冲突，如中国内地的法律与香港、澳门特别行政区和我国台湾地区的法律之间的冲突。再次，中国的区际法律冲突既有同属一个法系的法域之间的法律冲突，如台湾和澳门的法律制度深受大陆法系的影响，这两个地区之间的区际法律冲突是同属一个法系的法域之间的法律冲突；同时，又有分属不同法系的法域之间的法律冲突，如属普通法系的香港法律与属大陆法系的台湾和澳门法律之间的冲突即是。

(三) 区际司法协助

关于司法协助，在国际上并没有一个统一的称谓。有的国家称之为"司法协助"（judicial assistance），有的国家称之为"法律协助"（legal assistance），有的国家称之为"司法合作"（judicial co-operation）。它是指一个国家或地区的司法机关应另一个国家或地区的司法机关或者有关当事人的请求，代为履行司法行为，或者在司法方面提供其他的协助。① 根据司法协助是否具有涉外性，司法协助可分为国际司法协助和区际司法协助，前者是指国与国之间的司法协助，而后者是指一个国家内部不同地区之间的司法协助。根据司法协助的性质，它可以分为刑事司法协助和民商事司法协助，前者的内容主要包括文书送达、调查取证、嫌疑犯移交、诉讼移管、已决犯移管以及判决的承认与执行等，② 后者的内容主要包括文书送达、调查取证、查明法律以及法院判决和仲裁裁决的承认与执行等。在理论上，司法协助还有狭义和广义之分，如狭义的民商事司法协助只包括文书送达、调查取证、查明法律等，不包括法院判决和仲裁裁决的承认与执行，而广义的司法协助则将法院判决和仲裁裁决的承认与执行包括在内。③

在"一国两制"下，香港特别行政区和澳门特别行政区以及今后同大陆统一的台湾，都保留自己原有的司法制度和司法体系基本不变。这样，内地、香港、澳门和台湾都具有相对独立的司法管辖权，原则上，任何一地的司法管辖权都不能及于另一地。而在司法实践中，各地之间的交往在不断扩大，区际法律纠纷在不断增多，区际司法事务也在不断增加，没有各地之间的司法协助不利于开展有关司法工作。因此，就目前而言，内地、香港和澳门相互之间开展区际司法协助，是中国恢复对香港和澳门行使主权后最迫切需要解决的问题之一。

在民商事领域，内地、香港和澳门相互之间开展区际司法协助，主要应在如下方面加以推动：（1）民商事司法文书以及相关的司法外文书的送达；（2）调查取证；（3）财产和证据保全；（4）仲裁裁决的承认与执行；（5）法院民商事判决的承认与执行。在刑事领域，则主要应在如下方面加以推动：（1）刑事司法文书以及相关的司法外文书的送达；（2）调查取证；（3）强制措施的采取；（4）嫌疑犯

---

① 参见黄风：《区际司法协助概念辨析》，载黄进、黄风主编：《区际司法协助研究》，中国政法大学出版社1993年版，第3~8页。

② 参见毕武卿：《国际刑事司法协助的理论与实务》，载司法部司法协助局编：《司法协助研究》，法律出版社1996年版，第99~109页。

③ 参见黄进主编：《区际司法协助的理论与实务》，武汉大学出版社1994年版，第3~5页。

的移交；（5）已决犯的移管；（6）刑事判决的承认与执行。

《香港基本法》第95条和《澳门基本法》第93条已分别就香港特别行政区和澳门特别行政区与全国其他地区开展司法协助作出规定，提供了宪法性法律基础。它们规定：香港特别行政区、澳门特别行政区可与全国其他地区的司法机关通过协商依法进行司法方面的联系和相互提供协助。

在香港回归祖国后，根据《香港基本法》第95条，内地和香港的有关机关一直以积极和建设性的态度进行协商，先后就解决内地和香港民商事司法文书的送达和相互执行仲裁裁决的具体方案达成共识，签署了《关于内地与香港特别行政区法院相互委托送达民商事司法文书的安排》和《关于内地与香港特别行政区相互执行仲裁裁决的安排》。根据前一安排，内地与香港法院相互委托送达司法文书须通过各高级人民法院和香港特别行政区高等法院进行，相互送达的文书仅限于民事、商事文书，并以内地和香港互换的司法文书样本为准，送达规定在两个月内完成。遇有不予送达的情形，可以个案处理。双方委托送达费用互免。根据后一安排，内地与香港法院相互执行仲裁机关依法作出的仲裁裁决，即无论是内地仲裁机关还是香港特别行政区仲裁机关作出的仲裁裁决，如果一方当事人不履行，另一方当事人可以向被申请人住所地或财产所在地的有关法院申请执行。该安排还对内地和香港法院如何受理和执行仲裁裁决的具体事项作了规定。上述两个安排是具有历史意义的法律文件，标志着"一国两制"方针已开始在内地和香港司法协助领域得到贯彻落实。它们对及时、公正地解决内地和香港之间的民商事争议提供了便捷、有效的保障，也体现了我国对维护包括香港、澳门和台湾同胞在内的当事人合法权益的高度重视。

特别值得一提的是，上述关于送达的安排签署后，我国最高人民法院于1999年3月30日以司法解释的形式公布了该安排并即日生效。而香港特别行政区则通过立法程序，根据该安排的内容修订相关条例，使其在香港生效。这实际上是一种先协商达成一致，后分别根据自己的法制和程序贯彻落实的模式，简言之，即先协商一致，后分别立法模式。① 采取这种模式既符合《香港基本法》的有关规定，又对应了内地和香港各自法制的实际情况。按照《香港基本法》，区际司法协助不属于中央管辖事项，中央无权制定相关的统一法律。② 而区际司法协助又涉及内地和香港，需要相互配合与合作，内地和香港不经协商分别采取各自的立法行动，虽然可能但实际上不能奏效或者说效益不高。同时，还应该看到，在这种模式下，虽然内地和香港就区际司法协助事项经协商达成共识，签署安排，但内地和香港并不是直接适用和直接执行有关协议，而是内地和香港再通过自己的法律程序将之转化为各自本身的法律制度，然后予以执行。这是充分尊重"一国两制"原则和《香港基本法》以及内地和香港特别是香港法律传统的结果。因此，目前采取的这种模式是切实可行的。事实上，这种模式已形成先例，对今后内地与香港、澳门以及台湾开展区际司法协助都将产生影响。当然，这种模式还不能说是我国开展区际司法协助的唯一模式，我们对其他模式，如"示范法模式"，③ 仍应进行探讨和研究。

（四）区际法律协商、协调与合作

由于中国内地、香港、澳门和台湾各自都有自己独特的法律制度，各自都有自己的立法、行政和司法管辖权，故在各地区的交往过程中，相互之间难免会发生这样或那样的区际法律冲突或抵触。尽管部分这类法律冲突或抵触可以由各方自行立法解决，但不少问题，特别是那些牵涉对方并需要对方协助与合作的问题，仅靠单方面解决不仅解决不了，而且会增加问题解决的复杂性，因此，在法律领域，中国内地、香港、澳门和台湾应合作起来，共同建立协商、协调和合作

---

① 关于区际司法协助的模式，可参见赵国强：《中国区际司法协助模式初探》，载司法部司法协助局编：《司法协助研究》，法律出版社1996年版，第307～315页。

② 按照《香港基本法》第二章，中央负责管理香港特别行政区国防、外交和其他按基本法规定不属于香港特别行政区自治范围的事务，因此，中央制定在香港特别行政区适用的法律仅包括有关国防、外交和其他按基本法规定不属于香港特别行政区自治范围的法律。《澳门基本法》第二章的规定亦复如此。

③ 参见黄进：《应重视和加强对中国区际法律冲突的研究》，载《政治与法律》1996年第5期。

机制实有必要。

目前，内地司法机关已经同香港司法机关建立了各种各样的协商、协调和合作机制。比如，我国最高人民法院同香港特别行政区律政司就区际司法协助事项建立起协商机制，已就民商事司法文书送达和仲裁裁决的执行达成共识，作出安排。又如，广东省检察机关同香港和澳门的廉政机关在部分刑事案件调查方面的协助与合作。但是，这些协商、协调和合作机制具有临时性，比较单一，并没有制度化。在我国，区际法律问题将长期存在，区际法律协商、协调与合作也不可能一蹴而就，必须长期进行下去。在这种背景下，为了更好地开展区际法律协商、协调与合作，内地、香港、澳门和台湾共同建立一个长期的、制度化的和综合性的区际协商、协调和合作机制实有必要。

合作共建法律协商和协调机制应以建立一个法律协商和协调组织为基础。这个组织可以叫做"全国法律协商和协调委员会"（National Commission of Legal Consultation and Coordination）。该委员会可以考虑作为全国人民代表大会常务委员会下的一个独立工作委员会，也可以考虑作为一个独立的官方工作委员会。该委员会的委员应由内地、香港、澳门和台湾选派的立法者、法官、律师、法学教授以及其他法律专家组成。为了便于该委员会开展工作，在该委员会之下应设一秘书处，负责处理日常事务和进行联络工作。

全国法律协商和协调委员会的职能是，就跨地区的法律事务和问题进行研究、协商和协调，提出各方都能接受的立法建议，促进在法律领域的互助合作。在该委员会工作的基础上，如果能达成共识，对有关中央管辖事项的立法建议，由中央立法颁行全国；对有关特别行政区管辖事项的立法建议，由各地立法机关分别立法在本地区颁行，那么，该委员会在协调或解决各地区之间的区际法律冲突或抵触方面就可以发挥很大的作用。不过要注意的是，全国法律协商和协调委员会是根据实际需要并在协商的基础上建立的机构，它并不是依照国家宪法或特别行政区基本法建立的权力机构，其主要职能是在法律领域的协商和协调，因此，它提出的立法建议只具有建议性、示范性和引导性，而不具有强制性，各地立法机关对其立法建议有最终的审定权。

全国法律协商和协调委员会在开展工作时，应当注意处理好法律的协商和协调同法律的统一的关系。中国按照"一国两制"原则解决香港、澳门和台湾问题，就是要在相当长的时间内（至少50年）保持这三个地区原有的不同于内地的社会经济制度和法律制度。不顾内地、香港、澳门和台湾地区各自不同的历史和现实，脱离实际地急于进行法律的统一，是与"一国两制"原则相违背的，也是不会成功的。因此，该委员会的最主要的工作是协商和协调，就跨地区的法律事务和问题提出立法建议，而法律统一工作不是该委员会的主要工作。但另一方面，法律的协商和协调又是同法律的统一密切相连的，因为通过法律的协商和协调达成一致，可以促进法律的统一。在当今世界不少领域的法律日益趋同和统一的情况下，一个国家内部不同地区之间的法律在历史发展的长河中不断融合和统一更是自然的事。但就中国目前的情况而言，法律的协商和协调是近期的目标和现实的需要，而法律的统一只能是长远的目标和渐进的过程，不能急于求成。

五、结语

多元法制是世纪之交和21世纪中国法制的新现象、新特色和新课题。多元法制局面在中国的出现，无论在政治与法律层面上，还是在经济与文化层面上，都将对中国在即将来临的下个世纪的社会发展带来深远的影响，特别是改变中国法制的整体结构。毫无疑问，中国法律的理论与实务将会长期面对区际法律问题及其处理，或者说区际法律事务及其处理。理论会因对其研究而丰富，实务会因对其处理而多彩。

澳门法律本地化之我见[*]

一、澳门法律本地化的含义

澳门法律本地化是澳门过渡时期与公务员本地化、确立中文的官方地位并列的三大任务之一。这决定了澳门法律本地化既是中国恢复对澳门行使主权的一个要件,也是澳门过渡时期法制建设的一项基本内容。做好这项工作,不仅对于澳门回归祖国的平稳过渡与顺利交接,有着重大的现实意义,而且对于将来澳门特别行政区的法律体系和法制建设,也有着深远的影响。

对于什么是澳门法律本地化,因人们对之有不同的立场和认识而有不同的界定。笔者认为,所谓澳门法律本地化,是指顺应澳门回归祖国,在确保与《澳门特别行政区基本法》相衔接的前提下,根据澳门本地的实际情况和追随法律的现代发展趋势,将澳门现行法律,主要是葡萄牙延伸适用于澳门的法律,进行系统的清理、调整、修订、编纂和中葡文双语化(目前主要是译成中文),然后由澳门本身的立法机关完成必要的立法程序,使之转变为澳门本地的法律。

从上述界定不难看出,澳门法律本地化涉及实质和程序两方面。就实质方面而言,澳门法律本地化必须正视澳门将回归祖国这一事实,在内容上应该同《澳门特别行政区基本法》衔接,而不得与中国恢复对澳门行使主权和《澳门特别行政区基本法》相抵触;同时,澳门法律本地化必须尽量做到符合澳门社会的实际情况和顺应当代法律发展的趋势。另就程序方面而言,澳门法律本地化要将澳门现行法

---

* 本文原载于《澳门研究》1998 年总第 9 期和《法制与社会发展》1999 年第 2 期。

律，主要是葡萄牙延伸适用于澳门的法律，进行系统的清理、调整、修订、编纂和中葡文双语化（目前主要是译成中文），通过法定的程序（比如立法机关审议及通过、颁布和在《澳门政府公报》上公布等），使之转变为澳门本地的法律。以上两个方面是互相依赖和相辅相成的，对澳门法律本地化来说都是不可缺少的。当然，相对来说，实质方面的问题比较复杂，涉及许多理论与实际问题，解决起来有相当的难度；而程序方面的问题相对简单些，但要做好这方面的工作也不是一件轻而易举的事，需要有组织、有计划和有步骤地去做，并不懈地努力。

二、澳门法律本地化目前存在的问题

（一）立法脱离普通民众和社会

对于法律是法律专家的法律还是民众的法律，在理论和实践中历来都有争论。有人主张，法律是法律专家的法律，法律只要法律专家能理解和使用即可；但也有人主张，法律不仅是法律专家的法律，而且更是民众的法律，法律不仅应该被法律专家理解和使用，还应该被广大民众理解和使用。在澳门，法律为法律专家的法律的观点得到许多葡萄牙法律专家的推崇，以至于法律是否能被民众理解和使用成为无关紧要的事。在这种理念的支配下，在澳门法律本地化的过程中，不少法律的制定是照搬照抄，不搞调查研究，不分析澳门社会经济现状，不广泛征求各方面的意见，完全闭门造车，以至有的法律规定和澳门实际情况相去甚远。在现代社会，任何立法都必须处理好法律本身同民众和现实社会的关系，脱离普通民众和现实社会的立法是不可能有强大的生命力的。

（二）葡文单语立法不合时宜

到目前为止，除立法会的一些议员所提的部分法案是以中文形式出现的外，绝大多数的立法工作是以葡文单语立法方式进行的，尽管制定出来的法律后来进行了中文翻译，在公布时是以中葡文双语形式出现的。在中文官方地位已经确立的后过渡时期，澳门法律本地化仍以葡文单语立法的方式来进行是不合时宜的。首先，96%以上的澳门居民为讲中文的中国人，其中真正懂葡文的只是极少数，葡文立法极少有人懂得。其次，以葡文单语立法，即使有中文译本，意味着葡文优先，中文次之，在法律的葡文本和中文本不一致时以葡文本为准。这显然不利于中文官方地位的确立，忽视了中文和葡文的平等及同等的官方地位。最后，以葡文单语立法势必要将法律译为中文，但由于翻译者本身没有参与立法过程，在翻译时又没有机会同立法者进行沟通，对立法者的意图全然不知，仅就翻译而翻译，故谬误自然难免。

（三）法律中文译文晦涩难解

当前，澳门法律本地化的一项重要工作是法律的中文翻译。尽管中文已是澳门的官方语文之一，但澳门现行的葡文单语立法方式带来了大量的法律中文翻译工作。在现阶段，澳门法律的中文翻译工作仍很重要，可以说，如果没有澳门法律的中文化，则没有澳门法律的本地化。为此，澳门政府成立了专门机构来专事这项工作。虽然近年来澳门的法律翻译工作卓有成效，但也有一些问题。有些问题是葡文单语立法造成的，有些问题则是翻译本身的问题。结果，法律的中文翻译不仅谬误难免，而且晦涩难解。

笔者并不否认澳门的法律翻译应有自己的特色，但坚持和保留自己特色必须有度和适当。比如说，对现在和将来在澳门适用的国际公约的翻译，如果我国已经加入且已有正式的中文译本，就没有必要再花费时间和精力单另去作一个澳门特别行政区的中文译本了。况且，澳门回归后，就中国已经加入的国际公约而言，澳门作为一个特别行政区当然应适用之，中国政府将承担在澳门适用的国际公约所产生的国际权利和义务，这些国际公约的正式中文译本就是澳门要采用的中文文本。故在这种情况下就不应当再作一个澳门的中文译本了。

（四）法律本地化工作进程缓慢

自1987年以来，澳门进入过渡时期已十年有余。在这十余年里，作为澳门过渡时期三大任务之一的澳门法律本地化的工作进程是缓慢的。就拿号称"五大法典"（即刑法典、刑事诉讼法典、民法典、民事诉讼法典和商法典）的本地化来说，眼看澳门回归祖国只有一年多的时间了，到现在只完成了《澳门刑法典》和《澳门刑事诉讼法典》，其他三大法典竟告阙如。另外，对澳门社会来说，还有其他一些比较重要的法律，如公司法、商业登记法、涉外仲裁法和著作权法等，也应是必备的，但到现在仍未出台。因此，可以毫不夸张地说，如果不计目前仍在澳门适用的由葡萄牙延伸过来的法律，澳门本地的法律体系尚未建立起来。建立和健全澳门本地的法律体系还有很长的路要走。

按照中葡《关于澳门问题的联合声明》，自该联合声明生效之日起至 1999 年 12 月 19 日止的过渡时期内，葡萄牙政府负责澳门的行政管理。因此，澳门法律本地化工作理应由葡澳当局加以推动。况且，在澳门回归前完成其法律本地化工作更有利于葡萄牙文化，特别是葡萄牙法律文化在澳门的延续，对葡萄牙本身也是有利的。从主观上讲，葡澳当局还是愿意在过渡时期内完成澳门法律本地化工作的，因为其知道这项工作对葡萄牙的利益所在。然而，事与愿违，澳门法律本地化工作事实上进展缓慢。

三、澳门法律本地化应注意的几个问题

（一）澳门法律本地化关键在于适合澳门本地的实际情况

众所周知，法律应当与现实生活相适应，这是最基本的立法原则。澳门法律本地化是为澳门健全和完善法制，理所当然必须适合澳门本地的实际情况，或者说从澳门本地的实际情况出发。

首先，在 1999 年 12 月 20 日以前，澳门的最大实际情况是澳门将要回归祖国。因此，澳门法律本地化必须符合中葡《关于澳门问题的联合声明》和《澳门特别行政区基本法》关于澳门法律地位的规定，必须注意同后者衔接。

其次，澳门法律本地化必须符合澳门现在的社会经济发展情况。总的来说，澳门居民总数有四十余万，人口密度极大；其经济较为发达，但较单一地依赖博彩和旅游业；澳门华洋杂处，中西文化交融，文化多元，宗教多元，但彼此界限较为分明；而且，澳门新移民不少，人口流动量大。对于这样一个独特的社会，立法者只有进行深入的了解和深刻的认识，才能制定出与社会现实生活相适应的法律来。忽视澳门的特性，对外国或外地的法律照抄照搬或闭门造车，只会使法律脱离澳门社会现实。当然，在澳门法律本地化的过程中，笔者并不反对澳门借鉴甚至移植外国、外地的法律以及国际惯例，只是主张决不能不顾澳门的实际情况照抄照搬。

再次，特别应该强调的是，在商业领域，鉴于香港对澳门的巨大影响，香港商事法律制度本身的健全和完备，以及澳门商业机构在实

际商事操作方面追随香港做法的现实，澳门在法律本地化过程中应该注意借鉴或移植香港行之有效的法律制度，如房地产管理制度、金融管理制度、商业票据制度等。

此外，澳门社会经济生活急需而在澳门现行法律中又没有或还不健全的法律制度，如商业登记制度、涉外商事仲裁制度、版权保护制度和环境保护制度等，也应尽快建立起来。

（二）澳门法律本地化与澳门法律的现代化

现在澳门从事法律本地化工作的政府职能部门之一——"澳门政府立法事务办公室"，在设立之初曾叫做"澳门政府法律现代化办公室"。这至少说明，澳门法律本地化工作者认识到对澳门法律在本地化的同时要实现现代化。然而，人们对什么是法律的现代化以及澳门法律的本地化同现代化如何协调，则有不同的看法和主张。在笔者看来，法律的现代化一方面表现在法律本身追随世界上法律发展的趋势和遵循法律发展的固有规律，另一方面表现在法律符合其适用对象和地区的现实情况并略有符合发展趋势和规律的超前性、预见性和引导性。澳门法律的本地化和澳门法律的现代化并不矛盾，因为澳门法律现代化是澳门法律本地化的一部分，或者说澳门法律本地化包含有澳门法律现代化的内容。可以这样说，没有澳门法律的现代化，澳门法律的本地化就是不完善的和有缺陷的。

澳门仍有不少现行法律非常陈旧，比如，澳门现行的商法典是葡萄牙延伸到澳门适用的1888年《葡萄牙商法典》，已有上百年历史，早已脱离澳门社会实际。在这种情况下，目前正在进行的澳门法律本地化实则为澳门法律的全面现代化提供了一个不可多得的契机。这是一个千载难逢的机会。澳门法律本地化工作者以及一切对这项工作负有责任的人士要尽力把握好这个契机，在进行澳门法律本地化的同时推动实现澳门法律的现代化。

由于澳门长期在葡萄牙的管治之下，故在某种意义上讲，澳门现行法律是葡萄牙法律的延伸或翻版。有鉴于此，在澳门法律本地化的过程中，保持澳门法律中的一些葡萄牙特色是澳门作为一个独立法域的自然延续，无可非议。但是，如果把澳门法律的本地化简单地理解为照抄照搬或移植葡萄牙的现行法律到澳门，仅是换换名称和一些词句，由澳门立法机关加以颁布而已，那就大错而特错了。因为这种理解的错误首先在于无视中国将恢复对澳门行使主权的事实,没有考虑到同《澳门特别行政区基本法》的衔接;其次,尽管葡萄牙管治澳门多年,但澳门社会和远隔千山万水的葡萄牙社会仍存在巨大的差别,照抄照搬或移植葡萄牙的现行法律到澳门并不一定符合澳门社会的实际情况。因此,无论在内容上还是在形式上,澳门法律本地化应尽量追随法律本身的发展的趋势和适应澳门社会的实际情况,不能简单地照抄照搬或移植葡萄牙的现行法律,在可能的情况下还应该有所创新。这是澳门法律现代化的内在要求。

(三) 澳门法律本地化与法律专业人才的本地化

法律要靠人去制定和执行,故一个社会讲法治没有法律专业人才是不行的。何谓"法律专业人才"呢?依愚见,法律专业人才应为在高等法律院校经过专门学习和训练的人才,他们除了应具有良好的职业品德,依法进行国家和社会管理的能力以及法律专业知识外,还应具有较高的语言文字表达和交流水平。而澳门目前的现实是懂中葡双语又经过法律专业训练的本地人才极少。在这种情况下,虽然澳门进入过渡时期已十年有余,不仅立法由葡萄牙人主导和操作,而且司法也是由葡萄牙人主导和操作,律师更是葡萄牙人的天下(目前澳门仅有数位华人律师,尚无华人律师独立开设的律师楼)。这显然不利于澳门法律的本地化。双语法律专业人才的培养不是一朝一夕的事,至少得花数年的时间,在距澳门回归祖国还有一年多的时间里,应重视对正在培训的双语法律专业人才的培养,充分重用澳门已有的双语法律专业人才,加快进行立法、执法和司法人员以及律师队伍的本地化。

(四) 澳门法律本地化与澳门法律的系统化

广义的法律系统化包括法律编纂和法律汇编。法律编纂是指对现有法律重新审查,对其内容加以必要的修订和补充或重新制定,并从内容和形式上使之系统化的活动。而法律汇编是指按照一定的标准,比如说法律颁布的年代或法律调整的对象,对属于法律的规范性文件进行系统地清理、整理和编排,并编辑成册的活动。因此,我们可以说,澳门法律本地化的过程就是澳门法律系统化的过程,两者是相辅相成的。

在澳门法律本地化的过程中,澳门《刑法典》、《刑事诉讼法典》、《民法典》、《商法典》和《民事诉讼法典》等五大法典的本地化本身就是法律编纂,故法律编纂的重要性自不待言。同时,在澳门法律本地化的过程中进行系统和全面的法律汇编工作,也是不容忽视的。有如下原因需要加强这方面的工作:

(1) 法律来源复杂,外来法律和本地法律相互交错。在现行澳门法律中,既有葡萄牙延伸到澳门适用的法律,又有葡萄牙延伸到澳门适用的国际条约;既有澳门总督的立法,又有澳门立法会的立法;既有各政务司制定的规范性文件,又有各公共行政部门制定的规范性文件。

(2) 法律形式多样,结构多元,且不说可能延伸到澳门的葡萄牙法律有宪法性法律、法律、法令、地方性立法命令、命令、决议、实施细则令、地方性实施细则令、部长委员会决议、训令和规范性批示之分,就是澳门本身的法律也有法律、法令、训示、批示以及其他规范性文件之分。

(3) 法律文件历时长久,不少法律的效力状况模糊不清。澳门现行的不少法律至今是19世纪的法律,因此必须要对跨度上百年的法律文件进行清理、整理和汇编。

(4) 许多法律,特别是许多重要的法律,尚无中文文本。

(5) 既没有健全的法律汇编,也没有完整的现行有效的法律的清单。这一状况是与澳门社会的发展不相适应的,既不利于澳门与外界的交往,也为澳门特别行政区筹备委员会审查澳门原有的法律带来困难。

上述这些原因不仅表明加强澳门的法律汇编工作十分必要,而且表明进行澳门法律汇编是一项复杂而艰巨的工作。

目前,葡澳当局的有关部门正在积极从事一些澳门法律汇编的工作,如将在《澳门政府公报》上公布的并在澳门适用的法规按类别及出处加以编列;按法律部门清理法规,编列目录;用电脑建立了"澳门法律资料库"(legismac)等。但葡澳当局有关部门所做的工作仍有两个问题:一是进展慢;二是现有成果都是以葡文表现出来的。

值得一提的是,在民间和学界,已有两套中文的澳门法律汇编出版,即由肖蔚云主编,北京大学出版社出版的《澳门现行法律汇编》第一、二、三辑以及由中国社会科学院出版社出版的《澳门法律汇编》。这两套中文澳门法律汇编的出版可以说在用中文汇编澳门法律方面迈出了可喜的一步。但两者仍存在缺乏权威性和不少法律中文译本为非官方译本的不足。

（五）双语立法势在必行

1991年2月，经中葡双方达成协议，葡澳当局通过立法确认了中文与葡文一样具有官方语言的地位，并在立法、行政、司法领域逐渐推广使用。《澳门特别行政区基本法》第9条也明确规定："澳门特别行政区的行政机关、立法机关和司法机关，除使用中文外，还可使用葡文，葡文也是正式语文。"这表明，无论现在还是1999年12月20日以后，中文和葡文都是澳门法定的官方语文。但是，如前所述，自1991年中文被确定为澳门的官方语文以来，在立法领域，中文的官方地位仅表现在现行葡文立法的中文翻译上，而没有反映在澳门立法的起草和制定方面，葡澳当局在中葡文双语立法工作方面尚付之阙如。这种现象脱离了澳门绝大多数居民为华人且不懂葡文以及澳门将回归祖国的实际。为了落实中文在澳门的官方地位，中葡文双语立法势在必行。事实上，澳门政府已有一定规模的法律翻译机构"法律翻译办公室"，将之同立法机构结合起来，已完全可以开展一些双语立法工作。问题是葡澳当局应积极努力，认真研究，诚心推动，制定出双语立法的规则和程序。当然，在澳门，无论是现在还是将来，任何法律都用双语立法既不可能也不现实，有些法案还会以中文或葡文单语形式出现，因而法律翻译工作仍必不可少。但无论如何，都应当开展双语立法工作，专事立法工作的政府机关的立法以及基本的和重要的立法应以双语的形式进行。

四、结语

总而言之，在过渡时期内，澳门法律本地化工作已取得相当的成就，但其任务仍然很重。做好澳门法律本地化工作是对中葡双方和澳门社会本身都有利的事情。在澳门回归祖国的余下时间里，对澳门法律本地化这一重任，葡澳当局应该继续努力和积极工作，中方也应予以支持、配合和督促，而澳门整个社会更应该关心和监督。我们期待澳门法律本地化工作能够圆满完成。

多元法律秩序与法律选择*
——兼谈澳门国际私法中的有关规定

一、多元法律秩序

国际私法上讲的多元法律秩序，又称为复合法律秩序，是指一个国家内同时存在几种不同的法律制度或法律秩序。而这种同时具有几种不同法律制度或法律秩序的国家，被称为多元法律国家或复合法制国家。在多元法律国家内，具有或适用独特法律制度的特定区域或成员范围被称为法域或法区，故多元法律国家有时又被称为多法域国家或复合法域国家。

多元法律国家产生和形成的原因是多种多样的，在有的国家内存在多种法律制度或多法域现象是随着国家的产生而产生的，在有的国家内这种现象则是在它建国后的成长过程中孕育出来的。但无论如何，多元法律国家是其所处的特定社会历史条件下的产物。归结起来，多元法律国家产生的原因有：①国家的联合；②国家的合并；③国家的复活；④国家的兼并；⑤国家领土的割让；⑥国家领土的租借、永久占用、占住和治理；⑦国家领土的回归；⑧分裂国家的统一；⑨委任统治和托管制度；⑩殖民等。①

基于不同的划分标准，多元法律国家可以被划分为不同的种类。意大利国际私法学者维塔（E. Vitta）把多元法律国家称之为"具有数种法制的国家"或"复合法制国家"。他首先根据这种国家国内法

---

* 与郭华成（中国人民大学法学博士）合作撰写，本文原载于《中国海商法年刊》第 7 卷（1996 年）。

① 参见黄进：《区际冲突法研究》，学林出版社 1991 年版，第 15~25 页。

的属地性和属人性,把它们分为"属地性的复合法制国家"和"属人性的复合法制国家"。① 随后,他又从划分区际法律冲突类型出发,将复合法域国家区分为:①联邦制国家;②具有复合法制的单一制国家;③暂时由复合法制支配的国家。后者主要指那些因兼并、领土割让等原因而形成的复合法制国家。② 对于维塔的分类,首先应该肯定的是,他把对多元法律国家的分类分为两步来进行,即首先将属地性的多元法律国家和属人性的多元法律国家区分开来,然后仅就属地性的多元法律国家进行再分类。维塔把属地性多元法律国家分为三类。其实,他讲的第三类,即暂时由复合法制支配的国家,尽管有其形成的特殊原因,但完全可以把这类国家或归入他讲的第一类,即联邦制国家,或归入他讲的第二类,即单一制国家。应该注意的是,维塔把第三类作为独立的一类复合法域国家,除了考虑到这类国家形成的特殊原因外,还考虑到这类国家内的多元法律局面的暂时性或短暂性。

笔者基本赞同维塔的分类。首先,依据法域的属性,笔者主张将多元法律国家划分为属地性多元法律国家和属人性多元法律国家。如前所述,法域是一个特定的范围,而这个范围既可能是空间范围或地域范围,又可能是成员范围,这样,法域有属地性法域和属人性法域之分。由数个法域组合而成的多元法律国家也因此有属地性多元法律国家和属人性多元法律国家之分。而属地性多元法律国家是区际法律冲突产生的基础,属人性多元法律国家则是人际法律冲突产生的基础。其次,以国家结构形式为标准,多元法律国家可分为两类:一类是具有多个法域的单一制国家,如英国;另一类是具有多个法域的联邦制国家,如美国、加拿大等。

1997年7月1日和1999年12月20日中国按"一国两制"方针分别恢复对香港和澳门行使主权后,由于香港和澳门原有的法律制度基本不变,继续实行不同于中国内地的法律制度,到那时在中华人民共和国内将出现具有不同法律制度的区域,中华人民共和国因此成为

---

① See E. Vitta, *Interlocal Conflict of Laws*, in 3 *International Encyclopedia of Comparative Law*, 3 (K. Lipstein *et al.* ed. 1985).

② See E. Vitta, *Interlocal Conflict of Laws*, in 3 *International Encyclopedia of Comparative Law*, 5-11 (K. Lipstein *et al.* ed. 1985).

一个多元法律秩序国家或复合法域国家。但 1997 年 7 月 1 日后的中国是一个具有多元法律秩序的单一制国家，有许多不同于其他多元法律秩序国家的特殊之处。在一个国家内，多元法律秩序存在必然导致不同法域之间的法律冲突，亦即区际法律冲突和人际法律冲突，而对区际法律冲突和人际法律冲突不仅需要通过制定区际私法和人际私法单独加以解决，而且有时在适用国际私法时也需要借助区际私法和人际私法解决法律选择问题。因此，研究多元法律秩序与法律选择对中国内地、澳门、香港均有现实意义。

二、区际法律冲突

1. 区际法律冲突的概念

所谓区际法律冲突，就是在一个国家内部不同地区的法律制度之间的冲突，或者说是在一个国家内部属地性法域之间的法律冲突。区际法律冲突是在一国内不同地区之间的民商事法律关系中产生的。

对于区际法律冲突，主要有 interregional conflict of laws（直译为"区际法律冲突"）、interterritorial conflict of laws（直译为"域际法律冲突"）、internal conflict of laws（直译为"国内法律冲突"，这一表述一般既包括区际法律冲突，也包括国内的人际法律冲突①）、interlocal conflict of laws（直译为"地方间的法律冲突"）、interprovincial conflict of laws（直译为"省际法律冲突"）、intercantonal conflict of Laws（直译为"州际法律冲突"，专指瑞士各州之间的法律冲突）、intermunicipal conflict of laws（直译为"自治地区间的法律冲突"）、interstate conflict of laws（直译为"州法律冲突"，主要指美国和澳大利亚各州之间的法律冲突）、interzonal conflict of laws（直译为"地区之间的法律冲突"）、intersectoral conflict of laws（直译为"局部间的法律冲突"）、interdepartmental conflict of laws（直译为"特区间的法律冲突"）、intercolonial conflict of laws（直译为"殖民地间的法律冲突"）、non-international conflict of laws（直译为"非国际法律冲突"）

---

① 例如，卡恩—弗罗因德认为 internal conflict of laws 有三类，即联邦制国家内的州际冲突或省际冲突、单一制国家内的地方间的冲突和一国内的人际法律冲突。See Kahn-Freund. *General Problems of Private International Law*, 147-148（1976）.

以及 conflict of laws of quasi-private international law（直译为"准国际私法冲突"）等。① 瑞士国际私法学者拉利弗（P. A. Lalive）和匈牙利国际私法学者萨瑟（I. Szászy）认为 interregional conflict of laws 是区际法律冲突的最恰当的名称。② 但意大利学者维塔则不以为然，他用 interlocal conflict of laws 来概括各种区际法律冲突，并认为在严格意义上讲 interregional conflict of laws 是指划分为不同区域的国家（如西班牙）的法律之间的冲突。③ 笔者认为，interregional conflict of laws（区际法律冲突）这个名称更能概括地反映世界上各复合法域国家内部各种不同区域的不同法律之间的法律冲突。中国学者亦多用"区际法律冲突"一词来表述这一概念。

2. 区际法律冲突的特征

区际法律冲突只是众多的法律冲突现象中的一种。为了把区际法律冲突同其他法律冲突区别开来，我们有必要分析一下区际法律冲突的特征。其特征如下：

（1）区际法律冲突是在一个主权国家领土范围内发生的法律冲突。区际法律冲突只可能发生在一国领土范围之内，如果某一法律冲突超越一国领土范围，或者说它是一种跨越国界的法律冲突，那么，它就不是区际法律冲突，即使一个国家内某一法域与另一个国家内某一法域之间或者一个国家内的某一法域与一个法制统一的国家之间的法律冲突亦不是区际法律冲突。例如，美国、澳大利亚国内各州之间的法律冲突，加拿大国内各省之间的法律冲突，英国国内的英格兰、苏格兰、北爱尔兰、海峡群岛及马恩岛相互之间的法律冲突，西班牙国内各地区之间的法律冲突，都是区际法律冲突。而美国的纽约州和英国的英格兰之间的法律冲突则为国际法律冲突。

（2）区际法律冲突是在一个主权国家领土范围内具有独特法律

---

① See I. Szászy. *Conflict of Laws in the Western, Socialist and Developing Countries*, 233 (1974).

② 参见［瑞士］拉利弗：《区际私法和国际私法》，载 1954 年第 4 届国际比较法大会瑞士论文集，第 103 页，注②；See I. Szászy. *Conflict of Laws in the Western, Socialist and Developing Countries*, 233 (1974).

③ See I. Szászy. *Conflict of Laws in the Western, Socialist and Developing Countries*, 233 (1974).

制度的不同地区之间的法律冲突。前面我们已经谈到，法域有属地性法域和属人性法域之分，我们讲的区际法律冲突是指一国国内属地性法域之间的法律冲突。属地性法域之间的法律冲突显然也具有属地性，也就是说它是法律在空间上的冲突。国际私法和区际私法所解决的法律冲突都是这种空间上的冲突，只不过国际私法是解决法律在空间上的国际冲突，而区际私法是解决一国内部的法律在空间上的冲突罢了。有时，由于一种特殊情况的结果，在一个国家内部的同一地区的不同法律会产生法律冲突。例如，在15世纪，随着当时的德意志接受罗马法作为一般法律制度，用于解决同一问题的当地习惯法与罗马法发生冲突。对于这种在同一地区几种相对立的法律谁优先的问题，当时德意志的法院和法官确定了优先适用当地德国法的国内准据法原则。① 这种同一地方的不同法律之间的冲突，不是我们所讲的区际法律冲突，因为它们虽然同某一地区相联系，但它们不是不同地区之间的法律冲突，或者说它们不是法律在空间上的冲突。

（3）区际法律冲突是在一个主权国家领土范围内不同地区之间的民事、商事法律冲突。这也就是说，区际法律冲突是一种私法方面的冲突。对于这一点，学者们颇有分歧。英、美等普通法系国家的学者认为，区际法律冲突与国际法律冲突一样，包括法律选择冲突（主要是民、商法律方面的冲突）、管辖权冲突以及判决的承认和执行方面的冲突。法国的学者则认为国籍的积极冲突和消极冲突也属于区际法律冲突，因为在有些实行联邦制的复合法域国家内，公民除共有联邦国家国籍外，还具有所属成员国的国籍。还有些学者如萨瑟则认为区际法律冲突不仅仅是民、商法律的冲突，还包括其他一些法律冲突，他指出："在发生冲突的法律制度内，可能会有民事、商事、劳动法，民事或刑事诉讼法，政治或行政法，刑法以及财政法的法律规则之间的冲突。"② 我们认为，刑法、行政法、财政法、程序法等都属公法范畴，在这些领域中，由于世界各国（包括复合法域国家的各法域）历来从严格的属地主义出发，根本不承认外国法（或外

---

① R. H. Graveson. *Comparative Conflict of Laws*, 328 (Vol. 1, 1977).

② I. Szászy. *Conflict of Laws in the Western, Socialist and Developing Countries*, 26 (1974).

域法）在本国（或本法域）的域外效力，而只适用自己的刑法、行政法、财政法、程序法，虽然也有法律冲突问题，但这种冲突不涉及外国法（或外域法）的适用，只是一种隐存的冲突。而在民、商法领域，各国（或各法域）承认外国（或外法域）法律的域外效力，从而导致产生适用外国法（或外法域法）的法律问题，产生涉及外国法（或外域法）适用的法律冲突问题。因此，只有一国内部不同地区之间的民事、商事法律冲突才是我们所讲的区际法律冲突。严格讲，区际法律冲突应称为区际民事、商事法律冲突或者区际私法冲突。

（4）区际法律冲突是在一个主权国家领土范围内不同地区的法律制度在同一平面上的冲突。一国内各属地性法域是平等的。既然在一国内各法域是平等的，各区域法律制度是平等的，那么，各区域法律制度之间的区际法律冲突必定是同一平面上的冲突。在一国内，非同一平面上的法律冲突，如中央法律与地方法律之间的冲突，特别是在联邦制国家内联邦法律与各州、或各成员国、或各省法律之间的冲突，则不是区际法律冲突，因为它们之间的法律冲突是不同层次的法律之间的冲突，是上下级法律之间的冲突，或者说是一种垂直冲突。

根据上述区际法律冲突的特征，更确切地说，区际法律冲突是在一个主权国家领土范围内不同地区的民事、商事法律之间在同一平面上的冲突。

3. 区际法律冲突的种类

关于区际法律冲突的种类，可以按照不同的标准进行多种分类。

（1）以国家结构形式为标准，区际法律冲突可划分为单一制国家内的区际法律冲突和联邦制国家内的区际法律冲突。英国、西班牙1919年至1924年的法国、1919年至1928年的意大利、1940年以前的希腊、1943年以前的罗马尼亚等国国内的区际法律冲突都是单一制国家内的区际法律冲突。而美国、加拿大、澳大利亚以及瑞士等国国内的区际法律冲突则属联邦制国家内的区际法律冲突。联邦制国家的区际法律冲突与单一制国家的区际法律冲突有一点不同，这就是在产生区际法律冲突的范围上或者说在哪些方面的法律会产生区际法律冲突上，联邦制国家一般是通过宪法对之加以规定；而单一制国家的实践则大不一样，如在西班牙是由一项普通法律对之加以规定的，①而在英国却是习惯的结果。

（2）以社会制度为标准，区际法律冲突可划分为具有相同社会制度的各法域之间的区际法律冲突和具有不同社会制度的各法域之间的区际法律冲突。到目前为止，在各复合法域国家内现存的区际法律冲突都是社会制度相同的各法域之间的区际法律冲突。只是到 1997 年和 1999 年后，随着中国分别对香港和澳门恢复行使主权，仍然保持资本主义制度的香港和澳门的法律与实行社会主义制度的中国内地的法律之间出现的冲突，才是世界上前所未有的在一国内存在的具有不同社会制度的各法域之间的区际法律冲突。由于社会制度不同的区域法律制度在概念、哲理、价值观等方面的根本区别，故它们之间的法律冲突与各个社会制度相同的法域之间的法律冲突比较起来，要更复杂些。在解决这种冲突时，与解决其他区际法律冲突比较起来，"公共秩序保留"原则的运用可能更为重要，其使用频率也许会高一些。②

（3）以法系为标准，区际法律冲突可划分为属同一法系的不同法域之间的区际法律冲突和非属同一法系的不同法域之间的区际法律冲突。法系是根据各国法律的特点和历史传统的外部特征，对法律进行的分类，通常是把具有一定特点的某一国的法律同仿效这一法律的其他国家的法律，划为同一法系，如大陆法系和普通法系等。在一个国家内部，不同地区的法律制度由于种种历史原因可能分属不同的法系。例如，美国的路易斯安那州是美国于 1803 年从法国手中买来的。在此之前，路易斯安那地区曾在西班牙和法国的统治下，因而其法律深受大陆法系的影响。美国买到路易斯安那州后，原来实施的法律制度仍保持下来。该州于 1825 年制定的《民法典》也是按《法国民法典》模式编纂而成的。后来，虽然路易斯安那州的法律也受到英、美普通法系的影响，但在不动产法、家庭法、继承法等方面仍保持法

---

① 即西班牙 1974 年 5 月 31 日的民法典序则，See Rabelsz, J. C. B. Mohr, Bd. 39, S. 24 (1975).

② 参见廖瑶珠：《法律逐渐统一的方案》，载香港《大公报》1986 年 4 月 11 日。

国传统。① 由此可见，路易斯安那州的法律属大陆法系，它与美国其他属普通法系的州的法律之间的冲突显然是不同法系的法域之间的区际法律冲突。在加拿大，也有类似情况。加拿大的魁北克省原为法国在加拿大的殖民地中心，早在 17 世纪末期路易十四即把适用于巴黎最高法院辖区的法国法引入这一地区。在这一地区依 1763 年英、法签订的巴黎和约割让给英国后，根据《1774 年魁北克法》，法国私法在该地区继续有效。后来于 1866 年制定的至今仍有效的《魁北克民法典》亦是仿效 1804 年《法国民法典》的结构制定的。② 这表明，魁北克省的私法起源于法国的民法，属大陆法系。另一方面，加拿大的其他九省的法律制度则深受普通法的影响，属普通法系。因此，魁北克省的法律与其他各省的法律之间的冲突同样是分属不同法系的区域法律之间的冲突。一般来说，属于同一法系的区域法律制度有共同的法源基础和历史传统，有一些共同的形式特征，又加上长期互相影响和效仿，因而它们之间发生冲突的范围小些，而且在很多情况下是细枝末节方面的冲突。③ 另一方面，非同属一种法系的区域法律制度之间的差别更大些，因而发生法律冲突的范围就相应广一些，情况也会更复杂一些。

最后应该指出的是，以国家结构形式为标准对区际法律冲突进行分类，即把区际法律冲突分为联邦制国家内的区际法律冲突和单一制国家内的区际法律冲突这两种类型，是一种最通常的分类方式。许多学者在探讨区际法律冲突的类型时采用了这一分类方式。

三、人际法律冲突

法域既有属地性法域也有属人性法域，而属人性法域之间的法律冲突即为人际法律冲突。不过，应说明的是，这里讲的"人"是从广义上理解的，不仅仅指自然人；这里讲的"法律冲突"，也是从广

---

① 参见上海社会科学院法学研究所编译室编译：《各国宪政制度和民商法要览》（美洲、大洋洲分册），法律出版社 1986 年版，第 203 页。

② 参见[英]霍利迪：《简明英国史》，洪永珊译，江西人民出版社 1985 年版，第 86 页；上海社会科学院法学研究所编译室编译：《各国宪政制度和民商法要览》（美洲、大洋洲分册），法律出版社 1986 年版，第 167、170~172 页。

③ See Kahn-Freund. *General Problems of Private International Law*, 148 (1976).

义上理解的，不仅仅指在民、商法领域的法律冲突。如果仅从自然人和民、商法领域的法律冲突的角度来讲，人际法律冲突系指同一国家中适用于不同的民族、种族、宗教（包括不同的教派）、部落或阶级成员的民、商法律之间在效力上的冲突，或者说是适用于不同集团的人的民、商法律之间的冲突。本文所讲的人际法律冲突限于上述这一狭义的理解。

　　无论在古代还是在现代，人际法律冲突都是大量存在的。在欧洲早期封建制时期，"属人主义"原则盛行，入侵罗马帝国的日耳曼人各部落都有自己的习惯法，这种习惯法仅适用于本部落的人，而当时被征服的罗马人仍适用罗马法。由于战争和迁徙的结果，不同部落的人和原罗马人的后裔杂居在一起，因而法律极不统一，有"五个人在一起，就有五种法律"之说。人际法律冲突自然随之大量产生。当时，罗马法与日耳曼各部落习惯法发生冲突时，以日耳曼习惯法为准。① 在古印度，有关宗教、哲学和法律的汇编《摩奴法典》根据社会分化和不同等级的划分，将印度社会分为四个种姓：即婆罗门、刹帝利、吠舍和首陀罗。婆罗门和刹帝利占有大量生产资料，是剥削阶级。吠舍和首陀罗是生产者和被剥削阶级，而首陀罗的社会地位还低于吠舍。该法典在划分种姓的基础上，规定了不同种姓所适用的法律。例如，在财产继承方面，一个婆罗门死者的遗产，其婆罗门妻子所生之子可继承四份，其刹帝利妻子所生之子可继承三份，其吠舍妻子所生之子可继承两份，而其首陀罗妻子所生之子只能继承一份。② 在这种规定下，不同种姓之间的人际法律冲突便会产生。在现代，一些国家规定，关于人的身份、亲属关系或继承所适用的民法，随着当事人所属种族、宗教的不同而不同。

　　人际法律冲突产生的一个非常重要的条件就是在一国内不同的法律制度适用于不同集团的人。而这种适用于不同集团的人的法律制度的首要特点是它们的属人性，即它们与特定集团的人有紧密联系。至

---

① 参见孙盛清主编：《外国法制史》，北京大学出版社1982年版，第72～75页。

② 参见孙盛清主编：《外国法制史》，北京大学出版社1982年版，第21、23～25、29页。

于它们是否与特定的区域相联系是无关紧要的。一般来说，由于分属于不同集团的人杂居，它们并不与特定区域联系在一起。但在某些例外情况下，同一集团的人聚居在特定地区，故这时适用于特定集团的人的属人法律制度又同时是区域法律制度。而且，我们还应该注意到，对不同集团的人适用的民事、商事法律制度尤其集中在结婚、离婚、分居、合同、土地法、财产继承、身份以及亲属关系等领域，① 这主要是因为这些领域的法律与人身有更为紧密的联系。此外，这种属人法律制度一般只是适用于一国范围内的特定集团的法律制度，它们与区域法律制度一样，缺乏与国家主权联系在一起的特性。可以肯定地说，也正是上述这些特点决定了人际法律冲突的独特之处。

四、多元法律秩序与法律选择

在具有多元法律秩序的国家内，由于存在多个具有独特法律制度的区域或适用不同法律的成员集团，在人们的交往过程中，区际法律冲突和人际法律冲突不可避免，时有发生。对于区际法律冲突的解决，在大陆法系国家，一般认为属于区际冲突法或区际私法的事情，国际私法不加干涉，尽管少数国家规定可以类推或准用国际私法规定来解决区际法律冲突；但普通法系国家一般对国际法律冲突和区际法律冲突不加区分，用统一的冲突法来解决之，尽管在细节上对两者的解决有所不同。而对人际法律冲突的解决，则属于人际冲突法或人际私法的事情，原则上，国际私法也不加干涉。但是，尽管如上所述，多元法律秩序不时与国际私法联系在一起，即当根据国际私法中冲突规范的指定适用某国的法律时，而该国国内法制不统一，要么各地区分别适用不同的法律，要么存在适用于不同种类的人的不同法律秩序，随之就提出在该多元法律国家确定以哪个法域的法律为准据法的问题。下面分别讨论之。

1. 区际法律冲突与法律选择

在国际私法中，当冲突规范以国籍为连结点指定当事人本国法为准据法，而该当事人的本国却是一个多法域国家时，就产生了究竟应

---

① See Kahn-Freund. *Greneral Problems of Private International Law*, 151 (1976).

以其中哪一个法域的法律为他的本国法问题。至于不以国籍为连结点的冲突规范指定某一多法域国家的法律为准据法时是不是也产生相同的问题，则有不同的主张。少数学者认为，在这种情况下也会产生相同的问题。但大多数学者认为，当冲突规范在以行为地、物之所在地、住所地或居所地等非国籍连结点为连结点时，可以直接以该连结点所在法域的法律为准据法，并不存在法律选择问题。

考察有关国家的立法和司法实践，对上述问题有如下解决办法：

其一，依照冲突规范所指向的多法域国家的区际私法或区际冲突法来确定该国家某一法域的法律为准据法。许多国家在立法中明确规定采用这种办法。但由于一些多法域国家并不一定有统一的区际私法或区际冲突法，故有的国家在立法中规定了补救措施。根据是否采取补救措施以及采取补救措施的不同，可将采用这一方法的国家的规定分为三类：①没有规定补救措施，例如，1965年《波兰国际私法》第5条仅规定："应适用的外国法有数个法律秩序时，应适用何种法律秩序由该外国确定"，而对补救措施未作规定。②采用准据法所属国的国际私法确定。③以当事人的住所地法或惯常居所地法为属人法。④适用与案件有最密切联系的那个法域的法律。例如，《奥地利国际私法法规》第5条第3款规定："如外国法由几部分法域组成，则适用该外国法规所指定的那一法域的法律。如无此种规定，则适用与之有最强联系的那一法域的法律。"

其二，冲突规范直接规定某一法域的法律代替当事人本国法。例如，1898年《日本法例》第27条第3款规定："当事人其国内各地法律不同时，依其所属地方的法律。"

在澳门施行的《民法典》第20条第1、2两款的规定对这个问题的解决采取了三个步骤：首先，在一国法律因个人国籍成为准据法，且该国同时存在不同的地方法制时，由该国的国内法决定应适用的法律。这里讲的"国籍"是指主权国家的国籍，而非指联邦国家内成员国国籍。而且，这个问题是因以"国籍"为连结点的冲突规范指定一个多元法律国家的法律为准据法引起的。这里讲的"国内法规定"就是统一的区际私法或区际冲突规范规定，因为该条第2款对这一点讲得很明白。其次，如果无区际私法规范，则应采用该国国际私法。用国际私法作为补充是一种比较独特的做法，其他国家很少采取这种做法，特别是那些将国际私法和区际私法严格区分开来的国家甚至反对这种做法。最后，在多元法律国家法律秩序中缺乏区际私法和国际私法的解决方案时，则以当事人惯常居所地法作为其属人法。有的学者问：在当事人的惯常居所不在其国籍国之内时如何确定准据法？科瑞亚和马沙多教授认为，应当适用其惯常居所地法，即使其惯常居所位于其国籍国外亦然。在澳门的司法实践中，这种主张得到支持。

2. 人际法律冲突与法律选择

在国际私法中，当冲突规范以国籍为连结点，指定当事人本国法为准据法，而该当事人的本国法律秩序中存在适用于不同种类的人的法律秩序时，亦会产生究竟以哪个法律秩序的法律为准据法的问题。在理论上，各国学者均主张依多元法律秩序国家的人际冲突法或人际私法解决。在各国国际私法立法中，对这个问题有明确和专门规定的不多。少数对这个问题作了规定的国家，也多将区际法律冲突和人际法律冲突结合起来，笼统加以规定，例如，1984年《秘鲁民法典》第2056条规定："如应适用的外国法律制度有几个不同的法律秩序共存，应根据该外国法律制度中有效的原则解决国内冲突。"

在澳门施行的《民法典》第20条第3款则对这个问题作了明确和专门的规定。它规定：如准据法在地域上形成单一之法律秩序，而在该法律秩序内有适用于不同类人之不同规范体系时，必须遵守该法就体系之冲突所定出之规范。理解和适用这一规定应注意的是：①从前提上讲，适用这一规定有两个前提：一是根据某一冲突规范指定某国法律为准据法，而该国法律在地域上为单一法律秩序；二是该国存在着不同的法律制度适用于不同种类的人的情况，也就是说有人际法律冲突存在。②在人际法律冲突存在的情况下，为了确定准据法，进行法律选择，应遵照该多元法律秩序国家就解决人际法律冲突所定的人际冲突法或人际私法规范，这包括该国家调整不同宗教或民族群体关系的特别实体规范，以及可以据此确定适用于某些人际冲突情形的法律的人际冲突规范。③在依第20条第3款不能确定应适用的法律时，适用《民法典》第23条第2款的规定，即如果不能查明应适用的外国法之内容，应采用属于补充适用之准据法。至于在人际法律冲突情况下，何为补充适用之准据法，从《民法典》现有规定来看尚不明确。

WTO 框架下 "最惠国待遇原则" 在中国内地、香港、澳门和台湾的适用*

众所周知，中国内地、香港、澳门和台湾已同为 WTO 成员，形成一国在同一国际组织有四席的格局。在这一格局下，WTO 协定如何在中国内地、香港、澳门和台湾适用成为人们特别关注的问题，而 WTO 框架下的最惠国待遇原则在中国内地、香港、澳门和台湾的适用即是其中一例。

一、WTO 框架下的最惠国待遇原则

最惠国待遇原则虽然早已延伸、辐射到国际法的许多领域，但它起源于并主要应用于国际贸易领域。最惠国待遇原则的萌芽可追溯到 11 世纪，在当时最繁华的地中海经济圈内，各主要商业城邦或城市赋予商人"机会均等"的市场权利，便是最惠国待遇原则的雏形。到 19 世纪中期，在英法两国签订的旨在实行自由贸易的"科布登—切维利尔（Cobden-chevalier）条约"中，第一次出现了"相互给予无条件的最惠国待遇"的规定，现代国际贸易中的最惠国待遇原则由此正式形成。最惠国待遇原则现今仍然是 WTO 多边贸易体制的基石。可以这样说，没有最惠国待遇原则，就没有现在规模的多边贸易体制。

在 WTO 框架中，最惠国待遇原则规定在《关税与贸易总协定》（GATT）的第 1 条、《服务贸易总协定》（GATS）的第 2 条、《与贸易有关的知识产权协定》（TRIPS）的第 4 条中。其中，以 GATT 的

---

* 本文原载于《中国法律》2002 年第 4 期。

规定最为典型，后面两协定的规定只是对 GATT 第 1 条的沿袭。其主要含义是：WTO 一成员对任何其他国家的国民、产品或者服务和服务提供者给予的任何利益、优惠、特权或者豁免，应立即无条件地给予所有其他 WTO 成员的国民、产品或者服务和服务提供者。

（一）GATT 中的最惠国待遇原则

GATT 集中规定最惠国待遇的条款是第 1 条第 1 款。它是这样规定的："在对进口或出口、有关进口或出口或对进口或出口产品的国际支付转移所征收的关税和费用方面，在征收此类关税和费用的方法方面，在有关进口或出口的全部规章手续方面，以及在第 3 条第 2 款和第 4 款所指的所有事项方面，任何缔约方给予来自或运往任何其他国家任何产品的利益、优惠、特权或豁免应立即无条件地给予来自或运往所有其他缔约方领土的同类产品。"

该条款的前半句表明了最惠国待遇原则的适用范围，看似广泛，实际上是围绕着"对产品征收关税"这个中心环节的，除了国内税费和美国提议的"对进口或出口产品的国际支付转移"之外，其他排列式短语都表述了货物清关过程中的活动。最惠国待遇优惠的对象只限于货物贸易的"产品"，从而排除了缔约方的商人和公司作为直接受惠对象。另外，"任何其他国家"所指既可以是 WTO 的成员，也可以是非成员，这就拓宽了 GATT 法律效力的范围。

（二）GATS 中的最惠国待遇原则

关于服务贸易的最惠国待遇问题，GATS 第 2 条第 1 款规定："关于本协定涵盖的任何措施，每一成员对于任何其他成员的服务和服务提供者，应立即和无条件地给予不低于其给予任何其他国家同类服务和服务提供者的待遇。"不难看出，这是最惠国待遇原则的标准模式。最惠国待遇优惠的对象是"服务和服务提供者"。"任何其他国家"的表述，也同样拓宽了 GATS 的法律效力范围。

GATS 第 2 条第 2 款规定："一成员可维持与第 1 款不一致的措施，只要该措施已列入《关于第 2 条豁免的附件》，并符合该附件中的条件"。这等于为 GATS 的普遍最惠国待遇原则开了一个很大的缺口，它表明国际服务贸易在自由化的道路上只取得了阶段性成果。

（三）TRIPS 中的最惠国待遇原则

在知识产权国际保护方面，TRIPS 第 4 条规定的最惠国待遇原则,除具体适用范围(保护知识产权)和对象(不是物品或产品,而是自然人与法人)之外,措辞和规则都与GATT第1条第1款基本相同。

(四) WTO框架下的最惠国待遇原则的主要特性

1. 互惠性

在WTO体制中,各成员方都兼具给惠和受惠的双重身份。当某成员方对来自特定国家的某类产品降低税率时,其他所有成员方的同类产品就立即无条件地享有这个较低税率。所以,在相互给予的关系中,也存在一种依托关系,即必须以对方对特定国家降低某项关税或其他贸易条件为依托。

2. 无条件性

在WTO体制中,如果某个成员方对某特定国家降低贸易条件时,这种优惠措施就必须"立即无条件地给予"其他任何一个成员。这里的"无条件"是指最惠国待遇的给予不得附加条件,避免因附加条件而使最惠国待遇失效。

3. 同一性

最惠国待遇条款的内容都含有特定优惠范围,一般都作明文限定或表述。只有给惠国与第三方的条约中含有相同或同类事项,两者对得上号和同属一类时,才会引起受惠国请求优惠的权利。也就是说,最惠国待遇仅适用于同一范围、同一对象。一个夸张的说法是,"不能引用贸易条约的最惠国条款作为引渡罪犯的理由或根据。"

由上可见,推行最惠国待遇原则的实质效果是在国际贸易中实现"一视同仁、平等竞争",这极大地推动了国际贸易的自由化和其规模的扩大化。今天,中国内地及中国的香港、澳门特别行政区和我国台湾地区作为独立关税区均为WTO的成员方,自然也应该遵循WTO框架下的最惠国待遇原则,也就是说,这一原则不仅在中国内地、香港、澳门和台湾与其他WTO成员方之间的贸易关系中适用,而且在中国内地、香港、澳门和台湾之间的贸易关系中也适用。然而,WTO框架下的最惠国待遇原则在中国内地、香港、澳门和台湾之间的贸易关系中的适用,是否意味着中国内地、香港、澳门和台湾的贸易交往完全可以不考虑中国"一国两制"和"一国四区"现实而在其间实行特别的优惠安排？回答是否定的。因为最惠国待遇原则并非是绝对的，它也存在例外。我们现在所关心的是，是否存在正当合法的理由可以构成最惠国待遇的例外，从而在中国内地、香港、澳门和台湾之间实行比最惠国待遇条件更为优惠的措施，来扩大或促进中国内地、香港、澳门和台湾之间的贸易规模和区际贸易自由化。

二、"同一主权"例外问题

中国内地、香港、澳门和台湾虽是 WTO 的四个独立的成员方，但共享一个主权，同属一个国家。我们不禁要问："同一主权"能否成为最惠国待遇的例外？所谓"同一主权"例外，就是在关税与其他贸易条件方面，同一主权下的不同成员相互之间给予的优惠，高于它们给予某一关税与贸易同盟其他成员的优惠，因为它们同属一个主权国家，应被认为可以构成最惠国待遇的例外。

在 1947 年 GATT 中，我们可以发现，"在 1939 年 7 月 1 日以共同主权、保护关系或宗主权相结合的两个或两个以上领土之间实施的优惠"可以超越普遍最惠国待遇（《1947 年关税与贸易总协定》第 1 条第 2 款 (b)）。这一规定，是在以英国为代表的一派坚持下才订立的，因为依 1932 年《渥太华协定》建立的英联邦国家"帝国特惠制"，是当时英国经济和殖民制度的命脉所系。因此，该条款中因"同一主权"而导致的最惠国待遇的例外，具有浓厚的殖民色彩。随着战后殖民体系的瓦解和英国自身加入欧洲共同体，该条款事实上已经死亡。而且，有"共同主权、保护关系或宗主权关系"的领土都明确列举在 1947 年 GATT 附件 B、附件 C、附件 D 中。所以，从该条款的历史背景和立法宗旨来看，今天，"同一主权"已不能成为共同主权下的各成员方要求最惠国待遇例外的理由。

《中华人民共和国加入（WTO）议定书》第 4 条关于"特殊贸易安排"规定如下：自加入时起，中国应取消与第三国和单独关税区之间的、与《WTO 协定》不符的所有特殊贸易安排，包括易货贸易安排，或者使其符合 WTO 协定。该条规定意味着中国内地给予或将给予中国香港、澳门和台湾地区的优惠，不能超过给予其他 WTO 成员的优惠，中国内地、香港、澳门和台湾之间的贸易安排必须符合

WTO 框架下的最惠国待遇原则。该条规定实际上等于否定了"同一主权"可以成为实行最惠国待遇例外的理由。

事实上，在 WTO 体制内，同一主权下存在数个 WTO 成员的例子只有中国一个，如果中国内地、香港、澳门和台湾要超越最惠国待遇原则，必须重新在 WTO 框架内创造新的合法先例。在 WTO 体制中，其他构成最惠国待遇例外的理由，应该说都没有"同一主权"那么充分有力，但 WTO 规则却偏偏不允许"同一主权"之下的成员方之间拥有更加优惠的待遇，这不能不说是现有 WTO 体制的一个不合理的地方。

三、"区域一体化"例外问题

虽然最惠国待遇原则是 WTO 的一项基本原则，但是 GATT 和 GATS 都明确规定了"区域一体化"作为最惠国待遇的例外。该规定的法律含义是：在 WTO 框架下允许在一部分成员中存在互惠性质的贸易协定，即以关税同盟（customs union）和自由贸易区（free-trade area）等形式出现的区域经济安排。在这种区域内部，实行一种特殊的"优惠制"，区域外的 WTO 成员无权依据最惠国待遇条款要求享受该优惠，由此构成最惠国待遇的例外。

内地分别与香港、澳门订立的《更紧密经贸关系安排》（CEPA），尽管将内地与香港、澳门的经贸关系确定为更紧密的经贸关系，但这实际上是自由贸易区或自由贸易协议的一种，其具体涵盖货物贸易、服务贸易及贸易投资便利化等内容。有些专家学者甚至进一步提出应建立一个包括内地、香港、澳门和台湾在内的自由贸易区。如果上述讨论中的自由贸易区得以建立，将直接影响最惠国待遇原则在中国内地、香港、澳门和台湾的适用。下面对照 GATT 和 GATS 的有关规则对此进行讨论。

（一）GATT 的相关规定

GATT 关于该问题的规定主要是 GATT 的第 24 条及《关于解释 1994 年关税与贸易总协定第 24 条的谅解》。根据这些文件规定，关税同盟和自由贸易区可以在下列条件下存在：

1. 应当符合关税同盟和自由贸易区的基本要素。关税同盟和自由贸易区的成员,必须取消它们毗邻关税区之间"实质上所有贸易"的关税和其他限制性贸易法规。但是,对取消相互之间贸易的关税和其他限制的要求也并非是绝对的,区域集团成员如有必要,可援引GATT其他相关条文所允许的关税和其他限制性规定,以此来维持关税及行使限制的权力。

此外,对于关税同盟的成员,必须对外实施共同关税率和总体相同的贸易政策。

2. 贸易壁垒在区域一体化后总体上不能增加。该规定可用来避免对区域集团外的其他缔约方的贸易造成不利影响。

对于关税同盟或导致形成关税同盟的临时协议而言,关税同盟成立时或订立临时协议时,所制定的共同对外关税和其他贸易措施的水平,不能总体上高于或严于形成此种同盟或通过此种临时协议前的水平。另外,考虑到非关税措施的保护水平难以从整体上来衡量,所以要求采取对每一单项措施、规章、所包含的具体产品以及贸易流动进行逐一审查的做法。

对于自由贸易区或过渡到自由贸易区的临时协议来说,在建立自由贸易区或采用临时协议以后,每个组成自由贸易区的关税区所维持的对区域集团外的其他缔约方贸易所适用的关税和其他贸易法规,不得高于或严于同一关税地区在未成立自由贸易区或临时协议时所实施的相应关税和其他贸易法规的水平。

3. 确保建立区域集团协议的透明度。协定要求,任何缔约方决定加入关税同盟或自由贸易区,或者签订成立关税同盟或自由贸易区的临时协议,应及时通知全体缔约方,并由全体缔约方对此审查后提出相应建议。

为了避免出现有关缔约方利用临时协议作为借口而无限期地实行歧视性优惠贸易安排,符合规定的临时协议应是一个在合理期间内成立关税同盟和自由贸易区的计划和时间表。该合理期间一般不得超过10年,如果该临时协定的成员认为10年不够,它们应向货物贸易理事会提供需要更长期限的全面说明。

从WTO角度讲,在区域一体化的协议按规定进行通知后,WTO理事会将成立相应的工作组承担审查任务。该工作组基于调查结果将会向总理事会下的货物贸易理事会提出报告,然后货物贸易理事会基于工作组报告酌情或视必要提出建议。完成审查工作的各区域集团应把有关执行、变动情况每隔两年定期向 WTO 货物理事会递交报告。

GATT 在此引入了 WTO 争端解决机制，有关实施和解释 GATT 第 24 条而引起任何争端都可以援引 WTO 的争端解决规则与程序。也就是说，对依据第 24 条成立的工作组已审查后的区域一体化协议，专家组仍能调查和推翻工作组对该协议已有的审查结果。

（二）GATS 的相关规定

与 GATT 第 24 条相类似，GATS 第 5 条为 GATS 签字国间作为最惠国待遇例外的经济一体化协定附加了三个条件：

1. 此协定须涵盖众多服务部门，应从部门数量、相关贸易量和提供方式等方面理解。协定不应规定预先排除任何服务提供方式。

2. 协议各方在多边承诺的上述部门内，将不存在或消除实质上所有的歧视措施，并且在协定生效时或在合理的时限基础上实施。

3. 对于该协定外的任何成员方，在协定生效时较之制定该协定之前的适用水平相比，不得提高相应服务部门或分部门内的服务贸易壁垒的总体水平。

四、结语

在 WTO 的现有法律框架内，要以"同一主权"为由在中国内地、香港、澳门和台湾各个地区之间相互实行更为优惠的贸易体制，在现今尚无充分的法律依据。但是，中国内地、香港、澳门和台湾可以在符合 WTO 关于最惠国待遇例外规则的前提下，推行区域经济一体化，在区域集团内相互采取更为优惠的贸易制度。展望未来，随着内地与香港、澳门订立《更紧密经贸关系安排》（CEPA）并实施，中国内地、香港、澳门和台湾的经济一体化已逐步进行，并向纵深方向推进。中国内地、香港、澳门和台湾之间区域经济一体化可以从较低层次的自由贸易临时协议或自由贸易区开始，进而迈向共同市场、共同货币的经济统一体。这既符合 WTO 下多边贸易体制与区域集团互相补充、并行发展的趋势，同时也能有力地促进中国内地、香港、澳门和台湾的经济繁荣和社会发展。

"One Country, Two Systems", Three Law Families, and Four Legal Regions: The Emerging Inter-regional Conflict of Laws in China[*]

I Introduction

Inter-regional conflict of laws is a rather new concept to Chinese legal scholars.[①] As we all know, Chinese inter-regional conflicts of law will be an inevitable result of the returning to motherland of Hong Kong and

---

[*] This article was originally published in Duke Journal of Comparative & International Law (No. 2, 1995) with co-author Andrew Xuefeng Qian, Member, New York State Bar; J. D., Yale; M. A., UCLA; LL. B., Foreign Affairs College (Beijing). We wish to thank Robert Harrison for his patient and helpful comments on the earlier draft, Harold H. Koh, W. Michael Reisman, Ruth Wedgwood, and the Yale Law School International Studies Committee for awarding us the Ford Foundation research fellowship for the study of international law. We are deeply indebted to our parents as our lifetime teachers, and to our teachers and colleagues at Yale and Wuhan for their encouragement and support. We thank the editorial team at the *Duke Journal of Comparative and International Law* for their editorial efforts. Finally, for Liu Hong, Huang Ranzhi, and Nozomi Matsumoto.

[①] Some study of conflict of laws may have existed in the private international law of China. However, study of the inter-regional conflict of laws in China has been rare. See Tung-pi Chen. *Private International Law of the People's Republic of China: An Overview.* 35 AM. J. COMP. L. 445 (1987) and Henry R. Zheng. *Private International Law in the People's Republic of China: Principles and Procedures.* 22 TEX. INT'L L. J. 231(1987), for an overview of the study of private international law in China.

Macao. Mr Deng Xiaoping's policy, known as "one country, two systems",② has been incorporated by the PRC in two joint declarations—one concluded between the PRC and the United Kingdom for the return of Hong Kong in 1997,③ and one between the PRC and Portugal for the return of Macao in 1999. ④ China's policy was reaffirmed in the two basic laws: the Hong Kong Basic Law (HKBL) (promulgated in April 1990, to take effect in Hong Kong on July 1, 1997);⑤ and the Macao Basic Law (MBL) (promulgated in April 1993, to take effect in Macao on December 31, 1999). Preparations for the return of Hong Kong and Macao to the PRC

---

② The strategy of "one country, two systems" emerged in late 1978 when Deng Xiaoping formulated his policy for the peaceful settlement of the Taiwan question. See *Deng Xiaoping's Talk with Yang Liyu.* in *Selected Works of Deng Xiaoping*, 230 (1993). For a general discussion of the policy of "one country, two systems", see *A Reliable Guarantee for Hong Kong's Long-Term Stability and Prosperity. Red Flag* (Beijing) Oct. 21, 1984 at 21-22. reprinted in F. B. I. S. (JPRS-CRF-84-023), Dec. 10, 1984, at 34. See also Denis Chang. *Towards a Jurisprudence of a Third King*: "*One Country, Two Systems*". 20 CASE W. RES. J. INT'L L. 99 (1988); Kevin M. Harris. *The Hong Kong Accords as a Model for Dealing with Other Disputed Territories.* 80 AM. SOC'Y INT'L L. PROC. 348 (1986).

③ Joint Declaration on the Question of Hong Kong, Sept. 26, 1984, U. K.-P. R. C., 23 I. L. M. 1371 [hereinafter the Sino-British Joint Declaration]. For comments, see Michael Davis. *Where Two Legal Systems Collide: An American Constitutional Scholar in Hong Kong.* 20 CASE W. RES. J. INT'L L. 127, 145 (1988) ("The Joint Declaration reveals a prominent commitment to autonomy, self-determination, stability, capitalist economy, and human rights in a common law framework. These concepts collectively provide the outline of a pluralist, liberal capitalist system."). See also *The Future of Hong Kong toward 1997 and beyond* (H. Chiu et al. ed. 1987); *Hong Kong and 1997: Strategies for the Future* (Y. C. Jao et al. eds. 1985) (discussing the political, legal, economic and social aspects of the Sino-British Joint Declaration on Hong Kong); David M. Corwin. *China's Choices: The 1984 Sino-British Joint Declaration and Its Aftermath.* 19 L. & POL'Y INT'L BUS. 505 (1987).

④ Joint Declaration on the Question of Macao, Mar. 26, 1987, P. R. C.-Port, [hereinafter the Sino-Portuguese Joint Declaration] translated in Sino-Portuguese Joint Declaration, Beijing Rev., Apr. 6, 1987, at Ⅲ.

⑤ See Norman Miners. *The Government and Politics of Hong Kong* 267-92 (5th ed. 1991) (discussing the Hong Kong Basic Law).

have already begun.⑥ At the same time, the civil contacts and commercial transactions between mainland China and Taiwan have increased rapidly, especially since the Wang-Koo meetings in Singapore in mid-1993. Thus, inter-regional conflict of laws issues in China are emerging. Consequently, Chinese jurists from the Mainland, Hong Kong, Macao, and Taiwan will soon be confronted with these previously unexplored conflicts problems.

This Article explores this critical moment of interregional conflicts of law in China by focusing on the conflict of laws issues. In particular, this Article examines the emergence of multiple legal regions within China and identifies the unique characteristics of the resulting inter-regional conflicts of law. By drawing primarily upon the Anglo-American experience with conflicts of law, this Article addresses a number of specific issues that are crucial to the drafting of proposed unified conflicts rules. In addition, this Article presents a framework to aid in the development of appropriate solutions to the emerging inter-regional conflicts of law in contract, tort, real property, personal laws, and family relations such as marriage and succession.

II The Emergence of Inter-regional Conflicts of Law in China

"Inter-regional conflicts of law" refers to conflicts of law among regions with different legal systems within one country. These conflicts arise from civil contacts and commercial transactions among people from different regions within a sovereign country, or involving "foreign" interests within a

---

⑥ A preparatory committee which consists of five working groups has been set up to prepare for the transition of Hong Kong in 1997. See Qian Qichen. Closing Address to Members of SAR Preparatory Committee at the Second General Meeting. translated in S. CHINA MORNING POST, Dec. 12, 1993, available in LEXIS, NEWS Library, MAJPAP File.

sovereign country.⑦ Interactions among the Mainland, Hong Kong, Macao, and Taiwan regions have increased substantially over the last few years. The return of Hong Kong and Macao to China⑧ and the prospective unification of Taiwan with mainland China will increase these interactions even more. The different legal systems adopted in the Mainland,⑨ Hong Kong,⑩ Macao, and Taiwan, will inevitably create questions as to which regional law should be applied and whether courts in different regions will recognize and enforce the judgments of the courts of other regions.⑪ At their core, these inter-regional conflicts of laws may be similar to the interstate conflicts that so frequently arise in the United States.

In general, the following four conditions within a country can create conflicts between inter-regional laws: (1) multiple legal regions with different legal systems; (2) civil contacts and commercial transactions among these various legal regions leading to legal relations involving "foreign" interests,⑫ (3) every legal region's recognition of the civil legal status of natural persons and legal persons from the other legal regions; and (4) every legal region's recognition of the extraregional effects of the laws of the other legal regions. These four components and their interrelations

---

⑦ For a discussion of the concept and characteristics of "inter-regional" conflict of laws, see HuangJin. *Study of the Inter-regional Conflict of Law*, 91-104 (1991).

⑧ See Lawrence A. Castle. Note, *The Reversion of Hong Kong to China: Legal and Practical Questions*. 21 WILLAMETTE L. REV. 327 (1985).

⑨ See Chin Kim. *The Modern Chinese Legal System*. 61 TUL. L. REV. 1413 (1987); Craig B. Simonsen. *Development and Organization of (the Governmental and Loyal System of) the People's Republic of China*. 6 CHNA L. REP. 239(1991).

⑩ See generally Miners. *supra* note 5; see also Peter Wesley-Smith. 1 *Constitutional Law and Administrative Law in Hong Kong: Text and Materials*(1987).

⑪ Although the emerging inter-regional conflict of laws in China bears some similarity to that of the United States, it nevertheless has some substantial differences. For example, in the United States, all states within the federal system enjoy "full faith and credit" under the U.S. Constitution, whereas China does not have a formal federal system. See U.S. CONST. Art. IV, § 1.

⑫ See *supra* note 7 and accompanying text.

contribute to the extent and the complexity of inter-regional conflict of laws problems.

The first of the above conditions is especially significant because it results in multiple legal regions. There are a variety of reasons why a country might develop multiple legal regions, including the unification of states, ⑬ the annexation of states, ⑭ the restoration of territories. ⑮ After the return of Hong Kong and Macao and the eventual unification of Taiwan with the Mainland, China could conceivably become a country with multiple legal regions. As a result, legal problems regarding inter-regional conflicts of law will inevitably arise on the political-legal horizon.

A. Territorial Return: Hong Kong and Macao

When Hong Kong and Macao return to China as provided by the joint declarations and the basic laws, the laws currently in effect in the two regions will remain basically unchanged. ⑯ The Hong Kong SAR, for example, will continue to exercise independent legislative, judicial, and

---

⑬ The unification of a state may refer to two different situations. First, it may refer to a confederation in which different member states are united as one state, such as the United States after 1776 and Switzerland after 1848. See Huang. *supra* note 7, at 15-16. Second, it may refer to the reunification of a state that has been split apart previously, such as the German reunification in 1990. Id., at 22.

⑭ For example, the German occupation of Alsace and Lorraine in the 1930s made Germany a state with compound legal regions. See E. Vitta. *Interlocal Conflict of Laws.* in 3 *International Encyclopedia of Comparative Law*, 9-3, 9-14 to 9-15 (Kurt Lipstein, *et al.* ed. 1985).

⑮ In 1871, after the Franco-Prussian War, France had to cede Alsace and Lorraine to Germany. When France restored its sovereignty over these two regions after World War I, it temporarily kept the German laws in these two regions, thus making France a state with compound legal regions until 1924 when France promulgated two French laws to replace the German laws in the two territories. See Huang. *supra* note 7, at 21-22; Kahn-Freung. *General Problems of Private International Law*, 61 (1976); E. Vitta. *supra* note 14, at 9-10.

⑯ See Sino-British Joint Declaration, *supra* note 3, para. 3, cl. 3.

final adjudicative powers to maintain the prosperity and stability of the region.⑰ Thus, under the Hong Kong Basic Law and Macao Basic Law, Hong Kong and Macao will become independent legal regions, with Hong Kong retaining a legal system deeply influenced by British common law and with Macao retaining a legal system similarly influenced by Portuguese civil law.⑱ This means China will become a country with a plural legal system, which includes elements of socialist law, common law, and civil law.

1. The Legal System in Hong Kong

a. *Legislative Power.* The future Hong Kong SAR⑲ will retain legislative powers, be governed by locally elected officials,⑳ and have the power to enact laws and procedures, provided that these laws and procedures should not disagree with the provisions of the Hong Kong Basic Law (HKBL).㉑ The legislature will report to the PRC's Standing Committee of the National People's Congress (NPC).㉒ All laws previously enacted by Hong Kong's legislative organ will remain in force to the extent they are in accord with the HKBL and its legal procedures.㉓ The

---

⑰ The Basic Law of the Hong Kong Special Administrative Region of the People's Republic of China (HKBL) was adopted at the 3rd Session of the 7th National People's Congress of the PRC on April 4, 1990, and will be effective as of July 1997. The HKBL is a legislative document of the PRC that is intended to give effect to the provisions of the Sino-British Joint Declaration.

⑱ Article 31 of the constitution of the PRC provides that "[t]he State may establish special administrative regions when necessary. The systems to be instituted in special administrative regions shall be prescribed by law enacted by the National People's Congress in light of the specific conditions." [Constitution] Art. 31. In accord with article 31, article 62 (13) grants the National People's Congress the power "to decide on the establishment of special administrative regions and the systems to be instituted there." Id. Art. 62.

⑲ See Emily Lau. *Structure of the Hong Kong Special Administrative Region Government.* 20 CASE W. RES. J. INT'L L. 51 (1988).

⑳ See HKBL, Arts. 67-68, annex II.

㉑ HKBL Art. 17.

㉒ Id.

㉓ Id. Arts. 8, 18.

legislative organ will be allowed to draft laws in either English or Chinese. ㉔

The present body of law in Hong Kong consists of statutory provisions and common law doctrines from various sources. For example, letters patent,㉕ royal instructions,㉖ are statements of the British sovereign that established the executive and legislative organs of Hong Kong. Because they constitute the supreme law of Hong Kong, they are known as Hong Kong's "constitutional documents". ㉗ No Hong Kong laws can contravene the letters patent, the royal instructions. In addition, English common law and rules of equity have legal force in Hong Kong,㉘ although the legislative organ in Hong Kong can modify this body of law to suit local conditions. ㉙

At present, Hong Kong's supreme legislature is the British Parliament. According to the Application of the English Law Ordinance of 1966, of all the English statutes enacted before April 5, 1843 (leaving aside those found unsuitable to Hong Kong or modified by the Hong Kong Legislative Council),㉚ about thirty-four measures are still in effect in Hong Kong. English statutes passed after April 5, 1843, have force in Hong Kong only by virtue of an ordinance, an order of the Privy Council, or an

---

㉔ Id. Art. 9. For a discussion of the use of English in Hong Kong Law, see Tomasz Ujejski. *The Future of the English Language in Hong Kong Law.* in *The Future of the Law in Hong Kong*,164-185(Raymind Wacks ed. 1989).

㉕ See Miners. *supra note* 5, at 56.

㉖ See Miners. *supra note* 5, at 56.

㉗ See id., at 54-56.

㉘ See The Application of English Law Ordinance, para. 3 (1966) (amended 1971),reprinted in Wesley-Smith. *supra* note 10, at 77. For a brief introduction of the common law system, see Clement Shum. *General Principles of Hong Kong Law*, 3-6 (1992) and Peter Wesley-Smidi. *Understanding the Common Law.* in *The Future of the Law in Hong Kong*, supra note 5, at 15. For a discussion of the common law in Hong Kong, see Shum. *supra*, at 7.

㉙ See The Application of English Law Ordinance, para. 5 (1966) (amended 1971), reprinted in Wesley-Smith. *supra* note 10, at 77.

㉚ Valerie A. Penlington. *The Law in Hong Kong: An Introduction*, 31 (1985).

express provision (or necessary implications of such a provision) in the enactment.㉛

At present, the majority of Hong Kong's laws consists of ordinances enacted by the Hong Kong Legislative Council.㉜ These ordinances are enacted in accordance with applicable English law and tailored to meet Hong Kong's unique requirements.㉝ However, the United Kingdom has imposed many restrictions on Hong Kong's so-called "subsidiary legislature."㉞ For instance, Hong Kong regulations cannot alter the general principles of common law or contravene laws enacted for Hong Kong by the British Parliament.㉟ Further, the Legislative Council may only enact regulations applicable to the internal affairs of Hong Kong. The Council has no authority to introduce regulations on major issues such as the status of Hong Kong or Hong Kong's relations with other regions or countries. Certain important regulations also require the approval of the English sovereign or the Privy Council.㊱

Hong Kong's legislative organ can pass enabling legislation to permit various administrative entities (such as the Governor in Council, the Urban Council, and the chief justice) to enact regulations to implement certain laws. This enabling legislation is known as delegated, subsidiary, or subordinated legislation.㊲ The Governor in Council issues most regulations, but an ordinance may authorize a body other than the Governor in Council to issue regulations. When this occurs, the ordinance typically requires that the regulations be approved by the Legislative Council in order

---

㉛ See The Application of English Law Ordinance, para. 4, 5 (1966), reprinted in Wesley-Smith. *supra* note 10, at 77.

㉜ See Miners. *supra* note 5, at 114-26.

㉝ See Wesley-Smith. *supra* note 10, at 228-33 (discussing the delegated or subsidiary legislatures in Hong Kong).

㉞ See Miners. *supra* note 5, at 121-23, 126, 129.

㉟ See Wesley-Smith. *supra* note 10, at 76-77.

㊱ See Wesley-Smith. *supra* note 10, at 223-25.

㊲ See Miners. *supra* note 5, at 127.

to have legal effect.㊳ In addition, courts have the power to nullify regulations if they contravene either Hong Kong's written law or laws enacted by the British Parliament applicable to Hong Kong.㊴

Chinese customary laws are also recognized in Hong Kong. These customary laws can be traced back to the Qing Dynasty (1640-1911), the last dynasty of imperial China. However, the application of these customary laws is strictly limited.㊵ They can be invoked only when there is no controlling English law or Hong Kong law.

To summarize, the current body of Hong Kong laws will basically remain unchanged after July 1, 1997, except for those laws which contravene the HKBL or those amended by the legislative organ of the Hong Kong SAR.㊶ As of 1997, the laws in force in the Hong Kong SAR will be as follows: the HKBL,㊷ the essentially unchanged original laws, and new laws enacted by the legislative organ of the Hong Kong SAR. Thus, the laws of the Hong Kong SAR will be different, in form and in substance, from the laws of the Mainland.

b. *Judicial Power.* After the establishment of the Hong Kong SAR, the judicial system currently in place will remain essentially intact. There will, however, be certain changes that will strengthen the independence of the judiciary.㊸

㊳ Id. at 127.

㊴ Id. at 128.

㊵ The Chinese laws and customs are mostly used in relation to family law, and succession. See Shum. *supra* note 28, at 12-13.

㊶ See HKBL Art. 8 and Annex III (National Laws to be Applied in the Hong Kong SAR).

㊷ The Basic Law provides that certain PRC national laws would be applied to the Hong Kong SAR. See HKBL Annex III (National Laws to be Applied in the Hong Kong SAR.)

㊸ See, e.g., HKBL. Art. 82. For a discussion of the current process by which judges are appointed and removed in Hong Kong, see Shum. *supra* note 28, at 13-14; see also Raymond Wacks. *The Judicial Function.* in *The Future of the Law in Hong Kong*, supra note 5, at 127, 136-37.

The present judicial system in Hong Kong consists of the magistrate courts (including tribunals for capital punishment and juvenile cases), district courts, and the Supreme Court of Judicature. ㊹ Even decisions by the Supreme Court of Judicature are not final—the judicial committee of the Privy Council in London is the supreme court of appeal. ㊺ At present, Hong Kong judges are directly appointed by the Governor of Hong Kong, often upon the recommendation of the Privy Council's judicial committee. ㊻

After the establishment of the Hong Kong SAR, the judicial power will vest in the courts of the special administrative region. ㊼ These courts, consisting of the Court of Final Appeal, the High Court, the district courts, the magistrate courts, and other special courts, ㊽ shall exercise judicial power independently. ㊾ The SAR courts will decide all criminal and civil cases in accordance with the laws of the Hong Kong SAR. ㊿ The Hong Kong SAR's courts may refer to the case law of other common law jurisdictions. Judges will be appointed by the chief executive upon the recommendation of an independent committee composed of local judges, persons from the legal profession, and other prominent persons. (51) Judges will be chosen based on their judicial and professional qualifications, (52) and persons from other common law jurisdictions will be eligible for appointment. (53) Members of the judiciary acting in their official capacities will be immune from legal

---

㊹ See Wesley-Smith. *supra* note 10, at 199-213 (discussing the judicial institutions in Hong Kong).

㊺ Id. at 199 (discussing the Privy Council); see also Shum, *supra* note 28, at 13.

㊻ See Wesley-Smith. *supra* note 10, at 199-213 (discussing judicial appointment in Hong Kong).

㊼ See HKBL Art. 19.

㊽ Id. Art. 81.

㊾ Id. Art. 85.

㊿ Id. Arts. 19, 80.

(51) Id. Art. 88.

(52) Id. Art. 92.

(53) Id.

action. ⑤④ Judges can be removed from office, however, for malfeasance or incapacity. ⑤⑤ To remove a judge, the chief executive must act upon the recommendation of a tribunal composed of not less than three local judges who are appointed by the chief justice of the Court of Final Appeal. To appoint or to remove senior judges (judges of the highest level), the chief executive must obtain the consent of the legislative organ of the Hong Kong SAR and report, for the record, to the NPC Standing Committee. ⑤⑥ There will be no change in the method of appointing and removing members of the judiciary other than judges. ⑤⑦ Unlike the present system, the final power of adjudication will reside in Hong Kong's highest court—the Court of Final Appeal. ⑤⑧ The Court of Final Appeal will be allowed to invite judges from other common law jurisdictions to participate in its proceedings. ⑤⑨

2. Legal System in Macao

The legal system in Macao has been heavily influenced by the Portuguese civil law system. In accordance with the MBL, after the establishment of the Macao SAR, the legislative power will vest in the legislative organ of the Macao SAR. ⑥⓪ Members of this legislative organ, most of whom will be elected, ⑥① will come from the local population. The legislature will enact laws and report to the Standing Committee of the National People's Congress. ⑥② The laws enacted by this legislative organ must follow the MBL and must comply with the MBL's legal procedures.

---

⑤④ Id. Art. 85.
⑤⑤ Id. Art. 89.
⑤⑥ Id. Art. 90.
⑤⑦ Id. Art. 91.
⑤⑧ Id. Art. 82.
⑤⑨ Id.
⑥⓪ See the Macao Basic Law [hereinafter MBL], Art. 17, translated in Beijing Rev., May 2-9, 1993 at I. The MBL was adopted at the 1st Session of the 8th National People's Congress on March 31, 1993. Id.
⑥① MBL Art. 68.
⑥② MBL Art. 65.

Except for those which contravene the MBL or which are amended by the legislative organ of the Macao SAR, the original laws, decrees, administrative regulations, and other regulations in Macao will remain unchanged.[63] Thus, the legal system in the Macao SAR, like that of the Hong Kong SAR, will consist of the MBL, the essentially unchanged original laws, and new laws enacted by the legislative organ of the Macao SAR. It is anticipated that the laws adopted in the Macao SAR will be quite different in form and content from those in the Mainland. Likewise, the legal system in the Macao and Hong Kong SARs will also differ from each other to varying degrees.[64] The judiciary in the Macao SAR, however, will exercise the same independence and final adjudication power as the judiciary in the Hong Kong SAR. Similarly, the system of appointing and removing judges will be the same in the Macao SAR as it will be in the Hong Kong SAR.[65] The traditional method of appointing or removing judicial personnel at lower levels will be maintained.[66]

After China resumes its sovereignty over Hong Kong and Macao, the original laws and legal systems in Hong Kong and Macao will be substantially unchanged. The two regions will enjoy a high degree of autonomy in the exercise of legislative, judicial, and final adjudicative power. From the conflict of laws perspective, this means that Hong Kong and Macao, will become independent and equal legal regions within China.

B. Prospective Reunification: the Mainland and Taiwan

The prospective reunification of the Mainland and Taiwan adds another

---

[63] See MBL Art. 8, 19.

[64] For example, the court structure in Macao SAR will be slightly different from that of the Hong Kong SAR. It will be made up of primary courts, intermediate courts, and a Court of Final Appeal with the power of final adjudication. See MBL Art. 84. The primary courts may establish special courts. See MBL Art. 85. An administrative court shall be established in the Macao SAR to handle administrative and tax issues. See MBL Art. 86.

[65] See MBL. Arts. 82, 83, 89.

[66] See MBL Art. 87.

dimension to the evolution of China's compound legal system. The Central People's Government has repeatedly proposed to Taiwan the model of "one country, two systems" to solve the problem of reunification. ⑥⑦ Under this model, Taiwan would become a special administrative region enjoying even more autonomy than the Hong Kong and Macao SARs, for example, Taiwan could retain its own armed forces. ⑥⑧ This means that the Taiwan SAR would not only keep its present laws (with only minor changes), but would also enjoy legislative autonomy, judicial independence, and the power of final adjudication.

Historically, the legal system in Taiwan has been influenced by Japanese and European civil law traditions. The laws of Taiwan is different from that of the Mainland. Thus, the reunification between the two will consolidate the model of China as one country with multiple socio-economic systems and multiple legal regions.

The increasing number of interactions between the Mainland and Taiwan led to complex legal problems. Transactions between the Mainland and Taiwan have taken place in a number of fields, such as investment protection, ⑥⑨ fishing disputes, ⑦⓪ and judicial cooperation. ⑦① Both sides need to resort to inter-regional conflict of laws approach to resolve some of these legal problems.

With the addition of Hong Kong and Macao SARs, China will become a pluralistic legal system composed of socialist, common law, and civil law elements, all of which are quite different in nature, form, and content.

---

⑥⑦ See *supra* note 2 and accompanying text.

⑥⑧ See *Deng Xiaoping's Talk with Yang Liyu*. supra note 2, at 230.

⑥⑨ See *Discussion of Protection of Interests of Taiwan Business Investing in Mainland China*, BBC, Nov. 9, 1993, available in LEXIS, NEWS Library, CURNWS File.

⑦⓪ See *Cross-Straits Fishing Dispute Resolution in Sight*. Central News Agency, Nov. 3, 1993, available in LEXIS, NEWS Library, CURNWS File.

⑦① For example, Taiwan and the Mainland have cooperated in the investigation and prosecution of hijackers, See Chris Yeung. *Taiwan May Cooperate on Hijackers*. S. China Morning P., Aug. 30, 1993, at 5, available in LEXIS, NEWS Library, CURNWS File.

Since each region will retain its own distinctive system, there will be three law families (socialist, common law, and civil law elements) and four independent legal regions (the Mainland, Hong Kong, Macao, and Taiwan) in China. That is, within China, under one central government, the Mainland will continue to follow socialism while Hong Kong and Macao—plus Taiwan—will remain capitalist societies. From the conflict of laws perspective, the Mainland's socialist legal system will not be superior to any of the other legal systems. The PRC Constitution, the HKBL and MBL, and statutes governing national issues such as defense and diplomacy shall constitute the "supreme law of the land" over the Hong Kong and Macao SARs. Nevertheless, in the private law context, the Mainland's socialist laws will be on par with the laws of the SARs, because the Mainland, Hong Kong, Macao, and Taiwan will all be equal, independent legal regions.

III The Unique Characteristics of the Inter-regional Conflict of Laws in China

To a large extent, the inter-regional conflicts of laws is a product of historical conditions unique to China. The emerging inter-regional conflicts issues will have certain distinctive characteristics that will distinguish them from those that arise in other compound legal systems. Thus, although Chinese jurists will need to draw upon the experience of other countries in the study of this important issue, at the same time they will need to seek solutions suited to China's unique inter-regional conflict of laws problems.

A. Domestic Conflicts with International Scope

The emerging inter-regional conflicts problems in China are distinctly different from the conflicts issues that arise within a federal state. The degree of autonomy enjoyed by the Hong Kong and Macao SARs will be greater than the rights of individual states within a federal system such as the United States. (72) Indeed, during the initial stage, the SARs will have so little in common with the legal system on the Mainland—and with each other's legal systems—that the scope of inter-regional conflicts of law may approach the level of international conflicts of law. (73) Because each legal region in China will enjoy legislative autonomy, judicial independence, and final adjudicative power, (74) the process of achieving a uniform national legal system will be slow and difficult.

Yet, the autonomy of these regions exists only by special grant of China's constitution, and the SARs are therefore only local administrative regions under the leadership of the central government. This is quite different from the relationship between a federal government and the member states within a federal system. The limited scope and the special design of the SARs will prevent China's inter-regional conflicts of law from developing into international conflicts of law. (75)

---

(72) For example, in the exercise of the judicial power, the SAR enjoys more autonomy than a state within a federal system. The Hong Kong SAR's Court of Appeals, for instance, has the right of final adjudication. In handling economic affairs, the SARs maintain their own currencies and can join certain international economic and trade organizations—privileges that are unavailable to states in federal systems.

(73) Conflicts of law can be divided into two levels: domestic and international. Domestic conflicts of law exists among different legal regions of one sovereign state (i. e., the interstate conflicts of law in the United States). International conflicts of law crosses national boundaries and exists among different legal regions of different sovereign states. The scope of conflicts of law at the international level is generally larger than the domestic level. See J. H. C. Morris. *The Conflict of Laws*, 2(4th ed. 1993). [arguing that different legal regions or "countries" within a sovereign state may constitute a common legal region such as the United Kingdom (for law of negotiable instruments and law of companies), Australia (for law of marriages), and Canada (for law of divorce)]. See also Robert A. Leflar, *et al. American Conflicts Law: Cases and Materials*, 24(2nd ed. 1989).

(74) See discussion *supra* Part II.

(75) See *supra* note 18 and accompanying text.

B. Different Legal and Socio-Economic Systems

China's emerging inter-regional conflicts of law is unusually complicated because it involves not only conflicts between different legal regions of the same socio-economic system, but also conflicts between legal regions of different socio-economic systems. [76] The inter-regional conflicts of law in most other countries have arisen in the context of a unified socio-economic system. Furthermore, even within the similar socio-economic systems of capitalism in Hong Kong, Macao and Taiwan, the legal system in each region has been shaped by different legal doctrines and heritages, commonly called the "law families". For example, the legal systems in Macao and Taiwan have been profoundly influenced by the continental European civil law system, whereas the legal system in Hong Kong was derived from the English common law system. [77]

C. Unique International Dimension

China's inter-regional conflicts of law will have an international dimension that is not found in other compound legal systems. All international agreements and treaties in effect in Hong Kong and Macao when the PRC resumes the exercise of sovereignty over Hong Kong and Macao will continue to be effective. There will be conflicts not only between the laws of various regions, but also between the regional laws and the international treaties applicable to other regions. Moreover, the two joint declarations, the Hong Kong Basic Law, and the Macao Basic Law empower the SARs to continue to conclude and execute international

---

[76] See Inga Markovits. *Socialism and the Rule of Law*. in *Comparative and Private International Law*, 205 (David Clark ed. 1990); Albert A. Ehrenzweig & Erik Jayme. *Private International Law*, 11-17 (1973).

[77] See *supra* note 10 and accompanying text; see also Ehrenzweig. *supra* note 76, at 20-49.

agreements on numerous matters⑦⑧ with other sovereign countries, regions, and international organizations, provided that the SARs identify themselves as "Hong Kong, China" or "Macao, China" rather than as independent sovereigns. ⑦⑨ When the PRC concludes an international agreement or treaty, the central government may, in light of the specific needs of the SARs, solicit the opinion of the local SAR governments before deciding whether the agreement or treaty will apply to these localities. ⑧⓪

In addition, any international agreement or treaty to which the PRC has not acceded—but which is already in place in Hong Kong or Macao—will continue to be applicable to the SARs. This will result in certain international treaties and agreements being applied to some regions but not to the others. This may lead to conflicts either between the local law of one region and the international agreements applicable to another region, or between the international agreements that are applicable to different regions in the same field.

D. Unique Legislative and Judicial Structure of the SARs

In contrast to other compound legal systems, the PRC has no supreme judicial organ to coordinate and to resolve conflicts among the independent courts of the SARs. Each SAR will have a court of final adjudication which will be independent of all other regional courts.

---

⑦⑧ The SARs will be able to enter into agreements in fields such as trade, finance, shipping, telecommunications, tourism, cultural exchanges, science and technology, and sports. See the Sino-British Joint Declaration, *supra* note 3 para. 11, Annex I; the Sino-Portuguese Joint Declaration, *supra* note 4, para. 8; HKBL Art. 151.

⑦⑨ See the Sino-British Joint Declaration, *supra* note 3, para. 11, Annex I; the Sino-Portuguese Joint Declaration, *supra* note 4, para. 8; HKBL Art. 151.

⑧⓪ See HKBL Art. 153. For a discussion of the international status of Hong Kong after 1997 under current international law, see Wan Exiang. *Changes of Hong Kong's Status in the International Treaties* and Lin Yi. *Problems of Treaty-making and International Responsibility of Hong Kong SAR*. in *Legal Issues in "One Country, Two Systems"*, 119-65 (Huang Bingkun ed. 1989) [hereinafter Bingkun].

Similarly, there is no clear division between the jurisdiction of the central legislature and that of the regional (SAR) legislatures. In fact, with respect to civil and commercial law, the various legal regions may enjoy complete legislative independence.[81] In addition, the legislative power of the SARs is not directly conferred by the constitution of the PRC, but by the relevant international treaties and the basic laws of the SARs.[82]

IV Different Proposed Solutions to China's Inter-regional Conflict of Laws

The complexity and novelty of China's emerging inter-regional conflicts of law will make it especially difficult to find viable solutions. In searching for these solutions, Chinese jurists should be guided by two objectives of the "one country, two systems" policy: maintaining the unity of the country and promoting normal civil and commercial intercourse between the Mainland and the SARs under general principles of equality and mutual benefit.

There are two approaches to solving China's emerging inter-regional conflicts of law which would achieve the policy's primary objectives: first, unifying the substantive law in the various regions;[83] and second, adopting rules governing inter-regional conflicts of law.[84]

---

[81] See HKBL Art. 17 (the Hong Kong SAR is "vested with legislative power") and Art. 73(1) (the SAR legislative council is to "enact, amend or repeal laws in accordance with the provisions of this law and legal procedures").

[82] See HKBL Arts. 17, 73(1).

[83] See Huang. *supra* note 7, at 80-90.

[84] See Huang. *supra* note 7, at 75-80 [citing *Private International Law* 4 (Han Depei, ed. 1989)]. Noting that rules of conflict of laws serves a function of "indirect adjustment" as it relates to choice of law rather than determining the rights and obligations of the conflicting parties; Ren Jishen. *On the Development of Private International Law*. 4 *Journal of Legal Studies*, 54-59 (1981).

A. Unifying the Substantive Laws

Countries with compound legal regions may adopt uniform substantive laws in any one of five ways: (1) a national legislature can enact uniform national substantive laws applicable in every region;[85] (2) a national legislature can enact uniform substantive laws applicable only in certain legal regions;[86] (3) a supreme court can intervene to promote both uniform application and interpretation of the uniform substantive laws of the various legal regions;[87] or (4) each legal region can adopt the same or similar substantive laws to achieve unification.[88] The first three of these methods apply on a national scale and are relevant to the PRC's attempt to establish uniform substantive laws.

Enacting uniform national legislation applicable to all the regions is not likely to succeed given the vast dissimilarities between and among mainland China, Hong Kong, Macao, and Taiwan. These regions have very different legal, social, and economic systems which will not easily accommodate

---

[85] The legislative practice in the United States since the late 19th century is a good illustration. Starting with the Interstate Commerce Law (1877) and the Sherman Act (1890), federal laws occupied or preempted certain areas of law formerly regulated by the states. See Huang. *supra* note 7, at 82-83.

[86] For example, the Company Law (1948) and the Adoption Law (1958 and 1968) of the United Kingdom applied to England and Scotland, but not Northern Ireland or the Channel Islands. See Dicey & Morris. *The Conflict of Laws*, 13-14 (9th ed. 1973) cited in Huang. *supra* note 7, at 83-84.

[87] See Huang. *supra* note 7, at 88-89, discussing the examples of the supreme courts in (a) Canada, citing Translation Office of Law Institute, Shanghai Social Science Academy. *Overview of the Constitutional and Civil Law Systems in Various Countries: Volumes for Americas and Oceania*, 67-68 (1986); (b) Australia citing Kahn-Freund. *supra* note 15, at 68, 148 (1976), and (c) Britain citing A. E. Anton. *Private International Law: A Treatise from the Point of View of Scots Law*, 9 (1967).

[88] See Huang. *supra* note 7, at 85-86 (noting that the American Uniform Commercial Code UCC), which has been adopted by all the states in the United States, except Louisiana, has had a strong influence in achieving unification of substantive laws in different regions without national legislation).

solutions that are based on achieving uniformity in substantive laws. [89]

Having the national legislature enact uniform substantive laws applicable only to certain legal regions might create more problems than it would solve. By definition, it is only a partial solution because the national legislation would not be universally applicable and would address only specific areas of law. This approach may even further complicate the conflicts problem because unifying the laws on some substantive issues among some legal regions might, in effect, lead to the formation of new legal regions. Thus, such a method should be used sparingly if at all.

China also cannot rely on its courts to solve the conflicts problem because there will be no supreme court with jurisdiction over the various administrative regions. As discussed previously, each region will have its own court of final adjudication. [90]

The central premise of the policy of "one country, two systems" is that current differences among the laws of the various regions can continue to exist. Unification will only be accomplished over a long period of time based on full respect for the independence of the various legal systems. As Liao Yaozhu, a well-known member of the Hong Kong legal profession, pointed out, "the unification [of substantive laws and rules of conflict of laws] would certainly be gradual. As a matter of fact, it can only take the form of a kind of coordination."[91] According to Ms. Liao, the possibilities of unifying or coordinating laws will also depend upon the subject matter of the law.[92] Unification is most likely to be achieved in such substantive areas as international trade, bills of exchange, transportation, trademarks, and patent registration. The pressure for uniform laws in these areas is reflected by the numerous existing and proposed international agreements on

---

[89] See *supra* part II.

[90] See HKBL Art. 82.

[91] See Liao Yaozhu. *A Plan for the Gradual Unification of Laws. Da Gong Daily* (Hong Kong), Apr. 11, 1986.

[92] Id.

these subjects. Uniformity in laws governing purely internal affairs (e. g., family relations and duties and responsibilities of citizens) may take much longer, because these laws are based on the more intimate local socio-economic composition of the region. Nevertheless, some Hong Kong lawyers believe family law may be among the first to be united or coordinated because the cultural traditions and racial origins in Hong Kong are identical to those in the other parts of China. ⑨③

Creating a uniform national substantive law to resolve the inter-regional conflicts of law can occur only by closing the socio-economic gaps among the various regions and promoting better understanding between them. This would then allow the legislative organs in the Mainland, Hong Kong, Macao, and Taiwan to gradually adopt identical or similar substantive laws, or to accede to multilateral conventions, while avoiding the apparent pitfalls of unifying the substantive laws of the regions all at once.

B. Adopting Rules to Govern Inter-Regional Conflicts of Law

A country with compound legal regions has five options when adopting rules for resolving inter-regional conflicts of law: (1) rules of private international law may be applied by each region by analogy; ⑨④ (2) rules of inter-regional conflict of laws may be formulated by each region; ⑨⑤ (3) a uniform set of national rules governing inter-regional conflicts of law may be established; ⑨⑥ (4) the same rules governing international conflicts of law

---

⑨③ See Liao. *supra* note 91.

⑨④ See Huang. *supra* note 7, at 77-78, noting that article 14 of the Spanish Civil Law of 1888 provided that private international law applied to regional conflicts of law; citing I. Szászy. *Conflict of Laws in the Western, Socialist and Developing Countries*, 247 (1974).

⑨⑤ See Huang. *supra* note 7, at 77 (noting that prior to the promulgation of the Law on Private International Law and Regional Conflict of Laws in Czechoslovakia in 1948, each region in Czechoslovakia applied its own conflicts rules; citing Kahn-Freung. *supra* note 15, at 75.

⑨⑥ See Huang. *supra* note 7, at 76.

may be applied to domestic inter-regional conflicts;⑨⑦ and (5) international conventions or treaties governing rules of conflicts of law may be adopted in order to unify conflict of laws rules among different regions. ⑨⑧

Adopting conflicts rules is likely to be more effective than unifying substantive laws in resolving China's inter-regional conflicts of law. However, not all rule formulations are appropriate for resolving China's conflicts of law. Allowing each legal region to work out its own conflicts rules would be injudicious. This approach would likely result in the development of widely divergent provisions among the regions, which would lead to further conflicts. Furthermore, such conflicts would only increase the complexity of inter-regional conflicts of law, leading to problems of renvoi⑨⑨ and transmission, inducing "forum shopping"⑩⓪ and making characterization⑩① more complicated than ever.

With the exception of Hong Kong, it is not feasible for China to apply international conflicts rules to resolve its inter-regional conflicts. International conflict of laws rules are appropriate in common law countries

---

⑨⑦ The Anglo-American common law system, for example, modelled its domestic conflict of laws principles on the international rules, yet subtle differences do exist. See Restatement (Second) on the Conflict of Laws § 10 (1971), cited in Huang. *supra* note 7, at 78.

⑨⑧ The international treaties and conventions in private international law can be generally divided into two categories: (1) those providing conflict rules and international civil procedures; and (2) those enacting substantive laws. The first category comprises over 31 international treaties or conventions, of which 18 are in effect. Most of the treaties and conventions still in effect were formulated by the Hague Conference on Private International Law from 1893 to 1987. See *Private International Law*, *supra* note 84, at 20-27.

⑨⑨ Cf. Forsyth. *Private International Law*, 69 (2nd ed. 1990); see also *infra* note 14 and accompanying text; see generally Morris. *supra* note 73, at 404-15.

⑩⓪ Forum shopping occurs when parties select where to bring their case to their own advantage and to the disadvantage of the other party. George D. Brown. *The Ideologies of Forum Shopping—Why Doesn't a Conservative Court Protect Defendant?*. 71 N. C. L. REV. 649 (1993); see Huang. *supra* note 7, at 80, 238-39; see generally Weyman I. Lundquist. *The New Art of Forum Shopping*. 11 Litigation, Spring 1985 (No. 3), at 21.

⑩① See Morris. *supra* note 73, at 416; Forsyth. *supra* note 99, at 69; see also *infra* note 118 and accompanying text.

because they are influenced by a continental law system. Moreover, applying private international law by analogy to solve regional conflicts of law is, at best, only a temporary solution, and cannot be maintained as a long-term method. Because inter-regional conflicts rules are used to solve conflicts of law between different legal regions within one country, they are quite different from the rules of private international law that exist to solve international conflicts of law between private parties.

The best approach to resolve China's inter-regional conflicts of law is the enactment of nationally uniform rules. Such an approach could have the following benefits. First, uniform rules would eliminate forum shopping since courts in every region would be applying the same conflicts principles. Second, because drafting the national conflicts rules will not involve unifying the substantive civil and commercial laws which differ among the various regions, enacting uniform rules could be achieved more easily than the unification of the substantive laws. Enactment of a nationally unified set of rules will also insure that the same case will be handled in the same way in courts of all the legal regions, thereby limiting, if not eliminating, forum shopping. ⑩ Third, this approach will also prevent clashes between inter-regional conflict of laws rules from giving rise to renvoi. Furthermore, national rules will simplify and, indeed, lay the foundation for a possible unification of the substantive laws of the various regions in the future.

Private international law will not be an adequate source of conflicts rules for China. Although there are some private international law treaties governing international conflicts of law, obtaining global agreements on all conflicts problems will prove difficult if not impossible. ⑩ Since all the SARs will be under one common sovereign with one central government, it is in the interest of the various regions to resolve conflicts of law in a more

---

⑩ See generally J. James Fawcett. *Products Liability in Private International Law: A European Perspective.* R. C. A. D. I. 96-111 (1993); Note, *Forum Shopping—Some Questions Answered.* 35 N. IR. L. Q. 141 (1984).

⑩ See Heikki Jokela. *Internationalism in Private International Law.* in *Comparative and Private International Law*, 395, 395-408 (David S. Clark ed. 1990).

direct manner.

A set of nationally unified conflicts rules can be established provided they do not run counter to the public policy of a region. Should the application of such conflicts rules violate the public policy of an SAR, the region may invalidate these rules in order to uphold its own lawful interests (as guaranteed by the region's high degree of autonomy). This approach generally conforms with the grand scheme of "one country, two systems".

International conventions on conflict of laws might provide a starting point for the formation of a set of national rules. China might accede to international conflict conventions or treaties which address conflicts issues in order to unify the inter-regional conflicts rules in some fields prior to the enactment of a nationally unified set of rules applicable to all fields. However, there is a question as to how rules of international conventions would be transformed into national rules. Thus, applying rules of private international law to domestic inter-regional conflicts of law can only be used to help expedite the formulation of national rules.

C. A Proposed Framework

In the short run, the Mainland, Hong Kong, Macao, and Taiwan should use their own existing conflicts rules to address inter-regional conflicts of law, or formulate new rules for resolving inter-regional conflicts of law. At present, each region has its own conflict rules or unwritten laws based on custom and common practice. For example, in the Mainland, there are provisions for the application of law in civil relations with foreign parties[109] and some separate statutory provisions for the application of law to

---

[109] For a discussion of China's General Principles of Civil Law, see Henry R. Zheng. *China's New Civil Law*. 34 AM. J. COMP. L. 669 (1986); see also Edward Epstein. *The Evolution of China's General Principles of Civil Law*. 34 AM. J. COMP. L. 705 (1986).

specific problems.⑩ In Hong Kong, international conflicts rules are taken from English common law and statutes.⑩ Each of these regions could apply its private international law rules by analogy to solve inter-regional conflicts of law, while provisions in their private international law statutes and rules that are unsuitable for solving the inter-regional conflicts of law could be amended. It must be stressed, however, that this approach is recommended only as a temporary, transitional measure.

Next, as an intermediate step, on the basis of full negotiations and coordination among the various regions, a set of nationally unified conflicts rules should be enacted to solve the inter-regional conflicts of law. These conflicts rules should remain effective for a fairly long time in keeping with the principle of "one country, two systems".

In the long run, however, if the laws of the PRC and its SARs are to ever become fully integrated, a set of nationally unified substantive laws on a limited number of issues must be enacted.

Alternatively, the Mainland and the various regions may choose to adopt identical or similar substantive laws to either avoid or eliminate inter-regional conflicts of law in those subject areas. Progress toward unifying substantive law could occur simultaneously with the interim measure of adopting uniform conflicts rules, but this long-term approach should not, and cannot, replace the above interim measure. If these steps can be achieved, the national legal system will move closer to true unification.

There is a jurisdictional obstacle to enacting nationally unified conflicts rules and nationally unified substantive laws. According to the two joint declarations and the SARs' basic laws, the NPC and its Standing Committee may enact basic laws applicable to Hong Kong and Macao on

---

⑩ See, e.g., the Foreign Economic Contract Law of the PRC, Art. 5 (1985); the Inheritance Law of the PRC, Art. 36 (1985); the Procedures of the Bank of China for Extending Loans to Enterprises with Foreign Investment, Art. 25 (1987).

⑩ See Yang Tieliang. *Hong Kong's Legal System and Its Development*. in Bingkun, *supra* note 80, at 57-68.

national defense and foreign affairs.[107] The basic laws further provide that only certain national laws are applicable to the SARs.[108] However, this provision does not compromise the eventual national unification and territorial integrity, nor is it necessarily inconsistent with the high degree of autonomy promised in the SARs' basic laws. Because the autonomy (including the legislative jurisdiction) of the SARs has been affirmed by the basic laws, the "residual powers" of the Central Government would not be sufficient to authorize it to enact inter-regional conflict of laws rules or nationally unified substantive laws.

If, however, the basic laws authorized the supreme legislature to enact inter-regional conflicts rules or nationally unified substantive laws on certain substantive matters,[109] the NPC of the PRC or its Standing Committee could enact national conflicts rules and substantive laws after soliciting the opinion of the SARs' respective governments. Nevertheless, as mentioned above, the enactment of nationally unified inter-regional conflicts rules is not necessarily under the legislative jurisdiction of the supreme legislature. Moreover, most issues relating to civil and commercial laws fall within the autonomous legislative and judicial powers enjoyed by the SARs.

These jurisdictional obstacles might be overcome through coordination and negotiation. Representatives of the NPC and its Standing Committee could meet with the SAR's legislatures in order to formulate mutually agreeable proposed model laws on various subjects.[110] At that point, the NPC and its Standing Committee, together with the regional legislature, could enact laws on the basis of full negotiation and coordination. The NPC or its Standing Committee could then be authorized to promulgate these laws in the Mainland, and the legislative organs of the SARs could promulgate

---

[107] See HKBL Art. 18 and Annex III.

[108] Id.

[109] The 1974 Yugoslav constitution had a similar provision. Act of 27 February 1979, No. 151, (entered into force on June 2, 1979), Slubeni List. 2 March 1979, No. 9, reprinted in 27 NETH. INT'L L. REV. 121, 124 (1980).

[110] See *supra* note 78 and accompanying text.

them in their respective regions. This could pave the way for the enactment of a national "model code" of inter-regional conflict of laws, which would be fully applicable to the SARs.

Finally, there is the question of the basic principles and measures involved in incorporating inter-regional conflicts rules into the basic laws of the SARs. Of course, it would be acceptable if the basic laws explicitly provided that nationally unified inter-regional conflicts rules would be enacted in due course and in an appropriate manner. The specific contents of these rules could be outlined in another piece of legislation. In order to resolve inter-regional conflicts of law correctly, relevant problems, such as the jurisdiction of the legislative and judicial organs and judicial assistance, should also be considered. Therefore, the basic laws for the SARs should contain provisions to solve inter-regional conflicts of law and to provide for legislative and judicial jurisdiction and judicial assistance. [11] Two provisions in Hong Kong Basic Law address judicial assistance. Article 95 allows the SAR to maintain juridical relations, including rendering judicial assistance to the judicial organs of other parts of China, [12] and article 96 permits the SAR to make appropriate arrangements with foreign states for reciprocal juridical assistance. [13]

V Important Issues in the Proposed Uniform Rules of China's Inter-regional Conflict of Laws

Enacting nationally unified rules governing conflicts of law is a desirable and feasible solution to China's emerging inter-regional conflicts problems, but it will not be an easy task. The following section of this Article discusses a number of issues that must be addressed in the process of formulating such rules.

---

[11] See HKBL Art. 96.
[12] See HKBL Art. 95.
[13] See HKBL Art. 96.

A. An Overall Plan

China's future rules on the subject of inter-regional conflicts of law should be embodied in one discrete statute. Because neither the civil law of the PRC,[114] nor the PRC rules applicable to international conflicts of law, are binding on the SARs, the inter-regional conflict of laws statute should be separate from both.[115] The proposed uniform conflicts rules should be divided into two parts: general principles and specific provisions. The general provisions should cover the scope of application, basic principles, basic systems (including characterization, public policy, ascertainment of foreign regions law, evasion of the law, etc.); and the time factor of inter-regional conflicts of law.[116] The specific provisions should govern which law should apply to various civil legal relations involving extra-regional elements.[117]

B. Characterization

Characterization problems will inevitably emerge in enacting and adopting a set of nationally unified conflicts rules in China.[118] It is generally

---

[114] See generally *supra* note 105.

[115] According to the HKBL, only certain national legislation regarding foreign affairs and national defense would be applicable to the SAR. Thus, international agreements containing rules of international conflict of laws that the Mainland has acceded to will not be applicable to the SAR.

[116] For a discussion of the time factor of inter-regional conflicts of law, see Morris, *supra* note 73, at 428-37.

[117] Civil legal relations involving extra-regional elements should be given a broad explanation, including, at least, the traditional civil and commercial relations (e. g., contracts, torts, immovables and movables, intellectual property, corporations, bankruptcy, negotiable instruments, insurance, marriage, guardianship, and succession).

[118] See Morris. *supra* note 73, at 416-18; Veronique Allarousse. *A Comparative Approach to the Conflict of Characterization in Private International Law.* 23 CASE W. RES. J. INT'L L. 479(1991).

held that characterization should be governed by *lex fori*,⑪⑨ because conflicts rules should be interpreted according to each region's legal system.⑫⓪ However, characterization governed by *lex fori* is incompatible with the idea of nationally unified conflict of laws rules. Cases of domestic conflicts of law will arise in the respective courts of the Mainland, Hong Kong, Macao, and Taiwan; therefore, applying *lex fori* would result in courts in different regions making different decisions according to their respective laws. It would obviously be preferable for the nationally unified rules of inter-regional conflict of laws to be characterized in accordance with a nationally unified legal system. However, because the vast majority of matters in the sphere of civil and commercial law fall within the legislative jurisdiction of the SARs, a nationally unified body of civil and commercial substantive law is unlikely to exist in the near future.

To solve this problem, the nationally unified rules of inter-regional conflict of laws in China might be identified through a three-step process. First, if nationally unified substantive laws are passed on certain subjects, those statutes could provide for unified rules to resolve inter-regional conflicts of law. Second, on the basis of a comparative analysis of the regional legal systems,⑫① the process of characterization should be performed in accordance with the principles of analytical jurisprudence and comparative law of universal application. The method involves exercising characterization according to the common understanding or general concept of the regional legal systems on the relevant problems of the unified rules of inter-regional conflict of laws.⑫② Although it is very difficult for such characterization to be effective between different countries, it is feasible within one country because the various regions have far more in common

---

⑪⑨ See Morris. *supra* note 73, at 483-84.

⑫⓪ Id.

⑫① Id. at 484 (referring to the "analytical jurisprudence and comparative law theory" put forward by the German scholar Rabel and the English scholar Beckett).

⑫② Id.

than do different countries; this commonality helps judges in the various legal regions better understand the laws of the other regions.[123]

Third, autonomous characterization can be exercised by including an explanation or definition of the relevant concepts in the nationally unified rules of inter-regional conflict of laws in order to eliminate and avert contrasting definitions.[124] This method, however, should be employed only to help understand and enforce the inter-regional conflicts rules. Accordingly, these rules may include an explanation or definition of relevant concepts of the regional law, the interpretation of which should be governed by the regional laws themselves.[125]

C. Renvoi[126]

A *renvoi* situation may emerge when two states (or regions) have two different choice-of-law rules, or when two states apply the same choice-of-law rules but characterize a case differently.[127] In the course of solving the inter-regional conflicts of law in China, there may be a short-lived stage during which each region will apply its own private international law statues by analogy. During this stage, all the elements of *renvoi* will be present. Whether all the regions will accept *renvoi* during this stage will have to be determined by the respective provisions of their private international law rules.

At present, there is no provision in the private international law of mainland China addressing the *renvoi* situations. Hong Kong courts

---

[123] See Huang. *supra* note 7, at 174-75.

[124] See Tibor Varady. *Internal Conflict of Laws in Yugoslavia*. 23 NETH. INT'L L. REV. 137, 146-47 (1976).

[125] See Vitta. *supra* note 14, at 9-4.

[126] See generally Larry Kramer. *Return of the Renvoi*. 66 N.Y.U. L. REV. 979 (1991); Rhoda S. Barish. Comment. *Renvoi and the Modern Approaches to Choice-of-Law*. 30 AM. U. L. REV. 1049 (1981); John D. Egnal. *The "Essential" Role of Modern Renvoi in the Governmental Interest Analysis Approach to Choice of Law*. 54 TEMP. L. Q. 237 (1981).

[127] See Morris. *supra* note 73, at 9-10.

similarly follow the English practice of recognizing single *renvoi* and double *renvoi*. ⑱ Thus, during the initial stage of solving China's inter-regional conflicts of law, *renvoi* will be accepted and adopted by at least some regions.

D. Ascertaining the Law of A Foreign Region

When a regional court applies the law of another region in accordance with either unified or regional rules of inter-regional conflict of laws, there will inevitably be some difficulty in ascertaining the contents of the law of another region. In private international law, there is no uniform practice for proving foreign law. ⑲ With regards to inter-regional conflicts of law, however, some countries with multiple legal regions have adopted practices similar to those followed under private international law. ⑳ These countries hold that it is a function of the court to discover the contents of the law of another region. ㉑ Some also require the parties to provide necessary assistance in this inquiry. ㉒ As China's projected legal regions will be influenced to varying degrees by European continental laws, Anglo-American common law, and the socialist laws, a compromise for ascertaining the contents of the law of another region may be desirable. Such an accommodation is possible because courts of various regions will be charged with discovering the contents of the laws of other regions and the parties involved will be obliged to prove the contents of the law of another region on which they rely. ㉓

---

⑱ See Morris. *supra* note 73, at 407-09.
⑲ Id. at 37-41.
⑳ See Id. at 36-46; see also Kahn-Freund. *supra* note 15, at 163.
㉑ See Huang. *supra* note 7, at 184-86.
㉒ Id.
㉓ Under the Anglo-American conflicts rules, foreign law in courts is a matter of fact which has to be pleaded and proved to the satisfaction of the judge. The general rule is that the burden of proving foreign law lies on the party whose claim or defense is based on the foreign law. See Morris. *supra* note 73, at 36-37; see also Leflar *et al.*. *supra* note 73, at 215-20.

E. Public Policy

In many countries with compound legal regions, regions will apply one another's law when appropriate, even if such application offends the public policy of the forum region.[134] In countries which permit one region to refuse on public policy grounds to apply the law of another region,[135] such refusals occur far less frequently than refusals on public policy grounds to apply the law of a foreign country. Thus, in practice, it is rare for public policy considerations to influence the outcome of domestic inter-regional conflicts of law. In general, natural bonds are stronger between regions than between sovereign countries, and differences between regions are not as substantial as those separating sovereign countries.

However, China's inter-regional conflicts of law have special characteristics not found in other countries with multiple legal regions; the clash between socialist law and capitalist law precepts is particularly problematic. Furthermore, with regards to civil and commercial law, the scope of legislative jurisdiction permitted for each region is quite broad. The resulting differences between the civil and commercial laws of these regions are so great. To resolve China's inter-regional conflicts of law with conventional conflicts rules would inevitably lead to courts of one region using fundamentally different laws of another region to regulate its own civil legal relations. This course would naturally affect, to some degree, the inner legal order of that region. Therefore, the regions in China must be left free to refuse on public policy grounds to apply certain provisions of another

---

[134] For a general discussion of public policy conflicts in international law, see Kent Murphy. *The Traditional View of Public Policy and Order Public in Private International Law*. 11 GA. J. INT'L & COMP. L. 591 (1981); John B. Corr. *Modern Choice of Law and Public Policy: The Emperor Has the Same Old Clothes*. 39 U. MIAMI L. REV. 647 (1985).

[135] For examples of countries that permit a region to refuse to apply the law of another region on public policy grounds, see Kahn-Freund. *supra* note 15, at 150; see also Huang. *supra* note 7, at 204-08.

region's body of law.

Allowing public policy refusals is consistent with the policy of "one country, two systems" in promoting the co-existence of separate legal regions for a considerable period of time.⑬⑥ It will allow each region to defend its basic interests. Thus, although inter-regional conflicts rules will be nationally unified, their application will vary from region to region. Thus, when applying the rules, courts of each region will be able to refuse to apply the law of another region on the grounds that it contravenes the public policy of the applying region.⑬⑦

The public policy principle may reduce the chances for the application of a particular conflict rule, but it does not negate the overall efficacy of unified rules to resolve inter-regional conflicts of law.⑬⑧ Public policy governs and guides the application of all rules, including conflicts rules.⑬⑨ Indeed, public policy considerations are also influential in private international law conventions.⑭⓪ An increasing number of private international law conventions are allowing parties to avoid the application of

---

⑬⑥ According to the concept of "one country, two systems", each region should have its own legal system which is different from that of other regions. Applying public policy to inter-regional conflicts of law may maintain this difference in areas of fundamental legal policy. See Huang. *supra* note 7, at 248-50.

⑬⑦ For a discussion of the exclusion of foreign law on grounds of public policy, see Morris. *supra* note 73, at 41-46.

⑬⑧ See I. Szászy. *supra* note 94, at 256-57.

⑬⑨ In P. S. Mancini's view, public order doctrine is one of the basic principles in private international law. See *Private International Law*, *supra* note 84, at 75.

⑭⓪ See, e. g., Inter-American Convention on General Rules of Private International Law, Mar. 8, 1979, Art. 7, OEA/Ser. A/31, No. 54 (1979); European Communities: Convention on the Law Applicable to Contractual Obligations, June 19, 1980, Art. 16, 19 I. L. M. 1492, 1496 (1980); Hague Conference on Private International Law: Draft Convention on the Law Applicable to Agency, June 16, 1977, Art. 17, 16 I. L. M 775, 780 (1977); Hague Conference on Public International Law: Convention on the Law Applicable to Products Liability, Oct. 21, 1972, Art. 10, 11 I. L. M. 1283, 1284 (1972).

the laws referred to by the convention if those laws would violate public policy. For example, article 10 of the Hague Convention on the Law Applicable to Traffic Accidents states that "only when its application would obviously contravene public policy can the application of the law referred to by the convention be refused."⑭ Thus, the PRC would not be breaking new ground by incorporating a public policy exception into unified inter-regional conflicts rules.

The public policy exception should, however, be limited. ⑫ If public policy considerations were to be invoked merely as a pretext for avoiding the application of conflicts rules, this would adversely affect normal civil contacts and commercial transactions among the people of all the regions. Therefore, the situation to which the public policy exception is applicable must be carefully defined and narrowly circumscribed by China's uniform rules on inter-regional conflict of laws.

F. Evasion of Law

When China becomes one country with multiple socio-economic systems, the opportunities for fraudulent manipulation of the legal system will multiply. As the exchange of people, goods, services, and capital increase between the regions, it will presumably be easier to alter domicile or to transfer property from one region to another to avoid the force of law. ⑬ Because the respective laws of the four regions are so different, the temptation to engage in forum shopping will also intensify. ⑭ If such strategies were permitted, they would compromise the consistency and certainty of the conflicts rules, and injure legal relations among the regions. The unified rules for resolving China's inter-regional conflicts of law should

---

⑭ The Hague Convention on the Law Applicable to Traffic Accidents was concluded on May 4, 1971. See *Collections of Private International Law Conventions*, 350 (Lu Jin ed. 1986).

⑫ For a general discussion, see *Private International Law*, supra note 84, at 81-84.

⑬ See id., at 84-85.

⑭ See *supra* note 100 and accompanying text.

incorporate the principle of "[*f*] *raus omnia corrumpt*",⁽¹⁴⁵⁾ and explicitly prohibit any and all attempts to evade the application of conflicts rules.

G. Personal Law

Legal relations concerning a person's status and capacity, matrimonial and family relations, and succession are generally considered personal legal relations.⁽¹⁴⁶⁾ Under private international law there are two interpretations of personal law: *lex patriae*, the national law of the parties, and *lex domicilii*, the law of the domicile of the parties.⁽¹⁴⁷⁾ However, very few countries with federal systems and multiple legal regions recognize federal citizenship on the same level as regional citizenship.

Therefore, in theory, to apply the law of the citizenship of the member state to which the parties belong as the personal law has limited meaning. But without this, *lex patriae* is an empty concept, because within one country, the nationality of all the natural persons in the various legal regions is the same. Even those countries which insist on taking the *lex patriae* as the personal law in private international law are obliged to abandon the nationality criterion for the determination of personal law in inter-regional conflicts rules.⁽¹⁴⁸⁾

In practice, most countries with multiple legal regions take the law of the domicile of the parties as the personal law.⁽¹⁴⁹⁾ Alternatively, some take the law of the place of birth or origin,⁽¹⁵⁰⁾ or the homeland or habitual

---

⁽¹⁴⁵⁾ Literally translated, *fraus omnia corrumpt* means "fraud destroys all." See *Private International Law*, supra note 84, at 4.

⁽¹⁴⁶⁾ Id. at 53-54.

⁽¹⁴⁷⁾ See *Private International Law*, supra note 84, at 53-54.

⁽¹⁴⁸⁾ See Szászy. supra note 94, at 243.

⁽¹⁴⁹⁾ For example, Australia, Canada, Britain and the United States follow this practice. See Huang, supra note 7, at 156, 158-62; see also Szásay. supra note 94, at 256-57.

⁽¹⁵⁰⁾ See I. Szászy. supra note 94, at 256-57; see also Vitta. supra note 14, at 16.

residence.⁽¹⁵¹⁾ Because Chinese citizens in the four legal regions will have only one common Chinese nationality, obviously, it would be impossible to take the *lex patriae* as the personal law. It is more appropriate to define personal law in terms of the domicile of the person, namely, to take the *lex domicilii* as the personal law. This is the general practice in most countries with compound legal regions. Because domicile is a generally accepted legal concept in China, it would not be difficult to persuade all the regions to accept the *lex domicilii* as the personal law. Of course, there may be different interpretations of "domicile" in the laws of the Mainland, Hong Kong, Macao, and Taiwan, leading to active and passive conflicts of law.⁽¹⁵²⁾ Thus, it is necessary to provide a definition of domicile in the nationally uniform rules of inter-regional conflict of laws.⁽¹⁵³⁾

H. Laws Applicable to Contracts

As the pace of economic exchanges between the four legal regions rapidly increases, so will the importance of the law of contracts. Thus, contract law will occupy a significant place in China's unified rules of inter-regional conflict of laws.⁽¹⁵⁴⁾ Currently, laws governing contractual relations in the Mainland, Hong Kong, Macao, and Taiwan share many common characteristics and principles.⁽¹⁵⁵⁾ Laws in the various regions all affirm the principle of the "autonomy of parties".⁽¹⁵⁶⁾ For example, the General Principles of the Civil Law of the PRC stipulates that "[t]he parties to a contract involving foreign interests may choose the law applicable to the settlement of their contractual disputes, except as

---

⁽¹⁵¹⁾ See Huang. *supra* note 7, at 158.

⁽¹⁵²⁾ See *Private International Law*, *supra* note 84, at 98-100.

⁽¹⁵³⁾ See Varady. *supra* note 124, at 146-47.

⁽¹⁵⁴⁾ See generally Xu Guojian. *Contract in Chinese Private International Law*. 38 INT'L & COMP. L. Q. 648 (1989).

⁽¹⁵⁵⁾ For example, the doctrine of autonomy of parties is the first principle of choice of law in the area of contract. See Ehrenzweig & Jayme. *supra* note 76, at 43-44.

⁽¹⁵⁶⁾ See Id.

otherwise stipulated by law."[157]

Nevertheless, legal provisions in the various regions differ as to how to determine which law governs contracts when the parties have not chosen the law of an appropriate forum. For example, Hong Kong follows the English practice. English courts, upon finding no express or implicit choice of the proper law for the contract, choose the system of law with which the transaction has the closest connection.[158] Article 145 of the General Principles of Civil Law of the PRC is quite similar to the English practice. It provides that "[i]f the parties to a contract involving foreign interests have not made a choice, the law of the country to which the contract is most closely connected shall be applied."[159]

In recent years, the "most closely connected" approach for choosing which body of law will govern a transaction has been widely followed in international treaties and in the private international law of some countries. For example, article 13 of the Benelux Treaty provides that parties to a contract can choose the applicable law of the contract, but if no choice has been made, "the law of the country most closely connected with the contract" applies.[160] Similarly, Article 4(1) of the European Economic Community Convention on the Law Applicable to Contractual Obligations (1980) states:

"To the extent that the law applicable to the contract has not been chosen in accordance with article 3, the contract shall be governed by the law of that country with which it is the most closely connected. Nevertheless, a severable part of the contract which has a close connection with another country may by way of exception be governed by the law of that

---

[157] See General Principles of the Civil Law of the People's Republic of China (1986) (effective on Jan. 1, 1987) (P. R. C) Art. 145 [hereinafter General Principles] translated in China Law Yearbook 1987, at 113-26 (Wang Zhongfang et al. ed. 1989).

[158] See Morris. *The Conflict of Laws*, 214 (2nd ed. 1980).

[159] General Principles, Art. 145, translated in China Law Yearbook 1987, at 113, 125.

[160] See Kahn-Freung. *supra* note 15, at 264.

other country."⑯

There are similar provisions in sections 186-188 of the Restatement (Second) of the Law of Conflict of Laws,⑯ article 24(2) of Turkey's Law on Private International Law and International Law of Procedure (1982),⑯ and article 117 of the Private International Law of the Federation of Switzerland.⑯

China's unified inter-regional conflicts rules should conform to the new trend in international choice-of-law rules. Therefore, the following provisions should be adopted to determine what body of law will govern contracts: unless otherwise provided by laws, the law chosen by the parties to a contract shall apply to contractual relations. If the parties to a contract have made no choice, the law of the place most closely connected with the contract shall apply.

I. Laws Applicable to Property

There are some differences and some similarities in the laws regarding property in the various regions of China. Hong Kong law, like English law, divides property into movables and immovables.⑯ Under English conflicts rules, all questions relating to immovables are governed by the principle of *lex situs*.⑯ Hong Kong follows the same principle. In English law,

---

⑯ The European Communities: Convention on the Law Applicable to Contractual Obligations, June 19, 1980, Art. 4 (1), 19 I. L. M. 1492, 1493(1980).

⑯ See Restatement (Second) of Conflict of Laws § § 186-88(1971).

⑯ See Turkey's Law on Private International Law and International Law of Procedure (1982), reprinted in Kenneth Robert Redden. *Modern Legal Systems Cyclopedia*, Vol. 5A, 5A. 20. 31 (1990).

⑯ See Private International Law of the Federation of Switzerland, Jan. 1, 1989, Art. 117, translated in 29 I. L. M. 1244, 1275 (1990).

⑯ See Shum. *supra* note 28, at 245.

⑯ *Lex situs* means "the law of the place where property is located." Black's Law Dictionary 913 (6th ed. 1990). The general rule is that lands and other immovables are governed by the country in which they are situated. See Morris. *supra* note 73, at 315-16.

movables are divided into chooses in possession and chooses in action.⑯⑦ For a chose in possession the governing conflict principle is also *lex situs*.⑯⑧ Drawing on English case law, Hong Kong courts have adopted the rule that chattels are governed by *lex situs*.⑯⑨ As for a chose in action, courts in Hong Kong, like those in England, hold that the law of the place where the right is created controls the transaction.⑰⓪

In the Mainland, article 144 of the General Principles of Civil Law of the PRC stipulates that "[o]wnership of immovable property shall be governed by the law of the place where it is situated."⑰① The laws do not clarify which conflicts principle will apply to the ownership of movables.

In view of existing judicial practice, the future uniform inter-regional conflicts rules should provide that questions relating to immovables shall be governed by the *lex situs*. As to movables, since the end of the nineteenth century, most countries have advocated the application of *lex situs*.⑰② China might also do well to adopt this principle to resolve questions involving immovables. Exceptional cases may require some modifications of this approach. For example, while succession to immovables could be governed by *lex situs*, succession to movables could be determined by the law of the place of the decedent's domicile at death. Similarly, to determine ownership of cargoes in transit, it might be sensible to apply the law of the place where the cargoes are loaded, or the law of the place of destination. As for disputes involving transport vehicles such as ships, aircraft, or motor vehicles, the law of the place of registration is a better candidate for incorporation into the uniform rules of inter-regional conflict of laws than the

---

⑯⑦ See J. A. C. Thomas. *Private International Law*, 104 (1955).

⑯⑧ See *Private International Law*, supra note 84, at 127-28.

⑯⑨ See Morris. supra note 73, at 315-16.

⑰⓪ Id.

⑰① See General Principles, Art. 144, translated in China Law Yearbook 1987, at 113, 125.

⑰② See *Private International Law*, supra note 84, 128-29.

law of the flag.⑰

VI Conclusion

China is gradually entering a unique stage of legal development. It will become "one country" with "two systems", comprising three law families and four compound legal regions. Like other countries with federal systems, China—currently a non-federal system country—will need to develop inter-regional conflicts rules. But the complex nature and the unique characteristics of China's emerging inter-regional conflicts of law are wholly unprecedented and therefore require fresh examination and creative thinking.

In the short term, the various regions in China should apply private international law by analogy or their own conflicts rules to cases of inter-regional conflicts of law. As an intermediate solution, China needs unified conflicts rules for resolving the inter-regional conflicts of law. In the long run, it is possible to that unified substantive laws will evolve across the country, thus resolving the inter-regional conflicts of law.

The strategies and recommendations in this Article may be of some use in the successful resolution of the inter-regional conflict of laws in China. Furthermore, China's prospective legal development, which was discussed in this Article, may be an enlightening experience that will contribute to China's "one country, two systems" policy.

The general suggestions outlined above are tentative and preliminary and are offered in the spirit of encouraging legal scholars to join in this inquiry. These suggestions serve, as the Chinese proverb puts it, to "throw out the stone in order to get the jade." This is undoubtedly a tract of the legal landscape that will require more plowing and sowing before any harvest can be reaped.

---

⑰ Id.

On Macro-Science of International Law and International Law System[*]

I Introduction

The whole law can be divided into two parts: one is called national law, and the other, international law. Corresponding to this, the science of law can also be divided into the science of national law and that of international law. Traditionally, international law means public international law, which is the sum total of legal rules governing the relations between states. Therefore, traditional science of international law only studies the problems of public international law.

In the present century, with the rapid development of productive forces, science and technology, the international intercourse is vastly increased and the relations between states, international organizations and legal or natural persons with different nationalities are getting more and more complicated. As a result, there come into being successively the legal rules regulating these relations, and thus, many new branches of international law have emerged. It shows that the science of international law, whose objects of study are international legal rules, needs a breakthrough in theory.

---

[*] This article was originally published in Archiv des Völkerechts (J. C. B. Mohr Tübingen, Germany), 31. Band 4. Heft (1993).

II The New Development of International Law

1. The development of international law itself, we think, has made it necessary to study international law at a macroscopic angle. We may call it macro-science of international law here in this thesis. In order to explore it, we need to discuss its definition first. Even though the previous scholars defined international law only at the angle of public international law, they gave quite different definitions. Just as Professor Zhou Gengsheng, the late well-known lawyer of international law in China, pointed out, " it is very difficult to get a definition being agreed to by every scholar",① for they had taken different stands and viewpoints and used different methods to do it. Generally speaking, however, all the definitions given by them have a common characteristic, that is, they affirmed that international law is composed of rules governing the relations between states. Such a traditional definition of international law, no matter its connotation or extension, can't describe the international law which has now been developed incredibly. The new development of international law can be summed up as follows:

(a) Appearance of a large number of laws governing international economic relations. Compared with the past, it is impossible to keep out of the international economic intercourse with such a booming prospect in the present century. Especially after the Second World War, the international economy, pushed on by the third revolution of science and technology, has taken an enormous leap forward, and the number of international conferences and organizations for economic cooperation is greatly increasing, too. All these have made the international economic activities, such as international trade, finance, investment, and transfer of science and technology unprecedentedly brisk. As superstructure, international law can not stand by and should reflect inevitably the development of the international economic intercourse, which is getting more and more

---

① Zhou Gengsheng. *International Law* 2 (1981).

complicated and needs to be governed by its rules to keep in normal legal order. For the very reason, there have come into being lots of statutes governing international economic relations. For examples, International Convention for the Unification of Certain Rules Relating to Bills of Lading (1924), Convention for the Unification of Certain Rules Relating to International Air Carriage (1929), Convention on the Uniform Law of Bills of Exchange and Promissory Notes (1930), Convention on the Uniform Law on the International Sale of Goods (1964), Convention on the Uniform Law on the Formation of Contracts for the International Sale of Goods (1964), Convention on the Settlement of Investment Disputes between States and Nationals of Other States (1965), Convention on the Prescription in International Sale of Goods and United Nations Convention on Contracts for International Sale of Goods (1980). Besides these, there are quite a lot of interregional and bilateral treaties on the international economic intercourse and the customary rules such as INCOTERMS, formed during the general practice of international economic intercourse and recognized by the international community. They are used not only to govern international economic organizations, but more to regulate the economic relations between the legal and natural persons from different states or between the legal and natural persons and any foreign state or international economic organizations.

(b) Appearance of a large number of laws governing international civil and civil procedural relations. As for a certain concrete state, international civil relations are those involving foreign elements. Before the twentieth century, the judges chose the *lex* cause according to conflict rules of their own states to handle a civil case containing foreign elements, or applied directly the national civil rules to handle it. Up to the present century, there emerged the international unification and harmony tendency in the field of international civil procedural law. On the other hand, many international treaties have been concluded, such as, Hague Conventions on private international law concluded under the charge of Hague Conference on Private International Law since 1896, Bustamante Code (1928),

Convention on the Recognition and Enforcement of Foreign Arbitral Awards (1958), International Convention on Civil Liability for Oil Pollution Damage (1969), etc. On the other hand, lots of states have established the common rules of civil and civil procedural law by concluding bilateral treaties which should be observed by both parties, such as, Agreement between the People's Republic of China and the Republic of France concerning Judicial Assistance in Civil and Commercial Matters (1987).

(c) Besides, as we know, there exist the statutes which provide directly the rights and duties for legal and natural persons in the international community. These statutes are in the international conventions or the bilateral treaties, such as the convention on the punishment of international crime and some administrative statutes made by the international organizations. The latter should be paid special attention to. For example, the employment of the staff members in the international organization, generally speaking, is not under the jurisdiction of any municipal law but a set of concrete rules made by itself, which should be interpreted according to the general principle of administrative law. International Administrative Courts are in charge of the settlement of the disputes between international organizations and their staff members. Though these statutes are made by the organized international community, they are not the object of study for traditional public international law. The reason is that they are not the statutes governing the relations between states or between states and international organizations. They are called "international internal law" by some scholars.

2. The situations discussed above represent that the development of international law itself has broken through the scope of traditional public international law as conduct rules to govern the relations between states. Though the international law had only governed the relations between states formerly and left the stipulation of rules governing individual relations to each state, one can't take it for granted that the international community has been deprived of the power to make statutes governing individual relations. On the contrary, the science of international law should be aware

of the fact that the international community has gradually arranged the relations under categories and made laws to govern the relations by itself. As the legal science whose object of study is international law, it should make a quick response to this fact, and induce and generalize the new international legal phenomena at a macroscopic angle. When a certain legal phenomenon arises and can't be classified into the traditional category, it must not be neglected and should be classified into a new category instead. Only in this way, the science of international law can keep in step with the developing things themselves.

III Macro-Science of International Law and International Law System

1. In view of its development, the author holds that international law is not the traditional public international law now, but the sum total of the legal conduct rules with binding force which represent the harmony of state wills and governing all kinds of international relations (not the political relations between states only). The science of international law, which studies, at a macroscopic angle, those international statutes systematically and scientifically, is the very macro-science of international law.

2. The macro-science of international law distinguishes the definition of international law from that of public international law for the first time. Here, the author does not deny that public international law is the law governing the relations between sovereign states, but intends to discuss international law in a wider scope. In accordance with macro-science of international law, international law is more a system than a legal branch. It can be roughly divided into such branches as follows: public international law, private international law, international investment law, international trade law, international financial law, international criminal law, international procedural law, international administrative law, and so on. According to the nature of the legal relations governed by the statutes, these branches can be divided further. Public international law is but one part or

branch in the international law system.

3. In substance, it is admitted that international law is a product of the harmony of wills of all the states. Any sort of law is the reflection of state wills. So it is with international law. The effect of international law originates from states or states' wills, but not from one state, thus it is the reflection of the harmony of states' wills. In international society, no state can do whatever it likes and should consider what it does at the angle of the whole international community if it wants to contact with other states. The harmony of the state wills reflected by international law is reached on the basis of the principles of state sovereignty and equality and mutual benefit. It shows that each state as an independent sovereignty to express its will in the international legislative activities, must not be intervened and coerced; on the other hand, each state has the equal sovereignty with the other, so they should respect each other, especially each other's benefits and it can not be tolerated for any great-power state to place itself above the others. For their mutual necessity of normal international intercourse and other benefits, states should be coordinated and reach agreements so that they can establish a relatively stable legal order and coexist peacefully.

4. The macro-science of international maintains that the social relations governed by international law are those across the boundary of one state, and the relation between states is only one part of them. As we know, international law and municipal law are divided mainly on the basis of their applicable scopes and the social relations governed by them. According to their scopes, municipal law is the sum total of the laws applied in the whole territory of one state, while the scope of application of international law goes beyond the bounds of one state. Here "international" does not mean "between states" only. In Chinese, besides the meaning "between states", it means "transnational". Therefore, the word "international" we use here means "transnational" or "going beyond the national boundary". The applicable scope for international law can be briefly summed up as follows:

(a) International legal rules accepted by the whole international community and thus applied all over the world, such as the general principles of international law. ①

(b) International legal rules applied in a certain region, such as the treaties made by the European Communities, which have binding force to the EC states.

(c) International legal rules applied in multitudinous states scattered all over the world. Judged by their applicable regions, this kind of rules may go beyond the regional limits and be applied in the states of different regions; or they may not go beyond the limits and are applied in some states of a given region only. Judged by the number of the applicable states, they may be applied in most states in the world or only 3 or 4. So, some of the rules are very commonly applied and the others, in a relatively small scope.

(d) Bilateral treaties applied only in two states.

The above-mentioned cases make it clear that the scope of international law is apparently different from that of municipal law and any legal rules applied in two or more than two states belongs to international law.

5. Judged further more by the social relations governed by municipal law and international law, the former regulates, generally speaking, all the relations within one certain state, while the social relations regulated by the latter go beyond the boundary of one state, that is to say, it governs the social relations containing international elements, namely, international relations. Since the social relations governed by international law go beyond the bounds of one state, it will certainly relate to the legislative and administrative and judicial jurisdictions of different states and affect two or more than two states. What is "the social relation going beyond the bounds of one state"? As anybody knows, the so-called social relations are all kinds of right and duty relations which the social subjects have formed according to the conduct rules in social activities. This kind of relations has three key elements: subject, object and content (right and duty). In the view of macro-science of international law, the subjects of international

---

① Han Depei. *Modern International Law*, 67-80 (1992).

legal relations mainly consist of states, international organizations and legal or natural persons from different states. As long as any of the three key elements concerns two or more than two states or their legal or natural persons, this relation is the one "going beyond the bounds of one state" and can be called, international relations. In accordance with different criteria, the relations governed by international law can be classified differently. If you take their subjects as the criterion, they can be divided into the relations between states, relations between international organizations, relations between states and international organizations, relations between legal persons of different states, relations between a legal person of a state and other states or international organizations, relations between natural persons from different states, and those between a natural person from a state and international organization or a foreign state or a foreign legal person.

    6. International law and municipal law are two different legal systems. But the macro-science of international law does not agree to the dualists' views at all, which emphasize exceedingly the difference between international law and municipal law. ①In fact, the division of international law and municipal law are relative, not absolute. In the author's viewpoint, it is definite as well as indefinite. The reason for "definite" is that there are some differences between them as mentioned above, and that for "indefinite" is because of their close links with each other. Municipal laws are made by states, and the states participate in the drawing up of international law. Generally speaking, when making municipal law, states should take the demand of international law into account; while participating in the drawing up of international law, they should also consider the stand of their municipal law. So, on certain conditions, international law and municipal law infiltrate into each other, supplement each other and transform each other. The combining and overlapping parts between them have been looked upon as the objects of study of some rising

---

    ①   See Zhou Gengsheng. *International Law* 2, 17-19(1981).

marginal, cross of comparative jurisprudence.

IV Conclusion

Summing up the above-mentioned facts, according to the viewpoint of the macro-science of international law, international law is the sum total of the legal rules governing all the international relations; international legal rules are varied and they relate to the manifold aspects of social life and have different contents and forms. But they are far from disorder, on the contrary, they are a unified and organic system composed of the parts of branches with certain connetions.

第 二 编　宏⋯观⋯国⋯际⋯法⋯学⋯论

国际私法探析

国际私法及其调整对象[*]

一

国际私法是人类社会发展到一定阶段的产物。人类社会出现国家以后，国际社会逐渐形成。在国际社会中，不同国家的人民必然会进行交往，建立各种社会关系，国际民事法律关系就是其中的一种，为了调整这种关系，国际私法便应运而生。因此我们说，国际私法是调整国际民事法律关系或涉外民事法律关系的法律部门。

历史发展到今天，随着全球经济的迅速发展和科学技术的突飞猛进，尽管国际社会仍然充满着尖锐的矛盾和对立，但是国际社会各国之间的联系更加密切，互相依赖和需要大大加强，共同关心的问题越来越多，和平与发展已成为时代的最强音。国际社会内部的对立已不再是主要方面，而国际社会的统一性和整体性起着决定性的作用。国际私法作为国际民事法律关系的调整器和润滑剂，在国际社会生活中的作用和地位正在加强，并日益受到人们的重视。

中国实行改革开放，就是要把自己这条大河汇入世界和平与发展的大潮，就是要迈着时代的步伐进入国际社会，为世界的和平与发展作出自己的努力和贡献。中国的对外开放离不开国际私法，国际私法将为中国参与国际民事交往铺路架桥，并促进和保障国际民事法律关系健康、顺利地发展。

二

在社会生活中，人们为了满足自己的物质和精神生活需要，相互

---

[*] 本文原载于《理论月刊》（湖北省社会科学联合会主办）1992年第9期。

之间随时都发生着各种各样的社会关系。民事法律关系是由民法规范调整的社会关系,也就是民法确认和保护的社会关系。民事法律关系的重要特征是,它既不是人与自然或人与物的关系,也不是物与物的关系,而是一种人与人之间的社会关系。同时,它是一种平等主体之间的权利义务关系,其当事人都是独立主体,他们的地位是平等的,他们的权利义务是建立在平等原则基础之上的。民事法律关系包括财产关系和人身关系两大类。同其他法律关系一样,民事法律关系由主体、内容和客体三个因素构成。

而国际民事法律关系是国际社会中因不同国家的人民进行交往而产生的一种社会关系,又称为跨国民事法律关系或国际私法关系,就一国而言,可称之为涉外民事法律关系。它是指具有国际因素或涉外因素的民事法律关系,也就是说,在法律关系的诸因素中至少有一个因素与外国有联系的民事法律关系。在主体为涉外因素时,作为民事法律关系主体的当事人一方或各方是外国自然人,或无国籍人,或外国法人,有时也可能是外国国家或国际组织,例如,某中国公民同外国公民在中国境内结婚即属这种情况。在内容为涉外因素时,产生、变更或消灭民事权利义务关系的法律事实发生在外国,例如,某中国公民在外国死亡,其中国籍亲属继承其在中国境内的遗产。在客体为涉外因素时,民事法律关系主体之间的权利义务共同指向的对象或标的位于外国,例如,某中国公司向某华侨购买其所有的一项在外国申请取得的专利。在实际生活中,国际民事法律关系可能只有一个因素同外国有联系,也可能不仅仅只有一个因素同外国有联系,而有两个或三个因素同外国有联系。例如,某中国公司与某外国公司在中国签订合同,进口一宗外国的货物,在这一民事法律关系中,就有两个涉外因素,即主体一方和客体。如果某中国公司与外国公司在外国签订了一项进口一批外国货物的合同,那么,在这一民事法律关系中,就有主体一方、法律事实和客体三个涉外因素了。国际民事法律关系的涉外性质并不因其中涉外因素的多寡而受到影响。有一种观点认为,只有其主体一方或双方为外国自然人、无国籍人或外国法人时,民事法律关系才成其为国际民事法律关系,民事法律关系并不因其内容和客体与外国有联系而成为国际民事法律关系。这是一种狭隘的观点。其实,民事法律关系的客体在外国或者产生、变更和消灭民事权利义务关系的法律事实发生在外国，同其主体涉外因素一样，均会导致国际私法上的特殊问题产生。所以，我们不宜对国际民事法律关系作如此片面的理解。1988年1月26日通过的《最高人民法院关于贯彻执行〈中华人民共和国民法通则〉若干问题的意见（试行）》第178条也肯定了这一点，它规定："凡民事关系的一方或者双方当事人是外国人、无国籍人、外国法人的；民事关系的标的物在外国领域内的；产生、变更或者消灭民事权利义务关系的法律事实发生在外国的，均为涉外民事关系。"

三

国际私法上所讲的民事法律关系是广泛意义上所讲的民事法律关系。从世界各国有关民事立法的规定来看，其确定的民事立法的调整对象——民事法律关系的范围不是完全相同的。有些大陆法系国家采取"民商合一"的编纂方法，即将调整民事关系的法律和调整公司、海商、票据、保险、破产等商事关系的法律合并规定在民法典中，或虽将调整商事关系的规范以单行法另加规定，但视之为民法的组成部分。瑞士、意大利和荷兰等国便是如此。有些大陆法系国家则采取"民商分立"的编纂方法，即在制定民法典之外另行制定商法典，专门用来调整商事关系。法国、德国和日本便是这样。有的社会主义国家的民事立法把婚姻家庭关系排除在民事法律关系之外，单独立法加以调整。而资本主义国家的民事立法一般视婚姻家庭关系为民事法律关系。普通法系国家没有民法典，其有关民事和商事方面的规范体现在普通法中或者通过单行专门法规加以规定。如英国有关民商事方面的规范都在普通法和衡平法中规定，普通法中形成的规范主要是合同法、侵权行为法、家庭法等，衡平法形成的规范主要有不动产法、信托法和破产法等，但没有完整的体系。19世纪末和20世纪初，英国又制定了货物买卖法、票据法、保险法、公司法等成文法。中华人民共和国成立以后，为了保障公民、法人的合法的民事权益，正确调整民事关系，适应社会主义现代化建设事业发展的需要，根据宪法和我国实际情况，在总结民事活动的实践经验的基础上，于1986年颁布了《中华人民共和国民法通则》，对民事活动中的一些共同性问题作了规定，规定我国民法调整平等主体的公民之间、法人之间、公民和法人之间的财产关系和人身关系。此外,我国还先后颁布了一些调整民事法律关系的单行法,如婚姻法、经济合同法、涉外经济合同法、商标法、专利法、继承法、企业法和破产法等。可见,我国民事立法调整的民事法律关系范围比较广。正是由于世界上各国民事法律确定的调整民事法律关系的范围不一,加上国际民事法律关系是涉及不同国家的民事法律关系,而且,处理这种关系的法律会依国际私法在不同国家的法律中进行选择,故在国际私法研究和处理这种关系时应作广义的理解,即国际民事法律关系既包括一般民事法律关系,也包括婚姻家庭关系和各种商事法律关系,亦即平等主体之间的一切私法关系。

应该指出的是,有些国家,特别是普通法系国家对涉外民事法律关系还有更广泛的理解,认为一个国家内部具有独特法律制度的不同地区之间的民事法律关系,即区际民事法律关系也属涉外民事法律关系。例如,在英格兰,涉外民事法律关系中的"涉外因素"(foreign element)和"外国国家"(foreign country)意味着一个非英格兰因素和非英格兰国家,这里,"国家"(country)一词不是指宪法或国际公法意义上的国家,而是一个具有独特法律制度的法域(law district)的代名词。① 因此,英格兰法中的"涉外因素"是指涉及外法域的因素,涉外民事法律关系既包括英格兰同像法国、意大利这样的国家之间的国际民事法律关系,也包括英格兰同苏格兰和北爱尔兰这样的一国国内各法域之间的区际民事法律关系。

总之,国际民事法律关系是超越一国范围的含有涉外因素的民事法律关系,其国际性或其涉外性使得它同国内民事法律关系区别开来,其私法性使得它同国家之间、国家与国际组织之间以及国际组织之间的公法关系区别开来。

四

在存在国家的社会里,国家要使各种社会关系的确定和发展符合统治阶级的需要,就要用各种法律来调整人们之间的各种社会关系。法律是统治阶级意志即国家意志的体现,是国家要求人们遵循的行为

---

① See J. H. C Morris. *The Conflict of Laws*, 3-4 (3rd ed. 1984).

规范。法律为人们提出一种行为的标准或方向，人们按照这种标准或方向建立或形成的社会关系就是一种由法律调整的社会关系——法律关系。调整各种社会关系的法律不同，所形成的法律关系也就不同。由民法规范调整的或者说按照民法规范形成的社会关系就是民事法律关系，由国际私法规范调整的或者说按照国际私法规范形成的社会关系就是国际民事法律关系。国际民事法律关系是国际私法的调整对象。

国际民事法律关系与现实生活中存在的由国际私法调整的国际民事关系并不是两种不同的社会关系，而是同一种社会关系。这是因为法律调整社会关系只是确认、赋予和更正当事人的权利和义务，使其权利义务关系与法律规定一致起来，并不是形成另一种独立的社会关系。任何一种作为国际私法调整对象的国际民事关系，在实际生活中，由于它受国际私法的调整，因而也就具有法律性质，成为以权利义务为内容的国际民事法律关系。简言之，国际私法调整的国际民事关系就是国际民事法律关系。

在国际私法的调整对象问题上，学术界存在着分歧。分歧的焦点主要有两个：一是国际私法调整的对象到底是国际民事法律关系或涉外民事法律关系还是国际民事关系或涉外民事关系；二是国际私法调整的对象究竟是整体的国际民事法律关系还是特定部分的国际民事法律关系。

对于第一个问题，有的学者认为，"民事关系"和"民事法律关系"是两个不同质的概念，两者在内涵和外延上都存在区别。民事关系是社会关系中的财产关系和人身关系，其本身并不存在固有的权利义务内容；民事法律关系则是一种意志社会关系，是民事关系中具有权利义务内容的财产关系和人身关系。而且，民事法律关系是由民事关系转变过来的，转变的条件就是相应民事法律规范的实施，从而在法律上赋予了民事关系以权利义务内容，民事关系是民事法律调整的对象，民事法律关系是法律调整的结果。① 因此，国际私法的调整对象是国际民事关系或涉外民事关系，而不是国际民事法律关系或涉外民事法律关系。但更多的学者认为，在国际私法上，国际民事关系

---

① 参见陈力新等：《国际私法概要》，光明日报出版社1988年版，第23页。

和国际民事法律关系、涉外民事关系和涉外民事法律关系是同义语，没有实质上的区别。① 国际民事法律关系或涉外民事法律关系就是受国际私法调整的国际民事关系或涉外民事关系。民事关系存在固有的权利义务内容，因为任何社会关系都是人们基于一定的规则而结成的权利义务关系。笔者也持后一种观点。

对第二个问题，有一种观点认为，国际私法只调整特殊的或特定范围的涉外民事关系，即"涉及外国法适用的涉外民事关系"，而这种特殊的或特定范围的涉外民事关系必须具备如下两个条件：一是涉外民事关系本身必须具有外国法效力所及的法律事实；另一是外国法的效力必须获得内国法律的承认。② 但另一种观点则主张，国际私法应把国际民事法律关系视为一个整体来进行调整，国际私法的调整对象就是国际民事法律关系，没有受国际私法调整的国际民事法律关系和不受国际私法调整的国际民事法律关系之分。上述这种争论，一方面是由于学者们对国际民事关系和国际民事法律关系这一概念有不同的理解，另一方面也是由于学者们在国际私法的范围问题上有不同的看法。的确，随着国际交往日益频繁，国际民事法律关系越来越复杂，其中部分国际民事法律关系，如国际贸易关系，得到突飞猛进的发展，调整它们的法律规范也相应增加，甚至与其他法律规范相结合，形成新的独立法律部门。国际海商法和国际贸易法就是典型的例子，它们也调整部分特定范围的国际民事法律关系。但是，我们并不能把脱胎于国际私法的这些法律部门所调整的国际民事法律关系排除在国际私法调整对象之外。因为国际私法尽管由于国际民事法律关系的复杂化和多样化已不可能也没有必要把调整国际民事法律关系的大大小小的问题统统包揽起来，然而，国际私法必须对国际民事法律关系从总体上进行全局性调整。国际海商法和国际贸易法等法律部门的产生，是国际私法发展的自然结果和进步的明显标志，但不等于说它们的存在就不需要国际私法去调整有关国际民事法律关系。相反，国

---

① 参见余先予主编：《简明国际私法学》，中央广播电视大学出版社1986年版，第2~3页。

② 参见陈力新等：《国际私法概要》，光明日报出版社1988年版，第5~10、24~26页。

际私法仍然需要有确定国际民事法律关系的总原则或一般制度，而国际海商法和国际贸易法等新形成的法律部门自身的建立发展以及调整有关的法律关系也需要借助于国际私法的总原则或一般制度。这与海洋法已经形成为独立的法律部门，而在国际公法中仍需要讨论领海、公海、大陆架和专属经济区等问题是一个道理。尤其值得一提的是，历史发展到今天，随着国际社会关系的复杂化和多样化，不仅导致出现了许多新的法律部门，而且使原有的法律部门也增添了新的内容。在这种情况下，各个法律部门调整对象的交叉与重叠已在所难免。对于同一对象，如果从不同的角度采用不同的研究方法进行研究，就可以把它视为不同法律部门的调整对象。作为国际私法调整对象的国际民事法律关系同样如此，它的某一部分为其他法律部门所调整不足为奇。我们不能因此简单地把由其他部门交叉或重叠调整的国际民事法律关系从国际私法的调整对象中排除出去。

五

国际民事法律关系是国际私法的调整对象，而国际私法如何调整国际民事法律关系问题就是国际民事法律关系的法律调整方法问题。国际私法不同于其他法律部门，不仅在于它调整的社会关系是国际民事法律关系，而且在于它调整这种关系的方法有独特之处。从国际国内立法以及国际上形成的惯例来看，概括而言，国际民事法律关系的法律调整方法有两种，即间接调整方法和直接调整方法。

间接调整方法是通过"间接法律规范"来调整国际民事法律关系，也就是说，调整国际民事法律关系的规范只指出适用什么法律来确定某国际民事法律关系当事人的权利和义务，或通过什么程序解决国际民事法律纠纷，并不直接规定当事人的实体权利义务，因而不直接调整国际民事法律关系当事人的实体权利义务关系，仅起间接调整作用。间接调整国际民事法律关系的间接法律规范主要是"冲突规范"，它是指某种国际民事法律关系应适用何种法律的规范，并不直接调整当事人之间的权利义务关系。例如，1986年颁布的《中华人民共和国民法通则》第144条规定："不动产的所有权，适用不动产所在地法律。"这就是一条冲突规范。它只指明在不动产所有权关系中，当事人的权利义务按不动产所在地法处理，而并没有直接规定当事人之间的具体的权利义务关系,因此,它对不动产所有权关系只起了间接的调整作用。冲突规范是国际私法的特有规范,用冲突规范调整国际民事法律关系是国际私法特有的调整方法。除冲突规范外,间接调整国际民事法律关系的间接法律规范还有"程序规范",包括国际民事诉讼程序规范和国际商事仲裁程序规范。程序规范所调整的社会关系是法院同诉讼当事人之间的国际民事诉讼法律关系,或者仲裁庭同仲裁当事人之间的国际商事仲裁关系,它也不直接调整国际民事法律关系。但由于程序规范是解决国际民事法律纠纷、维护当事人民事权益的必不可少的法律手段,是实现民事实体规范的辅助法律规范,因而它对国际民事法律关系同样起着间接调整作用。

直接调整方法是通过直接规定国际民事法律关系当事人的实体权利义务的"直接法律规范"来调整国际民事法律关系,也就是指调整国际民事法律关系的法律规范直接规定国际民事法律关系当事人的实体权利义务,告诉当事人应该怎样做,不应该怎样做,从而起到对国际民事法律关系的调整作用。这种直接法律规范通常叫做"实体规范"。例如,1980年《联合国国际货物销售合同公约》第52条规定:"(1)如果卖方在规定的日期前交付货物,买方可以收取货物,也可以拒绝收取货物。(2)如果卖方交付的货物数量大于合同规定的数量,买方可以收取也可以拒绝收取多交部分的货物。如果买方收取多交部分货物的全部或一部分,他必须按合同价格付款。"这条规定即属实体规范,它对合同关系中的卖方或者买方在卖方提前交货或多交货物时的权利义务作了明确规定,可以直接据此处理这方面的问题。按照这条规定调整合同买卖双方在卖方提前交货和多交货物方面的权利义务关系,就是一种直接调整方法。直接调整国际民事法律关系的实体规范可以见之于国际条约和国际惯例,也可以见之于国内法。国际条约和国际惯例中的直接调整国际民事法律关系的实体规范称为"国际统一实体规范"。国内法中的直接调整国际民事法律关系的实体规范为国内专用于调整国际民事法律关系的实体规范。① 规定外国人在内国民事法律地位的规范是规定外国人在内国哪些范围内享

---

① 参见姚壮、任继圣:《国际私法基础》,中国社会科学出版社1981年版,第5、7、12页。

有民事权利和承担民事义务的实体规范,如规定外国人可以在内国申请取得专利的规定就属这类规范。它们调整国际民事法律关系也是采用直接调整方法。由于实体规范,特别是国际统一实体规范直接支配国际民事法律关系当事人的权利义务关系,可以避免或消除在国际民事交往中可能发生的法律冲突,故就调整国际民事法律关系而言,直接调整方法优于间接调整方法,直接调整方法比间接调整方法前进了一大步。

上述两种调整国际民事法律关系的方法,是国际私法调整国际民事法律关系的两种互相依存、互为补充,并缺一不可的方法,在目前,两者完全不可能相互取代。因此,我们要重视使用这两种方法来调整国际民事法律关系。

总而言之,国际私法是调整国际民事法律关系的法律部门,在我国对外开放中,尤其在我国对外民事、经济贸易中将会发挥越来越重要的作用。

论国际统一实体私法*

一、导论

众所周知，法律可分为国内法和国际法，而国内法和国际法均有公法和私法之分。在国际法中，历来都有国际公法和国际私法之说，尽管有的学者并不认为国际私法属国际法。但是，在当今国际社会中，国际私法，包括国际统一冲突法和国际统一实体私法，正在日益发展和壮大，这已是不争的事实。本文将讨论国际统一实体私法。

所谓国际统一实体私法（private international uniform substantive law），是调整平等主体之间的国际民商事法律关系的统一实体法律规范的总和，或者说是调整国际私法关系的统一实体法律规范的总和。

讲到国际统一实体私法的概念，必然会涉及"国际统一私法"或"统一国际私法"或"国际私法的统一"（unification of private international law）概念，由于各国及其学者对国际私法（private international law）的含义有不同的理解，因而对国际统一私法也有彼此互异的理解：一种主张认为，国际统一私法是对传统的国际私法或冲突法进行的国际范围的统一，也就是对冲突规范、管辖权规范和司法协助规范进行的国际统一。在实践中，海牙国际私法会议目前所从事的国际私法统一活动即为这种统一。另一种主张认为，国际统一私法是对实体私法亦即民商事实体法的国际统一，而不包括对传统意义上的国际私法或冲突法的国际统一。在实践中，国际统一私法协会和联合国国际贸易法委员会便主要是进行这一意义上的国际私法统一工作。还有一种主张认为，国际统一私法是一个广泛的概念，既包括对传统的

---

* 本文原载于《中国国际私法与比较法年刊》创刊号（1998年）。

国际私法或冲突法的统一，也包括对实体私法或实体民商法的统一。在实践中，美洲国家组织进行这种国际私法统一活动。① 笔者赞同最后一种主张，因此认为，国际统一实体私法，是包括国际统一冲突法在内的国际统一私法的一部分，当然更是国际私法的一部分。

在国际统一实体私法出现后，对之除有上述国际统一私法、国际私法的统一和统一国际私法的称谓外，19世纪比利时学者洛伦（Laurent）曾称之为"国际民法"，并著有《国际民法论》（1881年）一书。瑞士学者梅里（Meili）则称之为"国际民商法"，并著有《国际民商法》一书。② 当然，也有许多学者将国际统一实体私法称之为"国际商法"或"国际贸易法"的。还有一些学者将国际统一实体私法称之为"国际统一法"（international uniform law）。③

本文之所以使用"国际统一实体私法"这一概念，是为了将其同国内法（用"国际"加以区别）、国际公法（用"私法"加以区别）、国际统一冲突法（用"实体法"加以区别）、国际统一程序法（用"实体私法"加以区别）等概念区别开来。

同其他国际私法分支相比较，国际统一实体私法的调整对象虽然也是国际民商事法律关系或国际私法关系，但在实践中主要为国际商事关系。这是因为目前在国际上直接调整婚姻、家庭和继承法律关系的国际统一实体法并不多见。国际统一实体私法的主体，既包括参加国际民商事活动的国家和国际组织，也包括参加国际民商事活动的不同国家的自然人和法人。国际统一实体私法由直接规定国际民商事法律关系的当事人之间的权利义务本体的国际统一法律规范组成。这是国际统一实体私法与国际私法中的其他分支的主要区别之一。

二、国际统一实体私法的产生与发展

国际统一实体私法是随着国际民商事法律关系的发展而产生和发展起来的。现代国际统一实体法起源于欧洲中世纪时期逐渐形成的商

---

① 参见徐国建：《国际统一私法源研究》，载《比较法研究》1993年第4期。

② 参见唐表明：《比较国际私法》，中山大学出版社1987年版，第17页。

③ See UNIDROIT. *International Uniform Law in Practice* (1988); K. Zweigert & J. Kropholler. *Sources of International Uniform Law* (1973).

业惯例。这种商业惯例被称之为"商人法"(lex mercatoria, law merchant)。① 商人法最初在公元 11 世纪出现于威尼斯，后来随着航海贸易的发展逐渐扩及到西班牙、法国、德国及英国。这种商人法是商人们在特定的港口或市集用以调整他们之间的商业交易的惯例，其主要内容包括货物买卖合同的标准条款、两合公司、海上运输与保险、汇票以及破产程序等方面的惯例。商人法与当时的封建王朝的地方性法律相比较，具有以下几个特点：（1）它具有跨国性（transnational），普遍适用于各国商人；（2）它的解释和运用不是由一般法院的专业法官来掌管，而是由商人自己选出的法官来掌管；（3）它的程序比较简单易行，且不拘泥于形式；（4）它强调按公平合理的原则来处理案件。但是，自 17 世纪以后，随着欧洲中央集权国家的强大，欧洲各国都采取不同的方式把商人法纳入国内法的范畴，使之成为国内法的一部分，从而使商人法失去了它原有的跨国性或国际性。②

在人类历史上，现代意义上的国家统一实体私法的制定始于 19 世纪末。当时，由于工商业的迅速发展，国际民商事交往的日益增多，在一些资本主义强国的推动下，国际社会制定了若干调整国际民商事法律的国际公约。例如，1883 年在法国巴黎召开的国际会议通过了《保护工业产权巴黎公约》，1886 年由瑞士政府发起召开的一次国际会议通过了《保护文学和艺术作品伯尔尼公约》，1888 年拉美国家召开"南美国际法律大会"（通称"蒙得维的亚会议"）并于 1889 年签订了关于国际民法和国际商法的两个蒙得维的亚条约，即《关于国际民法的公约》和《关于国际商法的公约》。1891 年在西班牙马德里制定了《商标国际注册马德里协定》等。这些公约的制定表明，国际社会开始致力于国际实体私法立法的国际化和统一化。

从第一次世界大战结束到第二次世界大战爆发期间，资本主义各国经济发展不平衡，当时国际局势的紧张和世界性经济危机破坏了整个国际社会的和谐，极大地分散了各国政府的精力，减少了它们统一

---

① 参见［英］施米托夫：《国际贸易法文选》，赵秀文译，中国大百科全书出版社 1993 年版，第 5～8 页。

② 参见沈达明、冯大同编著：《国际贸易法新论》，法律出版社 1989 年版，第 2～3 页。

国际私法的积极性。但各国为了维护其共同利益，先后仍制定了不少国际统一实体私法公约，例如，1924 年《统一提单若干法律规则的国际公约》（海牙规则），1929 年《统一国际航空运输某些规则的公约》。国际联盟还主持制定了 1930 年《汇票及本票统一法公约》和 1931 年《支票统一法公约》。国际联盟主持制定的这两个公约从其生效一直适用至今，成为统一票据法的重要法律渊源。此外，这一期间还形成了若干关于统一国际贸易惯例的规则。例如，1936 年国际商会主持制定了《国际贸易术语解释通则》。

第二次世界大战后，国际统一实体私法获得了空前的发展，随着战后政治局势的相对稳定，世界经济的迅速发展，科学技术的突飞猛进，国际间人员往来和接触的日趋频繁，国际民商事交往的发展达到前所未有的规模和速度。与之相适应，国际统一实体私法的发展步入了一个崭新的阶段。首先，世界上不少全球性或区域性国际组织积极从事促进实体私法国际统一的活动，并逐步形成一些专门从事促进实体私法国际统一活动的国际组织。战后，联合国、联合国国际法委员会、联合国国际贸易法委员会、国际民航组织、国际海事组织、世界知识产权组织、国际统一私法协会、美洲国家组织、欧洲理事会、国际商会等国际组织从事了大量统一实体私法的活动，对国际统一实体私法的形成和发展起了重要的作用。① 其次，在上述国际组织的努力下，大量的国际统一实体私法公约诞生，一些旧的国际统一实体私法公约得到修订。② 1978 年《联合国海上货物运输公约》（汉堡规则）和 1980 年《联合国国际货物销售合同公约》就是其中的典型代表。再次，国际统一实体私法活动正由区域化向全球化发展，并已形成区域性统一活动和全球性统一活动并存的格局。这表现在：（1）联合国等全球性国际组织积极参加国际私法统一活动；（2）亚、非国家积极进入传统上由欧洲国家组成的统一国际私法的组织；（3）非国

---

① 参见李双元主编：《市场经济与当代国际私法趋同化问题研究》，武汉大学出版社 1994 年版，第 97～151 页。

② See Chia-Jui Cheng. *Basic Documents on International Trade Law* (2nd ed. 1990)；参见韩德培、李双元主编：《国际私法教学参考资料选编》（下册），武汉大学出版社 1991 年版，第 113～431 页。

际组织成员国参加国际组织制订的国际统一实体私法公约的情况越来越多;(4)无论是区域性国际组织还是全球性国际组织,同其他从事统一私法工作的国际组织的协调和联系进一步加强,它们建立正常的业务联系,并通过相互邀请参加条约的讨论、制订、共同商定立法主题和明确各自分工等方式进行卓有成效的合作。最后,实体私法的国际统一的重点仍在商事领域,但这种统一活动所涉及的具体商事领域越来越广泛,而且对与商事事项有关的一般民事方面的事项也多有涉及。

三、国际统一实体私法的渊源

国际统一实体私法的渊源,就是国际统一实体私法规范所存在和表现的形式。研究国际统一实体私法的渊源具有非常重要的意义。首先,国际统一实体私法尚在发展之中,还没有形成完善的法律体系,而从其渊源出发进行研究,有利于对之进行系统的归纳,从而为确立其体系做准备。其次,由于国际统一实体私法还处于发展阶段,深入研究其各种渊源的优劣,有利于选择最好的途径去实现实体私法的国际统一,从而不断完善国际统一实体私法。再次,各类国际统一实体私法的法律效力是不同的,如果从法律渊源的角度对国际统一实体私法加以分类,那么就能够正确地确定有关法律规范的法律效力,从而准确地适用国际统一实体私法。

国际统一实体私法的渊源具有如下特征:第一,国际统一实体私法的渊源形态具有多样性。一方面,国际统一实体私法规范存在和表现在各种形式的成文法律文件中,如国际条约、国际判决和裁决、国际标准合同等;另一方面,国际统一实体私法的另一些规范以习惯或惯例这种不成文的形式表现出来。第二,国际统一实体私法的渊源的性质具有复杂性。国际统一实体私法所存在和表现于其中的文献本身的性质并不一致。其中,有些属于法律文件,有些不属于法律文件;有些属于区域性文件,有些属于全球性文件;有些属于官方文件,有些属于民间文件。第三,国际统一实体私法的各渊源的效力具有不一致性。在国际统一实体私法的诸渊源中,其效力有所不同,有的具有强行性效力,有的则只有任意性效力。例如,国际贸易惯例就只有任意性效力,而无强行性效力。此外,有些渊源的效力要高于其他渊源。例如，一般来说，国际条约的效力要高于国际标准合同的效力。

一般认为，国际统一实体私法的渊源为国际条约和国际惯例。但也有学者认为，国际统一实体私法的渊源非常广泛，除包括国际条约和国际惯例之外，还包括国际组织的文件、国际立法、国际标准合同、合同标准条款、法院判决、公开发表的国际商事仲裁裁决、一般法律原则以及权威法学家的学说等。① 我们这里只讨论作为国际统一实体私法渊源的国际条约和国际惯例。

（一）国际条约

作为国际统一实体私法渊源的国际条约，是指缔约国之间缔结的统一某领域实体私法规范的协议。这种条约可称为国际统一实体私法条约。与一般的国际条约相比，国际统一实体私法条约具有如下特点：其一，这种条约的调整对象为国际实体私法关系，也就是涉外民商事法律关系当事人的实体权利义务关系。其二，这种条约大多规定商事事项，较少涉及一般民事事项。其三，这种条约通常由有关统一国际私法的专门组织准备和制定，然后由缔约国签署和批准。其四，这种条约不具有很强的政治性，而具有较强的法律尤其是私法的专业性。

国际统一实体私法条约也有双边条约和多边条约、区域性条约和全球性条约、开放性条约和非开放性条约以及自执行条约（self-executing treaties）和非自执行条约（non-self-executing treaties）之分。②

就国际统一实体私法条约而言，自执行条约和非自执行条约这种分类值得特别一提。自执行条约，即可直接适用条约，是指那些规定缔约国的公民和法院直接予以适用的条约。而非自执行条约，是指不能直接为缔约国的公民和法院所适用的条约，这种条约必须首先由缔约国通过专门立法接受为国内法后才能在国内适用。从缔约国方面来说，根据条约的规定，对于非自执行条约的接受，可以采取两种不同的方式：一种是有义务将条约纳入国内法，另一种是没有义务将条约纳入国内法。前者所指的条约如1930年《汇票及本票统一法公约》、

---

① 参见徐国建：《国际统一私法源研究》，载《比较法研究》1993年第4期。
② 参见王铁崖主编：《国际法》，法律出版社1981年版，第46~47、325~327页。

1931年《支票统一法公约》和1964年《国际货物买卖统一法公约》等。1930年《汇票及本票统一法公约》第1条规定:"各缔约国约定将本公约附件一所制定之统一法,以原文或该国文字通令所属境内。"采用这种方式的结果是,当缔约国把该公约规定的统一实体规范引入国内法后,在该国的国内法中就只有一种汇票及本票法,它不仅适用于缔约国的国民,而且也同样适用于非缔约国的国民。后者所指的条约如1924年《统一提单若干法律规则的国际公约》和1956年《国际公路运输公约》等。这类公约可以被缔约国纳入国内法,也可以不被缔约国纳入国内法。如果缔约国不把这类条约纳入国内法,则该缔约国在有关法律领域就存在着两套法律:一套是国际条约所规定的统一私法,缔约国有义务将之适用于缔约国国民,但不适用于非缔约国国民;另一套是缔约国自己制定的有关国内法,它适用于非缔约国国民,而不适用于缔约国国民。① 了解上述情形,有利于正确适用有关国际统一实体私法条约。

与其他国际统一实体私法的渊源比较起来,国际统一实体私法条约以书面形式并经严格的程序制定,具有形式的稳定性和内容的固定性,人们比较容易了解其内容;而且,由于国际统一实体私法条约的缔约国对条约规定有必须遵循的国际公法上的条约义务,它们便于信守和执行。但是,因为多边的国际统一实体私法条约的订立须经过严格的起草、签署和批准程序,涉及的问题比较复杂,涉及的范围比较广,涉及的国家比较多,故在制定过程中会碰到许多这样或那样的困难。为了克服困难,在制定某一具体国际统一实体私法条约时,应尽可能多地邀请有关各国参与其准备和制定工作,使各国有机会发表自己对该条约的意见,从而有利于日后批准该条约。

(二) 国际惯例

国际惯例是国际统一实体私法的另一重要渊源。就国际统一实体私法而言,国际惯例主要是指国际商业惯例或国际贸易惯例,它们是在长期的商业或贸易实践基础上发展起来用于解决国际商事问题的实

---

① 参见沈达明、冯大同编著:《国际贸易法新论》,法律出版社1989年版,第2~3页;[英]施米托夫:《国际贸易法文选》,赵秀文译,中国大百科全书出版社1993年版,第4~11页。

体法性质的国际惯例。现在，国际上有一种趋势，即在国际商业或贸易中倾向于接受国际商业惯例，这不仅是因为国际间无太多的统一实体私法可资遵循，而且因为它是解决各国间的法律冲突的一种办法，可以使本国的国际商业业务不受外国法律管辖和支配。

1. 国际商业惯例的特点

国际商业惯例具有以下特点：第一，经过长期反复的实践而形成。早在11世纪，地中海沿岸各国的商人团体为了维护自身利益，即开始自行制订一些规约，即商人法，这种商人法就是商人们长期从事商业活动的习惯做法。这种习惯做法一开始只流行于一定的地区和行业。随着国际商业的不断发展，其影响不断扩大，有的发展到今天已在全世界范围内通行。第二，被许多国家和地区认可，具有普遍的适用性。严格地讲，任何一种国际商业惯例，都不是以正式国际条约这种国家之间的协议法形式出现的，而是由地区、行业、国际组织（通常是民间组织）或商业团体把国际商业长期实践中所形成的习惯做法归纳成文，给予明确的定义和解释，公布于天下。当今称之为国际商业惯例的，大都得到许多国家和地区的认可，为国际经济贸易从业人员广为采用。国家对国际商业惯例的认可，即意味着国家赋予它任意性法律的性质。按照许多国家的法律，在国际商业或贸易中，当事人有选择适用国际商业惯例的自由，一旦当事人在合同中采用了某项惯例，该惯例即对双方当事人具有法律约束力，得到有关国家的保护。有的国家法律还规定，在本国法律没有规定时适用国际惯例，或者法院有权按照有关国际商业惯例来解释双方当事人的合同。第三，具有确定的内容，针对性很强。目前，世界上普遍适用的国际商业惯例基本上都是成文的，大都是由某些国际组织或某些国家的商业团体根据长期形成的商业习惯制定的，有明确的权利和义务规定，内容十分确定，是判定有关当事人的权利义务关系，解决有关当事人的争议，处理索赔、理赔案件的重要依据。第四，为任意性而非强制性的规则，运用起来十分灵活。尽管国际商业惯例被许多国家和地区认可，具有普遍适用性，但不同于国际条约之于缔约国及其国民，也不同于国内法中的某些强制性规定，它对有关国家和国民不具有当然的法律约束力，也就是说它不具有直接的普遍法律约束力。通常，只有当事人在合同中明确约定适用某项惯例时，该当事人才受该惯例的约束,该惯例才对当事人具有法律拘束力。第五,它仍处在不断的发展演变之中,而且随着现代科学技术不断进步和国际民商事交往的飞跃发展,其变化速度在加快。

2. 国际商业惯例的主要构成

在国际商业或贸易的各个领域中,存在着许多惯例。不过,已为各国对外经济贸易、运输、商品检验、保险、银行结算、共同海损理算以及仲裁机构和法院等各界人士所熟知的国际商业惯例,主要涉及如下几方面:

(1) 在贸易术语方面,主要有国际商会制定的《国际贸易术语解释通则》(1990年修订本),以下简称《通则》、国际法协会制定的《1932年华沙—牛津规则》和美国商会、美国进口协会及美国全国对外贸易协会所组成的联合委员通过的《1941年美国对外贸易定义修正本》。《通则》对十三种贸易术语分别作了解释并对货物买卖双方的权利义务作了具体规定;《1932年华沙—牛津规则》仅对CIF买卖合同的统一规则作了规定;而《1941年美国对外贸易定义修正本》对六种价格术语作了解释,它同前两者在解释上有一些差别,且只在美洲国家通行。

(2) 在支付方面,主要有国际商会制定的《跟单信用证统一惯例》(1992年建议本)和《托收统一规则》(1978年修订本)。前者对办理信用证业务的有关当事人的权利义务关系作了明确规定,已有170多个国家或地区的银行采用;后者则对银行承办托收业务时银行与委托人及其他关系人之间的关系作了具体规定。

(3) 在运输和保险方面,有国际商会制定的《联合运输单证统一规则》(1975年修订本)、国际海事委员会制定的《1974年约克—安特卫普规则》以及英国伦敦保险协会制定的《伦敦保险协会货物保险条款》。《联合运输单证统一规则》对联合运输的含义、联运单据的签发人及其责任等作了具体的规定;《1974年约克—安特卫普规则》对共同海损理算作了规定;而《伦敦保险协会货物保险条款》拟定了货物平安险、水渍险、一切险的保险条款,以及战争险、罢工、暴动和民变险的保险条款。

(4) 在担保方面,有国际商会制定的《合同担保统一规则》(1978年)和《支付请求担保统一规则》(1992年)。两者对担保的定义、责任、请求、终止、准据法和管辖等问题作了具体的规定。

(5) 另有一些区域性、行业性的惯例，一般为特定地区、特定行业、特定交易的当事人所熟知。

四、国际统一实体私法的范围和内容

(一) 国际统一实体私法的范围

国际统一实体私法的范围和国际统一实体私法的内容是两个密切联系的问题。国际统一实体私法的范围实际上就是指国际统一实体私法应包含一些什么内容。

国际统一实体私法的范围是由国际统一实体私法的调整对象决定的。我们知道，国际统一实体私法是调整平等主体之间的国际民商事法律关系的国际统一实体法律规范的总称。因此，一般而言，一切调整国际民商事法律关系的实体私法规范，均属于国际统一实体私法。但事实上，目前国际上并不存在调整一切国际民商事法律关系的实体私法规范，因为现有的调整有关国际民商事法律关系的国际条约和国际惯例还远远没有包括国际民商事法律关系的一切方面，在许多国际民商事领域尚没有国际统一实体私法规范。所以，我们可以说，国际统一实体私法的范围仅限于包含现存的国际统一实体私法规范，而现存的国际统一实体私法大多为商事规范和知识产权规范，涉及一般民事方面的规范并不多。

同时，我们也应该看到，国际统一实体私法规范尚处在发展阶段，其内容和体系都在不断完善之中，国际统一实体私法的范围会随着国际统一实体私法规范的发展变化而发展变化。可以肯定，由于需要调整的国际民商事法律关系、需要处理的国际民商事事项、需要解决的国际民商事纠纷会越来越多，国际统一实体私法的范围呈逐渐扩大的趋势。国际统一实体私法本身的发展已说明了这一点。例如，国际统一实体私法条约在 19 世纪末最初出现在知识产权领域，后来发展到货物买卖、海事、运输、保险、支付等领域。[①]

由于国际统一实体私法有区域性规范和全球性规范之分，其表现

---

① 参见姚壮、任继圣：《国际私法基础》，中国社会科学出版社 1981 年版，第 5~7、9~11、13~14 页。

形式有双边条约和多边条约之别，故就具体一个国家而言，对其适用的国际统一实体私法规范的范围，并不一定同其他国家所适用的国际统一实体私法规范的范围相同。也就是说，在国际社会中，对一国适用的国际统一实体私法规范并不一定对另一国适用。

（二）国际统一实体私法的主要内容

从现有国际统一实体私法的规范来看，它主要包括如下几个方面的内容：

1. 民商事主体规范

这类规范主要确定自然人、法人、公司（尤其是跨国公司）的身份、能力和法律地位。例如，1956年订于海牙的《承认外国公司、社团和财团法律人格的公约》和1968年订于布鲁塞尔的《关于相互承认公司和法人团体的公约》，即属确立这类规范的公约。

2. 知识产权规范

关于知识产权的国际统一实体私法规范在国际上最早为国际公约所确定。这类国际统一实体私法条约比较多。例如，1883年《保护工业产权巴黎公约》、1886年《保护文学和艺术作品伯尔尼公约》、1891年《商标国际注册马德里协定》、1952年《世界版权公约》和1970年《专利合作条约》等公约确立了这类规范。

3. 国际货物买卖规范

这类规范不仅存在于国际条约中，而且大量地以国际惯例的形成表现出来。前者如1964年《国际货物买卖统一法公约》和《国际货物买卖合同成立统一法公约》、1974年《联合国国际货物买卖时效期限公约》以及1980年《联合国国际货物销售合同公约》等；后者如国际商会拟定的《国际贸易术语解释通则》（1990年修订本）等。这类规范用于调整国际货物买卖关系，特别是国际货物买卖合同的订立以及买卖双方因此种合同而产生的权利义务关系。

4. 国际运输规范

这类规范包括海上运输规范、空中运输规范、铁路运输规范、公路运输规范以及多式联运规范等，用于调整国际运输关系。确立这类规范比较有名的公约有：1924年《统一提单若干法律规则的国际公约》（海牙规则）、1929年《统一国际航空运输某些规则的公约》（华沙公约）、1959年《国际铁路货物联运协定》、1955年《修改

1929年10月12日统一国际航空运输某些规则的华沙公约的议定书》（海牙议定书）、1968年《有关修改1924年8月5日在布鲁塞尔签订的统一提单若干法律规定的国际公约的议定书》（维斯比规则）、1978年《联合国海上货物运输公约》（汉堡规则）以及1980年《联合国国际货物多式联运公约》等。

5. 国际保险规范

目前，尚无调整国际保险关系的统一实体法公约，但在国际实践中已形成一些国际惯例，例如，关于国际货物运输保险合同的存在，国际惯例要求必须由保险人签发的书面文件来证明，而且，书面文件主要是保险单，但又不限于保险单，保险人或其代理人签发的其他书面保险凭证也可作为用于证明的书面文件。有些被广泛接受的惯例已被一些成文文件固定下来，例如，伦敦保险协会拟定的《伦敦保险协会货物保险条款》和联合国贸易和发展会议于1982年拟定的《海上货物保险示范条款》等。

6. 国际支付规范

这类规范用于调整在国际商事活动中产生的支付关系以及票据关系。这类规范既表现为国际条约，也表现为国际惯例。国际条约如1930年《汇票及本票统一法公约》、1931年《支票统一法公约》以及1988年《联合国国际汇票和国际本票公约》。国际惯例如国际商会拟定的《跟单信用统一惯例》和《托收统一规则》等。

7. 国际投资规范

这类规范是调整国际私人直接投资关系以及有关国际投资保护与鼓励的国际统一实体私法规范。确定这类规范的多边国际条约不多，目前只有1986年签订的《多边投资担保机构公约》（MIGA）。但在国际投资保护方面，各国缔结了大量的双边投资保险协定。这种双边协定一般都对无差别待遇原则、政治风险的保证、投资的项目及内容、营业活动的限制和外籍人员的雇佣等问题加以规定。

8. 国际技术转让规范

这类规范用于调整营业地在不同国家或具有不同国家国籍的当事人之间以有偿形式进行的跨国技术转让关系。但也有人主张，居住在同一国家或在同一国家内设有营业所的当事人之间的技术转让，如果一方当事人是直接或间接受外国人控制的企业或公司，且所转让的技术又不是在技术接受国发展研究出来的,也应受这类规范调整。在国际技术转让领域,目前尚无有关国际统一实体规范公约,但相关的国际惯例较多。不过,联合国贸易和发展会议正在起草一项《国际技术转让行动守则》,力图将已有的实践加以总结。

9. 国际融资规范

这类规范用于调整国际融资中平等主体之间的借贷法律关系。国际融资是国际资本流动的一种重要形式。在国际融资中,由于有政府贷款、国际金融贷款、共同融资和国际商业贷款等形式,参加国际融资的主体复杂多样,且其地位和性质各不相同,故不同形式的国际融资所适用的法律原则也往往有所区别。从国际立法来看,虽然已有一些调整国际借贷关系的协定,如《国际货币基金协定》等,但这种国际条约并不多。不过,在大量的国际融资实践中,已有大量的国际惯例。

10. 国际工程承包规范

国际工程承包,是指一国的承包人组织人力、物力和技术,在他国承建某项工程,从而获取酬金的一种综合性的国际商事活动。在长期的国际工程承包实践中,已逐步形成了许多国际惯例,并以标准合同的形式表现出来。例如,国际咨询工程师联合会拟定的《国际土木工程合同条款》及其所附的投标书与协议书(简称 FIDIC 合同)、联合国欧洲经济委员会主持制订的关于成套设备和机械的供应和安装合同条件以及世界银行与国际开发协会贷款项下的采购准则(1975年)等。在国际工程承包业务中,为了方便起见,当事人往往都参照使用国际上通用的标准合同格式。不过,目前尚无专门规定国际工程承包问题的国际条约。

11. 国际侵权规范

这类规范主要支配海事侵权、跨国污染等事项。例如,1910年《统一船舶碰撞若干法律规定的国际公约》和1969年《国际油污损害民事责任公约》等。

12. 国际代理、劳务、担保、拍卖和投标规范

在国际代理、劳务、担保、拍卖和投标等领域,一些国际惯例亦已形成。

五、国际统一实体私法的地位和作用

(一) 国际统一实体私法是国际私法发展的必然结果

作为调整涉外民商事法律关系的法律部门,国际私法的产生和发展是与国际民商事交往日益发展而各国法律规定不尽相同的事实相联系的。在国际私法发展史上,最初,曾经历了一个国家完全按自己的实体法处理涉外民商事事项的时期。到 13、14 世纪,随着地中海沿岸城市国家的相继兴起,国际民商事往来日益频繁,越来越多的民商事法律关系涉及不同国家的法律体系,从而使人们不得不面临法律适用的冲突,需要选择法律以解决相互交往中发生的争议问题。于是,在对罗马法的疏义过程中,法则区别说应运而生。该说主张用冲突规范即冲突法来调整涉外民商事法律关系和解决国际民商事法律冲突。

冲突规范作为确定各种不同性质的涉外民商事法律关系应适用何种法律的规范,因解决民商事法律冲突而存在。我们知道,民商事法律冲突实质上是民商事法律在适用上的冲突,换言之,民商事法律冲突讲的是某种涉外民商事法律关系应适用何种法律的问题。而冲突规范恰恰是指定某种涉外民商事法律关系应适用何种法律的规范。因此,通过冲突规范来解决民商事法律冲突是解决民商事法律冲突的有效方法。但是,冲突规范只指定有关涉外民商事法律关系应适用何种法律,而没有明确地、直接地规定当事人的权利与义务,因而它对涉外民商事法律关系只起间接调整的作用。同实体规范比较起来,它缺乏应有的预见性、明确性和针对性,而且,冲突规范只作立法管辖权选择,即只就有关涉外民商事法律关系指定一个立法管辖权,而不问该管辖权国家调整该涉外民商事法律关系的有无和具体内容如何。由此看来,用冲突规范解决民商事法律冲突并不能从根本上避免和消除冲突,只能解决有关具体的涉外民商事法律关系的法律适用问题。而且,尽管目前国际上有关国家可以通过双边或多边的国际条约形式制定统一的冲突法来解决国际民商事法律冲突,但现实中各国仍以通过国内冲突法解决与本国有关的涉外民商事法律冲突为主。在用国内冲突法解决民商事法律冲突的情况下,由于各国的冲突规范本身并不一定相同,有关国家的冲突规范之间也会产生冲突,这样,同一个涉外民商事案件在不同国家的法院审理就会得出不同的结果。这种冲突规范本身的冲突的存在，大大增加了涉外民商事争议的复杂性，导致当事人"挑选法院"（forum shopping），即当事人选择于己有利的法院起诉，从而使对方失利。

正由于冲突规范在调整涉外民商事法律关系和解决涉外民商事法律冲突方面的种种局限，为了避免和消除各国间的法律冲突，人们又进行努力，尝试制定直接适用于涉外民商事法律关系的国际统一实体私法规范。① 到19世纪末，国际上开始出现确立国际统一实体法规范的国际条约。如1883年《保护工业产权巴黎公约》即属这类条约。人类进入20世纪后，国际统一实体私法规范在国际贸易和海上运输领域有了进一步的发展，并在国际惯例的规范化方面有所反映。例如，1924年一些国家缔结了《统一提单若干法律规则的国际公约》，1932年国际法协会拟定了《1932年华沙—牛津规则》。但是，在第二次世界大战前，这类规范没有得到充分的发展。第二次世界大战后，随着国际经济贸易的迅速发展，国际统一实体私法也进入一个新的发展时期，无论是以国际条约形式还是以国际惯例形式的国际统一实体私法在数量上大大增加，在范围方面大大扩大。如国际商会多次修订《国际贸易术语解释通则》，设在罗马的国际统一私法协会主持制定了《国际货物买卖统一法公约》等，在联合国国际贸易法委员会的努力下，1978年《联合国海上货物运输公约》和1980年《联合国国际货物销售合同公约》等相继获得通过。国际统一实体私法的出现是国际私法追随不断变化和发展的社会生活的反映，是国际私法发展的自然进程，是国际私法发展日趋完善的一个合乎逻辑的阶段。

（二）国际统一实体私法是调整国际民商事法律关系和解决国际民商事法律冲突的重要手段

与冲突规范比较起来，国际统一实体私法规范由于以国际条约和国际惯例形式直接确定当事人的权利与义务，有许多优点。就调整涉外民商事法律关系而言，按照传统的国际私法，冲突规范并不直接调整涉外民商事法律关系，通常是依冲突规范进行法律选择，即选择与

---

① 关于国际统一实体私法避免法律冲突问题，参见［英］施米托夫：《国际贸易法文选》，赵秀文译，中国大百科全书出版社1993年版，第19~20页。

涉外民商事法律关系有关的某一国家的实体法来调整，这样，冲突规范只能间接调整涉外民商事法律关系，而且该国家的法律本身却是准备适用于纯国内民商事关系的，严格地讲，对调整涉外民商事法律关系并不一定是最合适的。而国际统一实体法规范是一种直接调整规范，它直接告诉当事人应该怎样做，不应该怎样做，能使当事人明了自己的权利与义务，能使当事人预见自己行为的后果，一般无须冲突规范的指导就能直接适用，因而更加直接、明确、具体和方便。从这个角度讲，用国际统一实体私法调整涉外民商事法律关系，应该说是一种历史的进步。就解决涉外民商事法律冲突而言，冲突规范只能指明某种涉外民商事法律关系应适用什么法律，消极地解决法律冲突。而国际统一实体私法由于在一定范围和程度上统一了有关国家的实体私法，且一般不需要冲突规范的援引而直接适用，因而可以从总体上积极地避免和消除各国间的法律冲突。这显然是一种解决法律冲突的更积极的方式，是一种彻底解决法律冲突的方式。所以，我们可以说，国际统一实体私法的产生与发展，使国际私法多了一种调整涉外民商事关系的方式，多了一种解决涉外民商事法律的手段。

尽管如上所言，冲突规范在调整涉外民商事法律关系和解决涉外民商事法律冲突中的地位和作用仍然是不容忽视的。因为，整个世界至今仍为不同的法律体系所分割，国际私法赖以产生和存在的条件仍没有改变，国际统一实体私法的出现并不能代替冲突规范在调整涉外民商事法律关系和解决民商事法律冲突方面的作用。首先，从目前的情况来看，国际统一实体私法多出现在国际经济贸易和知识产权领域，在涉外民商事法律关系的许多方面，还没有也难以制定统一的实体私法。在无统一实体私法的领域，用冲突规范解决涉外民商事法律冲突仍有重要意义。其次，尽管在一些领域已出现了统一实体私法，但缔约国不可能是世界上所有的国家，因此，缔约国与非缔约国之间以及非缔约国相互之间的民商事法律冲突仍要靠冲突规范来解决。再次，在缔约国对条约中的统一实体规定声明保留时，在保留问题上，声明保留的缔约国和非声明保留的缔约国之间的法律冲突仍应适用冲突规范来解决。再其次，在执行国际统一实体私法过程中，如果当事人对有关规范的解释发生歧异，亦得根据冲突规范的规定援引特定的法律加以解决。最后，对于某个国际条约所要解决的问题，国际条约也并不一定能作出全面和明确的规定,对那些要解决而未解决的问题,借用冲突规范加以解决仍是可能的,例如,1980 年《联合国国际货物销售合同公约》第 7 条第 2 款就有这样的规定:"凡本公约未明确解决的属于本公约范围的问题,应按照本公约所依据的一般原则来解决,在没有一般原则的情况下,则应按照国际私法规定适用的法律来解决。"①

(三) 国际统一实体私法是国际私法的重要组成部分

在理论上,对国际统一实体私法是否为国际私法的组成部分问题,历来就有争论。我认为,随着国际统一实体私法在调整涉外民商事法律关系和解决涉外民商事法律冲突中的作用日益增大,无论是从国际私法本身的历史发展来看,还是从国际统一实体私法本身的调整对象和功能来看,国际统一实体私法已成为国际私法中不可缺少的组成部分。我们不能仅仅因为国际统一实体私法直接调整涉外民商事法律关系的方法同传统国际私法中冲突规范的间接调整方式有所不同而否定前者成为国际私法的一部分;不能仅仅因为传统的国际私法不包括国际统一实体私法规范而否定国际私法本身的自然发展以及其内容和范围的逐渐扩大;不能仅仅因为某一立法和条约的立法体系没有规定冲突规范或实体规范而否定国际私法作为一个部门法或学科应有自己的完善体系;也不能仅仅因为难于全面、系统和深入地研究包括国际统一实体私法在内的国际私法的广泛而庞杂的内容而否定国际统一实体私法在国际私法体系中的存在。

应该指出的是,无论是在中国还是在外国,无论是在东方,还是在西方,无论是在发展中国家还是发达国家,无论是在社会主义国家还是在资本主义国家,均有学者主张将国际统一实体私法纳入国际私法范畴。1929 年《统一国际航空运输某些规则的公约》制定后,美国著名国际法学者哈克沃思(Hackworth)认为,该公约属于国际私法的范畴。②《法国世界百科全书》主张,国际私法有广、狭两义,

---

① 关于统一实体法不能取代冲突法在解决民事法律方面的地位和作用问题,参见韩德培、李双元:《应该重视对冲突法的研究》,载《武汉大学学报》(社会科学版)1983 年第 6 期。

② See G. H. Hackworth. *Digest of International Law*, Vol. 4, 370 (1943).

认为"从广义上说，所有涉及国际性的私人法律关系的规范都可以视为国际私法；从狭义上说，国际私法就是对某个国际性私人关系决定应运用何种法律的一种规范。"① 中国国际私法学界也有许多学者主张国际私法应包括国际统一实体私法，他们认为："国际私法的基本任务是解决产生于涉外民事法律关系中的法律冲突问题，无论是冲突规范还是统一实体规范，都是解决法律冲突的手段，因此，这两种规范都是国际私法规范，都应属于国际私法范围。"②

总之，国际统一实体私法已成为国际私法的重要组成部分，是与冲突规范并行的调整涉外民商事法律关系的手段，在解决涉外民商事法律冲突方面发挥着不可取代的作用。

六、中国与国际统一实体私法

中华人民共和国成立以来，特别是实行改革开放以来，已先后缔结或参加了不少国际统一实体私法条约（包括双边和多边条约）。在国际公约方面，中国已缔结或参加了一些在国际上有重要影响的国际统一实体私法公约。如1929年《统一国际航空运输某些规定的公约》及其部分议定书、1969年《国际油污损害民事责任公约》、1980年《联合国国际货物销售合同公约》等。另外，几乎参加了所有关于知识产权的国际公约。③

在参与国际统一实体私法起草、制定活动方面，中国也十分积极。中国已于1985年加入国际统一私法协会。中国在联合国国际贸易法委员会、国际统一私法协会等国际组织的造法活动中十分活跃，不仅主动推介中国的有关立法，而且开始尽量让有关国际立法反映自己的立场和观点，以促进和协调国际私法的统一。特别值得一提的是，中国先后在《继承法》（第36条第2款）、《涉外经济合同法》（第6条）、最高人民法院《关于适用〈涉外经济合同法〉若干问题的解答》（第2条第8、9款）和《民法通则》（第142条第2、3款，

---

① 转引自唐表明：《比较国际私法》，中山大学出版社1987年版，第388页。
② 韩德培主编：《国际私法》，武汉大学出版社1989年版，第7页。
③ 关于中国缔结或参加国际公约的情况，参见《中国法律年鉴》（1987~1996年）中每年的统计。

第150条)、《海商法》(第268条)、《票据法》(第96条)中,对国际统一实体私法条约和国内法的关系作了明确规定。其中以《民法通则》的规定最具代表性。《民法通则》第142条第2款规定:"中华人民共和国缔结或者参加的国际条约同中华人民共和国的民事法律有不同规定的,适用国际条约的规定,但中华人民共和国声明保留的条款除外。"这里讲的国际条约当然包括国际统一实体私法条约。这一规定确立了国际条约优先原则,即中国的国内立法规定与中国缔结或参加的国际条约的规定有冲突时,优先适用该国际条约的规定,但中国声明保留的条约除外。第142条第3款规定:"中华人民共和国法律和中华人民共和国缔结或者参加的国际条约没有规定的,可以适用国际惯例。"这里讲的国际惯例依笔者的理解应为国际商业惯例,这一规定确立了国际惯例补缺原则,它表明国际商业惯例仅对中国法律或者中国缔结或参加的国际条约未规定的事项适用。当然,这主要是指依冲突规范指定应适用中国法的情况。至于当事人协商选择国际商业惯例作为合同准据法则另当别论。此外,《民法通则》第150条规定,"依照本章规定适用外国法律或者国际惯例的,不得违背中华人民共和国的社会公共利益"。这一规定表明,在中国冲突规范指定或者当事人选择适用国际商业惯例时,适用国际商业惯例不得违背中国的公共秩序。这实际上是对国际商业惯例适用的一种合理限制。

论国际私法公约在法制
不统一国家的适用*

一、导言

典型的国际私法公约是指在民商事领域有关国家自发或在国际组织的推动下缔结或制定的冲突法和程序法公约。如海牙国际私法会议和美洲国家组织制定的大量国际私法公约。① 这些公约都是为了协调和解决不同国家之间在民商事领域的法律冲突而制定的。

按照条约法的一般原则，条约适用的空间范围通常是条约当事国的全部领土，因为国家是作为整体缔结或参加条约而成为条约当事国的。1969年《维也纳条约法公约》第29条肯定了这一点："除条约表示不同意见，或另经确定外，条约对每一当事国之拘束力及于其全部领土。"不过，有的条约根据其所涉及的特定事项或特定领域，明文规定只适用于当事国的部分领土或地区，或者明文规定当事国可以选择适用于其部分领土或某一地区，或者明文规定不适用于当事国的全部领土。例如，1959年《南极条约》第6条规定："本条约的规定应适用于南纬60°以南的地区，包括一切冰架。"这表明，由于该条约仅涉及有关南极的事项，它并不适用任何国家的领土，只适用于不属于任何国家领土的南纬60°以南的地区。又如，英国签订的某些涉及其国内事项的条约明确规定，它们仅适用于大不列颠及北爱尔兰，

---

* 本文原载于《中国国际私法与比较法年刊》第2卷（1999年）。

① 海牙国际私法会议在战后陆续制定了33个国家私法公约。See *Hague Conference on Private International Law Collection of Conventions* (1951-1996) (the Permanent Bureau of the Conference ed.).

而不适用于英属的英吉利海峡的岛屿。① 作为自成一类的国际私法条约亦不例外，原则上应适用于当事国全部领土，但在条约明文规定时也可以只适用于当事国的部分领土或地区。

在世界上，由于种种历史和现实以及外在和内在的原因，不少国家内部的法律制度并不统一。这种不统一主要表现为两方面：一方面，一个国家内部同时存在着两个或两个以上的具有不同法律制度的地区、区域或领土单位（territorial units）；另一方面，在一个国家内部同时存在着两种或两种以上适用于不同种类的人的法律制度。在法理上，具有独特法律制度的地区通常叫做法域或法区（law district or legal region），而其内部法律制度不统一的国家通常被称为法制不统一国家（a state having a non-unified legal system）、多法域国家、复合法域国家或复数法域国家。英国、美国、加拿大和澳大利亚等国即为这样的国家。在法制不统一国家内部，由于法制不统一，各法域不仅会对国际条约的接受程度有差别，而且在人们的交往过程中，具有不同法律制度的地区之间不可避免地会产生区际法律冲突（interregional conflict of laws），适用于不同种类的人的不同法律制度之间不可避免地会产生人际法律冲突（interpersonal conflict of laws），而这种区际法律冲突与人际法律冲突及其解决同国际法律冲突（international conflict of laws）及其解决又有许多联系和相似之处。在这种情况下，当法制不统一国家缔结或参加某一国际私法公约时，自然会提出将该条约适用于其全部领土还是仅适用于其一个或多个法域的问题，以及面对区际法律冲突与人际法律冲突如何进一步确定公约规定的具体适用问题。

二、国际私法公约在一国领地或属地的适用

这里讲的"一国领地或属地（territories）"，② 是指一个国家以殖

---

① 参见魏敏等编：《国际法概论》，光明日报出版社 1986 年版，第 303 页。
② 英文"territory"有"领土"、"领地"、"属地"、"地区"之意。在国际法上，"领土"是指一国主权管辖下的固有区域，包括领陆、领水、领海和领空；而"领地"和"属地"是指一国通过殖民、侵占、强力割让、租借、委任统治或托管等方式取得的附属之地，故本章在中文表述中将两者区别开来。

民、租借、占用、兼并、强力割让、委任统治、托管等方式取得的在国际关系上由其负责的领地或属地，如殖民地、自治领、被保护国、租借地、海外领地、委任统治或托管下的领地等。这些地区虽然在负责其国际关系的国家的管制和治理之下，但它们原有的法律制度和习惯常常或多或少地得到保留或者继续适用，具有不同于该国本土的法律制度，相对于该国国内的其他地区而言，是一个独立的法域。而且，这些地区本不属于在国际关系上对其负责的国家，在国际关系上也有自己的独立性。因此，一国在缔结或参加某一国际公约时，对该国际公约是否在这些地区的适用每每另加处置。而国际公约本身对这个问题通常亦会专门作出规定，即制定一项"领地适用条款"（territorial application clause）。

在各国际公约中，领地适用条款的具体规定是不同的。有的公约要求，一国在签字、批准或加入时应尽量做到将公约适用于由其负责国际关系的一切或任何领地。例如，1951年《关于难民地位的公约》第40条第1款规定："任何一国得于签字、批准或加入时声明本公约将适用于由其负责国际关系的一切或任何领地。此项声明将于公约对该有关国家生效时发生效力。"第3款规定："关于在签字、批准或加入时本公约不适用的领地，各有关国家应考虑采取必要步骤的可能，以便将本公约扩大适用到此项领地，但以此项领地的政府因宪法上需要已同意者为限。"但大多数国际公约的领地适用条款则在公约是否应适用于当事国负责其国际关系的领地问题上采取更灵活的规定。它们一般规定，任何国家得在签字、批准或加入公约时，声明公约适用的范围扩展于在国际关系上由其负责的所有领土，或仅及于其中的一处或数处，此项声明得自该公约对上述国家生效之日起有效。而且，嗣后得可以扩大或废止此类适用范围。

早期的国际私法公约规定公约只适用于缔约国本土，不适用于缔约国领地或属地。例如，1902年海牙《离婚及分居法律冲突与管辖冲突公约》第10条规定："本公约只适用于缔约国欧洲领土。"1902年海牙《婚姻法律冲突公约》和《未成年人监护公约》均如此规定。但到1905年，海牙国际私法会议制定的《民事诉讼程序公约》、《婚姻对夫妻人身关系及婚姻财产的效力的法律冲突公约》和《禁治产及类似保护措施公约》则开始订有领地适用条款。例如，《禁治产及类似保护措施公约》第 16 条规定："本公约当然适用于各缔约国的欧洲领土。缔约国如欲在欧洲以外的领土、属地、殖民地或领事司法管辖权内实施本公约，应以文件就此正式通知其意图，此项文件应存放在荷兰政府档案库，由荷兰政府通过外交途径将核证无误的副本颁发各缔约国。"

第二次世界大战以后，随着民族解放、国家独立以及非殖民化等运动的蓬勃发展，国际形势和国际关系发生了很大的变化，传统上被称为殖民地、自治领、被保护国、租借地、海外领地、委任统治地、托管地的地方在世界上越来越少，有的甚至消失。在这种情况下，各国际法公约在作类似规定时进行了调整，不再在有关规定中使用"殖民地"、"海外领地"等字眼，而用"其负有国际责任的全部领土或部分领土"，"在国际关系上由其负责的整个领土或其中一处或多处领土"等说法取而代之。例如，1961 年海牙《取消要求外国公文书认证公约》第 13 条规定："任何国家在签字、批准或加入时，可声明本公约应扩展适用其在国际关系上负有责任的所有领土，或仅扩展适用于其中的一处或数处。"特别值得一提的是，1975 年以及以后由美洲国家组织制定的国际私法公约已不再就这个问题作出规定。而海牙国际私法会议从制定 1985 年《信托法律适用及其承认公约》起亦不再在它制定的国际私法公约中规定这个问题。

还应该注意的是，当一国在签字、批准、接受、赞同或加入时声明将国际私法公约扩展适用于其在国际关系上负责的领地或属地时，其他缔约国是否当然接受如此扩展，应视各国际私法公约具体规定而定。

如果公约没有明确规定其他缔约国可以反对或提出异议，应视为其他缔约国应当然接受，并在相互之间适用公约。但在 20 世纪 70 年代中期以前制定的一些国际私法公约中，有的公约明确规定，其他缔约国应对扩展适用声明作出接受声明，扩展适用声明仅在作出声明的国家与宣布接受声明的国家之间有关领地的关系中发生效力。例如，1958 年海牙《扶养儿童义务判决的承认和执行公约》第 14 条规定："本公约当然适用于缔约国的本部领土。如果某缔约国愿意在其一切其他领土或者在国际关系上由其负责的某些其他领土生效时，应为此目的用文件通知其意愿，文件应交存荷兰外交部；由荷兰外交部通过外交途径，将经核证无误的副本递交各缔约国。此项声明仅在作出声明的国家与宣布接受声明的国家之间有关非本部领土的关系中发生效力。接受国家的声明应交付荷兰外交部；由荷兰外交部通过外交途径，将经核证无误的声明副本送交各缔约国。"这意味着，扩展适用声明对没有作出接受声明的国家不具有拘束力。有的公约明确规定其他缔约国对扩展适用声明可以在一定期间内提出异议或反对，如在规定的期限内不提出异议或反对，扩展适用声明则在未提出异议的国家与作扩展适用声明的国家负有国际责任的领土之间生效。例如，1956年海牙《扶养儿童义务法律适用公约》第9条第3款规定："本公约应在接到通知后6个月内不提出反对的国家与发出通知的国家指定的、在国际关系上由其负责的某个或某些领土之间发生效力。"此外，有的公约还规定，在已作扩展适用后，一国在批准、接受或认可公约时也可以对扩展适用提出反对。①

在实践中，的确有缔约国反对别国将公约扩展适用于后者负责国际关系的领地的例子。1967年7月3日葡萄牙在批准1954年海牙《民事诉讼程序公约》时，通知荷兰外交部（公约批准书交存处），它将该公约扩展适用于所有葡萄牙海外领地（all Portuguese overseas territories）。但是，波兰和前苏联反对此扩展适用。这样，该公约在1967年9月25日对葡萄牙生效时，对葡萄牙海外领地与波兰和前苏联的关系不产生效力。②

综上所述，国际私法公约在一国领地或属地的扩展适用应视公约的具体规定而定。早先，有的公约规定不扩展适用于一国领地或属地；后来，大多数公约把这个问题交由缔约国决定，即任何国家在签字、批准、接受、赞同或加入时得声明扩展适用于其负责国际关系的领地的一处或数处，嗣后还可以扩大、更正或废止，而有的公约规定其他缔约国对此扩展适用可以拒绝或反对。随着传统国际法上的所谓一国"领地"或"属地"在世界上越来越少，不少公约已开始对这

---

① 参见1973年10月2日订于海牙的《扶养义务判决的承认和执行公约》第32条第3款。

② See *Information concerning the Hague Conventions on Private International Law*. 2 *Netherlands International Law Review* XLIV, 254-256 (1997).

个问题不加规定。

三、国际私法公约在一国领土单位的适用

这里讲的"一国领土单位"（territorial units），是指一国内部在某一方面具有独特法律制度的地区或区域。尽管"一国领土单位"也是一国之下的法域或法区，但它们不同于同样在一国之下的"一国领地或属地"，因为后者是殖民、租借、占用、兼并、强力割让、委任统治或托管等外力的结果，在国际法上有一定的地位，在国际关系上有自己的独立性。而"一国领土单位"一般是一国领土不可分割的组成部分，多因内部原因（如国家的自愿联合或合并以及分裂国家的统一等）而成，而非外力作用的结果，并常常在国内宪制上有所体现。因此，国际私法公约在一国领土单位的适用不同于国际私法公约在一国领地或属地的适用。在不少国际私法公约中，两者是分别加以规定的。我们可以把国际私法公约中这种规定公约在一国领土单位适用的条款叫做"领土单位适用条款"。

早先的国际私法公约并没有专门规定公约在一国领土单位适用的问题，而只对公约在一国领地或属地的适用作了规定，尽管有的公约已涉及到在一国内部不同的领土单位或不同类别的人适用不同的法律制度的情况下如何进一步确定公约规定的具体适用问题。① 直到20世纪70年代，海牙国际私法公约才开始规定公约在一国领地或属地适用的同时对公约在一国领土单位适用的问题作了专门规定。

1971年5月4日订于海牙的《交通事故法律适用公约》第14条是最早的规定。它是这样规定的："法律制度不统一的国家可以在签字、批准或加入时，宣布本公约扩大适用于其全部法域（legal systems）或仅适用于其中一个或数个法域，并可在任何时候通过重新发表声明的形式修改原声明。此类声明应该通知荷兰外交部，并应明确指明适用公约的法域。"应注意的是，该公约第19条同时规定了公约在一国负有国际责任的领地或属地的适用。在海牙国际私法会议制定的公约中，这种并行规定的做法在后来得到贯彻，直到1980年10月

---

① 例如，1961年10月5日订于海牙的《关于未成年人保护的管辖权和法律适用公约》第14条。

25 日制定《国际司法救助公约》为止。不过，在美洲国家组织于 1975 年制定的国际私法公约中已开始只规定公约在一国领土单位的适用，而对公约在一个领域或属地的适用不加规定。①

　　国际私法公约关于公约在一国领土单位适用的规定，大多采取如下模式：即规定"如果某一缔约国具有两个或更多的领土单位而就本公约涉及的事项适用不同的法律制度，该缔约国在签署、批准、接受、认可或加入时，可以声明本公约应扩展适用于其全部领土单位或仅其中一个或多个，并得随时提交另外的声明以变更原来的声明"。同时还规定，任何此类声明，应通知公约的交存处，并且应明确表明适用公约的领土单位。② 有的公约还规定此类声明何时生效。③ 值得一提的是，从 1985 年 7 月 1 日订于海牙的《信托法律适用及其承认公约》开始，海牙国际私法会议制定的公约进一步完善了关于公约在一国领土单位适用的规定。这就是在上述一般规定的基础上，增加一款，规定如果一个国家没有对公约在一国领土单位的适用作出声明，则公约将扩展适用其所有领土单位。④ 此种规定可以结束法制不统一国家在缔结或参加某一公约时未作关于公约在其领土单位适用的声明时公约在该国适用范围不确定的状态。

---

　　① 参见 1975 年 1 月 30 日订于巴拿马城的《美洲国家间关于支票法律冲突的公约》、《美洲国家间关于国外调取证据的公约》和《美洲国家间关于嘱托书的公约》。

　　② 参见 1979 年 5 月 8 日订于蒙得维的亚的《美洲国家间关于支票法律冲突的公约》第 15 条；1980 年 10 月 25 日订于海牙的《国际司法救助公约》第 26 条第 1 款。

　　③ 例如，1975 年 1 月 30 日订于巴拿马城的《美洲国家间关于支票法律冲突的公约》第 6 条第 2 款规定，声明在美洲国家组织秘书处收到之日后 30 天生效。1978 年 3 月 14 日订于海牙的《代理法律适用公约》第 26 条第 2 款第 3 项规定，声明在通知荷兰外交部后第 3 个月第 1 天生效。

　　④ 参见 1985 年 7 月 1 日订于海牙的《信托法律适用及其承认公约》第 29 条第 3 款；1986 年 12 月 22 日订于海牙的《国际货物销售合同法律适用公约》第 26 条第 3 款；1989 年 8 月 1 日订于海牙的《死亡人遗产继承法律适用公约》第 27 条第 3 款；1993 年 5 月 29 日订于海牙的《儿童保护和跨国收养合作公约》第 45 条第 3 款；1996 年 10 月 19 日订于海牙的《关于儿童保护的父母责任和措施的管辖权、法律适用、承认、执行和合作的公约》第 59 条第 3 款。

由上可见，对于国际私法公约在一国领土单位的适用，国际私法公约从20世纪70年代初开始才加以专门规定。这种规定在与关于国际私法公约在一国领地或属地的适用的规定并行规定在同一国际私法规约之中一段时间后，逐渐形成自己的规定模式。现在，关于国际私法公约在一国领土单位适用的规定已成为国际私法公约必不可少的规定。这种类型的公约适用规定在非国际私法公约中还不多见。

四、国际私法公约在中国香港特别行政区的适用——香港模式

1997年7月1日前，英国对香港实行殖民统治。因此，英国通常将其缔结或参加的国际私法公约中的"领地适用条款"扩展适用于香港。例如，英国先后将其缔结或参加的7个海牙国际私法公约扩展适用于香港。这7个公约是：

（一）《遗嘱处分方式法律冲突公约》，1961年10月5日订于海牙，1964年1月5日对英国生效，1968年8月23日扩展适用于香港。①

（二）《取消要求外国公文书认证公约》，1961年10月5日订于海牙，1965年1月24日对英国生效，1965年4月25日扩展适用于香港。②

（三）《关于向国外送达民事或商事司法文书和司法外文书公约》，1965年11月15日订于海牙，1969年2月10日对英国生效，1970年7月19日扩展适用于香港，指定布政司为主管机关（competent authority）。③

（四）《关于从国外调取民事或商事证据的公约》，1970年3月18日订于海牙，1976年9月14日对英国生效，1978年8月22日扩

---

① See *Information concerning the Hague Conventions on Private International Law.* 2 Netherlands International Law Review XLIV, 263 (1997).

② See *Information concerning the Hague Conventions on Private International Law.* 2 Netherlands International Law Review XLIV, 266 (1997).

③ See *Information concerning the Hague Conventions on Private International Law.* 2 Netherlands International Law Review XLIV, 254-256 (1997), pp. 270-271.

展适用于香港,指定布政司为主管机关。①

(五)《承认离婚和法定分居公约》,1970 年 6 月 1 日订于海牙,1975 年 8 月 24 日对英国生效。由于该公约第 29 条第 3 款规定,公约适用范围扩展于缔约国在国际关系上由其负责的领地的一处、数处或全部时,仅就与已声明接受其扩展的缔约国之间的关系发生效力,故该公约于 1977 年 6 月 4 日在香港与瑞士的关系中生效,1977 年 7 月 11 日在香港与瑞典的关系中生效,1981 年 9 月 19 日在香港与丹麦的关系中生效,1982 年 8 月 28 日在香港与荷兰的关系中生效,1983 年 5 月 7 日在香港与芬兰的关系中生效,1986 年 12 月 13 日在香港与意大利的关系中生效,1986 年 12 月 16 日在香港与挪威的关系中生效,1991 年 5 月 26 日在香港与卢森堡的关系中生效。②

(六)《国际儿童诱拐的民事方面的公约》,1980 年 10 月 25 日订于海牙,1986 年 8 月 1 日对英国生效,1997 年 6 月 10 日扩展适用于香港。③

(七)《信托法律适用及其承认公约》,1985 年 7 月 1 日订于海牙,英国于 1986 年 1 月 10 日签署,于 1989 年 11 月 17 日批准,1992 年 1 月 1 日对英国生效,1990 年 6 月 1 日扩展适用于香港。④

另外,英国在 1975 年 9 月 24 日加入 1958 年 6 月 10 日订于纽约的《承认及执行外国仲裁裁决公约》后,基于该公约第 10 条所规定的"领地适用条款",于 1980 年 5 月 5 日声明该公约扩展适用于香港,并代表香港声明,对在其他缔约国的领地作出的仲裁裁决的承认

---

① See *Information concerning the Hague Conventions on Private International Law*. 2 *Netherlands International Law Review* XLIV, 254-256 (1997), p. 276.

② See *Information concerning the Hague Conventions on Private International Law*. 2 *Netherlands International Law Review* XLIV, 254-256 (1997), pp. 278-279.

③ See *Information concerning the Hague Conventions on Private International Law*. 2 *Netherlands International Law Review* XLIV, 254-256 (1997), p. 288.

④ See *Information concerning the Hague Conventions on Private International Law*. 2 *Netherlands International Law Review* XLIV, 254-256 (1997), p. 293.

和执行适用该公约。①

1984年中英《关于香港问题的联合声明》附件一早就确定,中华人民共和国缔结的国际协定,中央人民政府可根据香港特别行政区的情况和需要,在征询香港特别行政区政府的意见后,决定是否适用于香港特别行政区。而中华人民共和国尚未参加但已适用于香港的国际协定仍可继续适用。中央人民政府根据需要授权或协助香港特别行政区政府作出适当安排,使其他有关的国际协定适用于香港特别行政区。《中华人民共和国香港特别行政区基本法》(以下简称《香港基本法》)第153条亦作了相同的规定。显然,上述因英国关系而适用于香港的国际私法公约在香港回归祖国后仍可在香港适用。

随着1997年7月1日中国恢复对香港行使主权,香港的地位发生了根本的改变。香港成为中华人民共和国的一个特别行政区。尽管作为中华人民共和国的特别行政区的香港享有高度的自治,具有自己独特的法律制度,是一个独立的法域或法区,但无论如何它是中国领土不可分割的组成部分,因此国际私法公约在香港的继续适用已不属于国际私法公约在一国领地或属地适用的情况,不受制于公约的"领地适用条款",而属于国际私法公约在一国领土单位适用的情况,可以适用公约的"领土单位适用条款"。

不过,对上述在1997年7月1日前中国尚未参加但已在香港适用的国际私法公约②在1997年7月1日以后继续适用的问题,中国并没有借用"领土单位适用条款"加以解决,即由中国加入这些国际私法公约,并在加入的同时声明,这些公约只适用于香港这个具有独特法律制度的领土单位。应该说,采用这种方法从有的国际私法公约本身的规定来看是可行的,因为这样既可保护这些公约在香港的继续适用,又使继续适用符合这些公约的规定。但是,采用这种方法要

---

① See Multilateral Treaties Deposited with the Secretary-General (Status as at 31 December 1996), United Nations Publication Sales No. E. 97. V. 5, 859-860, 864 (1997).

② 在1997年7月1日前,中国已于1991年5月3日加入《关于向国外送达民事或商事司法文书和非司法文书公约》;于1987年1月22日加入《承认及执行外国仲裁裁决公约》。香港回归后,中国于1997年7月3日决定加入《关于从国外调取民事或商事证据的公约》。

受制于国内加入公约的审议批准程序,而这一程序通常较费时日。①而且,在香港回归时,要在香港继续适用的国际公约多达200多个,且其中不少公约中国尚未加入,仅就在香港适用的数个国际私法公约中采用这种方法实有不统一、不方便和不经济之处。此外,有的国际公约本身并没有规定"领土单位适用条款",采用这种方法也不可能。

中国恢复对香港行使主权也可以说是其国际关系由英国负责任但并非英国领土一部分的香港回归中国。本来,在条约继承方面,1978年订于维也纳的《关于国家在条约方面的继承的维也纳公约》第15条曾对这种情形的条约继承作过规定:"一国领土的一部分,或虽非一国领土的一部分但其国际关系由该国负责的任何领土,成为另一国领土的一部分时:(1)被继承国的条约,自国家继承日期起,停止对国家继承所涉领土生效;(2)继承国的条约,自国家继承日期起,对国家继承所涉领土生效,但从条约可知或另经确定条约对该领土的适用不合条约的目的和宗旨或者根本改变实施条约的条件时,不在此限。"如果将中国恢复对香港行使主权视为国家继承,②按照上述规定的做法,在香港回归之时,它随英国而适用的国际条约应该统统在香港特别行政区终止适用,而中国已缔结和参加的国际条约自此时应在香港特别行政区适用。但是,中英对已在香港适用的国际条约的处理显然不同于上述规定,因为中英《关于香港问题的联合声明》附件一和《香港基本法》第153条已明确规定,中国尚未参加但已适用于香港的国际协议仍可继续适用(自然,仍可在香港继续适用的国际条约并不是在1997年7月1日前已适用于香港的所有国际条约,但无论如何,国际私法公约不在排除适用之列)。这意味着,在中英双方达成的仍可在香港继续适用的国际条约的协议范围内,英国对香港承担的国际条约中产生的国际权利和义务在1997年7月1日由中

---

① 根据1982年《中华人民共和国宪法》第67条第14项、第81条、第89条第9项,中国同外国缔结条约和协定的职权由国务院、全国人民代表大会常务委员会、国家主席分别行使。同外国缔结的条约和重要协定须由国务院缔结、全国人民代表大会常务委员会和国家主席决定批准。

② 对中国恢复对香港行使主权是否属于国家继承范畴,有不同的主张。西方一些学者认为属国家继承范畴,但一些中国学者持反对态度。

国继续承担。也就是说，英国于1997年7月1日对香港终止承担从国际条约中产生的国际权利和义务，而中国于同时开始对香港承担从国际条约中产生的国际权利和义务。上述可见，1997年7月1日前中国未参加但已适用于香港的国际条约在香港特别行政区的继续适用，的确不同于传统上属国家继承范畴的条约继承，但可以将之视为基于国际协议（中英《关于香港问题的联合声明》）的一种条约接管或承接。

因此，对1997年7月1日前中国未参加但已适用于香港的海牙国际私法公约在香港的继续适用问题，中英双方采取这种方法加以解决，即由双方驻荷兰大使分别向公约交存处即荷兰外交部就逐个公约发出照会；英国声明，从1997年7月1日起，终止对香港承担从这些公约适用中产生的国际权利和义务；中国声明，这些公约自1997年7月1日起继续适用于香港特别行政区，公约当事方的国际权利和义务将由中国承担。一般来说，在国家继承情形下，继承国就被继承国条约所作的片面声明和宣布条约在其领土继续有效的事实，并不当然使继承国或条约的其他当事国承担国际权利和义务，因为其他条约当事国可以反对条约的继承适用，除非条约有相反的规定。① 不过，就香港情形而言，由于不同于传统的国家继承，故海牙国际私法公约交存处并没有明确邀请任一公约的其他当事国对公约在香港回归中国后继续在香港适用提出异议。这是因为国际社会已有广泛的共识，即这些公约应继续适用于香港。应该说明的是，中国发出照会声明承担这些公约的当事国的国际权利和义务，并不意味着中国就是这些公约的当事国，因为中国在照会中没有明确自认为公约当事国，有关公约亦没有明确规定遇有香港这种情形或国家继承发生时继承国应被视为该公约的当事国，且公约大多只继续适用于香港特别行政区，在中国大部分地区并不适用。

应该指出的是，中国在恢复对香港行政主权前已于1991年5月3日加入了1965年11月15日订于海牙的《关于向国外送达民事或商事司法文书和非司法文书公约》，而这个公约在香港回归前也在香港

---

① 参见1978年订于维也纳的《关于国家在条约方面的继承的维也纳公约》第9条。

适用。中国在向公约交存处提交的照会中使用了不同的措辞，声明该公约自 1997 年 7 月 1 日起"适用于香港特别行政区"，而没使用"继续适用于香港特别行政区"的表达。这表明，中国是基于中国已为该公约的当事国而将该公约扩展适用于香港的。

香港回归后，由于其原有法律制度基本不变，施行不同于内地的法律制度，中国已成为一个多元法制国家。1999 年澳门回归使中国的法制更加多元化。毫无疑问，随着中国进一步参与国际民商事交往，中国还将陆续缔结或参加一些国际私法公约。因此，我们应该重视研究国际私法公约在法制不统一的国家的适用，特别是在中国不同法域的适用。笔者认为，在澳门回归时，对国际私法公约在澳门的继续适用问题显然应采取香港模式处理。但在香港和 1999 年澳门已回归祖国的情况下，对中国新缔结或加入的国际私法公约的法制多元化的中国适用的问题，一般应借助于国际私法公约本身的"领土单位适用条款"来解决它们分别在内地、香港和澳门的适用问题。

关于国际私法总则的若干思考[*]

17、18世纪以来,法典一直是制定法的中心,在理性主义的指引下建立一个内部和谐一致、没有内在矛盾的法律体系,一直是法典编纂者们所追求的目标。[①] 欧洲的文艺复兴运动和启蒙运动,对理性的伸张与高扬,促进了18世纪并影响至今的法律的法典化运动。[②] 在当今国际社会,法典化也已成为国际私法立法中一种不可扭转的历史趋势。[③] 在全世界掀起国际私法法典化浪潮的同时,我们可以看到,除了国际私法立法技术的日益精湛、立法体例的日益完善、立法内容的日益丰富之外,各国日益重视和加强对国际私法总则的规范。这是一个明显的特征。特别是进入20世纪90年代以后,各国所颁布的国际私法典,更是注重对国际私法总则的规定和完善。应当说,这与总则在国际私法中的地位和功能是分不开的,也是国际私法立法更加完善的重要标志。本文主要运用历史的、比较的方法,对国际私法总则的含义与意义、演进与模式、内容与功能等进行分析和探讨,并在此基础上,对中国国际私法总则的制定提出若干看法和建议。

---

[*] 与杜焕芳(武汉大学法学博士,现为中国人民大学法学院教师)合作撰写,本文原载于《跨国法评论》第1辑(2004年)。

[①] 参见朱景文:《比较法社会学的框架和方法——法制化、本土化和全球化》,中国人民大学出版社2001年版,第179页。

[②] 参见陈金钊:《法律解释的哲理》,山东人民出版社1999年版,第160页。

[③] See Pierre A. Karrer. *High Tide of Private International Law Codification*. 1 The Journal of Business Law, 78-87 (1990).

一、国际私法总则的含义与意义

（一）国际私法总则的含义

在古代法典中，鲜有独立的总则部分出现。① 国际私法"总则"名称的起源，无论是在法律上还是在著作中，都不是很明确。② 民法"总则"的思想，第一次出现在格奥尔格·阿诺尔德·海泽（Georg Arnold Heise）1807 年初次出版的《用以讲授学说汇纂课程的普通民法体系大纲》一书中，作者在这本书中设立了"总则"章节。③ 但在立法史上首先采用总则的则是 1852 年《萨克逊民法典（草案）》，④ 而规定"总则"最典型的莫过于 1896 年颁布的德国《民法典》，⑤ 它将"总则"单列一篇，把可能涉及民法各个部分的一些规定集中起来，以对整部法典的基本原则和制度作出总的、抽象的、概括的说明，并对法典各篇共有的一些基本概念和术语作出解释。德国《民法典》总则的规定，深刻地更新了 19 世纪在德国施行的普通

---

① 参见封丽霞：《法典编纂论——一个比较法的视角》，清华大学出版社 2002 年版，第 323 页。

② See Jacob Dolinger. *In Defense of the "General Part" Principles.* in P. J. Borchers and J. Zekoll (ed.). *International Conflict of Laws for the Third Millennium: Essays in Honor of Friedrich K. Juenger*, 26 (2001).

③ 参见［德］迪特尔·梅迪库斯：《德国民法总论》，邵建东译，法律出版社 2001 年版，第 23 页。

④ 参见佟柔主编：《中国民法学·民法总则》，中国人民公安大学出版社 1992 年版，导言，第 1 页。

⑤ 德国《民法典》是潘德克顿法学的产物，与 1804 年《法国民法典》不同，在编排体例上，《法国民法典》采取了盖尤斯和查士丁尼的《法学阶梯》（Institutiones）中的人（personae）、物（res）、诉讼（actiones）的三分法，而与此相对，德国《民法典》则采用了由总则、债权、物权、亲属、继承五编构成的所谓潘德克顿体系（Pandeketen-system）。在这里，主导思想是体系论（Systematik），而不是决疑论（Kasuistik），在法典前面，把通过彻底抽象化而形成的一般规范归纳在一起，也就是以提纲挈领的方式设定了第一编"总则"（Allgemeiner Teil）。参见［日］大木雅夫：《比较法》，范愉译，法律出版社 1999 年版，第 206 页。

法,① 其在国外所具有的魅力几乎是独一无二的。②

我们所知道的国际私法真正开始于12世纪罗马法的复兴,③ 其发展至今已有近900年历史,但国际私法学者和立法者一直没有像民法学者和立法者对民法总则的关注那样,对国际私法总则投入过多的精力,更多的时间则用于讨论适用外国法的根据、如何进行法律选择和确定管辖权等问题。不过,随着国际私法立法法典化浪潮的兴起,特别是进入20世纪90年代以来,各国所颁布的国际私法典,已越来越重视对国际私法总则的规范。

国际私法总则是对国际私法中具有统领性和全局性意义的普遍性的基本原则、基本制度和其他一般问题所作的规定,是国际私法立法的重要组成部分。大陆法系国家一般称之为总则或一般规定(general parts, general provisions),④ 美国的教科书中称之为普遍问题(pervasive problems),⑤ 英国的论著中称之为基本问题(preliminary matters, preliminary topics)⑥ 或一般考虑(general considerations)。⑦

(二) 国际私法总则的意义

在国际私法中设置总则,是人类思维能力进步和立法技术水平提高的产物,也是立法者深思熟虑的结果。总则在国际私法中居于统帅地位,从总体上说它是整部法典一以贯之的灵魂和核心,是对事关法典全局的根本性内容的概括和综合。它由法典分则的实际材料提炼升华而成,源于分则又高于分则。对国际私法总则进行规范,不仅是国际私法立法结构与功能上的需要,也是衡量国际私法立法完善与否的

---

① 参见 [法] 勒内·达维德:《当代主要法律体系》,漆竹生译,上海译文出版社1992年版,第83页。

② See Konrad Zweigert and Hein Kötz. *Introduction to Comparative Law*, 147 (3rd ed. 1998).

③ See Friedrich K. Juenger. *Choice of Law and Multi-State Justice*, 11 (1993).

④ Ibid. at 42-43.

⑤ See R. Weintraub. *Commentary on the Conflict of Laws*, 46 (3rd ed. 1986); E. Scoles & P. Hay. *Conflict of Laws*, 52 (1982).

⑥ See A. Dicey & J. H. C. Morris. *The Conflict of Laws*, 1 (13th ed. 2000); G. Cheshire & P. North. *Private International Law*, 41 (13th ed. 1999).

⑦ See J. H. C. Morris. *The Conflict of Laws*, 459 (3rd ed. 1984).

重要标志。其主要意义在于:①

第一,总则的内容具有高度的抽象性和概括性,它没有预先确定任何具体的事实状态,也没有赋予具体的法律后果,具有很大的模糊性和灵活性,这样就为法官日后的自由裁量和法律解释留下充足的空间。从这种意义上说,总则的内容可以保证整部法典的弹性和灵活度,缓解法律自身的局限性与现实生活的矛盾,增强其与时俱进的进化能力和适应能力,实现法典的灵活和安全价值,并最终实现法律选择结果的最大合理化。

第二,总则对于整部法典具有整合化一的功能,法典有了总则就有了一个"一以贯之"的精神格调和指导原则,法典的全部内容据此展开也就得以前后贯通、和谐统一,从而成为一个有机联系的整体。梁启超先生也曾高度评价了总则的这种作用,他有言曰:"善立法者,于纲目之间,最所注意焉,先求得其共通之大原理,立以为总则……故纲举而目从。纲不举,则虽胪目如牛毛,犹之无益也。"②

第三,总则可以拓展法典的涵盖面,提高其内容的全面性和完整性,弥补法典调整空间在细节上的不足,从而克服立法的不周延和滞后。总则部分可以对一些难以作出规定或将来可能出现的情况,作出原则性的、带有某种价值倾向性的规定,预先设定解决这些问题的基本框架。比如国际私法所调整的法律关系的性质和适用范围的规定,既有利于把法无明文规定但随着实践的发展而出现的一些国际民商事关系及时纳入国际私法调整的范围,又有利于把一些不具有国际民商事性质的法律关系排除在国际私法的调整范围之外。

因此,法国比较法学家勒内·达维德(R. David)指出:"总则牵涉到的问题,真正说起来,超过这个总则,不单是法的结构,而更多的是总则所表现出来的系统化精神与抽象的倾向。"③ 而德国法学家拉贝尔(E. Rabel)认为:"从体裁方面说也有必要设一个总则篇

---

① 参见封丽霞:《法典编纂论——一个比较法的视角》,清华大学出版社2002年版,第322页以下。

② 梁启超:《梁启超法学文集》,中国政法大学出版社2000年版,第180页。

③ [法]勒内·达维德:《当代主要法律体系》,漆竹生译,上海译文出版社1992年版,第84页。

'在许多法律原则的结构上加上一个屋顶';否则法典的其余各部分'就像一堆杂乱无章的瓦砾'。"① 尽管他们的观点是针对民法总则的制定,但对国际私法总则的制定而言,也是适用的。

当然,也有学者反对制定国际私法总则。美国学者荣格(Friedrich K. Juenger)强烈批评民法国家规定国际私法总则的做法。他将组成总则的原则、制度看做是对法律选择的控制,② 甚至认为是"思维上的不诚实"。③ 在他看来,总则是法官用来遮掩的障眼法(smokescreen),④ 是复杂的诡计的组合。⑤ 但是,每一门科学,有规则就有例外,法律科学也同样如此。国际私法的每一项规则总是受制于一般法律原则,并在国际私法的某一特定方面予以具体化。而且,所有这些控制手段的目标在于获得处理多国案件的合理结果,美国法院寻求其他控制手段的单边主义方法也是为了获得他们所认为的合理结果。⑥ 因此,国际私法的总则在立法上并不是可有可无的。

二、国际私法总则的演进与模式

国际私法总则的规定并不是从国际私法立法伊始就有,而是随着国际民商事关系的发展、国际私法立法技术的提高而出现并逐渐完善的,它经历了一个从无到有、从分散到集中、从简单到逐渐完善、从国内到国际的演进过程。现有各国国际私法总则的规定主要采取两种模式,或在单独起草的国际私法法典里专章规定总则内容,或在民法典里专篇专卷规定国际私法的同时,设专章或专节规定国际私法的总

---

① 转引自[德]K. 茨威格特、H. 克茨:《瑞士民法典的制定及其特色》,谢怀栻译,载《法学译丛》1984年第3期。

② See Friedrich K. Juenger. *Choice of Law and Multi-State Justice* 70, 86, 96, 173, 184 (1993).

③ Ibid. at 96.

④ Ibid. at 173.

⑤ Ibid. at 205.

⑥ 对荣格反对国际私法的总则作出积极回应的代表性文章,参见 Jacob Dolinger. *In Defense of the "General Part" Principles*, in P. J. Borchers and J. Zekoll ed.. *International Conflict of Laws for the Third Millennium: Essays in Honor of Friedrich K. Juenger*, 23-51 (2001).

则内容。

（一）从无到有

从国际私法的历史发展来看，13世纪之前为国际私法的萌芽时期，而从公元13世纪到18世纪为"法则区别说"的学说法时代。① 在这两个时期，虽然也存在国际民商事关系，也曾经出现过零星的调整国际民商事关系的法律适用规范，② 但并没有比较完整、比较集中的国际私法规范，国际私法主要是以学说和理论的形态出现。18世纪中叶以后，欧洲大陆的立法者开始将国际私法规则订入民法典中，③ 国际私法的总则部分也逐渐从无到有。

具体又包括两种过程：一是从无总则性规定到有总则性规定。1756年《巴伐利亚法典》和1794年《普鲁士一般法典》是近代最早的国际私法立法，④ 两部法典都根据法则区别说所主张的一些原则制定了若干法律适用规则，但并没有国际私法的总则性规定。而对后世国际私法的发展产生深远影响的1804年《法国民法典》，虽然国际私法条文不多，但已出现3条国际私法的总则性规定。⑤ 受《法国民法典》的影响，而后的许多民法典在规定国际私法规范的时候，也

---

① 瑞士学者葛茨维勒（Gutzwiller）将国际私法的发展分为两个阶段：第一阶段是从13世纪上半期到18世纪末叶，他把这个阶段称为"法理学的、科学的国际私法"，即"学说法"阶段；第二阶段是19世纪整个世纪，他把19世纪称为"私法的伟大编纂时代"，并把这个阶段的国际私法称为"法律上的国际私法"，即"法律法"阶段。See M. Gutzwiller. *Le Dévelopement Historique du Droit International Privé*, 29 Recueil des cours 294 (1929-III).

② 如古罗马时期的万民法、欧洲属人主义时期的属人法、中国唐朝《永徽律》、基辅俄罗斯王国与希腊人订立的条约等。参见黄进主编：《国际私法》，法律出版社1999年版，第91页以下。

③ See G. Parra-Arangurent. *General Course of Private International Law: Selected Problems*. 210 Recueil des cours 183 (1988-III).

④ Ibid.

⑤ 1804年《法国民法典》第3条第1款为强制性规定，即"有关警察与公共治安的法律，对于居住于法国境内的居民均有强行力"；其第6条为合同领域的公共秩序条款，即"个人不得以特别约定违反有关公共秩序和善良风俗的法律"；其第11条为外国人地位的对等原则，即"外国人，如其本国和法国订有条约允许法国人在其国内享有某些民事权利，在法国亦得享有同样的民事权利"。

已有了总则性的规定，主要是有关公共秩序的条款，如《奥地利民法典》（1811 年）、《智利民法典》（1851 年）、《意大利民法典》（1865 年）、《葡萄牙民法典》（1867 年）、《阿根廷民法典》（1871 年）和《西班牙民法典》（1888 年）等。值得一提的是，1854 年《瑞士苏黎世州民法典》有关国际私法的立法还肯定了反致制度。反致制度的创立，进一步推动了国际私法总则部分的发展。① 1863 年《萨克逊王国民法典》规定国际私法规范和法律适用制度的基本原则是"适用法院地国法"，外国法只在例外的情况下才予以适用。② 而作为 19 世纪国内国际私法立法最高成就代表的 1896 年德国《民法施行法》和 1898 年《日本法例》也已有了总则性规定。前者主要规定了公共秩序（第 30 条），后者不仅规定了公共秩序（第 30 条），而且还规定了反致（第 29 条）和习惯法的效力（第 2 条）。③

二是从无总则规定到有总则规定。20 世纪以前的国际私法立法基本上是在民法典里加以规定，虽然已有国际私法的总则性规定，但还没有比较集中的专门的国际私法总则规定。总则规定主要是随着国际私法规范从民法典中逐渐分离而逐渐出现的，但早期的单独立法也未有总则规定。1829 年 5 月 15 日颁布的《荷兰王国立法总则》规定有国际私法规范，④ 我国台湾地区学者梅仲协认为这是将国际私法规

---

① 该法规定：居住在苏黎世的外国人的家庭关系适用其本国法，但是，"如果该外国人的本国法律规定家庭和继承关系适用当事人住所地法的，那么居住在苏黎世的外国人即应适用苏黎世法律"。可见，1854 年的苏黎世国际私法立法中的法律适用规范所指向的外国法，不但包括外国的实体法规范，而且还包括外国的法律适用规范，即承认反致。参见徐冬根：《19 世纪国际私法立法拾遗》，载《法学杂志》1994 年第 4 期。

② 该法第 6 条规定："根据公约和下列条款不存在例外情况的，对国内发生的涉外民事关系适用内国法。"这里的内国法也就是法院地国法。

③ 参见韩德培、李双元主编：《国际私法教学参考资料选编（上）》，武汉大学出版社 1991 年版，第 72 页以下。

④ 该法关于国际私法的规定共有 7 条，即第 6、7、8、9、10、13 和 14 条，作为荷兰国际私法最早的国内法渊源，它们的沿用至今仍然有效。参见袁泉：《荷兰国际私法研究》，法律出版社 2000 年版，第 9 页以下。

定同民法典相分离之始,① 但它并没有专门规定国际私法总则。进入20世纪以来,特别是第二次世界大战后,世界各国的国际私法立法得到迅速发展,其中一个重要的发展趋势就是,在许多新的国际私法立法中,已有总则和分则之分。② 如《波兰国际私法》(1965年)、《奥地利国际私法法规》(1978年)、《匈牙利国际私法法令》(1979年),而1986年联邦德国国际私法的立法改革的重要一点就是增加了国际私法的总则规定,新立法在条文安排上设立了第一编"一般规定"。③ 美国1971年《冲突法第二次重述》第一章"序言"也规定了美国冲突法的总则。20世纪90年代以后,随着国际私法法典化的趋势进一步加强,国际私法立法技术的进一步提高,新近通过的许多国际私法立法几乎都有专门关于国际私法总则的规定。

(二) 从分散到集中

这可以从当代国际私法立法的不同模式看出这种趋势。

一是在民法典里专编专卷专章规定国际私法规范的模式。从早期在民法典里分散规定国际私法的总则性内容,到现在已经比较集中地规定国际私法的总则内容。如法国,1804年《法国民法典》对国际私法总则性内容的规定比较分散,但在其1967年《法国民法典国际私法法规(第三草案)》第四编中已有了"关于国际私法的法律适用的总则规定",包括公共秩序、反致、国籍、区际冲突、外国法的查

---

① 参见梅仲协:《国际私法新论》,台湾三民书局1984年版,第52页。委内瑞拉学者 Parra-Arangurent 等认为1891年6月25日制定的《瑞士联邦有关居民居住的民法关系法》代表了国际私法立法规范的分离。"该法主要用来调整瑞士联邦州际之间的冲突,但第32条规定的类推条款使之可延伸适用于居住于瑞士的外国人。它调整的关系涉及三种人:在瑞士的瑞士居民;在国外的瑞士居民;在瑞士的外国居民。" See Parra-Arangurent. *General Course of Private International Law: Selected Problems.* 210 Recueil des cours, 187 (1988-III); Adolf F. Schnitzer. *Handbuch des Internationalen Privatrechts*, 61-66 (4th ed. 1957-I).

② 参见黄进主编:《国际私法》,法律出版社1999年版,第132页;肖永平:《中国冲突法立法问题研究》,武汉大学出版社1996年版,第69页。

③ 参见杜涛:《德国国际私法立法的历史发展》,载《民商法论丛》(第25卷),法律出版社2002年版,第495页。

明等内容。① 又如美国路易斯安那州，该州原来的冲突规范散见于1808年制定的民法典中，但该州于1991年颁布的第923号冲突法法案作为民法典的组成部分，编入民法典新增设的第四编之中，其中第一节即为总则部分。② 加拿大魁北克省1866年《魁北克民法典》只有一些源于《法国民法典》的冲突规范，1991年新通过的《魁北克民法典》则改变了过去将冲突规范散订于民法典中的做法，其第十卷专门对国际私法规范作了详细规定，而第十卷第一篇即为总则部分，总则规定赋予了整部法律以很大的灵活性。③ 1984年《秘鲁民法典》第十编"国际私法"第一章，1999年《白俄罗斯民法典》第七部分"国际私法"第74章，2002年《俄罗斯联邦民法典》第三部分第四编"国际私法"第66章等，也对国际私法的总则作了规定。

二是采取单行国际私法法规或国际私法法典的模式。当代许多国家的国际私法立法已经纷纷放弃了在民法典里分散规定国际私法规范的做法，转而采取单行的国际私法法规或涉外民事关系法律适用法模式，而更多的是采取国际私法法典的模式，不仅有总则与分则之分，而且在分则里又将管辖权、法律适用和外国判决及仲裁裁决的承认与执行分别加以规定。如奥地利，1811年《奥地利民法典》对国际私法规范作了分散规定，而1978年率先制定了单行的《奥地利国际私法法规》，开战后发达国家制定国际私法法典之先河，其第一章即是对国际私法总则所做的规定。1987年《瑞士联邦国际私法法规》第一章总则部分不仅对法律适用的原则和制度作了规定，而且对管辖权也作了总的规定。意大利于1995年6月3日公布了《意大利关于改革国际私法的立法》，从而改变了其长期以来在民法典中规定国际私法规范的做法，该法第一篇即为总则部分，此次立法改革的主要目的

---

① 参见韩德培、李双元主编：《国际私法教学参考资料选编（上）》，武汉大学出版社1991年版，第123页以下。

② 参见徐冬根：《美国路易斯安那州新冲突法法案述评》，载《法学杂志》1994年第3期。

③ See H. Patrick Glenn. *Codification of Private International Law in Quebec.* IPRax. 1994, H. 4.

之一就是对国际私法的总则问题作出规定。①

（三）从简单到逐渐完善

国际私法总则内容从少到多，从简单到逐渐完善，这也是国际私法立法趋于完善的一个重要表现。

从一国范围来看，韩国在1962年1月15日颁布的《关于涉外民事法律的法令》中，总则性内容只有5条，而2001年4月7日通过的第6464号法令《韩国2001年修正国际私法》中，不仅单独规定了总则，而且条文数也增加到10条。②

从国际上来看，早期国际私法的总则性内容无论是在民法典中规定，还是在单行的国际私法法规中规定，其条文数都不多，如1896年德国《民法施行法》只有1条有关公共秩序的规定，1898年《日本法例》有3条。进入20世纪以来，国际私法的总则内容无论是在民法典中规定，还是在国际私法法规或国际私法典中规定，其条文数量都有了增加。③ 特别是20世纪90年代以来通过的国际私法立法，总则内容几乎都有10条左右。比如，1992年《罗马尼亚关于调整国际私法法律关系的第105号法》（以下简称《罗马尼亚国际私法》）有10条，1995年《朝鲜民主主义人民共和国涉外民事关系法》有15条，1996年《列支敦士登国际私法》有11条，1998年《突尼斯国际私法典》有14条，1999年《斯洛文尼亚共和国关于国际私法与诉讼的法律》有12条，等等。国际私法总则部分内容的增加，对于提高国际私法在调整国际民商事关系、解决法律适用问题上的作用，显

---

① See Peter Kindler. Internationale Zuständigkeit und Anwendbares Recht im Italienischen IPR-Gesetz von 1995. RabelsZ 61 (1997), 252f. 杜涛：《意大利国际私法立法的改革》，载《民商法论丛》（第15卷），法律出版社2000年版，第490页。

② 参见沈涓译：《韩国2001年修正国际私法》，载《中国国际私法与比较法年刊》（第6卷），法律出版社2003年版。

③ 例如，1939年《泰国国际私法》有7条，1966年《波兰国际私法》有8条，1967年《法国关于补充民法典中国际私法内容的法律草案》有8条，1974年《阿根廷共和国国际私法条例》有6条，1978年《奥地利国际私法法规》有11条，1982年《土耳其国际私法和国际诉讼程序法》有7条，1984年《秘鲁民法典》有11条，等等。以上各国国际私法总则条文，参见韩德培、李双元主编：《国际私法教学参考资料选编（上）》，武汉大学出版社1991年版；余先予主编：《冲突法资料选编》，法律出版社1990年版。

然是极有价值的。①

（四）从国内到国际

随着国际民商事关系的进一步发展，国际社会迫切需要共同的规则，以解决国际民商事交往中出现的法律问题。意大利著名的政治家和国际私法学家孟西尼（P. S. Mancini）是最早倡导国际私法基本规则国际统一的学者之一。② 1866 年以后，孟西尼努力争取在国际私法的基本规则方面达成国际协议，其在 1874 年向国际法学会提出的一份备忘录中发展了他的纲领，该纲领的标题是："论通过一个或者几个国际公约的某些一般规则拘束所有国家，从而使种种民法和刑法的冲突得到一致解决所可能发生的利益。"③ 实践中，国际私法统一化运动始于 19 世纪下半叶，在 20 世纪得到了全面的发展，并取得了丰硕的成果。④ 以二战后的海牙国际私法会议为例，截至 2002 年底，共通过了 36 个有关国际私法的公约，其中 26 个公约已经生效。⑤

在国际私法总则方面取得进展的，主要是一些统一国际私法的地区性组织。一是 1928 年拉丁美洲国家制定通过的《布斯塔曼特法典》，⑥ 该法典共有 435 条，内容包括"绪论"、"国际民法"、"国际商法"、"国际刑法"和"国际程序法"五个部分，其中"绪论"部分规定了国际私法的"一般规则"，有 8 条，主要包括外国人的地

---

① 参见韩德培主编：《中国冲突法研究》，武汉大学出版社 1993 年版，第 50 页。

② 孟西尼于 1851 年在意大利都灵大学发表了题为"论国籍作为国际法的基础"（Nationality as the Basis of International Law）的著名演说，在国际私法上提出了以国籍主义为核心的国际私法三大原则，即国籍原则、公共秩序原则和意思自治原则。Cited from Friedrich K. Juenger, *Choice of Law and Multi-State Justice*, 41 (1993).

③ 参见[德]马丁·沃尔夫：《国际私法》，李浩培译，法律出版社 1988 年版，第 63 页以下；黄进主编：《国际私法》，法律出版社 1999 年版，第 106 页。

④ 参见李双元主编：《中国与国际私法统一化进程》，武汉大学出版社 1998 年版，第 261 页以下。

⑤ See http://www.hcch.net/e/conventions/index.html (visited on June 24, 2003).

⑥ 该法典由古巴法学家布斯塔曼特（Bustamanteyy）草拟，并以其姓名命名，1928 年该法典为 15 个拉丁美洲国家所采用。参见[英]戴维·M·沃克主编：《牛津法律大词典》，光明日报出版社 1988 年版，第 120 页。

位、法律规则的分类、国际公共秩序法、法律规则的解释、属人法、国际公共秩序保留等内容。① 二是 1979 年美洲国家组织制定通过的《美洲国家间关于国际私法通则的公约》，这是到目前为止唯一一部专门对国际私法总则作出立法的国际公约，共有 17 条。第 1～9 条是国际私法总则的实质性条款，主要包括条约优先适用、外国法的执行、上诉、公共秩序、法律规避、既得权、先决问题和法律协调等内容，第 10～17 条是公约的批准程序和语言等规定。② 该公约的订立有助于消除或避免美洲国家间处理国际私法总则问题时的分歧，从而促进美洲国家间国际私法的逐渐统一。

三、国际私法总则的内容与功能

国际私法总则是对国际私法立法中带有普遍性的基本原则、基本制度和其他一般问题所作的规定，这些规定兼具立法准则、司法准则和行为准则等三重功能，对整部国际私法都具有指导作用。

（一）内容分类

从世界大多数国家国内国际私法立法的总则规定来看，我们可以把它们分为基本原则、基本制度和其他一般规定等三个主要方面的内容。

1. 基本原则

我国台湾地区学者赖来焜教授认为，"所谓国际私法基本原则系指在制定、起草、实施、运用与解释国际私法，进行国际民商事法律关系行为与处理国际民商事争议，应当自始至终加以贯彻执行或遵守的主要准则，且是贯穿法律条文之基本精神，简言之，国际私法之基本原则应是贯穿于国际私法各项制度与规范中之共同指导原则与理论思想"。③ 它是对作为国际私法调整对象的国际民商事关系的本质和规律以及立法者在国际民商事领域所奉行的政策的集中反映。从各国

---

① 参见余先予主编：《冲突法资料选编》，法律出版社 1990 年版，第 297 页以下。

② 参见韩德培、李双元主编：《国际私法教学参考资料选编（上）》，武汉大学出版社 1991 年版，第 490 页以下；余先予主编：《冲突法资料选编》，法律出版社 1990 年版，第 349 页以下。

③ 参见赖来焜：《当代国际私法学之基础理论》，台湾 2001 年 1 月初版（自版），第 553 页。

立法来看，国际私法基本原则可以分为公理性原则、法源性原则、强制性原则和例外性原则四类。

(1) 公理性原则

公理性原则是从社会关系的本质中产生出来的、得到社会广泛公认并被奉为法律之准则的公理。① 平等互利原则、公平合理地保护中外当事人合法利益原则就是这种公理性原则，它们集中反映了国际私法所调整的国际民商事社会关系的特性，使国际私法的基本原则区别于其他部门法的基本原则。凡有国际民商事活动和国际民商事关系存在的地方，这些原则都是共同的。区别仅在于：有的国家以成文法的形式明确宣示了这些原则，有的国家虽然没有这样做，但却在实践中遵循这些原则。比如，1979 年《匈牙利国际私法法令》第 1 条规定："本法令的目的是为发展和平的国际关系而解决有关国际私法问题。"又如，1995 年《朝鲜民主主义人民共和国涉外民事关系法》第 1 条规定："朝鲜民主主义人民共和国涉外民事关系法用于保障和维护当事人在涉外民事关系中的权益，并促进涉外经济合作与交流关系的发展。"第 4 条规定："国家坚持在涉外民事关系中实行平等互利原则。"

(2) 法源性原则

法源性原则是指除了国内国际私法立法本身之外，其他具有法律渊源的国际条约、国际惯例和其他规定的效力地位及其适用的原则。当然，在目前，国内立法仍然是国际私法的主要法律渊源。但是，在国内国际私法立法中，对国际条约的效力及其适用作出规定的国家也越来越多。例如，1995 年《意大利国际私法制度改革法》第 2 条第 2 款规定："本法的规定并不妨碍任何对意大利有效的国际公约的适用。"国际惯例也已为许多国家和地区所认可，但它仍处在不断的发展演变之中。② 国际惯例的法律效力根据各国国内法和国际条约的规

---

① 参见张文显主编：《法理学》，法律出版社 1997 年版，第 72 页。
② 参见黄进：《论国际统一实体私法》，载《中国国际私法与比较法年刊》（创刊号），法律出版社 1998 年版，第 11 页以下。

定,可归纳为契约性效力、强制性效力和替补性效力等三种。① 但到目前为止,立法上将国际惯例规定在国际私法立法中的有越南、蒙古、朝鲜和中国等少数国家。② 例如,1995 年《朝鲜民主主义人民共和国涉外民事关系法》第 6 条规定:"……但是,如果根据条约规定不能确定涉外民事关系准据法的,则适用国际惯例或者朝鲜民主主义人民共和国的法律。"另外,一些国家的立法还对其他法源的适用作了规定,以弥补立法缺陷和法律漏洞。这些其他法源主要是一般法律原理、原则。例如,1998 年《委内瑞拉国际私法》第 1 条规定:"与外国法制有关的事实,依与争讼有关的国际公法规定,尤其是在委内瑞拉生效的国际条约中所确认的规定;否则适用委内瑞拉国际私法规定;若无此种规定,采用类推法;若无类推法,则适用普遍承认的国际私法原则。"③

(3) 强制性原则

我们所知道的传统国际私法规范大多为任意性规范,但是近年来,却有越来越多的国家规定某些国际民商事关系必须适用某些特别法、强行法、禁止性规范,从而排斥外国法的适用,这是国家加强对社会经济生活干预在国际私法法律适用领域中的一个突出表现,也是法律直接适用理论在立法上的直接表现。④ 最早引入这一原则的是 1987 年《瑞士联邦国际私法法规》。该法第 18 条规定:"本法不影响瑞士强制性规定的适用,该强制性规定由于有它们的特别目的,无论本法指定的法律如何,都必须予以适用。"第 19 条规定:"如果按照

---

① 参见肖永平:《论国际商事惯例在我国的适用》,载《河南政法管理干部学院学报》2003 年第 1 期。

② 早在 1898 年的《日本法例》第 2 条规定:"不违反公共秩序和善良风俗的习惯,只要法令之规定承认或法令所未规定者,与法律具有同等效力。"该条中对习惯法作了肯定,但它是对作为内国法的习惯法而言,而不是我们所指的国际惯例。

③ 参见杜焕芳:《委内瑞拉国际私法立法改革述评及其启示》,载《民商法论丛》(第 27 卷),金桥文化出版(香港)有限公司 2003 年版,第 459 页以下。

④ 参见徐冬根:《论国际私法规范的柔性化与刚性化》,载《法制与社会发展》2003 年第 3 期。关于法律直接适用理论,可参见徐冬根:《论法律直接适用理论及其对当代国际私法的影响》,载《中国国际法年刊》(1994 年);徐冬根:《当代西欧国际私法新学说——法律直接适用理论评析》,载《法学杂志》1995 年第 4 期。

瑞士的法律观念为合法并显然特别重要的利益需要时，本法所指定的法律以外的另一法律的强制性规定可予以考虑，如果涉及的情形与该法律有密切的联系。"进入20世纪90年代以来，许多国家的国际私法总则规定了这一强制性原则，并且逐渐由单边主义迈向双边主义，① 不仅本国的强制性规定必须适用，而且外国的强制性规定也必须适用。但外国强制性规定的适用往往有一定限制，一般必须是与所涉法律关系有密切联系，并考虑此种规定的目的及其适用的后果。如1991年加拿大《魁北克民法典》第3076条和第3079条，1998年《突尼斯国际私法典》第38条，1999年《白俄罗斯民法典》第1100条，2002年《俄罗斯联邦民法典》第1192条，等等。

（4）例外性原则

例外性原则即替代原则，或更密切联系原则，它起源于20世纪50年代的欧洲。当时的美国"冲突法革命"对传统国际私法规则进行了猛烈批评，② 欧洲学者在一定程度上接受了这些批评，并试图通过改革有关立法方法以回应美国学者的批评，③ 而例外性原则便属于这种为增进法律选择的灵活性而作出的改革性立法原则，其最早倡导者是奥地利学者F. Schwind教授。④ 这种例外性原则最早适用于合同

---

① 1995年《意大利国际私法制度改革法》和1998年《委内瑞拉国际私法》采用的是单边主义。前者第17条规定："意大利的法律规定，如果从其对象和目的而言，即使在外国法律被指定适用的情况下也必须被适用，则其保留优先于以下条款而被适用的效力。"后者第10条规定："尽管本法已有规定，但所颁布的用于调整与多种法制有关的事实的委内瑞拉法中的强制性规定仍必须适用。"

② 代表性人物及著作有：Walter W. Cook. *The Logical and Legal Basis of the Conflict of Laws* (1942); David. F. Cavers. *A Critique of the Choice of Law Problem*. 47 Harv. L. Rev., 173-208 (1933); B. Currie. *Selected Essays on the Conflict of Laws* (1963), etc.

③ 代表性人物及著作有：E. Vitta. *The Impact in Europe of the American "Conflicts Revolution"*. 30 Am. J. Comp. L. (1982); Audit. *A Continental Lawyer Looks at Contemporary American Choice-of-Law Principles*. 27 Am. J. Comp. L. (1979); Kegel. *The Crisis of Conflict of Laws* (1964), etc.

④ 参见韩德培、杜涛：《晚近国际私法立法的新发展》，载《中国国际私法与比较法年刊》（第3卷），法律出版社2000年版，第29页。

领域,① 后来扩展到侵权等其他领域,如罗马尼亚、美国路易斯安那州、澳大利亚、德国等就在部分领域中采用了这一原则。② 而将例外性原则作为一般性原则在国际私法总则中加以规定的则肇始于1987年《瑞士联邦国际私法法规》。该法第15条规定:"根据所有情况,如果案件与本法指定的法律明显地仅有松散的联系,而与另一法律却具有更密切的关系,则作为例外不适用本法所指定的法律。"当然,这种例外性原则不适用于当事人已有法律选择的场合。另外,有的国家在国际私法立法总则中还确立了最强联系原则。1978年《奥地利国际私法法规》第1条规定:"与外国有连结的事实,在私法上,应依与该事实有最强联系的法律裁判。本法所包括的适用法律的具体规定,应认为体现了这一原则。"1996年《列支敦士登国际私法》第1条第2款规定:"如果缺乏某种指引规范,则适用与该案件有最强联系的法律。"两者的区别在于,前者是将最强联系原则作为整个法规的一个基本原则,③ 而后者只是在缺乏冲突规范时的替代适用原则。

2. 基本制度

国际私法的基本制度是指运用冲突规范以确定准据法的各项制度。冲突规范援引的准据法,可能是内国法,也可能是外国法。当准据法为内国法时,内国法院毫无疑问地适用本国的法律;相反地,如准据法为外国法,则可能会发生许多难以克服的实际困难,从而形成了如何运用冲突规范的所谓识别、反致、法律规避、外国法的查明、公共秩序保留等一系列限制或排除适用外国法的基本制度。这是国际

---

① 例如,1980年欧洲经济共同体《关于合同义务法律适用的公约》第4条第1款和1986年海牙《国际货物销售合同法律适用公约》第8条第3款在合同法律适用问题上规定了例外性原则。

② 1992年《罗马尼亚关于调整国际私法法律关系的第105号法》第78条第2款在合同问题上,1991年美国《路易斯安那州民法典》第3547条在侵权问题上,1992年《澳大利亚州和地区冲突法统一法案草案》第6条第8款在合同和侵权问题上,经1986年《国际私法改革法》修订后的德国《民法施行法》第28条第5款在合同问题上,经1999年《关于非合同之债与物权的国际私法立法》修订后的德国《民法施行法》第41条和第46条在非合同债务关系和物权问题上采用了例外性原则。

③ See Palmer. *The Austrian Codification of Conflicts Law*. 28 Am. J. Com. L. 197 (1980).

私法特有的制度，也是调整每一种国际民商事关系所必不可少的工具。晚近国际私法立法总则中均规定有这些基本制度，尽管各国在具体规定上有所差异，但趋同化现象日益明显。比如，多数国家在一定条件下承认反致，规避本国强行法无效，从严适用公共秩序保留条款，等等。以下主要阐述识别、反致和公共秩序保留等立法问题。

(1) 识别

识别作为法院处理国际民商事案件的第一步，在实践中是经常的事，在理论上有不同的认识。① 一些国家或地区的立法规定了识别问题。例如，1991年加拿大《魁北克民法典》第3078条和1979年《匈牙利国际私法法令》第3条均规定根据法院地法识别。1998年《突尼斯国际私法典》第27条和1992年《罗马尼亚国际私法》第3条则分别规定根据突尼斯法律和罗马尼亚法律识别。在巴西，法院基本上是根据诉因识别，但为识别的目的还规定了适用法院地法的两个例外。针对债务和财产有两种识别规则，《巴西民法典》第8条规定财产所在国法应适用于财产的识别和相关法律关系；第9条规定债务发生地法应适用于债务的识别和调整。② 值得指出的是，美国前后两部冲突法重述也规定有识别条款，区别在于1934年第一次重述只是简单地规定根据法院地法识别，而1971年第二次重述区分了冲突法概念和本地法概念，前者一般依法院地法，后者依支配有关问题的法律。③

国际公约中规定识别条款的，例如，1928年《布斯塔曼特法典》确立了识别的一项基本条款和若干特殊条款。其第6条规定："各缔约国在本法典并无规定的一切情况下，应对相当于第3条所述法律分

---

① 识别问题如何解决，是国际私法上讨论了100余年的问题。各国学者对这个问题的解决主张不一，归纳起来有如下几种：法院地法说，准据法说，分析法学与比较法说，个案识别说，折中说，功能定性说和两级识别说等。参见黄进主编：《国际私法》，法律出版社1999年版，第254页以下。

② See Paul Griffith Garland. *Bilateral Studies in Private International Law. American-Brazilian Private International Law*, 112 (1959).

③ See Restatement (Second) Conflicts of Laws Sec. 7 (1971).

类的法律制度或法律关系，适用其自己的解释。"① 该法典的第 112 条、第 113 条、第 131 条、第 164 条和第 239 条分别是关于动产和不动产的区别、财产的其他法律分类、地役权的概念和分类、债务的概念和分类、商人资格的识别的特殊规定。1979 年《美洲国家间关于国际私法上自然人住所的公约》建立了统一规则，以调整国际私法上自然人的住所，其第 2 条规定了住所应由四个方面因素决定的规则，即惯常居所地、主要营业地、单纯居住地、个人所在地，且上述因素是依顺序予以决定的。在同样事项上，1968 年《布鲁塞尔公约》第 52 条和第 53 条也有类似规定，公约确定自然人住所的基本定位是遵循法院地法，但是，如果根据法院地法，该人没有住所，那么法院将有权根据不同于法院地法的成员国法裁决确定其住所。因此有人称该公约为"双重规则（double rule）"。②

从一般意义上讲，识别是人类思维活动的一个普遍现象。通过识别，判定案件事实的性质和应援用的法律，在处理纯国内案件中也是一个十分重要的认识过程。只不过在纯国内案件中，法官只依据本国的法律观念和法律概念进行识别，并不发生识别冲突，因而不需要专门规定识别的依据问题。但在国际私法案件中，法官首先必须对国际民商事案件的事实性质作出识别和认定，并将其归入一定的法律范畴，才能决定适用哪一类或哪一条冲突规范。因此，识别问题是国际私法的一个基本问题，③ 有必要在国际私法总则中加以规范。

（2）反致

一些欧洲学者认为，近年来国内立法者建议的各种解决方法表明，用一种令人满意的方式解决反致问题具有困难。他们进一步认为，如果目标在于体系之间的较好协调，反致、识别或者附随问题就不应被纳入国内立法。因为，国内立法和判例法中的各种方法表明，

---

① 《布斯塔曼特法典》第 3 条将各缔约国的现行法律和规则分为下列三类：属人法或国内公共秩序法，属地法、当地法或国际公共秩序法，任意法或私的秩序法。

② See Georges A. L. Droz. *Pratique de La Convention de Bruxelles*, 56 (1973).

③ 参见肖永平：《中国冲突法立法问题研究》，武汉大学出版社 1996 年版，第 163~164 页。

我们离国际协调仍很遥远。① 荣格也表达了同样的观点。②

但不论这些观点如何,新近颁布的单行国际私法法规都对反致进行了规定,只不过接受的程度有所不同。1965年《波兰国际私法》第4条,1966年《葡萄牙民法典》第16、17、18、20条(有些限制),1978年《奥地利国际私法法规》第5条,1982年《土耳其国际私法和国际诉讼程序法》第2(3)条,1986年修订后的德国《民法施行法》第4条(有些限制),1987年《瑞士联邦国际私法法规》第14条(只限于国际私法立法明确规定的事项),1992年《罗马尼亚国际私法》第4条,1995年《意大利国际私法制度改革法》第13条,1996年《列支敦士登国际私法》第5条和1998年《委内瑞拉国际私法》第4条等,均接受法院地法或第三国法的反致。而反致在法国和英国法院司法实践中的地位早已经显示。③ 美国第二次冲突法重述第8条对反致有三种规则,其基本规则是接受反致,但须考虑实际可行性。还有一些国家的国际私法立法表明,除非法律另有规定,不接受反致,其典型是1992年《突尼斯国际私法典》第35条。

一些国际公约则拒绝反致。1980年罗马《关于合同义务的法律适用公约》第15条规定:"凡适用依本公约指定的任何国家的法律,意即适用该国现行的法律规则而非适用其国际私法规则。"在海牙公约中也能找到类似的规定,它们或者指明适用法是某一特定国家的内国法(如1978年《夫妻财产制法律适用公约》第4条),或者规定适用法不包括其法律选择规则(如1986年《国际货物销售合同法律适用公约》第15条)。在1986年法国举行的国际私法会议上,弗耶(Jacques Foyer)教授发表了题为"*Requiem Pour le Renvoi*"的演讲,其中一个观点为,"海牙公约中的趋势说明,指定的适用法是排它性的指定国家的内国法而非其冲突规则"。④ 因此,一旦适用国际私法

---

① See François Knoepfler and Philippe Schweizer. La Nouvelle Loi Fédérale Suisse Sur le Droit International Privé (Partie Générale). 77 R. C. D. I. P. 225 (1988).

② See Friedrich K. Juenger. *Choice of Law and Multi-State Justice*, 77-79 (1993).

③ 法国最高法院的"福尔果案"(Forge's Case), See M. Wolff. *Private International Law*, 190-191 (1945). 英国法院的"科利尔诉利伐兹案", See Collier v. Rivaz, 2 Curt. 855 (1841).

④ See Jacques Foyer. *Requiem Pour le Renvoi*. 70 R. C. D. I. P. 210 (1981).

公约规则，也就意味着放弃适用法院地的冲突规则，即使受另一国冲突规则的支配也毫无意义。这是合乎逻辑的，也与公约的国际协调精神相吻合。

众所周知，国际私法的一个主要目标在于追求判决结果的一致。① 但各国的冲突规则也时常发生歧异，这就需要一个调和的方法，以求对于同一案件，无论由哪一个国家的法院审理，都将适用同一实体法规则，从而得到同一的判决结果。承认反致，便是一个最好的调和方法。② 它能本着协商精神促进判决的一致，并能增加法律选择的灵活性，有利于国际民商事纠纷的妥善解决。因此，在国际私法总则中有必要对反致及其适用范围加以明确规定。当然，国际公约由于其国际协调精神和宗旨，制定时不宜规定反致。换言之，统一实体法公约与法院地的冲突规则和其他国家的冲突规则相比，具有优先权。同样，当相关国家同属某一冲突法公约的成员国时，也就同时放弃了各自的冲突规则，而受该公约中的统一冲突法规则支配。

(3) 公共秩序

公共秩序或公共政策条款在民法典、国际私法立法中几乎无一例外地存在，其主要目的在于排除与法院地的公共秩序相抵触的外国法在内国的适用。③ 例如，1991年加拿大《魁北克民法典》第3081条，1992年《罗马尼亚国际私法》第8条，1995年《意大利国际私法制度改革法》第16条，1996年《列支敦士登国际私法》第6条，1998年《突尼斯国际私法典》第36条，1998年《委内瑞拉国际私法》第8条，1999年《白俄罗斯民法典》第1099条，等等。

许多国际私法公约也有公共秩序的规定。例如，1928年《布斯塔曼特法典》第8条，1979年《美洲国家间关于国际私法通则的公约》第5条，1973年《产品责任法律适用公约》第10条，1986年《国际货物销售合同法律适用公约》第18条，1989年《死亡人遗产

---

① See Niboyet. *Traitè de droit international privè franscais*, 62-63 (1938-I).
② 参见韩德培：《国际私法上的反致问题》，载武汉大学国际法研究所编：《国际私法的理论与实践》，武汉大学出版社1984年版，第78~82页。
③ 美国第二次冲突法重述则不同，美国的公共政策理论是用来反对法院地国法院的侵入，当执行有关外州诉因的诉讼违反法院地强有力的公共政策时，任何此类诉讼将不予以受理。See Restatement (Second) Conflicts of Laws Sec. 90 (1971).

继承法律适用公约》第18条，2000年《关于成年人保护的公约》第21条，2002年《关于中介人持有证券的某些权利的法律适用公约》第11条，等等。正如有学者认为的，不包含有公共秩序条款的冲突规则是不可思议的，而现代国际私法若有任何变化，公共秩序地位的显示则是直接的。① 实质上，公共秩序的保留表明了冲突正义的传统追求和公平需求之间的张力，这两种价值在多州（国）案件中时常相冲突。②

尽管国际上尚未对公共秩序的范围及其具体内容作出统一规定和解释，各国在适用公共秩序时享有相当大的自由裁量权，这在客观上为各国滥用公共秩序提供了一定的便利。但是，在国际私法的立法和实践中，各国为促进国际私法的发展，普遍从严规定和适用公共秩序。第一，区分国内公共秩序和国际公共秩序。③ 例如1998年《突尼斯国际私法典》第36条第4款规定："排除外国法律的适用，仅限于其与突尼斯国际私法上的公共秩序相冲突的范围之内。"也就是说，在国际私法案件中，法院一般只适用国际公共秩序，而不适用国内公共秩序。由于国际公共秩序的范围比国内公共秩序的范围窄，只适用前者，就等于减少了公共秩序在国际私法案件中的适用。第二，采用公共秩序的客观标准。例如1998年《委内瑞拉国际私法》第8条规定："依照本法应适用的外国法的规定，仅在其适用将产生与委内瑞拉的公共政策的基本原则明显相抵触的结果时方排除适用。"依此标准，法院不能以所适用的法律本身与本国公共秩序不一致为由排除该外国法，只有在"承认与适用该外国法之结果"将导致危害法院地国利益的实质性后果的时候，才能运用公共秩序予以排除。因

---

① See Jacob Dolinger. *In Defense of the "General Part" Principles*. in P. J. Borchers and J. Zekoll ed.. *International Conflict of Laws for the Third Millennium*: Essays in Honor of Friedrich K. Juenger, 45 (2001).

② See Friedrich K. Juenger. *Choice of Law and Multi-State Justice*, 81 (1993).

③ 最早提出国际公共秩序有别于国内公共秩序的是瑞士学者夏尔·布洛歇（Charles Brocher）。他认为，关于权利的个人占有的强行法为"国内公共秩序"（*Lois d' ordre public interne*），关于公共的政治、经济及道德的强行法为"国际公共秩序"（*Lois d' ordre public international*）。参见李双元：《国际私法（冲突法篇）》，武汉大学出版社2001年版，第277页。

此，采用客观标准也能起到减少公共秩序适用的效果。

公共秩序是一国的重大利益、基本政策、道德的基本观念或法律的基本原则的体现，这种保留制度具有排除外国法适用的防范作用，因此，它已经成为国际私法中的一项基本制度，在绝大多数国家的国际私法总则立法中得到了认同。但是，公共秩序保留条款作为法律适用最后的"安全阀"（safety valve），也有限制其规定的必要性。正如洛伦森（E. Lorenzen）所指出的，"公共政策理论……应该成为一个针对一些依赖被设定为基础的例外规则的问题的警告。"① 当然，哪一种外国法的适用违反了内国的公共秩序，"只能由每一个国家的法律，不论是通过立法机关还是通过法院，去决定它的哪一些政策是紧迫到必须援引它"。②

3. 其他规定

在法律选择的过程中，法院或其他主管机关不可避免地会遇到一些这样或那样的复杂问题，这就进一步提出准据法的确定问题。③ 因此，国际私法总则除了规定上述基本原则和基本制度以外，还规定其他一些问题，例如区际冲突、人际冲突、时际冲突，等等。由于这些问题关涉到准据法的最终确定，也应当在总则中加以规范，以解决具体国际民商事法律关系适用法律时产生的各种难题。

（1）区际法律冲突

当国际私法的冲突规范指定应适用某一外国的法律时，但该外国国内具有不同的法域，存在区际法律冲突，究竟应适用该外国的哪一个法域的法律作为准据法呢？在立法中，有如下几种不同的解决办法：第一种办法即根据该外国的区际私法确定准据法。例如，1965年《波兰国际私法》第5条规定："应适用的外国法有数个法律体系时，应适用何种法律体系由该外国法确定。"这里讲的"该外国法"就是指该外国的区际私法。这是最普遍的做法，其他做法多为这种做法的补充。第二种办法即根据最密切联系原则确定准据法。例如，1978年《奥地利国际私法法规》第5条第3款规定："如外国法由几

---

① See E. Lorenzen. *Selected Articles on the Conflict of Laws*, 13-14（1947）.
② See Westlake. *Private International Law*, 51（1925）.
③ 参见黄进主编：《国际私法》，法律出版社1999年版，第307~314页。

部分法域组成，则适用该外国法规则所指定的那一法域的法律。如无此种规则，则适用与之有最强联系的那一法域的法律。"这种做法是目前多数国家的国际私法立法所采取的在无区际私法情况下应使用的补充做法。第三种办法即依以当事人的住所地法、居所地法或所属地方的法律代替其本国法。例如，1898年《日本法例》第27条第3款规定，在适用当事人本国法的场合下，如"当事人其国内各地法律不同时，依其所属地方的法律。"第四种办法即采用国际私法的规定确定准据法。例如，1966年《葡萄牙民法典》第20条第2款规定："在外国无区际私法规范时，采用该外国的国际私法。"

（2）人际法律冲突

当国际私法中的冲突规范指定适用某一外国法律时，但该外国内部存在两个或两个以上的适用不同法律制度的人员集团，存在人际法律冲突，就提出究竟应以该外国的哪一类人适用的法律为准据法的问题。在立法中，通常的解决办法是由该外国的人际冲突法或人际私法确定。如果该外国没有人际冲突法，则适用与案件或当事人有最密切联系的法律。有的国家的有关规定既适用于区际法律冲突情形，也适用于人际法律冲突情形。例如，1986年修改后的德国《民法施行法》第4条第3款规定："若需适用多种法制并存国家的法律，除非适用本身已有的规定，否则依该国法律确定适用何种法制的法律；如果该国法律并无适用何种法制的规定，适用与案件有最密切联系的法制的法律。"1966年《葡萄牙民法典》第20条第3款规定："如准据法在地域上形成单一法律秩序，而在该法律秩序内有适用于不同类别的人的不同法制，则必须遵守该法就该法律冲突而作的规定。"

（3）时际法律冲突

国际私法上的时际法律冲突有三种情况：一是法院地的冲突规范在涉外民商事法律关系发生后发生了变更，有可能是冲突规范的连结点发生了变化，也有可能是限定连结点的时间因素发生了变化，还有可能是上述两者同时发生了变化，在这种情况下需要确定根据什么时候的冲突规范去指定准据法；二是法院地的冲突规范未变，但其所指定的实体法发生了改变，这时需要确定是适用某一法律关系成立时的旧法还是适用已改变了的新法；①三是法院地的冲突规范及其所指定的实体法均未发生改变，但有关当事人的国籍或住所，或者动产的所在地等连结点发生了改变，这时需要确定是适用依原来的连结点所指引的法律还是适用依新的连结点所指引的法律。

在第一种情况下，准据法的确定应根据时际冲突法的一般原则加以解决，即按法律不溯及既往以及后法优于前法或新法优于旧法的原则加以解决。例如，1979 年《匈牙利国际私法法令》第 75 条第 2 款规定："本法令的规定也适用于在本法令生效前发生而未经确定判决的有关法律关系的法律争议。"在第二种情况下，准据法的确定也应根据时际冲突法的一般原则加以解决。但由于冲突规范指定的实体法可能是内国法，也可能是外国法，所以尤其要注意查明有关实体法本身的时际规定。例如，原 1985 年《中华人民共和国涉外经济合同法》原则上确定没有溯及力，但允许当事人合意选择适用该法，从而使该法在某些情况下具有溯及既往的效力。第三种情况在法国国际私法理论上叫做动态冲突（conflicts mobiles）。② 为了避免这种冲突，在实践中最为可取的做法是在立法时对冲突规范中的连结点加以时间上的限制。例如，1982 年《土耳其国际私法和国际诉讼程序法》第 3 条规定："除法律另有规定外，当需要依据国籍、住所或居所来决定法律适用时，则以审理案件时的国籍、住所或居所为准。"

（二）功能分析

法典的真正功能，"正如今天的法学家所认识到的，并非仅仅是使过去法律发展的成果加上一个更美的和更权威的外形，而更多的是为法学的和司法的更高更新的起点提供一个基础。"③ 国际私法总则是国际私法立法的重要组成部分，在整部法典中处于统领地位。总则中的基本原则、基本制度和其他规定兼具立法准则、司法准则和行为

---

① See Kahn-Freund. *General Problems of Private International Law*, 295-300 (1976).

② 参见李双元：《国际私法（冲突法篇）》，武汉大学出版社 1987 年版，第 183 页。

③ [美] 罗斯科·庞德：《普通法的精神》，唐前宏、廖湘文等译，法律出版社 2001 年版，第 123 页。

准则三重功能与作用。其中的基本原则还是克服国际私法立法局限性的工具。

1. 立法准则的功能

成文法首先约束的是立法者和司法者，而后约束的才是当事人。国际私法总则的制定，为分则的具体规定指明了方向，总则中的基本原则在一定程度上制约着分则中冲突规范的制定，是单边的、双边的、选择性的还是重叠性的，同时也制约着管辖权规范和外国判决的承认和执行规范的制定。国际私法总则规定得越开放、越开明，分则内容也相应地趋于开放、开明，反之亦然。比如，基本原则的规定是着眼于一国利益还是国际社会利益，决定着分则中的法律规则采取的是单边主义、双边主义还是多边主义。

2. 司法准则的功能

法官在处理国际民商事案件，适用法律的过程中，除了要遵循国际私法分则所涉及的具体规定外，还必须根据总则的规定进行裁量，尊重各项基本原则，遵循各项基本制度和其他一般规定。无论是案件性质的识别，反致、法律规避问题的处理，还是外国法的查明、公共秩序的保留，无一例外。另外，如有区际、人际、时际冲突的，还要遵循解决区际、人际、时际冲突的一般规则，以便最终确定案件的准据法。

3. 行为准则的功能

法律是社会关系的调整工具，以人们的社会活动为规制对象。而遵守法律是人们应尽的义务，也是法律具有强制性效力的体现。人们因国际民商事活动而产生国际民商事关系，在这一过程中，人们必须以国际私法为行为准则，特别是要遵循国际私法总则中的基本原则和基本制度。国际民商事活动必须符合公理性原则，选择法律不得规避强行法，不得与强制性规定相冲突，也不得违反公共秩序，查明外国法还要当事人出面或得到当事人的配合。

4. 克服立法局限性的工具

成文法有其自身难以克服的局限性，不确定性就是成文法所固有的属性和弱点。① 成文法的不确定性可以通过必要的立法技术处理和立法完善工作克服，引入一般性的基本原则就是一个比较好的方法。② 国际私法的基本原则，具有内容的抽象性、适用的灵活性。"立法者有意使用一些笼统的词句，或给予法官以衡平权，或要他们参照习惯或自然法，或使法律规范的实施从属于善良风俗或公共秩序的需要，从而明确了法律的界限。没有一个立法制度能够不用这些矫正剂或解脱术，否则在法与正义之间就可能产生不能容许的脱节。"③

四、中国国际私法总则的制定

中国国际私法总则的制定经历了一个从无到有、从分散到集中的逐渐完善的发展过程。

（一）《民法通则》第八章

1986年4月11日全国人大常委会通过的《中华人民共和国民法通则》（以下简称《民法通则》）第八章开创了中国在民商事法律中专章规定法律适用问题的历史，它是中国第一次比较系统地制定国际私法中的冲突规范，因而在中国国际私法的发展史上具有重要意义。但第八章的规定比较简单，共9条，其中有关国际私法一般性或总则性的规定只有2条，即第142条和第150条，它们主要包含有四个方面的内容：一是适用范围，二是国际条约优先原则，三是国际惯例补缺原则，四是公共秩序保留条款。《民法通则》中的国际私法规范总则性规定分散、不详尽，对识别、外国法的查明、反致、区际、人际、时际冲突等问题未加以规定，远远不能适应和满足对外开放形势下调整和处理国际民商事关系的需要。

---

① 20世纪语言分析哲学（Linguistic Philosophy）的兴起和以此为基础的五六十年代后现代主义思潮的兴起，对整个社会科学形成强烈的冲击，在法律领域的一个显著影响就是提出了法律的不确定性和成文法的局限性的命题。参见封丽霞：《法典编纂论——一个比较法的视角》，清华大学出版社2002年版，第261页以下。

② 徐国栋先生认为基本原则是克服成文法局限性的工具。参见徐国栋：《民法基本原则解释——成文法局限性之克服》，中国政法大学出版社2002年版，第172页以下。

③ [法] 勒内·达维德：《当代主要法律体系》，漆竹生译，上海译文出版社1992年版，第84页。

鉴于此，最高人民法院于 1988 年 1 月 26 日发布了《关于贯彻执行〈中华人民共和国民法通则〉若干问题的意见》（试行），① 对涉外民事关系的法律适用问题作了 18 项补充意见，涉及一般性规定的有 5 项，包括涉外民事关系的认定、区际法律冲突、外国法的查明、法律规避和诉讼时效等。1990 年 12 月 5 日最高人民法院通过的上述意见的修改稿中，② 又增加了 1 项关于外国法解释的规定。但是上述意见及其修改稿从性质上而言只是司法解释，而非真正立法，因此只是权宜之计。笔者认为，这些补充意见通过实践检验以后，如果切实可行，就应及时上升为法律，以充实不详尽的冲突法立法。

（二）《示范法》第一章

由中国国际私法学会集体起草的《中华人民共和国国际私法示范法》（以下简称《示范法》）是中国第一部有关国际私法的民间立法。《示范法》采取法典模式，适应了国际私法立法的世界潮流。其立法技术、立法水平和立法内容可以与新近通过的许多国内国际私法法典相媲美。正如起草主持人韩德培教授所言："示范法是在总结中外立法和司法经验、分析比较许多国家的立法条款和有关国际公约并结合我国实际情况的基础上制定的，规定是比较科学合理的。"③《示范法》前后数易其稿，最后定稿为第六稿，分为五章，即第一章"总则"，第二章"管辖权"，第三章"法律适用"，第四章"司法协助"，第五章"附则"，共 166 条。就国际私法的"总则"而言，这是首次专章规定，其内容比较全面，共有 18 个条文，其规定也比较合理，有些问题的准据法，其他国家的国际私法很少甚至没有加以规定，《示范法》也作了规定，如定性、连结点、先决问题等的准据法。

（三）《民法典》（草案）第九编第一章

我国目前在起草制定《民法典》的同时，在 1987 年《民法通

---

① 参见《中华人民共和国最高人民法院公报》1988 年第 2 期，第 34 页以下。
② 《最高人民法院关于贯彻执行〈中华人民共和国民法通则〉若干问题的意见（修改稿）》，载《新编中华人民共和国常用法律法规全书》，中国法制出版社 1995 年版，第 149 页以下。
③ 中国国际私法学会：《中华人民共和国国际私法示范法》，法律出版社 2001 年版，前言，第 4 页。

则》第八章"涉外民事关系的法律适用"的基础上起草"涉外民事关系的法律适用法"作为民法典的第九编。2002年12月23日九届全国人大常委会第31次会议上,《民法典》(草案)首次提请审议,现已向社会公布。但《民法典》(草案)包括作为其第九编的"涉外民事关系的法律适用法"还需要进一步讨论、论证和审议。就国际私法总则部分而言,《民法典》(草案)第九编第一章在《示范法》的基础上作了专门规定,但笔者认为,与《示范法》有关规定相比,还存在一些差异和不足。

总则条款对照表

总则内容	《示范法》第一章	《民法典》第九编第一章
宗旨和基本原则	第1条	无
适用范围和调整对象	第2条	第1条(无适用范围)
外国人民事地位	第3条	第14条
守法宣示性原则	第4条	无
处理依据	第5条	第16条
条约优先原则	第6条	第3条第1款
惯例补缺原则	第7条	第3条第2款、第4条(选择适用惯例)
反致	第8条(民事身份领域)	第2条(自然人地位和身份)
定性(识别)	第9条	第5条
连结点的认定	第10条	第6条
准据法的解释	第11条	第7条
外国法的查明	第12条	第12条
法律规避	第13条	无
公共秩序保留	第14条(排除外国法,可以适用中国法)	第11条(排除外国法和国际惯例,无救济途径)
先决问题	第15条	第8条
区际和人际冲突	第16条	第9条(无人际冲突)

续表

总则内容	《示范法》第一章	《民法典》第九编第一章
时际冲突	第17条	第10条
程序问题适用法院地法	第18条	无
适用外国法条件	无	第13条（互惠要求）
诉讼时效	无	第15条（由准据法确定）
特别法与普通法的关系	无	第16条（特别法优先）

（四）对《民法典》（草案）第九编第一章的几点建议

1. 总体协调性问题

《民法典》（草案）第九编第一章对涉外民事关系法律适用法的一般规定，在编排上还存在一些问题。例如，有关外国人民商事法律地位的条款应置前，处理涉外民商事案件的前提之一就是要确定涉案的外国人的法律地位；几个法律适用制度的顺序应调整，外国法的查明条款应放在公共秩序保留条款之前，只有查明外国法并在适用外国法（的结果）有违我国的社会公共利益时才能启动保留条款，等等。另外，应该吸纳在20世纪90年代以来通过的各国国际私法立法中的一些先进的立法条款，比如强制性规范。一些应有的立法规定付之阙如，比如法律规避。这些问题需要在今后的讨论和审议中加以解决。

2. 补充规定公理性原则

《示范法》第1条对国际私法的宗旨和基本原则作了规定，即"为了保障当事人在平等互利基础上进行国际民商事交往的合法权益，公平合理地解决国际民商事争议，促进国际民商事关系的正常发展，特制定本法。"其中就包括了公理性原则，这样规定不致使整部国际私法典失去制定的方向，能够使之发挥立法准则、司法准则和当事人行为准则的功能，同时还能起到补充法律漏洞的作用。我国《民法典》也应作出如此规定。

3. 补充规定法律规避制度

如果当事人为了某种特定的目的，利用连结点的设立和变更进行法律规避，显然不利于法律秩序的稳定，也不利于内国法律政策的贯彻实施。因此有必要在立法上予以明确。另外，国际私法上的法律规避应既包括规避本国法，也包括规避外国法。因此作为立法上的表述，可以这样规定："当事人故意规避中华人民共和国法律或者规避根据冲突规则的指定应适用的外国法律的行为无效，在此情况下，适用依照本法规定应适用的国家的准据法。"

4. 补充规定强制性规范

晚近国际私法规范的发展呈现出柔性化与刚性化两大相互对立的趋势，前者主要表现为确立弹性规则，对传统冲突规范和机械规则进行软化处理，后者主要表现为国家介入国际私法领域，撇开冲突规范而将强制性规范直接适用于国际民商事案件。这些强制性规范在诸如国际保险、国际金融、反不正当竞争等与社会经济生活和经济秩序相关的领域中发挥着特殊的作用。越来越多的国际私法立法对强制性规范作出了反应，我国立法也应在此方面作出努力。具体可作如下表述："本法规定，不影响中华人民共和国法律中的强制性规范的效力，而不论冲突规则如何指定。依本法规定适用外国法时，法院可以适用该国法中的强制性规范，而不论准据法为何，只要有关情况与该国具有密切联系。同时，法院应考虑此种规范的目的和性质以及适用的后果。"

5. 公共秩序保留后的救济问题

外国法因公共秩序保留被排除后，毕竟还要选择一定的法律来解决有关的国际民商事纠纷。因此，在立法上作出一定的安排是必要的，这也是一种积极的做法。从各国的立法来看，大都以法院地法取而代之。这固然比较方便实用，但也必须加以限制，应根据个案的具体情况，妥善加以处理。作为立法上的完整表述，可这样规定："依照本法规定适用外国法律或者国际惯例，如果其适用结果明显违反中华人民共和国的社会公共利益，则不予适用，必要时可以适用中华人民共和国相应的法律。"

6. 外国法查明问题的完善

查明外国法是适用外国法的前提，但实践中也可能会发生无法查明某一外国法的情况，此时应怎么解决？我国立法在此问题上有些细微变化。《最高人民法院关于适用〈涉外经济合同法〉若干问题的解答》第11条规定："可以参照我国相应的法律处理"；《最高人民法院关于贯彻执行〈中华人民共和国民法通则〉若干问题的意见》第

193条规定,"适用中华人民共和国法律";《示范法》第12条规定,"适用与该外国法律类似的法律或者中华人民共和国相应的法律";《民法典》草案第九编第12条规定,"可以适用中华人民共和国相应的法律"。我们认为《示范法》的规定比较切实可行。

五、结语

国际私法总则作为国际私法立法的重要组成部分,对其加以总结、规范和完善,是第二次世界大战以后各国国际私法立法的一个重要发展趋向。透过国际私法总则的演进和发展历程,我们可以得出的结论是,所谓的"总则"在整个20世纪相当活跃,而且经历着发展,更不会在21世纪消亡。荣格等人对总则的反对和担心只具有理论意义,立法和司法实践表明这种反对是不现实的。

对国际私法总则的重视,与其在国际私法司法实践中的功能日益彰显息息相关,也是国际私法立法日益进步、完善的重要标志。一部完善的国际私法典,不仅在结构上有总则和分则之分,而且在总则内容的规定上日益丰富、全面。目前的中国社会,政治、经济、法律和文化等各方面正不断发展。弘扬中华法律文化的传统,吸纳西方法律文化的精髓,对中国国际私法的总则予以总结并加以完善,不仅是国际民商事关系日益发展的现实要求,也是国际私法法典化潮流的时代要求。

国际私法上的法律规避*

国际私法上的法律规避，又称为法律欺诈，是指涉外民事关系的当事人故意制造某种连结点，以避开本应适用的对其不利的强行法，从而使对自己有利的法律得以适用的行为。

国际私法上的法律规避是从 1878 年法国最高法院对鲍富莱蒙离婚案的审判后开始深入研究的。在该案中，原告鲍富莱蒙王子的妃子鲍富莱蒙夫人原为比利时人，因与鲍富莱蒙王子结婚而取得法国国籍。后来，鲍富莱蒙夫人欲离婚，以便与一罗马尼亚人结婚。但是当时的法国法律禁止离婚，而当时德国法律规定则相反。于是，鲍富莱蒙夫人为了达到与鲍富莱蒙离婚的目的，只身移居德国并归化为德国人。随即她在德国获得离婚判决，然后在柏林与罗马尼亚的比贝斯王子结婚，婚后她以德国公民的身份回到法国。鲍富莱蒙王子在法国法院提起诉讼，要求法院宣告她在德国的入籍、离婚以及再婚无效。虽然法国冲突法规定，离婚依当事人的本国法，但法国最高法院认为，鲍富莱蒙妃子取得德国国籍的动机，显然是为了逃避法国禁止离婚的规定，因而构成了法律规避，判决她在德国的离婚和再婚都属于无效。法国法院根据这一判例便确定了一条原则，即在国际私法中用规避法国法的方法而完成的行为是无效的。

从上述概念和鲍富莱蒙离婚案可以看出，法律规避有四个构成要件：①从主观上讲，当事人规避某种法律必须是出于故意的，也就是说当事人有逃避适用某种法律的意图；②从规避的对象上讲，当事人规避的法律是本应适用的强行性的或禁止性的规定；③从行为方式上讲，当事人规避法律是通过有意改变或制造某种连结点来实现的，如

---

* 本文原载于《百科知识》1995 年第 10 期。

改变国籍、住所、物之所在地等；④从客观结果上讲，当事人规避法律的目的已经达到。

一、法律规避在国际私法中的独立地位问题

对于法律规避究竟是一个独立的问题还是公共秩序问题的一部分，学者们有不同的看法。一派学者认为，法律规避是一个独立的问题，不应与公共秩序问题混为一谈。在他们看来，虽然两者在结果上常常都是对外国法不予适用，但它们在性质上并不相同。另一派学者认为，法律规避属于公共秩序问题，在他们看来，在不适用外国法而适用本国法时，两者同样都是为了维护本国法的权威。在上述两种主张中，前一种主张占优势地位。笔者也赞同前一种主张，因为：①法律规避和公共秩序产生的原因不同，前者是当事人故意通过改变连结点的行为造成的，而后者则是由于冲突规范所指定的外国法的内容及其适用与该冲突规范所属国的公共秩序相抵触而引起的；②进行法律规避是一种个人行为，而适用公共秩序则是一种国家的行为；③对当事人来讲，法律规避和公共秩序的后果也是不一样的，因公共秩序而不适用冲突规范所援用的外国法，当事人无须负任何法律上的责任；而由于否定法律规避行为不适用外国法时，不仅当事人企图适用某一种外国法的目的不能达到，而且可能还要对其法律规避行为负法律上的责任。

二、法律规避的效力问题

对于法律规避是否违法以及是否应否定其效力的问题，学者们也很有分歧。欧洲大陆的学者大多认为，法律规避是一种欺骗行为，因而在发生法律规避的情况下，就应排除当事人所希望援用的法律的适用，而适用本应适用的法律。所谓"欺诈使一切归于无效"原则，便是这种主张的理论根据。

但另一些学者认为，既然冲突规范给予当事人以选择法律的可能，那么当事人为了达到自己某一目的而选择某一法律时，就不应归咎于当事人；如果要防止冲突规范被人利用，立法者就应在冲突规范中有所规定。一般来说，在实践中，大多数国家都认为法律规避是非法的，不承认其效力。如法国、瑞士、意大利、荷兰、阿根廷、加蓬

等国,或在立法中或在司法实践中均采取禁止或限制法律规避的做法。

1972年《加蓬民法典》第31条规定:"任何人不得利用规避加蓬法而使某一外国法得以适用。"但英国在司法实践中不承认有所谓法律规避问题,因为那些禁止法律规避的国家会以法律规避为由排除外国法的适用,或认为当事人的规避行为并不是欺诈行为,或认为可以通过其他方法加以解决。例如,一个完全意欲在英国经营业务的公司,由于其外国规定公司成立的条件宽些或者所得税比英国低些,便到该外国去成立。对此,英国的解决办法很简单,即在外国成立的公司就是"外国"公司,但如果该公司的管理中心在英国,就必须服从英国法规,特别是英国有权把它清算,恰如它是在英国营业的任何其他未登记的公司一样,至于客观存在的在外国成立公司是否有欺诈的目的则无关紧要。

三、法律规避的对象问题

禁止或者限制规避的国家,在立法和司法实践中对于国际私法中的法律规避,是只限于规避内国强行法还是也包括规避外国强行法在内,对这个问题,不同的国家持有不同的主张。

一种主张认为规避法律仅指规避本国(亦即法院地国)强行法。例如,1972年《塞内加尔家庭法》第851条规定:"当事人利用冲突规则故意使塞内加尔法不适用时,塞内加尔法取代应适用的外国法。"法国法院早年的判例也规定,规避法国法才为法律规避,而规避外国法则不属此类问题。1922年,法国最高法院关于佛莱一案的判决即如此。佛莱及其妻子均为意大利人。由于当时意大利的法律只准"分居",而不准离婚,佛莱之妻为了逃避意大利法律关于离婚的限制,达到离婚的目的,便归化为法国人。随后,佛莱之妻在法国法院诉请离婚,法院依法国法的有关规定作了准予离婚的判决。在这个案件中,法国法院并没有因佛莱之妻规避意大利关于限制离婚的法律而否定其行为的有效性。对于这个案件,不少法国学者提出异议,认为规避外国法也属于法律规避,因为规避毕竟是规避;而且,规避外国法的同时,也可能规避了本国的冲突规范,因为依本国冲突规范,该外国法可能就是本应适用的法律。

另一种主张认为,规避法律既包括规避本国强行法,也包括外国强行法。例如,《阿根廷民法典》第1207条规定:"在国外缔结的以规避阿根廷的法律为目的的契约是无效的,虽然该契约依缔约地法是有效的。"同时,第1208条又规定:"在阿根廷缔结的以规避外国法为目的的契约是无效的。"1979年《匈牙利国际私法法令》第8条第1款规定:"当事人虚假地或欺诈地制造涉外因素时,有关外国法不得适用。"这一规定只笼统规定了法律规避无效,但显然可以理解为规避匈牙利法和外国法都是无效的。特别值得一提的是,1979年5月8日订立于蒙得维的亚的《美洲国家间关于国际私法通则的公约》第6条也肯定法律规避包括规避外国法。这个公约规定:"在另一缔约国的法律基本原则被诈欺性规避时,则该缔约国的法律不得作为外国法予以适用。"这一规定在于保护缔约国的法律基本原则免遭诈欺性规避。

中国在立法上还没有关于法律规避的规定,但最高人民法院于1988年印发的《关于贯彻执行〈中华人民共和国民法通则〉若干问题的意见(试行)》中指出:"当事人规避我国强制性或者禁止性法律规范的行为,不发生适用外国法律的效力。"从这一意见可以看出,中国在司法实践中也认为规避法律仅指规避本国的强制性或禁止性法律。至于当事人规避外国法律的行为,则应视具体情况区别对待。

论国际私法中外国法的查明[*]
——兼论中国的实践

一、外国法的查明的概念

所谓外国法的查明,又称为外国法内容的确定,在英美法系国家则称为外国法的证明,它是指一国法院根据本国冲突规范指定应适用外国法时,如何查明该外国法的存在和内容。"法官谙知法律"(Jura novit curia)是一个古老而美好的谚语,但事实上,由于世界各国的各种法律千差万别,纷繁复杂,任何法官都不可能通晓世界各国的法律。因此,当一国法官在审理涉外民事案件时,如依本国冲突规范的指定应适用外国法,就必须通过一定的方法来确定该外国法中有关规定的存在和了解其内容。

二、外国法的查明方法

各国对外国法究竟是"事实"还是"法律"有不同的主张。按照西方国家诉讼法的观点,"法律"和"事实"是相对立的,法官应当知道法律,而且仅限于知道法律,至于事实,则应当由当事人举证,法院只根据当事人所证明的事实加以认定并适用法律来作出判决。因此,在依冲突规范适用外国法时,就提出这样一个问题,即究竟把外国法视为"法律"还是视为"事实",如果把外国法视为"法律",那么就应当用确定外国法内容的那种程序来查明其内容;如果把外国法视为"事实",则应当用确定事实的程序来确定其内容。也

---

[*] 本文原载于《河北法学》1990年第6期,中国人民大学书报资料中心复印报刊资料《法学》1991年第3期全文转载。

就是说，如果把外国法看做"法律"，就不需要当事人举证，而应由法院依职权去主动查明并适用，因为法院应该知道法律；反之，如果把外国法看做"事实"，则当事人必须负责举证之责。当然，也有国家采取折中的主张，不将法律和事实对立起来，把对事实的举证责任归之于当事人。在它们看来，外国法既非单纯之事实，亦非绝对之法律，而是根据本国冲突规范的指定应适用的外国法律。因此，外国法的查明也必须采取既有别于确定事实的程序，也不同于确定内国法律的程序。

正由于上述不同主张，外国法的查明方法大致为三类：

1. 当事人举证证明。英、美等普通法系国家和部分拉丁美洲国家采用这种做法。这些国家把外国法不是看做法院应主动适用的法律，而是视为当事人引用来主张自己权利的事实。外国法中有无相关规定及其内容如何，须由当事人举证证明，法官无依职权查明的义务。证明的方法可以是当事人在诉状中引证该外国法，或请有关专家提供证言。双方当事人对该外国法的内容有争执时，由法院断定哪一方的主张是正确的。在英国的司法实践中，英国法院依照英国证据法的规定来评定当事人的引证或专家证言，但法院可以不受这些证据的约束。如果法官已经知道外国法，法官也可以直接认定。根据英国《1972年民事证据法》（*the Civil Evidence Act 1972*）第4条第2款之规定，在高等法院、皇家法院、某些其他法院及其上诉法院或枢密院司法委员会的民事或刑事诉讼中得到确认的载有外国法内容的裁定或判决，可以在以后的民事诉讼中作为证明外国法内容的证据。① 早先，由于英国把外国法视为事实并依其长久以来的陪审团在诉讼中认定事实的制度，故外国法的内容由陪审团来认定。但在1920年，英国颁布了一个《司法行政法》（*Administration of Justice Act*），规定不再由陪审团决定外国法这种"事实"问题，而由法官决定。取代该法的《1981年最高法院法》（*The Supreme Court Act 1981*）第69条第5款仍然确认了这一点。② 因此，英国著名冲突法学者莫里斯认为，在英

---

① See Cheshire & North. *Private International Law*, 126-127 (10thed. 1979).

② See J. H. C. Morris. *The Conflict of Laws*, 38 (3rd ed. 1984).

国,"虽然外国法是一个事实问题,但它是一个特殊类型的事实问题"。①

2. 法官依职权查明,无须当事人举证。欧洲大陆一些国家,如意大利、奥地利等,把外国法看做法律,认为法官应该知道法律,主张法官负责调查认定,无须当事人举证证明。例如,1978年《奥地利国际私法法规》第4条第1款规定:"外国法应由法官依职权查明。可以允许的辅助方法中有有关的人的参加,联邦司法部提供的资料以及专家的意见。"

3. 法官依职权查明,但当事人亦负有协助的义务。采取这种做法的国家,如瑞士、土耳其、秘鲁等,主张对外国法内容的查明,既不同于查明内国法律的程序,又不同于查明"事实"的程序,原则上应由法官负责调查,当事人也应负协助的责任。这种做法更重视法官的调查,对当事人的证据既可以确认,也可以限制或拒绝之。例如,1987年《瑞士联邦国际私法法规》第16条规定:"法官负责查明外国法的内容。法官可以要求当事人予以合作。"

我国人民法院在审理涉外民事案件时遵循"以事实为依据,以法律为准绳"原则。当依据我国冲突规范的指定,应当适用的法律为外国法时,人民法院有责任查明外国法的内容,当事人也有举证的责任。按照最高人民法院《关于适用〈涉外经济合同法〉若干问题的解答》第2条第11款和《关于贯彻执行〈中华人民共和国民法通则〉若干问题的意见(试行)》第193条的规定,对于应当适用的外国法律,可通过下列途径查明:(1)由当事人提供;(2)由与中国订立司法协助协定的缔约对方的中央机关提供;(3)由中国驻该国使领馆提供;(4)由该国驻中国使馆提供;(5)由中外法律专家提供。1988年2月8日生效的《中华人民共和国法兰西共和国关于民事、商事司法协助的协定》第28条也规定:"有关缔约一方的法律、法规、习惯法和司法实践的证明,可以由本国的外交或领事代表机关或者其他有资格的机关或个人以出具证明书的方式提交给缔约另一方法院。"

---

① See J. H. C. Morris. *The Conflict of Laws*, 38 (3rd ed. 1984).

三、无法查明外国法的解决办法

在一国法院依本国的冲突规范指定应适用外国法的情况下,如法官无法查明该外国法,当事人也不能举证该外国法时,各国在理论和实践上基本上采取如下解决办法:

第一,以内国法取而代之。这是大多数国家所采取的办法。例如1978年《奥地利国际私法法规》第4条第2款规定:"如经充分努力,在适当时期内外国法仍不能查明时,应适用奥地利法。"又如,1972年《塞内加尔家庭法》第850条第4款规定:"外国法因无法证明或当事人拒绝证明而欠缺时,适用塞内加尔法。"至于以内国法取而代之的理由,则有种种不同的解释。有的认为在外国法无法证明的情况下,可以推定外国法与内国法相同。英国在司法实践中即采取这种说法,当事人如果不能把外国法的内容证明得让法院满意,英国法院就推定外国法同英国法一样,如果对外国法的确切内容尚有争论,外国法仍被推定为同英国法一样,最后适用英国法处理案件。美国法院也采取类似的做法,当事人不能证明外国法时,推定外国法与美国法相同,但这种推定仅限于普通法系国家的法律,诸如英国、加拿大和澳大利亚等国家的法律。除此之外,有的认为在外国法无法证明时,当事人就放弃了适用外国法的权利,对适用内国法表示了默认。有的认为在外国法无法确定时,内国法是唯一可以适用的法律,也是法官最为熟悉的法律。还有的认为,除非在某种情况下(如对涉外家庭关系或继承关系)取而代之适用内国法并非妥当外,适用内国法是比单纯驳回当事人的请求更好的一种解决办法。我国在实践中主张,通过各种途径仍不能查明外国法时,人民法院适用中国的法律代替外国法。

第二,驳回当事人的诉讼请求或抗辩。德国和美国在实践中采取这种做法。《德国民事诉讼法典》第293条规定,德国法院依职权确定外国法的内容,但也有权要求当事人双方提供有关外国法的证据,如果负责提供有关外国法证据的一方提供不出证据,法院则以证据不足驳回其诉讼请求或抗辩。在美国的司法实践中,如前所述,在外国法为普通法系国家的法律且不能被当事人证明时,法院推定外国法与美国法相同并适用美国法。但是,在外国法为非普通法系国家的法律且不能被当事人证明时,法院就会认为其诉讼请求或抗辩无根据而予以驳回或不加采纳。德国著名国际私法学者齐特尔曼极力主张采取这种做法。① 采取这种做法的主要理由是:适用某一外国法是内国冲突规范的指定,这意味着不允许适用其他法律来代替;此外,若外国法的内容无从知悉,如同当事人不能证明其请求原因事实或其抗辩事实的情形一样,法院得认为原告的诉讼请求或被告的抗辩无根据,而予以驳回。

第三,适用同本应适用的外国法相近似或类似的法律。德国曾有案例采取这种做法。在该案例中,一个厄瓜多尔人依其父亲的遗嘱被剥夺了他对其父亲遗产的保留份的权利,为此而发生争议。当时,第一次世界大战刚刚结束,无法得到《厄瓜多尔民法典》。但是,法院知道,《厄瓜多尔民法典》是以《智利民法典》为模本的,认为适用同《厄瓜多尔民法典》相似的《智利民法典》比适用法院地法(即德国法)似乎更接近于正确的解决方法。② 日本也有判例采取这种做法,东京家庭裁判所昭和三十八年6月13日关于养子关系认可申请一案判决要点指出:被指定的外国法内容不明时,应依据《日本法例》关于准据法指定的精神探求其内容,如尚不明,则从其以前施行的法令或政治上或民族上相近的国家的法律秩序中推认其法律的内容。③ 从立法上明确规定外国法无法查明时适用与其相近似的法律的尚不多见。1978年瑞士联邦国际私法草案第15条第3款曾规定:"外国法内容无法查明的,法官可以考虑适用最相近的法律,没有最相近的法律,则适用瑞士法律"。这表明瑞士试图在立法上采用这种做法。但是1987年正式颁布的《瑞士联邦国际私法法规》第16条则去除了法官可以考虑适用最相近的法律的规定。

第四,适用一般法理。这种主张认为外国法无法查明或欠缺规定

---

① 参见齐特尔曼:《国际法》,1897年德文版,第281页及以下。
② 参见[德]马丁·沃尔夫:《国际私法》,李浩培、汤宗舜译,法律出版社1988年版,第323~324页。
③ 参见[日]北胁敏一:《国际私法——国际关系法Ⅱ》,姚梅镇译,法律出版社1989年版,第63~64页。

时，应依据法理进行裁判。日本的学说和判例大多从此主张。日本大阪法院于昭和 41 年 1 月 13 日关于亲子关系不存在的判决确认：母之夫的本国法不明，依法理裁判。[1]

---

[1] 参见［日］北胁敏一：《国际私法——国际关系法 II》，姚梅镇译，法律出版社 1989 年版，第 63~64 页。

国际私法上的公共秩序问题*

一、公共秩序概说

所谓公共秩序，系指一国国家或社会的重大利益，或法律和道德的基本原则。根据各国普遍的实践和许多国际私法公约的规定，在一国依内国冲突规范的指定本应对某一涉外民事关系适用外国法时，如其适用将与自己的公共秩序相抵触，便可排除该外国法的适用。此外，凡基于公共秩序，认为自己的某些法律是具有直接适用于涉外民事关系的效力的，从而也排除外国法的适用。在国际私法上，这种对外国法适用的限制或排除就称为公共秩序、公共秩序保留、公共政策、保留条款或排除条款。

公共秩序这一概念早在13、14世纪的意大利"法则区别说"中已有萌芽。当时，"法则区别说"的集大成者巴托鲁斯针对意大利各城市的法则之间的冲突主张，一个城市在适用另一个城市的法则时，前者对后者"令人厌恶的法则"，如对女子歧视的继承法则，应不予适用。① 这一思想尽管在当时没有得到充分的发挥和发展，但至少表明公共秩序制度最初是在意大利各城市之间的法律冲突的解决中逐渐发展起来的。到17世纪，荷兰的法学家胡伯，作为"法则区别说"的继承者，提出了"国际礼让说"。他主张，根据礼让原则，国家主权者可以承认有效的外国法的域外效力，但以该外国法不损害其适用

---

* 本文原载于《武汉大学学报》（社会科学版）1991年第6期，并被台湾《华冈法粹》1992年7月第21期和中国人民大学书报资料中心复印报刊资料《法学》1992年第3期转载。

① 参见韩德培主编：《国际私法》，武汉大学出版社1989年版，第73页。

国国家及其人民的权力或权利为限。① 可以说，胡伯的主张一方面从理论上完善了公共秩序制度，另一方面将公共秩序引进到国际法律冲突之中。随后1804年的《法国民法典》首先以法律形式将公共秩序制度确定下来。后来，1856年的《意大利民法典》则明确规定了对外国法律可援用公共秩序而排除其适用。自《法国民法典》以后，许多国家的立法和许多国际条约都把公共秩序作为一项基本制度规定下来，尽管措辞并不相同。可以肯定，现在世界各国及其学者都承认公共秩序为国际私法上的一项制度。

二、关于公共秩序的理论

关于公共秩序的理论是建立在解决究竟什么是公共秩序以及在哪些场合下可以援用公共秩序的问题基础之上的。无疑，公共秩序作为国际私法中的一项制度已得到各国理论和实践的肯定。但是，对究竟什么是公共秩序以及在什么情况下可以援用公共秩序，各国学者有不同的看法。各国的实践彼此互异，甚至同一国的实践也有前后矛盾的情况。下面拟分别介绍几种主要的理论。

（一）萨维尼的理论。德国法学家萨维尼是"法律关系本座说"的创造者，他主张把内外国法律的适用建立在"法律关系本座说"的基础上。因此，某一涉外民事关系如依其性质其"本座"在某一外国，就应该适用该外国法。但同时，萨维尼认为外国法的适用在一定情况下是可以排除的。他认为任何国家的强行法都分为两类：一类是纯粹为了保护个人利益而制定的，如那些根据年龄或性别而限制当事人的行为能力的规定便是；另一类是不仅为了保护个人利益，而且也是根据道德上的理由或者政治上、警察上、国民经济上的公共幸福而制定的。前一类法律虽然当事人不得以约定排除适用，然而法院可以依据国际私法规则不予适用，而适用与之抵触的外国法。而后一类法律则在制定该法律的国家内绝对适用，排除外国法适用的可能性。可见，萨维尼是把后一类强行法视为公共秩序法律的。但应注意，萨

---

① 参见［德］马丁·沃尔夫：《国际私法》，李浩培、汤宗舜译，法律出版社1988年版，第50页。

维尼主张，公共秩序只是国际私法基本原则的一种例外。①

（二）孟西尼的理论。意大利政治家兼法学家孟西尼及其学派认为国际私法有三个基本原则，即国籍原则（或本国法原则）、公共秩序原则和意思自治原则。这样，孟西尼把公共秩序原则提到了国际私法基本系则的高度。这也是他的理论同萨维尼的理论的不同之处。孟西尼及其学派同样是从区分法律种类入手来说明什么是公共秩序的。他认为，任何国家的法律包含有两类不同的规则：一类是为个人利益而制定的，应以国籍为标准确定适用于其所属国的所有公民，不管他们出现在哪个国家；另一类是为保护公共秩序而制定的，必须依属地原则适用于其所属国家领域内的一切人，包括内国人和外国人，因而这类规则就具有排除外国法适用的作用，或者说属于这类法律范畴的事项根本不适用外国法。孟西尼及其学派列举如下法律为公共秩序法律：宪法、财政法、行政法、刑法、警察和安全法、物权法、强制执行法、道德法、秩序法。②

（三）布鲁歇的理论。瑞士法学家布鲁歇从萨维尼把强行法分为两部分的观点出发，提出国内公共秩序法和国际公共秩序法的概念。他认为，国内公共秩序法只在应该适用法院地国内法的情况下才可适用，它绝对适用于纯国内的民事关系，但在处理涉外民事关系时，如果内国冲突规范指定应适用外国法时，它应让位于外国法，而国际公共秩序法则绝对要求在国际私法领域内适用，即使内国冲突规范指定应适用外国法，但它可以排除外国法的适用。例如，一国关于婚龄的规定具有强行性，应该无条件地适用于其所属公民，但它只是国内公共秩序法，在涉外婚姻关系中，它就不一定适用了，而取决于内国冲突规范如何指引。另一方面，在婚姻领域，关于禁止直系亲属间结婚的规定，则为国际公共秩序法，具有绝对强行效力，排除外国法的适用。③

（四）库恩的理论。美国学者库恩从在什么情况下可以援用公共秩序保留来探讨公共秩序。他认为，公共秩序的保留发生在下列四种

---

① 参见韩德培主编：《国际私法》，武汉大学出版社1989年版，第74~75页。
② 参见韩德培主编：《国际私法》，武汉大学出版社1989年版，第75页。
③ 参见韩德培主编：《国际私法》，武汉大学出版社1989年版，第81页。

场合：(1) 外国法的适用违背文明国家的道德；(2) 外国法的适用违反法院地的禁止性规定；(3) 外国法的适用违反法院地的重要政策；(4) 外国法中的禁止性规定未获得法院地的确认。①

以上表明，欧洲大陆学者主要是从法律分类的角度来确定什么是公共秩序，而英、美等普通法系国家的学者则从在什么场合下适用公共秩序出发来探讨公共秩序的内涵。各位学者的意见互不相同。我们认为，公共秩序是一个笼统的、含糊的概念，公共秩序制度是一个具有弹性的制度。抽象地讲，在国际私法上，公共秩序是一国在特定时间内、特定条件下和特定问题上的重大或根本利益所在。英国著名国际私法学者格雷夫森也有类似看法，他认为，公共政策是一个不确定的概念，它指的是对国家和社会整体来说明显具有根本意义的那些事情。② 因此，各国在什么情况下运用公共秩序制度，是随着时间、所涉及的问题和其他条件的不同而变化着的。我们没有必要也不可能要求在政治制度、社会结构和历史文化传统等方面都不相同的各个国家对公共秩序有一个共同、统一的理解。公共秩序的直接作用就是排除本应适用的外国法在内国的适用，而其实质在于维护本国国家及其人民的利益。因此，人们称公共秩序是国际私法中的"安全阀"。

三、关于公共秩序的实践

公共秩序作为国际私法上的一项制度，已被各国立法或司法实践所肯定。总的说来，在国际私法上运用公共秩序排除外国法的适用方面，欧洲大陆国家运用得广泛而频繁。至于在英、美等普通法国家，公共政策的运用则不占有那样的重要地位。

法国早在1804年《法国民法典》第3条和第6条中就率先规定了公共秩序制度，并使之伴随着《法国民法典》的巨大影响而流传到许多国家的民事立法之中。在司法实践中，如外国法违反法国公共秩序，法国法院会排除适用。

---

① 参见姚壮、任继圣：《国际私法基础》，中国社会科学出版社1981年版，第30页。

② 参见［英］格雷夫森：《冲突法（国际私法）》，1974年英文第7版，第165页。

德国在萨维尼的影响下把排除外国法的适用视为一种例外。1896年德国《民法施行法》第30条规定："外国法之适用，如违背善良风俗或德国法之目的时，则不予适用。"这一规定把如下两种外国法律规则区别开来：一种外国法律规则，如果予以适用将产生违背德国善良风俗的结果；另一种是外国法律规则虽然本身无可反对，但如果予以适用，将同"德国法之目的"相矛盾。前者把重点放在外国法律规则的有害性上，后者则把着重点放在德国法律规则的强行性上。对于这两种外国法律规则，德国法院都不予适用。① 1986年，德意志联邦共和国修改后的德国《民法施行法》中的国际私法规定第6条对公共秩序问题作了如下规定："如果适用某一外国法律将导致违背德国法律的基本原则，尤其是与基本法发生冲突时，则不适用该外国的法律而适用德国的法律。"

英国以"公共政策"这一概念代替欧洲大陆国家所用的"公共秩序"概念，其法院在实践中对于违反英国公共政策的外国法也是拒绝适用的。但公共政策在英国国际私法中的作用和重要性比在欧洲大陆国家小得多。这主要是英国法院不太情愿宣布一个已经承认的独立主权国家的法律规则违反了英国的正义和道德的基本原则，甚至认为这样做"是严重地违反国际礼让的"。② 同时，英国的冲突规范在很多情形中足以取得欧洲大陆国家用公共秩序概念所能取得的结果。例如，英国法院把一些欧洲大陆国家认为是实体法上的制度当做程序看待，而程序问题依法院地法是通例，自然就不会发生适用外国法的问题，也不会有运用公共政策排除外国法适用的机会了。而且，在某些情况下，英国法中关于管辖权的规则也造成不适用外国实体法的结果，如英国对离婚、别居、监护、保佐、未成年人的收养以及妻子儿女的抚养等案件，是视有关当事人在英国有无住所来确定管辖权的。一旦英国法院确定对此类案件有管辖权，就只适用英国法解决，当然不需要借助公共政策去排除外国法的适用。此外，在英国，还由于广

---

① 参见［德］马丁·沃尔夫：《国际私法》，李浩培、汤宗舜译，法律出版社1988年版，第257页。

② 参见［德］马丁·沃尔夫：《国际私法》，李浩培、汤宗舜译，法律出版社1988年版，第257页。

泛地适用刑法这个概念，而部分地取得了用欧洲大陆的公共秩序作为理由可以得到的不适用外国法的结果。根据英国国际私法学者对英国判例的分析，英国法院主要在两类涉外案件中援用公共政策排除外国法适用：一类是合同案件，另一类是身份案件。在合同案件中，英国法院以公共政策为由拒绝执行帮诉合同，限制贸易合同、胁迫订立的合同、阴谋勾结伤风败俗的离婚合同，对敌贸易合同和违反友好国家法律的合同，即使这些按其准据法是有效的合同。在身份案件中，英国法院以公共政策为由不承认根据外国刑法而产生的任何身份有效。

在美国的司法实践中，公共政策发挥着一定的作用，但也不像在欧洲大陆国家那样重要。作为美国司法实践权威总结的1934年的《冲突法重述》和1971年《冲突法重述》都肯定了公共政策这一制度。

日本在立法和司法实践中对公共秩序制度持肯定态度。《日本民法》第90条规定："以违反公共秩序及善良风俗为目的的法律行为无效"。《日本法例》第30条规定："应依外国法时，如其规定违反公共秩序和善良风俗的，不予适用"。不过，前者指的是国内民法上的公共秩序，后者指的是国际私法上的公共秩序，两者不是同一概念，在范围上有所不同，国际私法上的公共秩序范围较之国内民法上的公共秩序范围狭小些。《日本民法》中物权法及亲属法的规定，在国内属于强行规定，但在国际私法上，就不能说一定是属于强行规定。例如，关于待婚期间，《日本民法》第733条第1款规定："女子自前婚解除或撤销之日起，非经六个月，不得再婚"。这一规定在日本国内民法上是强行性规定，但在国际私法上就不是了。尤其要注意的是，《日本法例》第30条的规定是指外国法规定的本身违反日本公共秩序及善良风俗时不适用之，而适用外国法的结果破坏日本的公共秩序及善良风俗则是另一问题。比如，某国承认一夫多妻制，而日本否认之，但关于某人第二位、第三位妻子所生子女的继承权，如其父的财产在日本，日本则承认其子女对该财产的继承权，并不认为这样做违反了日本的公共秩序及善良风俗。

中国在立法上已有比较完备的关于公共秩序制度的规定，并在司法实践中开始以公共秩序为由排除外国法或国际惯例的适用。早在1950年11月，当时中央政府法律委员会在《关于中国人与外侨、外侨与外侨婚姻问题的意见》中指出，中国人与外侨、外侨与外侨在中国结婚或离婚，不仅适用中国的婚姻法，且宜于适当限度内照顾当事人本国的婚姻法，但"适用当事人的本国的婚姻法以不违背我国的公共秩序、公共利益和目前的基本政策为限度"。这里使用了"公共秩序"、"公共利益"、"基本政策"等措辞。1985年公布的《中华人民共和国涉外经济合同法》第4条规定："订立合同，必须遵守中华人民共和国法律，并不得损害中华人民共和国的社会公共利益"。第9条第1款进一步强调："违反中华人民共和国法律或者社会公共利益的合同无效。"这是公共秩序制度在我国涉外经济合同法中的反映。在这一规定中，其所使用的"法律"应该理解为我国的强制性和禁止性法律，"社会公共秩序"应与"公共秩序"同义。1986年公布的《中华人民共和国民法通则》第八章第150条作为一条通则性的公共秩序条款，也没有使用"公共秩序"这样的措辞，而是规定："依照本章规定适用外国法律或者国际惯例的，不能违背中华人民共和国的社会公共利益"。显然，在解释上，"社会公共利益"应与通用的"公共秩序"同义。应注意的是，较之于其他国家的同类法律条文，《中华人民共和国民法通则》中公共秩序条款的矛头所向，不仅是依我国冲突规范本应适用但却违背我国社会公共利益的外国法律，而且还包括那些违背我国社会公共利益的国际惯例。这可以说是我国公共秩序条款的独特之处。不过，这里所讲的"国际惯例"到底指的是什么，尚不明确，有待权威解释。笔者认为，它指的是任意性的国际惯例，而绝非强行性的国际惯例。

第二次世界大战后，许多统一国际私法公约载有公共秩序条款已引起人们广泛注意。早在1928年，美洲国家在哈瓦那会议上通过的《布斯塔曼特法典》第8条就对公共秩序问题作了规定。它规定："根据本法典各规则所取得的权利在缔约各国内具有充分的域外效力，但任何此种权利的效力或其后果如与国际公共秩序的规则抵触时，则不在此例"。尽管如此，在过去的实践中，对国际条约中的冲突规范，除非条约成员国在缔约或者参加该条约时对条款中的某项冲突规范声明保留，否则一般不能在条约生效后又援用公共秩序这一制度来限制其效力。然而，在第二次世界大战后的几十年中，出现了一种新趋势，越来越多的统一冲突法公约订立了公共秩序条款，允许缔约国在依公约的冲突规则指定适用外国法时,如发现其适用明显地违背本国公共秩序,可拒绝适用之。不过,需要注意的是,这种趋势的出现并不意味着公共秩序这一制度的作用可以随意扩大,而是由于在保障各缔约国国内强行法效力的条件下,可以推动缔约国之间较快达成协议,在较为广泛的范围内签订各项有关的法律适用公约。正因为如此,载有公共秩序条款的公约都对这种条款采取严格限制适用的措辞。例如,1980年订于罗马的《关于合同义务法律适用公约》第16条规定:"凡依本公约规定所适用的任何国家的法律,只有其适用明显地违背法院地国的公共秩序时,方可予以拒绝适用"。

四、运用公共秩序制度应注意的问题

在涉外民事关系的调整方面,运用公共秩序来排除外国法的适用,应注意以下几个方面的问题:

(一)不应仅仅把外国法的内容与自己的法律或道德的基本原则相抵触作为援用公共秩序的根据,而且应看到该项外国法的适用会不会产生与自己的法律或道德的基本原则严重抵触的结果。在立法和司法实践中,在运用公共秩序排除外国法的适用时,有的国家强调外国法内容本身与内国的公共秩序相抵触而拒绝适用之。有的国家则强调外国法适用的结果与内国的公共秩序相抵触而拒绝适用之。实际上,外国法内容与内国公共秩序相抵触,并不一定妨碍该外国法的适用。例如,一个外国的法律承认一夫多妻制,而内国法律主张一夫一妻制,假设一个案件仅涉及一丈夫的数个妻子中的一个妻子的子女对父亲的财产继承问题,尽管从法律内容上看该外国法的规定与内国公共秩序相抵触,但在这种情况下,内国如依该外国法默认原婚姻关系有效,反而有利于保护该子女的合法的权益,其适用结果并不与内国的公共秩序相抵触。不过,外国法内容违反内国公共秩序是外国法适用结果与内国公共秩序相抵触的前提,或者说后者肯定是前者的结果。在外国法的适用结果与内国公共秩序相抵触时,内国必须绝对排除外国法的适用,这是毫无疑问的。因此,因公共秩序排除该国法的适用,既要考虑外国法内容的本身,还要看其适用的结果。

(二)不应把国内民法上的公共秩序与国际私法上的公共秩序完全等同起来。国际私法上的公共秩序和国内民法上的公共秩序即国际

公共秩序和国内公共秩序，是有区别的。如前所述，瑞士法学家布鲁歇曾从萨维尼把强行法分为两部分的观点出发，提出了国内公共秩序法和国际公共秩序法的概念，认为国内公共秩序法绝对适用于纯国内民事关系，而在涉外民事关系中不适用，国际公共秩序法则适用于涉外民事关系。《布斯塔曼特法典》第3条也使用了国内公共秩序法和国际公共秩序法的概念，把法律和规则分为三类："(1) 根据人的住所或国籍而对他们适用的法律和规则，即使他们前往另一国家亦仍随着他们。这种法律和规则被称为属人法或国内公共秩序法。(2) 对一切居住于领土内的人，不论是否本国国民，同样有拘束力的法律和规则。这种法律和规则被称为属地法、当地法或国际公共秩序法。(3) 仅因当事人各方或一方意思表示、解释或推定而适用的法律和规则。这种法律和规则被称为任意法或私的秩序法。"该法典第4条规定："宪法上的法则属于国际公共秩序法。"第5条还规定："除有明示的相反规定外，宪法和行政法所设定关于个人或集体保护的一切规则也属于国际公共秩序法。"从上述理论和规定可以看出，国际私法上的公共秩序仍然是从国内立场出发的，因为一国借助公共秩序排除外国法的适用就是为了维持内国的法律秩序，因此，国际私法上的公共秩序就某一国而言依然是一个国内法上的概念，它同法院地社会有密切关系，不可能超越特定社会的法律秩序。在某种意义上讲，国际私法上的公共秩序也是国内民法上的公共秩序，甚至是后者最核心的部分。至于什么是国际私法上的公共秩序，只能由各个国家在不违背国家主权原则的情况下自己作出裁量。但是，毕竟国际私法上的公共秩序的适用对象是涉外民事关系，而国内民法上的公共秩序的适用对象是纯国内民事关系，前者比后者在范围上狭窄些，在适用条件上更为严格些，而且两者的适用标准也有所不同。因此，在实践中，应注意将两者区别开来，而不应将两者完全等同起来。如将两者完全等同起来会导致否定许多依外国法合法成立的涉外民事关系，妨碍国际民事交往的发展。不过，国际私法学界也有一种主张，这种主张从国际协调主义出发，认为国际私法上的公共秩序概念，不是内国概念，而是一种普遍广泛的观念，具有超国家的性质。这只是一种理想主义的主张。

（三）在排除本应适用的外国法后，并不可一律代之以法院地国的内国法。一国以公共秩序为由拒绝适用本国冲突规范指定适用的外国法后，应该适用什么法律取而代之？对这个问题，有的国家国际私法立法中的公共秩序条款未加规定，有的国家则明确规定适用内国法，有的国家虽然规定可以适用内国法，但对之有所限制，如《土耳其国际私法和国际诉讼程序法》第5条规定："应适用外国法时，如果外国法的规定违反土耳其的公共秩序，则不适用该外国法的规定。必要时，可适用土耳其法律。"这里，它没有规定必定由内国法取代外国法，而是在"必要时"用内国法取代外国法。《瑞士联邦国际私法法规》第18条也有类似规定。在理论上，一般认为，在以公共秩序为根据而排除外国法的适用后，应以内国法取而代之。但也有学者认为，如果采取这种做法，会助长滥用公共秩序的错误倾向，而且与内国冲突法的原意也不相符合，因为既然内国法规定有关的涉外民事关系应以有关外国法作为准据法，就表明该涉外民事关系与该外国法有更密切的联系，适用该外国法更为合理。因此，他们主张，对于这个问题，应根据具体情况，妥善处理，而不应一概以内国法取而代之。① 在依公共秩序排除外国法适用时，对用内国法取代外国法的惯常做法有所限制这种主张是正确的。在有些情况下，可以考虑运用"分割法"处理。比如说，根据内国冲突规范的指定，某一涉外民事关系应适用某外国法，但适用于该涉外民事关系的该外国法规定的一部分与内国的公共秩序相冲突，这时，就可以不完全排除该外国法所有有关规定对该涉外民事关系的适用，而只把与内国公共秩序相抵触的那部分分割出来，排除其适用。而且，在外国法的特别规定与内国公共秩序相抵触而其一般规定则反之的情况下，可以考虑排除该外国法的特别规定的适用，用该外国法的一般规定取而代之。还有学者主张，可以选择该外国法中最近似而又不与内国公共秩序相抵触的规定类推适用，或采用该外国法的一般法理来处理。在司法实践中，也有国家采取灵活的做法。

（四）关于对待外国的公共秩序问题。一般来说，各国设立公共秩序制度在于维护本国法律的基本原则和社会的根本利益，各国法院只适用自己的公共秩序制度，并不顾及外国的公共秩序。但在接受转

---

① 参见韩德培主编：《国际私法》，武汉大学出版社1989年版，第84页。

致制度的国家，有时会面临这个问题。例如，一个接受转致制度的甲国法院在处理某一涉外民事案件时，依本国冲突规范的指定应适用乙国法，而依乙国冲突规范的指定应适用丙国法，但适用丙国法会与乙国公共秩序相抵触。这时，甲国法院应如何处置这个问题呢？德国国际私法学家沃尔夫教授曾举了这样一个例子来说明这个问题。一个信奉基督教而住所在意大利的奥地利男子，于1930年在英国婚姻登记员那里与一个奥地利犹太女子结婚。后来，他在英国法院提起确认这个婚姻无效的诉讼。依照英国国际私法，婚姻是否有效问题依住所地法，即意大利法。而依照意大利国际私法，婚姻是否有效问题依夫妻本国法，即奥地利法。《奥地利民法典》规定，基督教徒同非基督教徒间的婚姻无效。但意大利当时的法律认为，信仰不同的婚姻障碍是与意大利公共秩序不相容的。在这种情况下，英国法院怎么办？沃尔夫教授认为，英国法院大概会采取不适用奥地利法的相关规定的做法，不论它自己的公共秩序是否反对适用该规定。① 客观讲，这种情况很少出现，但确实是一个可能产生的问题。我们认为，如果出现这种情况，不仅应考虑丙外国法的适用同乙外国公共秩序相矛盾的问题，而且更应考虑丙外国法是否同甲国本国的公共秩序相抵触，保护乙外国的公共秩序是否有损甲国本国的公共秩序。只有在不损害甲国本国公共秩序的情况下才能去维护乙外国的公共秩序。

  总而言之，公共秩序制度在国际私法上是一项普遍接受的制度。尽管在各国的立法和司法实践中，对公共秩序有不同的表述和理解，但其本质是一国法律和道德的基本原则或该社会的根本利益。公共秩序制度是国家主权原则在国际私法上的体现，模糊的公共秩序概念使得这一制度的运用有极大的伸缩幅度和灵活性。笔者认为，我们对于公共秩序制度在国际私法上的作用，必须采取历史唯物主义的态度加以客观评价，只有对具体问题具体分析，才能弄清楚它在哪些情况下起着积极的作用，在哪些情况下起着消极的作用。

---

  ① 参见［德］马丁·沃尔夫：《国际私法》，李浩培、汤宗舜译，法律出版社1988年版，第270页。

论国际私法上的物权问题[*]

一、导论

国际私法上的物权问题同国内民法上的物权问题既有联系又有区别。在民法上，物权作为一个法律范畴，系指由法律确认的主体对物的直接管领并排除他人干涉的权利。但物权在通常意义上仅指就有体财产设定的权利，而就无体财产特别是就智力成果设定的财产权，则称为"准物权"。物权往往是和债权相对而言的。同债权比较起来，物权的权利主体即权利人总是特定的，而义务主体却是不特定的；物权的权利人对物有无须借助他人行为的直接支配权，并且具有排他性；由于物权是民事主体之间对物的一种占有关系，所以，物权的客体只能是物而不是行为。根据物权法定主义原则，物权的种类是由法律具体规定的，但是不同的历史时期和不同的国家法律中，物权的种类是不一样的。罗马法将物权分为所有权与定限物权两大类，而定限物权又分为役权、永佃权、地上权、质权、抵押权。后来，1804年《法国民法典》和1900年《德国民法典》虽然受到罗马法的影响，但都有自己独特的分类。《法国民法典》除规定了所有权外，还规定了役权和担保物权。《德国民法典》正式从立法上创立物权的概念，在其物权篇中，除规定了所有权之外，还规定地上权、役权、先买权、土地负担、抵押权、土地债务、定期金债务、动产质权和权利质权。一般而言，物权可分为所有权、地上权、地役权、抵押权、质权、留置权、典权、永佃权等。其中所有权属自物权，永佃权、地役

---

[*] 本文原载于《法商研究》1995年第3期，中国人民大学书报资料中心复印报刊资料《法学》1995年第6期转载。

权等属他物权。另外，物权还有用益物权和担保物权之分，前者如地上权、永佃权等，后者如抵押权、留置权等。我国现行民事立法没有使用"物权"一词，但关于属于物权的财产权利的规定是存在的。根据我国现行民事立法的规定，我国物权可分为两类：一是财产所有权；二是与财产所有权有关的财产权。

国际私法上的物权不同于国内民法上的物权，因为国际私法上的物权含有涉外因素，但这并不等于说两者之间毫无联系，事实上，国内民法上的物权制度是国际私法上物权制度的基础，国际私法上的物权制度是国内民法上物权制度的延伸和发展。含有涉外因素的物权关系即涉外物权关系，是国际私法的调整对象。在涉外物权关系中，由于各国关于物权的法律规定互不相同，往往会发生法律适用上的冲突，需要解决法律选择问题。涉外物权关系的法律适用在国际私法中占有十分重要的地位。

二、物之所在地法原则的产生和发展

物之所在地法，拉丁语表述为 lex loci rei sitae, lex rei sitae 或 lex situs，即物权关系客体物所在地的法律。目前，在涉外物权关系中，物之所在地法是最普遍适用的法律。因此，物之所在地法也成为国际私法上经常用来解决有关涉外物权关系的法律冲突的一项冲突原则。

物之所在地法原则的产生可追溯到13、14世纪的意大利，当时，意大利"法则区别说"的集大成者巴托鲁斯（Bartolus），针对意大利北部城市之间物权的法律冲突问题，指出了不动产物权适用物之所在地法。但他认为，动产物权应依当事人属人法。

随着国际民事交往更加频繁和复杂，不动产物权依物之所在地法这一做法得到国际私法学者的广泛支持和肯定。许多学者主张，不动产物权的法律适用问题，不管有关案件在哪个国家的法院审理，都应依物之所在地国家的法律来解决。在立法上，1804年《法国民法典》第3条第2款规定："不动产，即使属于外国人所有，仍适用法国法律。"1811年《奥地利民法典》和1865年《意大利民法典》同样确定了不动产物权依物之所在地法的原则。英国和美国在审判实践也采纳了这一做法。1948年《埃及民法典》第18条也规定："占有、所有以及其他物权，不动产适用不动产所在地法"

我国 1986 年颁布的《中华人民共和国民法通则》第 144 条明确规定:"不动产所有权,适用不动产所在地的法律。"1988 年的《最高人民法院关于贯彻执行〈中华人民共和国民法通则〉若干问题的意见(试行)》第 186 条更加具体、明确地指出:"土地、附着于土地的建筑物及其他定着物、建筑物的固定附属设备为不动产。不动产的所有权、买卖、租赁、抵押、使用等民事关系,均应适用不动产所在地法律。"

上述可见,不动产物权依物之所在地法已成为国际私法上的一项得到普遍承认和争执最少的规则。

至于动产物权的法律适用,目前,国际上一般主张同样适用物之所在地法。但取得这样的共识却经历了一个漫长的发展过程。我们知道,物之所在地法这一冲突原则是产生于 13、14 世纪的意大利的"法则区别说"的代表人物巴托鲁斯首先提出来的。但他主张这一冲突原则只适用于不动产物权,而动产物权则依属人法决定。随后,在意大利"法则区别说"的影响下,欧洲各国发展和流行这样的规则,即"动产随人"(mobilia personam sequuntur)或"动产附着于骨"(mobilia ossibus inhaerent)或"动产无场所"(personalty has locality)。这也就是说,动产物权适用所有人或者占有人的住所地法来解决。近代的一些法典曾采用了这一规则,如 1794 年《普鲁士法典》。在美国,学者兼大法官斯托里(Story)曾说:"动产的转移,如果依照所有人的住所地法是有效的,那么不论该财产在什么地方,都是有效的。"[①] 这句话被视为"一般规则"。当时,之所以广泛适用动产物权依住所地法的原则,是因为那时涉外民事关系相对来说还比较简单,动产的种类还不是很多,其经济价值与不动产相比较小,不具有不动产那样的重要性,而且它们一般存放于所有者的住所地。

然而,到 19 世纪随着资本主义经济和国家商品流转的进一步发展,涉外民事关系越来越复杂,流动资本增加,动产数目增大,资本的国际活动范围日趋扩展,动产所有者住所地与动产所在地经常不一致,一个动产所有者的动产可能遍及数国,并涉及数国的经济活动,而动产所在地国也不愿意用所有人的属人法来解决位于自己境内的动

---

① 参见〔美〕斯托里:《法律冲突论》,1885 年英文第 8 版,第 384 页。

产物权问题。这样,"动产随人"这一古老规则已不能适应调整动产物权关系的实际需要,于是,遭到许多学者的反对和批判。德国法学家萨维尼就是其中之一,他倡导动产物权的设定和转移适用物之所在地法,推翻了旧的"法则区别说"所主张的规则,认为传统的规则至多只能适用于动产的继承和夫妻财产制。①

从19世纪末叶开始,许多国家逐渐在立法和司法实践中抛弃了"动产随人"原则,转而主张不分动产和不动产,物权关系一律适用物之所在地法。例如,日本1898年颁布的《日本法例》第10条规定:"关于动产及不动产的物权及其他应登记之权利,依其标的物所在地法。"1939年《泰国国际私法》第16条规定:"动产及不动产,依物之所在地法。"1982年《土耳其国际私法和国际诉讼程序法》第23条规定:"动产和不动产的所有权以及其他物权适用物之所在地法律。"可以肯定地说,自20世纪以来,物之所在地法也成为解决有关动产物权法律冲突的基本冲突原则。

三、物权关系适用物之所在地法的理论根据

毫无疑问,物之所在地法原则已成为解决物权关系法律适用的普遍冲突原则,但其理论根据何在呢?学者们提出过种种学说对这个问题加以回答和论证。主要有:

(一)主权说。这是法国学者梅兰提出来的。他认为,任何国家都有自己的主权,而主权是不可分割的。物权关系依物之所在地法是主权在物权关系法律适用方面的体现,因为任何国家都不愿意外国法适用于本国境内的物,如果在物权关系上适用外国法,那么,主权将丧失其不可分割的性质。

(二)法律关系本座说。德国法学家萨维尼(Savigny)于1849年在他的著作《现代罗马法体系》一书第八卷中提出了国际私法上著名的"法律关系本座说"。他从他的法律关系本座说出发,认为物权关系之所以依物之所在地法,是因为物权关系的"本座"在标的物所在地,任何人要取得、占有、使用或处分某物,就必须委身于该

---

① 参见〔德〕马丁·沃尔夫:《国际私法》,李浩培、汤宗舜译,法律出版社1988年版,第721页。

物之所在地,并自愿受制于该地区所实施的法律。因此,有人又称这种主张为"自愿受制说"。

(三)利益需要说。德国学者巴尔(von Bar)和法国学者皮耶(Pillet)持这种主张。他们认为,法律是为了集体利益而制定的,物权关系适用物之所在地法是"集体利益"和"全人类利益"的需要。如果包括动产和不动产在内的物权不受物之所在地法的支配,则物权的取得和占有都将陷入不确定的状态,全人类的利益将因此受到损害。

总的说来,上述学说都未能充分揭示物权关系适用物之所在地法的客观根据,但其中不乏含有合理的成分。我们认为,物权关系依物之所在地法,是物权关系本身的性质决定的,而归根到底取决于社会物质生活条件。首先,从表面上看,物权关系是人对物的关系,但其实,物权关系同其他民事关系一样,是人与人之间的社会关系,各国统治者从维护本国利益出发,总是希望以自己的法律来调整与支配同位于本国境内的物有关的物权关系。其次,物权关系也是一种人对物的直接利用的权利关系,权利人为了最圆满实现这种权利,谋取经济上的利益,只有适用标的物所在地的法律最为适当。再次,物权关系的标的只是物。故标的物在物权关系中居于十分重要的地位,而物权就是人对标的物的权利,标的物只有置于其所在地的法律控制下,物权才能得到最为有效的保障。复次,物权具有排他性,权利人对物有无须借助他人行为的直接支配权,如果物权受到侵犯或权利人行使物权本身产生的优先权、追及权和物上请求权,或其他人对标的物提出请求,也只有适用标的物所在地法律才能实现。最后,对处于某一国家的物去适用其他国家的法律,在技术上有许多困难,会使物权关系变得更为复杂,影响国际物权关系的稳定。正是基于上述情况,在物权关系的法律适用上,物之所在地法原则在各国的立法和司法实践中得到普遍的支持和肯定。

四、物之所在地的确定

既然物之所在地法是物权关系最普遍适用的法律,那么,物之所在地的确定在物权关系法律适用中的意义就自不待言了。可以说,要用物之所在地法来调整物权关系,首先需要解决一个如何确定物之所在地的问题。

物作为物权的客体,是存在于人身之外、为人力所能支配而且能够满足人类的某种需要的物体。物之所在地的确定,相对来说,不动产容易,而动产难,有体物容易,而无体物难。就有体物而言,物之所在地应为有体物在物理上的处所。

不动产是不能移动或移动就会损失其经济价值的物,其处所是固定的,其所在地的确定自然十分容易。而动产是可以移动的物,其处所常常带有短暂性和偶然性,不易确定,对于那些处于运动状态的动产来说尤其如此,故过去有"动产无场所"之说。动产的这种特性给其所在地的确定带来了困难。但如前所述,当今在动产物权关系的法律适用方面,物之所在地法原则已取代了传统的属人法原则。动产所在地的确定对物之所在地法原则适用于动产物权关系十分重要。在实践中,对动产所在地的确定,一般采取如下两种办法加以解决:一是在冲突规范中对动产的所在地加以时间上的限定。例如,1948年《埃及民法典》第18条规定:"占有、所有以及其他物权,不动产适用不动产所在地法,动产适用导致取得或丧失占有、所有或其他物权的原因发生时该动产所在地法。"又如1982年《土耳其国际私法和国际诉讼程序法》第23条第3款规定:"动产场所的变化和尚未取得的物权,适用财产最后的所在地法律。"再如,1984年《秘鲁民法典》第2091条规定:"在诉讼时效期间变更所在地的财产,其诉讼时效,由财产所在地法规定的时效届满时该财产所在地法确定。"另一种办法是在冲突规范中对一些特殊的动产物权关系的法律适用作例外的规定,即不以物之所在地这一连结点为法律适用的根据,而以其他的连结点代替,也就是不采用物之所在地法原则,而用其他的冲突原则取而代之。如上述《土耳其国际私法和国际诉讼程序法》第23条第2款规定:"运输中财产的物权适用财产送达地法律。"

总而言之,物之所在地的确定就是对物之所在地的识别,也可以说是对有关物权的冲突规范中的物之所在地这一连结点的解释。原则上,物之所在地的确定应依法院地法来判定。对于物之所在地加以时间上的限定,在物之所在地的确定中有着重要的意义,这在立法和司法实践中都应给予重视。至于有些国家的有关物权的冲突规范对其中的物之所在地没有进行时间上的限定,如何确定物之所在地就只有留待法官在司法实践中去解决了。

五、物之所在地法的适用范围

物之所在地法的适用范围包括下列几个方面：

第一，物之所在地法适用于动产与不动产的区分。在通常意义上讲，动产和不动产的区别在于物是否能从一个地方移动到另一个地方，能移动之物为动产，不能移动之物为不动产。不过，在现实中，尽管各国法律对物之属于动产或不动产一般都有明文规定，但往往并不只作上述这种简单的划分，且不尽相同。例如，1811年《奥地利民法典》规定池塘里的鱼和森林中的野兽为不动产。德国民法将临时房屋如展览用房屋视为动产。英国法视土地权利证书为不动产。在我国，1988年《最高人民法院关于贯彻执行〈中华人民共和国民法通则〉若干问题的意见（试行）》第186条规定："土地、附着于土地的建筑物及其他定着物，建筑物的固定附属设备为不动产。"这意味着其他物均为动产，由于各国在动产和不动产的区分上不完全一致，在国际民事交往中，当要决定某物为动产还是不动产时，国际上一般都主张依物之所在地法来进行识别。如1978年《奥地利国际私法法规》第31条第2款规定："物的法律识别……依物之所在地国家的法律。"

第二，物权客体的范围由物之所在地法决定。笼统讲，作为物权客体的物在范围上是十分广泛的，凡是存在于人身之外，能为人力所支配和控制并能够满足人们的某种需要的物，都能够成为物权的客体。但各国在这方面的规定并不是完全相同的。例如，对于作为物权客体的物是否限于有体物，各国法律就有不同的规定。普通法系国家的法律和法国民法明确规定物为有体物和无体物。这样，物权的客体既包括有体物，也包括无体物。而在德国民法和日本民法中，法典明确规定物为有体物，从而排除了无体物的概念，但在物权中明确规定权利可以作为物权的客体。此外，在哪些物可以分割作为自然人、法人或国家物权的客体方面，各国的规定也不尽相同。但无论如何，物权客体的范围只能由物之所在地法规定。

第三，物权的种类和内容由物之所在地法决定。根据物权法定主义原则，物权的种类是由法律具体规定的。但是，在不同的历史时期和不同国家的法律中，物权的种类是不一样的。例如，1804年《法国民法典》规定了所有权、役权和担保物权三大类。1900年《德国民法典》则规定物权包括所有权、地上权、役权、先买权、土地负担、抵押权、土地债务、定期金债务、动产质权和权利质权等10类。对于物权的种类和内容，各国一般都主张依物之所在地法确定。如1987年《瑞士联邦国际私法法规》第100条第2款规定："动产物权的内容与行使，适用动产所在地国家的法律。"1978年《奥地利国际私法法规》第31条第2款和1984年《秘鲁民法典》第2088条也有类似规定。

第四，物权的取得、转移、变更和消灭的方式及条件，一般由物之所在地法决定。物权的取得、转移、变更和消灭是基于一定的法律行为或法律事实而发生的。各国法律对其方式及条件都有自己的规定。这些问题在实践中一般根据物之所在地法决定。例如，1978年《奥地利国际私法法规》第31条第1款规定："对有形物物权的取得与丧失，包括占有在内，依此种取得或丧失所依据的事实完成时物之所在地国家的法律。"

对于物权变动的方式及条件，也有主张区别因法律行为而变动和因事实行为而变动而分别确定准据法的。在因法律行为而发生物权变动时，物权法律行为的成立和效力，一般应依物之所在地法。如1946年《希腊民法典》第12条规定："物权的法律行为的方式适用物之所在地法。"但对当事人行使物权的行为能力，大陆法系各国一般主张适用当事人属人法。德国《民法施行法》出于对本国贸易的保护，也主张兼采行为地法。英美普通法系国家则主张，物权的法律行为方式，例如登记或进行处分的法律行为方式（如土地抵押设定方式、房屋让渡方式、财产租赁方式等），概依行为地法。但也有主张依行为属于物权行为还是债权行为而分别确定准据法的。在因法律行为以外的事实（例如果实分割）或事实行为（例如无主物的占有、遗失物的拾得、埋藏物的发现等）而发生物权变动时，一般都主张只适用物之所在地法，物遭灭失的风险承担，由于各国均认为应属所有权人，因而依何种法律确定所有权转移的时间是非常重要的。对此，一般主张依物权准据法（即物之所在地法）而不是依债的准据法来判定所有权的转移时间。但1958年订于海牙的《国际有体动产买卖所有权转移法律适用公约》第2条主张适用买卖合同准据法。

第五，物权的保护方法由物之所在地法决定。当物权人在其物权受到侵害时，他要依法寻求对其物权的保护。在民法上，物权的保护方法主要有物权人请求停止侵害、排除妨碍、恢复原状、返还原物、消除危险、确认其所有权或其他物权存在、损害赔偿等。物权人是否有上述请求权以及如何行使均应依物之所在地法决定。

我国民法通则规定："不动产的所有权，适用不动产所在地的法律"（第144条）。1988年《最高人民法院关于贯彻执行〈中华人民共和国民法通则〉若干问题的意见（试行）》第186条指出，"不动产的所有权、买卖、租赁、抵押、使用等民事关系，均应适用不动产所在地法律。"该意见还规定，动产的租赁关系应适用出租人营业所所在地法。

六、物之所在地法适用的例外

虽然物之所在地法原则在物权关系的法律适用上运用得非常广泛，但由于某些物的特殊性或处于某种特殊状态之中，使某些物权关系适用物之所在地法成为不可能或不合理，因而在各国实践中，这一原则并不是解决一切物权关系的唯一的冲突原则。归结起来，物之所在地法适用的例外主要有如下几个方面。

（一）运送中的物品的物权关系的法律适用

运送中的物品处于经常变换所在地的状态之中，难以确定到底以哪一所在地法来调整有关物权关系。即使能够确定，把偶然与物品发生联系的国家的法律作为支配该物品命运的准据法，也未必合理。而且，运送中的物品有时处于公海或公空，这些地方不受任何国家的法律管辖，并不存在有关的法律制度。因此，运送中物品的物权关系不便适用物之所在地法。在实践中，运送中的物品的物权关系的法律适用问题主要有如下解决办法：（1）适用送达地法。如1987年《瑞士联邦国际私法法规》第101条规定："运输途中的货物，其物权的取得与丧失适用货物送达地国家的法律"。土耳其的国际私法也作了类似规定。（2）适用发送地法。如1964年捷克斯洛伐克《国际私法及国际民事诉讼法》第6条规定："依照契约运送的货物，其权利之得失，依该标的物发运地法。"（3）适用所有人本国法。如1939年

《泰国国际私法》第 16 条第 2 款规定："把动产运出国外时，依起运时其所有人本国法"。在理论上，还有学者主张适用交易时物品实际所在地法或转让契约的准据法。

不过，运送中的物品并不是绝对不适用物之所在地法的，在有些情况下，如运送中物品的所有人的债权人申请扣押了运送中的物品，结果运送暂时停止，或运送中的物品因其他原因长期滞留于某地，该物品的买卖和抵押应适用该物品的现实所在地法。

（二）船舶、飞行器等运输工具之物权关系的法律适用

由于船舶、飞行器等运输工具处于运动之中，难以确定其所在地，加上它们有时处于公海或公空，而这些地方无有关法律存在，因此，有关船舶、飞行器等运输工具的物权关系适用物之所在地法是不恰当的。国际上，一般主张，有关船舶、飞行器等运输工具的物权关系适用登记注册地法或者其旗国法或标志国法，如 1978 年《奥地利国际私法法规》第 33 条第 1 款规定，水上或空中运输工具的物权依注册国的法律，但铁路车辆依在营业中使用该车辆的铁路企业有其主营业所的国家的法律。应当注意的是，上述一般主张并不排除权利人行使法定留置权或法定扣押权时依物之所在地法，或者有关债权人把在外国领水内的船舶依其实际所在地法予以处置的权利。

（三）外国法人终止或解散时有关物权关系的法律适用

外国法人在自行终止或被其所属国解散时，其财产的清理和清理后的归属问题不应适用物之所在地法，而应依其属人法解决。不过，外国法人在内国境内因违反内国的法律而被内国取缔时，该外国法人的财产的处理就不一定适用其属人法了。

（四）遗产继承的法律适用

遗产继承的法律适用分别为两类：一类为单一制，即不将遗产区分为动产和不动产，遗产继承适用同一法律。在实行单一制的国家中，有的根本不考虑遗产继承适用物之所在地法，而主张适用被继承人的属人法。如《布斯塔曼特法典》第 144 条规定："法定继承和遗嘱继承，包括继承顺序、继承权利的数量和处分的内在效力，不论遗产的性质及其所在地、均受权利所由产生的人的属人法支配"。另一类为区别制，即将遗产区分为动产和不动产，分别适用不同的法律。一般来说，实行区别制的国家主张，动产遗产的继承适用被继承人死

亡时的属人法，不动产遗产的继承适用不动产所在地法。例如，1972年《加蓬民法典》第53条明确规定："继承关系，（1）不动产、依不动产所在地法；（2）动产，依死者最后住所地法。"上述可见，在遗产继承方面，物之所在地法并不是处处适用的。

七、结语

国际私法上的物权问题是国际私法中的一个十分重要的问题，本文只对这个问题作了一些粗浅的讨论。目前，我国学界对这个问题的研究尚不深入，对不少分支问题几乎没有涉及。例如，对与无形动产转让、流通票据、信托等有关的国际私法问题研究得还不够。因此，笔者希望学界同仁一起努力，加强对这个问题的研究，使更多高质量的研究成果问世。

电子商务与冲突法的变革[*]

一、电子商务引起的冲突法适用的理论分歧

由互联网带来的技术革命使我们的生存领域由物理空间延伸到无形的网络空间。网络空间所具有的许多与物理空间截然不同的特质，尤其是互联网自身所具备的非中心化倾向、全球性、虚拟性以及高度自治性特征，对传统的法律制度提出了挑战。非中心化倾向在一定程度上否定国家的控制和管辖；全球性特征使互联网得以产生大量的跨国法律问题，也使司法管辖区域的界限变得模糊；由于网络空间的虚拟性，许多传统的观念，如国家、国界等，难以套用到网络空间，当事人的住所、国籍、财产、行为、意志等因素将丧失与物理空间的关联性。正像史蒂芬·考伯林教授所言："在新的数字经济时代，边界和管辖权失去了意义，交易不再有空间意义，因为它们不在那儿发生。电子贸易看起来不在任何确定的地点进行，而是发生在不定形的电子空间。"[①] 在这种背景下，以物理空间属地主义为主导的传统法律制度面临着极大的挑战，冲突法的适用也面临着生存与发展的问题。

关于冲突法在网络空间的适用，学者分歧较大，归纳起来大致有以下几种观点：

（一）激进型主张

激进型主张要对适用于网络空间的法律进行革命性的变革，否定

---

[*] 与何其生（武汉大学法学博士，现为武汉大学国际法研究所副教授）合作撰写，本文原载于《中国法学》2003 年第 1 期。

[①] See Don Tapseott, Alex Lowey, David Ticoll. *Blueprint to the Digital Economic* (1998)；陈劲、何丹译：《数字经济蓝图——电子商务的勃兴》，东北财经大学出版社 1999 年版，第 371 页。

传统法律的适用，其理论主要有两种：网络空间自治说和国际空间说。

1. 网络空间自治说。网络空间自治说以美国的约翰逊（David R. Johnson）和波斯特（David G. Post）为代表。网络空间自治说反对把传统的法律规则适用于互联网，① 他们认为网络空间正在形成一个新的全球性的市民社会，这一社会有自己的组织形式、价值标准和规则，完全脱离于政府而拥有自治权力。② 而且，虚拟空间的自治规则不是一套孤立的本地化协议，而是一种优于物理空间的示范法和一个对我们理想的政治制度进行根本性重构的暗示。相对于物理空间中的那些各主权国家而言，互联网非集中化的特征和自下而上的管理模式决定了这些规则能够比物理空间中各主权国家的制定法更能有效调整网络空间。③ 网络空间自治说主张，应当尊重网络空间按自己的法律规则运行，当出现争议时，就像中世纪法院对跨国交易争议适用商人法一样，由"网络法院"适用"网络法"，从而否定了传统冲突法的适用。

2. 国际空间说。国际空间说认为，现在的物理世界存在着三个国际空间：极地、公海、外层空间。它们与网络空间最本质的区别在于后者的虚拟性，但它们之间也有共性，即国际性和无主权性特征，因此，网络空间也应该是国际空间的一种。④ 在法律适用的问题上，网络空间应该像其他三个国际空间一样，由国际条约来调整。就冲突法而言，这种理论否定了一国国内冲突法适用于网络空间的可能性，但并不排除在国际条约中制定统一的冲突法规范。

---

① See, e.g., David R. Johnson & David G. Post. *Law and Borders—The Rise of Law in Cyberspace.* 48 Stan. L. Rev. 1367, 1402 (1996); John Perry Barlow. *A Declaration of the Independence of Cyberspace*, available at http://www.eff.org/pub/publications/John_ Perry Barlow/barlow_ 0296. declaretion (visited on Apr. 19, 1999).

② See Howard H. Friedrich. *Computer Networks and the Emergence of Global Civil Society: The Case of the Association for Progressive Communication*, available at http://www.eff.org/pub/Legal/.

③ See David R. Johnson & David G. Post. *Chaos Prevailing on Every Continent in the Emerging Internet: A New Theory of Decentralised Decision-making in Complex Systems.* 23 Chiknt. L. R. 1055 (1998).

④ See Darrel Menthe. *Jurisdiction in Cyberspace: A Theory of International Spaces.* 4 Mich. Telecomm. Tech. L. Rev. 69 (1998), available at http://www.mttlr.org/html/volume_ four. html/ menthe. html (visited on April 23, 1998).

(二) 保守型主张

保守型主张认为，互联网对现有法律体系并未形成真正的挑战，适用既存的法律于互联网是明确的和肯定的。① 互联网可能成为"革命性的"技术，需要各种形式的国家干预和管理，但是正像主权国家制度曾经能够适应早些时候的通讯技术（电话、广播、电视等）"革命"一样，现存的国家管理制度和法律制度也能够适应这一新的技术"革命"。② 有学者还认为，脱离现实空间的网络空间并不独立存在，网络空间也存在对法律秩序的渴望，因此，互联网并未带来本质变化，没有理由害怕法律不能应付新的事件。③ 保守型主张在 2000 年海牙国际私法会议在加拿大渥太华召开的工作组会议上也有所反映，法国、德国、丹麦等国的一些代表就认为，没有必要就电子商务制定专门的管辖权规则，现有的以物理空间为基础的管辖权公约草案仍可以用来解决电子商务中的管辖权问题。④

(三) 改良型主张

目前国内外的大多数国际私法学者都持这种观点。⑤ 他们肯定互

---

① See Frank H. Easterbrook. *Cyberspace and the Law of the Horse*. 1996 U. Chi. Legal F., 207-208 (1996).

② See, e.g., Jack L. Goldsmith. *Against Cyberanarchy*. 65 U. Chi. L. Rev. (1998); William H. Lash. *The Decline of the Nation State in International Trade and Investment*. 18 Cardozo L. Rev., 1011, 1023, 1025 (1996). Symposium. *The Future of the Federal Court: The Development and Practice of Law in the Age of the Internet*. 46 Am. U. L. Rev., 327, 391-392 (1996). Bruce W. Sanford & Michael J. Lorenger. *Teaching an Old Dog New Tricks: The First Amendment in an Online World*. 28 Conn. L. Rev., 1137, 1141, 1170-1171 (1976).

③ 参见肖永平、李臣：《国际私法在互联网环境下面临的挑战》，载《中国社会科学》2001 年第 1 期。

④ 参见外交部条法司三处：《管辖权公约电子商务问题工作组会议小结》，2000 年 3 月 10 日。文中的管辖权公约是指海牙国际私法会议目前正在起草的《关于民事和商事案件管辖权和判决的承认和执行公约》。

⑤ 目前，中国学者关于网络空间中的冲突法问题的论述并不是很多，现有的一些作品基本上都强调了互联网对冲突法的挑战，并对网络空间中冲突法的适用提出了一些建议，因此，基本上都属于改良型主张。比较有代表性的作品有肖永平、李臣：《国际私法在互联网环境下面临的挑战》，载《中国社会科学》2001 年第 1 期；王德全：《Internet 引起的国际私法问题》，载《知识产权研究》（第五卷），中国方正出版社 1998 年版。

联网对现有法律体系的挑战,但否认完全脱离现实空间的虚拟社会的存在。就像安德鲁·斯帕罗所言,"作为全球电子商务生存空间的数字化空间,与根本没有任何地理位置完全不同的是,它事实上是一个有着多重地理位置的空间。全球范围的数字化空间是一个没有边界的空间,但并不是没有地理位置。这正是产生问题的根源所在。当与互联网有关的争端发生时,问题的出现并不是因为没有可适用的法律,也不是因为当事方不愿意通过法律途径来解决争端,而是因为并没有明确的法律规定来确定该适用哪国的法律。"①安德鲁强调通过变革连结点来确定电子商务案件应该适用的法律。改良型主张依然强调冲突法在电子商务领域的重要作用,但认为冲突法需要进一步改良,以适合电子商务的发展。

对于冲突法在电子商务领域的适用,我们认为,就像1997年海牙国际私法会议所达成的共识那样,"互联网本质是跨国性的;互联网中也许真正存在的是法律过剩,而并非法律真空,这就有必要重新定义国际私法规则。"② 美国、欧盟和一些国际组织新近的有关电子商务冲突法的立法,进一步证实了冲突法在电子商务领域的巨大生存空间。但考虑到网络空间的特点,冲突法为回应电子商务的发展也将发生一些重大变革。

二、新近电子商务的冲突法立法

(一) 美国

1. 管辖权。在电子商务案件管辖权问题上,美国法院一般承认当事人协议选择管辖法院。1999年7月通过的《统一计算机信息交易法》(以下简称 UCITA) 第110条规定:"……双方可以协议选择一个排他性的管辖法院,除非此种选择不合理且不公平。(2) 除非双方协议明确规定,双方协议选择的管辖法院不具有排他性。"该条

---

① [英] 安德鲁·斯帕罗:《电子商务法律》,林文平等译,中国城市出版社2001年版,第68页。

② Katharina Boele - Woelki and Catherine Kessedjian. (*Under the Direction of*) *Internet, Which Court Decides, Which Law Applies?*. Kluwer Law International, 179 (1998).

认可了在线交易当事人协议选择法院的效力,但在当事人没有有效的商业目的,并且对其他当事人有严重的和不公平的损害时,则协议无效。① 在当事人没有协议选择管辖法院的情况下,UCITA 没有作出规定。美国法院通过大量的判例就网络空间的属人管辖权问题初步形成了一些规则,即将网络"对人管辖权"案件大致分为被告在法院管辖地有实际营业活动和无实际营业活动两种类型,对前一类案件,法院对被告有管辖权并无疑义,但对后一类案件,则视具体情形由法院决定可否对被告行使"长臂管辖"。②

2. 法律适用。关于准据法的选择,UCITA 的立法理由指出,此系 UCITA 对于电子商务最重要的贡献之一。③ UCITA §109(a)规定:"双方可以协议选择应适用的法律,但如果在一项消费者合同中作出的此种选择改变了根据有管辖权地区的法律不得以协议加以改变的规则,则此种选择无效。"④ 在当事人没有选择的情况下,UCITA §109(b)规定:"如没有关于法律选择的有效协议,则下列规则将决定在合同法范围内应适用的法律:(1)访问合同或规定拷贝的电子交付的合同应适用缔约时许可方所在地法律;(2)要求以有形介质交付拷贝的消费者合同应适用向消费者交付拷贝的地方或本应向消费者交付拷贝地方的法律;(3)在其他任何情况下,合同应适用与该交易有最密切联系的法域的法律。"UCITA §109(c)进一步规定:"在(b)款得以适用的情形下,如其法律应予以适用的法域在美国

---

① See UCITA §110 cmt. 3.

② 美国法院在决定是否行使"长臂管辖"时,通常会考量被告行为在法院管辖地所造成的损害程度和被告对于法院管辖地所造成的影响是否为其合理期望等因素,即被告在法院地行为及该行为所造成的后果,是否为被告"有目的利用",被告是否与法院地有连续的和系统的接触行为(continuous and systematic acts)。而且法院在衡量"最低限度联系"时,不可违反宪法规定的"正当程序",也不可违反公平原则与实质正义。除上述外,美国法院的其他考量因素,尚有被告至管辖地应诉的负担轻重、管辖地所在州就争议的利害关系深浅、原告能否获得便利及有效救济的利益和在法庭地审理能否有效解决争端四个方面。See EXPO' 98 2/10/98. 转引自卓翔:《对网络侵权案件的司法管辖权》,载《法学论坛》2001 年第 3 期。

③ See SECTION 2B-107, Reporter's Note: 2. *Purpose of Rules.*

④ See UCITA §109(a). 该条承认在线当事人的意思自治原则,基本上可以说是美国《统一商法典》第 1 条和《冲突法第二次重述》第 187 节的延伸。

境外，则该法域的法律只有向没有位于该法域的一方当事人也提供了与本法类似的保护和权利时，才应予以适用。否则应适用美国与该交易有最密切联系的州的法律。"应该说 UCITA §109（c）是 §109（b）适用的例外。但有关该条的立法评论认为，法院只有在极其例外的情况下才能推翻 §109（b）的结果，适用 §109（c）的规定。①

另外，修订后的美国《统一商法典》的 §1-301 除了在消费者合同中要考虑公共政策和合理联系的规定外，也将无条件地允许当事人意思自治。② 在当事人没有进行法律选择时，《统一商法典》允许管辖法院直接适用法院地的冲突规则。

（二）欧盟

1. 管辖权。欧盟关于管辖权的规定可以追溯到欧洲经济共同体 6 个成员国于 1968 年在布鲁塞尔签署的《关于民商事件管辖权及判决执行的公约》之中，考虑到电子商务的迅速发展给司法管辖所带来的挑战以及布鲁塞尔公约的滞后性，欧盟理事会决定制定一部新的条例。为此，欧盟委员会于 1999 年 7 月 14 日正式提交了《关于在民事和商事领域的司法管辖以及相互承认和执行裁决的条例草案》（以下简称《条例草案》）。③ 同《布鲁塞尔公约》相比，《条例草案》主要在以下几个方面进行了修订：首先，《条例草案》重申了被告住所地管辖的一般原则，同时增加了有关消费者合同纠纷管辖的特别规则。《条例草案》规定，在有消费者参与订立的合同出现纠纷时，消费者可选择在自己住所地成员国法院或对方住所地成员国法院对合同另一当事方提起诉讼；反之，当消费者作为被告方时，诉讼只能由消费者住所地成员国法院管辖。根据这一规定，从事电子商务的企业在同消费者发生合同纠纷时，势必将面临着在各成员国被提起诉讼的局面。

---

① See UCITA §109 cmt. 5.

② See Rev. U. C. C. §1-301. If one of the parties is a consumer, then the choice of law is enforceable only if the chosen jurisdiction has some connection to the consumer. See id. §1-301（b）.

③ Available at http: // bscw2. ispo. cec. be/ e-commerce/legal/ favorit. html 于 (visited on Dec. 20, 1999). 该《条例草案》已有 2000 年的修订本，资料来源 http: //europa. eu. int/eur-lex/en/com/dat/index. html。

有鉴于此，《条例草案》区别了两种情况：一是当事企业所从事的商业活动"直接指向消费者所居住的成员国"时，作为原告，消费者有权选择管辖法院；二是当事企业得以证明所从事的商业活动并非"直接指向"该消费者住所地成员国时，则消费者只能接受法定法院的管辖。然而，问题在于，试图说明一企业所售商品或提供的服务并非"指向"特定成员国，在电子商务的环境下是十分困难的。因此，《条例草案》这一旨在保护消费者的条款，在实践中将导致针对电子商务经营者的有差别的、更加严格的限制性制度。① 其次，《条例草案》对所有各类消费者参与订立的合同都规定了司法管辖，同时补充了对个人劳动合同管辖的规定，并增加了在诉讼未决期间管辖的一般原则。再次，《条例草案》规定了简单快捷的执行程序，而且还对法人住所的概念作了统一的定义。

2. 法律适用。关于法律适用，1980年订于罗马的《关于合同义务法律适用的公约》要求欧洲法院适用当事人选择的法律，但有关国家的强制性规则，如消费者保护法，不得因合同中的约定而被排除适用。在当事人未作选择时，适用与之有最密切关系的国家的法律。② 电子商务跨国界的性质使其法律适用成为一个难点，欧盟虽然不主张建立任何新的冲突法规则或者管辖权规则，但是认为依照原有规则适用的法律不应限制提供信息社会服务的自由。2000年6月8日，欧盟发布《关于互联网市场中信息社会服务特别是电子商务的

---

① 欧盟所采取的消费者住所地管辖原则受到许多美国学者的批判。有学者指出，"也许，在因特网国际管辖权方面最令人头痛的发展就是最近欧盟指令草案了。它对消费者实行'原地管辖'（home jurisdiction）。一些观察家声称，这种管辖权方法可能严重阻碍电子商务的发展，并导致与美国之间破坏性的贸易纠纷。""如果消费者有权声明，管辖权的确立不应考虑因特网商业冒险合同与法院地的紧密联系，则会抑制电子商务的蓬勃发展。或者，源自指令草案的法律风险可能会迫使因特网企业将欧盟消费者排除在网站之外。"参见［美］罗伯特·L·霍格、克里斯托夫·P·博姆：《因特网与其管辖权——国际原则已经出现但对抗也隐约可见》，何乃刚译，载《环球法律评论》2001年春季号。

② See Convention on the Law Applicable to Contractual Obligation, 1980 O. J. (L 266), Arts. 3, 4, 5.

若干法律问题的第 2000/31 号指令》(以下简称为《欧盟电子商务指令》)。① 根据该指令第 2 条"定义"的内容,当某一在线商人在成员国内设立机构时,该成员国应保证在其领土内设立的信息服务供应商所提供的信息服务遵守根据指令协调一致规则而制定的本国国内法律。上述规定实际意味着适用于信息服务供应商的法律是其设立国法,其他欧盟成员国无权规制该信息服务供应商的活动。在保护消费者的问题上,欧盟依旧强调适用消费者住所地国法作为适用信息服务商所在地法的前提,旨在加强对消费者的保护。

(三) 海牙国际私法会议

海牙国际私法会议作为一个以逐渐统一国际私法规范为目的的政府间组织,近年来对电子商务领域中的国际私法问题给予了特别关注,举办了多次国际会议。1997 年召开的"互联网中国际私法问题"的研讨会达成了以下共识:(1) 互联网本质是跨国性的;(2) 互联网中也许真正存在的是法律过剩,而并非法律真空,这就有必要重新定义国际私法规则;(3) 当虚拟空间与现实空间存在某种联系时,确定在线活动的位置是可能的;(4) 当私人利益和公共利益的平衡被打破,而政府的角色并非不可替代以前,网络空间的自治规则可能更受当事人的欢迎和喜爱;(5) 各国应该合作制定国际性普遍接受的规则,而并非单独行事。②

1999 年 9 月日内瓦圆桌会议上,共有七个工作委员会分别就合同、侵权、法院选择和法律选择、数据保护的法律适用、国外送达、国外取证、在线争议解决机制和程序标准进行了分组讨论。2000 年 2 月,海牙国际私法会议又在加拿大渥太华召开了工作组会议,以便决

---

① See Council Directive on Certain Legal Aspects of Information Society Services in Particular Electronic Commerce, in the Internet Market, 2000/31/EC, Art. 3 (3) & Annex, Recital 23, 2000 O. J. (L178). See also Amended Proposal for a European Parliament and Council Directive on Certain Legal Aspects of Electronic Commerce in the Internet Market, COM (99) 427 final.

② See Katharina Boele - Woelki and Catherine Kessedjian. (*Under the Direction of*) *Internet, Which Court Decides, Which Law Applies?*. Kluwer Law International, 179 (1998)

定是否修改管辖权公约的内容来适应电子商务的迅速发展。在这次会议的讨论中,各国除在法院选择和法律选择领域基本态度一致外,尚未在其他领域达成一致的意见。①

(四) 国际经济合作与发展组织 (OECD)

OECD 近年对电子商务的法律问题也给予了很大的关注,其《电子商务条件下消费者保护指南》规定,"B2C 跨界交易,无论是否以电子形式或其他形式执行,受有关法律适用和准据法的既存法律框架的支配。""电子商务对既存的法律框架提出了许多挑战,因此,随着电子商务的不断发展,有必要考虑是否修改既存的法律适用和管辖权的法律框架,或者适用不同的规定,以保证消费者保护的有效性和透明度。"该指南还规定在考虑是否修改既存的框架时,政府应该在消费者和公司之间提供公平救济,促进电子商务的发展。特别是对消费者的保护,能够提供公平、及时的争议解决机制和救济方法,而不应过多地增加消费者的诉讼成本和负担。

三、电子商务与冲突法的变革

上述美国、欧盟、海牙国际私法会议和 OECD 有关电子商务冲突法的规定和讨论,呈现出与传统的冲突法许多不同的特点,笔者试对之予以分析并对电子商务冲突法的发展予以展望。

(一) 管辖权的重构

1. 协议管辖得到国际社会的一致认可。

当事人协议选择解决争议的法院在传统的商事领域得到了国际社会的一致认可,在电子商务领域,也得到了普遍的认同。美国的 UCITA 第 110 条肯定了当事人选择法院的权利,欧盟的《条例草案》

---

① See Catherine Kessedjan. *Electronic Data Interchange, Internet and Electronic Commerce*. Preliminary Document No. 7 of April 2000. 另可参见外交部条法司三处:《管辖权公约电子商务问题工作组会议小结》,2000 年 3 月 10 日。

也没有改变1968年布鲁塞尔公约有关协议管辖的规定。① 而且，在海牙国际私法会议的日内瓦和渥太华会议上，各国也对当事人协议选择管辖法院达成了一致意见。协议管辖之所以得到国际社会的一致认可有其内在的合理性。

协议管辖作为意思自治原则在司法管辖权中的扩张，首先体现了对人的尊重。在私法关系领域，由当事人自己来处理他们之间的权利义务关系、解决他们自己的纠纷，不仅符合私法关系的本质，而且也是对人作为社会主体的尊重。由当事人自己决定其纠纷的管辖法院，既可以回避主权者意志的冲突，又可以调动民商事活动主体的积极性。其次，协议管辖可以减少管辖权冲突。承认当事人协议选择管辖法院的权利，实际上是允许当事人根据案件所涉及的各方面情况，选择在他们看来最合适、最方便的法院来处理案件，② 这样就排除了与案件有关的其他国家的法院管辖权，解决了管辖权冲突。再次，协议管辖有利于实现诉讼公平和效率。协议管辖融合了原、被告双方的意志，可以防止原告单方面挑选法院，即防止因原告的故意设计而给被告造成不必要的负担和困难。协议管辖还可消除管辖权、程序规则以及其他问题的不确定性，从而大大提高通过诉讼解决争议的效率。但各国为了防止意思自治泛滥而可能产生的弊端，都在立法和实践中对其进行一定的限制。UCITA第110条排除了当事人的选择不合理、不公平时协议管辖的效力。欧盟不仅排除了当事人选择不公平时协议管辖的效力，而且要求当事人的选择要有书面证明。

2. 管辖权本位主义再度扩张。

---

① 该公约第17条规定："如当事人的一方或数方在一个缔约国有住所，以书面协议或有书面证明的口头协议，约定某一缔约国的某一法院或某些法院有管辖权以解决因某种特定法律关系而产生的或可能产生的争端，则只有该被指定的法院或各该法院有管辖权。

指定管辖权的协议如果违反第12条或第15条的规定，或者其所要排除管辖权的法院，根据第16条的规定应该具有专属管辖权者，则其协议无法律上的效力。

如果指定管辖权的协议只是为了当事人中一方的利益而订立的，则另一方当事人可以保留在本公约规定有管辖权的任何其他法院提起诉讼的权利。"

② 参见韩德培主编：《中国冲突法研究》，武汉大学出版社1993年版，第373~374页。

在国际民商事领域，各国从本国利益出发，竞相扩大本国法院的管辖权。在新兴的电子商务领域，管辖权本位主义再度扩张，其主要表现在以下几个方面：

（1）采用弹性管辖权标准来主张本国法院的管辖权。在近年的电子商务案件中，弹性管辖权标准得到了最大限度的推广。尤其是在美国，"最低限度联系"标准以其灵活性、包容性和软性特征，使得美国法院不必拘泥于传统的硬性规则，而是根据具体案情作出符合网络案件特性和本国需要的管辖权判断，并进而形成了一些判例和规则。在权衡"最低限度联系"标准时，网址的特性（交互性或被动性）、管辖地所在州与争议的利害关系的深浅、甚至访问网址的数量等都将构成美国法院行使管辖权的重要因素。另外，弹性管辖权标准在海牙国际私法会议的讨论中也得到了响应，有一些委员在确定侵权行为管辖权问题上就认为应该考虑重力中心说和最密切联系原则。①

（2）在 B2C 合同中，各国都侧重于对本国消费者的保护，消费者住所地这一管辖标准得到了许多国家的首肯。前述欧盟与美国在管辖权问题上的分歧，其主要原因之一是，美国的电子商务市场起步较早，相对成熟，整体上处于信息输出者地位，而且美国国内许多大公司分别经营有自己的网站，以销售自己的产品。美国从本国的整体利益出发，主张立法要注重公司的利益。而欧盟国家的电子商务市场起步相对晚于美国，主要处于信息输入者——即消费者的角色，因此，为了在国际经济交往中保护自身的利益，欧盟在立法中坚持保护消费者的价值取向也就不难理解了。实际上，在 OECD、美国和其他一些国家的立法文件中，也都强调对本国消费者的保护。

（3）传统属地管辖权标准含义的多样化。由于网络空间所具有的独特性，许多传统的管辖权标准的含义将发生变化。如就合同签订地而言，就可能被理解为信息发出地、信息收到地、信息所经过的 ISP 所在地；而信息发出（收到）地又可以被理解为发出（收到）信

---

① See Katharina Boele-Woelki and Catherine Kessedjian. (*Under the Direction of*) *Internet*, *Which Court Decides*, *Which Law Applies*？. Kluwer Law International, 179 (1998).

息的计算机所在地、发出（收到）信息者的住所地、发出（收到）信息的网址所在地，等等。某一管辖权标准如此多样化的含义在传统的冲突法中是很难想象的，而在现在的司法实践中却成为现实。中国2000年12月21日起施行的《最高人民法院关于审理涉及计算机网络著作权纠纷案件适用法律若干问题的解释》（以下简称《解释》）就力图使"侵权行为地"的含义尽量广泛，其第1条规定："网络著作权侵权纠纷案件由侵权行为地或者被告住所地人民法院管辖。侵权行为地包括实施被诉侵权行为的网络服务器、计算机终端等设备所在地。对难以确定侵权行为地和被告住所地的，原告发现侵权内容的计算机终端等设备所在地可以视为侵权行为地。"①

3. 许多新的管辖权标准将得以确立。

由于网络空间具有与物理空间不同的特性，一些新的管辖权连结因素将可能因此而产生。例如，有学者就认为，在没有统一的有关互联网的国际法的情况下，各国在理论上可以对处于其领土上的网址及这些网址的内容适用其本国法。而且，网址、服务器所在地等连结因素已在美国的司法实践得以运用。② 一般来说，一个新的事物的产生总会对所涉及的规则、制度带来一些新的变化，因网络和电子商务的出现而产生的新的管辖权标准，也具有一定的必然性。

（二）连结点的嬗变

现代的冲突法立法，在确定连结点上趋于灵活、多样和弹性化，

---

① 该条在内容上有利于保护原告人的利益。从涉外的角度来看，似乎为中国法院行使管辖权留下很大的余地。但是，该条的规定依然存在着一些缺陷，并受到了一些学者的批评。有学者认为："如此扩大'侵权行为地'的外延是错误的，因为对于'侵权行为地'的理解和解释应当坚持'行为'性。在'行为'性的前提下，将'侵权行为地'解释为'侵权行为实施地'和'侵权结果发生地'是合理的。但是，将实施某一'行为'的工具、载体所在地也纳入'侵权行为地'的范畴，这是不科学的、不合理的。"参见陈潜等主编：《电子商务政策法律理论与实践》，百家出版社2001年版，第271页。另外，该条的规定主要在于扩大对"侵权行为实施地"的解释，而对于"侵权结果发生地"则没有作出规定，有排除"侵权结果发生地"管辖之嫌，在某些特殊的涉外案件中，似乎对中国法院主张管辖权不利。

② 参见［法］埃马纽埃尔·米修主编：《法国与欧洲信息技术法律实务指南》，卢盛辉译，中国法制出版社2000年版，第313页。

电子商务冲突法更加深化了这一特性。尽管由于网络空间的特殊性，传统连结点受到前所未有的挑战和冲击，但这并不意味着发生在网络空间的案件没有可以选择的连结点。首先，对于立法者来说，他们必须根据法律关系的组合情况，运用抽象的方法，对连结点作出选择，而不可能首先考虑被选择法律的具体规则是否符合案件的需要。对于法官来说，他首先也要根据具体法律关系的构成要素的指引，确定个案的法律适用，而且对某一种法律关系的法律选择必须具有一定规律，否则，就可能导致法官自由裁量权的滥用和法律虚无主义的产生。其次，连结点的构成及其含义不是一成不变的，而是随着客观情况的变化而变化的。再次，一个新的连结点的形成与发展都有其客观依据，它与客观民商事法律关系的发展密切相关。比如，意思自治原则就是商品经济发展到一定阶段的产物。因此，对于网络案件来说，连结点的确定不仅十分必要，而且将会发生一些重要变革。

1. 主观性连结点将发挥重要作用，对它的限制逐渐减少。

对于电子商务争议，在新的连结点尚未得到各国立法认可以前，要选择一个能较好地适用于电子合同的法律，既不能通过机械的立法一蹴而就，也不能由法院自作主张地实现，而允许当事人就他们之间的电子商务争议的法律适用达成协议，无疑是解决问题的最好办法。而且，这在目前已有的立法文件中已得到了体现，如前述 UCITA §109（a）的规定。在海牙国际私法会议的讨论中，人们唯一达成一致的就是法院选择条款和法律选择条款。在欧盟，《欧盟电子商务指令》并没有制定新的国际私法规则，罗马公约的法律选择条款依然适用。也许有学者会质疑拆封授权合同（shrink-wrap contract）[1]

---

[1] 拆封授权合同，即软件厂商在销售其产品时，在软件产品的外包装上印明，如果购买者打开该包装，须受印在该包装上或里面的协议约束的合同。拆封授权合同源自美国，由于在付款之前，消费者无暇阅读、甚至无法得知拆封授权合同之内容，因此，消费者能否主张不受该合同条款的约束就成了争议的焦点。美国第三巡回上诉法院在 Step-Saver Inc. v. Wyse Technology（939 F. 2d 91, 3rd Cir. 1991）案中否认了该合同的效力，而在 ProCD Inc. v. Zeidenberg（86F. 3d 1447, 7th Cir. 1996）案中承认了该合同的效力。

和点击包装合同（click-wrap contract）① 中意思自治的效力,② 但我们认为就像提单中的法律选择条款一样，这些特殊合同中的法律选择条款并不构成对意思自治原则的否定。在电子商务领域，当事人既然有权按照他们的意志协议各自所享有的权利和承担的义务，也应有权决定适用于他们之间权利义务关系的法律，二者是统一的。

在美国，UCITA 不仅允许当事人协议选择法律，而且起草者认为，在全球进入信息社会的背景下，要求当事人所选择的法律和在线交易有"合理联系"是十分不合适的和武断的，并将增加电子商务的成本和不确定性。③ 修订后的美国《统一商法典》的§1-301规定，除了在消费者合同中要考虑公共政策和合理联系的规定外，也将无条件地允许当事人意思自治。④ 这是因为"合理联系"的标准在在线交易的情况下将很难得以适用。例如，当交易完全发生在网络空间时，当事人的位置不易确定，交易信息在网络空间里也没有固定的行进路径，或者说难以确定交易信息的行进路径，因此，也就很难判断哪一个国家或地方的法律与交易有合理的联系。⑤ 因此，我们认为，抛弃"合理联系"标准，减少对当事人意思自治的限制将成为主观性连结点发展的一个重要特征，但意思自治原则将依然受适用于在线交易的强行法，如消费者保护法、产品责任法的限制，这在前述美国、欧盟

---

① "点击包装合同"在网络交易上与"拆封授权合同"概念十分相似，许多网络商店会将交易双方之权利义务订在网页上，欲进行交易必须触按鼠标点击"同意"，表示接受该合同条款之内容，然后才能继续完成交易的后续程序。一旦完成一定程序后，即视为接受该合同条款的内容。1998 年美国加州北区联邦地方法院在 Hotmail Corporation v. Van Money Pie Inc. 一案中作出了首例确认点击包装合同效力之判决，但该合同的效力仍然受到人们的广泛置疑。

② 参见肖永平、李臣：《国际私法在互联网环境下面临的挑战》，载《中国社会科学》2001 年第 1 期；See Raymond A. Kurz, etc. *Internet and the Law*, 147 (1997).

③ See UCITA, §109 (a); Rev. UCC, §1-301.

④ See Rev. U.C.C. §1-301. If one of the parties is a consumer, then the choice of law is enforceable only if the chosen jurisdiction has some connection to the consumer. See id. §1-301 (b).

⑤ See Raymond T. Nimmer. *UCITA: Modern Contract Law for a Modern Information Economy.* 574 PLI 255 (1999).

以及 OECD 的立法文件中均有所体现。

2. 连结点所体现的法律与地域的联系将相对薄弱化，连结点弹性化的倾向将更加明显。

连结点作为把冲突规范中"范围"所指的法律关系与一定地域的法律联系起来的纽带或媒介，反映了该法律关系与一定地域的法律之间存在着内在的、实质的联系或隶属关系。① 就电子商务，特别是就在线交易而言，由于网络空间与物理空间不具有对应关系，当事人上网的位置具有很大的随意性，信息在网络中的行进路径也难以确定，连结点所反映的法律与地域之间的联系将相对薄弱化。值得指出的是，这种"薄弱化"是相对于物理空间而言的，但就网络案件来说，依然会强调连结点所指向的法律与特定地域的紧密性。

连结点所体现的法律与地域之间联系的相对薄弱化以及网络空间的虚拟性，也将促进连结点的软化处理。比如，意思自治原则的出现本身就是连结点软化处理的一个体现，而在网络环境中，"合理联系"限制的解除无疑在一定程度上扩大了意思自治原则的适用范围。"最密切联系"是另一个灵活性连结点，由于法律关系适用与其有最密切联系的国家或地区的法律是连结点的自然要求，"最密切联系"作为连结点不仅被许多国家的立法认可，而且被应用于广泛的领域。在网络案件中，由于传统属地性、属人性连结点受到挑战和冲击，"最密切联系"以其自身内在的弹性必将更加广泛地得到运用。例如，在一个网上履行合同中，合同签订地、合同履行地等失去了其在物理空间的意义，其作为连结点也不再能反映范围与系属之间的本质联系，而此时采用"最密切联系"连结点，由法官根据具体案情去找寻可适用的法律，无疑更加灵活，又不失连结点的本质要求。如前述美国 UCITA § 109（b）就规定，除两种情形外，其他均采用"最密切联系"的连结点。②

---

① 参见韩德培主编：《国际私法新论》，武汉大学出版社 1997 年版，第 142~143 页。

② 但在确定最密切联系原则时，起草者也列出了所要权衡的标准，以限制法官自由裁量权的滥用。这些标准是：（1）合同缔结地；（2）合同谈判地；（3）合同履行地；（4）合同标的物所在地；（5）当事人的住所、居所、国籍、公司成立地以及营业地；（6）州际或国际体制的需要；（7）法院地州和其他州的相关利益……

3. 传统属地性、属人性连结点将继续适用，但许多连结点的内涵和外延将需要重新界定，连结点的含义呈多样化趋势。

网络空间的虚拟性以及与物理空间的非对应性，使得发生在网络空间的案件与发生在物理空间的案件有着重要的区别。但需要注意的是，发生在网络空间的案件依然要由现实中的法院来解决，网络案件的主体也是物理空间的人，网络法律关系的最终结果也可以在物理空间得以显现，因此，在网络空间尚没有自治规则或自治规则难以适用的情况下，法官最终要以传统的法律意识来识别网络案件的法律事实，并最终适用物理空间中某一国家或地区的法律。而法官在进行识别时，一方面，传统的连结点的含义已根深蒂固，而且具有适用的必要性，另一方面，又不得不考虑网络环境的特殊性。在虚拟与现实的交融中，对连结点的解释必将多元化，也即连结点除其具有传统的含义外，还增加了在网络环境下它所应具备的含义。就"侵权行为地"的含义而言，在网络侵权案件中，就可能会突破传统的侵权行为实施地和侵权结果发生地的两分法，考虑丰富其内涵和扩大其外延，如2000年中国最高人民法院的《解释》就规定，侵权行为地包括实施被诉侵权行为的网络服务器、计算机终端等设备所在地。对难以确定侵权行为地和被告住所地的，原告发现侵权内容的计算机终端等设备所在地可以视为侵权行为地。这一界定无疑超出和改变了传统的侵权行为地的内涵和外延，侵权行为地的含义呈多样化。

4. 对同一法律关系的不同方面进行分割将进一步细化，对电子商务的不同部分或不同环节将规定不同的连结点。

连结点的这一变化在海牙国际私法会议的有关讨论中已得到体现。就合同领域中当事人没有进行法律选择这种情形而言，在日内瓦会议上，第一委员会认为，对于 B2B 合同，最好分为"非网上履行合同"和"网上履行合同"。对于前者，除了合同缔结地外，合同履行地等仍然是有效的和恰当的，而且传统"特征性履行"方法亦可以用来确定各种不同合同的法律适用。对于后者，合同缔结地、合同履行地及其他行为地都不适当。① 对于 B2C 合同，有专家认为在在线

---

① See Catherine Kessedjan. *Electronic Data Interchange, Internet and Electronic Commerce*. Preliminary Document No. 7 of April 2000, p. 14.

环境下，传统消费者的概念是否有效有待考虑。有的甚至认为应区分"消极"（passive）和"积极"（active）消费者等。① 从上述的讨论可以看出，对于电子合同首先分为 B2B 合同和 B2C 合同，B2B 合同又可以分为"网上履行合同"和"非网上履行合同"，后者又可以划分为各种不同性质的合同。B2C 合同根据消费者的情况又可以分为"消极"和"积极"的消费者合同。合同种类不同，相应的连结点也不一样。电子商务的复杂性将使法律关系的划分更加细化，连结点的确定也将更加复杂。

（三）冲突规范的发展

1. 规则趋向——在现代灵活的法律选择方法框架内发展定型化的电子商务冲突规则。

现代冲突法立法，趋向于灵活化、弹性化，但并没有在"灵活化"和"弹性化"的大潮中完全抛弃传统冲突法的理念。即使是"当事人意思自治原则"和"最密切联系原则"，依然是传统与现代、灵活与稳定相结合的表述。在复杂多变的电子商务法律关系中，电子商务的冲突法规则依然会在灵活的法律选择方法的框架内趋向定型化。

（1）当事人意思自治原则

电子商务是一种自由的商务，而当事人意思自治原则则是私法上契约自由和私法自治原则的重要体现，是契约自由原则在国际私法领域的延伸。② 它以内在的自由理念，必将在调整电子商务法律关系中发挥重要作用。这是因为，在平等的电子商务主体之间订立的电子合同中，当事人既然有权按照他们自己的意愿约定他们自己各自承担的权利义务，当然也有权来决定适用于他们之间权利义务关系的法律，二者应该是一致地、有机地结合在一个合同之中。这也是当事人意思自治原则在传统的民商事领域得到各国立法普遍认可的重要原因。另外，互联网的法律特征之一是管理的非中心化。网络空间没有集权、没有中心，每一台计算机都可以作为其他计算机的服务器，网络空间是一个高度自治的空间，用户的自主选择是开展网上活动的前提。而

---

① See Catherine Kessedjan. *Electronic Data Interchange, Internet and Electronic Commerce.* Preliminary Document No. 7 of April 2000, p. 13.

② 参见黄进主编：《国际私法》，法律出版社 1999 年版，第 402 页。

作为一种规范当事人行为的法律制度，意思自治原则毫无疑问也体现着当事人选择的自主性。

当事人意思自治原则的确立，在立法上认可了当事人在合同中选择适用法律的效力，本身也是当事人意思自治原则这一法律选择方法在电子商务领域定型化的一个表现。尽管当事人意思自治原则主要体现着法律选择的灵活性，但也有着可预见性和稳定性的因素。这是因为当事人在进行法律选择时，一般是选择自己比较熟悉或了解的法律，而不会选择自己根本不了解的法律，从而有利于当事人预知行为的后果和维护法律关系的稳定性。当事人意思自治原则并非是当事人胡乱的选择，它还要受到各国强行法、公共秩序的限制。另外，在部分国家，"合理联系"的标准依然会限制当事人的选择范围。

（2）最密切联系原则

"最密切联系原则"作为一个灵活的法律适用原则，在现代商事领域得到了广泛的应用。法律关系适用与其有最密切联系的国家的法律不仅是连结点的自然要求，也反映了连结点的本质属性。它通过赋予法官自由裁量权，由法官根据客观的案件事实，作出相对理想的选择。即使是在复杂多变的电子商务案件中，通过法官对"最密切联系"的权衡，依然能够相对合理地确定案件的法律适用。特别是在目前各国都害怕阻碍电子商务的发展而不愿立即着手进行新的立法的情形下，"最密切联系原则"无疑有着广阔的适用空间。

灵活性是最密切联系原则的优点，也是它的缺点。因为赋予法官自由裁量权，足以应付各种例外情况，使个案公正得到较为充分的保证。但若是没有对法官自由裁量权的限制，这种内在的合理性很容易转化为法官的肆意裁决，破坏法律的统一性，损害个案的公正。特别是在目前电子商务的各种法律关系尚未定型的情况下，这种损害将会尤为严重。因此，对最密切联系原则中法官自由裁量权的适当限制，将是保证该原则合理性的重要措施。而这种限制就表现为最密切联系原则的定型化。最密切联系原则的定型化在电子商务领域主要有两种方式：一是大陆法系国家的"特征履行方法"，对各种不同的合同分别适用其特征履行方的法律；二是美国的做法，即在有关法律文件中，规定一些判断标准，供法官在分析案件时加以采用。

其一,特征履行方法的适用。① 在电子商务领域,特征性履行方法表现为当事人未选择适用于电子合同的法律时,通过考察电子合同的功能,尤其是电子合同企图实现的具体的社会目的,确定代表其本质特征的当事人履行合同的行为,即它的特征性履行,并最终适用与特征性履行人联系最密切的法律。

在电子商务领域,特征性履行方法依然有适用的空间。特别是对于那些不完全电子商务合同或非网上履行合同而言,由于合同只是在网上订立,而对于合同的具体履行,则必须在物理空间中完成,有相对具体的地理位置可以确定。因此,特征性履行方法依旧可以适用。而对于完全电子商务合同,也有学者主张适用所选择的 ISP 作为确定特征性履行的标准,② 即考虑适用卖方的 ISP 的住所地法或该 ISP 自己所选择适用的法律。法官在行使自由裁量权时,将当事人的 ISP 住所地或 ISP 的选择作为适用最密切联系原则的新的连结因素。对于以 ISP 作为确定特征性履行方法的判断标准,笔者虽不敢贸然苟同,但它至少可以成为判断电子商务特征性履行的方法,而且上述学者的理论,至少反映了电子商务对最密切联系原则定型化的需求和要求。

其二,确定一些判定最密切联系原则的标准或权衡因素。在一些电子商务案件中,亦可以通过确定法官在行使自由裁量权时所应权衡的要素,来定型最密切联系原则的适用。具体而言,就像美国《冲突法重述(第二次)》第 6 条的规定一样,列出一定的判断标准,由法官根据这些标准对最密切联系原则进行权衡。前述美国的 UCITA §109 就采取了这种做法。这种方式虽然表面看来,没有具体确定有关国家的法律适用,但在具体的案件中,它可以限制并排除了一些国

---

① 为了解决最密切联系原则的广泛的自由裁量权,自 20 世纪 60 年代开始,许多国家尤其是大陆法系国家大都采用特征性履行方法来贯彻最密切联系原则。即将最密切联系原则与特征性履行方法相结合,以最密切联系原则为合同法律适用的原则,而以合同的特征性履行作为确定最密切联系的客观依据。例如,奥地利、丹麦、德国、比利时、瑞士和中国的立法,以及 1980 年罗马《关于合同义务法律适用的公约》和 1986 年海牙《国际货物销售合同法律适用公约》,都采用了这种做法。

② See, e.g., David R. Johnson & David G. Post. *Law and Borders—The Rise of Law in Cyberspace*. 48 Stan. L. Rev. (1996). David R. Johnson. *Law-making and Law Enforcement in Cyberspace*, available at http://www.eff.org/pub/legal./.

家法律对该案件的适用,使真正应该适用的法律得以显现。这实际上是对最密切联系原则的变相定型化。

2. 价值取向——在形式正义向实质正义发展的走势中,实质正义将备受关注,① 对弱势群体利益的保护将是电子商务冲突法立法的一个重要特色。

对社会正义的不懈追求是法学最崇高的理想和最神圣的目标之一,也是推动人类法制不断演进的最强大的动力。国际私法从巴托鲁斯到萨维尼,尽管他们完全从不同的角度出发来解决法律冲突问题,但他们最终都以构造基本相似的普遍适用的冲突规则来解决各种法律冲突,追求的是法律适用的明确性、一致性和稳定性,是形式正义的实现。在传统的法律选择规范中,连结点如同"路标",法官只需沿着相关的"路标"前进,就能迅速准确地找到应适用的法律,至于这个法律的内容如何,法官在作出选择时并不一定知晓,具体案件所涉的当事人能否得到实质公平的处理结果,学者及法律事务家们则关注甚少。

随着人类社会的不断发展,法治文明的不断提高,实质正义越来越受到重视。国际上出现了以卡弗斯为代表的革命性学说,企图通过"结果选择"来达到实质正义,并出现了一股对冲突规范进行"软化"处理的潮流,其主要目的在于提升国际私法案件处理的个案公正性。

现代国际私法得以确立的最主要的标志之一是"最密切联系原则"的导入,以及其与"意思自治原则"的结合,二者共同构筑了现代国际私法体系的重要支柱。它们的广泛采用是对当代国际私法复杂多变的社会生活条件的一种折射,也是对近代法治推崇备至的形式正义的一种扬弃。从某种意义上讲,当事人自愿选择的法律必能维护自己的正当权利。而最密切联系原则也体现着现代国际私法的一种理想主义,是对实质正义的表征。它以自身的灵活性和内在弹性,导致国际私法的司法化,并希望通过法官对具体案件事实的权衡确定相关的法律适用,使案件得以公正、公平地解决,从而构筑国际私法的实质正义之路。

---

① 此处"形式正义"是指法律作为一种普遍性规则平等地适用于一切法律主体;"实质正义"则是指对任何具体法律关系中的法律主体适用法律应对象化、个别化、具体化,符合特定的目的需求。

在电子商务中，由于网络空间的虚拟性和全球性，互联网不仅将全球一百多个国家的成千上万个用户联系在一起，而且彻底打破了物理空间的有形界限。"跨国"交易变得极为容易，用户只要在计算机上轻轻敲击几下，就可以自由地相互访问、交流、共享信息、开展跨国商业活动。而且由于网络空间与物理空间不具有相互对应的关系，当事人在网上的活动，也很难确定其在物理空间中所对应的地理位置。互联网使电子商务多了许多随意性、复杂性，这就要求冲突法在应对复杂多变的电子商务法律关系时，连结点所体现的不应是单一性与确定性，而是多元性、灵活性和变动性。在互联网法律冲突案件中，对理想化的"一致性"的目标追寻，将成为一种徒劳，形式正义将在电子商务中再度失落。在立法尚不健全的情况下，人们必将更多地关注个案的公平与公正，实质正义将是电子商务冲突法追寻的重要目标。特别是通过灵活多变的弹性连结点，如当事人意思自治原则、最密切联系原则等，来确定电子商务法律冲突的法律适用，必将得以凸显。这是因为这些连结点自身体现着对贸易自由的渴望、对当事人意思的尊重和对理想中实质正义的不懈追求。

另外，互联网的出现为外国法的查明带来了极大的便利，① 而外国法查明的便利将为法官对电子商务案件进行"结果选择"提供更大的可能性。在过去，由于信息技术尚不发达，要查明一部外国法的内容是很困难的，更不用说查明多部外国法律的内容。但随着互联网的出现，法官在掌握了案件所涉及的客观事实后，可以通过互联网查

---

① 互联网的出现为外国法的查明提供了极大的便利。首先，在互联网上流动的是大量的信息，其中当然不乏法律方面的资料。各国在制定法律后，一般要告示天下，而互联网则毫无疑问就像电视、报纸一样，成为信息发布的理想媒体。另外，对于世界贸易组织的成员国而言，根据《关税与贸易总协定》第 10 条等的规定，各成员国政府都必须遵守透明度原则。当成员国政府实施有关过境货物的法律和规章时，必须予以公布，并能够使外国贸易商了解或得到这些法律和规章。每一个成员国为实施上述原则，应建立一个或多个咨询机构，以答复其他成员国的资料要求及有关询问。而在当今各国的实践中，互联网已成为各成员国根据《关税与贸易总协定》的要求发布法律的重要地方。因此，这就为通过互联网查明外国法律提供了可能。其次，对于外国法的查明，在互联网上可以通过下列途径进行：（1）法院可以向准据法所属国的立法机关发送 Email，请求对方给予协助；（2）直接通过远程登录，查获准据法所属国有关法律网站的法律信息，获取所需要的资料；（3）通过互联网上的各种信息查询工具查明外国法的内容，等等。

明所涉各国的法律规定，并在比较分析后，根据公平和公正的需要，确定案件的法律适用。"结果选择"将可能从一种理论上的探索转化为一种法律选择的现实。

电子商务冲突法对实质正义的追求，不仅体现为对个案处理的公正和公平，而且体现为对社会弱势群体的保护。特别是在 B2C 合同中，由于消费者常常处于被动选择和交易的角色，在管辖权和法律适用上对消费者给予特别规定，并强调某些消费者保护法作为强行法的适用，无疑对维护消费者的合法权益有着重要的作用。对社会弱势群体的保护，将是电子商务冲突法追寻社会公正的一个重要体现，是电子商务冲突法立法的一个重要特色。

3. 立法基础——从国家利益优先向国际社会利益保护转换的过程中，国际社会利益保护的观念将得到大大提升，电子商务冲突法的统一化将得到加强。

美国法学家博登海默曾指出："任何值得被称之为法律制度的制度，必须关注某些超越特定社会结构和经济结构相对性的基本价值。"① 在传统的国际私法中，以柯里"政府利益分析说"为代表的一批学者，坚持国家本位主义，强调国家利益的保护。但随着国际经济贸易的发展和民间交往的日益频繁，国际社会的联系越来越紧密，国际社会利益保护得到了越来越多国家学者的认可。② 这一主张在新

---

① ［美］博登海默：《法理学：法哲学及其方法》，邓正来等译，华夏出版社 1987 年版，中文版前言。

② 在美国，许多学者都主张在法律规则的选择过程中，不应该仅仅考虑本国的利益，如卡弗斯（Cavers）的"结果选择说"主张从案件的结果公正来进行法律选择，冯·迈伦（A. T. Von Mehren）和特劳特曼（D. T. Trautman）的"功用分析说"、克雷默（L. Kramer）的"政策选择规则说"［主要体现在其文章 Rethinking Choice of Law. 90 Columbia L. Rev. 278-345（1990）.］则主张在进行法律选择时要考虑多州或多国的利益。欧洲大陆学者也提出了"利益论"，但他们主张国际私法不仅应研究国家利益，还应该研究国际利益，并将两者结合起来加以考虑，从而确定法律适用。(参见韩德培主编：《国际私法新论》，武汉大学出版社 1997 年版，第 76 页。) 在我国，李双元教授在论述"国际民商新秩序"、"法律的统一化"和"法律的趋同化"的过程中，对现代国际私法的价值转换，特别是对国际利益的保护，进行了详细的论证。(参见李双元等主编：《国际民商新秩序的理论构建》，武汉大学出版社 1998 年版；李双元主编：《中国与国际私法统一化进程》，武汉大学出版社 1993 年版；以及李双元教授近年来发表的一些论文）。

近的一些国家的立法中也得以体现。电子商务的全球性特点使其在冲突法制度方面必将更加深入地体现这一趋势，一国的法律遵循某些国际社会公认的准则成为客观要求。个人以至国家为一定电子商务法律行为时，都应考虑到不损害国际社会的共同利益。国际社会利益保护将会得到前所未有的关注和发展。

（1）注重国际社会利益保护是电子商务的内在需求。

首先，电子商务是经济全球化的产物，而且正是由于它的兴起促进了经济全球化的加速。电子商务是通过计算机和网络的方式进行的商务活动，它通过虚拟手段创造了一个遍及世界各个角落的大市场，这一虚拟市场没有传统市场那种时间和空间上的局限性，[①] 它是一种开放性的、全球性的市场。

其次，电子商务作为一种服务业，是国际服务贸易的重要内容之一。而作为一种新的贸易方式，电子商务也已经成为国际贸易中不可分割的一部分。换句话说，电子商务本身就是贸易全球化的一项内容。因此，关于电子商务的立法也应该具有全球性视角，立足于国际社会电子商务的整体发展，那种以本国利益为出发点的立法，其最终必将阻碍本国电子商务的发展。

再次，电子商务所依托的互联网是由用户、服务器、局域网、广域网等相互联结而成的网络，是当今世界规模最大、覆盖面最广、资源最丰富、使用最为迅捷的网络信息库，是电话系统、邮政服务、新闻媒体、购物中心、信息集散地、音像传播系统等功能结合而成的一个整体。[②] 互联网的价值在于其整体功效，在于丰富的信息在互联网中的自由流动。如果互联网是一个个封闭性的区域，必将降低其效用和价值。因此，在互联网中不能单从国家利益的角度出发，而要从有利于整个人类社会的发展出发，探求国际社会之间所需的多边共同政策。

因此，电子商务环境下的冲突法立法，要从国家本位向国际社会本位延展，从国家利益优先向国际利益保护转变。电子商务所依据的价值准则应突破传统的以国家利益为出发点的观念，寻求整个国际社

---

① 参见杨坚争等：《虚拟市场：经济全球化中的电子商务》，上海社会科学院出版社、高等教育出版社2001年版，第34页。

② 参见张楚：《电子商务初论》，中国政法大学出版社2000年版，第6页。

会利益与不同国家利益之间的平衡,并注重国际社会利益的保护。

(2) 在注重国际社会利益保护的背景下,电子商务冲突法规则的统一化将会不断推进。

电子商务是一种全球性商务,电子商务的健康发展也同样有赖于国际合作。而且由于互联网本身不是国家进行自我维护的工具,它体现的是国际社会的整体需求,所以,要真正有效地解决电子商务所带来的一系列具有全球性的法律问题,必须进行国际合作。在注重国际社会利益保护的背景下,电子商务冲突法规则的统一化将会不断推进。

一些学者认为,在电子商务下,制定一些统一的冲突法规则比达成一部实体法条约,具有更大的可能性。① 实体法的国际条约实际上是对当事人强加了一个固定的交易模式,而在当事人违反该交易模式时,将受到一定的制裁。一个强加一些违约责任于当事人契约关系的国际条约,最后可能强加了一些当事人本想避免的风险,也就可能增大当事人的交易成本。而且,国际条约中规定的实体规则越细越确定,就可能增加比较多的当事人不想遵守的义务,各国之间达成国际条约的可能性就越小。相反,如果在条约中规定一些允许当事人可以进行法律选择的冲突法条款,而当事人又保证承担经过冲突法条款所指向的准据法所规定的义务,则不仅可以降低当事人交易的法律风险和交易成本,而且可以增大交易结果的相对确定性。

另外,在互联网上查明外国法的便利与快捷也将对电子商务冲突法的统一化产生一定的影响。由于互联网的便利,为各国法律文化的交流提供了便利,各国在制定本国的电子商务冲突法时,就会充分了解其他国家的规定,吸收其合理内核,从而促进各国在电子商务冲突法领域采纳相同的制度和规则,为电子商务冲突法的统一化打下了基础。

因此,通过国际条约规定一些冲突法条款不仅存在着必要性,也存在着很大的可能性。实际上,在海牙国际私法会议正在起草的《民商事管辖权和外国判决公约》中,起草小组正在考虑制定一些有

---

① See Paul B. Stephan. *The Futility of Unification and Harmonization in International Commercial Law.* 39 Va. J. Int'l L., 785 (1999). See also Maureen A. O'Rourke. *Progressing towards a Uniform Commercial Code for Electronic Commerce or Racing towards Nonuniformity?*. 14 BERK. TECH. L. J., 653-655 (1999).

关电子商务规则。因此，我们认为，随着各国电子商务市场的日渐成熟，相关国际私法问题将会越来越多，国际协调与合作的范围将会不断扩大，水平将会不断提高。达成一致的冲突法规则、制定统一的冲突法条约将是电子商务冲突法发展的重要趋势之一。

（四）准据法的变革

技术的发展常常带来法律的变革，网络的出现也对现存空间的实体法提出了挑战。而且由于法律的相对滞后性，许多网上的法律行为将可能缺乏法律的规范。于是，有学者认为，互联网的出现已经使传统的法律在适用于互联网的案件时发生了困难。① 也有学者认为，即使我们运用现有的法律选择规范，确定应适用那一国法律作为准据法，最后却发现这一切都是徒劳的，因为该国根本就没有相应的立法，这就出现了准据法"落空"的现象。②

我们认为，对于电子商务案件，准据法"落空"的可能性是存在的，但不能说没有相应的实体法可以调整。首先，目前世界各国和相关国际组织都在加紧进行电子商务的立法。许多国家或地区，诸如美国、新加坡、中国香港等，都已经制定了相关电子商务法，而且更多国家或地区的电子商务立法正在起草中。许多国际组织，如联合国、OECD、国际商会等都在起草、制定或编纂有关电子商务的国际条约或惯例。电子商务的实体法立法必将得到飞速发展。其次，从前述立法和海牙国际私法会议的讨论可以看出，人们依旧用传统的"合同"、"侵权"等法律概念来对电子商务的各种法律关系进行分类，电子商务并非另类法律关系，传统商事法律的原则和规则，依旧有适用的空间，现实世界的法律并非完全不能适用于虚拟空间或规范网络交易中的行为。③ 再次，在传统的国际私法中，当外国法不能查明时，常常以内国法取而代之，或者适用与本应适用的外国法相近似或类似的法律，或者适用一般法理，通过这些措施来弥补外国法不能

---

① 参见张瑞星：《Internet 法律问题上线》，台湾永然文化出版股份有限公司 1997 年版，第 159 页。

② 参见肖永平、李臣：《论 INTERNET 对国际私法的挑战》，中国国际私法学会 2000 年年会论文，第 17~18 页。

③ 参见万以娴：《论电子商务之法律问题》，法律出版社 2001 年版，第 182 页。

查明时留下的空白。① 同样道理，当某一网络案件没有可以直接适用的准据法时，也应该适用相近似或类似的法律，或者适用一般法理，来填补空白，以使案件妥善得到解决。

考虑到电子商务的迅速发展，加强电子商务的实体法立法是急需的。由于电子商务与传统商务相比存在着诸多不同，我们认为，电子商务所适用的准据法在重构过程中将呈现如下特点：

1. 电子商务实体法的趋同化和统一化的趋势更加明显。

电子商务实体法的趋同化和统一化，既有利于有关电子商务的法律冲突的解决，也为电子商务准据法的确定提供了物质基础。

电子商务实体法的趋同化，主要是指各个不同国家，在进行电子商务实体法立法时，相互吸收，相互渗透，从而趋于接近甚至趋于一致的现象。其表现形式是在国内法律的创制和运作过程中，越来越多地涵纳国际社会的普遍实践与国际惯例，并积极参与国际法律统一的活动等。电子商务实体法的趋同化主要来源于以下几点原因：首先，在法律的趋同化过程中，法律文化的交流毫无疑问将发挥决定性的作用。如果说在过去通信设施不发达的时代里，由于收集别国的法律文化资料很不方便，进而减少了各国法律文化相互交流的机会，从而阻碍了法律的趋同化进程，那么，在当今的互联网时代，互联网的便捷为人们查询资料提供了极大的方便，这一障碍将不再存在或大大削弱。其次，在调整国际贸易的各国法律制度中，无论是资本主义国家还是社会主义国家，无论是发达国家还是发展中国家，都存在着各国都能接受的共同的或相似的基本原则、规则和制度。② 各国在进行商事立法的实践中，也不再只考虑自己国家的法律制度，而是通过比较分析，吸收共同的法律原则和理念，消除彼此的差异，以维护商事活动的自由，促进本国国际贸易的发展。电子商务是一种商务活动，而其本质又是全球性的，③ 支配电子商务的法律要具有兼容性和共同性也就成了其内在需求。因此，在进行电子商务立法时，毫无疑问要遵

---

① 参见黄进主编：《国际私法》，法律出版社1999年版，第276～279页。
② 参见黄进、胡永庆：《现代商人法论》，载《比较法研究》1997年第2期。
③ 在国际经济合作与发展组织1998年《全球电子商务行动计划》第一部分"OECD电子商务部长级会议结论"中就有"电子商务本质上是全球性的"结论。

守商事法律许多共同的或相似的基本原则、规则和制度。电子商务实体法立法的趋同化,目前已经在各国的电子商务立法上得到体现,如,由于受 1996 年联合国国际贸易法委员会的《电子商务示范法》(以下简称《示范法》)的影响,美国、加拿大、新加坡、澳大利亚等许多国家和地区(如中国香港)的电子商务立法都具有高度的一致性。

电子商务实体法的统一化,主要是指有关电子商务实体法条约的制定问题。统一化是目前商事领域国际造法活动的重要发展趋势之一,必将在电子商务领域得到体现。首先,互联网本身是国际合作的产物,互联网的健康发展也同样有赖于国际合作。① 互联网的跨国性的特点要求其立法模式所依据的价值准则应突破传统的以国家利益和国家内部的社会利益和个人利益为出发点的观念,转而寻求整个国际社会利益与不同国家利益及个人利益之间的平衡。其次,电子商务是发生在网络空间或与网络有关的商事活动,由于商事活动的相似性和反复性,目前商事领域是法律规则统一化程度最高的一个领域,国际社会已经在商事领域制定了大量的国际条约。而且,电子商务的存在是以网络技术为基础的,同一领域的技术规范本身就具有高度的统一性。因此,我们认为,电子商务领域的实体法条约将在规范电子商务活动方面发挥重要的作用。②

---

① See Paul B. Stephan. *The Futility of Unification and Harmonization in International Commercial Law*. 39 Va. J. Int'l L., 785 (1999). See also Maureen A. O'Rourke. *Progressing towards a Uniform Commercial Code for Electronic Commerce or Racing towards Nonuniformity?*. 14 BERK. TECH. L. J., 653-655 (1999).

② 1998 年美国政府向联合国国际贸易法委员会电子商务工作组提出了制定一个电子交易国际条约的建议。美国政府认为,尽管联合国《示范法》已经产生了很大影响,但许多国家在进行电子商务立法时仍违反了该《示范法》所确立的原则,因此,有必要根据该《示范法》中的授权条款(enabling principles)来达成一个有约束力的国际协议,以形成电子商务统一原则的国际体制。See Proposal by the United States of America, U. N. GAOR Comm'n on Int'l Trade Law, 33rd Sess., Note by the Secretariat, U. N. Doc. A/CN.9/WG.IV/WP.77 (1998). Available at http://www.un.or.at/uncitral/en-index.html (visited on Sept. 12, 2000). 另外,在 1999 年美国电子商务工作组第二年度工作报告中,也提到了制定国际条约的努力。欧盟也有类似的表示。See The Need for Strengthened International Coordination, COM (98) 50 Final. See also Electronic Commerce Directive.

2. 电子商务的自治规则将在规范电子商务活动方面发挥重要作用。

在网络的发展中，许多不成文的网络规则实际上发挥了相当程度的网络规范作用。随着网络的商业化及普及化，大量使用者涌入网络社会并将其在现实世界中所接受的法律观念与制度，有意无意地移植到网络空间中，这些受到移植的法律观念、法律制度，逐渐形成多数网络使用者所认同的网络习惯法与网络礼仪（netiquette），① 成为许多网络社区形成的基础。② 就像商人习惯法的产生和适用一样，这些网络习惯法，由于是网络空间活动主体自发形成的一些规则，将在规范电子商务活动方面起到重要的作用。特别是在私人利益和公共利益的平衡被打破，而政府的角色并非不可替代以前，网络空间的自治规则可能更受当事人的欢迎和喜爱。③

电子商务自治规则生命力的源泉根植于商人们之间的电子商务实践，它是电子商务的主体和有关国际组织根据实践的需要而形成的一种调整当事人间关系、解决他们之间争议的法律手段。在电子商务活动中，商人们用它来弥补现实法律许多电子商务领域的"真空"、协调不同国家有关法律之间的矛盾或冲突，以保证电子商务活动的顺利进行。电子商务自治规则是当事人协商一致的产物，代表了当事人自己的意志和愿望，对当事人之间的权利义务关系具有法律上的约束力，成为当事人调整电子商务关系、解决电子商务争议和促进电子商务发展的重要的法律工具。从这个意义上来讲，电子商务领域的这一"法律"的唯一驱动力就是当事人之间的协商一致。前述已论述在电子商务领域，当事人意思自治原则将成为电子商务合同法律选择的首

---

① See Susan B. Ross. *Department*: *Technology & Law*: *Netiquette*, *Etiquette over the Abn and the Internet*. 33 AZ Attorney 13 (1996), available at http://www.fau.edu/rinaldi/netiquette.html.

② See Roger Clarke. *Encouraging Cyberculture*, available at http://www.anu.edu.au/people/.; See also Lawrence Lessig. *Social Meaning and Social Norms*, 144 U. Pa. L. Rev., 2181 (1996).

③ See Katharina Boele-Woelki and Catherine Kessedjian. (*Under the Direction of*) *Internet*, *Which Court Decides*, *Which Law Applies*?. Kluwer Law International, 179 (1998).

要性原则,而在各国出于维护电子商务发展尚没有进行电子商务立法,或所立法律为对方当事人不熟悉的情况下,电子商务自治规则无疑将成为当事人的首选。

3. 在准据法的选择中,公法适用的可能性增加。

在传统的国际私法中,尽管适用外国公法性质的法律不乏其例,有些国家在立法上也作出过规定,① 有的学者还特别对经济法这一明显具有公法性质的法律部门域外适用的可能性进行了分析。② 在互联网中,公法适用的机会将大大增加。由于互联网的虚拟性和全球性,网络上的大量信息可能泥沙俱下、鱼目混珠。由于各国历史背景和文化传统的不同,有些信息在一些国家是违法的,而在另一些国家则可能是合法的。如果以这些信息为交易对象,必将涉及各国之间公法的冲突,公法的选择适用就将成为冲突法的一个重要任务。

例如,在对待纳粹物品问题上,2000年4月,在法国的国际反种族主义协会和法国犹太学生联合会共同向法国法院起诉美国雅虎公司一案③中,原告认为雅虎公司收录的一个网站拍卖纳粹物品,而该网站在法国可以自由地登录,其违反了法国不允许展示或出售纳粹物品的有关规定。法国法院最后也适用了本国法律,要求雅虎公司必须在三个月内采取措施,阻止法国用户进入该网站,并请求美国法院对该项裁决予以承认和执行。在这个案例中,不仅涉及美国和法国的公法冲突,即法国法律认为展示或出售纳粹物品是违法的,而美国法律则不予禁止,而且还涉及公法的域外效力,即美国法院对法国的该项裁决的承认和执行问题。再如,在对待目前网络上泛滥的色情读物上,在美国,色情读物在言论自由的保护范围之内,它只是简单地交给民

---

① 1987年《瑞士联邦国际私法法规》第13条也曾指出:"本法对外国法的指定,包括所有依据外国法适用于该案件的法律规定,不得仅以该外国法律规定被认为具有公法性质而排除其适用。"

② 参见[德]尤尔根·巴塞多:《论经济法上的冲突规则》,载《外国法译评》1996年第3期。作者分析了经济法这一明显具有公法性质的法律部门所引起的法律冲突问题,并以竞争法为例,分析了经济法的冲突中效力原则和来源国规则的运用,指出双向冲突规范不可避免地出现于经济冲突法之中。

③ 资料来源于http://news.yahoo.com,2001年5月24日访问。

众自己去判断。① 而在中国，在网上展售色情读物是违法行为。因此，如果在美国及与其相似制度的国家的当事人之间，进行色情读物的交流可能是正常的电子交易，而要是发生在美国人与中国人之间的这种交易，就有可能被视为犯罪行为，涉及公法的冲突与适用。②

另外，在电子商务的财政税收、反垄断法的效力、③ 电子商务的认证等方面，都将涉及各国公法的规定，并可能引发公法适用的冲突。在电子商务中所涉公法冲突大量增加的情况下，不管适用哪一国的法律，其结果都是导致公法在电子交易活动中适用的几率增大。因此，我们认为，在电子商务准据法的选择中，公法适用的可能性增加。

---

① 但有一点是共同的，色情图片与儿童色情图片以及性虐待、非自然性交图片是不同的，对于后者，世界各国的态度一般都是一致否定并视为犯罪行为。

② 公法冲突有时并不仅仅局限于国与国之间，在一国之内，由于各个法域之间法律规定的不同，也会发生公法上的冲突。如 1996 年美国诉汤玛斯夫妇案（U.S. v. Thomas, 74. F.3d 701 6th Cir., 1996. 资料来源于http://www.eff.org.pub/legal.）。1991 年汤玛斯夫妇在加州设置了一个网址，经营一个名为"世界上最龌龊的地方（the nastiest place on earth）"的 BBS，为付费的用户传送色情图片和色情录像带。田纳西州的一邮政检查员下载了数个图形文件并订购了数套录像带后，向田纳西州法院提起诉讼，指控汤玛斯夫妇违反了田纳西州的法律。在本案中，汤玛斯的行为如依加州的法律不构成犯罪，而根据田纳西州的法律则构成淫秽罪。检察官坚持适用田纳西州的社区标准，即色情录像带送达地的社区标准。辩方律师则主张适用加州的社区标准，即材料发送地的社区标准。联邦第六巡回法庭裁决认为，即使某一州的社区标准与被告本州的社区标准有实质上的差异，该州法院仍可依据自己的社区标准进行判决，并最终适用了田纳西州的法律判决汤玛斯夫妇有罪。

③ 美国与欧盟之间已经有这方面的争议，并开始了对网络交易中反垄断问题的讨论。参见邵宇奇：《美国企业间（B2B）电子交易市集与反托拉斯法之探讨》，载《行政》（澳门）2000 年第 4 期。

论 WTO 法对我国国际私法的影响*

一、序言

中国加入 WTO，融入以自由市场经济为主要特征的全球经济体系，表明了中国走向国际社会的决心和在自由竞争的国际环境中发展自身的愿望。这一事件深深触及国家和所有公民个人的利益，其影响将是广泛和深远的。本文的目的即在论述 WTO 法对我国国际私法的影响，以期对中国国际私法的立法与实践有所裨益。

1994 年 WTO 协议与 1947 年 GATT 不同，它涵盖了更为广泛的国际贸易。除货物贸易之外，WTO 协议扩及服务贸易、知识产权、政府采购、投资和农业等领域。新的贸易体系不再由临时适用协议、专家组报告和参加者的谅解协议组合而成，所有协议的贸易义务必须一揽子接受，而不能"挑挑拣拣"（pick and choose）。不仅如此，WTO 体系大大加强了原 GATT 的法律性质和"规则取向"（rule orientation），新的 WTO 争端解决程序即是很好的证明。① 也就是说，WTO 体系促使贸易关系中原本更受注重的"权力取向的外交方法"（power-oriented diplomatic approach）向"规则取向"的法律方法和公平的争

---

* 与宋晓（武汉大学法学博士，现为南京大学法学院副教授）合作撰写，本文原载于《中国司法评论》2002 年冬季卷（总第 5 卷）。

① See John H. Jackson. *The Jurisprudence of GATT and the WTO: Insights on Treaty Law and Economic Relations.* Cambridge, 455（2000）.

端解决机制转变。① 关于 WTO 的相对独立的法律体系目前已经形成，本文所指的 WTO 法，就是这一法律体系，它不仅包括 1994 年《马拉喀什建立世界贸易组织协议》及其附件，也包括所有以后制定的新协议，甚至可以包括争端解决机构对协议的解释和判决。②

传统国际私法，在 20 世纪后半叶受到了美国现实主义法学者发起的"冲突法革命"的巨大冲击，与此同时，欧洲大陆国际私法也静悄悄地进行渐进性的变革。21 世纪伊始，国际私法又受到了以 WTO、电子商务等为代表的经济全球化和法律全球化的冲击，国际私法的调整与变革远未停止。③ 本文讨论 WTO 法对中国国际私法的影响，自然不能脱离国际范围的国际私法的变动与发展（至少在国际私法领域，是没有所谓"法律本土资源"可资利用的），WTO 法对"普遍"国际私法的影响，同时也是对我国国际私法的影响。

从法律功能主义的观点出发，WTO 法调整国际贸易中"公法"性质的法律关系，一般只规定国家之间的权利义务关系，用以减少国家的单边贸易措施和国家设置的其他贸易壁垒对国际自由竞争的扭曲；国际私法则调整国际贸易中"私法"性质的关系，一般只规定私人之间的权利义务关系。以 WTO 法为主体的"公法性"法律与包括国际私法在内的"私法性"法律，是拉动国际贸易这辆马车的并驾齐驱的两匹马。WTO 规则之所以存在，主要是为了给国际贸易建立一个可预测的和自由的经济、法律环境。④ 这同样也是国际私法存在的理由，维护国际贸易当事人在国际社会"私法林立"的环境

---

① E. U. Petersman. *The GATT/WTO Dispute Settlement System*. Kluwer Law International, 64 (1997). Cited also in James Cameron & Kevin R. Gray. *Principles of International Law in the WTO Dispute Settlement Body*. 50 International and Comparative Law Quarterly, 248 (2001).

② WTO 争端解决机构对协议的解释和判决不具有普遍的法律效力，鉴于它们在国际贸易中的实际作用和影响，本文也将它们纳入"WTO 法"的广义的界定中。

③ 关于 20 世纪国际私法发展与变化的总结性文论，较为著名的有 Symeon C. Symeonides. *Private International Law at the End of the 20th Century: Progress or Regress?*. Kluwer Law International (2000); Peter North. *Private International Law: Change or Decay?*. 50 International and Comparative Law Quarterly, 477-508 (2001).

④ 参见世界贸易组织秘书处编：《乌拉圭回合协议导读》，索必成、胡盈之译，法律出版社 2000 年版，第 46 页。

中的合理期望和正当的法律利益,一直是国际私法的首要目标。因此,法律功能主义说明,WTO 法与国际私法相互平行、相互补充,同时也相互影响、相互渗透。

WTO 法对国际私法各部分的影响并不停留在同一层面上,而有大小轻重之分。本文接下来首先探讨 WTO 法对国际私法一般理论问题及方法论的影响,然后渐次论述对国际法律适用、管辖权及判决的承认与执行部分的影响。最后,在经济全球化和法律全球化的背景中,我们试图阐明国际私法有着更深层次的价值基础。

二、WTO 法对我国国际私法基本理论问题的影响

就法律性质而言,WTO 协议是国际条约,WTO 法应属国际公法范畴;另一方面,除国际私法条约之外,国际私法则完全是主权国家的国内法。就法律效力而言,WTO 法高于国际私法,两者在绝大多数场合下不会发生冲突。如果发生冲突,WTO 法应居优先地位。WTO 法的效力高于国际私法的结果是,一国制定自己的国际私法规则时,必须遵循 WTO 法的两项基本原则:一是国内透明度原则,由于国际私法的大部分规则是用来调整国际贸易关系的,必须按照 WTO 法的要求予以公开透明;二是非歧视原则(包括国民待遇原则和最惠国待遇原则),一国的国际私法不能用来片面地保护本国商人的利益或特定第三国商人的利益。至于 WTO 法对国际私法基本理论问题或方法论的影响,更多地是间接的。

(一) WTO 法在国际私法案件中的可适用性问题

国内法院在审理国际私法案件时,能否直接援引 WTO 法?前提问题是,国际私法案件有援引 WTO 法的可能性与必要性吗?

WTO 法与国际私法分别调整国际贸易的不同方面,国际私法案件关系到国际贸易的私人主体之间的民商事权利义务,似乎没有直接诉求 WTO 法的必要。但是,WTO 法中的许多规则,明确地涉及了私人主体法律上的权利义务,具体说来,在反倾销、补贴与反补贴、保障措施和 TRIPS 协议保护的知识产权诸领域,私人极有可能从中获得

一定的权利。① 而且，上述权利也极有可能和当事人通过贸易合同的民商事权利义务交织在一起，或者成为合同民商事权利义务的先决条件。例如，出口商以进口国征收反倾销税和反补贴税为由中止合同；又如，知识产权侵权案中首先需要查明 TRIPS 协议的保护范围等，此类国际私法案件就可能同时涉及 WTO 法。

当我国法院在审理涉及 WTO 法的国际私法案件时，能否直接援引 WTO 法的问题，其实是国际条约是否在我国法院直接适用的问题。综观国际社会，许多重要的国家都从总体上否认了国际条约在国内的直接效力；同时也有不少的国家实践表明，那些可以明确推导出个人权利的具有"自动执行"（self-excecuting）性质的国际条约可以直接予以适用。② 我国国际私法规则大多规定在 1986 年的《中华人民共和国民法通则》及 1991 年的《中华人民共和国民事诉讼法》中，这两部法律都规定了国际条约具有优先的法律地位。③ 因此，我们认为，WTO 法中那些可以明确推导出个人权利的具有"自动执行"性质的规则可以在国际私法案件中直接援引，并且享有优先的法律地位。

（二）政策分析方法的强化及国际私法的实体取向

WTO 法的方法论基础是经验主义的政策分析方法。政策虽不能脱离法律规则而存在，但政策与法律规则的不可分性已为当代法哲学所证明。④ 政策对法律规则的形成和解释有极其重要的作用。WTO 规则可视为对某种经济政策的选择，其中大多数经济政策反映了人们消除贸易壁垒、开展自由贸易的愿望。美国的杰克逊（Jackson）教授在谈到国际经济法的方法论时说："政策分析应优先于法律概念和

---

① See James Cameron and Kevin R. Gray. *Principles of International Law in the WTO Dispute Settlement Body*. 50 *International and Comparative Law Quarterly*, 295 (2001).

② 参见［英］詹宁斯、瓦茨修订：《奥本海国际法》（第一卷第一分册），王铁崖等译，中国大百科全书出版社 1995 年版。

③ 参见《中华人民共和国民法通则》第 142 条、《中华人民共和国民事诉讼法》第 238 条。

④ 政策法学派的代表人物麦克杜格尔（McDougal）指出："法律规则——无论是从习惯、惯例还是根据其他什么渊源派生出来的——在特定案件中的每次适用，事实上都要求进行政策选择。"转引自［美］博登海默：《法理学：法律哲学与法律方法》，邓正来译，法律出版社 1999 年版，第 186 页。

法律规则的理论分析，虽然理论分析在很多情况下与政策紧密相连，但理论必须是'好理论'，而'好理论'通常需要经验观察加以证明。"① WTO 法的发展虽然走上了抑制"权力取向"、强化"规则取向"的道路，但规则的形成和解释更多地是依赖于政策分析方法，而绝不是法律概念与法律逻辑，因此更谈不上对 WTO 协议与规则的体系化。就法的形式而言，WTO 协议与规则更接近以《美国商法典》为代表的普通法系法典编纂，而甚于接近以《德国民法典》为代表的大陆法系的法典编纂。

国际私法的政策分析方法，即美国柯里（Currie）教授倡导的"政府利益分析说"，是美国 20 世纪"冲突法革命"的最大贡献之一。深受柯里影响的新的冲突法的正统学说，至少在美国的学术界渐渐地形成了。② 柯里教授的理论也是整个 20 世纪最富有创新精神的国际私法学说，在某种意义上复兴了国际私法的单边主义传统。③

对传统国际私法双边主义方法漠视法律选择的实体结果及个案的公正解决，美国现实主义冲突法学者深刻地予以了批判。早在 20 世纪 30 年代，卡弗斯（Cavers）教授就指出："无论是理论上的冲突规则，还是实在法上的冲突规则，只努力地把法律问题分配到立法管辖范围内，而不是致力于特定案件的公正解决……法院的职责不是随意地选择法律，而应是解决特定争议……对法律选择将怎样影响争议解决的问题视而不见，又如何作出明智的选择呢？"④ 二战后，柯里教授进一步批判道："法律选择规则是法律世界的怪物，它从不告诉我

---

① See John H. Jackson. *The Jurisprudence of GATT and the WTO: Insights on Treaty Law and Economic Relations.* Cambridge, 14 (2000).

② See Lea Brilmayer. *The Role of Substantive and Choice of Law Policies in the Formation and Application of Choice of Law Rules.* 252 Recueil des cours, 20 (1995).

③ 国际私法的三种基本方法分别为：单边主义方法、双边主义方法和当事人意思自治方法。单边主义方法从实体法律规则的内容的性质出发，考察它们的空间范围和时间范围，以此决定它们是否适用于特定国际民商事诉讼案件；双边主义方法则从法律关系的性质出发，通过连结因素，将国际民商事案件"分配"到特定国家的私法体系内；当事人意思自治方法是由当事人合意选择国际民商事关系所应适用的法律。

④ See Cavers. *A Critique of the Choice-of-Law Problem.* 37 Harvard Law Review, 18 (1933).

们结果将是什么,只告诉我们到哪儿去寻找结果,规则的制定者也并不能预见规则。"他又说:"法律选择规则是空洞的没有血性的东西。它事实上并未指明重要的法律政策,导致国家对诉讼结果漠然无视……政府的一般政策被忽视了。"①

柯里教授在批判的基础上,依据政策分析方法提出了著名的"政府利益分析说"。他主张,解决法律冲突,首先需要认定与争议有关的国家是否真正因为存在某种"利益",所以需要适用本国的法律。通过考察相互冲突的法律规则的内容,可以判断上述利益存在与否,继而决定法律规则隐含的那些目的与政策能否在特定案件中得以实现。也就是说,通过规则的解释来决定相关国家是否有意愿将自己的法律适用于特定案件。② 政府政策之所在,也就是政府利益之所在,这两个词一般来说是可以相互替换的。

柯里教授的学说虽有广泛影响,但并未被后来的学说与立法全盘接受。主要原因是政府利益分析说完全抛弃了冲突规则,而它本身又不具备法律规则的形式,其适用存在法律技术上的难题;而且它过于偏袒法院地法。现在各国的普遍做法是:将柯里的理论和传统的双边规则结合起来,将法院地国的实体政策预先规定在双边规则之中,创造出大量的选择性冲突规则、重叠性冲突规则、保护性冲突规则;同时依据法院地国的实体政策,重新制定一些单边冲突规则;还有,赋予法院地国的某些实体规则以"直接适用的法"的性质,避免冲突规则的指引,从而直接实现这些规则中的实体政策。这些新发展可以称为当代冲突法的"实体取向"。

WTO 法的政策分析有别于国际私法的政策分析,前者更多地追求国际性目标,而后者更多着眼于国内目标的实现;前者维护的是国际利益,而后者主要维护国家利益。但同为调整国际贸易关系的 WTO 法和国际私法,两者的政策应该取得协调。至少,WTO 协议的

---

① See Brainerd Currie. *Selected Essays on the Conflict of Laws.* Duke University Press, 180, 52 (1963). 柯里教授总结说:"要是彻底抛弃法律选择规范,我们会更好。"参见该书第 183 页。

② 这就是"政府利益分析说"主要的推理过程。See Symeon C. Symeonides. *Private International Law at the End of the* 20th *Century: Progress or Regress?.* Kluwer Law International, 13 (2000).

基本目标和基本原则,① 理应成为国家在制定国际私法规则时予以尊重的基本政策,这样才能从不同层面协调地推动国际贸易的发展。因此,WTO 法的政策分析方法强化了国际私法的政策分析方法和实体取向。

(三) WTO 法对设定新型法律关系和新的连结点的启示

13 世纪,意大利"法则区别说"的形成标志着国际私法历史的开始。在随后的五个世纪里,法国和荷兰的法学家丰富了"法则区别说"。"法则区别说"致力于探究法律的内在性质,按照法律的内在性质的不同,可将一国法律大致划分为物法、人法和混合法,它们各自有不同的空间适用范围和时间适用范围。② 可以说,早期国际私法的识别(定性)对私法进行了创造性分类,我们可称其为"创造性识别"。而德国法学家萨维尼(Savigny)则将"法则区别说"的单边主义发展成双边主义,创立了"法律关系本座说"。他通过对罗马私法长期深入的研习,总结罗列了具备现代规模的各种法律关系,每一种法律关系都有唯一的"本座","本座"所在国的法律体系应适用于该法律关系的具体案件。双边主义方法的识别,是将发生的事实和已有的法律关系的特征相对应的过程,我们可以称其为"描述性识别"。双边主义方法获得巨大成功,占据了国际私法的主导地位。但就识别而言,它在一定程度上使国际私法失去了独立创造的品格,而对民商法依赖过大。

国际私法的历史表明,对私法关系性质的识别,应该考虑各国私法自身的分类和发展,并尽可能主动地与之衔接,但是,也没有必要与私法自身的分类和发展完全保持一致。国际私法可以在比较法的基础上从各国私法、现代商人法以及 WTO 法中汲取新的思想资源,创设新的私法关系,这也是对整个私法的丰富和发展。③ WTO 法是世

---

① WTO 协议的基本目的是促进国际贸易自由化,基本原则主要有国民待遇原则、最惠国待遇原则、关税减让与市场准入原则和透明度原则。

② 关于法则区别说及其定性问题的发展,可以参见 [法] 亨利·巴蒂福尔、保罗·拉加德:《国际私法总论》,陈洪武等译,中国对外翻译出版公司 1989 年版,第 303~331 页。

③ 例如,我国《民法通则》第 148 条关于扶养的冲突规则中,扶养法律关系就有别于国内扶养法律关系的内涵,这已被众多的国际私法学者所接受和赞同。

界贸易最真实的反映，它不带有法律概念主义和形式主义的积弊，所创造的新的法律概念和法律关系普遍具有国际性格。而这些新的东西可资国际私法借鉴和利用。例如，GATS对服务贸易的四种划分，分别是跨境交付、境外消费、在服务消费国的商业存在和自然人流动，① 各国私法体系中并没有这种划分，但各国国际私法可以超越本国的私法体系，直接在上述四类服务贸易法律关系划分的基础上创设管辖权规则和冲突法规则。当然，这样的例子还有很多。

同理，国际私法也可以从WTO法中寻找到富有时代气息又贴近现实国际贸易的连结点。寻找最能体现法律关系性质的法律事实（连结点），仍然是国际私法双边主义方法的重心所在。连结点不能一成不变，必须随着时代的变迁而不断地更新、替换和丰富。当代国际私法的改进和发展，很大程度上是通过增加、丰富、软化连结点而实现的。WTO法对国际私法来说，是蕴含大量新的有生命力的连结点的宝藏，有待于国际私法去勘探和深掘。例如，"货物原产地"、②在服务消费国的"商业存在"等法律事实和概念，就具备作为国际私法连结点的条件。

三、WTO法对国际法律适用的具体影响

WTO法调整国际贸易"公法"层面的问题，国际私法调整国际贸易"私法"层面的问题，两者各司其职，不能相互取代。因为调整对象具有同一性，两者自然地相互渗透、相互影响。具体到国际法律适用领域，对不同的法律关系，WTO法的影响也有直接与间接、强与弱之分。下面选择至为明显的几方面加以论述。

（一）WTO法的框架结构对照出我国商事冲突法框架结构的分散与不完整

从GATT到WTO的五十年历程表明，WTO的管辖范围愈来愈大。开始旨在削减各国的关税壁垒，后来的重心渐渐移转到削减非关税贸易壁垒方面；管辖的贸易领域从货物贸易扩及到了服务贸易、知识产权贸易和与贸易有关的投资领域，而且似乎还有不断扩展的趋

---

① 参见《服务贸易总协定》第1条。
② 参见《原产地规则协议》第1条。

势。乌拉圭回合结束时达成的 WTO 协议就表明，WTO 法几乎已经扩展到国际贸易的所有方面，其框架结构全方位地反映了国际贸易的市场活动和市场结构。①

调整国际贸易的"公法"性质的法律理应与"私法"性质的法律相携并进。但是加以对照，我国的国际私法立法，尤其是商事冲突规则，分散且不完整。首先，我国缺少统一的国际私法立法，已有的国际私法规则分散在许多部门法之中，不成体系；其次，我国国际私法立法仍存在一些立法真空，尤其是商事冲突规则大量缺失；再次，WTO 法给国际私法提出了新的国际法律适用问题，对于反倾销、四种类型的服务贸易、电子商务等新型法律关系中的国际私法问题，我国还缺乏相应的立法，它们能否沿用传统的国际私法规则还有待于深入研究。

总之，应加紧完善市场经济条件下的各类国际民商事法律关系的冲突规则，与 WTO 法的立法框架相对称，从而为国际贸易建立一个可预测的和自由的经济和法律环境。

（二）当事人意思自治与 WTO 法及外国公法

意思自治是各国国际私法公认的法律选择的基本方法。当事人通过合意，自主地选择适用于国际商事合同的法律，可以直接预见国际商事交易的法律结果。不同国家的当事人可以围绕预见的结果协商谈判，从而减少交易成本，增强交易的稳定性。同时，意思自治避免了使复杂的国际合同同时受制于不同国家法院和不同国家私法管辖的危险。② 因此，就促进自由贸易而言，意思自治原则与 WTO 法的基本精神是一致的。但这里也有两个问题有待解决：第一，WTO 法对当事人的意思自治构成限制吗？第二，能否以 WTO 法的基本政策为依据，解决合同自体法能否包括外国强制性法律规则甚至是公法规则的

---

① 关于 WTO 法的框架结构，参见世界贸易组织秘书处编：《乌拉圭回合协议导读》，索必成、胡盈之译，法律出版社 2000 年版，第 7～8 页。这里仅就 WTO 法的框架结构而言。事实上，WTO 法是"不会停止的法"，其内容会随着服务贸易领域自由化程度的加深，不断地调整和变化。

② See P. J. Mcconnaughay. *The Scope of Autonomy in International Contracts and Its Relation to Economic Regulation and Development*. 39 Columbia Journal of Transnational Law , 600 (2001).

理论困境?

当事人意思自治的权利并非是漫无边际的,一般来说,它受到以下三个方面的限制:第一,意思自治须是善意的且不损害第三者的利益;第二,意思自治不违反法院地国的公法规则(诸如刑法、税法)的规定,法院地国的"直接适用的法"性质的规则亦可以排除意思自治而径直适用;第三,意思自治不能违反法院地国的公共政策。另外,有的国家的法律要求,当事人选择的法律应与合同有"合理的"或"实际的"联系。①

除上述限制之外,意思自治在我国是否应受到 WTO 法的限制?由于意思自治所体现的贸易自由精神和 WTO 法的基本政策是一致的,所以在司法实践中,WTO 法和意思自治相抵触的情形不大可能发生。WTO 法中那些可以直接产生个人权利的具有"自动执行"性质的规则可以在我国国际私法案件中直接援引,并且享有优先的法律地位,因此,如果合同自体法与这些规则相抵触,则应该服从于这些规则。事实上,将 WTO 法纳入我国的法律体系过程中,其中可以直接产生个人权利的具有"自动执行"性质的规则很大部分会转化成"直接适用的法"性质的规则。WTO 法在例外情况下对意思自治构成的限制,事实上将等同于我国"直接适用的法"对意思自治构成的限制。

合同自体法能否包括外国"直接适用的法"性质的规则或公法规则?这实际上牵涉到了当代国际私法的一个理论困境,即外国公法在本国法院的可适用性问题。国际私法从产生时起就一直排除外国公法在内国法院的可适用性,直到二战以后,这个问题才开始提出,成为国际私法左右为难的理论困境。原因是二战以后"公法"和"私法"的界限趋于模糊,为了保障市场经济安全有效地运行,各国法律对以契约为主要行为方式的私人经济活动设定种种条件和约束,这些法律既具有国家管理的"公法"性质,又直接影响了合同当事人的权利义务关系,具有"私法"性质。在国内,它们常常构成"直接适用的法",得以排除相应的冲突规则直接予以适用。至于外国的此类规则,学术界争论不休。愈来愈多的国际私法学者主张应考虑外

---

① 参见黄进主编:《国际私法》,法律出版社 1999 年版,第 405~406 页。

国的"直接适用的法",甚至公法规则。1987年《瑞士联邦国际私法法规》也大胆地突破传统国际私法的樊篱,明确主张外国公法的可适用性。① 1980年欧洲经济共同体《关于合同义务法律适用的公约》也有类似规定,但在实践中绝大多数国家对公约的上述规定提出了保留。② 到目前为止,承认外国的"直接适用的法"乃至公法规则在本国的效力,国际社会的实践仍然趋于保守。

我们认为,在各国"公法"和"私法"日益混同、私人的市场行为对整个社会福利的影响日渐增大的今天,允许当事人通过意思自治规避有关国家的管制法规,或者完全否定合同自体法包括外国的"直接适用的法"的做法,均不利于有关国家的经济安全和法制的完整。如今的国际社会紧密依存,每个国家都存在一定的义务去考虑外国的"直接适用的法"乃至"公法"性质的规则。但是不能否认,有些国家的管制规则管辖过远,是为别的国家所不能接受的,③ 这也是当今国家实践趋于保守的一大原因。WTO法是全世界普遍接受的贸易管制规则,内国法院在审查外国"直接适用的法"和"公法"性质的规范时,可以用WTO法的基本原则作为衡量其可适用性的依据。这样,既能帮助各国国际私法走出这一理论困境,又减少了法院地国对外国"直接适用的法"乃至"公法"规范管辖过远而损害本国利益的担忧。

(三) TRIPS协议的国民待遇原则与知识产权冲突规则的关系

与国际私法其他分支的国际法律适用问题相比,关于知识产权的冲突法发展较晚。原因是知识产权法具有严格的属地特性,知识产权的产生和保护范围均依据本国法律,各国对知识产权的跨境交易也施加了较为严格的限制,这样就减少了各国知识产权的法律冲突。但在

---

① 《瑞士联邦国际私法法规》第13条规定:"根据本法规定适用外国法时,包括适用外国法的所有条款。外国法律的规定,即使具有公法性质,也可以予以适用。"

② 参见1980年《关于合同义务法律适用的公约》第7条第1款。同时参见 G. Parra-Aranguren. *General Course on Private International Law*. Recueil des cours, 133 (1988-III).

③ 例如,美国发布的贸易禁令的效力常常及于本国公司在外国设立的子公司,这是为子公司所在地国不能接受的。See O. Lando. *The Conflict of Laws of Contracts: General Principles*. 180 Recueil des cours, 405 (1984).

最近几十年，随着技术贸易总量的增加，以及有形货物贸易常常伴随无形知识产权的转让，与贸易有关的知识产权的保护问题于是成为举世关注的热点，这些都促使了这一领域法律冲突问题的频繁发生。

TRIPS 协议与 GATS 一样，在乌拉圭回合一揽子交易中最具开拓性。它不仅巩固了原有的知识产权保护的国际多边协定，① 而且又有了新的突破。该协定对七大类别的知识产权逐一规定了每个 WTO 成员必须在其国内法律中提供的最低保护水平，这可以说是解决知识产权法律冲突的统一实体方法。

TRIPS 协议同时也将国民待遇标准扩及对各大类别知识产权的保护。知识产权保护的国民待遇原则与知识产权的冲突规则的关系是一个非常有争议的问题。国民待遇原则在 GATT 和 GATS 中涉及的是"公法"问题，例如税收、市场准入等，因此它与调整私法关系的冲突规则没有多大的纠葛。但在知识产权领域，国民待遇针对的是知识产权这一私法权利本身，因此它与冲突规则的关系便引发了争论。② 它是指向法院地法的单边冲突规则吗？如果是的话，它是单独适用还是与其他冲突规则重叠适用？

国民待遇原则是协定所规定的各成员国必须履行的基本义务之一，但它本身并没有确定外国知识产权权利人的实体权利，而是留下一段空白，需要法院地的知识产权实体法予以填补。由于这种间接调整的性质，我们可以把国民待遇看做统一指向法院地法的单边冲突规则。

但是，这种单边规则并不能单独适用，并不能最终决定法院地法是唯一的准据法。这是因为：其一，国民待遇常常和 TRIPS 协议的最低保护标准联系在一起，结果是法院地国的知识产权法对外国知识产权权利人提供的保护不得低于最低保护标准所提供的保护；③ 其二，WTO 成员可以完全自由地对知识产权提供更高的保护水平，当知识产权冲突规则指引的准据法和 TRIPS 协议的最低保护标准对外国人

---

① 包括《保护工业产权巴黎公约》、《保护文学和艺术作品伯尔尼公约》以及《保护表演者、录音制品制作者和广播组织公约》。

② See William Patry. *Choice of Law and International Copyright*. 48 *The American Journal of Comparative Law*, 402-409 (2000).

③ See William Patry. *Choice of Law and International Copyright*. 48 *The American Journal of Comparative Law*, 405 (2000).

所提供的保护低于法院地国对本国人提供的保护，则应重叠适用国民待遇原则。

因此我们可以说，国民待遇原则是和 TRIPS 协议的最低保护标准以及法院地国的知识产权冲突规则重叠适用的特殊的单边冲突规则。重叠适用的结果是：保证外国权利人所享有的权利同时不低于 TRIPS 协议的最低保护标准和法院地所提供给本国人的保护标准。

（四）WTO 法对电子商务法律适用问题的启示

广义的"电子商务"，是用来描述利用电子技术完成的商业行为，即利用数字技术，或其他功能等同的数字中介技术来完成货物、服务和信息的商事交易。而狭义的电子商务，是指以互联网为运行平台的商事交易。互联网电子商务是当前发展最快、未来用途最广泛的电子商务形式，是电子商务的主流。本文所讨论的主要是互联网电子商务问题。

数字化和全球化是互联网电子商务的基本特征，它给已有的法律秩序和法律技术带来了冲击和挑战，其深度和广度还在不断地延伸下去。到目前为止，依然没有形成有法律约束力的关于互联网电子商务的国际立法，许多国家和国际组织正在为此不懈地努力。[1]

互联网国际商务对几百年来以属地性为基本特征的国际私法的冲击和挑战将是深远的，因为互联网电子商务本身难以地域化、场所化。美国国际私法学家塞缪尼德斯（Symeonides）教授指出："20 世纪行将结束，我们才刚刚意识到，互联网的出现可能需要我们对本学科的某些基本的理论前提进行根本性的反思。这是新近来临的挑战，但没有理由假定我们在适当的时刻不会与它正面相遇。"[2]

---

[1] See Francesco G. Mazzatte. *A Cuide to E-commerce: Some Legal Issues Posed by E-commerce for American Business Engaged in Domestic and International Transactions*. 24 *Suffolk Transnational Law Review*, 249-250, 259（2001）.

[2] See Symeon C. Symeonides. *Private International Law at the End of the 20th Century: Progress or Regress?*. Kluwer Law International, 78-79（2000）. Peter North 也表达了同样的观点："急剧发展的商业环境、全球信息的普遍化带来的挑战在于：我们需要在多大程度上改变我们已有的国际私法的结构？"See Peter North. *Private International Law: Change or Decay?*. 50 *International and Comparative Law Quarterly*, 502（2000）.

因此，互联网电子商务对国际私法的冲击与挑战仅仅是一个开端。法律的生命力在于保留久已沉淀的理性因素的同时，又向变动中的社会现实开放，不断地更新、生长、创造。在互联网电子商务环境下，有生命力的国际私法一成不变或彻底改变都是不可能的。世界贸易组织也一直关注着互联网电子商务法律问题，对互联网电子商务与 WTO 法的关系作了如下阐述：

"在互联网上购买和付款的产品，需要实际送达的，则仍受 WTO 既有的货物贸易规则管辖。但产品是通过互联网的电子信息送达的，这种情况就复杂得多了，因为产生的许多问题与寻找合适的可适用的政策制度相关。提供互联网的链接服务和其他在网上可直接送达的产品，都在 GATS 的管辖范围内，但有必要澄清哪些活动是在成员国允诺的市场准入的范围内。"①

从以上我们可以看出，WTO 处理互联网电子商务的基本思路是"在线"与"离线"相分离。通过"在线"方式订立的，但实际履行需用"离线"方式进行的合同，属于"离线"电子商务，受一般规则管辖（即 GATT 规则）；而完全通过在线方式的商务活动，属于"在线"电子商务，应该采用特殊规则（即 GATS 规则）。国际私法可以从中得到启示，那就是"离线"电子商务应更多地受制于传统国际私法规则；国际私法对互联网电子商务的应战，也只需要努力寻求"在线"电子商务的特殊规则。只有"离线"与"在线"的国际私法问题相分离，这样才能在国际私法的稳定和变革之间达致平衡。英国国际私法学家诺斯（North）教授也说："在我们考虑冲突规则是否适合于因电子商务而变化的世界时，我不相信有关财产的冲突法规则会从实际需要中剔除出去。"②

四、WTO 法对管辖权和判决执行问题的影响

管辖权、法律适用和司法协助（包括判决的承认与执行）共同

---

① See World Trade Organization (WTO), *Electronic and the WTO*, available at http://www.wto.org/wto/eom/e.intro.html (last visited on June 6, 2000).

② See Peter North. *Private International Law: Change or Decay?*. 50 *International and Comparative Law Quarterly*, 507 (2001).

组成国际私法的统一体。管辖权问题是任何领域法律适用的起点,如果管辖权问题尚未确定,准据法也就不能最后决定下来。同样地,如果司法协助特别是判决的承认与执行不能在国际社会得到保障,国际判决的价值就微乎其微了。国际私法就是围绕着这三个基本问题展开的。萨维尼(Savigny)已经强调指出,管辖权和法律适用只是同一个法律问题的不同方面,这个共同的法律问题就是要实现国际民商事争议的场所化(localization)。①

从20世纪的后半叶开始,国际私法的内部逐渐开始一场结构性的调整,那就是研究重心逐渐从国际法律适用方面向国际民商事诉讼的管辖权及司法协助方面转移。这并不是因为国际法律适用问题的重要性下降了,而是以往各国过于注重这方面的协调和统一,却不适当地忽略了其他两方面的同等的重要性。无论从立法上还是学说上看,这种内部结构调整的趋势在今天更为明显了。② 本文这里主要讨论 WTO 法对管辖权和判决执行问题的影响。我们要理解 WTO 法对管辖权及判决的承认与执行两方面的影响程度,首先必须了解国际私法自身的这一发展背景。

(一) 海牙公约草案对 WTO 法立法技术的借鉴

WTO 法既未扩大也未缩小各成员国对国际民商事诉讼的管辖权。成员国在行使行政管辖权时,有可能援引"用尽当地救济"原则来对抗 WTO 法的管辖,但在行使国际民商事诉讼管辖权时,成员国完全可以自由地依自己的法律,而没有援引此项原则的必要。

从1994年以来,海牙国际私法会议就把工作重心转向《民商事管辖权和外国判决公约》的准备工作,我国政府自始就积极地参与

---

① Cited from Vischer. *General Course on Private International Law*. Recueil des cours, 199 (1992-II).

② 目前,海牙国际私法会议正在努力制定全球性的《民商事管辖权和外国判决公约》。关于学说重心的转移,诺斯教授用两部英国的国际私法经典著作作了很好的说明,他说:"一个粗略的比较可以说明这个问题。30年前,讨论管辖权及判决问题的部分只占了戚希尔和诺斯(Cheshire and North)著作的1/8,戴赛和莫里斯(Dicey and Morris)著作的1/6,今天则分别增加到1/3和1/4。" See Peter North. *Private International Law: Chang or Decay?*. 50 *International and Comparative Law Quarterly*, 500 (2001).

谈判。该公约的基本目标是在民商事诉讼的管辖权和判决的承认与执行方面制定全球性的统一规则,保证各国判决的"自由流通",以适应经济全球化的需要。1999年10月初步形成公约案文。①

根据美国代表的提议,关于国际民商事诉讼管辖权规则的公约草案主要借鉴了《补贴与反补贴措施协定》(《SCM协定》)的立法技术。《SCM协定》采用所谓"交通信号灯"的方法,将补贴分为三类:(1)明确允许的"不可诉"(non-actionable)补贴("绿灯"补贴措施);(2)明确禁止的补贴("红灯"补贴措施);(3)介于中间类别的"可诉"(actionable)补贴,被允许抑或被禁止则取决于它们对贸易产生的具体结果。② 相应地,国际民商事诉讼的管辖根据也可以分为三类:(1)明确允许的管辖标志,相应的判决应在各缔约国得到承认与执行;(2)禁止的管辖标志,相应的判决不能在各缔约国得到承认与执行;(3)介于中间状态的可允许的管辖标志,各缔约国可自由决定是否承认与执行相应的判决。公约草案对《SCM协定》成功的立法技术的借鉴,目的在于协调不同国家分歧较大的国内立法。③ 但是主要因为美国和欧洲国内立法的矛盾和对公约的实质政策的分歧,该公约的谈判已陷入僵局,前途难料。④

(二) 外国判决的承认与执行成为一个贸易问题

WTO法对国际民商事诉讼的实质理论并没有改变,但国际社会新近有一种观点,尤其是美国的学者认为,应该把外国判决的承认与执行看做一个贸易问题,甚至应该将它纳入WTO法的框架内,利用

---

① See http://www.hcch.net/e/conventions/draft36e.htm.
② 参见《补贴与反补贴措施协定》第3~9条。
③ See Antonio F. Perez. *The International Recognition of Judgments: The Debate between Private and Public Law Solutions.* 19 Berkeley Journal of International Law, 90 (2001).
④ 欧洲国家想推行"布鲁塞尔—卢加诺"公约的欧洲模式,坚决反对美国的"一般性经济活动管辖权";美国则坚持主张其国内法所规定的"一般性经济活动管辖权",反对将此列入禁止的管辖权标志的清单。双方对此无法达成妥协,遂使谈判陷入僵局。

WTO 的已有的多边体制达成一个关于执行外国判决的新的 WTO 协议。①

如果国际社会普遍承认这种观点并付诸实施，那意味着外国判决的承认与执行问题将告别国际私法而成为"国际公法"的一部分，无疑对国际私法的这部分造成根本性的改变。这种观点产生的现实与理论背景主要包括下述三个方面：一是我们已经提到的管辖权与判决问题得到更多关注，国际私法内部正进行一场结构性调整；二是不同类型的国家关于外国判决的承认与执行的立法的分歧和矛盾，不能适应经济全球化的客观要求，导致分歧和矛盾更为尖锐；三是海牙国际私法会议关于管辖权及判决的公约谈判陷入僵局。

在外国判决的承认与执行问题上的政策分歧，大致集中在美国、欧盟及经济发展势头良好的发展中国家这三种国家类型中。美国作为当今世界经济贸易的中心，在海外和国内的国际投资和贸易量均居首位。与此经济地位相适应，美国一方面通过"一般性经济活动管辖权"扩大本国法院的管辖权，另一方面鼓吹外国判决的"自由流动"来保障本国法院的判决能在其他国家得到执行。因此，美国法院渐渐单方面地放弃了最高法院在 1895 年的"希尔顿诉盖奥特"（Hilton v. Guyot）案中确立的"互惠要求"的执行外国判决的条件，希望其他国家也同样放宽对美国法院判决的执行条件。但事实上，美国公司在其他国家遍地都是，其他国家的判决较易用这些美国公司在本国的财产得到执行，而不需要申请美国法院执行，因此其他国家就不愿放宽对外国判决（尤其对美国判决）的执行条件。② 2000 年 12 月，欧盟理事会通过了《关于民商事案件管辖权及判决的承认与执行条例》，将 1968 年的布鲁塞尔公约正式纳入欧盟法。此举加强了欧盟成员国在相互承认与执行判决方面的协作与团结。③ 随着中国、巴西和印度

---

① See Antonio F. Perez. *The International Recognition of Judgments: The Debate between Private and Public Law Solutions*. 19 Berkeley Journal of International Law, 44-51 (2001).

② See Antonio F. Perez. *The International Recognition of Judgments: The Debate between Private and Public Law Solutions*. 19 Berkeley Journal of International Law, 58-63 (2001).

③ See http: //europa.eu.int/comm./justice-home/pdf/com1999-348-en.pdf > (visited on 15 Oct. 2001).

等发展中国家经济发展步伐加快,这些国家的产品更多地涌入美国等发达国家,在发达国家对发展中国家提起产品责任的诉讼案件将越来越多,因而发达国家开始更多地关心这些发展中国家对外国判决的承认与执行的政策。

美国意识到本国与欧盟等其他国家在判决执行条件上的不对称,所以在1992年就倡导海牙国际私法会议制定全球性公约,试图改善他国对美国判决的执行条件。目前海牙国际私法会议的谈判陷入僵局,于是美国想利用其在WTO谈判中的成功经验,把判决执行问题与贸易问题进一步挂钩,提议放弃海牙谈判,转而利用WTO机制,达成一个WTO协议。所有WTO协议以"一揽子协议"著称,成员国不能挑挑拣拣,只能一揽子接受,而且各协议之间相互制约、相互补充,只要成员国违反其中一个协议,就有可能最终遭到其他利害国用不履行其他协议的方式进行报复,每个WTO协议的条约效力由此得以强化。① 因此,如果能在WTO框架中达成关于执行外国判决问题的协议,其最终效力势必能得到充分保证。

（三）中国应有之态度

随着世界经济相互依存的程度加深,外国判决需要在国际范围内得到承认与执行的情形也随之增多。如果各国在此方面采取保守和严格的立法政策,导致判决越出国界动辄无效,那必定会损害国际贸易与投资商对司法救济的信心,他们的合理期望和正当利益就得不到应有的保护,最终将给国际贸易和投资带来负面影响。因此,客观地说,国际判决问题成为一个贸易问题是有其内在的合理性的。

一般说来,除互惠条件之外,外国判决要在本国法院得到承认与执行,还须满足两个基本条件:第一,外国判决应当建立在合理的管辖权基础上;第二,外国判决不违反本国的公共政策。② 美国从本国利益出发,利用"一般经济活动管辖权"扩大自己的管辖权,为欧

---

① 参见《关于争端解决规则与程序的谅解》第19~22条。另外参见世界贸易组织秘书处编:《乌拉圭回合协议导读》,索必成、胡盈之译,法律出版社2000年版,第37~38页。

② 我国按照国际条约的规定和互惠原则承认与执行外国判决。审查的对象只涉及公共秩序,没有涉及管辖权,这应当说是我国法律规定的不足。参见《中华人民共和国民事诉讼法》第267~268条。

盟及其他许多国家所不能接受，这也是美国判决经常遭到外国抵制的一个重要原因。目前国际社会要在管辖权方面取得共识，还有很长的路要走。至于各国的公共政策，包含贸易与非贸易的，分歧更为显著，尤其对于非贸易政策，涉及环境标准、劳工标准等，发达国家与发展中国家在 WTO 舞台上的矛盾与斗争是公开化的。因此，只要这两个基本条件不能在全球达成初步共识，国际判决即使与贸易有关，但就目前而论，要通过 WTO 机制达成一个新协议还是为时尚早。国际社会仍然需要通过传统的"私法"方法进行磋商和协调。

五、结语：WTO 法、法律全球化和国际私法的价值

全球化既是我们时代的趋势，又是我们时代的现实，它构成我们时代最基本的特征之一。全球化最集中地表现在全球经济和技术两方面，它既是世界经济整合成统一经济系统的过程，同时也是覆盖全球的信息网络的代名词。

法律全球化也主要集中在国际法特别是国际商事法律领域，既是对经济和信息全球化现实的描述，同时也是超越它们的价值规范过程。因此，不能把法律全球化等同于经济、信息全球化，后者是一个相对简单的客观过程，而前者却是相对复杂的、隐含价值判断的过程。比之经济全球化、信息全球化，法律全球化的程度显然要低得多，可以说只是一个开端。

WTO 法是法律全球化的最集中的表现，它是对各国干预世界经济、世界市场的国内措施的统一立法，旨在消除贸易壁垒，最大限度地促进世界贸易的自由化。但从 GATT 到 WTO 的整部历史来看，WTO 法的管辖范围愈来愈大，从部分货物贸易到几乎全部的货物贸易，进而到服务贸易，与贸易有关的知识产权和投资措施；从关税壁垒到非关税壁垒；甚至从贸易政策扩张到诸如国内竞争政策的非贸易政策；① 也甚至从贸易标准扩张到环境标准、劳工标准等非贸易标准。我们不禁要问，何处才是 WTO 法的适当的外部界限？法律全球

---

① See Eleanor M. Fox. *Toward World Antitrust and Market Access.* 91 *The American Journal of International Law*, 1-25 (1997).

化将会无限进行下去吗?

我们可以从国际私法的角度间接地回答这个问题。国际私法的存在与发展是以多元私法的存在为前提的。在解决国际法律适用问题时,国际私法力图中立地看待各国私法,更不贬低任何国家的私法制度,从某个侧面看,国际私法的发展,就是与狭隘的"法院地法倾向"作斗争的历程。国际私法最终追求的是多元私法的"平等与民主",这正是国际私法的伟大价值之所在。只有实现多元私法的"平等与民主",才能为国际社会解决各种复杂的、难以预料的危机和难题提供多种选择方案。如果盲目冒进地追求私法统一,最终破坏的将是绝大多数市场主体的契约自由。

WTO协议对政府干预国际经济的公法行为构成限制,无论是GATT还是GATS,都不直接涉及私人的权利义务,也就是说,并不直接涉及私法内容。当WTO意欲将其管辖范围扩展至环境标准、劳工标准、国内竞争政策和国际判决的执行等领域时,就会大面积地涉及各国私法内容。无可否认,上述问题均与国际贸易有着紧密联系,各国相关的立法与歧异确实会在一定程度上阻碍国际贸易的自由进行。虽然WTO法的"规则取向"不断地得到强化,但较之历史悠久的私法来说,WTO法还是带有浓重的"权力取向"和政治妥协色彩。WTO法"一揽子协议"的约束办法,用来削减各国政府的贸易壁垒,是非常有效的,但用"一揽子协议"来解决分歧和矛盾较大的私法问题,将私法问题公法化,最终将会抑制私法的发展和破坏多元私法的民主和平等。因此,法律全球化和WTO法都应该有个合理的界限,那就是不破坏多元私法的存在和发展。私法的统一应是一个自发的、经久磨合的过程。

一国对环境标准、劳工标准和竞争政策的立法兼有"公法"和"私法"相混合的性质。这些法律以往具有严格的属地效力,并不容易产生法律冲突问题。在经济全球化和信息全球化席卷过来的今天,这些领域的法律冲突问题才开始引起人们的普遍关注。事实上,国际社会的一种尝试工作已经开始,那就是利用国际私法方法来协调上述领域的法律冲突。① 我们认为,目前应该选择国际私法方法来解决上述领域的法律冲突,而不宜将它们纳入 WTO 法的框架。

WTO 法管辖国际贸易"公法"层面的问题,国际私法管辖国际贸易"私法"层面的问题,两者各司其职,不能相互取代。我们应坚持法律功能主义的这种看法。WTO 法对国际私法产生了许多积极影响,但是许多与贸易有关的国内法领域目前仍应通过国际私法方法解决。中国在加入 WTO、推动国际自由贸易和法律全球化的同时,也应当加强对本国私法和国际私法的完善和创新。

---

① 解决各国经济法律冲突,通过创设双边冲突规则是有可能的。See Jürgen Basedow. *Conflicts of Economic Regulation*. 42 *The American Journal of International Law*, 446-447(1994).

中国冲突法体系初探*

中华人民共和国成立以后，我国废除了帝国主义强加给我们的所有不平等条约，取消了外国人在华的一切特权，为独立自主地进行对外交往，乃至建立完善的冲突法制度创造了良好的条件。但是，在近三十年里，由于种种原因，我国冲突法立法还没有被加以足够重视，我国法学界对冲突法的理论研究也比较落后。除 1959 年中苏领事条约有一条冲突规范外，① 在我国缔结或参加的国际条约中未找到其他的类似规定；关于冲突规范的国内立法则还是空白。十一届三中全会后，随着我国对外开放向深度和广度发展，我国冲突法的立法工作终于从 1983 年开始提到国家立法工作日程上来。从 1983 年至 1987 年的短短四年多时间，我国陆续颁布了《中外合资经营企业法实施条例》、《涉外经济合同法》、《继承法》、《技术引进合同管理条例》、《民法通则》、《中国银行对外商投资企业贷款办法》等法律，其中都含有冲突规范。特别是《民法通则》第八章专门规定了涉外民事关系的法律适用问题。这样，在中国现有的法律体系中，一个初具规模的中国冲突法分支体系已初步形成，并不断完善。本文试图就中国冲突法体系的原则、结构、内容和缺陷发表一些探索性的意见。应该指出的是，在国内和国外，冲突法常常被叫做国际私法，而对于国际私法的范围，学者们的主张是有分歧的，但有一点可以肯定，大家都认为冲突规范是国际私法的内容。因此，本文仅仅是根据中国现存的冲

---

* 本文原载于《中国社会科学》1988 年第 5 期，中国人民大学书报资料中心复印报刊资料《法学》1988 年第 10 期转载。

① 参见《中华人民共和国条约集》第 8 集（1959 年），法律出版社 1960 年版，第 24 页。

突规范及其有关立法对中国的冲突法体系进行探讨。

一、中国冲突法体系的原则

中国冲突法作为中国现行法律体系中的一个分支体系，必然受到一些基本原则的支配。这些原则既曾指导冲突法的制定，又将指导冲突法的实施。其原则有：

(一) 国家主权原则

国家主权，是国家独立自主地处理自己的内外事务的权力。这种权力不可分割、不可让与、不从属于任何外来的意志。它在国内是最高的，领土内的一切人和事以及领土外的本国人都要受其管辖；在国际上则是平等独立的，不受任何外来干预。坚持国家主权原则是建设独立的冲突法制度的关键。因为立法权和司法权是国家主权的重要内容，而国家的立法权和司法权不能独立或没有得到应有的尊重，就没有冲突法存在和发展的条件。

我国冲突法充分体现了国家主权原则。首先，我国冲突法的制定与适用体现了国家主权原则。我国冲突法是我国在对外开放、国家主权独立和完善的情况下的自主立法，没有任何外来势力的干扰和影响。我们也承认在一定条件下适用外国法来处理涉外民事关系，但这是根据我国自己的冲突规范去选择适用，也就是说，适用外国法只是适用我国冲突规范的结果，适用外国法是为了公正、合理地处理涉外民事关系，促进我国的对外开放。这不仅不会有损于我国国家主权，恰恰是更好地坚持和维护了国家主权原则。其次，我国冲突法采用了公共秩序保留条款这一"安全阀"来保护国家主权。公共秩序保留是冲突法中一项重要的维护国家主权的制度。各国冲突法立法或司法实践无不肯定这一制度，我国冲突法也采用了这一制度。《民法通则》第150条规定："依照本章规定适用外国法律或者国际惯例的，不得违背中华人民共和国的社会公共利益。"这表明，我国冲突法不容适用外国法或国际惯例时有损于我国的根本利益。当然，"公共秩序"是一个比较广泛的概念，公共秩序保留制度是一个具有弹性的制度，我国在冲突法中，究竟如何运用公共秩序保留制度来维护国家主权，值得进一步深入研究。

(二) 平等互利原则

在冲突法上平等互利意味着进行经济、民事交往的各国及其公民和法人在法律上互相平等和彼此获利。"相互性"在其中占有很重要的地位。而且，平等和互利是两个相互联系又不可分割的概念，只有平等才能互利，也只有互利才能实现真正的平等。

平等互利原则首先要求各国民商事法律处于平等的地位。各国都有自己的民商事法律，而且各自的法律千差万别，因此，当各国人民在相互交往中发生冲突时，只有各国民商事法律处于平等的地位，才有冲突法的存在。因为这种平等的结果必然是各国互不歧视对方国家的民商事法律，彼此承认对方国家的民商事法律在本国的域外效力，承认依对方国家法律所产生的既得权，从而导致内外国法律的选择或适用问题的产生。如果在民商法领域，各国都坚持狭隘的属地主义，在法律适用上强调本国的法律优于他国的法律，对外国法一概采取排斥态度，那么，各国法律无平等可言，也就不需要冲突法了。我国现有的冲突规范，除少数单边冲突规范规定某种民事法律关系必须适用中国法外，大多为双边冲突规范，都可能结合涉外民事法律关系的具体情况需要适用外国法，体现了我国在对外交往中承认外国民商法与我国民商法的平等共存。

其次，平等互利原则要求中外当事人在涉外民事法律关系中处于平等的地位，它们的合法权益受到同等的法律保护。我国《民法通则》第3条规定："当事人在民事活动中的地位平等。"我国宪法第18条规定："在中国境内的外国企业和其他外国经济组织以及中外合资经营的企业，都必须遵守中华人民共和国的法律。他们的合法的权利和利益受中华人民共和国法律的保护。"第32条又规定："中华人民共和国保护在中国境内的外国人的合法权利和利益。"这些规定进一步保证了在冲突法中贯彻平等互利的原则。另外，我国冲突法的具体规定也保证了涉外民事法律关系的当事人之间的平等互利。例如，对于涉外合同的法律适用，我国冲突法规定，合同当事人有权自主选择应适用的法律，但这种选择不是当事人哪一方的独断选择，而应是当事人通过平等协商，就有利于双方的法律所进行的共同选择。

(三) 国际条约优先原则

国际条约是国家及其他国际法主体间所缔结的确定其相互关系中

的权利与义务的一种书面协议。一国不仅通过制定国内法,而且常常通过缔结或参加国际条约来处理涉及本国的涉外民事法律关系。尽管各国在立法时会尽量使本国的法律与本国参加或缔结的国际条约协调一致,但由于国际关系的复杂性,由于国际条约不可能是一国单方面的意志的反映,由于考虑到具体的国家之间的关系和国家利益,因而出现国内法与国际法相冲突的情况是完全可能的。对于如何解决国内法与国际条约的冲突,各国实践并不一致。我国立法对此则明确确立了国际条约优先的原则。我国《继承法》第36条第3款在确定涉外继承的法律适用时规定:"中华人民共和国与外国订有条约、协定的,按照条约、协定办理。"后来,《民法通则》在"涉外民事关系的法律适用"这一章中又再次专门肯定了这一原则。众所周知,"条约必须遵守"是一项重要的国际法原则。我国冲突法确立的国际条约优先原则是与这一原则一致的。

(四) 国际惯例补缺原则

我国的冲突法立法是近几年的事情,虽然我国冲突法作为一个体系的大的框架已经搭建起来了,但它还不够健全和完善。鉴于我国的冲突规范不多,缔结或参加的含有冲突规范的国际条约较少,我国立法确定了国际惯例补缺原则。《民法通则》第142条第3款规定:"中华人民共和国法律和中华人民共和国缔结或者参加的国际条约没有规定的,可以适用国际惯例。"这表明,我国法院在处理涉外民事案件时,如在法律适用问题上我国法律和我国缔结或参加的国际条约对案件所涉问题未加规定,可以借用国际惯例来处理案件。

国际惯例,又称国际习惯,一般是指各国重复类似行为而形成的具有法律约束力的不成文原则或规则。在各国长期的实践中,冲突法领域内也形成了一些国际通行的惯例,如"不动产依物之所在地法原则"、"场所支配行为原则"、"公共秩序原则"、"当事人意思自治原则"、"既得权的保护和尊重原则"、"最密切联系原则",等等。虽然其中的一些国际惯例已为我国冲突法立法所采纳,但对于那些我国立法尚未采取的国际惯例,在我国法律和我国缔结或参加的国际条约对相关问题又未作规定的前提下,我国法院也不妨借助这些国际惯例来裁断案件。此外,在国际商业领域,还有大量在长期商业实践的基础上发展起来的用于解决国际商事问题的实体法性质的国际惯例,国际惯例补缺原则也可以理解为借用这部分惯例来解决国际商业交往中的法律冲突问题。《涉外经济合同法》第5条第3款的规定，即"中华人民共和国法律未作规定的，可适用国际惯例"，就有这种意义。不过，依据《民法通则》第150条的规定，适用惯例不得违背中华人民共和国的社会公共利益。

(五) 最密切联系原则

所谓最密切联系原则，就是指某一涉外法律关系或某一涉外案件应适用与该法律关系或该案件有最密切联系的那个地方的法律。最密切联系原则实际上是在萨维尼的"法律关系本座说"基础上发展起来的。萨维尼认为，每一种法律关系都有其"本座"(seat)，而"本座"就是该法律关系与某一法域的联系所在，该法律关系应适用其"本座"地法。这里，他强调了法律关系和某一法域的联系。后来，一些学者继承了萨维尼的学说，但又嫌"本座"一词太含糊，于是，吉尔克 (Gierke) 用"引力中心"(centre of gravity) 一词代替"本座"，强调用法律关系本身的"引力中心"地的法律来调整该法律关系。英国的韦斯特莱克则进一步抛弃地域观念，主张法律关系适用与该关系有最紧密的联系 (the most closely connected) 的法律。[①] 不过，最密切联系原则不是简单地继承了萨维尼的学说，而是对它的否定之否定。这是因为萨维尼认为任何法律关系只有一个"本座"，一旦依这种学说制定出冲突规范，就是一种硬性的冲突规范，法院只得机械地依这种冲突规范去选择法律。相反，依最密切联系原则制定出来的冲突规范，一般是一种弹性的或者说是一种更灵活的冲突规范，它并不硬性规定哪个地方的法律是最密切联系地法，只是提供或根本不提供一些可供选择的连接点，而让法院结合案件的具体情况去确定最密切地法作为准据法。不过，有的国家的立法也依最密切联系原则作硬性规定，如1978年的《奥地利国际私法法规》采取的做法即是如此，其理由是这种硬性规定体现了最密切联系原则。目前，最密切联系原则在许多国家的立法和司法实践中已得到反映，一些国际条约也采纳了这一原则。在学术界，这一原则更是受学者们的青睐。可以肯定地说，运用最密切联系原则进行法律选择已成为一种国际性的

---

① See M. Wolff. *Private International Law*, 371 (1945).

趋势。

我国冲突法立法是在最密切联系原则发展成熟的条件下开始的，故一开始就接受了最密切联系原则。在我国现有的冲突规范中，已有三项条款明确采用了最密切联系原则：一是《涉外经济合同法》第5条第1款，它规定，涉外经济合同的当事人对处理合同争议所适用的法律未加选择时，"适用与合同有最密切联系的国家的法律"；二是《民法通则》第145条第2款，它规定，各类涉外合同的当事人没有选择处理合同争议所适用的法律时，"适用与合同有最密切联系的国家的法律"；三是《民法通则》第148条，它规定："抚养适用与被抚养人有最密切联系的国家的法律。"有些其他规定虽然没有使用"最密切联系"一词，但其规定本身却体现了最密切联系原则。例如，《涉外经济合同法》第5条规定："在中华人民共和国境内履行的中外合资经营企业合同、中外合作经营企业合同、中外合作勘探开发自然资源合同，适用中华人民共和国法律。"我国冲突法之所以以单边冲突规范的形式规定这三类合同只适用中国法，是因为在这三类合同中，除合同当事人一方是外方外，其他的有关因素都发生在中国或与中国有密切联系，如合同的缔结和履行地在中国，合营或合作企业所在地在中国，合同关系着中国重大的经济利益等。显然，这三类合同只可能与中国法律有最密切的联系，只有适用中国法律才是公平合理的。

二、中国冲突法体系的结构

从我国现有的冲突法立法来看，其立法结构可以从纵向和横向两方面来加以分析。

（一）纵向结构

在纵向结构方面，我国的冲突法立法具有三个层次：

（1）地方性法规中的冲突规范。地方性法规是地方权力机关及其常务委员会所制定的法规。根据早在1981年11月26日通过的《全国人民代表大会常务委员会关于授权广东省、福建省人民代表大会及其常务委员会制定所属经济特区的各项单行经济法规的决议》，广东省、福建省人民代表大会及其常务委员会，有权根据有关的法律、法令、政策规定的原则，按照各该省经济特区的具体情况和实际需要，制定经济特区的各项单行法规，并报全国人民代表大会常务委员会和国务院备案。① 后来，宪法第100条又规定："省、直辖市的人民代表大会和它们的常务委员会，在不同宪法、法律、行政法规相抵触的前提下，可以制定地方性法规，报全国人民代表大会常务委员会备案。"近几年来，我国各地制定了大量的地方性法规，其中一些法规中包含有冲突规范。例如，1984年1月11日由广东省第六届人民代表大会常务委员会第五次会议批准的《深圳经济特区涉外经济合同规定》第35条即属冲突规范，它规定："在特区履行的合资经营合同、合作经营合同和自然资源的合作开发合同等与中国主权有密切关系的合同，仲裁处理纠纷，必须适用中华人民共和国法律。"② 总的来说，我国地方性法规中的冲突规范还比较零星，仅出现在关于经济特区的地方性法规中；就其内容而言，它们与中央立法中的冲突规范没有什么不同，只是有时比中央立法中的有关规定先行面世。

（2）国务院及其所属各部委制定的法规、规章中的冲突规范。我国宪法第89条规定，国务院有权"根据宪法和法律，规定行政措施，制定行政法规，发布决定和命令"；第90条第2款规定，国务院所属"各部、各委员会根据法律和国务院的行政法规、决定、命令，在本部门的权限内，发布命令、指示和规章"。随着我国实行对外开放政策，国务院及其所属部、委颁布了大量涉外经济法规和规章，其中含有冲突规范的主要有：1983年9月20日国务院发布的《中华人民共和国合资经营企业法实施条例》（第15条）、1985年9月24日国务院发布的《中华人民共和国技术引进合同管理条例》（第5条）以及1987年4月7日由国务院批准并于1987年4月24日由中国银行公布的《中国银行对外商投资企业贷款办法》（第25条）等。属于这一层次的冲突规范都是就有关法规所涉及的专门问题所作出的冲突法规定。而且，从现有的规定来看，几乎全是关于涉外合同的法律适用的规定，只不过不同法规中的规定涉及不同的合同而已。随着我国

---

① 该决议参见《中华人民共和国法律汇编（1979~1984）》，人民出版社1985年版，第278页。

② 广东省人民代表大会常务委员会法律委员会编：《广东省地方性法规汇编（1979.12~1986.6）》，广东人民出版社1987年版，第166页。

对外开放向深度和广度发展，属于这一层次的冲突规范还会逐步增多。

（3）全国人民代表大会及其常务委员会所颁布的法律中的冲突规范。这一层次的冲突规范是在上述两个层次的冲突规范已有一定的基础上发展起来的。到目前为止，已有三项法律含有冲突规范：一是1985年3月21日第六届全国人大常委会第十次会议通过的《中华人民共和国涉外经济合同法》（第4条和第5条）；二是1985年4月10日第六届全国人大第三次会议通过的《中华人民共和国继承法》（第36条）；三是1986年4月12日第六届全国人大第四次会议通过的《中华人民共和国民法通则》（第八章）。由于这个层次的冲突规范在一定程度上是在总结上述两个层次的冲突法立法经验的基础上建立的，因而相对而言，它们更全面、更系统、更完善。另外，由于这个层次的冲突规范，包含在全国人大及其常委会的立法中，因而它们在效力上高于上述两个层次的冲突规范。还应该看到，前两个层次的冲突规范一般都是就专门问题所作的关于法律适用的规定，而全国人大则可以在民事基本法律中对冲突法的一般性的问题作出规定。这样，这个层次的冲突法就带有一般性和指导性的特点，成为前两个层次今后的冲突法立法和冲突法施行的基础与指针。

我国冲突法立法既有全国人大及其常务委员会的立法，又有国务院及其部、委的立法，还有地方立法。这种立法结构的多层次性是我国立法机关在对外开放中根据我国的具体情况，探索冲突法立法经验的结果，它从纵的方面使我国冲突法立法逐渐系统起来。

（二）横向结构

迄今为止，外国冲突立法有五种横向结构模式：（1）将冲突规范分别规定在民法典的不同篇章中。1804年的《法国民法典》以及受该法典影响的奥地利、意大利、比利时、葡萄牙、西班牙、墨西哥、巴西、智利、阿根廷等国的民法都采取或曾经采取这种做法。（2）在民法典中列入专章或专篇专门规定冲突法。例如，苏联于1961年颁布的《民事立法纲要》第八章和1968年颁布的《婚姻和家庭立法纲要》第五章分别专门规定了有关的法律适用问题。（3）以专门法典或专门法规的方式制定系统的冲突法。最早以这种方式制定冲突法的是德国，它于1896年颁布了德国《民法施行法》，专门对法律冲突的解决问题进行了规定。之后，日本1898年颁布的《日本法例》，波兰1926年和1965年颁布的《波兰国际私法》，泰国1939年颁布的《泰国国际私法》，德意志民主共和国1975年颁布的《关于国际民事、家庭和劳动法律关系以及国际经济合同适用法律的条例》，奥地利1978年颁布的《奥地利国际私法法规》等，都采取了这种立法方式。（4）将冲突规范和国际民事诉讼程序规定或外国人民事法律地位规范合并规定在一个专门的法典或专门的法规中。阿尔巴尼亚1964年颁布的《关于外国人民事权利地位和适用外国法的法律》，1979年匈牙利人民共和国主席团关于国际私法的第13号法令，南斯拉夫1982年的《法律冲突法》以及1987年通过的《瑞士联邦国际私法法规》等，都采用了这种立法方式。（5）在单行法规中就所涉问题规定专门的冲突规范。例如，英国《1882年汇票法》（Bills of Exchange Act 1882）和苏联海商法内都含有相关的冲突规范。另外，在普通法系国家，冲突法大多为法官制定法，以判例法形式存在。

从战后世界各国冲突法立法情况来看，大多采用上述第三种和第四种模式，间或采用第五种模式。第二种模式主要是苏联和个别东欧国家所采取的模式。不过，由于第三种和第四种模式是采用专门法典或专门法规的方式制定冲突法，因而它们常常为那些冲突法立法经验比较丰富的国家所取。而对于那些冲突法立法经验相对不足的国家来说，则不适宜采用这两种方式。比较而言，第二种和第五种模式更加灵活和方便些。

我国冲突法立法的横向结构采取了两种模式：首先是在单行法规中就所涉及问题规定有关的冲突规范，如《合资经营企业法实施条例》、《涉外经济合同法》、《继承法》等都采取这种方式；随后在《民法通则》中专辟一章（第八章）比较系统地规定了涉外民事关系的法律适用问题。可见，我国冲突法立法经历了一个从单行法规的单项规定迈向《民法通则》的集合规定的过程。可以肯定地说，由于《民法通则》的集合规定不尽完善，有时需要在单行法规中加以弥补，故我国冲突法立法所采取的这两种横向结构模式会在一定的时期内同时共存，互相协调，互为补充。在《民法通则》颁布后，经国务院批准由中国银行发布的《中国银行对外商投资企业贷款办法》

对有关借款合同的法律适用问题又作规定,便是可资证明的例子。我国之所以同时采取这两种立法方式,首先是因为目前我国冲突法立法经验不足,颁布一部冲突法法典或专门法规的条件尚未成熟;其次是因为在对外开放过程中,首先必须根据需要制定大量的涉外民事和经济法规,并在这些法规中对有关的法律冲突问题加以规定,在此基础上才可能对法律适用问题作集合规定;再次是因为这两种方式可以互相协调,互为补充。单行法规中的冲突规范是就法规所涉问题作出的规定,比较单一、不可能对冲突的一般问题加以规定,而《民法通则》中的专章规定则比较系统、全面,正好弥补前者之不足。另外,《民法通则》的冲突法规定还不够完善,也不及单行法规中制定冲突规范灵活,需要单行法规中的冲突法立法加以弥补。

通过对我国冲突法立法的纵、横两方面结构的分析,可以看出,我国冲突法在立法结构上已初步形成了和谐统一的体系。

三、中国冲突法体系的内容

根据我国现有的冲突法规范,我国冲突法的内容归纳起来有如下几个方面:

(一) 一般性规定

一般性规定,或叫总则性规定,是对冲突法中带普遍性的原则、制度和其他问题所作的规定,它们对整个冲突法都具有指导作用。我国冲突法的一般性规定主要体现在《民法通则》之中。现有两条,即第142条和第150条。它们包含有四个方面的内容:(1)适用范围的规定。第142条第1款确定了《民法通则》第八章的各项规定是用于解决含有涉外因素的民事关系适用何国法律的问题。(2)国际条约优先原则。第142条第2款规定了这一原则。(3)国际惯例补缺原则。第142条第3款确立了这一原则。(4)公共秩序保留。一般来说,公共秩序保留条款或公共秩序条款或公共政策条款是各国冲突法的必备条款。《民法通则》第150条就是这样一种条款,但该条没有使用"公共秩序"或"公共政策"的措辞,而是规定:"依照本章规定适用外国法律或者国际惯例的,不得违背中华人民共和国的社会公共利益。"不过,在解释上,"社会公共利益"应与通用的"公共政策"或"公共秩序"同义。较之于其他国家的同类法律条文,我国的公共秩序保留条款的矛头所向，不仅是依我国冲突规范本应适用但却违背我国社会公共利益的外国法律，而且还包括那些违背我国社会公共利益的国际惯例。这可以说是我国的公共秩序保留条款的独特之处。

（二）民事能力

民事能力包括民事权利能力和民事行为能力。我国《民法通则》第143条对定居国外的中国公民的民事行为能力的法律适用问题作了规定："中华人民共和国公民定居国外的，他的民事行为能力可以适用定居国法律。"世界上通行依当事人属人法（或本国法或住所地法）解决涉外民事关系中自然人行为能力的法律冲突，但随着国际商业贸易的发展和扩大，为保证贸易关系的稳定，有些国家在当事人缔结合同的行为能力上主张选择适用当事人属人法或行为地法。第143条讲的"定居国法律"，应理解为海外华侨住所地国家的法律，故这条规定实际只是以住所地法为属人法，并用之确定定居国外的中国公民的民事行为能力。它规定"可以"适用定居国法律，并用之确定定居国外的中国公民的民事行为能力。它规定"可以"适用定居国法律，意味着不是必须绝对适用之，也可以不适用之，在不适用时适用何国法律则无明文规定。至于定居中国或临时来华的外国人或无国籍人的民事权利能力和民事行为能力的法律适用问题，《民法通则》第8条规定："在中华人民共和国领域内的民事活动，适用中华人民共和国法律，法律另有规定的除外。""本法关于公民的规定，适用于在中华人民共和国领域内的外国人、无国籍人，法律另有规定的除外。"

（三）所有权

目前世界各国解决所有权的法律冲突，无论是关于不动产所有权的法律冲突，还是关于动产所有权的法律冲突，广泛适用的是物之所在地法这一原则。但也有一些例外，如被继承的财产一般因继承关系而适用被继承人死亡时的属人法；运输中的货物所有权依目的地法或起运地法；运输工具的所有权依旗国法或登记注册地法。我国冲突法关于所有权的法律适用有一条规定，即《民法通则》第144条的规定："不动产的所有权，适用不动产所在地法律。"这条规定只确定了不动产所有权的法律适用问题，而对于动产所有权的法律适用以及物之所在地法原则适用的例外却未加明确。有的学者认为，这是因为对动产所有权的法律适用，在买卖合同或其他有关合同中当事人双方一般可以自由选择，没有选择时可以按最密切联系原则解决，故不作规定而留待实践中分别不同情况具体解决。笔者认为，我国冲突法中没有关于动产所有权法律适用的规定是一个缺陷。

（四）债权

1. 合同之债

自从法国法学家杜摩兰在其著作《巴黎习惯法评述》中首倡由合同当事人合意选择支配合同的法律以来，当事人意思自治原则已成为当今世界各国立法和司法机关确定合同准据法所遵循的原则。我国《涉外经济合同法》第5条和《民法通则》第145条分别规定了涉外经济合同和涉外合同的当事人"可以选择处理合同争议所适用的法律"。这里，"处理合同争议所适用的法律"就是指"适用于合同的法律"，或"合同的准据法"，或"对合同适用的法律"。① 但对于当事人的选择除了明示选择外能否默示选择，则未加规定。

《民法通则》第145条对当事人的意思自治有一个限制，即"法律另有规定的除外"。这表明并不是所有涉外合同都可以由当事人选择处理争议所适用的法律，对于有些涉外合同，我国法律可以直接规定应适用的准据法。到目前为止，"另有规定"有四，即《中外合资经营企业法实施条例》第15条、《涉外经济合同法》第5条第2款、《深圳经济特区涉外经济合同规定》第35条和《中国银行对外商投资企业贷款办法》第25条。归纳起来说，中外合资经营企业合同、中外合作经营企业合同、中外合作勘探开发自然资源合同和中国银行与外商投资企业之间的借款合同等四种涉外合同为法律另有规定者；前三种合同是必须适用中国法律，而后一种合同既可能在中国银行同意的前提下，实行意思自治，又可能在中国银行不同意的情况下而必须适用中国法律。今后，我国立法还可能依实际情况对其他一些合同的法律适用另作规定。

在当事人对合同准据法缺乏明示或默示选择时，对于合同应适用

---

① 参见《最高人民法院关于适用〈涉外经济合同法〉若干问题的解答》，载《中华人民共和国最高人民法院公报》1987年第4号，第4页。

什么准据法,各国的立法和司法实践不一。从最近国际和国内的立法来看,主要采取两种解决办法:一种如欧洲经济共同体1980年《关于合同债务的法律适用公约》第4条,联邦德国国际私法草案第28条和《瑞士联邦国际私法法规》第114条所规定的那样,在当事人未选择合同准据法时,适用与合同有最密切联系的国家的法律;另一种则如1964年南斯拉夫《法律冲突法》所规定的那样,分别对各种不同的合同规定应适用的准据法。不过,《奥地利国际私法法规》和南斯拉夫《法律冲突法》的具体规定都被认为体现了最密切联系原则。我国的立法采取了前一种做法。《涉外经济合同法》第5条第1款和《民法通则》第145条第2款规定,合同当事人没有选择"处理合同争议所适用的法律的","适用与合同有最密切联系的国家的法律"。这样的规定是一种原则性的规定。法院在运用这一规定时应根据最密切联系原则并结合涉外合同的具体情况去确定应适用的法律。

2. 侵权行为之债

在"场所支配行为"(locus regit actum)原则的影响下,侵权行为之债依侵权行为地法成为各国立法的通例。有的国家为了保护法院地的利益,主张对侵权行为之债重叠适用侵权行为地法和法院地法,如《日本法例》、《泰国国际私法》、德国的《民法施行法》便采取这种立场。不过,在侵权行为之债的法律选择上最近出现了一些新的动向,如美国司法实践自纽约州法院审判了巴布科克诉杰克逊(Babcock. v. Jackson)一案以后,广泛采用依据最密切联系原则确定侵权行为之债的准据法的做法。我国《民法通则》第146条关于侵权行为之债的法律适用的规定是一种传统式的规定。它首先规定,"侵权行为的损害赔偿,适用侵权行为地法律",然后通过规定"当事人双方国籍相同或在同一国家有住所的,也可以适用当事人本国法律或者住所地法律",使这一规范成为一项有条件的选择性冲突规范。该条第2款进一步规定:"中华人民共和国法律不认为在中华人民共和国领域外发生的行为是侵权行为的,不作为侵权行为处理。"这意味着对发生在我国境外的行为是否构成侵权行为的问题,必须重叠适用该行为发生地法和我国法律加以确定。如果该行为在我国域外的行为地被视为侵权行为,而我国法律不认为是侵权行为,则不以侵权行为论处。另外，对于"侵权行为地"这一概念，国际上历来有两种不同的理解：一是加害行为地；一是损害发生地。在实际生活中，有时加害行为地和损害发生地同在一地，有时两者则出现在不同的地方。我国《民法通则》第 146 条对如何确定侵权行为地未加规定。笔者认为，一般来说，加害行为地和损害发生地均可作为侵权行为地；在两者不一致时，可以考虑优先适用对受害人最有利的地方的法律。匈牙利 1979 年的国际私法法令（第 32 条第 2 款），南斯拉夫 1982 年的法律冲突法（第 28 条第 1 款）也都采取这种做法。

（五）婚姻家庭关系

关于婚姻家庭关系，我国冲突法中现有两条规定，即《民法通则》第 147 条和第 148 条。

1. 结婚与离婚

《民法通则》第 147 条是将结婚和离婚的法律适用问题结合起来规定的："中华人民共和国公民和外国人结婚适用婚姻缔结地法律，离婚适用受理案件的法院所在地法律。"

从结婚方面来看，规定中所指的"中国公民和外国人结婚，"可以从三个方面来理解：（1）它只涉及涉外婚姻的一种，即中国人与外国人之间的结婚，至于中国公民之间在国外结婚或外国人、无国籍人相互之间在中国结婚则不是该条所调整的对象。（2）它既指中国公民和外国人之间在中国境内的结婚也指在中国境外的结婚。（3）它是就结婚的实质要件和形式要件这两方面所作出的规定。在国际上，各国冲突法一般都是就结婚的实质要件和形式要件的法律适用问题分别作出规定。关于结婚实质要件的准据法，有的国家采用当事人本国法。对于解决结婚形式要件方面的法律冲突，目前世界上多数国家适用婚姻举行地法，有的国家采用当事人住所地法，但也有一些国家适用本国法，还有一些国际和国内立法则采用以婚姻举行地法为主兼取属人法的做法。我国《民法通则》第 147 条规定，中国公民和外国人结婚，无论在实质要件方面还是在形式要件方面均适用婚姻举行地法。至于如何确定其他各类涉外婚姻当事人结婚的法律适用，还有待于今后加以规定。

从离婚方面来看，我国《民法通则》第 147 条规定中国公民和外国人"离婚适用受理案件的法院所在地法律"，也就是适用法院地法。这一规定只涉及到中国公民与外国人在中国境内或在中国境内的离婚的法律适用问题。至于外国人之间在中国离婚；中国人之间在外国离婚；或当事人一方在外国，而另一方在中国境内的离婚的法律适用问题则未涉及。我国冲突法关于离婚的法律适用的规定，是我国多年来处理这类涉外离婚案件的实践经验的总结。从各国的实践来看，对于涉外离婚的法律适用，分别采用两种冲突原则加以解决：一是适用法院地法，如美国、英联邦国家以及一些拉丁美洲国家等；一种是重叠适用当事人本国法和法院地法，如大多数欧洲大陆国家以及日本、泰国等。由此可见，我国的规定也是符合国际习惯做法的。

2. 扶养

我国《民法通则》第148条规定："扶养适用与被扶养人有最密切联系的国家的法律。"这是我国冲突法中关于扶养的规定。它包容性大，概括性强，既灵活，又有利于保护弱方当事人。这里的"扶养"显然是广义的，如按照我国法律进行识别的话，它至少包括夫妻之间的扶养、父母对子女的抚养以及子女对父母的赡养。外国立法有的将夫妻之间的扶养与父母子女相互之间的扶养所适用的法律分别加以规定，如1979年的《匈牙利国际私法法令》和1982年的南斯拉夫《法律冲突法》；有的则将两者合并加以规定，如1898年《日本法例》第21条和1939年《泰国国际私法》第36条的规定。关于扶养的法律适用，各国要么规定适用被扶养人的属人法，要么规定适用扶养人的属人法，或者规定适用扶养人和被扶养人共同的属人法。1973年订于海牙的《扶养义务法律适用公约》第4~6条规定，扶养义务依扶养权利人惯常居所地法，如不能从扶养义务人获得扶养，则依双方共同的本国法，如还不能从扶养义务人获得扶养，则依受理机关的国内法即法院地法。不过，我们尚未发现直接依最密切联系原则来确定涉外扶养应适用的法律的立法。由此可以说，我国《民法通则》规定扶养适用与被扶养人有最密切联系的国家的法律，是一个创举。它强调适用与被扶养人而不是与扶养人有最密切联系的法律，意在保护弱方当事人。当然，法院在适用这条规定时，是根据对被扶养人有利还是根据有关联系因素，或者是综合考虑两者来确定与被扶养人有最密切联系的国家，仍有探讨的余地。

（六）继承

我国冲突法关于涉外继承的法律适用的国内立法先后有两条规定：一是《继承法》第 36 条，其第 1 款规定："中国公民继承在中华人民共和国境外的遗产或者继承在中华人民共和国境内的外国人的遗产，动产适用被继承人住所地法律，不动产适用不动产所在地法律。"其第 2 款规定："外国人继承在中华人民共和国境内的遗产或者继承在中华人民共和国境外的中国公民的遗产，动产适用被继承人住所地法律，不动产适用不动产所在地法律。"另一是《民法通则》第 149 条，它规定："遗产的法定继承，动产适用被继承人死亡时住所地法律，不动产适用不动产所在地法律。"这两条规定比较起来，有些细微的差别：首先前者没有明确区分涉外法定继承与涉外遗嘱继承，有的学者认为可以视之为关于涉外法定继承和涉外遗嘱继承的法律适用的总的规定，① 而后者明确了是关于遗产法定继承的法律适用的规定；其次，前者对于适用于动产继承的"被继承人住所地法律"未加时间限制，而后者明确规定动产继承适用被继承人"死亡时"住所地法律。另外，前者表述复杂，而后者则简明扼要。不过，两者在确定涉外继承的准据法上都采取了"区别制"（或称"分割制"），而没有采取"单一制"（或称"同一制"），即将遗产区分为动产和不动产，动产继承适用被继承人住所地法，不动产继承适用不动产所在地法。

应该提到的是，1959 年我国同苏联缔结的领事条约第 20 条规定："缔约任何一方公民死亡后遗留在缔约另一方领土上的财产，包括动产和不动产，均按财产所在地国家的法律处理。"这一条约规定显然与上述国内立法规定有所不同，根据我国冲突法体系的国际条约优先原则，我国在处理涉及苏联的继承案件时，应优先适用这一条约规定。

上述可见，虽然我国冲突法的内容在目前还不够全面完善，但它从我国目前对外开放的实际需要和国情出发，在总结已有实践经验的基础上，吸收了国际上冲突法立法的一些最新成果，并且在立法上有

---

① 参见余先予主编：《简明国际私法学》，中央广播电视大学出版社 1986 年版，第 354 页。

所创新。另外,我国现有冲突法既有总的一般性规定,又有具体的法律适用规定。而且这些具体的规定涉及到民事能力、财产所有权、债权、婚姻家庭关系以及继承等涉外民事法律问题的各个大的方面。虽然各项具体规定散布在近十个法律中,但总的说来它们各自既发挥独特的作用,又和谐统一,从而在内容上使我国冲突法初步构成一个有机的体系。

四、健全和完善中国冲突法体系的方向和途径

无疑,我国的冲突法作为我国整个法律体系中的一个分支体系已经建立起来,但我国冲突法体系还有待进一步的健全和完善。为了健全和完善我国的冲突法立法,笔者拟从学术研究的角度分析一下我国现存冲突法体系的不足,进而找出健全和完善中国冲突法体系的方向和途径。

(一)我国冲突法立法需要应有的预见性、及时性

任何法律都是随着实际生活对它的需要而产生的,同时,立法一般是在已有实践经验基础上的总结和发展。但我国目前的冲突法立法似乎太注重现存实践经验的丰富和立法条件的成熟,每一条具体规定似乎都要等实践经验丰富和立法条件成熟后再制定成法律,忽略了立法所需要的应有的预见性和超前性。对外开放是我国既定国策,我国的对外开放会向全方位发展,在对外开放中产生的涉外民事关系需要冲突法加以调整,而国际上在冲突法立法方面已有相当多可资借鉴的经验,因此,笔者认为,我国立法机关完全可以在已有立法和司法实践的基础上有预见性地就许多涉外民事关系制定更多的冲突规范,使当事人和我国执法机关有法可依,有章可循。事实上,在我国对外开放中已出现一些涉外民事问题迫切需要制定相应的冲突规范加以调整,如一方在国内、另一方在国外的中国公民之间的离婚问题;中国公民在国外结婚问题;外国人在中国的结婚问题等。但现有立法对这些问题的法律适用还没有规定。法律作为规范人们行为的准则,它要告诉人们应该怎么做,不应该怎么做,因而它应该是对社会生活需要和人们的实践的一种能动的反映,因此,在健全和完善我国冲突法体系的过程中,加强冲突法立法的预见性和及时性是非常重要的。

(二) 充实不详尽的内容

我国目前冲突法体系中的规定虽然已涉及涉外民事法律问题的各个大的方面，但其具体内容还不够详尽。在一般性规定中，虽有关于适用范围、原则和公共秩序保留的规定，但对识别，外国法内容的查明，错误适用外国法的补救，反致，先决问题的准据法，与国际冲突法有关的时际、人际以及区际法律冲突问题，法律规避等都未加规定。在民事能力方面，只对自然人作了规定，而对法人未作规定；而且，对自然人的规定，只对定居在国外的中国公民和在中国的外国人作了规定，而对临时在国外的中国公民和不在中国境内的外国人却未作规定，且只就民事行为能力作了规定，而对民事权利能力则未加规定。在所有权方面，只对不动产所有权的法律适用问题作了规定，而对动产所有权以及与财产所有权有关的财产权的法律适用问题未加规定。在债权方面，只有关于合同之债和侵权行为之债的法律适用的规定，而没有关于不当得利和无因管理之债的法律适用的规定。在结婚和离婚方面，只有关于中国公民和外国人之间结婚或离婚的法律适用的规定，而无中国公民之间在国外结婚或离婚、外国人之间在中国结婚或离婚以及居住在国外的中国公民同在国内的中国公民之间的离婚的法律适用规定。在家庭关系方面，目前只就扶养关系的法律适用作了规定，其他如夫妻人身关系和财产关系、亲子关系、非婚生子女的准正、子女的认领和收养以及监护等的法律适用问题都未加规定。在继承方面，虽然对法定继承的法律适用作了比较完善的规定，但对遗嘱继承的规定比较含糊，关于立遗嘱人的能力和立遗嘱方式的准据问题尚需进一步澄清；而且，对涉外无人继承财产问题也未作规定。至于对目前冲突法中的一些新领域，如产品责任的法律适用、知识产权的法律适用等问题，也尚未触及。因此，充实不详尽内容是健全和完善我国冲突法体系不可少的步骤。

(三) 消除冲突法本身的冲突

粗具规模的我国冲突法虽然从总的方面来说是协调统一的，但由于我国冲突法立法工作起步较晚，立法经验不足，在个别问题上忽视了冲突法体系内有关规定之间的协调，导致冲突法本身的冲突。例如，我国《涉外经济合同法》第4条规定，中国企业或其他经济组织同外国企业和其他经济组织或者个人之间"订立合同，必须遵守中华人民共和国法律",这表明涉外经济合同的订立依中国法。该法第5条第1款接着规定:"合同当事人可以选择处理合同争议所适用的法律",这显然是采用了国际上通行的意思自治原则。按照这一原则,合同当事人可以选择适用于合同的法律或者说合同的准据法,但根据国际上通行的理解,合同当事人选择的合同的准据法不仅是解决合同争议的依据,而且也是订立合同、解释合同、履行合同、消灭合同以及确定合同效力的依据。而我国《涉外经济合同法》这一条款以及后来颁布的《民法通则》第145条第1款却规定当事人只"可以选择处理合同争议所适用的法律"。那么,联系《涉外经济合同法》第4条来看,就可能出现这样一种情况:一项合同的订立适用的是中国法律,当该合同出现争议后合同当事人则选择某一外国法来处理合同争议,这样,订立合同和处理该合同争议所适用的法律各不相同。这样的规定显然是自相矛盾的。既然订立合同必须适用中国法,那就意味着该合同的解释、履行和争议的解决也应该适用中国法,不容许适用另一个国家的法律来处理该合同争议。如果按现在的规定,那么,订立合同时适用的中国法和当事人合意选择的用于处理合同争议的法律之间的冲突又如何解决呢?我们希望立法机关在适当时候能对此加以修正,并在以后的冲突法立法中注意避免类似问题,使我国冲突法体系内部更加和谐一致。

(四) 加强区际冲突法立法

我国目前已有的冲突法,严格讲是解决国际民事法律冲突的国际冲突法,而不涉及区际法律冲突的解决。随着"一国两制"构想的提出以及中英《关于香港问题的联合声明》和中葡《关于澳门问题的联合声明》的签订,中国的区际法律冲突问题将越来越受到人们的重视。因为按照"一国两制"的构想和上述两个声明,中国分别于1997年和1999年对香港和澳门恢复行使主权后,香港、澳门地区的现行法律基本不变,再加上两岸和平统一后的情况,则中国今后会出现一国两制四法域的局面。我国上述三个地区的法律和内地的法律相互之间不可避免地会产生区际法律冲突,需要制定区际冲突法加以解决。虽然国际冲突法和区际冲突法有许多相似之处,但前者毕竟是解决不同主权国家之间的法律冲突的冲突法,而后者只是解决一个主权国家内部不同地区之间的法律冲突的冲突法,两者之间存在着本质差别。因此，区际冲突法需要另行加以规定。从现在开始，我们就应该对我国区际法律冲突问题及其立法进行研究，为制定我国的区际冲突法作好准备。建立我国的区际冲突法是健全和完善我国冲突法体系的一个重要方面。

（五）积极开展国际立法协作

我国现有的冲突法体系仅仅是一个国内立法体系。如前所述，虽然早在1959年我国和苏联缔结的领事条约已有关于涉外继承的法律适用的规定，但也仅限于此。近几年，我国有关政府部门在冲突法领域的国际立法协作方面已开展了一些工作，如已参加海牙国际私法会议等。但到目前为止，我国尚未参加或缔结任何关于法律适用的国际公约，除中苏领事条约外，在我国同其他国家缔结的双边条约中也无解决法律冲突的规定。这是我国的冲突法体系的不足，因为一国的一个完善的冲突法体系应该由国内立法和条约法这两部分构成。我们应该看到，尽管在大多数情况下，各国都制定自己的冲突法来解决国际法律冲突，从而达到间接调整涉外民事法律关系的目的，但是，由于这种国际冲突法调整的社会关系超越本国范围，涉及他国及其法人或自然人，因而为了实现其效力，各国在制定这类法律时不得不考虑遵守国际法的一般原则和尊重其他国家的权益，争取他国在平等互利的基础上对本国法律的尊重。因此，各国在制定自己的冲突法的同时，往往在冲突法立法方面寻求国际合作，并在此基础上缔结多边或双边国际条约，从而更有效地解决国际法律冲突。1893年成立的海牙国际私法会议就是应这种要求而建立的，它是该会议成员国进行国际私法立法协作的重要场所。为了进一步健全和完善我国冲突法系统，促进我国同其他国家国际民事交往更进一步的发展，我国应积极参加其活动，并在其他方面开展冲突法国际立法协作。

中国近来国际私法之发展*

自我国实行改革开放以来,我国的国际私法法制建设、国际私法教学和国际私法研究有了长足的发展。近年来,随着我国对外开放不断深化,涉外民事、经济交往日益频繁,我国国际私法在立法、司法、教学和科研等方面有了更进一步的发展。

一、我国国际私法的立法和司法实践

众所周知,在立法方面,从1979年到1987年,我国陆续颁布的《民事诉讼法(试行)》、《中外合资经营企业法》、《中外合资经营企业法实施条例》、《涉外经济合同法》、《继承法》、《技术引进合同管理条例》、《民法通则》、《中国银行对外商投资企业贷款办法》等许多法律都含有各种国际私法规范。近年来,我国国际私法立法工作得到进一步加强。尤其是1991年4月9日第七届全国人民代表大会第四次会议会通过的新的《民事诉讼法》,对原来试行的《民事诉讼法》关于涉外民事诉讼程序的特别规定作了许多重大的修改和补充,使我国涉外民事诉讼法制更加完善。

在司法方面,我国最高人民法院继1984年发布《关于贯彻执行〈民事诉讼法(试行)〉若干问题的意见》、1985年发布《关于贯彻执行〈中华人民共和国继承法〉若干问题的意见》和1986年发布《关于涉外海事诉讼管辖的具体规定》等,对涉外民事诉讼、涉外继承和涉外诉讼管辖问题作了进一步规定之后,又于1987年发布了《关于适用〈涉外经济合同法〉若干问题的解答》,于1988年发布了

---

* 本文原载于《武汉大学学报》(社会科学版)1992年第4期,中国人民大学书报资料中心复印报刊资料《法学》1993年第1期转载。

《关于贯彻执行〈中华人民共和国民法通则〉若干问题的意见(试行)》。前者对我国涉外经济合同的实体法和冲突法规定都进行了充分的解答,使我国涉外经济合同法制,尤其是涉外经济合同的法律适用制度日臻完善。而后者关于涉外民事关系的法律适用的第七部分从司法解释上创造性地丰富和完善了我国国际私法法制。特别值得一提的是,在实施我国现行国际私法的过程中,我国人民法院和专门法院审理了大量的涉外民事、经济案件,已有不少典型的国际私法案例。例如,大连海事法院初审后经辽宁省高级人民法院审判的中国广州海运管理局诉美国金鹰航运公司案就是关于涉外管辖权的一个典型案件。而广州海事法院审理的海南省木材公司诉新加坡泰坦船务公司和达斌私人有限公司案则开我国法院运用公共秩序保留这一国际私法制度的先河。

此外,为了更好地适应国际经济贸易和国际仲裁发展的要求,1988年6月21日经国务院批复,"中国国际贸易促进委员会对外经济贸易仲裁委员会"已改名为"中国国际经济贸易仲裁委员会","中国国际贸易促进委员会海事仲裁委员会"已改名为"中国海事仲裁委员会"。而且,1988年9月12日中国国际贸易促进委员会(中国国际商会)修改了原有的《对外贸易仲裁委员会仲裁程序暂行规则》和《海事仲裁委员会仲裁程序暂行规则》,改称为《中国国际经济贸易仲裁委员会仲裁规则》和《中国海事仲裁委员会仲裁规则》。两个新的仲裁规则在受理案件的范围、仲裁员的聘请、首席仲裁员的选定、仲裁员的回避、设立仲裁委员会分会和仲裁费收取标准等方面作出了新的规定。这些修改完善了我国涉外仲裁体制,使我国涉外仲裁制度更加国际化、规范化和现代化。我国还于1986年12月加入了1958年在纽约订立的《承认和执行外国仲裁裁决公约》,该公约已从1987年4月22日起对我国生效。加入该公约为我国和其他缔约国之间相互承认和执行各自的仲裁裁决开辟了道路。

近几年来,我国政府在国际私法领域的国际立法协作方面也开展了许多工作,取得了很大的进展。自1981年起,我国曾多次应邀派代表作为观察员出席海牙国际私法会议的特别委员会会议。1986年10月,我国向海牙国际私法会议提交了加入申请。1987年7月3日,我国正式成为了海牙国际私法会议的成员国。1988年10月,我国第一次派出政府团参加了海牙国际私法会议的第十六届大会。会议期间，我国代表团积极参与了确定第十七届海牙国际私法会议的工作议题以及审议通过《死亡人遗产继承的法律适用公约》的工作。尤为可喜的是，我国于1991年正式加入了迄今国际上有关司法文书和司法外文书域外送达方面最为完备的1965年海牙送达公约，即海牙国际私法会议于1965年12月15日订立的《关于向国外送达民事或商事司法文书和司法外文书公约》。这是我国加入的第一个海牙国际私法会议订立的公约。总部设在意大利罗马的国际统一私法协会是国际上另一个以统一和协调不同国家以及国家集团的私法规则为宗旨的政府间组织。1983年初，中国政府应该组织的邀请派代表参加了在日内瓦召开的讨论国际货物销售代理公约的外交会议，同该组织建立了联系。1985年6月，中国正式加入了该组织，随后就一直积极参与该组织统一私法的国际活动。而且，自1987年以来，我国还分别同法国、比利时、波兰、蒙古、意大利、罗马尼亚等国正式签订了司法协助协定，同古巴和土耳其等国草签了司法协助协定。大家知道，在过去的实践中，我国主要通过外交途径来开展一些司法协助工作，而近年来我国通过参加或缔结多边和双边有关司法协助的协议，使我国司法机关开展国际司法协助工作迈开了新的步伐。总而言之，我国开始积极参加国际上在国际私法领域的统一化活动，大大推动了我国国际私法制度的国际化和现代化，增进了中外国际私法界的了解和交流，弥补了我国国际私法国内法制的空缺和不足，有利于我国依法调整涉外民事、经济法律关系，及时解决有关涉外法律纠纷，保护当事人的合法权益，对于促进改革和开放的进一步深入，促进中外经济贸易的进一步发展，促进文化交流和人员来往，都具有积极意义。

二、我国国际私法的科研和教学情况

近年来，我国国际私法的科研和教学工作也出现了十分可喜的形势。在中华人民共和国成立后头30年里，我国没有中国人自己撰写的国际私法著作出版，仅有屈指可数的基本翻译的国际私法著作和文集问世。1981年由中国社会科学出版社出版的姚壮和任继圣所著的《国际私法基础》是我国国际私法的拓荒之作。而由我国著名法学家韩德培教授主编并由武汉大学出版社于1983年出版的高等学校法学教材《国际私法》，则是中华人民共和国成立以后的第一本国际私法全国统编教材。从1985年开始，我国国际私法著作的出版犹如雨后春笋。据不完全统计，已公开出版的国际私法著作主要有：邓正来编著的《昨天、今天、明天——新技术革命与国际私法》（1985年4月）、刘振江著的《国际民事诉讼法原理》（1985年12月）、余先予主编的《简明国际私法学》（1986年3月）、张翔宇编著的《现代美国国际私法学说研究》（1986年6月）、李双元编著的《国际私法》（1986年8月）和《国际私法（冲突法篇）》（1987年6月）、刘慧珊编著的《涉外民事关系》（1987年2月）、黄进著的《国家及其财产豁免问题研究》（1987年6月）、黄惠康和黄进编著的《国际公法国际私法成案选》（1987年7月）、邓正来著的《美国现代国际私法流派》（1987年8月）、唐表明著的《比较国际私法》（1987年10月）、高树异主编的《国际私法》（1987年12月）、董立坤著的《国际私法论》（1988年3月）、人民法院出版社出版的全国法院干部业余大学教材《国际私法讲义》（1988年4月）和《国际私法教学案例选编》（1988年6月）、袁成弟编著的《涉外法律适用原理》（1988年7月）、钱骅主编的《国际私法》（1988年8月）、刘振江和张仲伯等主编的《国际私法教程》（1988年8月）、陈力新和邵景春著的《国际私法概要》（1988年12月）、余先予主编的《冲突法》（1989年3月）、孟宪伟主编的《冲突法学》（1989年5月）、李双元等编著的《涉外婚姻继承法》（1989年8月）、赵喜臣主编的《国际私法教程》（1990年1月）、董立坤编著的《国际私法学》（1990年2月）、杨贤坤编著的《国际私法教程》（1990年3月）、李双元和谢石松著的《国际民事诉讼法概论》（1990年5月）、侯军主编的《当代海事国际私法》（1990年12月），李双元和金彭年著的《中国国际私法》（1991年3月）、黄进著的《区际冲突法研究》（1991年6月）、李双元主编的全国高等教育自学考试教材《国际私法》（1991年9月）等。韩德培教授主编的我国高等学校统编教材《国际私法》也于1989年出版了修订本。在国际私法参考资料方面，继法律出版社出版了高等学校教学参考书《国际私法资料选编》（1984年6月）后，先后有余先予主编的《国际私法学参考资料》（1986年7月）、卢峻主编的《国际私法公约集》（1986年10月）、刘慧珊和卢松主编的

《外国国际私法法规选编》(1988年5月)、余先予主编的《冲突法资料选编》(1990年5月)、司法部司法协助局编译的《国际司法协助条约集》(1990年7月)、韩德培和李双元主编的《国际私法教学参考资料选编》(上、下册)(1991年)等问世。尤其可喜的是，在此期间，有几本重要的国际私法译著问世，这就是吴云琪等和袁振民等分别翻译出版的前苏联著名国际私法学者隆茨等著的《国际私法》、王明毅等翻译的前苏联著名国际私法学者波古斯拉夫斯基著的《国际私法》、侯军翻译的挪威学者布雷柯斯所著的《国际海事法律选择》、李浩培教授等翻译的德国著名国际私法学者马丁·沃尔夫所著的《国际私法》、陈洪武等翻译的法国当代著名国际私法学者亨利·巴蒂福尔和保罗·拉加德合著的《国际私法总论》、姚梅镇教授翻译的日本著名国际私法学者北胁敏一所著的《国际私法》以及李东来等翻译的英国著名国际私法学者莫里斯所著的《法律冲突法》。以上著作、译著的出版，极大丰富了我国国际私法文库，标志着中华人民共和国成立以来我国国际私法著作、译著的出版进入了一个空前的繁荣时期。

在众多国际私法著作、译著问世的同时，近几年来，我国各种法学报刊还发表了大量的国际私法论文和译文。这些论文和译文大多涉及国际私法中的重大理论问题或新的领域，或者与我国对外开放中以及香港、澳门回归祖国后需解决的法律问题密切相关，如国际私法的晚近发展趋势；国际私法的统一化和趋向化；海事国际私法；中国冲突法的立法和司法实践；公司、票据、知识产权；法律行为和代理的法律适用；"一国两制"与区际法律冲突；国际私法上的最密切联系原则；涉外民事、经济、海事案件的管辖权；国际和区际司法协助；外国判决和裁决的承认和执行等。这表明我国国际私法研究水平在不断提高，理论研究更加务实。

在国际私法教学方面，近几年来，国际私法课程不仅在正规高等学校法律院系开设，而且在一些学校，如在武汉大学，已被确定为主干课程。同时，国际私法课程还进入了电大、职大、业大、函大、自学考试以及各省、直辖市、自治区的政法管理干部院校的教学领域。在国际私法教材方面，现在不仅有高等学校统编教材，而且还有许多具有地方特色或院校特色的教材，以及中央电大统编教材和全国自学考试统编教材。在国际私法专业研究生培养方面，我国许多高等学校法律院系不仅培养了一大批国际私法专业硕士研究生，而且自1984年武汉大学国际法研究所开始招收国际私法博士专业研究生以来，已先后招收20名国际私法专业博士研究生。并且，自1988年以来已先后有6人获得国际私法专业博士学位，他们是我国自己培养的第一代国际私法学博士。武汉大学法学院国际私法研究所是目前国内唯一有国际私法专业博士学位授予权的单位。韩德培教授和李双元教授则是目前国内仅有的两位国际私法专业博士研究生导师。1991年，国务院学位委员会和国家教委还正式确定国际私法为法学学科中独立的二级学科。

三、全国性的国际私法学术活动与中国国际私法研究会

中华人民共和国成立后的全国性的国际私法学术活动的开展始于1985年。这年8月，武汉大学国际法研究所发起并和贵州大学法律系联合主持召开了首届全国国际私法学术讨论会。这次会议基本上聚集了我国从事国际私法教学、研究和实际工作的骨干力量，是我国国际私法学界的一次空前盛会。原司法部部长和贵州省省长曾到会祝贺。在这次会议上，与会代表即开始酝酿成立全国性的国际私法学术团体，并成立了"中国国际私法研究会筹备组"。

1987年10月，在国家教委和司法部的大力支持下，武汉大学国际法研究所发起并在武汉大学主持召开了全国国际私法教学研讨会，它是我国国际私法学界继贵阳会议后的又一次盛会。在这次会议上，经与会代表民主协商，成立了全国性的国际私法民间学术团体——"中国国际私法研究会"，并选举产生了研究会理事会。理事会选举韩德培教授为会长，刘振江教授、任继圣律师、李双元教授、钱骅教授、姚壮教授、余先予副教授、董立坤副研究员等为副会长，黄进为秘书长，并组成常务理事会，还决定聘请卢峻教授、任建新院长、李浩培教授和倪征㠓教授为研究会顾问。这次会议一致通过了《中国国际私法研究会章程》。该章程确定，中国国际私法研究会是民间学术团体，"本会的宗旨是坚持四项基本原则。贯彻'百花齐放、百家争鸣'的方针，团结广大从事国际私法科研、教学和实际工作的同志，积极开发国际私法的研究和学术活动，促进国际私法学科的不断

发展，为推进我国对外交往和社会主义现代化建设服务。"

此后，中国国际私法研究会相继召开三次学术讨论会和一次特别研讨会。1988年10月，中国国际私法研究会1988年年会在西北政法学院举行。1989年11月，中国国际私法研究会1989年年会在中山大学召开。1990年9月在武汉召开了"内地与港澳地区司法协助问题研讨会"。1991年5月，中国国际私法学术讨论会在济南举行。在这次会议上，研究会进行了换届选举，重新选举了理事、常务理事、会长、副会长和秘书长。并且按照国务院颁布的《社会团体的登记管理条例》的规定修改了《中国国际私法研究会章程》的部分条款。

从1985年贵阳会议开始，历次会议主要研讨了如下问题：（1）国际私法的范围；（2）国际私法和国际经济法的关系；（3）如何建立和健全我国涉外民事关系的适用法；（4）国际私法的晚近发展趋势；（5）国际与区际司法协助；（6）区际法律冲突及其解决；（7）涉外经济合同的法律适用和涉外侵权行为的法律适用；（8）国际私法的教学与改革；（9）内地与港澳地区司法协助问题；（10）涉外民事案件的管辖权；（11）海峡两岸的民事法律适用。通对上述问题的讨论，大大促进了我国国际私法学界的学术交流和理论工作者与实际部门的沟通，提高了我国国际私法的研究水平。特别值得一提的是，研究会与司法部司法协助局合作将1988年学术讨论会的论文编辑成集，定名为《国际司法协助与区际冲突法论文集》，已于1989年由武汉大学出版社正式出版。1991年年会论文集《海峡两岸法律冲突及海事法律问题研究》也已于同年由山东大学出版社出版。1989年年会论文集也正在编辑出版之中，将由中山大学出版社出版。

在上述6次全国性的国际私法学术会议上，每次出席会议的代表约60人。派代表参加会议的单位有：全国人大法制工作委员会、最高人民法院、外交部条法司、经贸部条法司、司法部、国家教委、大连、天津、青岛、上海、广州和海口海事法院、众多的涉外律师事务所、大专院校法律院系、各省政法管理干部学院、中国社会科学院法学研究所、上海社会科学法学院研究所等。

中国国际私法研究会还先后接纳了福建东方律师事务所、安徽对外经济律师事务所、广州第二对外经济律师事务所、广州岭南律师事务所、济南市涉外律师事务所、深圳市金融房产律师事务所、广东省中山市对外经济律师事务所、广州市律师事务所、宁波市对外律师事务所和广州白云律师事务所10家律师事务所为团体委员,有力地推动了我国国际私法理论界与实际部门的结合和交流。

1990年3月,经中国国际私法研究会申请,司法部已同意为研究会的主管部门。

综上所述,我们认为,国际法是一个与国内法相对应的体系,而不仅仅是某一个分支。国际私法是这个体系中的一个传统的、重要的并日益发展的分支。显而易见,自改革开放以来,我国国际私法在立法、司法、科研和教学等方面已取得令人瞩目的成绩,开始进入一个初步发展和繁荣的时期。但我们应该看到,随着改革开放的深化,我国对外经济贸易和民事交往必将更加频繁和错综复杂,这也就要求国际私法在我国得到进一步的发展,我国国际私法的整体水平应更上一层楼。因此,我国国际私法学界任重而道远,应该为进一步繁荣中国国际私法,使中国国际私法走向世界而不懈努力,艰苦奋斗。

"九五"期间我国国际私法研究的回顾与展望*

"九五"期间正值世纪之交，是承前启后的五年。总结"九五"期间我国国际私法研究的成就和存在的问题，展望未来我国国际私法研究的发展趋势，可收继往开来之效。

一、"九五"期间我国国际私法研究的回顾

（一）"九五"期间我国国际私法的研究成果

"九五"期间，我国国际私法的研究较以前有了进一步的发展，在若干领域取得了重要进展和一系列的研究成果，主要表现在以下方面：

其一，国际私法研究领域进一步拓展，研究的内容不断深化、细化。

对"九五"期间的国际私法研究成果与在此之前的国际私法研究成果进行比较，可以发现一个十分突出的现象，即"九五"期间的国际私法研究不再只局限于宏观的、框架性的、基础型的研究，而是在以前粗线条的研究框架下进一步深化研究，其主要表现为：

1. 国际统一实体私法的研究进入实质性的阶段。长期以来，对于国际私法研究的范围问题，尤其是国际统一实体私法是否归属其中的问题，国际私法学界一直存在着争论。但"九五"期间，国际私法学界对此问题已基本上达成共识，即国际统一实体私法是国际私法

---

* 本文是作者应全国哲学社会科学规划办公室的要求而写的调研报告，与程卫东（中国社会科学院欧洲研究所研究人员，武汉大学法学博士）合作撰写，原载于《中国国际私法与比较法年刊》第4卷（2001年）。

的重要组成部分。此种共识促进了国际统一实体私法的研究。对国际统一实体私法的研究主要集中在两大领域：一是对国际统一实体私法的基本理论的研究，包括国际统一实体私法的概念、性质、渊源、范围、内容、历史发展及地位与作用等；二是对相关具体领域的统一实体私法内容的研究，主要涉及国际货物买卖、国际货物运输、国际保险、国际支付、国际代理、国际担保、国际知识产权、国际收养等领域。"九五"期间国际统一实体私法研究的重要成果有：郑自文的《国际代理法研究》（法律出版社1998年版）、王瀚的《华沙国际航空运输责任体制法律问题研究》（陕西人民出版社1998年版）、蒋新苗的《国际收养法律制度研究》（法律出版社1999年版）、笪恺的《国际贸易中的银行担保法律问题研究》（武汉大学1998年博士论文）、贺万忠的《国际多式运输法律制度研究》（武汉大学2000年博士论文）等。在国际统一实体私法的基本理论的研究方面，较有代表性的论文有黄进教授的《论国际统一实体私法》（《中国国际私法与比较法年刊》1998年创刊号）等。

2. 国别国际私法研究取得了丰硕的成果。对各种国际的和国内的国际私法加以比较、鉴别、借鉴、吸收是发展中国自己的国际私法的一个重要途径，而国别国际私法研究则是比较、鉴别、借鉴、吸收的一个重要方面，是对各国国际私法进行比较研究的基础之基础。因此，国别国际私法研究具有重要的理论意义与现实意义。改革开放以来，我国国际私法学界一直非常注重对国际私法进行比较研究，只要读一下我国近20年来的国际私法著作就不难发现这一点。但是，在前期，相对而言，我们的国别国际私法研究比较薄弱。不过，20世纪90年代以后，在我国著名法学家和国际私法专家韩德培教授的领导下，国别国际私法研究在武汉大学国际法研究所的师生中受到重视，并渐入佳境。在我国，国别国际私法研究的领头之作是韩德培教授和韩健教授合著的《美国国际私法（冲突法）导论》（法律出版社1994年版）。"九五"期间，国别国际私法研究进一步受到国际私法学界的重视，代表性的成果有：陈卫佐的《瑞士国际私法法典研究》（法律出版社1998年版）、董丽萍的《澳大利亚国际私法研究》（法律出版社1998年版）、刘仁山的《加拿大国际私法研究》（武汉大学1997年博士论文）、袁泉的《荷兰国际私法研究》（法律出版社2000

年版）等。

3. 区际法律冲突问题的研究继续得到重视。"九五"期间，随着香港与澳门分别于1997年和1999年回归祖国，我国的区际法律冲突及其解决问题成为国际私法学界研究的一个热点。对区际法律冲突及其解决问题的研究既有涉及宏观问题的，也有涉及具体问题的。前者如对我国区际法律冲突的特点及协调模式的研究，后者涉及具体领域如公司、合同、侵权、知识产权、海事、婚姻家庭等方面的法律冲突及其解决。区际司法协助研究也是其中的一个重要内容。这一时期国际私法学界对区际法律冲突及其解决的研究较以前更加具体、务实和深入，尤其注重对具体领域的区际法律冲突解决方案的研究。有关此问题的重要研究成果有：沈娟的《中国区际冲突法研究》（中国政法大学出版社1999年版）、赵国强的《基本法与区际司法协助》（中国社会科学出版社2000年版）以及黄进主持的《中国区际法律问题研究》（"九五"国家社会科学基金重点项目成果）等。

4. 国际民事诉讼与国际商事仲裁法律问题的研究空前活跃。尽管此前国际私法学界对这两个问题的研究由来已久，但研究的内容较为泛化，视野也较窄，专门性的深化研究成果不多。"九五"期间，这两个领域的专题研究成果不断涌现，扩大了研究范围。其中比较重要的研究成果有韩德培教授和黄进主编的《国际商事仲裁丛书》，包括朱克鹏的《国际商事仲裁的法律适用》（法律出版社1999年版）、宋航的《国际商事仲裁裁决的承认与执行》（法律出版社2000年版）、赵健的《国际商事仲裁的司法监督》（法律出版社2000年版）和宋连斌的《国际商事仲裁管辖权研究》（法律出版社2000年版）等。韩健教授修订的《现代国际商事仲裁法的理论与实践》（法律出版社2000年版）也是"九五"期间的重要成果。此外，还有王瀚的《国际私法之程序法比较研究》（陕西人民出版社1998年版）。

5. 对国际私法的老问题有了新的研究。在"九五"之前研究过的许多国际私法问题，尤其是基本理论问题，在"九五"期间的国际私法研究中也占有一席之地。"九五"期间，此类研究是对以前研究的深化与拓展，一方面是根据当代国际私法发展的新理论、新动向对国际私法的有关问题进行重新认识，另一方面是根据其他学科的研究成果对国际私法的有关问题提出宏观上的认识与思考，前者如金彭年的《国际私法上的公共秩序研究》(《法学研究》1999 年第 4 期)，后者主要集中在国际私法的价值取向、功能定位及发展趋势等问题上，如郭玉军的《把握 21 世纪国际私法的发展趋势》(《法学研究》1999 年第 3 期)。

其二，确立了国际私法学科新体系并在若干问题上提出了新的理论观点。

1. "一体两翼"理论与国际私法学新体系的建立。"一体两翼"理论是韩德培教授就国际私法范围问题所提出的一种理论，其中的"体"指的是冲突法与统一实体法，"两翼"分别指国籍与外国人的法律地位问题和解决国际民商事纠纷的程序问题。此种观点经过多年的讨论和研究，"九五"期间已得到国际私法学界普遍的认同，国际私法学的新体系亦随之而确立，这主要反映在韩德培教授主编的普通高等教育"九五"国家级重点教材《国际私法新论》(武汉大学出版社 1997 年版)和面向 21 世纪课程教材《国际私法》(高等教育出版社 2000 年版)以及黄进教授主编的"九五"规划高等学校法学教材《国际私法》(法律出版社 1999 年版)这三部教材上。国际私法学新体系包括总论、国际冲突法、国际统一实体法、国际民事诉讼法与国际商事仲裁等五个部分（或把后两个部分合并为国际民商事争议的解决）。

2. 国际民商新秩序理论。此理论为李双元教授所倡导。此种观点认为，在市场经济和市场全球化的时代，国际私法正面临着一场真正的革命，其自身正在完成着从古典的传统阶段到当代的完全符合现实生活需要的阶段的转变；国际私法的功能由单纯地解决法律冲突向构筑国际民商新秩序转换。为此，国际私法体系亦须创新、变革和改变。在提倡、构筑国际民商新秩序理论方面代表性的著作为李双元、徐国建主编的《国际民商新秩序的理论建构》(武汉大学出版社 1997 年版)一书。尽管国际民商新秩序理论还未得到国际私法学界的普遍认同，但"九五"期间这方面的文章较多，产生了广泛的影响。

其三，致力于探索中国国际私法的立法体系。

早在 1993 年中国国际私法学会年会上就成立了以韩德培教授为组长的《中华人民共和国国际私法示范法》(以下简称《示范法》)起草小组，并于 1994 年 7 月完成了《示范法》的第一稿。"九五"

期间，中国国际私法学会继续致力于《示范法》的修订与完善工作。《示范法》在经过多次讨论，反复修改，易稿数次后，最后定稿为第六稿。《示范法》（第六稿）共分五章，即第一章总则、第二章管辖权、第三章法律适用、第四章司法协助和第五章附则，共有166条。起草小组还对《示范法》的每一条文作了适当的说明，并将各条文译成英文。《示范法》已于2000年在法律出版社以中、英文两种文字出版。《示范法》是我国法学界第一部完全由学术研究团体起草的示范法典，在我国法学界产生了很大的影响，也引起了国外一些学者的注意。《示范法》的公开出版，对我国国际私法理论发展以及立法与司法实践将会产生深远的影响。

其四，翻译、出版了若干影响广泛的外文著作和外国国际私法法规。

"九五"期间翻译出版的最有影响的国际私法著作有：英国莫里斯主编的《戴赛和莫里斯论冲突法》（三卷本，李双元、胡振杰等译，中国大百科全书出版社1998年版）；德国弗里德里希·卡尔·冯·萨维尼所著的《法律冲突与法律规则的地域和时间范围》（李双元、张茂等译，法律出版社1999年版）。这两部国际私法的经典著作对国际私法理论的发展都起到了极大的推动作用，对我国国际私法理论与实践的发展无疑会发挥积极作用。

此外，在"九五"期间，一些国家新近通过的国际私法立法被译介到中国，如1992年《罗马尼亚关于调整国际私法法律关系的第105号法》、1995年《意大利国际私法制度改革法》、1996年《列支敦士登国际私法》、1998年《突尼斯国际私法典》、1999年德国《关于非契约之债和物权的国际私法法律》等。这些晚近国际私法立法的译介对于我们了解外国立法动态，推动我国国际私法立法与理论研究都具有重要的意义。

其五，《中国国际私法与比较法年刊》正式出版。

"九五"期间，由韩德培、余先予和黄进教授主编的《中国国际私法与比较法年刊》于1998年创刊，在法律出版社出版。该年刊每年一期，已出版1998年卷（创刊号）、1999年卷和2000年卷。由于该年刊集中反映了国际私法的最新研究成果和学术动态，无疑会推动我国国际私法理论与实践向前发展。

其六,中国国际私法学会网站正式建立。

2000年8月,中国国际私法学会在其总部所在地——武汉大学国际法研究所建立了我国第一个国际私法网站,即http://www.Chinapil.whu.edu.cn 或者 http://www.Chinapil.org。学会借此在网上传播国际私法的知识,及时反映国际私法的学术研究动态,讨论国际私法的热点问题,公布各种最新的国际私法资料,今后还将发展远程国际私法教学,从而推动我国国际私法教学和研究的网上合作与交流。中国国际私法学会网站的建立为我国国际私法研究提供了新的媒介和桥梁。

(二)"九五"期间我国国际私法研究的特点

综观"九五"期间我国国际私法研究的发展,它具有以下几个特点:

1. 国际私法研究努力做到求同存异。学者们在国际私法诸多理论问题上争论较多,分歧较大。虽然经过几年的探索和讨论,学者们在认识上的一致性有所加强,但并未形成定论。在许多国际私法的具体问题上,如关于国际私法的范围、国际私法的性质、最密切联系原则、合同自体法、国际民商事管辖权、国际商事仲裁协议的效力等问题上,学者们的观点仍然存在着分歧,但研究较以前更深入、具体。

2. 国际私法研究力求与我国的实际相结合。很多论文和著作对我国国际私法相关的立法现状与存在的问题作了详尽的分析并提出了若干具体的立法建议。在推动我国国际私法立法完善方面,《中华人民共和国国际私法示范法》这一成果是其中最突出的代表。在司法实践方面,国际私法的研究者亦开始注重对有关案件进行评析。"九五"期间,我国区际法律冲突问题是急需解决的重大现实问题,相关的研究成果十分丰富。此外,就一些具体问题,国际私法学者向有关部门提供了一些有价值的咨询意见和建议。

3. 国际私法研究致力于开拓新的领域。对于以前未涉及或语焉不详的领域,国际私法研究者倾注了相当程度的关注,如互联网兴起对传统国际私法的影响以及相应的对策研究受到重视,朱军的《国际互联网络知识产权法律研究》(武汉大学1999年博士论文)和吕国民的《国际贸易中电子数据交换法律问题研究》(武汉大学2000年博士论文)就是这方面研究成果的代表。关于我国加入WTO对国际私法理论与实践带来的影响和挑战问题也受到关注。以前关注较少的一些国家的国际私法，"九五"期间也得到重视和被研究。

4. 国际私法研究的重点由国际冲突法转向国际统一实体私法和国际民商事纠纷的解决。

5. 国际私法研究开始向国际舞台迈进。"九五"期间，我国一些国际私法学者不仅利用各种机会参加国际会议或其他国际学术交流活动，推介我国国际私法的理论与实践，而且在国外期刊上发表了一定数量的国际私法论文，受到国际上一些著名的国际私法学者的注意。

（三）"九五"期间我国国际私法研究存在的问题

"九五"期间，我国国际私法研究无疑取得了丰硕的成果，成绩是很大的，但是仍存在一些研究的不足，存在的主要问题包括：

1. 国际私法理论上创新不足。"九五"期间，我国国际私法研究基本上沿袭了改革开放以来国际私法研究的模式，主要仍集中在学科体系建设及若干具体问题的介绍、补充与完善上，理论上创新不足，尤其是尚未形成在国际上有影响的理论观点与理论体系。

2. 在注重理论联系实际的同时，对国际私法的基本理论的研究则相对忽视。在我国改革开放早期，当时的国际私法理论研究过分注重讨论国际私法的基本理论问题，比如国际私法的概念、性质、范围、与其他部门法的关系等，较少探讨具体的实际问题。后来，我国国际私法学界逐渐注重理论与实际相结合。然而，在研究具体问题十多年后，我国国际私法学界有必要回过头来反思国际私法的基本理论问题。

3. 在研究成果服务应用于实践上，国际私法的影响尚显不足。尽管我国国际私法理论研究成果对实务界的潜移默化的影响在逐渐增加，但其应用的广度和深度还较为有限。当然，造成这种情况的原因是多方面的，比如说，研究者和实践者之间没有畅通的、双向的和互动的交流渠道，一些研究成果脱离我国实际，等等。这些情况可以说在一定程度上限制了国际私法研究的本土化和实践化。

4. 国际私法研究存在有观点上的分歧，但缺乏真正的争鸣，因而在诸多问题上存在着理论上的混乱但无法解决、澄清的现象。国际私法研究期待更多实质意义上的进步。

5. 我国国际私法研究与国际同行间的直接交流较少，部分学者只能根据在国内得到的较少的第二手资料了解国外国际私法研究动态与成果。即使出现较有创意的研究成果，由于没有或没有条件向国际同行宣示，不可能得到国际学术界的认可和肯定或者在国际上产生影响。资料的缺乏和国际交流的欠缺，限制了我国国际私法研究走向国际舞台和向更高水平的发展。

二、"十五"期间我国国际私法研究的展望

(一)"十五"期间国际私法研究的发展趋势

首先，在与国际社会普遍实践同步发展的同时，具有中国特色的国际私法学将逐步形成。随着我国即将加入WTO，对外开放进一步扩大，国内经济与国际经济进一步接轨，我国各方面的对外交流，尤其是民商事交往必将进一步频繁，涉及面越来越广，如何解决民商事交往中的纠纷将会直接影响我国与世界的交流及与国际社会的接轨。因此，国际私法的作用会受到越来越广泛的关注，而国际私法应有作用的发挥，离不开本学科理论上的发展与繁荣。吸收国际上的先进研究成果是发展和繁荣我国国际私法学的一个必要手段，但更为关键的是建立具有中国特色的国际私法学。具有中国特色的国际私法学不是仅仅立足于本国的国际私法学，而是借鉴、扬弃、吸收各国国际私法研究成果，并结合我国的文化、法律传统与实际情况而形成的既反映国际私法总体发展趋势，又适应我国对外开放需要的学科体系与理论。

其次，国际私法研究将日益与我国及国际社会的实践紧密结合。从与国内实践相结合的角度来说，国际私法研究将密切关注我国的立法与司法实践以及我国独特的区际法律冲突问题。我国的国际私法立法尚有待健全和完善，"十五"期间的国际私法研究将致力于促进我国国际私法的立法及分析、检讨司法实践中的问题并提出对策和建议。对于国际社会普遍存在的新问题，我国学者也会积极参与研究。由于科学技术的发展和经济全球化，人类共同关心的问题越来越多，如和平与发展问题、全球与区域合作问题、环境与资源问题、可持续发展问题、WTO问题、互联网与电子商务问题，等等，这些新情况和新问题对国际私法研究也提出了新的挑战。"十五"期间的国际私法研究对这些问题必然会作出积极的反应。

再次，国际私法学内部将出现分化，国际冲突法、国际统一实体私法和国际民商事争议解决（包括 ADR、国际商事仲裁法和国际民事诉讼法）将成为国际私法研究鼎足的三个领域。研究的问题将会进一步具体化，不再只局限于宏观的、抽象的问题，研究将以为实践提供参考、建议和对策为主要目的。

（二）"十五"期间国际私法研究的重要领域和重点课题

"十五"期间，我国国际私法研究的重要领域和重点研究课题包括：

1. 新形势下我国国际私法立法的完善研究。改革开放以来，我国国际私法立法有了长足的进步，学者们对相关的立法完善问题也作了许多研究。随着我国对外开放的进一步深入，尤其是即将加入 WTO，我国国际私法立法研究更有待进一步深化。加强相关的研究，尤其是为立法提供切实可行的成果与建议，是完善我国对外交往之法制环境的一个不可缺少的方面。

2. 我国国际私法司法实践研究。研究实践、服务于实践、引导实践是国际私法研究的一项重要指导原则。我国国际私法学要应对实践的需要、研究实践中存在的问题，只有这样，国际私法理论与实践才能共同发展。为此，我国国际私法学界要大力开展国际私法判例研究。

3. 我国的区际法律冲突及其解决问题研究。随着香港与澳门的回归，我国的区际法律冲突已成为一个现实问题。对我国的区际法律冲突问题，尽管目前已有较多的研究，但是到目前为止，在解决区际法律冲突问题上还没有明确的法律，国际私法学界仍有必要对此问题作深入研究，以提出更切实可行的建议和具体解决方案。

4. 我国的区际民事诉讼法律问题研究。这也是"九五"期间新出现的一个问题，此问题的研究包括区际民事管辖权的确立与协调、区际民事诉讼的具体程序、区际司法协助等诸多问题。这些问题已引起了研究者的注意，但对这些问题的研究尚需具体、深入。

5. 我国国际商事仲裁制度的改革与完善研究。"九五"期间，国际商事仲裁在我国一直在稳步发展，呈现出良好的发展走势，相关的仲裁法律制度也日趋成熟，但是在实践中还是暴露出了一些问题，如某些仲裁协议的效力问题、仲裁管辖权问题、法院对仲裁的适度监督与支持问题等。改革和完善我国国际商事仲裁制度对于增强我国国际商事仲裁机构的竞争力,优质高效地解决有关国际商事纠纷是至关重要的。

6. 加入WTO与我国国际私法的完善研究。我国即将加入WTO,这对我国各方面都将会产生一定的影响。加入WTO对我国国际私法的理论与实践会产生怎样的影响,会提出怎样的要求,会带来哪些问题,以及国际私法在我国加入WTO后能发挥怎样的作用及如何发挥作用,都值得深入研究。

7. 互联网与国际私法的发展研究。其中最主要的两个问题是跨国电子商务中的国际私法问题和跨国网络侵权中的国际私法问题。电子商务是利用现代信息网络进行商务活动的一种先进手段,作为一种创新的经济运行方式,其影响远远超过商业领域,在法律上也产生了许多新的问题。对这些问题进行研究无疑具有现实意义。而网络侵权所涉及的问题比较特殊,也很广泛。随着网络的扩张,网络侵权现象越来越突出,国际私法对此问题应有具体的对策。

8. 新型国际民商事关系中的国际私法问题。近几十年来,国际商贸往来中出现了许多新型的交易形式,如国际保理、国际融资租赁、国际版权贸易等,这些新型的交易形式已逐渐被引进到中国,但是对相关的特殊法律问题的研究尚不充分。

9. 国际民商事争议解决机制研究。除了要加强对国际商事仲裁和国际民事诉讼进行研究外,有必要对ADR(替代争议解决方式),包括协商和调解等,进行全面、系统和深入的研究。同时,对那些个性化的、特殊领域的争议解决机制进行分门别类的研究也是十分必要的,如对国际投资争议解决机制、海事争议解决机制、信用证争议解决机制、网上在线争议解决机制等进行深入的研究,有非常重要的现实意义。

10. 国际私法的统一化与本土化研究。目前在世界范围内,一方面,法律统一化的趋势在逐渐加强,但同时也并存着各国法律本土化的倾向,各国法律并未完全统一,甚至存在着巨大的分歧。在国际私法领域亦是如此,虽然相关的国际公约和国际惯例在不断增多,但各国更多地是通过本国的相关法律机制来处理国际民商事纠纷。因此,我国国际私法学界有必要研究国际私法统一化与本土化之间的关系及未来走势。

11. 海牙国际私法公约研究。第二次世界大战后，海牙国际私法会议推动订立了30多个国际私法公约，还正在加紧制定新的公约。我国国际私法学界对这些公约的研究还非常不够，有必要全面、系统和深入地研究这些公约。不过，研究的重点应该放在那些其缔约国或参加国较多，或者说被较为普遍接受的公约，以及那些正在制定的公约上。

12. 国际私法学说史和法制史研究。到目前为止，我国尚没有完整的、专门的国际私法学说史和法制史的著作。国际私法学说史和法制史的系统研究有助于更全面地认识国际私法的价值、功能、发展轨迹以及它与其他学科的关系，并在此基础上发展国际私法。

13. 欧盟国际私法研究。欧盟的发展壮大是当今国际社会一个引人注目的现象，其独特的法律机制为法学界提供了新的研究课题。欧盟国际私法是一个较为独特的现象。对欧盟国际私法的研究既有助于我们认识区域性国际私法发展的现状，同时有助于我们认识国际私法的未来发展趋势，对国际私法基本理论的研究也将起到积极的推动作用。

14. 国外国际私法发展的跟踪与比较研究。目前，国外国际私法理论与实践的发展非常迅速，新的立法、新的判例、新的理论成果不断涌现。特别值得一提的是，从20世纪70年代开始，国外新的国际私法立法浪潮一浪高过一浪，法典化成为趋势。我国国际私法研究有必要进一步跟踪研究国外国际私法的发展，加强比较国际私法研究，深化国别国际私法研究，从而掌握国外国际私法的最新发展动向。

15. 21世纪国际私法的发展趋势研究。人类刚刚迈入的21世纪是一个崭新的世纪，随着科学技术日新月异的进步，人类正在步入信息时代、知识经济时代和网络时代，经济全球化日益明显，各国人民之间的交往和联系更加密切，永久和平与可持续发展已成为时代的最强音。面对这样一个崭新的世纪和时代，国际私法如何发展，如何推动建立适应时代要求的国际民商事新秩序，如何为世界和平与发展服务，备受国际私法学界的关注。

中国国际私法领域内重要理论问题综述*

中国的全国性国际私法学术活动始于1985年。该年8月，武汉大学国际研究所发起并和贵州大学法律系在贵州市花溪共同主持召开了首届全国国际私法学术讨论会。在这次会议上，与会代表开始酝酿成立全国性的国际私法学术团体，成立了"中国国际私法研究会筹备组"。1987年10月，全国国际私法和国际经济法教学研讨会在武汉大学召开，会上正式成立了中国国际私法研究会。中国国际私法研究会已先后于1988年10月、1989年11月在西安和广州召开了两届年会。上述各次会议就我国国际私法学的建立及我国实行对外开放所面临的一些重要国际私法理论问题展开了讨论。本文将从这些会议的讨论情况出发，结合各种国际私法专著、教材和论文，对中国国际私法领域中一些重要理论问题的研究状况进行扼要述评。

一、关于国际私法的调整对象

国际私法的调整对象是涉外民事法律关系。这一观点在20世纪50年代开始得到公认。直到1983年，作为全国统编教材的《国际私法》仍明确指出："国际私法所调整的对象是……国际民事法律关系，从一个国家的角度来说，可以称之为涉外民事法律关系"。①1983年后，一些学者就此问题提出了不同主张，并引发了热烈的讨

---

* 与肖永平（现为武汉大学法学院教授、博士生导师，武汉大学国际法研究所执行所长）合作撰写，本文原载于《中国社会科学》1990年第6期，中国人民大学书报资料中心复印报刊资料《法学》1991年第1期转载，后收录于韩德培主编：《中国冲突法研究》，武汉大学出版社1993年版。

① 韩德培主编：《国际私法》，武汉大学出版社1983年版，第2页。

论。分歧的焦点主要有两个：1. 调整的对象到底是涉外民事法律关系还是涉外民事关系；2. 调整对象究竟是整体的涉外民事关系还是特定部分的涉外民事关系。

对于第一个问题，有的学者认为，"民事法律关系"和"民事关系"是两个不同质的概念。民事关系是指社会关系中的财产关系和人身关系，它本身不存在固有的权利和义务内容；民事法律关系则是一种意志社会关系，它是指民事关系中具有权利、义务内容的财产关系和人身关系，是法律调整的结果。因此，国际私法的调整对象应该是涉外民事关系，而不是涉外民事法律关系。① 《中华人民共和国民法通则》第八章也采用了"涉外民事关系"这一措辞。但有的学者认为，"涉外民事关系"和"涉外民事法律关系"并没有实质性的区别，"涉外民事法律关系"就是指需要通过法律去调整的那一部分涉外民事关系。在已出版的国际私法专著和教材中，混用这两个概念的情况较多，但也有少数教材只使用"涉外民事关系"这一概念。②

对于第二个问题，主要有两种观点：一种认为国际私法以涉外民事关系作为自己的调整对象，另一种主张国际私法只调整特定的或特殊范围的涉外民事关系。③ 已故的国际私法学家陈力新先生认为，"特定的涉外民事关系"就是指涉及外国法适用的涉外民事关系。它把实体性问题和程序性问题有机地联系在一起。④ 我们认为，这种"整体论"与"部分论"的争论，一方面是由于学者们对"涉外民事关系"这一概念或国际私法的范围有着不同的理解，另一方面也是由于国际经济法、国际贸易法、海商法等法律部门的兴起而提出的新问题，因为这些法律部门也调整一定范围的涉外民商事关系。应该指出的是，这些法律部门与国际私法的存在并不矛盾，它们是国际民商

---

① 参见陈力新提交国际私法首届年会的论文《国际私法对象新论》。
② 参见余先予主编：《简明国际私法学》，中央广播电视大学出版社1986年版，第2页；刘振江等主编：《国际私法教程》，兰州大学出版社1988年版，第60页。
③ 参见刘振江等主编：《国际私法教程》，兰州大学出版社1988年版，第59～60页。
④ 参见陈立新、邵景春：《国际私法概要》，光明日报出版社1988年版，第3～5、22～39页。

事关系复杂化、多样化的结果。因此，要注意协调这些法律部门与国际私法之间的关系，使它们共同发展、相得益彰。同时，在现有条件下，要在这些法律部门与国际私法间划出清楚的界限是相当困难的。

二、关于国际私法的性质和名称

对于国际私法的性质问题，国内外学者争论的问题有三个：1. 国际私法是公法还是私法；2. 国际私法是程序法还是实体法；3. 国际私法是国际法还是国内法。我国学者的争论主要集中在第三个问题上，归纳起来有以下几种观点：

1. 认为国际私法是国内法，不是国际法；①
2. 认为国际私法是国际法，不是国内法；②
3. 认为国际私法是介乎国际公法与国内民法之间的一个法律部门；③
4. 认为国际私法主要是国内法，将来会向国际法方向发展；④
5. 认为国际私法不是一个部门法，而是一个体系，国际私法作为调整国际民事关系的法律，是国际法体系中的一个分支。⑤

众所周知，给国际私法以科学的定性，对开展国际私法理论研究和有关立法、司法工作有着重要意义。由于国际私法调整对象的复杂性，各个学者在定性时的角度和侧重点不一样，导致了以上种种分歧。我们认为，在给国际私法定性时必须注意以下两点：

1. 在意大利学者孟西尼（Mancini）和荷兰学者阿塞尔（Asser）倡导通过国际条约制定统一冲突规范以前，人们从来就认为国际私

---

① 参见董立坤：《国际私法论》，法律出版社 1988 年版，第 5~7 页；唐表明：《比较国际私法》，中山大学出版社 1987 年版，第 25~27 页；《中国大百科全书·法学卷》，中国大百科全书出版社 1984 年版，第 228~229 页。

② 参见高树异主编：《国际私法》，吉林大学出版社 1987 年版，第 23 页；刘振江等主编：《国际私法教程》，兰州大学出版社 1988 年版，第 48 页。

③ 参见余先予主编：《简明国际私法学》，中央广播电视大学出版社 1986 年版，第 14~15 页。

④ 参见李双元：《国际私法（冲突法篇）》，武汉大学出版社 1987 年版，第 38~42 页。

⑤ 参见黄进：《宏观国际法学论》，载《法学评论》1984 年第 2 期。

法——冲突法是一个国家的国内法,只是随着统一国际私法的出现和发展,人们对国际私法性质的认识才有了种种分歧,因此,给国际私法以科学的定性,必须具有历史的眼光和发展的观点。

2. 从国际私法的发展历史看出,国际私法越发达,其国际因素就越强。我们认为,国际私法的整个发展过程是从国内法向国际法转变的漫长的历史过程,而我们现在的任务则是要说明当代国际私法处于这个历史过程中的什么阶段。为此,就应该采用定性分析和定量分析相结合的方法,努力求得一个比较明确的数量关系,在揭示国际私法由国内法变为国际法的程度的基础上,对其性质作出相应的界定。

对于国际私法的名称,不同时期的学者曾先后提出过几十个不同的称谓,但唯有"国际私法"这一名称比较广泛地为人们所接受和使用。我国学者目前对"国际私法"这一名称普遍表示不满,但仍基本保持了它的实际运用;有一些学者则接受和使用了"冲突法"这一名称。① 我们认为,国际私法的名称问题与其性质和范围问题密切相关,科学的名称应该反映事物的性质,因此,在性质和范围还没有定论的情况下,要彻底地解决名称问题是不现实的。

三、关于国际私法的范围

国际私法的范围,是指国际私法作为一个法律部门,到底应包括哪几类规范的问题。对此,我国学者主要有五种不同主张:

1. 认为国际私法就是冲突法,因此,它只包括冲突规范;②
2. 认为国际私法主要是冲突法,它是在所涉国家民法发生冲突时解决法律适用问题的法律,除冲突规范外,还应包括规定管辖权和外国判决的承认与执行的规范;③
3. 认为国际私法除冲突规范外,还应包括规定外国人民事法律地位和国际民事诉讼程序的规范;④

---

① 如孟宪伟主编的《冲突法学》、余先予主编的《冲突法》。
② 参见《中国大百科全书·法学卷》,中国大百科全书出版社1984年版,第228页;中国人民大学国际法教研室编:《国际私法》,1981年版,第3页。
③ 参见唐表明:《比较国际私法》,中山大学出版社1987年版,第11~12页。
④ 参见董立坤:《国际私法论》,法律出版社1988年版,第23~31页。

4. 认为国际私法除应包括第三观点中的三类规范外，还应包括通过双边或多边条约所规定的调整国际贸易关系的统一实体规范和国际惯例；①

5. 认为国际私法除第四种观点所包括的几类规范外，还应包括国内法中专门适用于涉外民事关系的实体规范。②

在以上五种观点中，人们通常把第一种观点称之为"小"国际私法，把第二、三种观点称之为"中"国际私法，把第四、五种观点称之为"大"国际私法。它们现在基本上呈三足鼎立之势。事实上，问题的焦点在于：国际私法是否应该包括直接调整涉外民事关系的实体法规范。对此要作出正确回答，应该注意以下几点：

1. 要从实际出发。历史发展到今天，国际私法调整对象的复杂性已远非"法则区别说"时代所能比拟，任何一项国际民事争议的解决都牵涉到多方面的法律问题，须借助多方面的法律手段和途径。如果在国际私法的范围和体系方面所持的观念太狭隘，那势必会影响国际私法的适用性。实际上，冲突法规范和实体法规范在国际私法的不同领域发挥着特殊的作用。近几十年来，两者都有了飞速的发展，它们相辅相成，共同担负着调整和稳定涉外民事关系的任务。如果人为地把它们分开，就会使国际私法变得残缺不全，不能很好地调整涉外民事关系。

2. 要有发展的观点。国际私法无论是作为一门学科还是作为一个法律部门，在世界上从来就没有一个统一的体系，也不必强求一个统一的体系。但是有一点是可以肯定的，即国际私法在不断地发展演变中。国际私法的主体部门确实是冲突规范，但我们也不能囿于这种观念的束缚。在国内外，冲突规范的机械、刻板和缺乏预见性受到人们越来越多的批评，所以，我们在改造冲突规范本身的同时，还必须寻找一条新的途径来发展和繁荣国际私法，这就是通过实体法规范来

---

① 参见韩德培主编：《国际私法》，武汉大学出版社1989年版，第6~13页；李双元：《国际私法（冲突法篇）》，武汉大学出版社1987年版，第23~31页。

② 参见姚壮、任继圣：《国际私法基础》，中国社会科学出版社1981年版，第3~7页；刘振江等主编：《国际私法教程》，兰州大学出版社1988年版，第12页；高树异主编：《国际私法》，吉林大学出版社1987年版，第6~11页；余先予主编：《简明国际私法学》，中央广播电视大学出版社1986年版，第13页。

弥补冲突法规范之不足。

3. 随着社会关系的复杂性和多样化，出现了许多新的法律部门，原有的法律部门也增添了新的内容，因此，学科之间的交叉与重叠已在所难免。对于同一对象，如果从不同的角度采用不同的研究方法进行研究，就可以把它归属到不同的法律部门中去。我们没有必要为了保持国际私法的"纯洁性"而砍掉统一实体法部分。

4. 国际私法作为一门学科，其范围同某一项具体的国际私法立法的内容是不能相提并论的，因为国际私法规范常常包含在多项国际和国内立法中。我们不能简单地从具体的国际私法立法体系来推定国际私法学科的体系和国际私法的范围。

5. 国际私法范围问题与国际私法调整对象问题密切相关。如果说国际私法调整的是含有国际因素的一定范围的财产关系和人身关系，那么，只要我们给"一定范围"一个明确的界定，国际私法的范围问题也随之迎刃而解。所以，这个问题的解决有赖于对国际私法调整对象的深入研究。

四、关于国际私法与国际经济法的关系

随着国际经济法日益被接受为一个独立的法律学科和法律部门，[①] 关于国际私法与国际经济法的关系问题引起了国际私法学界和国际经济法学界的共同关注。在1985年贵阳召开的首届全国国际私法学术讨论会和1987年武汉大学召开的全国国际私法、国际经济法教学研究会上，与会代表就国际私法与国际经济法的关系问题进行了热烈的讨论，特别是在后一个会议上，两个学科间的直接对话促进了各种不同观点的接近，并使学者们达成了以下共识：国际私法与国际经济法之间是联姻关系、结盟关系，它们是我国贯彻对外开放政策时两种不可或缺的法律手段和法律部门，既有区别又有联系，两者应携手合作，共同发展。当然，学者们在这个问题上的分歧仍然存在。有的学者从国际私法就是冲突法的"小"国际私法观点出发，认为国际私法与国际经济法的主要区别在于：国际经济法的主体不仅包括国

---

① 参见姚梅镇主编：《国际经济法概论》，武汉大学出版社1989年版，第2～18页。

家、国际组织,也包括个人、法人及其他团体,国际经济法规范既有国际法,又有国内法,既有公法,又有私法,既有实体法,又有程序法;而国际私法仅间接地调整国际民事关系,主要解决民事法律冲突或法律适用问题。另一些学者则从"大"国际私法的观点出发,认为国际经济法就是"经济国际法",它调整主权者之间的"国际经济关系",是国际公法的一个分支;而国际私法是一个独立的法律部门,主要调整不同国家的自然人或法人相互间的民事关系。① 还有学者认为,国际私法与国际经济法是一般法与特殊法的关系,但国际经济法主要通过国际统一实体法规范进行直接调整,而国际私法则主要通过冲突规范间接调整。② 我们认为,应该从国际经济关系的实际出发,深入研究国际私法与国际经济法的关系,要避免停留在繁琐的概念之争上。

五、关于区际私法问题

1984年12月9日,中英两国政府正式签署了《关于香港问题的联合声明》,它向全世界展示了具有政治远见的"一个国家、两种制度"的构想和模式。该联合声明规定,我国将于1997年7月1日恢复对香港行使主权,香港将成为特别行政区;在"香港特别行政区成立后,香港原有法律(即普通法与衡平法、条例、附属立法、习惯法)除与《基本法》相抵触或香港特别行政区的立法机关作出修改者外,予以保留";"香港特别行政区享有行政管理权、立法权、独立的司法权和终审权。"中葡两国政府于1987年4月13日正式签署的《关于澳门问题的联合声明》也有类似规定。与此同时,我国政府对台湾问题也将按照"一国两制"的模式加以解决。由此,中国将成为一个多元法域的国家,区际法律冲突不可避免。自1985年以来,我国国际私法学界对区际私法问题进行了广泛而深入的研究(1988年10月在西安召开的中国国际私法研究会第二届年会将区际

---

① 参见黄进:《关于国际私法范围及其他理论问题》,载《中国法制报》1985年11月11日。

② 参见董立坤:《国际私法论》,法律出版社1988年版,第20~21页;刘振江等主编:《国际私法教程》,兰州大学出版社1988年版,第85~86页。

私法问题作为主要议题之一），涉及了区际私法的概念、中国区际法律冲突的特点、我国制定区际私法的迫切性以及关于解决我国区际法律冲突的原则和步骤等一系列问题。

1. 关于区际私法的概念，一些学者认为，区际私法是解决一国国内不同区域之间民事法律冲突规范的总称，区际法律冲突可以分为一国内两种不同社会制度下的法律冲突和一国内同一种社会制度下的法律冲突两种。① 另一些学者认为，区际私法是解决一国国内不同法域之间民事法律冲突的规范的总称，区际法律冲突不包括一国内同一种社会制度下的法律冲突。②

2. 关于中国区际法律冲突的特点，学者们的概括大同小异，大致是：（1）中国的区际法律冲突既有同一社会制度下的法律冲突，又有不同社会制度下的法律冲突；（2）中国的区际法律冲突表现了社会主义法系、英美法系和大陆法系三者之间的冲突；（3）中国的区际法律冲突不仅包括各法域法律适用上的冲突，还有国际条约适用上的冲突；（4）中国的区际法律冲突是单一制国家中特别行政区享有高度自治权情况下的法律冲突。③

3. 关于制定区际私法的迫切性问题，学者们的认识有很大差别。有的学者从实现国家的统一、对外开放、地区合作及加强法制建设的形势出发，呼吁中国区际私法应及早出台；④ 有的学者认为制定统一的区际私法还有困难，但可制定一些单行区际冲突法法规；有的学者认为制定统一区际私法的实现可能性不大，可通过一些实体协议来解

---

① 参见易俊：《"一国两制"与中国区际私法》，载《国际司法协助与区际冲突法论文集》，武汉大学出版社1989年版，第168页。

② 参见丁伟：《中国的区际法律冲突与区际私法刍议》，载《国际司法协助与区际冲突法论文集》，武汉大学出版社1989年版，第187～189页。

③ 参见韩德培、黄进：《中国区际法律冲突问题研究》，载《中国社会科学》1989年第1期；孟宪伟：《略论我国区际法律冲突及其解决途径》，顾倚龙：《坚持"一国两制"，解决区际法律冲突》，丁伟：《中国的区际法律冲突与区际私法刍议》，分别载于《国际司法协助与区际冲突法论文集》，第138～148、174～186、187～194页。

④ 参见余先予：《中国区际冲突法应该及早出台》，载《国际司法协助与区际冲突法论文集》，武汉大学出版社1989年版，第119页。

决个别问题。① 我们认为，制定全国统一的区际私法最为可取，考虑到目前在立法上解决这个问题尚有许多困难，在全国统一的区际私法制定出来之前，可通过类推适用国际私法来解决区际法律冲突问题。

4. 关于解决中国区际法律冲突的原则，一般认为应包括促进和维护国家统一原则、一国两制原则、平等互利原则、促进和保障正常区际民事交往原则。②

5. 关于解决我国区际法律冲突的步骤，大部分学者认为应首先由我国内地、香港、澳门、台湾地区类推适用各自的冲突法规则来解决区际法律冲突，然后在各地区充分协商和协调的基础上，制定全国统一的区际私法。与此同时，可以在某些具体问题上制定全国统一的实体法或各地区分别采用相同或类似的实体法，进而逐步实现全国法制统一，最后避免和消除区际法律冲突。③

上述可见，从长远看，我国法学界今后应该把区际私法作为一个独立的问题进行更深入细致的研究，而不是把它仅仅当成国际私法的附属问题来研究，因为国际私法与区际私法虽然有许多相似之处，但前者毕竟是解决不同主权国家之间的法律冲突的法律，而后者只是解决一个主权国家内部不同法域之间的法律冲突的法律，两者有着本质差别。此外，在研究过程中，我们应该联合我国台湾、香港、澳门的国际私法专家、学者，从我国的实际情况出发，借鉴其他国家解决区际法律冲突的有益经验，以便找出解决我国区际法律冲突问题的最佳途径。

六、关于国际司法协助问题

实行对外开放以来，我国学者加强了对国际民事诉讼程序方面的问题的研究，除在教材和专著中对此作了介绍和阐述外，公开发表的有关专论就有40多篇。其中涉及司法协助问题的论文占了很大比例，

---

① 上述两种观点参见《国际司法协助与区际冲突论文集》，第107~187页。
② 参见韩德培、黄进：《中国区际法律冲突解决之展望》，载《国际司法协助与区际冲突论文集》，武汉大学出版社1989年版，第108~111页。
③ 参见韩德培、黄进：《中国区际法律冲突解决之展望》，载《国际司法协助与区际冲突论文集》，武汉大学出版社1989年版，第115~118页。

它们为我国在这方面的法律实践提供了理论指导。同时,由于我国政府先后同法国、波兰、比利时等国订立了司法协助条约,并加入了1958年于纽约订立的《承认与执行外国仲裁裁决公约》,这又促进了法学界对司法协助问题的研究。1988年10月在西安举行的第二届中国国际私法研究会年会着重讨论了国际司法协助的有关问题,对司法协助的概念、范围、实施、法律适用、拒绝给予司法协助的依据以及在无条约情况下的司法协助问题进行了讨论。① 有的学者认为,国际司法协助是指一国法院接受另一国法院的请求,代为履行某些诉讼行为,它包括送达诉讼文书、调查取证和承认与执行外国法院的判决和仲裁机构的裁决等,因此,国际司法协助的范围应是广义的司法协助。② 也有的学者认为,国际司法协助是指两个不同国家的法院或其他主管机关相互间按照对方的请求,依据国际公约或双边条约的规定,或在没有条约的情况下,依据互惠原则,在民商事和刑事方面,代为某些诉讼行为。③ 还有的学者认为将国际司法协助表述为:"一国司法机关应另一国司法机关或有关当事人的请求,代为履行诉讼中的一定的司法方面的行为"较为妥当。因为国际司法协助涉及的法律部门,在实践中已不限于民商事方面,还包括刑事领域;司法协助的主管机关,也并不仅指法院,还有其他"主管机关。"④ 再有的学者指出,民商事领域中的国际司法协助主要是在条约的基础上进行的,但就一个国家来说,缔结的条约是有限的,在没有条约的情况下,涉外司法文件的送达就必须考虑到国内的立法和实践经验。无条约情况下涉外司法文件的送达,通常需要符合文件发出国和文件送达

---

① 参见黄进、肖永平:《中国国际私法研究会第二届年会综述》,载《法学研究动态》1988年第23期。

② 参见谢石松:《国际司法协助问题的理论与实践》,载《国际司法协助与区际冲突法论文集》,武汉大学出版社1989年版,第1~2页。

③ 参见刘振江:《论国际司法协助的几个问题》,载《国际司法协助与区际冲突法论文集》,武汉大学出版社1989年版,第23页。

④ 参见徐宏:《关于我国开展司法协助的若干问题》,载《国际司法协助与区际冲突法论文集》,武汉大学出版社1989年版,第60~62页。

地国双方的法律,才能保证充分有效。①

由上述可知,我国国际私法学界对司法协助问题的研究大致还处于宏观层次的认识上。在当前形势下,为了促进我国对外司法协助工作的进一步开展,我们必须加强对我国的实践经验的总结,完善国内有关立法,制定一整套有关国际司法协助的法律。与此同时,我们还应该加强对有关司法协助的国际条约的研究,与更多的国家订立双边司法协助条约,并考虑加入其他有关的国际公约,如 1965 年订于海牙的《关于向国外送达民事或商事司法文书和非司法文书公约》。此外,在我国实现了和平统一以后,开展区际间的司法协助将成为必然的事情。由于区际间的司法协助同国际司法协助相比,不但在性质上截然不同,在形式上和内容上也有很大差别,我们必须加强对这一问题的专门研究。

七、关于涉外合同的法律适用问题

涉外合同的法律适用问题是国际私法中最为困难的一个问题。近年来,我国国际私法学界对涉外合同的法律适用问题进行了较为全面、深入的研究,这些研究直接促进了我国的冲突法立法。1985 年颁布的《涉外经济合同法》首次规定了涉外经济合同的法律适用规则,1986 年颁布的《民法通则》第 185 条对所有涉外合同的法律适用作了相同的规定。目前学者们对涉外合同法律适用的一些问题尚有许多不同的见解。从中国国际私法研究会第三届年会有关这些问题的讨论来看,主要涉及如下几点:

1. 关于涉外合同法律适用的"统一论"和"分割论"问题。②

涉外合同法律适用的"统一论"主张与合同有关的所有问题应受同一法律支配;"分割论"认为应对与合同有关的问题进行分解,让合同各方面的问题分别适用不同的法律。有的学者指出,我国《涉外经济合同法》的规定与最高人民法院《关于适用〈涉外经济合

---

① 参见卢松:《无条约情况下涉外司法文件的送达——美国立法实践》,载《国际司法协助与区际冲突法论文集》,武汉大学出版社 1989 年版,第 97~106 页。

② 参见章尚锦提交中国国际私法研究会第三届年会的论文《关于合同法律适用的"分割论"和"统一论"》。

同法〉若干问题的解答》在内容上有一些矛盾的地方，这是对合同法律适用的"统一论"和"分割论"的模糊认识在立法和司法解释文件上的反映，因此，应加强对这一问题的研究。有的学者认为，"分割论"是合同法律适用的传统理论，"统一论"是稍后发展起来的，从理论上说，两者各有利弊，在实践中，各国对它们的态度也不相同，但无论采取哪种主张，都免不了要作例外的规定，"统一论"尤其如此。但有的学者认为，在实践中，对与合同有关的各种问题历来是分别处理，绝少将一切问题统统归属于一个准据法支配；在学术界，大多数学者在合同的法律适用问题上都主张采用"分割论"，即使那些主张"统一论"的学者，也不得不承认有例外。"分割论"是对合同法律适用的复杂性的一种客观反映。① 事实上，合同的法律适用可以有广义和狭义两种不同的理解。广义的理解是指合同的成立和合同内容及效力的法律适用，其中前者和后者的法律适用一般是不同的；狭义的理解单指合同内容及效力的法律适用，合同的准据法通常仅指支配合同内容及效力的法律。这样，如果从广义上理解合同的法律适用，则必定是分解的或分割的；如果从狭义上理解合同的法律适用，则应该是整体的或统一的。因此，合同法律适用的"分割法"和"统一论"也可以理解为合同准据法的含义问题或合同准据法的适用范围问题。

2. 关于 The proper law of a contract 的译法。

有人认为 proper law 与 *lex causae* 和 applicable law 没有什么区别，都应该译为"合同准据法"。② 其他的译法有"合同自体法"、③ "合同特有法"、④ "合同宜用法"、⑤ "适合于合同的法律"、"合同关系法"等。"the proper law of a contract"这一概念是英国学者戴赛（A.

---

① 参见黄进、肖永平、崔峰：《中国国际私法研究会第三届年会综述》，载《汕头大学学报（人文科学版）》1990年第1期。

② 唐表明：《比较国际私法》，中山大学出版社1987年版，第60、73页。

③ 韩德培教授即持此主张。参见《中国大百科全书·法学卷》，中国大百科全书出版社1984年版，第474页。

④ 参见李双元：《国际私法（冲突法篇）》，武汉大学出版社1987年版，第344页。

⑤ 参见朱学山提交中国国际私法研究会第三届年会论文《论合同宜用法》。

V. Dicey）于 1896 年首先提出来的。他认为，the proper law of a contract 是"当事人意欲使合同受其支配的法律，而在当事人无此明示选择，且不能依情况推定当事人的选择的意图时，应是那个与合同有最密切、最实际联系的法律"。因此，the proper law of a contract 只是适用于合同本体的准据法，并不适用于合同的各个方面，译为"合同自体法"比较恰当。

3. 关于"意思自治"的限制问题。

"意思自治"原则是指合同当事人可以合意选择合同应适用的法律，它由法国法学家杜摩林在 16 世纪首先提出的。由于"意思自治"揭示了合同关系的本质，符合商品经济发展的要求，因而到了 18 世纪以后它相继被许多国家采用，成为国际私法中解决涉外合同法律冲突的一项基本原则。我国《涉外经济合同法》第 5 条和《民法通则》第 145 条均肯定了这一原则，但学者们对"意思自治"原则的限制问题仍有不同看法。

（1）对"意思自治"原则要不要限制的问题。尽管西方有些学者鼓吹当事人的自由选择是无限制的，但我国学者普遍认为当事人的自由选择只能在任意性法律范围内进行，禁止选择适用违反公共秩序和强行性法规的法律。对其他方面的限制，学者间则存在着不同见解。

（2）对当事人选择方式的限制问题。当事人选择法律的方式可分为明示选择和默示选择两种。对口头明示选择的有效性问题，一些学者认为，世界上许多国家的立法和实践，包括一些有关的国际条约，对书面和口头方式都是允许的，因此我国也应该承认口头明示选择的有效性。另一些学者则认为，当事人选择适用法律的条款是合同的主要条款之一，根据我国《涉外经济合同法》第 7 条关于涉外经济合同应为书面协议的规定，只有书面的明示选择条款才有效。

默示选择方式是指在涉外经济合同中当事人未作明示法律选择的情况下，法官通过缔约行为或其他一些因素来推定当事人已默示同意合同受某种法律支配。这种"默示"的主要标志是仲裁条款、管辖权条款、合同的语言、术语和格式等。有的学者主张我国应该肯定默示选择方式。也有一些学者认为，默示选择实际上并不一定代表当事人的意图，它可能只是法官的主观推测。根据我国《最高人民法院关于适用〈涉外经济合同法〉若干问题的解答》（以下简称《解答》）第2条的规定，当事人的选择必须是明示的。

（3）对选择法律的时间的限制问题。有的学者认为，当事人不是单纯地选择一个解决争议的法律，而是选择一个债的关系赖以产生、变更和消灭的法律。因此法律的选择应先于订约，至少应该与之同时完成，否则就会在理论上出现混乱，对当事人选择法律的时间应该作必要的限制。其他学者则认为，"意思自治"原则的目的是由当事人决定准据法，以便更好地保护当事人的合法权益，既然法律允许当事人选择，就应该允许当事人更改，在这里，至关重要的不是"时间"，而是当事人的意思，允许当事人废除以前的意思确立现在的意思，更符合"意思自治"的本意。我国最高人民法院在《解答》第二部分第4条中明确指出：当事人在订立合同时或发生争议后，对于合同所适用的法律未作选择的，人民法院受理案件后，应允许当事人在开庭审理以前作出选择。

（4）对选择法律的空间限制问题。所谓空间限制，是指合同当事人能否选择与合同没有任何联系的国家的法律。对于这个问题，各国的立法与司法实践不尽一致，大多数国家从空间连结点上对当事人的"意思自治"作了一些限制，要求当事人选择与合同或当事人有一定联系的当事人属人法、缔约地法、履行地法、物之所在地法，等等。但有的国家（如英国）主张取消空间限制，只要当事人的选择是善意、合法、不违背公共秩序的，即使这种法律与合同没有任何联系，也承认其选择是有效的。我国有些学者也主张取消空间限制，①他们认为"当事人意思自治"实际上是人们寻找出来的一个新的连结点，它同其他连结点的作用是一样的，处于同等地位，不应该用其他连结点来限制、取消这一连结点；从实践来看，允许当事人选择与合同没有关系的法律，有时能更好地保护双方当事人的利益，实现"意识自治"的目的；我国最高人民法院在《解答》中也没有强调当事人选择的法律必须与合同有客观的联系。

4. 关于最密切联系原则在合同法律适用中的运用问题。

---

① 参见杜新力向中国国际私法研究会第三届年会提交的论文《涉外经济合同的法律适用原则》。

"最密切联系"原则是指处理涉外案件应适用与该案件有最密切联系的那个地方的法律。目前,最密切联系原则在许多国家的立法和司法实践中都得到反映,一些国际条约也采纳了这一原则。在学术界,这一原则更是受到学者们的青睐。虽然最密切联系原则适用于广泛的领域,但在决定合同法律适用方面尤为重要,它是仅次于"意思自治"原则的一项冲突法原则。但是,对于究竟如何运用这一原则来确定"最密切联系地"进而选择准据法的问题,仍值得进一步研究。我国大多数学者主张,在处理涉外合同纠纷案件时,如果当事人未就合同准据法进行选择,应依照最密切联系原则,以连结点的质量而不是以连结点的数量来决定最密切联系地,从而确定合同应适用的法律。也有学者主张,按照合同"特征性履行"理论,以合同特征性履行方的住所、惯常居所或营业地的法作为与合同有最密切联系地法,可以使权衡连结点的过程大为简化,加强运用最密切联系原则选择合同准据法的确定性,从我国最高人民法院在《解答》第二部分第6条的规定看,也基本上是采用了这种方法。① 我国国际私法学界应该加强对有关"特征性给付"或"特征性履行"的理论的研究,并对各种具体的涉外合同的法律适用进行专门研究。

八、关于涉外侵权行为的法律适用问题

在国际私法领域中,侵权法是一个长期不受重视的领域。到了20世纪,随着现代科学技术的发展和国际交通的发达,国际交通运输事故日渐频繁,国际性的产品责任案件日趋增加,跨国界的环境污染事件时有发生,国际性的诽谤案件也呈上升趋势,于是,侵权法成了国际私法中的热门课题。关于侵权行为的法律适用,目前国际私法学界大约有五种主张:(1)适用法院地法;(2)适用侵权行为地法;(3)重叠适用侵权行为地法和法院地法;(4)适用最密切联系地法;(5)适用当事人共同本国法和共同住所地法。我国《民法通则》第146条首次对侵权行为的法律适用作了明确规定,即"侵权行为的损害赔偿,适用侵权行为地法律。当事人双方国籍相同或者在同一国家

---

① 参见黄进、肖永平、崔峰:《中国国际私法研究会第三届年会综述》,载《汕头大学学报(人文科学版)》1990年第1期。

有住所的,也可以适用当事人本国法律或者住所地法律。中华人民共和国法律不认为在中华人民共和国领域外发生的行为是侵权行为的,不作为侵权行为处理。"但是我国学者在对下列问题的研究和讨论中,仍表现出见解上的分歧。

1. 关于侵权行为地的确定问题。历来有三种不同观点:(1)侵权行为地是加害行为地;(2)侵权行为地是损害发生地;(3)凡有关事实发生的地方,包括行为发生地和损害发生地在内,都可认为是侵权行为地。有的学者认为我国《民法通则》未指明侵权行为地是加害行为地还是损害结果地,这使法院拥有较大的自由裁量权,便于对具体问题作出灵活处理;而另外一些学者则认为,这样的规定在某种程度上增加了侵权行为准据法适用的灵活性,但其是从双重适用标准为出发点,因此显得不够确定。

2. 关于我国是否采用"侵权行为自体法"理论的问题。侵权行为自体法(the proper law of the torts)是英国学者莫里斯在1951年首先提出的关于侵权行为准据法的一种理论。他认为传统的侵权行为准据法的公式过于机械,而现实的侵权行为却千差万别,试图用一个机械的公式运用于所有不同类型的侵权行为显然是不能得到满意的结论的。因此,法院必须找到一个足够广泛和灵活的冲突规则,既能适用于通常情况,又能适用于例外情况。"侵权行为自体法"这一公式便可满足这一要求,它主张根据每个案件的具体情况确定应适用的准据法,而不是机械地适用侵权行为地法。这一学说在国际上得到了许多学者的赞同,许多国家的立法也采用了这一理论。我国也应该借鉴这一学说,以完善我国关于侵权行为法律适用的立法。但一些学者认为,我国《民法通则》采用以侵权行为地法为基本的准据法,重叠适用法院地法,就排除了接受"侵权行为自体法"理论的可能性。

3. 关于侵权责任和合同责任竞合的冲突法调整问题。责任竞和(concurrence)是指某一法律行为或事实引发多种不同的法律关系,该法律关系主体一方就一定目的享有多重请求权,而另一方就其单一行为须负多重责任的特殊法律现象。对责任竞合案件权利人的保护,各国立法与实践采取的一致原则是:权利人在两个责任竞合根据中只能行使一个请求权,而不能行使两个独立的请求权。但有的国家实行竞合制度,有的国家不实行这种制度。在中国国际私法研究会第三届年会上，与会代表对这个问题产生了浓厚的兴趣。有些代表指出，我们应把责任竞合的法律适用作为一个独立问题加以研究。目前，有些国家和国际条约已开始对责任竞合作出独立的法律适用规定，有的规定责任竞合依合同准据法，有的规定责任竞合依侵权行为地法，有的规定责任竞合依最密切联系地法，还有的规定责任竞合依竞合法律关系不同连结点重叠所在地的国家的法律。这些规定，增强了法律适用的明确性，有利于涉外案件的迅速处理。因此，我国也应该着手研究、制定一些涉外责任竞合的冲突规则，特别是可以先就某些特殊的涉外责任竞合制定法律适用规则，为我国今后开展全面立法打下基础。① 我们认为，责任竞合问题不是一个独立的冲突法问题，它实际上是一个识别问题，应该由法院在适用冲突规范的过程中通过识别加以解决，而不应由当事人通过选择请求权来解决。

---

① 参见胡晋南提交中国国际私法研究会第三届年会的论文《论合同与侵权责任竞合的冲突法调整》。

The Structure of China's Conflicts Law: New Developments of the Rules on Special Commercial Law*

I Introduction

After the establishment of the People's Republic of China in 1949, China abrogated all unequal treaties imposed on it by foreign countries and abolished every illegal extra-territoriality enjoyed by foreigners in China, which has created optimal conditions for the country to increase its exchanges with foreign countries independently and to begin to establish an efficient and effective conflicts law system. ① For nearly three decades, however, for various reasons the legislation of conflicts law has not been sufficiently paid attention to and the academic study of the subject in China was protracted. Except for a few bilateral treaties, which contained a few conflict rules, one could hardly find similar provisions in the other international treaties concluded or acceded to by China. After 1978, with the development of an open-door policy toward the outside world, China's domestic legislation of conflicts law was placed on the agenda of the

---

﹡ This article was originally published in *Netherlands International Law Review* (No. 2. 1998).

① In this article, the term "conflicts law" refers to conflict rules and their system concerned, or choice of law system, not including rules of jurisdiction, recognition and enforcement of foreign judgments.

domestic legislation in 1983. Within the fifteen years, China has promulgated in succession laws such as "Regulations for the Implementation of the Law of the People's Republic of China on Chinese-Foreign Equity Joint Ventures" (1983) (hereinafter: Joint Venture Implementation Regulations),② "Law of the People's Republic of China on Economic Contracts Involving Foreign Interest" (1985) (hereinafter: Foreign Economic Contract Law),③ "Law of Succession of the People's Republic of China" (1985) (hereinafter: Succession Law),④ "Regulations of the People's Republic of China on the Administration of Technology-Introduction Contracts" (1985),⑤ "General Principles of Civil Law of the People's Republic of China" (1986) (hereinafter: General Principles of Civil Law),⑥ "Measures of the Bank of China concerning the Granting Loans to Enterprises with Foreign Investment" (1987),⑦ "Rules for the Implementation of the Measures of the Bank of China concerning the Granting of Loans to Enterprises with Foreign Investment" (1988),⑧ "Rules for the Implementation of the Law of the People's Republic of China on Foreign-Capital Enterprises" (1990),⑨ "Law of Adoption of the People's Republic of China" (1991),⑩ "Maritime Code of the People's

---

② See *Laws and Regulations of the People's Republic of China Governing Foreign-Related Matters* (1949-1990), compiled by the Bureau of Legislative Affairs of the State Council of the People's Republic of China, Vols. 1-3, 517-533 (Beijing, China Legal System Publishing House 1991).

③ See *supra* note 2, pp. 484-488.

④ Ibid., pp. 469-473.

⑤ Ibid., pp. 550-551.

⑥ Ibid., pp. 331-348.

⑦ Ibid., pp. 1054-1057.

⑧ See *Laws and Regulations of the People's Republic of China and Its Provinces and Cities on Introducting Foreign Investment* (in Chinese), 99-102 (Beijing, Press of China University of Politics and Law 1994).

⑨ See *supra* note 2, pp. 492-506.

⑩ See *Law Yearbook of China* (Beijing, Press of Law Yearbook of China 1992).

Republic of China" (1992) (hereinafter: Maritime Code), ⑪ "Measures for the Implementation of Adopting Children by Foreigners in the People's Republic of China" (1993), ⑫ and "Law on Negotiable Instruments of the People's Republic of China" (1995) (hereinafter: the Law on Negotiable Instruments) ⑬ and "Law of Civil Aviation of the People's Republic of China" (1995), ⑭ all of which contain conflict rules. Chapter 8 of the General Principles of Civil Law stipulates, in particular, the law applicable to foreign civil and commercial relationships. Furthermore, "The Supreme People's Court's Opinions to Several Questions concerning Implementing the Law of Succession of the People's Republic of China" (promulgated on 11 September 1985), ⑮ "The Supreme People's Court's Explanation of Several Questions concerning the Application of the Foreign Economic Contract Law" (issued on 19 October 1987), ⑯ and "The Supreme People's Court's Opinions to Several Questions concerning Implementing the General Principles of Civil Law of the People's Republic of China" (issued on 2 April 1988), ⑰ have largely filled the legislative gaps and

---

⑪ See *Maritime Code of the People's Republic of China*, 169-171, (in English and Chinese), the English version was translated by the Legislative Affairs Commission of the Standing Committee of the National People's Congress of the People's Republic of China, 82-84, (Beijing, Law Publishing House 1993).

⑫ See *Law Yearbook of China*, 452-453 (Beijing, Press of Law Yearbook of China 1994).

⑬ For Chinese version, see Li Shishi, *et al.* ed. *The Explanation of the Law on Negotiable Instruments of the People's Republic of China* (in Chinese), 256-276 (Beijing, Law Publishing House 1995).

⑭ See *Law Yearbook of China*, 278-293 (Beijing, Press of Law Yearbook of China 1996).

⑮ See *Law Yearbook of China*, 578-581 (Beijing, Law Publishing House 1987).

⑯ See *Law Yearbook of China*, 560-562 (Beijing, Law Publishing House 1988); C. Hunter, *The Encyclopedia of Chinese Law* (December 1986-June 1993), 42-43 (Hong Kong, Asia Law & Practice Ltd. 1993).

⑰ See *Law Yearbook of China*, 672-682 (Beijing, Law Publishing House 1989); Hunter. op. cit. note 16, pp. 26-27.

thereby have developed and improved the conflicts law in China. Within this period, a branch of Chinese conflicts law has been formed and continuously modified in the modern Chinese law system. This article seeks to describe and comment on the structure and new developments of the Chinese conflicts law system in international commercial matters. It should be pointed out that the conflicts law both at home and abroad is often called private international law and its scope has been much debated among legal scholars.⑱ A point which can be affirmed, however, is that most of the scholars believe that conflict rules are the main content of private international law. Thus, this article is only a preliminary study of the structure of China's conflicts law and the conflicts law system in international commercial matters in China, in accordance with the existing conflict rules in China's related legislation, as well as authoritative legal interpretations.

II The Structure of China's Conflicts Law

China's current conflicts law consists of two parts: legislation and juridical interpretation.

2.1 Legislation: The Vertical Structure

According to the legislation of China's current conflicts law, the structure of legislation can be analyzed vertically and horizontally. I will begin by describing the four different levels of the vertical structure.

2.1.1 The Conflict Rules in Local Regulations

Local regulations are formulated by the local organs of state power and its standing committee. According to the "Resolution of the Standing Committee of the National People's Congress Authorizing the People's Congresses of Guangdong and Fujian Provinces and Their Standing

---

⑱ See Han Depei. *Private International Law*, 6-8 (Wuhan, Wuhan University Press 1989).

Committees of Formulate Separate Economic Regulations for Their Respective Special Economic Zones", adopted on 26 November 1981, the People's Congresses and their Standing Committees of Guangdong and Fujian Provinces are entitled to formulate separate economic regulations for their special economic zones in accordance with the principles provided in relevant laws, decrees and policies and considering the specific conditions and actual needs in the special economic zones in those provinces, and submit them to the Standing Committee of the National People's Congress and the State Council for the record.⑲ Later, Article 100 of the Constitution of the People's Republic of China (1982) again provides:

"The people's congresses of provinces and municipalities directly under the Central Government and their standing committees may adopt local regulations, which must not contravene the Constitution and the law and the administrative rules and regulations, and they shall report such local regulations to the Standing Committee of the National People's Congress for the record."⑳

In recent years, the various parts of China have adopted many local regulations, some of which contain conflict rules. For example, Article 35 of the Regulations on Foreign Economic Contracts of Shenzhen Speicial Economic Zone, adopted by the 5th Session of the Standing Committee of the 6th People's Congress of Guangdong Province on 11 January 1984, is a conflict rule. It states:

"In dealing with disputes, through arbitration, arising from the contracts for equity joint ventures, contractual joint ventures and cooperative exploitation and development of natural resources, which are to be performed in the Special Zone and closely related to Chinese

---

⑲ See *The Laws of the People's Republic of China* (1979-1982), compiled by the Legislative Affairs Commission of the Standing Committee of the National People's Congress of the People's Republic of China, Vol. 1,255 (Beijing, Foreign Languages Press 1987).

⑳ See *supra* note 2, p. 295.

sovereignty, the laws of the People's Republic of China shall be applied."㉑

Generally speaking, the conflict rules in the local regulations of China are rather scattered and only appear in the local regulations for the special economic zones. As regards their contents, they are not different from the conflict rules enacted by the central organs, albeit at times they appear earlier than the relevant provisions of the legislation enacted by the central organs.

2.1.2 The Conflict Rules in Regulations Enacted by the State Council and Various Ministries and Commissions under the State Council

Article 89 of the Constitution of the People's Republic of China (1982) says the State Council is entitled "to adopt administrative measures, enact administrative rules and regulations and issue decisions and orders in accordance with the Constitution and the laws."㉒ Paragraph 2 of Article 90 of the Constitution provides that the ministries and commissions under the State Council are entitled to "issue orders, directives and regulations within the jurisdiction of their respective departments and in accordance with the laws and the administrative rules and regulations, decisions and orders issued by the State Council."㉓ Along with China's implementation of policy of opening to the outside world, the State Council and the ministries and commissions under the State Council have issued many important foreign civil and commercial regulations. Those which contain conflict rules are the following:

(a) "Provisions for the Registration of Marriage between Chinese Citizens and Foreigners", approved by the State Council on 17 August 1983

㉑ These regulations are reprinted in *Statutes and Regulations of the People's Republic of China*, Vol. II (Hong Kong, Institute of Chinese law (Publishers) Ltd. 1987).

㉒ See *supra* note 2, p. 293.

㉓ Ibid., p. 294.

and promulgated by the Ministry of Civil Affairs on 26 August 1983 (Art. 2); ㉔

(b) "Regulations for the Implementation of the Law of the People's Republic of China on Chinese-Foreign Equity Joint Ventures", promulgated by the State Council on 20 September 1983 (Art. 15); ㉕

(c) "Regulations of the People's Republic of China on Administration of Technology-Introduction Contracts", promulgated by the State Council on 24 May 1985 (Art. 5); ㉖

(d) "Measures of the Bank of China concerning the Granting of Loans to Enterprises with Foreign Investment", approved by the State Council on 7 April 1987 and promulgated by the Bank of China on 24 April 1987 (Art. 25); ㉗

(e) "Rules for the Implementation of the Measures of the Bank of China concerning the Granting of Loans to Enterprises with Foreign Investment", issued by the Bank of China on 20 October 1988 (Art. 34); ㉘

(f) "Rules for the Implementation of the Law of the People's Republic of China on Foreign-Capital Enterprises", approved by the State Council on 28 October 1990 and promulgated by Decree No. 1 of the Ministry of Foreign Economic Relations and Trade on 12 December 1990 (Art. 84); ㉙

(g) "Measures for the Implementation of Adopting Children by Foreigners in the People's Republic of China", approved by the State Council on 3 November 1993 and promulgated by the Ministry of Justice and

---

㉔ Ibid., pp. 478-479.
㉕ Ibid., pp. 517-533.
㉖ Ibid., pp. 550-551.
㉗ See Hunter. op. cit. note 16, p. 15; and see also *supra* note 2, pp. 1054-1057.
㉘ See *supra* note 8, pp. 99-102.
㉙ See *supra* note 2, pp. 492-506.

the Ministry of Civil Affairs on 10 November 1993 (Arts. 2 and 3);㉚

All the conflict rules of this level are provisions of conflicts law which are formulated to settle the special problems relating to the regulations. Moreover, from the point of view of the current provisions, most of them are nearly provisions of applicable law concerning contracts with foreign elements, and the provisions of different regulations only relate to different contracts. With the development of China's policy of opening to the outside world, the conflict rules which belong to this level will gradually grow.

2.1.3 The Conflict Rules in the Laws Promulgated by the National People's Congress and Its Standing Committee

The conflict rules of this level are based on the developments of the abovementioned levels and have been gradually evolving for a period of time. So far, there have been seven laws which contain conflict rules. The first is the Foreign Economic Contract Law adopted by the 10th Session of the Standing Committee of the 6th National People's Congress on 21 March 1985 (Arts. 4, 5 and 9).㉛ The second is the Secession Law adopted by the 3rd Session of the 6th National People's Congress on 10 April 1985 (Art. 36).㉜ The third is the General Principles of Civil Law adopted by the 4th Session of the 6th National People's Congress on 12 April 1986 (Ch. 8).㉝ The fourth is the Adoption Law adopted by the 23rd Session of the Standing Committee of the 7th National People's Congress on 29 December 1991 (Art. 20).㉞ The fifth is the Maritime Code adopted by the 28th Session of the Standing Committee of the 7th National People's Congress on 7 November 1992 (Ch. 14).㉟ The sixth is the Law of

---

㉚ See *Law Yearbook of China*, 452-453 (Beijing, Press of law Yearbook of China 1994).

㉛ See *supra* note 2, pp. 484-488.

㉜ Ibid., pp. 469-473.

㉝ Ibid., pp. 347-348.

㉞ See *Law Yearbook of China*, 169-171 (Beijing, Press of Law Yearbook of China 1992).

㉟ See *supra* note 11, pp. 82-84.

Negotiable Instruments adopted by the 13th Session of the Standing Committee of the 8th National People's Congress on 10 May 1995 (Ch. 5).㊱ The last is the Law of Civil Aviation, adopted by the 16th Session of the Standing Committee of the 8th National People's Congress on 30 October 1995.㊲ Since the conflict rules of this level have, to some extent, been drafted on the basis of the legislative experiences of the above two levels, relatively speaking, they are more comprehensive and systematic. In addition, as the conflict rules of this level are contained in the legislation of the National People's Congress and its Standing Committee, their effects are stronger than those of conflict rules of the aforementioned levels. It should also be noted that the conflict rules of the above two levels are generally the provisions on the applicable law concerning the special problems, and the National People's Congress may incorporate provisions on the common problems arising from conflicts law in basic civil laws. In this way, the conflicts law of this level affected future legislation and provides the framework for the implementation of the conflicts law of the above two levels.

2.1.4 The Conflict Rules in International Treaties Which the People's Republic of China Has Concluded or Acceded to

In the past, there were some consular treaties concluded between China and foreign countries in 1950s and 1960s, which included a few conflict rules on succession. For example, Article 22 of the Consular Treaty between the People's Republic of China and the Union of Soviet Socialist Republics at that time provides:

"Property in the territory of a Contracting State left behind by the citizen of any another Contracting State at his or her death, including movable and immovable property, shall be governed by the *lex loci rei sitae*. But the movable property which is left with neither a successor nor a legatee

---

㊱ See Li Shishi, *et al.* ed. op. cit. note 13, pp. 256-276.

㊲ See *Law Yearbook of China*, 278-293 (Beijing, Press of Law Yearbook of China 1996).

may be transferred to the consul of the State of the dead to deal with."㊳

Some multilateral treaties which China has concluded or acceded to also include a few conflict rules. Article 12 of the Convention Relating to the Status of Refugees of 1951,㊴ acceded to by China on 24 September 1982, is an example.

Since 1981, China had been invited to send its representatives as observers to attend the Special Commissions of the Hague Conference on Private International Law, joining in the discussion of drafting some conventions before it became a member state of the Hague Conference. In October of 1986, China applied to the Hague Conference for a membership, and became a member state of this international organization on 3 July 1987. According to Article 6 of the Statute of the Hague Conference on Private International Law,㊵ the Treaty and Law Department of the Ministry of Foreign Affairs of China is designated as a national organ responsible for maintaining contact with the Permanent Bureau of the Hague Conference. The first Chinese governmental delegation to the Hague Conference participated in the 16th session in 1988. From then on, China has taken an active part in all kinds of activities of the Hague Conference. China has acceded to the Convention on the Service Abroad of Judicial and Extrajudicial Documents in Civil or Commercial Matters concluded on 15 November 1965 at The Hague,㊶with the ratification of the 18th Session of the Standing Committee of the 7th National People's Congress on 2 March 1991. This convention became effective in China on 1 January 1992. In order to enforce this convention, the Notice concerning Enforcement of the

---

㊳ See Han Depei. op. cit. note 18, p. 416.

㊴ This Convention is reprinted in M. D. Evans, ed., *Blackstone's International Law Documents*, 3rd ed. ,73-83 (London, Blackstone Press Limited 1996).

㊵ This Statute in French is reprinted in *The Hague Conference on Private International Law Collection of Conventions* (1951-1996), edited by the Permanent Bureau of the Hague Conference on Private International Law (Antwerp, Maklu 1996). For its English translation, see 3 *NILR*,99, (1956).

㊶ See *The Hague Conference* op. cit. note 40, pp. 76-95.

Convention on the Service Abroad of Judicial and Extrajudicial Documents in Civil or Commercial Matters was jointly issued by the Supreme People's Court, the Ministry of Foreign Affairs and the Ministry of Justice on 4 March 1992.[42] China has also acceded to another convention, the Convention on the Taking of Evidence Abroad in Civil or Commercial Matters on 18 March 1970 at Hague,[43] with the ratification of the 26th Session of the Standing Committee of the 8th National People's Congress on 3 July 1997.[44] Until now, China has not concluded or acceded to any other Hague Conventions on the application of law. Concerned academic fields and government officials are studying other Hague Conventions, and considering the necessity and feasibility of acceding to them. Therefore, at present there is an absence of international legislation related to the choice of law in China's conflicts law system.

As mentioned above, it is clear that the legislative process of conflicts law has been undergoing a change from a fragmentary system to a unified one, from localization to centralization and from internal legislation to international legislation. It involves four levels: international legislation; legislation of the National People's Congress and its Standing Committee; legislation of the State Council and ministries and commissions under the State Council; legislation of local authorities. This multi-level legislative structure is the result of China's legislative organs carefully assessing the legislative experiences in accordance with China's concrete conditions in the course of opening to the outside world. Thus the vertical structure gradually systematizes the legislation of Chinese conflicts law.

2.2 Legislation: The Horizontal Structure

In general, the legislation of conflicts law in the world contains five

---

[42] See *Law Yearbook of China*, 697-698 (Beijing, Press of Law Yearbook of China 1993).

[43] See *The Hague Conference* op. cit. note 40, pp. 152-169.

[44] See *Legal System Daily* (in Chinese), (Beijing, 4 July 1997).

kinds of horizontal structure models:

(a) stipulating the conflict rules respectively in different chapters of a civil code. For example, French Civil Code of 1804 and other civil codes which are affected by the French Code, such as those of Austria, Italy, Belgium, Portugal (1867), Spain, Mexico, Brazil, Chile and Argentina, adopt this method.

(b) Incorporating special provisions on conflicts law in particular chapters or sections of a civil code. For instance, chapter 8 of the Outline of Civil Legislation and chapter 5 of the Outline of Marital and Family Legislation enacted by the Soviet Union at that time in 1961 and 1968, respectively provided the relevant conflict rules, as well as the Portuguese Civil Code of 1966 (Ch. 3 of Part 1).

(c) Enacting systematic conflicts law in a particular code or regulation. Germany was the first to enact conflicts law in this way, promulgating the Law for the Implementation of German Civil Law in 1896[45] and making special provisions on the settlement of conflict of laws. Japan followed with its Regulations for the Application of Law in 1898.[46] Private International Law enacted by Poland in 1926 and 1965,[47] Private International Law enacted by Thailand in 1939,[48] the Regulations on Private International Law in Austrian Federation in 1978[49] followed.

(d) Incorporating conflict rules and provisions of international civil procedure or rules of civil status of aliens in a particular code or regulation. Private International Law and International Law of Civil Procedure enacted by Czechoslovakia at that thime in 1963;[50] Decree No. 13 of the Presidential Council of the Hungarian People's Republic on the Private

---

[45] See Han Depei, et al. ed. Selections of Teaching Materials of Private International Law, Vol. 1, 68-72 (Wuhan, Wuhan University Press 1991).

[46] See Han Depei, et al. ed. op. cit. note 45, pp. 72-76.

[47] See Han Depei, et al. ed. op. cit. note 45, pp. 117-122.

[48] Ibid., pp. 78-84.

[49] Ibid., pp. 228-237.

[50] Ibid., pp. 98-113.

International Law in 1979;[51] Turkey's Law on Private International Law and International Law of Procedure in 1982;[52] as well as the Federal Statute on Private International Law enacted by Switzerland in 1987;[53] follow this model.

(e) Formulating special conflict rules on relevant issues in specific regulations or laws. For example, the United Kingdom's Bill of Exchange Act 1882[54] has relevant conflict rules.

Moreover, in common law countries such as the United Kingdom and the United States, most conflicts law is judge-made law in the form of case law.

It can be seen from the legislative trend of conflicts law in the world since the Second World War that models (c) and (d) as mentioned above are most commonly adopted, followed by model (e). Model (b) is mainly applied by the former Soviet Union and a few Eastern European countries. Finally model (a) is scarcely applied. The methods of models (c) and (d) according to which conflicts law is formulated by way of particular codes and regulations are the most effective methods for the codification of private international law, but they are often adopted by those countries which have rich legislative experiences of conflicts law. For those countries which are relatirely lacking legislative experiences in conflicts law, it is not suitable for them to adopt these two methods. Relatively speaking, models (b) and (e) are the most flexible and practical.

The horizontal structure of the legislation of Chinese conflicts law has adopted two models. First, China has formulated special conflict rules on relevant issues in specific regulations or laws. For example, the Foreign

---

[51] Ibid., pp. 247-266.

[52] Ibid., pp. 266-275.

[53] See P. A. Karrer, *et al.* ed. *Switzerland's Private International Law*, 2nd ed., 31-166, (Deventer, Kluwer Law and Taxation Publishers 1994); Han Depei, *et al.* ed. op. cit. note 45, pp. 323-374.

[54] See G. C. Cheshire & P. M. North. *Private International Law*, 11th ed., 507-512, (London, Butterworths 1987).

Economic Contract Law, the Maritime Code and the Law on Negotiable Instruments, adopt this model. Second, chapter 8 of the General Principle of Civil Law provides for the systematically application of law concerning civil relations with foreign elements. Thus it is clear that the legislation of China's conflicts law has undergone a process from the individual provision in specific regulations or laws to the collective provisions like those of the General Principles of Civil Law. It can be said that owing to the principled collective provisions in the General Principles of Civil Law, sometimes additional provisions in specific regulations or laws are needed, and in consequence these two horizontal structure models adopted by the legislation of China's conflict law will co-exist for a definite period of time, harmonizing and complementing each other. This will be evidenced after the promulgation of the General Principles of Civil Law, the Regulations of the Bank of China on Providing Loans to Enterprise with Foreign Investment, Rules for the Implementation of the Law of the People's Republic of China on Foreign-Capital Enterprises and the Law on Negotiable Instruments again incorporate provisions regarding the applicable law of contracts or negotiable instruments. There are several reasons why China adopts the two legislative ways simultaneously. First, since China just takes up the work of legislation of conflicts law, the conditions are not ideal to promulgate a code or special regulation of conflicts of law from the begining. Second, in the course of opening to the outside world, China must draft a large number of laws and regulations concerning civil and commercial relations with foreign elements according to the needs and incorporate provisions for the settlement of the relevant issues of conflict of laws in them. Only on this basis can China formulate collective provisions on the application of law. Third, the two ways can be harmonized so that they complement each other. As the conflict rules in specific regulations or laws only incorporate provisions concerning the relevant issues in relation to the regulations, they are comparatively specific, unable to lay down provisions on general issues of conflicts law. But the provisions of chapter 8 in the General Principles of Civil Law are comparatively systematic and comprehensive so that they remedy the weakness of the former. Furthermore, the provisions of conflicts law in the General Principles of Civil Law are principled and less flexible than the conflict rules in specific regulations or laws, and thereby need to be amended by the legislation of conflicts law in specific regulations or laws.

It can been seen, through the analyses of China's conflicts law from its vertical and horizontal structures, that China's conflicts law has initially established the basis for a unified system.

2.3 Judicial Interpretation

2.3.1 Special Judge-made Law

In China, judicial interpretation is one kind of legal interpretations on the concrete problems of applying law given by the supreme judicial authorities in judicial activities. According to the Constitution of the People's Republic of China (1982), the Supreme People's Court and the Supreme People's Public Prosecution Service are the supreme judicial authorities.[55] Article 2 of the Resolution of the Standing Committee of the National People's Congress Providing an Improved Interpretation of the Law adopted by the 19th Session of the Standing Committee of the 5th National People's Congress on 10 June 1981 provides:

"Interpretation of questions involving the specific application of laws and decrees in court trials shall be provided by the Supreme People's Court. Interpretation of questions involving the specific application of laws and decrees in the prosecutorial work of the prosecutors shall be provided by the Supreme People's Public Prosecution Service. If the interpretations provided by the Supreme People's Court and the Supreme People's Public Prosecution Service are at variance with each other in principle, they shall be submitted to the Standing Committee of the National People's Congress for interpretation or decision."[56]

---

[55] Arts. 127, 132.

[56] See *supra* note 19, pp. 251-252.

In practice, as the scope of work of the Supreme People's Public Prosecution Service is mainly criminal prosecution, and that of the Supreme People's Court is wider, including criminal, civil, commercial, maritime and administrative trial work, judicial interpretation in the area of conflict of laws is always given by the Supreme People's Court. The legal interpretation of the Supreme People's Court has legally binding force to the courts at all levels.

As China is a country whose law has more similarities with the European civil law system than with the Anglo-American common law system, the interpretation and explanation given by the Supreme People's Court of China plays an important role in the Chinese legal system. In order to make some simple and abstract provisions work in practice, the Supreme People's Court has always given its detailed interpretation and explanation to some important piece of legislation after its enactment. It should be noted that the interpretations and explanations of the Supreme People's Court give not only the concrete meaning of some relevant provisions, but also lay down some new rules according to principles of laws and the constitution. In this way, they have largely filled the legislative gaps, enlarged the legislation and thereby developed and improved the Chinese conflicts law. Both in theory and practice, the interpretation and explanation of the Supreme People's Court is the authoritative interpretation with legally binding effect. Therefore, it is one source of China's conflicts law and the Chinese courts must comply with it.

In the field of conflict of laws, there are two more important judicial interpretations or explanations:

(a) The Supreme People's Court's Explanation of Several Questions concerning the Application of the Foreign Economic Contract Law,[57] issued by the Supreme People's Court on 19 October 1987. The explanation elaborates on six aspects of the Foreign Economic Contract Law and is divided into six sections, one of them being about governing law.

---

[57] See *supra* note 16.

(b) The Supreme People's Court's Opinions to Several Questions concerning Implementing the General Principles of Civil Law of the People's Republic of China, ⑱ passed by the Judicial Committee of the Supreme People's Court on 26 January 1988 and issued by this Court on 2 April 1988. The opinion is a lengthy document, numbering 200 paragraphs. It is divided into eight sections. Section 7, paragraphs 178 to 195, is about applicable law in foreign related matters.

Undoubtedly, with the continuous drafting of new laws and the emergence of practical problems in the process of implementing them, there will be other interpretations or explanations relative to the new laws such as the Law on Negotiable Instruments which include rules concerning the application of law in foreign related to civil or commercial matters. It might be said that it is impossible for one to see the whole picture of private international law in China without understanding its judicial interpretation.

2.3.2 Case Law

As is known to all, China does not recognize the doctrine of *stare decisis*, so the court's decisions are not one of the sources of China's conflicts law. But the court's decisions, especially those of the Supreme People's Court and the decisions published in the Bulletin of the Supreme People's Court, exert certain practical influence on the judges. It can be said that they have played a guiding role and, to some extent, affect the judges' decisions.

III New Development of the Rules on Special Commercial Law

In accordance with China's current conflict rules, the content of China's conflicts law in international civil and commercial matters consists of those concerning the following aspects: general provisions (including the scope of application, *renvoi*, choice of the *lex causae*, ascertaining of

---

⑱ See *supra* note 17.

foreign law, public order, evasion of law, limitation and so on), personal law, property, contract, torts, maritime affairs, negotiable instruments, civil aviation, family and succession. I will only discuss the new developments of the conflict rules on special commercial law, i. e., those in the Maritime Code and the Law on Negotiable Instruments.

3.1 Maritime Law

With a view to regulating the relations arising from maritime transport and those pertaining to ships, to securing and protecting the legitimate rights and interests of the parties concerned, and to promoting the development of maritime transport, economy and trade, China enacted the Maritime Code of the People's Republic of China,[59] which was adopted at the 28th Session of the Standing Committee of the 7th National People's Congress on 7 November 1992, promulgated by Order No. 64 of the President of the People's Republic of China on the same date and effective as of 1 July 1993. Among 15 chapters of this Code, chapter 14, Articles 268 to 276, especially provides for the application of law in relation to foreign related matters.

3.1.1 General Provisions

the Maritime Code provides for the principle of taking international treaties precedence in Article 268, paragraph 1, the principle of using international practice to make up in Article 268, paragraph 2 and the principle of public order in Article 276.[60] They are the same as that of other legislation concerned in China.

3.1.2 Ownership and Mortgage of Ships and Maritime Liens

Ownership and mortgage of ships as a real property right, generally, are not governed by the *lex loci rei sitae*. The more common views are that either the law of flag state or the law of place of registry must be chosen.

According to Article 270 of the Maritime Code, the acquisition,

---

[59] For the English version, see *supra* note 11.
[60] Ibid., pp. 82-84.

transfer and extinction of the ownership of the ship shall be governed by the law of flag state. ⑥① This is in conformity with the common practice of other countries.

As for mortgage of ships, Article 271 of the Maritime Code provides that the mortgage of ships is subject to the law of flag state, however, if the mortgage of ships is established before or during its bareboat charter period, it shall be governed by the law of the original country of registry of the ships. ⑥②

In the Maritime Code of China, a maritime lien is the right of the claimant, subject to the provisions of the Code, to take priority in compensation against shipowners, bareboat charterers or ship operators with respect to the ship which gave rise to the said claim (Art. 21). Under its Article 272, maritime liens shall be governed by the law of the forum. ⑥③

3.1.3 Maritime Contracts

Maritime contracts include contract of carriage of goods by sea, contract of carriage of passengers by sea, charter parties, contract of sea towage and maritime insurance. The provisions relative to the maritime contracts in the Maritime Code of China are the main part, and the provision for application of law concerning the maritime contracts in Article 269 of the Code is a restatement of Article 145 of the General Principles of Civil Law. ⑥④ Article 269 provides that the parties to a contract may choose the law applicable to such contract, unless the law provides otherwise. Where the parties to a contract have not made a choice, the law of the country having the closest connection with the contract shall apply.

3.1.4 Maritime Torts

In respect of maritime torts, the Maritime Code of China only provides for collision of ships (Ch. 8). Collision of ships means an accident arising

---

⑥① Ibid., p. 83.
⑥② Idem.
⑥③ Idem.
⑥④ Idem.

from the touching of ships at sea or in other navigable waters adjacent thereto. Under Article 273 of the Code, the solution of file issue concerning the law applicable to collision of ships is divided into three situations: (a) in principle, compensations for damages arising from a collision of ships shall be governed by the lex *loci delicti commissi*; (b) compensations for damages arising from a collision of ships which occurs on the high sea shall be subject to the law of the forum; (c) if the colliding ships belong to the same country, no matter where the collision occurs, compensations against one another for damages arising from such collision shall be governed by the law of flag state. [65]

3.1.5 General Average

General average is a specific concept in the maritime law. It means the extraordinary sacrifice or expenditure intentionally and reasonably made or incurred for the common safety for the purpose of protecting from periling the ship, goods or other property involved in a common maritime adventure. Under general practice of various countries in the world, the adjustment of general average is governed by the law where the adjustment of general average is made. The Maritime Code of China makes the same provision for that (Art. 274). [66]

3.1.6 Limitation of Liability for Maritime Claims

Chapter 11 of the Maritime Code of China provides for the limitation of liability for maritime claims. Shipowners and salvors may limit their liability in accordance with the provisions of this chapter. With regard to the law applicable to the limitation of liability for maritime claims, Article 275 of the code provides that the limitation of liability for maritime claims is governed by the law of the forum hearing the case. [67]

3.2 The Law on Negotiable Instruments

For the purpose of standardizing negotiable instrument acts, protecting

---

[65] See *supra* note 11, pp. 83-84.
[66] Ibid., p. 84.
[67] Idem.

the legal rights of parties concerned in negotiable instrument activities, maintaining the social economic order and promoting the development of socialist market economy, the Law of the People's Republic of China on Negotiable Instruments was adopted at the 13th Session of the Standing Committee of the 8th National People's Congress on 10 May 1995, promulgated by Order No. 49 of the President of the People's Republic of China and effective as of 1 January 1996.[68] The provisions concerning the law applicable to negotiable instruments involving foreign elements are provided in chapter 5, Articles 95 to 102 of this Law.

3.2.1 General Provisions

Article 95, paragraph 1 of the Law on Negotiable Instruments provides for the scope of application of its chapter 5, namely, the law applicable to negotiable instruments with foreign elements shall be determined in accordance with this chapter.[69] This means that this chapter makes the special provisions for chapter 8 of the General Principles of Civil Law on the application of law in civil relations with foreign elements.

In addition, the Law on Negotiable Instruments also provides for the principle of taking international treaties precedence in Article 96, paragraph 1, and the principle of using international practice to make up in Article 96, paragraph 2.[70]

3.2.2 The "Negotiable Instruments Involving Foreign Elements"

Under Article 95, paragraph 2 of the Law on Negotiable Instruments, negotiable instruments involving foreign elements means the negotiable instrument of which one part of the acts of issue, endorsement, acceptance, guaranty and payment takes place within, while another part takes place outside, the territory of the People's Republic of China.[71] This provision stresses the point that where one or more than one negotiable instrument act

---

[68] See Li Shishi, et al. ed. op. cit. note 13.
[69] Ibid., p. 273.
[70] Ibid., p. 274.
[71] Ibid., p. 273.

take place outside the territory of the People's Republic of China, the negotiable instrument concerned is one involving foreign elements. It does not pay attention to the point whether the parties concerned are foreign or the relevant negotiable instrument itself involves foreign elements.

3.2.3 Capacity for Civil Conducts of a Debtor of Instrument

The provision for the law applicable to capacity for civil conduct in the General Principles of Civil Law needs to be modified. However, the provision for that in Article 97 of the Law on Negotiable Instruments seems much better. It first provides that the capacity for civil conduct of a debtor of instrument is governed by the *lex patriae* of the debtor. In the event that a debtor of instrument is considered a person having no capacity for civil conduct or having limited capacity for civil conduct according to the *lex patriae* of the debtor, while he is considered a person of full capacity for civil conduct according to the *lex loci actus*, the capacity for civil conduct of the debtor is governed by the *lex loci actus*. ⑫ It is the provision that is in conformity with the practice of most countries and the provisions of the two Geneva Conventions for the settlement of conflicts of laws in connection with bills of exchange and promissory notes (1930) and cheques (1931). ⑬

3.2.4 Formal and Substantive Validity of Instrument Acts

As for the items required to be specified on a negotiable instrument, it is provided by Article 98 of the Law on Negotiable Instruments that items required to be specified for the issue of bills of exchange and promissory notes shall be determined by the law of the place of issue. Items required to be specified for the issue of cheques shall be determined by the law of the place of issue as well. However, they may also be determined by the law of the place of payment if the parties agree upon that. The provision not only

---

⑫ Ibid., p. 274.

⑬ Ibid., p. 232; see Art. 2 of the Convention for the Settlement of Certain Conflicts of Laws in Connection with Bills of Exchange and Promissory Notes (concluded on 7 June 1930 at Geneva) and Art. 2 of the Convention for the Settlement of Certain Conflicts of Laws in Connection with Cheques (concluded on 19 March 1931 at Geneva).

uses the bilateral conflict rule, but also the selective conflict rule for the formal validity of cheques. ⑭ As far as the place of issue is concerned, according to Cheshire and North's *Private International Law*, the "place of issue" does not necessarily coincide with the place where the instrument is written out or signed by the drawer, as "issue" means the first delivery of an instrument, complete in form, to a person who takes it as a holder, the place of issue is where the first delivery is made. ⑮

Article 99 of the Law on Negotiable Instruments provides: Instrument acts including endorsement, acceptance, payment and guaranty shall be determined by the *lex loci actus*. ⑯

This provision seems to be one concerning the law applicable to instrument acts on the surface. In fact, it includes the application of law with regard to both formal and substantive validity of instrument acts and can be divided into the following conflict rules: the formal and substantive validity of instrument acts of endorsement is subject to the law of the place of endorsement; the formal and substantive validity of instrument acts of acceptance is subject to the law of the place of acceptance; the formal and substantive validity of instrument acts of payment is subject to the law of the place of payment; and the instrument acts of guaranty is subject to the law of the place of guaranty.

3.2.5 Time Limit

The Law on Negotiable Instruments provides for the application of law concerning three kinds of time limit, namely a time limit for the exercise of the right of recourse, a time limit for the presentment of instrument and a time limit for the drawing up of protest.

As for the time limit for the exercise of the right of recourse, there are various different provisions in the laws on negotiable instruments, for example, the Law on Negotiable Instruments provides for six months of the

---

⑭ See Li Shishi, *et al*. ed. op. cit. note 13, p. 274.
⑮ See Cheshire & North. op. cit. note 56, p. 508.
⑯ See Li Shishi, *et al*. ed. op. cit. note 13, p. 274.

date of non-acceptance or non-payment as to the holder's right of recourse against the prior parties [Art. 17(3)], ⑦ but the Bills of Exchange Act 1882 of Great Britain provides for six years as to the holder's right of recourse. ⑱ As to choice of law, the Bills of Exchange Act 1882 provides that the time limit for the exercise of the right of recourse is governed by the law of the place of unpayment or the *lex loci actus*; the Geneva Conventions provide that this problem is determined by the law of the place of issue. ⑲ Obviously, the provision for this problem in Article 100 of the Law on Negotiable Instruments follows the Geneva Conventions.

With regard to the time limit for the presentment of instrument and for the drawing up of protest, Article 101 of the Law on Negotiable Instruments provides that the time limit for the presentment of instrument, method of drawing up protest and the time limit for the drawing up of protest, shall be subject to law of the place of payment. ⑳

3.2.6 Procedure for the Application for Preservation of Rights on Instrument

There are different provisions relative to procedure for the application for preservation of rights on instrument in each country's legislation. To resolve this problem, the laws on negotiable instruments of most countries provide that procedure for the application for preservation of rights on instrument by the person who loses an instrument shall be determined by the law of the place of payment, including Article 102 of the Law on Negotiable Instruments. ㉛

IV Conclusion

Without doubt, China's conflicts law, as a branch of the whole law

---

⑦ Ibid., p. 260.
⑱ Ibid., p. 235.
⑲ Ibid., p. 236.
⑳ Ibid., pp. 236, 237, 274.
㉛ Ibid., pp. 237, 274.

system in China, has been established, but it needs to be perfected continously. With a view to strengthening and perfecting the legislation and system of China's conflicts law, and harmonizing China's conflicts law with the international trend of development in the field of private international law, we believes that it is very important and necessary to pay more attention to the foresight and rapid development of the legislation of conflicts law, namely, to enrich the contents not given in detail, to eliminate the conflicts arising from the rules of conflicts law itself, to strengthen the legislation of interregional conflict of laws, to take an active part in international legislative, judicial and administrative cooperation, and to speed up the codification and development of private international law.

Since 1993, the Chinese Society of Private International Law (CSPIL), composed of professors, scholars, jurists and practicing lawyers in the area of private international law all over China, has been drafting *China's Model Law of Private International Law*. The last draft is the fifth one, which has 165 articles and includes comprehensive contents. It seems to be the symbol of China's professional and academic circles' desire to pursue the modernization and codification of private international law.

New Developments of Chinese Private International Law*

1. Introduction

Today, more than twenty years after China adopted the policy of opening to the outside world in 1978, Chinese private international law is entering into a stage of rapid development and great improvement.① Numerous laws, regulations and judicial interpretations governing international civil and commercial relations have been promulgated and put into force by the legislative bodies and the Supreme People's Court, and the number of bilateral and multilateral treaties concluded or acceded to by China concerning private international law is also on the increase. This paper purports to present a concise survey of the new developments of Chinese private international law in recent years.

---

* This article was originally published in *Yearbook of Private International Law* (Vol. I, 1999) with co-author Lü Guomin.

① Though differing greatly as regards the scope of private international law, almost all Chinese legal scholars regard conflicts rules, rules relating to jurisdiction in international matters as well as rules for the recognition and enforcement of foreign judgments and arbitral awards as its indispensable components. See Han Depei. *A New Study on Private International Law* (Wuhan, Wuhan University Press 1997).

2. Sources of Chinese Private International Law

Unlike the practice in most common law countries, China does not recognize the doctrine of *stare decisis*, and the decisions of Chinese courts are not treated as sources of Chinese law.[2] Therefore, the sources of Chinese private international law can be conveniently divided into two categories: national sources including domestic legislation and judicial interpretation of laws; and international sources consisting of international conventions and customs.

2.1 National Sources

2.1.1 Domestic Legislation

As there is no separate code of private international law in China, the provisions on the subject are to be found scattered among the following laws and regulations[3] issued by the National People's Congress and its Standing Committee:[4] "Law of the People's Republic of China on Economic Contracts Involving Foreign Interest" (1985) (hereinafter: Foreign

---

[2] Nevertheless most Chinese scholars acknowledge that the decisions of the Supreme People's Court play an important role in Chinese private international law. See Li Shuangyuan. *A General Introduction to Chinese Private International Law*, 26-27 (Beijing, Law Publishing House 1996).

[3] A few of these laws and regulations are specifically devoted to international civil and commercial relations, while most of them only contain some rules of private international law.

[4] Art. 58 of the Constitution of the People's Republic of China stipulates that "the National People's Congress and its Standing Committee exercise the legislative power of the state". See *Laws and Regulations of the People's Republic of China Governing Foreign-Related Matters* (1949-1990) (in Chinese and English), compiled by the Bureau of Legislative Affairs of the State Council of the People's Republic of China, Vol. 1, 288, (Beijing, China Legal System Publishing House 1991).

Economic Contract Law), ⑤ "Succession Law of the People's Republic of China" (1985) (hereinafter: Succession Law), ⑥ "Regulations of the People's Republic of China concerning Diplomatic Privileges and Immunities" (1986), ⑦ "General Principles of the Civil Law of the People's Republic of China" (1986) (hereinafter: General Principles of Civil Law), ⑧ "Regulations of the People's Republic of China concerning Consular Privileges and Immunities" (1990), ⑨ "Law of Civil Procedure of the People's Republic of China" (1991) (hereinafter: Civil Procedure Law), ⑩ "Law of Adoption of the People's Republic of China" (1991)

---

⑤ See *supra* note 4, pp. 484-488. This Law comprises 43 articles and has a special choice of law provision (Art. 5). It states that:

"The parties to a contract may choose the proper law applicable to the settlement of contract disputes. In the absence of such a choice by the parties, the law of the country which has the closest connection with the contract shall apply.

The law of the People's Republic of China shall apply to contracts that are to be performed within the territory of the People's Republic of China, namely contracts for Chinese-foreign equity joint ventures, Chinese-foreign contractual joint ventures and Chinese-foreign cooperative exploration and development of natural resources.

For matters that are not covered in the law of the People's Republic of China, international practice shall be followed."

⑥ See *supra* note 4, pp. 469-473.

⑦ Ibid., pp. 405-409.

⑧ Ibid., pp. 331-348. General Principles of Civil Law was adopted at the 4th Session of the 6th National People's Congress on 12 April 1986 and became effective on 1 January 1987. It has a very important chapter (Chapter 8: Application of the Law to Civil Law Relations with Foreign Elements) which governs the choice of law problems.

⑨ See *supra* note 4, pp. 410-414.

⑩ This Law was both adopted and entered into force on 9 April 1991 and simultaneously abrogated the Provisional Civil Procedure Law of the People's Republic of China of 1982. See *Gazette of the Supreme People's Court of the People's Republic of China*, No. 3, 3-28, (1991).

(hereinafter: Adoption Law), ⑪ "Maritime Code of the People's Republic of China" (1992) (hereinafter: Maritime Code), ⑫ "Foreign Trade Law of the People's Republic of China" (1994), ⑬ " Law on Negotiable Instruments of the People's Republic of China" (1995) (hereinafter: Law on Negotiable Instruments), ⑭ " Law on Civil Aviation of the People's Republic of China" (1995) (hereinafter: Law on Civil Aviation), ⑮ "Contract Law of the People's Republic of China" (1999) (hereinafter: Contract Law). ⑯

In addition to the above laws adopted by the National People's Congress and its Standing Committee, the State Council and the Ministries and Commissions under the State Council have also enacted a lot of

---

⑪ The Adoption Law was amended at the 5th Session of the standing committee of the 9th National People's Congress on 4 November 1998, and the revised Adoption Law came into force on 1 April 1999. For the revised Adoption Law, see *Gazette of the Standing Committee of the National People's Congress of the People's Republic of China*, No. 5, 526-530, (1998).

⑫ See *Gazette of the Standing Committee of the National People's Congress of the People's Republic of China*, No. 6, 3-47, (1992).

⑬ See *Gazette of the Standing Committee of the National People's Congress of the People's Republic of China*, No. 4, 3-9, (1994).

⑭ See *Gazette of the Standing Committee of the Natioanl People's Congress of the People's Republic of China*, No. 4, 52-66, (1995).

⑮ See *Gazette of the Standing Committee of the National People's Republic of China*, No. 7, 5-39, (1995).

⑯ See *People's Daily*, 22 March 1999. The Contract Law was adopted at the 2 nd Session of the 9th National People's Congress on 15 March 1999 and will be effective as from 1 October 1999, and the above-mentioned Foreign Economic Contract Law will be abrogated at the same day. There are two articles in the Contract Law relating to private international law, i.e. Art. 126 and Art. 129. Art. 126 deals with the laws applicable to contracts involving foreign elements, and it is the transplant of Art. 5 of the Foreign Economic Contract Law. See *supra* note 5. Art. 129 provides four years for the limitation of action regarding contracts of international sale of goods and that of import and export of technology in order to comply with relevant provisions of "United Nations Convention on Contracts for the International Sale of Goods" (1980), to which China is a party.

regulations concerning private international law.[17] such as "Rules for the Implementation of the Law of the People's Republic of China on Foreign-Capital Enterprises", approved by the State Council on 28 October 1990 and promulgated by Decree No. 1 of the Ministry of Foreign Economic Relations and Trade on 12 December 1990;[18] "Measures for the Implementation of Adopting Children by Foreigners in the People's Republic of China", approved by the State Council on 3 November 1993 and promulgated by the Ministry of Justice and the Ministry of Civil Affairs on 10 November 1993,[19] etc.

2.1.2 Judicial Interpretation

According to the Organic Law of the People's Courts of the People's Republic of China (1983), the Supreme People's Court is vested with the competence to issue interpretations and explanations on the concrete problems arising form the specific application of laws and regulations.[20] As some of the provisions relating to private international law the Supreme People's Court has always given detailed interpretation and explanation to some important piece of legislation after its enactment. These judicial interpretations and explanations have legally binding force to the courts at

---

[17] Art. 89 of the Constitution of the People's Republic of China (1982) empowers the State Council to "adopt administrative measures, enact administrative rules and regulations and issue decisions and others in accordance with the Constitution and the laws". Art. 90 (2) of the Constitution further provides that the Ministries and Commissions under the State Council are entitled to "issue orders, directives and regulations within the jurisdiction of their respective departments and in accordance with the laws and the administrative rules and regulations, decisions and orders issued by the State Council." See *supra* note 4, pp. 293-294.

[18] Ibid., pp. 492-506.

[19] See *Law Yearbook of China*, 452-453 (Beijing, Press of Law Yearbook of China 1994).

[20] Art. 33 of this law reads, "The Supreme People's Court shall give interpretation of questions concerning specific applications of laws and decrees in judicial proceeding." See Wang Huaian, et al. ed. *Collection of the Laws of the People's Republic of China*, 47-51 (Changchun, Jiling People's Press 1989).

all levels and are regarded to be one source of Chinese private international law. It should be noted that, in most cases the interpretations and explanations of the Supreme People's Court not only elaborated on the concrete meaning of the relevant provisions, but also laid down some new rules of private international law according to the principles of laws and the Constitution. In this way, they have, to some extent, filled the legislative gaps, enlarged and enriched the legislation, and thereby played an important role in the development and betterment of Chinese private international law.

So far as private international law is concerned, the most striking examples of judicial interpretations worthy to be mentioned are the following:

(a) "The Supreme People's Court's Explanation of Several Questions concerning the Application of the Foreign Economic Contract Law", issued on 19 October 1987. It elaborates on six aspects of the Foreign Economic Contract Law and is divided into six sections, one of which being about the application of laws. [21]

(b) "The Supreme People's Court's Opinions to Several Questions concerning Implementing the General Principles of Civil Law of the People's Republic of China", issued on 2 April 1988. Section 7 (Arts. 178 to 195) of this explanation gives detailed elaboration on Chapter 8, "Application of the Law to Civil Relations Involving Foreign Elements", of General Principles of Civil Law. [22]

(c) "Opinions on Certain Matters in Relation to the Implementation of the Civil Procedure Law of the People's Republic of China", issued on 14 July 1992. Part 18 (Arts. 304-320) deals with questions concerning civil cases involving elements. Most of the articles specify the contents of related

---

[21] See Han Depei, *et al.* ed. *Selections of Teaching Materials of Private International Law*, Vol. 1, 58-62 (Wuhan, Wuhan University Press 1991).

[22] Ibid., pp. 63-65.

articles of Civil Procedure Law. ㉓

2.2 International Sources

2.2.1 International Conventions

International conventions and treaties, both multilateral and bilateral, are commonly recognized as a source of Chinese private international law. Where there are conflicts between the treaties concluded or acceded to by China and Chinese domestic law, the provisions of the treaties shall prevail. ㉔ The People's Republic of China is now a party to an increasing number of important multilateral treaties relating to private international law, which mainly includes: "the Vienna Convention on Diplomatic Relations" (1961), "the Vienna Convention on Consular Relations" (1963), "the International Convention on Civil Liability for Oil Pollution Damage" (1969), "the Convention on International Civil Aviation" (1944), "the New York Convention on the Recognition and Enforcement of Foreign Arbitral Awards" (1958), "the United Nations Convention on Contracts for International Sale of Goods" (1980), "the Paris Industrial Property Convention" (1967), "Patent Cooperation Treaty" (1970), "Universal Copyright Convention" (1952), "Berne Convention for the Protection of Library and Artistic Works" (1886).

On 3 July 1987, China became a member state of the Hague Conference on Private International Law. From then on, China has been

---

㉓ See *Gazette of the Supreme People's Court of the People's Republic of China*, No. 3, 70-94, (1992).

㉔ E.g., Art. 142 (2) of the General Principles of Civil Law stipulates: "If any international treaty concluded or acceded to by the People's Republic of China contains provisions differing from those in the civil laws of the PRC, the provisions of the international treaty shall apply, unless the provisions are ones on which the PRC has made a reservation". See *supra* note 4, p. 347. Similar provisions include Art. 238 of Civil Procedure Law, op. cit. note 10, p. 25; Art. 268 (1) of Maritime Code, op. cit. note 12, p. 47; Art. 184 (1) of Law on Civil Aviation, op. cit. note 15. p. 35; Art. 96 (1) of Law on Negotiable Instruments, op. cit. note14, p. 65.

taking an active part in all kinds of its activities, and has acceded to two conventions concluded under the auspices of the Hague Conference. The two conventions are: "Convention on the Service Abroad of Judicial and Extrajudicial Documents in Civil and Commercial Matters" (1965),㉕ "Convention on the Taking of Evidence Abroad in Civil or Commercial Matters" (1970).㉖

Besides the above multilateral conventions, China has also signed many bilateral treaties or agreements on private international law. Fox example, more than twenty bilateral agreements on judicial assistance in civil, commercial and/or criminal matters have been signed between China and other countries. ㉗

2.2.2 International Customs

As most Chinese legal scholars hold that there exists no international

---

㉕ The ratification was made at the 18th Session of the Standing Committee of the 7th National People's Congress on 2 March 1992, with the reservations on Art. 8(1) and Art. 10 of the Convention. See *Gazette of the Standing Committee of the National People's Congress of the People's Republic of China*, No. 1, 19, (1991).

㉖ The ratification took place on 3 July 1997 at the 26th Session of the Standing Committee of the 8th National People's Congress, with the reservation on Chapter 2 (except for Art. 15) of the Convention. See *Gazette of the Standing Committee of the National People's Congress of the People's Republic of China*, No. 4, 551, (1997).

㉗ These countries include: France (signed on 4 May 1987 and took effect 2 Aug 1988), Poland (5 Jun 1987 and 13 Feb 1988), Mongolia (31 Aug 1989 and 29 Oct 1990), Romania (16 Jan 1991 and 22 Jan 1993), Russian Federation (19 Jun 1992 and 14 Nov 1993), Belarus (11 Jan 1993 and 29 Nov 1993), Spain (2 May 1992 and 1 Jan 1994), Ukraine (31 Oct 1992 and 19 Jan 1994), Cuba (24 Nov 1992 and 26 Mar 1994), Italy (20 May 1991 and 1 Jan 1995), Egypt (29 Jul 1994 and 31 Mar 1995), Bulgaria (2 June 1993 and 30 Jun 1995), Kazhakstan (14 Jan 1993 and 11 Jul 1995), Belgium (signed on 20 Nov 1987), Thailand (16 Mar 1994 and 6 Jul 19097), Turkey (28 Sept 1992 and 26 Oct 1995), Greece (17 Oct 1994 and 29 Jun 1996), Cyprus (25 Apr 1995 and 11 Jan 1996), Hungary (9 Oct 1995 and 21 Mar 1997), Morocco (signed on 16 Apr 1996), Kirghiz (4 Jul 1996 and 26 Sept 1997), Tadzhikistan (16 Sept 1996 and 2 Sept 1998), Singapore (signed on 28 Apr 1997), Uzbekistan (11 Dec 1997 and 29 Aug 1998), Vietnam (signed on 19 Oct 1998).

customs in the fields of conflicts rules and international civil procedure,㉘ international customs in private international law are generally defined in China as those commercial and trade customs or general usage and practice, such as UCP500, INCOTERMS 1990, etc. According to Chinese law, international customs may be applied in two different ways, one is dependent on the parties' choice, the other is that it may be applied to matters for which Chinese law or international treaty acceded to by China lack relevant provisions. ㉙

3. International Jurisdiction

There are four articles specifically devoted to jurisdiction over international civil and commercial cases in the Civil Procedure Law. ㉚ However, according to Chinese legislation and judicial practice,㉛ the provisions on jurisdiction over domestic civil cases are as a rule also applied to civil cases involving foreign elements.

㉘ See Li Shuangyuan. *Private International Law*, 35 (Beijing, Beijing University Press 1991).

㉙ E. g., Art. 142 (3) of the General Principles of Civil Law stipulates, "International customs may be applied to matters for which neither the law of the People's Republic of China nor any international treaty concluded or acceded to by the People's Republic of China has any provisions." See *supra* note 4, p. 347. Similar regulations can be found in Art. 5(3) of the Foreign Economic Contract Law, op cit. note 4, p. 484; Art. 96 (2) of Law on Negotiable Instruments, op. cit. note 14, p. 65; Art 268(2) of Law on Civil Aviation, op. cit. note 15, p. 35.

㉚ The four articles are: Art. 243, Art. 244, Art. 245 and Art. 246. See *supra* note 10, pp. 42-43.

㉛ Art. 237 of the Civil Procedure Law stipulates, "The provisions of this Part shall be applicable to civil proceedings within the territory of the People's Republic of China in regard to cases involving foreign element. Where it is not covered by the provisions of this Part, other relevant provisions of this law shall apply." Ibid., p. 41.

3.1 General Jurisdiction

General jurisdiction is characterized by the doctrine of "the plaintiff submitting to the defendant" in Chinese law, Article 22 of the Civil Procedure Law states:

"A civil lawsuit brought against a citizen shall be under the jurisdiction of the people's court of the place where the defendant has his domicile; if the place of the defendant's domicile is different from that of his habitual residence, the lawsuit shall be under the jurisdiction of the people's court of the place of his habitual residence.

A civil lawsuit brought against a legal person or any other organization shall be under the jurisdiction of the people's court of the place where the defendant has his domicile."[32]

Consequently, the people's courts may exercise jurisdiction in civil cases involving foreign elements if the defendants' domicile or habitual residence is within Chinese territory.

Article 23 of the Civil Procedure Law lays down 4 exceptions to the above doctrine, which fall under the jurisdiction of the people's court of the place of the plaintiff's domicile or habitual residence. The four exceptional cases are: (a) lawsuits concerning the personal status of persons whose whereabouts are unknown or who have been declared as missing; (b) lawsuits brought against persons who are undergoing rehabilitation through labor; (c) lawsuits brought against imprisoned person; (d) lawsuits concerning personal status brought against persons not residing within the territory of the People's Republic of China.[33]

3.2 Special Jurisdiction

Special territorial jurisdiction is based on the object of the claim or the legal facts involved. According to Articles 23-33 of the Civil Procedure

---

[32] Ibid., Art. 22, p. 5.
[33] Ibid., Art. 23, p. 5.

Law, the people's court can exercise jurisdiction over civil cases involving foreign elements if the defendant's domicile or habitual residence is not in Chinese territory whenever one of the following connecting factors refers to a place under the territorial jurisdiction of the court: (a) the place where the contract is to be performed;㉞ (b) the place where the insured object is located,㉟ (c) the place where the bill (of exchange) is to be paid;㊱ (d) the place of dispatch or destination (in disputes over transport contracts);㊲ (e) the place where the tort is committed;㊳ (f) the place where the accident has occurred or where the ship at fault is detained;㊴ (g) the place where the salvage took place or where the salvaged ship first docked after the ship accident (in disputes concerning expenses of maritime salvage);㊵ (h) the place where the salvaged ship first docked or where the adjustment of general average was conducted or where the voyage ended.㊶

Moreover, Article 243 of the Civil Procedure Law, also dealing with the jurisdiction of the court of the place of the performance of the contract, provides another six connecting factors by which the people's court can exercise jurisdiction over contractual or other disputes over property rights and interests in case of the defendant's domicile being outside China. These connecting factors are the place in China where the contract is signed, is to be performed, where the object of the action is located, where the defendant's distrainable property is located, where the tort is committed, and where the defendant's representative office is located.㊷

㉞ Ibid., Art. 24, p. 5.
㉟ Ibid., Art. 26, p. 5.
㊱ Ibid., Art. 27, p. 5.
㊲ Ibid., Art. 28, p. 5.
㊳ Ibid., Art. 29, p. 5.
㊴ Ibid., Arts. 30-31, pp. 5-6.
㊵ Ibid., Art. 32, p. 6.
㊶ Ibid., Art. 33, p. 6.
㊷ Ibid., Art. 243, p. 26.

3.3 Exclusive Jurisdiction

In international civil procedure, exclusive jurisdiction refers to the fact that under the law of a state certain civil cases involving foreign elements are exclusively assigned to the jurisdiction of the courts of that country. Exclusive jurisdiction does not accept parallel jurisdiction, and cannot be avoided by agreement between the parties. Article 34 of the Civil Procedure Law confers exclusive jurisdiction on people's courts at a certain place in case of certain types of actions in domestic civil procedure. The actions and the respective courts are then as follows:

(a) An action arising from a dispute over real estate falls under the jurisdiction of the people's court at the place where the real estate is located; ㊸

(b) An action lodged in connection with a dispute over the operations of a harbor fall under the jurisdiction of the people's court at the place of the harbor; ㊹

(c) An action relating to a dispute concerning succession falls under the jurisdiction of the people's court at the place where the deceased had his domicile at the time of his death, or the place where the principal part of the estate is located. ㊺

Moreover, according to the Civil Procedure Law, the following three types of Chinese-foreign contracts also fall under the exclusive jurisdiction of the people's courts of the People's Republic of China: contracts on Chinese-foreign contractual joint ventures, on Chinese-foreign equity joint ventures, on Chinese-foreign cooperative exploration and development of natural resources which are performed in China. ㊻

㊸ Ibid., Art. 34 (1), p. 6.
㊹ Ibid., Art. 34 (2), p. 6.
㊺ Ibid., Art. 34 (3), p. 6.
㊻ Ibid., Art. 246, p. 26.

3.4 Forum Selection

The Civil Procedure Law contains two articles regulating the question of forum selection, which respectively reads:

"The parties to a contract may agree in their written contract on the choice of the people's court of the place where the defendant has his domicile, where the contract is performed, where the contract is signed, where the plaintiff has his domicile or where the object of the action is located, to exercise jurisdiction over the case, provided that the provisions of this Law regarding jurisdiction by forum level and exclusive jurisdiction are not violated."㊼

"Parties to a dispute over a contract with a foreign element or over property rights and interests involving foreign elements may, through written agreement, choose the court of the place which has practical connections with the dispute to exercise jurisdiction. If a people's court of the People's Republic of China is so chosen to exercise jurisdiction, the provisions of this Law on jurisdiction by forum level and on exclusive jurisdiction shall not be violated."㊽

From the above two articles, we can see that the parties are entitled to opt for a court of their own choice. They may agree to submit their dispute to either a Chinese people's court or a foreign court. This freedom of choice is, however, limited by the following requirements: (a) only parties to a dispute over a contract with a foreign element or over property rights and interests involving a foreign element have the right to choose; (b) the parties' choice should be made in written form; (c) the court chosen by the parties must have practical connections with the dispute; (d) if the choice is made in favor of a people's court of the People's Republic of China, the provisions of the Civil Procedure Law on forum level and on

---

㊼ Ibid., Art. 25, p. 6.
㊽ Ibid., Art. 244, p. 26.

exclusive jurisdiction shall not be violated in any case. ㊾

4. Choice of Law in Selected Fields

Our discussion below will focus on the areas in which one can find provisions in the Chinese legislation on conflicts law, and especially on the areas on which China has enacted new laws in recent years.

4.1 Laws Applicable to Property

As regards this subject, there is one article in the present Chinese legislation, which deals with the application of laws to the immovable and adheres to the maxim of *lex rei sitae.* It provides that the property of immovable shall be governed by the law of the place where the immovable is located. ㊿

While this provision doesn't draw a distinction between movable and immovable, and is limited to "the property of immovable", not including other issues in relation to immovable in conflicts rules, the Supreme People's Court has given an expansive and detailed interpretation as follows:

"Land, buildings, and other structures that are attached to land and things attached to buildings are immovable. Civil relationships such as those involving the title to immovable, and [its] sale, pledge, or use are governed by the law where the immovable is located." (51)

As regards the conflicts rule to movables, there is no relevant provisions yet.

4.2 Laws Applicable to Contract

Contract system in Chinese private international law is quite developed

---

㊾ See Han Depei. op. cit. note 1, pp. 629-630.

㊿ See *supra* note 4, Art. 144, p. 347.

(51) See Han Depei, *et al.* ed. op. cit. note 21, Art. 186, p. 64.

and advanced, following closely to the international practice in this field. According to Art. 5 of the Foreign Economic Contract Law, Art. 145 of General Principles of Civil Law and Art. 126 of the newly-promulgated Contract Law, "party autonomy" and "the closest connection" are two overwhelming principles that govern the choice-of-law issues relating to contracts with foreign elements.

4.2.1 Party Autonomy

Party autonomy is the most prevailing principle adopted by Chinese legislation in dealing with the laws applicable to contracts. The parties to a contract involving foreign elements can choose either Chinese law or the law of a foreign country for the settlement of contractual disputes,[52] which include, *inter alia*, all disputes relating to the conclusion of the contract, the time at which that took place, the formation of the contract, performance and duties of any party in breach and the amendment, discharge for breach, assignment, recession or termination of a contract.[53]

The parties' choice of the proper law must be made in the express way and in written form at the time of the conclusion of the contract, or after a contractual dispute has arisen, or even at any time after the Chinese people's court has accepted the files of the action but before any hearing of the case by the court.[54] However, there are several exceptional contracts that exclude the principle of party autonomy. According to Chinese law, all Chinese-foreign equity joint-venture contracts, Chinese-foreign contractual joint-venture contracts, Chinese-foreign cooperative exploration and development of natural resources contracts, to be performed in the People's Republic of China shall exclusively be governed by the law of the People's

---

[52] See Art. 2(2) of "The Supreme People's Court's Explanation of Several Questions concerning the Application of the Foreign Economic Contract Law". op. cit. note 21, p. 59. However, Chinese law is silent on the question whether or not the law chosen by the parties should have some connections with the contract.

[53] Ibid., Art. 2(1), p. 59.

[54] Ibid., Art. 2(2.4), p. 59.

Republic of China. Any choice of a foreign law to govern such contracts shall be null and void. (55)

4.2.2 Principle of the Closest Connection

The closest connection is a brand-new principle in private international law, which is first employed in the field of contracts and now finds its application in many other areas of private international law, such as tort, intellectual property, etc. In certain countries, this principle is even treasured as the fundamental principle guiding all the issues relating to the choice of law. (56)

China also accepted the principle of the closest connection in its private international law. All Chinese conflicts rules on the laws applicable to contracts have such provisions as "where the parties to a contract have not made a choice, the law of the country having the closest connection with the contract shall apply". (57)

In the determination of the criteria of the closest connection, China adopted the theory of characteristic performance, (58) which in most cases advocates the application of the law of the place of business of the party responsible for the principal performance of the contract. This is well illustrated by Art. 2(6) of "The Supreme People's Court's Explanation of

---

(55) Ibid., Art. 2(3); See also Art. 5(2) of the Foreign Economic Contract Law, op. cit. note 4, p.484; Art. 126 (2) of the New Contract Law; op. cit. note 16, p.17.

(56) See Han Depei, *et al.* ed. op. cit. note 21, Art. 1 of Austrian Private International Law, p.228.

(57) See Art. 5 of the Foreign Economic Contract Law, op. cit. note 4, p.84; Art. 145 of the General Principles of Civil Law, op. cit. note 4, p. 484; Art. 126 of Contract Law, op. cit. note 16, p.10; Art. 188 of Civil Aviation Law, op. cit. note 15. p.35; Art. 269 of Maritime Code, op. cit. note 12, p.47.

(58) About this theory, see D' Oliveira. *Characteristic Obligation in the Draft EEC Obligation Convention. 25 The American Journal of Comparative Law*, 303, (1977); Kurt Lipstein. *Characteristic Performance—A New Concept in the Conflict of Laws in Matters. Northwestern Journal of International Law and Business*, Vol.3, 1981; Xu Guojian. *A Study on Characteristic Performance in International Contract Law. Law Review*, Vol.6, 39-43, (1989).

Several Questions concerning the Application of the Foreign Economic Contract Law", which lays down the laws applicable to the following thirteen different types of foreign contracts: international sale of goods; bank loan and guarantee contracts; insurance contracts; contracts for the processing of raw materials; technology transfer contracts; construction contracts; contracts for the giving of scientific or technological advice or for the making of designs; service contracts; contracts for the supply of machinery; agency contracts; contracts for the leasing, sale and mortgage of immovable property; contracts for the leasing of movable property and contracts for bailment. [59]

4.3 Law Applicable to Tort

Art. 146 established three principles as to the conflicts rules on tort. They are quite different from the traditional theory of the *lex fori* as well as from the English theory of the proper law of the tort.

The first principle refers to the adherence to the application of *lex loci delicti commissii*, i. e., "the law of the place where an infringing act is committed shall apply in handling compensation claims for any damage caused by the act." [60] As regards the meaning of the place of the tort, the Chinese Supreme People's Court has given a detailed interpretation, which takes into account both the place where the tortuous act itself takes place and the place where the result of the tort occurs. It also points out that if these places are not the same, the people's court can choose to apply any one of them. [61]

The second principle depends on the connecting factors of nationality and domiciles. Art. 146 further provides that if both parties have the same

---

[59] See Han Depei, et al. ed. op cit. note 21, pp. 59-60.

[60] See Art. 146 (1) of the General Principles of Civil Law, op. cit. note 4, p. 347.

[61] See Art. 187 of the Supreme People's Court's Opinions to Several Questions concerning Implementing the General Principles of Civil Law of People's Republic of China. op. cit. note 21, p. 64.

nationality, or have their domiciles in the same country, the law of the country of the nationality or domicile may be applied. (62) However, attention must be paid to the word "Keyi [may be]" used here, which simultaneously means that even if the parties share a common nationality or domicile, it doesn't bar the application of the rule of *lex loci delicti commissii*.

The third principle is a supplementary one. It requires that in order to be actionable, the act took place outside Chinese territory must also be wrongful according to Chinese law. (63) If this requirement is not satisfied, Chinese people's court shall not treat it as a tort, though in accordance with the applicable law it is.

4.4 Laws Applicable to Maritime Matters

The Maritime Code of the People's Republic of China, which was adopted at the 28th session of the Standing Committee of the 7th National People's Congress on 7 November 1992 and took effect on 1 July 1993, lays down 9 articles (Arts. 268-276) on the application of law in relation to maritime matters involving foreign elements. Among these articles, the stipulation of Art. 268, Art. 269 and Art. 276 are the same as that of Art. 142, Art. 145 and Art. 150 of the General Principles of Civil Law. The other articles are specifically devoted to such issues as ownership of ships, mortgage of ships, maritime liens, maritime torts, general average and limitation of liability for maritime claims. Their applicable laws are as follows:

(a) Acquisition, transfer and extinction of the ownership of the ship. The law of the flag state of the ship shall apply. (64)

(b) Mortgage of the ship. The law of the flag state of the ship shall apply. However, if the mortgage is established before or during its bareboat

---

(62) See Art. 146 (1) of the General Principles of Civil Law, op. cit. note 4, p. 347.

(63) Ibid., Art. 146 (2), p. 347.

(64) See Art. 270 of the Maritime Code, op. cit. note 12, p. 47.

charter period, then the law of the original country of registry of the ship shall apply. ⑥⑤

(c) Matters pertaining to maritime liens. The law of the forum shall apply. ⑥⑥

(d) Claims for damages arising from collision of ships. The law of the place where the infringing act is committed shall apply. If damages arise from collision of ships on the high sea, the law of the forum hearing the case is located shall apply. However, if the colliding ships belong to the same country, no matter where the collision occurs, the law of the flag state shall apply. ⑥⑦

(e) Adjustment of general average. The law where the adjustment of general average is made shall apply. ⑥⑧

(f) Limitation of liability for maritime claims. The law of the forum shall apply. ⑥⑨

4.5 Laws Applicable to Negotiable Instruments

The provisions concerning the laws applicable to negotiable instruments involving foreign elements are provided in Chapter 5, Articles 95 to 102 of the Law of the People's Republic of China on Negotiable Instrument, which was adopted at the 13th Session of the Standing Committee of the 8th National People's Congress on 10 May 1995 and became effective as of 1 January 1996. Art. 95 (2) of this law gives a definition of the negotiable instrument involving foreign elements as that the negotiable instrument of which one part of the acts of issue, endorsement, acceptance, guaranty and payment takes place within, while another part takes place outside, the territory of the People's Republic of China. ⑦⓪ It is obvious that the point

---

⑥⑤ Ibid., Art. 271, p. 47.
⑥⑥ Ibid., Art. 272, p. 47.
⑥⑦ Ibid., Art. 273, p. 47.
⑥⑧ Ibid., Art. 274, p. 47.
⑥⑨ Ibid., Art. 275, p. 47.
⑦⓪ See *supra* note 14, at p. 65.

whether the parties concerned are foreign or the relevant negotiable instrument itself involves foreign elements is not taken into consideration.

Art. 96 deals with the application of the international treaties to which China is a party and the international customs recognized by China. It is exactly the same as that of other legislation concerned in China. (71)

Regulations on the capacity of natural persons or legal persons on Chinese legislation of private international law is incomplete and abstract, including only one unilateral conflict rule. (72) Art. 97 of the Law on Negotiable Instruments has made up for the defects. It first provides that the capacity for civil conduct of a debtor of instrument is governed by the *lex patriae* of the debtor. In the event that a debtor of instrument is considered a person having no capacity for civil conduct or having limited capacity for civil conduct according to the *lex patriae* of the debtor, while he is considered a person of full capacity for civil conduct according to the *lex loci actus*, the capacity for civil conduct of the debtor is governed by the *lex loci actus*. (73) It is the provision that is in conformity with the practice of most countries and the provisions of the two Geneva Conventions for the settlement of conflicts of laws in connection with bills of exchange and promissory notes (1930) and cheques (1931). (74)

In respect of the items required to be specified on a negotiable instrument, Article 98 provides that items required to be specified for the issue of bills of exchange and promissory notes shall be determined by the law of the place of issue. Items required to be specified for the issue of cheques shall be determined by the law of the place of issue as well. However, they may also be determined by the law of the place of payment if the parties agree upon that. (75)

---

(71) See Art. 142 of General Principles of Civil Law, op. cit. note 4, p. 347; Art. 268 of the Maritime Code. op. cit. note 12, p. 47.

(72) See Article 143 of the General Principles of Civil Law. op. cit. note 4, p. 347.

(73) See *supra* note 14, p. 65.

(74) Ibid., p. 65.

(75) Ibid., p. 65.

Article 99 lays down the laws applicable to instrument acts and adopts the principle of the *lex loci actus*. It stipulates that "instrument acts including endorsement, acceptance, payment and guaranty shall be determined by the *lex loci actus*." (76)

The problem of choice of law in time limit is provided for in Art. 100 and Art. 101, which respectively deals with the time limit for the exercise of the right of recourse and the time limit for the present and the drawing up of protest. For the former, Art. 100 follows the Geneva Conventions, adopting the connecting factor of the place of issue, (77) while for the latter, Art. 101 stipulates that "the time limit for the present of instrument, method of drawing up protest and the time limit for the drawing up of protest, shall be subject to the law of the place of payment". (78)

As regards procedure for the application for preservation of rights on instrument, Law on Negotiable Instruments also complies with the practice of most countries and international conventions and provides that if a negotiable instrument is lost and the person who lost the instrument requests that the order of rights under the instrument be maintained, the laws of the place of payment shall apply. (79)

4.6 Laws Applicable to Civil Aviation

Law on Civil Aviation of the People's Republic of China, adopted at the 16th Session of the Standing Committee of the 8th National People's Congress on 30 October 1995 and entered into force on 1 March 1996, also established a chapter, Chapter 14 "Laws Applicable to Relations Involving Foreign Elements", consisting of 7 articles of conflicts rules. Among them Art. 184, Art. 188 and Art. 190 are in content the same as Art. 142,

---

(76) Ibid., at. 65.

(77) Ibid., at. 65.

(78) Ibid., at. 65.

(79) Ibid., at. 65.

Art. 145 and Art. 150 of the General Principles of Civil Law. ⑧⓪ The other articles bear many similarities with the relevant provisions of the Maritime Code. Art. 185, Art. 186 and Art. 187 adopted the same connecting factors as that of Art. 270, Art. 271 (1) and Art. 272 of Maritime Code in dealing with similar issues. Art. 185 and Art. 186 provide that the law of the place of registry of the civil aircraft shall apply to the acquisition, transfer and extinction of the ownership of the civil aircraft and the mortgage of the civil aircraft,⑧① while Art. 187 states that the liens of civil aircraft shall be governed by the law of the forum. ⑧② Art. 189 sets up the conflicts rules on tort arising from civil aircraft, which also has much in common with Art. 273(1,2) of Maritime Code. It reads:

"The law of the place where the infringing act is committed shall apply to claims for damages exerted on the third party on the ground by civil aircraft.

The law of the forum hearing the case shall apply to claims for damages exerted on the third party on the surface of the high sea by civil aircraft."⑧③

4.7 Laws Applicable to Marital and Family Matters

The General Principles of Civil Law lays down two provisions relating to such issues, which deals respectively with marriage, divorce and support.

According to Art. 147, a marriage between a Chinese citizen and a foreigner shall be governed by the law of the place where the marriage is concluded; a divorce of the same kind shall apply the law of the forum hearing the case (*lex fori*). ⑧④ However, this article didn't provide the law

---

⑧⓪ See *supra* note 4, at 347.
⑧① See *supra* note 15, at 35.
⑧② Ibid. , at. 35.
⑧③ Ibid. , at. 35.
⑧④ See *supra* note 4, at 348.

applicable to such issue as a marriage and divorce between two foreigners in China. The answer to this question can be found in Art. 188 of the Supreme People's Court's Opinion to Several Questions concerning Implementing the General Principles of Civil Law. It states that in handling foreign-related divorce cases, the people's courts shall apply Chinese law to the divorce and to the property division resulting from the divorce; the validity of the marriage is determined in accordance with the law where the marriage took place.⑧⑤

Art. 148 concerns the application of the law to support, it employed the principle of the closest connection to settle this problem. In order to make this article more practical, the Supreme People's Court has rendered an interpretation to the determination of the scope of maintenance and the place of the closest connection, which stipulates that:

"[In the case of] support that parents and children provide each other or that a husband and wife provide each other or that other persons having support relationships provide one another, the law of the country to which the person receiving the support is most closely connected must be applied. The nationality or domicile of the person providing support and of the person receiving support and the location of the property which provides the support can all be considered as the closest connection of the person receiving support."⑧⑥

Besides the above two provisions in the General Principles of Civil Law, the newly-revised Adoption Law also includes a unilateral conflict rule on the adoption of Chinese children by foreigners. It requires that the Chinese law should be abided by in such cases.⑧⑦

4.8 Laws Applicable to Succession

Succession consists of two categories, namely intestate succession and

---

⑧⑤ See Han Depei, et al. ed. op. cit. note 21, at 64.
⑧⑥ Ibid., Art. 147, p. 64.
⑧⑦ See Art. 21 (1) of the Adoption Law, op. cit. note 11, p. 528.

testamentary succession. For the former, Chinese legislation of private international law has provided complete bilateral conflict rules, while on the latter it, up to now, still lacks relevant provisions.

In handling the application of laws to intestate succession involving foreign elements, China adopted the scission system, (88) distinguishing between movable and immovable and establishing different connecting factors for them. According to Art. 6 of the Succession Law and Art. 149 of the General Principles of Civil Law, intestate succession to movables shall be governed by the law of the place where the deceased had his domicile at his death, while intestate succession to immovable shall apply the law of the place where the immovable is situated. (89)

5. Recognition and Enforcement of Foeign Judgments and Arbitral Awards

According to the Civil Procedure Law, a litigant may directly apply to a Chinese people's court for the recognition and enforcement of a judgment rendered by a foreign court, and a foreign court itself may also make such a request either under a treaty binding its home state and the People's Republic of China or on the basis of the principle of reciprocity or mutual benefit. (90) As for the requirements for the recognition and enforcement of a foreign judgment in China, Art. 268 states that:

"In the case of an application or request for recognition and enforcement of a legally effective judgment or written order of a foreign court, the people's court shall, after examining it in accordance with the international treaties concluded or acceded to by the People's Republic of China or with the principle of reciprocity and arriving at the conclusion that

(88) See Han Depei. op. cit. note 1, at p. 351

(89) See Art. 36 of the Succession Law, op. cit. note 6, p. 473; Art. 149 of the General Principles of the Civil Law, op. cit. note 4, p. 348.

(90) See Art. 267 of the Civil Procedure Law, op. cit. note 10, p. 28.

it doesn't contradict the basic principles of the law of the People's Republic of China or violate State sovereignty, security and social and public interest of the country, recognize the validity of the judgment or written order, and, if required, issue a writ of execution to enforce it in accordance with the relevant provisions of this Law; if the application or request contradicts the basic principles of the law of the People's Republic of China or violates State sovereignty, security and social and public interest of the country, the people's courts shall not recognize or enforce it."[91]

According to this article, the two main requirements which a foreign judgment must fulfil in order to qualify for recognition and enforcement are: it must be final and in force, and it may not contravene the basic principles of the law of the People's Republic of China or violate the sovereignty, security and social and public interest of China.

In examining the foreign judgments, Chinese courts adopt the system of examination on form rather than on substance. Where Chinese courts decide to recognize and enforce a foreign judgment, they issue an enforcement decree. The judgment will then be enforced in accordance with the relevant provisions on the execution of domestic judgments.

In respect of recognition and enforcement of foreign arbitral awards, the Civil Procedure Law set forth the same requirements and procedure as that of the recognition and enforcement of foreign judgments.[92] Moreover, as is stated above, China ratified the New York Convention on the Recognition and Enforcement of Foreign Arbitral Awards of 10 June 1958 by the Standing Committee of the 6th National People's Congress on 15 November 1986. Ratification took place with the following two reservations.[93]

(a) "The People's Republic of China will apply the convention, only

---

[91] Ibid., Art. 268, p. 28.
[92] Ibid., Art. 269, p. 28.
[93] See *supra* note 10, No. 2, 1987, p. 16.

on the basis of reciprocity, to the recognition and enforcement of arbitral awards made in the territory of another contracting State" (the "reciprocity" reservation); and

(b) "The People's Republic of China will apply the Convention only to disputes which have, according to the laws of the People's Republic of China, been determined as arising out of contractual relationship or non-contractual commercial legal relationships" (the "commercial" reservation).

On 10 April 1987, immediately prior to the landing of the New York Convention on the soil of China, the Supreme People's Court issued a juridical interpretation[94] which designates the intermediate people's courts as the authoritative organs to hear the application for the recognition and enforcement of foreign arbitral awards,[95] and defines the phrase "commercial relations of a contractual and non-contractual nature" as "relations concerning economic right and obligations arising out of contract, tort or relevant statutory provisions."[96]

6. International Commercial Arbitration

China started doing international commercial arbitration in 1956, when an arbitration commission to settle by means of arbitration disputes arising from foreign trade was set up.[97] In 1988, this commission was renamed as " China International Economic and Trade Arbitration Commission (herein after CIETAC)", as it is known today. CIETAC is located in Beijing. To meet the growth of arbitration activities, it established Shenzhen Sub-

---

[94] The interpretation is entitled "the Supreme People's Court's Notice on the Implementation of China's Accession to the Convention on the Recognition and Enforcement of Foreign Arbitral Awards." See *supra* note 10, No.2, 1987, pp. 16-17.

[95] Ibid., Art. 3, pp. 16-17.

[96] Ibid., Art. 2, p. 16.

[97] In China, international maritime arbitration is handled by China Maritime Arbitration Commission established on 21 November 1958.

Commission and Shanghai Sub-Commission respectively in 1989 and 1990.

CIETAC has developed both its practice and rules rapidly in the 1990s. The number of cases received by CIETAC has increased considerably. (98) It has been said that CIETAC "ranks as the second-busiest international arbitration body in the world, just behind the long-established International Chamber of Commerce (ICC) in Paris." (99)

Since CIETAC changed its provisional rules of 1956 into regular rules in 1988, the rules of CIETAC has been amended three times. The first amendments were made in 1994, which increased the rules from 43 articles to 81 articles and made the rules more sophisticated and complete. In 1995, CIETAC amended again its rules with a view to aligning them with the new Chinese Arbitration Law, which was adopted on 31 August 1994 and enacted on 1 September 1995. (100) The third amendments came out in 1998.

According to 1998 Arbitration Rules, the scope of accepting cases by CIETAC was widely enlarged. It can handle disputes arising from economic and trade transactions, contractual or non-contractual, covering (a) international or foreign-related disputes; (b) disputes related to the Hong Kong SAR, Chinese Macao or Taiwan regions; (c) disputes between the enterprises with foreign investment, disputes between and enterprise with foreign investment and another Chinese legal person, physical person and/

---

(98) From 1990 to 1997, its annual caseloads are respectively: 238 (1990), 274 (1991), 267 (1992), 504 (1993), 829 (1994), 902 (1995), 778 (1996), 723 (1997).

(99) Michael J. Moser. *Arbitration in China. The China Business Review*, 42 (September/ October 1990). Cited comments from International Chamber of Commerce Bulletin Vol. 2, No. 1, 1990.

(100) The Arbitration Law of the People's Republic of China consists of eight chapters and 80 articles. Chapter Four, on "Special Provisions on Arbitration Involving Foreign Elements", lays down the fundamental provisions on international commercial arbitration. See *Gazette of the Standing Committee of the National People's Congress of the People's Republic of China*, No. 4, 3-13(1994).

or economic organization; (d) disputes arising from project financing, invitation for tender, bidding, construction and other activities conducted by Chinese legal persons, physical persons and/or other economic organizations through utilizing the capital, technology or service from foreign countries, international organizations or from the Hong Kong SAR, Chinese Macao and Taiwan regions; and (e) disputes that may be taken cognizance of by CIETAC in accordance with special provisions of or upon special authorization from the law or administrative regulations of the People's Republic of China. [101]

CIETAC accepts cases pursuant to the arbitration agreement between the parties and upon the written application by one of the parties. [102] A valid arbitration agreement must contain the intention to submit the dispute for arbitration, the name of the arbitration institution and be in written form. [103] In the process of arbitration, the parties' freedom are adequately respected. They may reach an amicable settlement agreement by themselves, or they may either request, or after consulted by the tribunal, agree that the arbitration tribunal to conciliate the case; [104] and they are also entitled to choose languages other than Chinese, [105] the place of arbitration [106] as well as the rules other than rules of CIETAC. [107]

In order to keep abreast with the international arbitration practice, CIETAC has established good relation and cooperation with international

---

[101] See Art. 2 of CIETAC's Arbitration Rules (effective as from 10 May 1998), in a booklet issued by CIETAC (in Chinese and English), pp. 28-29.

[102] Ibid., Art 3, p. 29.

[103] See *China International Economic and Trade Arbitration Commission Arbitration Guide* (in Chinese and English), a booklet issued by CIETAC, p. 11.

[104] Arts. 44-50, op. cit. note 101, pp. 40-42.

[105] Ibid., Art. 75(1), p. 48.

[106] Ibid., Art. 35, p. 38.

[107] Ibid., Art. 7, p. 30.

commercial arbitration institutions throughout the globe,[108] and nearly one-third of the CIETAC panel of arbitrators are from foreign countries including USA, UK, France, Italy, Russia, Switzerland, Belgium, Japan, etc.

7. China's Model Private International Law

Since 1993 the Chinese Society of Private International Law (CSPIL) has been drafting the Model Private International Law of the People's Republic of China. After five years of intense preparatory work and careful research, the fifth draft which is also the final draft came out on 16 November 1997. It symbolizes the desire of China's professional and academic circles to pursue the systematization and codification of Chinese private international law.

The most distinct feature of this Model Law lies in its structure. In the process of the drawing up of the Law, there existed two different views as to it. One held that it should consist of four chapters, i. e. General Principles, the Application of Law, International Civil Procedure and Supplementary Provisions, which has been adopted by Turkish Private International Law and International Civil Procedure Law of 1982.[109] The other proposed a unique system which includes five chapters, namely General Principles, Jurisdiction, Application of Law, Judicial Assistance and Supplementary Provisions. Later the second view prevailed and was taken in by the Model Law.

The final draft of the Model Private International Law is made up of the above five chapters, totaling 165 articles. Chapter One has 18 articles, dealing with such general issues as the definition of international civil and commercial relationship, the application of international conventions and

---

[108] CIETAC has concluded agreements for cooperation in arbitration and/ or conciliation (medication) with arbitration centers in Sweden, France, Germany, UK, USA, Canada, Russia, Japan, Austria, Switzerland, etc.

[109] See Han Depei and Li Shuangyuan ed. op. cit. note 21, pp. 266-275.

customs, *renvoi*, qualification, the application of laws to interpretation of connecting factors and *lex causae*, the proof of foreign laws, evasion of law, public order, preliminary question, etc. Chapter Two contains five parts, respectively entitled general jurisdiction, special jurisdiction, exclusive jurisdiction, forum selection and other regulations relating to jurisdiction. There are 38 articles in this chapter. Articles 57 to Articles 150 make the third chapter, which concerns the application of laws to concrete subject-matters and is divided into eleven sub-chapters, namely nationality, domicile, habitual residence and place of business; capacity for rights and to act; juristic acts and agency; prescription; personal right; property rights; intellectual property rights; obligation; tort; unjust enrichment and voluntary agency; marital and family relations; succession; arbitration. Chapter Four lays down 12 articles to regulate in detail the matters of service abroad, taking of evidence abroad, indirect international jurisdiction, recognition and enforcement of foreign judgements and arbitral awards. The last chapter, Chapter Five, only provides 3 articles for the effect of this Law and its enforcement date.

第三编 宏观国际法学论

国家豁免探讨

国家及其财产豁免问题刍议*

国家及其财产享受豁免是国际法上的一项重要原则。所谓国家以及财产豁免是指一个国家及其财产未经该国家同意免受另一个国家的管辖和执行。就司法而言,一个国家及其财产不得在另一个国家的法院被诉,或者其财产不得被扣押或强制执行。在国际关系中,国家及其财产享受豁免既是来源于国家主权原则,又是为了维护和巩固国家主权原则。

目前,关于国家及其财产豁免的理论和实践正处在一个大动荡的时代。一方面,一些国家单方面地制定了限制外国国家及其财产豁免的立法。而在一些国家的法院中,滥诉外国国家及其财产的案件日益增多,被告几乎都是发展中国家。它们或者拒绝应诉而被"缺席判决",或者出庭应诉后支付了昂贵的诉讼费用而结果败诉,或者要求通过外交途径解决而遭到无理拒绝,从而引起国家间的摩擦和国际关系的紧张。另一方面,由于国家及其财产豁免这一国际法原则受到一些国家——主要是西方国家的理论和实践的挑战,许多国家的主权和利益受到威胁或损害,便有更多的国家起来维护国家及其财产豁免权。在联合国国际法委员会,因编纂有关国家及其财产豁免的国际法时越来越接触到实质性条款而发生激烈的争论。因此,国家及其财产豁免问题正受到国际社会的普遍关注。

一

在国家及其财产豁免问题上,传统的绝对豁免主义,从总体上讲,是应该肯定的,但它有需要克服的不足之处和缺陷。在一些长期

---

* 本文原载于《政治与法律》1985年第6期。

坚持绝对豁免主义的国家实践中，传统的绝对豁免学说正不断修正其不足之处和缺陷。而目前西方国家和一些学者奉行的以划分主权行为和非主权行为为基础的限制豁免主义则毫无可取之处。限制豁免主义不但在理论上有一系列难以克服的根本缺陷，更为严重的是，在一些持限制豁免主义的国家的实践中，它们的法院依照本国法律观念去审查另一个主权国家的行为是主权行为还是非主权行为，甚至直接传唤另一个主权国家本身去出庭应诉，这完全是违反国际法的。而且，实行限制豁免主义必然在国家及其财产豁免问题上导致混乱，同时也会带来讹诈、滥诉之风。因此，限制豁免主义已遭到许多国家特别是发展中国家的强烈反对。值得注意的是，曾经持限制豁免主义立场的亚非法律协商委员会也改变了态度，该委员会秘书处在1982年的一份文件中说，目前西方限制豁免的实践，"是否符合发展中国家的利益"，"是否应在国际法的编纂和逐步发展中占有地位，是非常成问题的"。在联合国国际法委员有关国家及其财产豁免的专题讨论中，也有不少委员指出，要使制定的国家豁免制度有效，它必须能反映各种不同的社会、经济利益，特别是发展中国家的社会、经济利益；不应单独以西方国家的观点和实践为依据，而应看到发展中国家和社会主义国家所持的不同观点和实践。由此可以肯定地说，西方国家目前所奉行的限制豁免主义绝不会在国际社会得到普遍接受。这种情况表明，世界各国、联合国国际法委员会、各国国际法学者在理论或实践上面临的任务是，克服绝对豁免主义的缺陷，并彻底否定限制豁免主义，开拓出一条符合世界各国利益，能为国际社会普遍接受的解决国家及其财产豁免问题的道路。民主德国的理论和实践所倡导的平等豁免正是这样一种尝试。

为了使国家及其财产享有豁免而使这一国际法一般原则真正得到各国的确认并在实践中认真加以贯彻，首先必须澄清人们的一些错误认识。例如，有人认为，国家及其财产豁免意味着参加国际民事法律关系的国家在任何情况下均可免除被追究的责任，这种错误认识加深了绝对豁免论者和限制豁免论者之间的隔阂。若按绝对豁免论者的观点，就会为一些国家逃避理应承担的法律责任提供依据；而若按限制豁免论者的观点，就会以此为借口，认为如对国家的所谓非主权行为予以豁免，势必造成当事人在国际民事法律关系中地位不平等和不公正。其实，坚持国家及其财产豁免这一国际法原则，只不过是使一个国家及其财产免受另一个国家法院管辖和执行，防止一个国家对其他主权国家滥用自己的司法权来干涉和侵犯后者的主权与利益，而并非表明国家在国际民事法律关系中可以不受法律约束，也并非实质上消灭国家在法律上理应承担的义务。英国国际法学者布朗利也这样认为：国家"豁免是指豁免于当地管辖权，而不是指豁免于法律责任"。

也有人在国家及其财产豁免问题上错误地把国家本身及其财产和以法人资格出现的国营公司或企业及其财产混为一谈，在理论和实践上造成一些不必要的混乱。我们认为，只有国家本身及其财产才能享有豁免，而以法人资格出现的国营公司或企业及其财产不能享有豁免。理由如下：(1) 国家及其财产豁免权是国家主权派生出来的权利，因而只有主权者才能享有这样的权利，国营公司或企业虽为国家控制和经营，但它们本身并不是主权者，没有享有主权豁免的资格。(2) 从国营公司或企业的组织形式来看，它们一般采取有限责任公司的形式，是独立的法人组织，具有不同于国家的法律人格。诚然，国营公司或企业的财产从所有权的角度讲是国家财产，但国家已把这一部分委托给国营公司或企业，它们对这一部分财产具有占有、使用和处分的经营管理权。国营公司或企业不是以国家的名义而是以自己名义参加民事法律关系，独立自主地经营自己所属的那一部分国家财产，享受权利和承担义务，在法院起诉或被诉。因此，不能把国营公司或企业同国家本身混为一谈。(3) 从国营公司或企业的法律责任来看，它们是独立的经济实体，有权以自己的名义对外进行经济活动，因而独立承担民事法律责任。这主要表现在以下两个方面：从经济上讲，国营公司或企业实行经济核算制，而经济核算制则要求国营公司或企业在经济活动中独立自主、自负盈亏。这就使得国家委托给国家公司或企业的财产具有相对的独立性，同国家的国库财产相区别，从而推导出国营公司或企业在经济活动中直接承担经济责任。从法律上讲，因为国营公司或企业一般都是有限责任，所以，它们对债务的责任仅以公司或企业的全部资产为限，只承担有限的风险，国家的国库财产或者其他国营公司或企业的财产不负连带责任。而国家作为特殊主体参加民事法律关系往往是以国库的名义出现的，以国库财产为基础承担法律责任。此外,国家及其财产对国营公司或企业这种独立法人的债务也不起担保作用,不负担保责任,即使是在实行对外经济贸易合同国家批准制的国家中亦然。(4)一国国营公司或企业与外国公司或企业的经济交往一般都是通过合同作为纽带进行的。我们知道,合同在法律上只能对签订合同的各方有约束力,这是一个基本法律原则。很显然,一国国营公司或企业同外国公司或企业之间订立的经济合同,当事人只能是签订合同的两国公司或企业。如果把国营公司或企业的所属国家或政府与国营公司或企业等同起来,一并视为合同当事人的一方,企图使之共同承担合同所规定的义务和法律责任,这是违反一般法律原则的。(5)国营公司或企业不享有豁免权是和在国际民事交往中贯彻平等互利并促进国际民事交往的原则相一致的。如上所述,国营公司或企业并非主权者,而是具有独立经济责任的法人。如果像传统的绝对豁免理论所主张的那样,国营公司或企业及其财产也具有豁免权,会造成两种后果:一方面,增加了商业风险,在一国自然人或法人同另一国的国营公司或企业进行经济交往时,前者就会顾虑更多,不利于促进国际民事关系的发展;另一方面,如果国营公司或企业享有豁免权,会造成当事人双方民事诉讼地位不平等。国营公司或企业不同于国家本身,不享有主权,因而它们参加国际民事交往就应该同当事人处于平等的地位。当然,这并不能和国家及其财产在国际民事诉讼中享有豁免权相提并论,因为国家既是民事法律关系的参加者,也是主权者,我们不能以在国际民事诉讼中国家当事人和自然人或法人之间的诉讼地位平等来否定国家与国家之间的平等。

上述可见,国营公司或企业不能享有豁免是由它们的法律地位和性质决定的。目前,德意志民主共和国的理论和实践表明,作为从国家分配到一定财产资金的独立法律实体的国营企业不享有豁免,但认为它们不享有豁免的根据在于国家已当然放弃了它们的豁免权,这同我们这里讲的国营公司或企业不享有豁免权是有区别的。

二

必须强调指出,国家本身从事的任何活动,或由国家组织的独立法人以国家名义从事的任何活动,不论活动的性质如何,未经该国家同意，它不得在外国法院被诉，它在外国的财产也不得被扣押或强制执行。当然，这并不是说可以免除国家参加国际民事活动依法应该承担的法律责任，更不是说涉及国家及其财产的民事纠纷不需要解决。而是说，一旦涉及国家及其财产的国际民事纠纷产生时，可以通过以下方式来解决：

第一，友好协商解决。一般来说，为了发展和促进本国的对外经济关系，参加国际经济活动的独立的主权国家是守信义的，有诚意履行其承担的义务；而且，为了维护商业信誉，许多商人或商业组织并不愿意通过司法途径解决纠纷。因此，一个国家同其他国家私人进行经济交往，一旦发生纠纷，双方完全可能友好协商解决。用这种方式解决纠纷的实例也是很多的。

第二，以国家同意为前提通过司法途径解决。在经一个国家同意的情况下，该国家同外国自然人和法人发生的民事法律纠纷，可以在该国家的法院解决，也可以在自然人和法人所属国家的法院解决，还可以在双方同意的第三国法院解决。国家同意自愿接受外国法院管辖可以是明示的，也可以是默示的。

第三，提出要求的一方通过外交途径同有关外国国家进行交涉，解决争议。一个国家的自然人和法人同外国国家在进行民事交往中发生争议，如果未经该外国国家同意，通常不得在法院对该国国家提起诉讼。这也就是说，由于国家及其财产享有司法豁免权，自然人或法人不可能采取司法程序解决纠纷，即属于用尽当地救济，因而可以通过外交途径来寻求救济。然而，由于世界上各国直接参加国际经济交往日益增多，如果涉及国家本身及其财产的民事纠纷都通过外交途径来解决，显然有不方便之处，且不利于加速民事流转活动。因此，用其他办法或寻找新的途径来解决涉及国家及财产的国际民事纠纷是必要的。当然，外交途径并不失为解决问题的重要途径，特别是在涉及重大疑难案件的时候。

第四，根据协议提交仲裁解决。由于国际经济合同方式多样化和复杂化，解决这方面的争议，要求审理人员具备经济和技术方面的丰富知识。通过选择适宜的仲裁员仲裁这方面的争议，能够适应这种要求。而且，一般来说，仲裁审理具有办案迅速、程序简便、费用较为低廉的特点。因此，仲裁作为解决国际经济贸易和海事争议的一种方式，在国际上已被广泛采用。一国自然人和法人同外国国家进行经济贸易往来，双方可以协商就具体问题订立仲裁协议（包括合同中的仲裁条款和专门仲裁协议书），一旦发生争议，提交仲裁解决，从而避免国家及其财产豁免问题的提出。

第五，通过缔结国际条约来解决国家及其财产豁免问题。由于各国在社会制度、法律制度、意识形态等方面的差异，它们在国家及其财产的国际法律地位问题上还有很大分歧和矛盾，因而它们在互相尊重主权和平等互利的基础上订立条约来协调它们的分歧和矛盾是十分必要的。不少学者建议，防止和解决国家及其财产豁免问题的争议的较好办法是订立有关双边和多边条约。这一途径几乎得到绝对豁免论者、限制豁免论者、废除豁免论者和平等豁免论者的普遍赞同，尽管他们各自的出发点不同。到目前为止，专门规定国家及其财产豁免问题的国际公约只有1926年关于国有或国营船舶豁免问题的《布鲁塞尔公约》和1972年《欧洲国家豁免公约》，它们对西欧、美洲国家的实践产生了很大的影响。目前，美洲国家组织正在编纂有关国家豁免的公约，已拟定出《美洲国家间关于国家管辖豁免的公约草案》。联合国国际法委员会也正在致力于编纂和逐渐发展有关国家及其财产豁免的国际法。只要这些国际立法活动，坚持国家及其财产豁免这一基本原则，结合当前国际现实和一般实践，特别是发展中国家的实践，充分协商和协调不同的观点和立场，制定出能为国际社会普遍接受的国际法规则，必将会对促进国际法的发展和国际关系的开展产生积极的影响。不过，我们应该明确这样两个问题：一是国家基于自由同意在国际条约中放弃自己的某些豁免权，或者说对自己的豁免权加以限制，并不等于从整体上放弃国家及其财产豁免这一原则，这仍然是国家行使主权的表示，不同于持限制豁免立场的国家单方面对其他国家及其财产的豁免权加以限制，从而侵害其他国家的主权。二是国际条约关于国家及其财产豁免的规定，特别是关于在某些情形下国家不享有豁免的规定，只在条约当事国之间有效，非条约当事国不受其约束，绝不能把基于国家自由同意限制条约当事国豁免权的规定强加于非条约当事国。

第六，基于互惠原则来解决。在没有条约或者其他协议的情况下，各国可以根据互惠原则来决定对某一外国国家及其财产是否予以豁免，也可以在互惠的基础上，寻求妥善的办法来解决一个国家与外国私人的法律纠纷。在这里，互惠原则是平等互利原则在国家及其财产豁免问题上的具体化。不过，基于互惠解决问题只是一种补充手段，它远不及条约规定来得明确。

在上述这些途径和方法中，最值得提倡的是制定有关国家及其财产豁免的国际条约、特别是国际公约，来协调各国在国家及其财产豁免问题上的立场。这是因为这种国际条约是基于国家同意自愿缔结或参加的，反映条约当事国的意志，且明确规定条约当事国的权利和义务，具有明确性和稳定性，便于缔约国执行，这显然有利于促进各国在国家及其财产豁免方面的立场趋于统一。另外，上述列举的其他途径和方法也都可以在国际条约中明确规定下来。

三

中国面对世界上关于国家及其财产豁免的理论和实践的大动荡，如何采取对策呢？这是摆在中国国际法学界和有关实际工作部门面前的一个亟待解决的问题。这里，笔者谈谈自己的看法：

首先，我国应该坚持和维护国家及其财产享有豁免这个长期确立的国际法一般原则。我国政府在"湖广铁路债券案"中的实践已表明我国的这一立场。但我国是否继续在提法上坚持绝对豁免原则，值得重新考虑。如前所述，传统的绝对豁免理论有其不足之处和缺陷，"绝对豁免"这种提法本身就不科学。在实践中，无论是资本主义国家还是社会主义国家，若本身同外国自然人或法人进行民事交往，并且为了促进和发展这种交往，必然要在许多场合通过明示或默示的方式放弃自己的豁免权，加上一些持绝对豁免立场的国家还主张国家及其财产豁免原则有其他的例外，因此，从这种意义上讲，国家及其财产豁免不可能是"绝对的"。因此笔者认为，我国应该抛弃"绝对豁免"的概念，而采用"国家及其财产享有豁免是国际法上的一项普遍原则"的提法。

其次，在国家及其财产豁免问题上，我国必须把国家本身及其财产和国营公司或企业及其财产明确区别开来。国家本身及其财产在任何情况下都应享有豁免，非经我国同意，外国国家不得对我国国家及其财产行使司法管辖权。这是我国必须坚持和恪守的立场。由于作为法人的国营公司或企业不是主权者,而是具有独立的法律人格并能单独承担经济责任的实体,这决定了它们不是享有国家豁免的主体,其地位与一般法人相同,因而我们不能把它们同国家本身混为一谈。在我国实践中,有的外贸公司或远洋运输公司在碰到纠纷时,常常以为自己是国营公司,其所持的财产为国家财产,就到外国法院主张国家豁免。这种脱离实际的做法是行不通的。今后,为了进一步扩大和发展我国对外经济交往,我国应通过立法来明确国家本身及其财产和国营公司或企业及其财产的区别。同时,注意避免国家及其所属行政机构直接出面从事普通商业活动,例如避免由政府的部、局直接出面与外商订约,以免造成被动局面,而应更多地通过国营公司或企业来开展对外经济活动。目前,在对外经济交往中,有的外国当事人,甚至外国立法和司法机构混淆上述这种区别,千方百计地企图从法律上把我国国营公司或企业与国家或政府联成一体,使之共同承担民事法律责任。这样,一旦诉讼产生,根据西方国家的衡量标准,我国国营公司或企业不仅不可能享受国家豁免,而且它们所承担的责任还要我国国家负连带的无限责任。为了避免这种情况产生,我国应从法律上确定我国从事对外经济贸易的国营公司都是有限责任公司,即实行独立经济核算和自负盈亏,对外只负有限责任,并能独立地在法院起诉和被诉,它们与国家和其他国营公司或企业在经济和法律责任上互不相干。

再次,加强有关国家及其财产豁免问题的立法。国家及其财产豁免是一个很复杂的跨国法律问题,它既涉及国际法,也涉及到国内法。因此,一方面,我国应积极参与国际立法活动,缔结或者参加有关国家及其财产豁免的双边协定或国际公约,协调我国和其他国家在这个问题上的利害关系。特别是在联合国编纂和逐渐发展有关国家及其财产豁免的国际法的立法活动中,我国要充分发挥积极作用。另一方面,我国应该加强有关的国内立法,首先,我国应该在民事诉讼法有关涉外民事诉讼程序的特别规定中对国家及其财产豁免问题作出明确的规定,申明我国的立场。虽然我国在一些具体场合曾表明过自己在国家及其财产豁免问题上的态度,但在许多方面并未通过立法加以明确规定。我国法律中对此明确加以规定,既可使我国法院在今后碰到这种问题时有法可依,也可使同我国交往的外国及其自然人和法人了解我国的具体做法，还可因我国的立法规定符合公认的国际法原则和发展中国家的一致立场而促进有关国家及其财产豁免的国际制度朝进步方向发展。

略论国家及其财产豁免法的若干问题*

国家及其财产享受豁免是国际法上的一项重要原则。所谓国家及其财产豁免是指一个国家及其财产未经该国同意免受另一个国家的管辖和执行。在国际关系中，国家及其财产享受豁免既是来源于国家主权原则，又是为了维护和巩固国家主权原则。

国家及其财产豁免问题既是一个国际公法要研究的问题，也是一个国际私法要研究的问题。从国际公法方面来说，国家及其财产豁免权的法律根据是国际公法的最基本的原则——国家主权原则，国家及其财产豁免原则是国家主权原则派生来的。另外，国家及其财产豁免问题涉及一国领土管辖权和他国国家豁免权的关系问题，这实际上是两个主权者的关系问题，正是国际公法所要调整的对象。从国际私法方面来说，国家及其财产豁免问题是在国际民事诉讼中，或者就一国而言是在涉外民事诉讼中产生的，这就涉及国际民事诉讼中的管辖权的问题，需要国际民事诉讼法确定外国国家及其财产在国际民事诉讼中的地位。而且，从法律适用的角度讲，由于国家财产豁免权是国家作为所有权主体的特殊地位而享有的一种特殊待遇，根据这种权利，主权国家的任何财产不受其他主权者的管辖。因此，国际私法中解决所有权法律冲突的物之所在地法原则不适用于国家财产。

一、国家及其财产豁免问题的提出

国家及其财产豁免问题是国际民事关系发展的产物。任何国家不可能完全"闭关自守"，不同其他国家发生关系，这在人类社会文明

＊ 本文原载于《法学研究》1986年第5期，中国人民大学书报资料中心复印报刊资料《法学》1987年第1期转载。

高度发展的今天更是如此。国家除了同其他国家进行政治、军事、文化等交往外，也不可能不为公共目的参与国际经济、民事交往，如一国政府向外国公司购买军用物资。国家参加经济、民事交往，具有双重身份，它既是民事法律关系的当事者，又是主权者。根据民事法律关系的特点，国家应该与对方当事人享受同等的民事权利和承担同等的民事义务。但是国家毕竟是主权者，根据主权平等原则，除非国家同意，国家及其财产不受外国法院管辖。这样，在涉及国家的民事法律关系发生争议的时候，就必然要提出国家及其财产在诉讼中的法律地位问题，[①] 亦即一个国家是否能在外国法院被诉或国家财产是否能在外国法院作为诉讼标的的问题。国家及其财产的豁免问题可能在下列情况中提出来。

（1）国家及其财产在外国法院直接被诉。

（2）国家及其财产虽然在外国法院没有直接被诉，但在某诉讼中涉及该国家或其财产，该国家为了维护其权利而主张豁免。

（3）在有的案件中，国家通过明示或暗示的方法放弃了管辖豁免，但在判决作出以前或以后，如果牵涉到对它的财产进行扣押或执行，也会提出国家豁免问题。因为依照惯例，放弃管辖豁免并非意味着同时放弃了扣押或执行豁免。

（4）一国在他国法院提起的诉讼中，由于对方当事人提出反诉，便提出该国家是否对反诉享有豁免的问题。一般来说，如果对方当事人的反诉是基于与提出主诉相同的法律关系或事实提起的，提起主诉的国家对反诉不享有豁免，视为该国家已放弃了对这种反诉的豁免权。

二、国家及其财产豁免权的内容

国家及其财产豁免权的内容一般认为包括这两方面：第一，管辖豁免，系指未经一国同意，不得在另一国法院对它提起诉讼或将该国财产作为诉讼标的；第二，执行豁免，系指即使一国同意在他国法院作为被告或主动作为原告参加民事诉讼，在未经前者同意时，仍不得

---

① 参见李双元：《美国1976年〈外国主权豁免法〉所奉行的"限制豁免论"批判》，载《法学评论》1983年第2期。

对它的财产采取诉讼保全措施和根据法院判决对其实行强制执行。也有学者把国家及其财产豁免权的内容一分为三，即管辖豁免、诉讼程序豁免和强制执行豁免。① 这里讲的诉讼程序豁免，其含义主要是即使一国放弃管辖豁免，未经其同意，不得对它的财产采取诉讼保全措施，也包括不得强制它出庭作证或提供证据以及为其他诉讼行为。这实际上是把上述的执行豁免细分为诉讼程序豁免和强制执行豁免。西方有些学者则把管辖豁免称之为属人理由的豁免（immunity ratione personae），因为管辖豁免主要涉及具有法律人格的国家；而把执行豁免称之为属物理由的豁免（immunity ratione materiae），因为执行豁免主要涉及国家财产。②

关于国家及其财产豁免权的内容，西方一些学者还有其他的表述。美国的国际法学者亨金（L. Henkin）等的表述值得一提。他们根据豁免权和管辖权的对应关系，指出：因为一个国家的管辖权可分为立法管辖权、司法管辖权和执行管辖权，与此相适应，国家豁免权包括立法管辖豁免权、司法管辖豁免权和执行管辖豁免权。当在一国法院对另一个国家或它的机构或它的财产提起诉讼，首先提出的问题是当地法院是否对该外国国家享有司法管辖权。这是一个司法管辖豁免的问题。接着提出的问题是当地法院是否有权根据法院地的法律规则对该外国国家的行为作出裁判。这是一个立法管辖豁免的问题。提出的第三个问题是当地法院作出的判决是否能对外国国家及其财产予以强制执行。这是一个执行管辖豁免的问题。他们认为，传统上主要考虑司法管辖豁免和执行管辖豁免，而立法管辖豁免没有引起人们的足够重视。③ 另一个美国国际法学者毕晓普（W. Bishop）则认为国家及其财产豁免权的内容为管辖豁免和法律适用豁免（exemption from the application of the law），后者是指领土国的法律不适用于外国

---

① 参见韩德培主编：《国际私法》，武汉大学出版社 1983 年版，第 388 页。

② See L. J. Bouchez. *The Nature and Scope of State Immunity from Jurisdiction and Execution*. 10 *Netherlands Yearbook of International Law*, 3 (1979).

③ See L. Henkin, R. C. Pugh, O. Schachter & H. Smit. *International Law: Cases and Materials*, 420, 490 (1980).

国家的行为。他还认为,这两种豁免可以单独出现,也可能同时提出。①

笔者倾向于用管辖豁免和执行豁免来表述国家及财产豁免权的内容,因为这两者集中反映和高度概括了国家及其财产豁免权的内容。

管辖豁免和执行豁免作为国家及其财产豁免的两项内容既有区别又有联系。其区别在于它们的含义各不相同,各自在民事诉讼中与不同的诉讼阶段相联系。当任何国家自愿放弃某一方面的豁免时,并不等于它同时放弃了另一方面的豁免。其联系表现在:它们都来自国家主权原则,共同构成国家及其财产豁免原则;且管辖豁免为执行豁免的前提条件,一个国家只有在他国享有管辖豁免,它才当然在该他国享有执行豁免;只有一个国家在他国法院放弃了管辖豁免,才可能提出执行豁免的问题。

三、享有国家及其财产豁免权的主体

根据国际惯例,国家是享有国家豁免权的主体。就国家豁免而言,"国家"概念的外延多大呢?英国1978年《国家豁免法》第14条第(1)款规定"国家"应理解为包括:(1)行使公职的君主或元首;(2)政府;(3)政府各部。而不包括区别于政府的行政机构且具有起诉和被起诉能力的"独立实体"。这种"独立实体"仅在它行使主权权力并在所属国家本身也享有豁免的情况下才享受豁免。美国1976年《外国主权豁免法》第1603条规定,该法所指的外国国家包括外国国家的分支机构和外国国家的代理或媒介;外国国家的代理或媒介指兼作为外国国家的政治分支机构的独立法人,或者由外国国家或其政治分支机构拥有大部分股份或其他所有权利益的独立法人。联合国国际法委员会委员颂蓬·素差伊库(Sompong Sucharitkul)认为,"外国包括国家本身、它的拥有主权的首脑,诸如一位国王或皇帝、或者其他国家首脑,如共和国的总统、中央政府、政府各部门以及国家的其他机构或媒介。"② 我们认为,享有国家豁免权的主体为国家

---

① See W. Bishop. *International Law: Cases and Materials*, 658 (3rd ed. 1962).

② Sompong Sucharikul. *Developments and Progress of the Doctrine of State Immunity—Some Aspects of Codification and Progressive Developments*. 29 *Netherlands International Law Review*, 258 (1982).

本身，包括构成国家本身的国家元首、中央政府、政府各部以及其他直属机构。为国家所有和控制的具有独立法律人格的经济实体不应享有豁免，除非它们经国家授权代表国家行使主权权力。应该说明的是，我们这里把国家元首也视为国家本身，是因为国家元首经常被视为国家的主要机关，如一些社会主义国家实行集体元首制，国家元首就是国家机关。另外，在许多国家，给予外国君主或外国统治者豁免的惯例，其形成远在给予外国国家或外国政府豁免的惯例之前。现在所讲的国家豁免，在许多国家的法律体系中，可以说是君主豁免的延伸。不过，在封建制时代，"朕即国家"，国家财产也就是君主的财产，因此，在那个时候国家元首的豁免是同国家豁免一致的。但到资本主义时期，这种一致已不复存在，国家豁免的概念的广泛性已大大超过封建制时的君主豁免概念。因此，我们不能把国家豁免和国家元首豁免等同起来。

在涉外民事诉讼中，确定某一机构是否为国家机构是依国际法呢，还是依国内法？显然，国际上还没有这样的统一的国际准则。如依国内法，是依法院地法还是依有关机构所属国家的法律？一般来说，一个国家设置一些什么国家机构是该国的宪法和其他有关法律确定的事情，不应由其他国家妄加评判，因此，依有关机构所属国家的法律即本国法律确定它是否为国家机构是适当的。苏联1933年颁布的《关于苏联驻国外的商务代表处和商务代理处的条例》规定，苏联商务代表处是苏联的国家机关，是苏联全权外交代表机关的组成部分，享有外交代表机关的特权。[①] 诸如这类国内法律规定，理应成为他国法院判断有关国家的某一机构是否为该国国家机构的依据，以便确定是否准予豁免。

我们说国家本身是国家及其财产豁免权的享有者与"国家及其财产豁免权"的提法并不矛盾。"国家及其财产豁免权"实际上是"国家豁免权"和"国家财产豁免权"的概括表述，并不意味着享有豁免权的主体有两类，即外国国家和外国国家财产。"国家财产豁免权"的享有者仍然是国家，因为国家财产不能作为国家豁免权的拥

---

① 参见〔苏联〕卡留日娜娅：《苏联对外贸易垄断制法律形式的历史发展》，俞大鑫等译，法律出版社1957年版，第163页。

有者而被赋予人格，它们不是法律关系的主体，更不必说是国际法的主体了。本来，"国家豁免权"包含有"国家财产豁免权"，但由于国家豁免每每是以国家财产的豁免问题提出来的，故提"国家及其财产豁免权"以强调国家财产豁免问题在国家豁免问题中的重要地位，未尝不可。而且，在国际私法上，"国家豁免权"一词主要是从管辖权的角度来讲的，强调国家在国际民事诉讼中的地位；而"国家财产豁免权"则是从所有权或财产权角度来讲的，研究的是国家财产在他国的地位，强调国家财产未经所有国同意，在他国法院不得作为诉讼标的，不得对之实行诉讼保全措施，不得为实现法院判决而强制执行这些财产。正在编纂有关国家豁免法律的联合国国际法委员会也使用"国家及其财产的管辖豁免"作为专题的名称。至于什么为"国家财产"，联合国国际法委员会拟定的《关于国家及其财产的管辖豁免权的条款草案》第2条称："'国家财产'指一个国家按照其国内法拥有的财产、权利和权益。"这个定义最重要的是表明，什么为国家财产依国内法规定，因而是可取的。①

四、国家及其财产豁免与外交豁免及领事豁免

外交豁免和领事豁免与国家豁免是既有区别又有联系的两个问题，不可混为一谈。外交豁免和领事豁免是为正常实现国家间外交关系所必需的，由驻在国给予派遣国外交和领事人员的一种优惠待遇。它们主要包括使馆和领馆的豁免以及外交人员和领事人员的豁免这两方面。一般认为，在各国实践中，外交豁免和领事豁免的概念早于国家豁免概念出现。② 外交豁免和领事豁免的根据在于执行职务的需要，③ 而国家豁免的法律根据是国家主权原则，即一切国家都是平等和独立的，平等者之间无管辖权。而且，外交豁免和领事豁免所包括的一些内容不为国家豁免所涉及，例如，外交豁免所包括的对外交人

---

① 参见联合国国际法委员会第33届会议工作报告，中文本，第357页。

② 参见联合国国际法委员会第32届会议工作报告，中文本，第369、338页。

③ 关于外交特权和豁免的根据，有三种学说：即治外法权说，代表性说，职务需要说。职务需要说是被比较普遍接受的一种学说，《维也纳外交关系公约》也采取此说，同时也考虑到外交人员的代表性。参见王铁崖主编：《国际法》，法律出版社1981年版，第284页。

员的非公务行为给予豁免。反过来说也是如此。应该看到,由于享有外交豁免的机关有国家元首、政府、外交部门、驻外外交代表机关等,它们为国家机关的一部分,它们享有的外交豁免,实质上也是国家豁免的一部分;外交人员代表国家行使公务的行为所享有的外交豁免也属国家豁免;作为国家财产的使馆和领馆馆舍、档案、文件、交通工具以及活动经费所享有的豁免包括在国家及其财产豁免的范围中更自不待言。因此,外交豁免和领事豁免同国家及其财产豁免在许多方面是重叠的。有人从给予外交豁免权不是为了个人利益,而是为了国家利益的观念出发,认为从广义上讲,外交豁免仍属国家豁免的范畴,是国家豁免权的一种表现形式。① 尽管如此,外交豁免和领事豁免,由于长期的国家实践形成国际惯例,加之《维也纳外交关系公约》和《维也纳领事关系公约》的国际法编纂,各自已成为国际法中与国家及其财产豁免问题并列的一个部分。而且,各国在这两个问题上分歧较小。

五、国家及其财产豁免问题的历史与现状

国家豁免权的观念在13、14世纪便已提出。据有人考证,在格里高里九世的教令(1234年)中,第一次指出国家享有豁免权,这部教会法汇集提出了"平等者之间无管辖权"。②巴尔托著的《论报仇》也指出:"没有一个国家能在其他国家之上立法,因为平等者之间没有统治权。"③ 第一个著名的承认外国国家及其财产豁免权的法院判例发生在1668年。在该案中,三艘西班牙军舰因西班牙国王欠债而在外国港口被扣押,但法院关于扣押军舰的判决后来被宣布是不能容许的。④ 到19世纪,国家及其财产豁免原则在国际法的理论和实践中已得到普遍承认。⑤

但是,在19世纪末叶及20世纪初,随着垄断资本主义在西方国

---

① 参见联合国国际法委员会第33届会议工作报告,中文本,第357页。
② 参见联合国国际法委员会第31届会议工作报告,中文本,第503、181页。
③ 《国际私法论文集》,世界知识出版社1959年版,第121页,脚注①。
④ 参见[奥]菲德罗斯等:《国际法》(上册),李浩培译,商务印书馆1981年版,第278页,脚注②。
⑤ 参见《国际私法论文集》,世界知识出版社1959年版,第121页,脚注①。

家的发展，国家参加通常属于私人经营范围的事业逐渐增多，一些国家的法院为了保护私人的利益，已开始对国家及其财产的豁免实行限制，只对外国国家的统治权行为（或主权行为或公法行为）予以豁免，而对其事务权行为（或非主权行为或私法行为，）则不予以豁免。例如，意大利法院在 1886 年，比利时法院在 1903 年，埃及法院在 1912 年都作出了限制国家及其财产豁免的判决。①

这样，在国际法的理论和实践中逐渐形成绝对豁免主义和限制豁免主义两大派。

十月社会主义革命胜利后，世界上出现了以社会主义公有制为基础的社会主义国家。由于社会主义国家直接参加对外经济贸易活动，国家财产在国际民事流转中具有重要地位。这时，在国家及其财产豁免问题上，除了在资本主义国家内部存在着国家与私人之间的矛盾外，还出现了社会主义国家与资本主义国家及其私人在利益上的冲突。第二次世界大战后，世界经济形势起了新的变化。除实行公有制经济的社会主义国家的队伍壮大发展外，其他第三世界国家也蓬勃兴起，由于第三世界国家长期受帝国主义和殖民主义的剥削和掠夺，它们必须依靠国家的力量来发展本国民族经济。而且，在主要资本主义国家，出现了新的科技革命，生产进一步集中和垄断化程度不断提高，生产社会化高度发展，资本主义的基本矛盾日益深刻化，垄断资本同国家政权不得不密切结合起来，因而国家垄断资本主义得到迅猛发展。战后国家垄断资本主义发展的过程中，国家的经济职能不断加强。资本主义国家通过直接投资兴办企业或实行国有化，大大增加了国家所有制在资本主义所有制中的比重。拥有庞大财产资金的各国政府，开展日益广泛的经济活动。在许多场合下，资产阶级国家变成巨大的生产资料所有者、投资者、购买者和资本输出者，变成整个经济生活的主要调节者。由于上述原因，国有财产在世界财产总额中所占的比重越来越大，国家及其分支机构以这些财产参加国际经济贸易活动日益频繁。因此，在国际经济交往中，如果出现争议，引起诉讼，国家及其财产豁免问题便成为一个涉及各国利害关系的大问题，引起各国的关注。

---

① 参见联合国国际法委员会第 32 届会议工作报告，中文本，第 369、338 页。

面对世界经济形势的新发展,各国在国家及其财产豁免问题上,都在考虑自己的应变措施,以便维护自己的国家利益。一些国家通过制定国际条约来调节在国家及其财产豁免问题上的矛盾。专门规定国家及其财产豁免的公约有:1926年在布鲁塞尔签订的《统一国有船舶豁免的某些规则的国际公约》及其1934年签订的补充议定书、1972年的《欧洲国家豁免公约及补充议定书》。在具体方面涉及国家及其财产豁免的公约有:1923年在日内瓦签署的《关于仲裁条款的议定书》、1927年的《关于外国仲裁裁决执行的公约》、1928年美洲国家会议通过的《国际私法法典》(又称《布斯塔曼特法典》)、1940年在蒙得维的亚签署的《国际海商法条约》、1958年的《公海公约》和《领海及毗连区公约》、1958年在纽约制定的《外国仲裁裁决的承认与执行公约》、1965年的《关于解决各国和其他国家的国民之间的投资争端的公约》、1969年的《国际油污损害民事责任公约》等。① 1982年通过的新的《联合国海洋法公约》也有这方面的规定。② 许多国家在有关的双边条约中对国家及其财产豁免问题加以规定,以求得双方在这个问题上的一致。基于国家同意以国际条约的方式规定国家及其财产豁免问题,是协调各国在这个问题上利益冲突的有效方法之一。自1978年联合国国际法委员会第30届会议以来,该组织一直在从事有关"国家及其财产管辖豁免"专题的国际法编纂工作。到1982年,该委员会已拟定12条案文。尽管该委员会的委员们对已拟定的案文还有很大的分歧,但在协调的基础上取得一致的可能性还是存在的。

另一方面,西方发达国家和少数发展中国家都支持限制豁免,这些国家有瑞士、西班牙、奥地利、希腊、荷兰、法国、以色列、英国、美国、加拿大、新加坡、南非等。同时,主张限制豁免的国内立

---

① 关于意大利,见劳特派特:《外国国家的管辖豁免问题》,载《英国国际法年刊》,1951年,英文版,第251页;关于比利时,见弗霍文(Joe Vehoeven);《在比利时法律中外国国家享有的执行豁免》,载《荷兰国际法年刊》,1979年,英文版,第78页;关于埃及,见斯威尼(J·Sweeney):《主权豁免的国际法》,第1卷,1963年,英文版,第20页。

② 各公约有关规定见联合国出版物:《关于国家及其财产管辖豁免的资料》(Sales NO·E/F·81·V·10),1982年,第150~178页,第1部分。

法、司法判决或学者论著，在这些国家大量出现。美国和英国皆是长期坚持绝对豁免主义的国家，但它们分别于 20 世纪 50 年代和 70 年代改弦易辙转向限制豁免主义。美国于 1976 年率先制定了所谓《外国主权豁免法》，1978 年英国也制定了《国家豁免法》。随后新加坡于 1979 年制定了《国家豁免法》，南非于 1981 年制定了《外国主权豁免法》，加拿大议会于 1982 年通过了《外国国家在加拿大法院豁免法》。① 这些关于国家及其财产豁免的国内法有一个共同的特点，就是采取限制豁免的立场。就一些发达国家来说，它们之所以采取限制豁免立场，主要是因为它们在国内外的经济贸易活动较多，而且这种活动大多是由其国民组成的私人企业进行的，交易的对方经常是社会主义国家或发展中国家。为了保护其国民的经济利益，它们就主张限制豁免，力图把在国际法上享有主权平等和独立的外国国家降到一个普通诉讼当事人的地位。鉴于西方国家的理论与实践，一些国际法人士认为，"由于国家已日益卷入商业活动，走向限制豁免的推动力迅速增长。目前，一般来说，对管辖豁免的绝对主义态度已在改变。"② 英国外交和联邦事务部法律顾问辛克莱（I. M. Sinclair）甚至认为，至少在西欧，已出现向国家豁免的限制观点发展的趋势。③

西方国家和少数发展中国家在国家及其财产豁免问题上态度的改变，也使得在这个问题上的国际法理论有了发展。除了传统的绝对豁免理论和相对豁免理论外，以英国国际法学者劳特派特、荷兰国际法学者鲍切兹和瑞士国际法学者拉利弗为代表的"废除豁免论"以及以民主德国国际经济法学者弗里兹·恩德林为代表的"平等豁免论"相继产生。虽然新的理论在国家豁免问题上不及两种传统的理论那样有影响，但它们反映了世界国际法学者面对现实，正在试图寻找新的途径。

中华人民共和国是一个发展中国家，在国家及其财产豁免问题

---

① 如该公约第 32、95、96、236 条的规定即是。该公约载于 1983 年《中国国际法年刊》。

② 各公约有关规定见联合国出版物：《关于国家及其财产管辖豁免的资料》（Sales NO·E/F·81·V·10），1982 年，第 150～178 页，第 1 部分。

③ See L. Henkin, R. C. Pugh, O. Schachter & H. Smit. *International Law: Cases and Materials*, 420, 490 (1980).

上，历来坚持国家及其财产享有豁免是一项国际法原则。不过，应该指出的是，直至不久以前，中国国际法学界对这个问题还没有给予应有的重视。1979年，"湖广铁路债券案"出现以后，国家及其财产豁免问题才引起国际法学界的足够重视。在实行对外开放的今天，我国对外经济贸易交往和其他民事交往日益频繁，达到了远非昔日可比的程度。因此，国家及其财产豁免问题是今后我国对外关系中的一个重要的法律问题。和其他社会主义国家和发展中国家一样，我国也面临着正视在国家及其财产豁免问题上正在发生重大变化的问题，应该积极采取灵活的措施，坚持维护和发展国家及其财产豁免原则的理论。我们既要研究国家及其财产豁免问题的历史与现状，又要研究它的理论与实践；既要研究目前西方发达国家所持的限制豁免的立场，也要研究社会主义国家和发展中国家在这个问题上的实践，从而建立我们自己的理论，确立我们自己的立场，采取我们的相应对策，以达到维护国家利益的目的。

论限制国家豁免理论*

国家及其财产豁免问题是国际法上的一个重大问题。关于这个问题的理论主要有绝对豁免论、限制豁免论、废除豁免论和平等豁免论。限制豁免论,又称为相对豁免论、有限豁免论,苏联及其他东欧国家的学者则称之为"职能豁免论"。它是目前在西方国际法学界颇为流行的关于国家及其财产豁免问题的理论,并得到西方国家国内立法和司法实践的支持。

一、限制豁免论的产生及其发展过程

限制豁免论产生于19世纪。早在1840年,比利时布鲁塞尔上诉法院的检察长费尔勒蒙特在一个案件中主张,当外国国家不充当"独立的政治权力机构"时,比利时法院得对该外国国家行使管辖权,并主张执行对这种案件的判决(但上诉法院并没有支持他的意见)。① 1873年,英国法官菲利莫尔在"查凯号案"中表示了租给英国臣民并参加商业活动的国有船舶不应享受豁免的思想。② 1880年,在著名的"比利时国会号案"中,作为初审法院法官的菲利莫尔进一步阐明了他的限制豁免观点。他认为,国家船舶参加运送货物和旅客的民事交往,应该和私有船舶处于同等地位。如果它与对方当事人平等地进行民事交往,而在发生争议时又享有豁免权,显然是不公正

---

* 本文原载于《中国国际法年刊》(1986年)。

① 关于比利时,参见 J. Vehoeven. *Immunity from Execution of Foreign States in Belgian Law*. 10 Netherlands Yearbook of International Law, 78 (1979).

② I. M. Sinclair. *The European Convention on State Immunity*. 22 International and Comparative Law Quarterly, 266 (1973).

的。他按照这种观点作出了不予豁免的判决。不过,英国上诉法院推翻了他的判决,肯定了绝对豁免原则。① 意大利法院在限制豁免的道路上是跑在前头的。1886 年,那不勒斯最高法院在判决中确立了对纯私法范围内的问题,外国国家不能主张豁免的原则。有人认为该法院是肯定限制豁免原则的第一个法院。1887 年,意大利卢卡法院在一项判决中开始运用"统治权行为"和"管理权行为"的划分来处理国家及其财产的豁免问题。②

随后,比利时最高法院于 1903 年在列日—卢森堡铁路股份有限公司诉荷兰案中采取了限制豁免立场。在这个案件中,原告和荷兰铁路局协议扩建一个双方均使用的车站,原告向被告请求一笔应由荷兰铁路局支付并已由原告预支的款项。该最高法院拒绝了被告对管辖权的抗辩,理由是:只有在外国国家的主权受到影响的情况下,外国国家对他国法院的管辖豁免才能发生;如果一个国家为了取得和占有财产,缔结协议,充当债权人和债务人,参加商业活动,该国就不能享受豁免;并且,在这种情况下,国内法院对外国国家的管辖权不是来自后者的同意,而是来自其行为的性质和从事这种行为的身份。③ 在第一次世界大战前,荷兰法院于 1900 年,埃及法院于 1912 年,继意、比之后也主张限制豁免。

值得一提的是,1891 年,国际法学会在汉堡举行的会议上,通过了一项关于对国家、国家元首或政府首脑的诉讼方面法院管辖的决议案,该决议案第 3 条含有在某种情况下限制国家豁免适用的规定。④ 当时,国际法学会会员都是西方国家的一些著名的国际法学

---

① 参见 W. H. 希伯特:《冲突法中的主要案例》,1931 年英文版,第 45 页。

② 关于意大利法院早期的限制豁免实践,see L. Henkin, R. C. Pugh, O. Schachter & H. Smit. *International Law: Cases and Materials*, 490 (1980). Sompong Sucharikul. *Developments and Prospects of the Doctrine of State Immunity—Some Aspects of Codification and Progressive Developments.* 29 *Netherlands International Law Review*, 258 (1982).

③ See L. Henkin, R. C. Pugh, O. Schachter & H. Smit. *International Law: Cases and Materials*, 500 (1980).

④ 参见《国际法学会年刊》1891~1892 年(布鲁塞尔)第 11 卷,第 436~437 页。

者。该学会通过限制豁免的决议,表明限制豁免理论在国际法学者中已很有市场。

在两次世界大战期间,由于世界上出现了社会主义国家,在国家及其财产豁免问题上,社会主义国家和资本主义国家的私人资本之间的矛盾突出起来。一些国家为了维护本国私人资本的利益,抛弃了自己长期坚持的绝对豁免理论,实行限制豁免主义。这时,相继在司法实践上采用限制豁免立场的国家有瑞士(1918 年)、奥地利(1919年)、罗马尼亚(1920 年)、法国(1926 年)、希腊(1928 年)。① 不过,奥地利、法国还处在犹豫阶段,还没有彻底抛弃绝对豁免理论。在英美的司法实践中,虽然它们仍持绝对豁免立场,但限制豁免的观念已经显现。例如,在著名的"克里斯蒂娜号案"(1938 年)中,英国法院尽管坚持了绝对豁免原则,但有法官表示不同意见,法官麦克米伦说,他怀疑下述一点是英国法的一部分,即仅仅根据一条普通的外国商船为该外国国家所有的事实,该船就在联合王国享有民事诉讼豁免。法官莫姆则指出,如果政府或政府组织的公司作为船主从事航运和贸易,它们应受制于同任何其他船主相同的法律救济和诉讼。②

在此期间,限制豁免理论在学术界得到了一些支持。1926 年,为国际法协会准备的"史特鲁普法典草案"持限制豁免观点,它列举了主权豁免原则的一些例外。③ 1932 年,美国哈佛大学法学院国际法研究部主持拟定的《关于法院对外国国家的权限的公约草案》也肯定了限制豁免理论。该草案第 11 条规定:"如果一国在另一国领域内从事私人可从事的工业、商业、金融或其他商业企业,或在那里为某种与此等企业经营有关的行为,该国可在该他国法院的诉讼中充当被告,只要诉讼是基于此等企业的经营或此类行为的。"④ 该草案对当时绝对豁免理论占优势的美国来说,犹如对平静湖面投入一块巨石,其影响可想而知。也许可以这样说,它为后来美国走向限制豁免

---

① Cf. H. Lauterpacht. *The Problem of Jurisdictional Immunities of Foreign States. The British Yearbook of International Law*, 256-257, 260 (1950).

② See L. Henkin, R. C. Pugh, O. Schachter & H. Smit. *International Law: Cases and Materials*, 495 (1980).

③ 参见国际法协会第 34 届会议报告,1927 年,第 426 页。

④ 参见《美国国际法学报》(增刊),1932 年第 3 期,第 456~467 页。

提供了理论准备。

西方学者还认为，一些国家于1926年在布鲁塞尔签订的《统一国有船舶豁免的某些规则的国际公约》规定国有商船和此种船舶所载的国有船货不享受豁免，以及一些双边条约当事国以条约规定来限制自己的某种豁免权，是限制豁免理论的反映，是限制豁免趋势的一种重要表现。

第二次世界大战后，限制豁免理论得到很大的发展。其发展过程大致可分为两个阶段：第一个阶段是从大战结束至20世纪60年代末；第二个阶段是从70年代开始到目前。

在第一阶段，值得注意的是美国、奥地利和联邦德国的实践。美国是长期奉行绝对豁免的国家，但战后一开始就向限制豁免立场转变。1945年，在"墨西哥共和国诉霍夫曼案"中，美国最高法院拒绝了墨西哥政府提出的国家财产豁免辩护并作出不予豁免的判决。① 1952年，美国国务院发表了其代理法律顾问泰特致司法部的一份公函，即著名的"泰特公函"，表示美国官方的政策决然采取限制豁免主义。公函提到美国国务院今后肯定要采取限制豁免理论，对国家的所谓非主权行为不予豁免。② "泰特公函"是美国从绝对豁免立场转向限制豁免立场的标志。"泰特公函"所表示的美国官方政策不仅在美国以后的司法实践中得到支持，而且也受到美国国际法理论界的赞同。

奥地利法院在20世纪初就曾作出过持限制豁免立场的判决，但后来曾一度转而支持绝对豁免主义。因此一般认为，奥地利最高法院在1950年对"德雷利诉捷克斯洛伐克共和国案"的判决标志着奥地利真正转向限制豁免立场。奥地利最高法院在审理该案时指出："不能再认为，根据国际法，所谓管理权行为免受国内法院管辖。""古典的豁免学说产生于国家在外国的一切商业活动与其政治活动相联系之时，其商业活动或通过为在国外的外交代表购买商品，或通过为战争目的购买军用物质等来与国家的政治活动构成这种联系，因此，没

---

① See W. Bishop. *International Law: Cases and Materials*, 658 (3rd ed. 1962).

② See L. Henkin, R. C. Pugh, O. Schachter & H. Smit. *International Law: Cases and Materials*, 502-504 (1980).

有理由区别私性质交易和主权行为。但今天，情况完全不同了，国家参加商业活动，并同其国民或外国人进行竞争。因此，古典豁免学说已失去其意义，由于'原因丧失'，它不再被视为一项国际法规则。"① 由于德雷利案比较详尽地审查了各国实践和学者意见，讨论了限制豁免理论的产生与发展，从而成为坚持限制豁免理论的一个著名案例。

联邦德国在国家及其财产豁免问题上的态度引人注目。1963年，联邦德国联邦宪法法院审理了一起一家私人商号诉伊朗王国的案件，该案涉及原告向被告请求支付为伊朗驻波恩大使馆修理供暖设备的费用。在地方法院，伊朗提出主权豁免问题。地方法院判决，按照国际法，被告作为主权国家享受德国管辖豁免。该案后来到了联邦宪法法院，该法院认为，订立一项修理使馆馆舍的合同并不属于国家权力范围内的事，不是主权行为，联邦德国法院对于外国国家的非主权行为提起的诉讼有管辖权。因此它拒绝了伊朗提出的主权豁免抗辩。② 联邦宪法法院对这个案件的审判表明，在管辖豁免问题上它坚持限制豁免立场。

英国虽然这时从总体上讲仍坚持绝对豁免，但有迹象表明，它在向限制豁免转变。当时英国外交部法律顾问贝克特在1951年国际法学会上讨论国家豁免时，认为英国法院给予外国国家豁免的分量超过了国际法原则的要求，并且是不适宜的。③

在战后限制豁免理论发展的第一阶段，一个很重要的情况是，作为政府间组织的亚非法律协商委员会在1960年的会议上作出了一项关于采用限制豁免理论的建议。建议指出，"一个参加商业或私性质交易的国家，如果它在外国法院就此等交易被诉，不得提出主权豁免辩护。如果提出豁免辩护，不允许剥夺国内法院的管辖权。"④ 尽管该委员会的建议只是对参加国提供的咨询性意见，不具有法律效力，

---

① 参见《国际法报告》，1950年英文版，第155页。
② 该案参见W. 怀特曼：《国际法摘要》，1968年第6卷，第567~569页。
③ 参见《国际法学会年刊》，1952年，第1卷，第54页。
④ L. Henkin, R. C. Pugh, O. Schachter & H. Smit. *International Law: Cases and Materials*, 505 (1980).

但由于该组织是政府性组织，它提出的限制豁免建议反映了当时其成员政府的一般态度和倾向性。

在此期间，一些学术团体也支持限制豁免理论。国际法协会在1952年的会议上通过了一项决定，建议"外国国家在以私的身份活动时不适用法律诉讼的豁免"。① 国际法学会则在1954年的决议第3条规定，在诉讼涉及一项非主权权力行为的情况下，一国法院可以受理对从事这种行为的外国国家提起的诉讼。②

进入20世纪70年代后，限制豁免理论步入其战后发展的第二阶段。其标志就是所有西方国家完全持限制豁免的立场，美、英、新（加坡）、南非等国家颁布了专门规定国家及其财产豁免的国内立法，限制豁免理论在其中得到反映。

英国在1976年和1977年前，分别在"对物之诉"和"对人之诉"中坚持绝对豁免。但自此以后，英国司法实践发生了变化。1976年英国枢密院判决的"菲律宾海军上将号案"是英国第一个明确在对物之诉中肯定限制豁免主义的案件。枢密院在审理该案时，重新考察了关于外国国有商船豁免的英国实践以及美国和加拿大的实践，认为英国法院过去的一些判决是错误的；虽然菲律宾上将号为菲律宾政府所有，但它是一条普通的商船，因而不应享受豁免。枢密院同时指出，全世界已出现实行限制豁免的趋势，限制豁免论更符合正义。③继而，在1977年英国上诉法院审判的"特伦德克斯贸易有限公司诉尼日利亚中央银行案"中，确立了在对人之诉中实行限制豁免原则。在该案上诉审中，上诉法院推翻了原审法院的判决，并指出，自菲律宾海军上将号等案件审判后，绝对豁免学说在英国已受到冲击，限制豁免学说得到接受；不能把绝对豁免学说作为"一块司法上的冻肉"在英国法院里保存下来。④ 总之，在英国司法机关审判上述两个案件后，英国已彻底地从绝对豁免立场转向限制豁免立场。

---

① 参见国际法协会第四十五届会议报告，1952年，第210~232页。
② 参见《国际法学会年刊》，1954年，第45卷，第293~295页。
③ 参见［英］D. J. 哈里斯：《国际法案例与资料》，1979年英文本第2版，第267~272页。
④ 该案参见R. 怀特：《在英国法院中的国家豁免与国际法》，载《国际法和比较法季刊》，1977年，第26卷，第674~679页。

联邦德国联邦宪法法院1963年对诉伊朗一案的判决,确立了在联邦德国实行限制管辖豁免,但未涉及执行豁免问题。1977年12月13日联邦德国联邦宪法法院在对一起诉菲律宾共和国的案件作出的判决中确定有限执行豁免。其判决虽然肯定了大使馆的银行存款享受强制执行豁免,但同时肯定对外国国家的商业财产可以采取强制执行措施,并认为在强制执行方面也应该采取限制国家豁免学说。① 联邦德国联邦宪法法院的这一判决标志联邦德国在管辖豁免和执行豁免方面完全转向限制豁免主义。

在这一阶段,除了上述国家的司法实践外,限制豁免理论发展的另一重要表现是一些国家制定了持限制豁免立场的专门解决国家及其财产豁免问题的国内法。1976年10月21日,美国国会通过《外国主权豁免法》,第一个以国内立法的形式把国家及其财产豁免这一国际法问题纳入国内法的范围。该法继续奉行"泰特公函"所主张的限制豁免理论。② 英国也于1978年7月20日颁布了《国家豁免法》。该法同样坚持限制豁免的立场。随后,新加坡、南非、巴基斯坦、加拿大分别制定了类似的国内法。了解这一情况应注意以下几点:(一)目前制定这种法律的国家均是普通法系国家或深受普通法影响的国家;(二)这些国家也都是相对来说较晚从绝对豁免主义走向限制豁免主义的国家,但它们却在限制豁免的道路上迈的步子更大;(三)虽然这些国家的豁免法主张限制豁免,但它们并未否认国家及其财产享受豁免的一般原则,而不豁免是例外;(四)这些国家制定反映限制豁免理论的国内法,但限制豁免只是它们国内法上的一项制度,不能约束或强加于其他国家。

上述限制豁免理论的产生与发展过程表明,西方发达国家和少数发展中国家已成为限制豁免理论的支持者。因此,有的学者认为,绝对豁免学说已过时,"限制豁免学说在国际法中已日益站住脚了"。有的人甚至说限制豁免已成为国际法的一个原则。但是,应该注意

---

① 该案参见联合国出版物:《关于国家及其财产管辖豁免的资料》(ST/LEG/SER. B/20),1982年,第297~321页。

② 参见周晓林:《美国国家豁免问题的理论和实践》,载《法学研究》1981年第4期。

到，有许多国家仍然坚持绝对豁免理论。因此，绝对豁免理论和限制豁免理论之间的"战斗正未有穷期"。

二、限制豁免论的主要内容

限制豁免论的基点是把国家行为划分为主权行为和非主权行为，或统治权行为和管理权行为，或公法行为和私法行为。按照这种理论，在国际交往中，一个国家的主权行为或统治权行为或公法行为在他国享受豁免，而一个国家的非主权行为或管理权行为或私法行为在他国则不享受豁免。一般来说，限制豁免论仍然承认国家及其财产豁免是国际法上的一项原则，不享受豁免的情况是例外，只不过是把国家享受豁免的范围限于所谓主权行为以及与这种行为有关的国家财产。

限制豁免论的理论依据是：第一，由于各国越来越多地参加国际经济活动以及其他国际民事活动，国家活动的性质已发生变化，它们不再限于传统上认为属于国家责任和义务范围内的活动。因此，国家活动分为两部分，一部分是主权活动，另一部分是非主权活动。与此相适应，国家的主权活动享受豁免，国家的非主权活动则不享受豁免。第二，国家参加一般民事关系，它与对方当事人应该同等地受一般民事法律制度的约束。而民事法律制度要求民事关系的双方当事人的地位是平等的。一个国家既然参加一般民事关系，就不应该在发生争议时主张享受豁免，取得特权地位。作为自然人或法人的一方当事人在与国家进行交往中发生争议时，可以在适当的国内法院向对方国家提起诉讼，通过国内的司法程序求得争议的解决。否则，就会造成不公正。

限制豁免论认为它的实践依据是各国已在实践中普遍采取限制豁免主义：首先，限制豁免论认为，1926年的《布鲁塞尔公约》、1958年的《领海及毗连区公约》和《公海公约》、1972年的《欧洲国家豁免公约》等国际条约中有关国家豁免的规定，是限制豁免论在国际条约中的反映。其次，它认为，许多国家在立法、司法、甚至行政部门的实践中采取了限制豁免主义，已呈现出一种趋势。再次，即使那些仍然坚持绝对豁免的国家，在对外交往中也不得不适应向限制豁免发展的趋势，如通过条约或其他方式"放弃"在从事商业活动方面的豁免。这些国家形式上坚持绝对豁免,而实际上又愿意限制这种豁免。①

限制豁免论主要是把自己的立足点建立在对国家活动予以主权行为和非主权行为的划分上的。但是何者为主权行为?何者为非主权行为呢?这是它必须首先在理论上加以解决的。在主权行为和非主权行为的划分标准上,限制豁免论者又可分为三派:一派以国家行为的目的作为标准来划分主权行为和非主权行为。依照这一标准,如果国家的某一行为是为了公共目的,该国家即享受豁免;否则,反之。法国国际私法学者尼波耶在他 1949 年出版的《法国国际私法论》一书中持这种观点。② 尼日利亚国际法教授诺古古在分析英、美、联邦德国等国法院审理的诉尼日利亚中央银行的一系列案件时,也认为应依行为的目的来区别主权行为和非主权行为,认为尼日利亚政府为军队建筑营房而购买水泥应视为主权行为。③ 由于这一派所持的划分标准着眼于国家行为的特定目的,学者们把这一标准称为"主观标准"或"目的标准"。但是,一般说来,国家从事某一行为通常是为了公共目的,这使得限制豁免论企图限制国家及其财产豁免的目的受到限制,促使一些限制豁免论者去寻找新的标准。于是,又提出了另外两种标准。第二派以行为的性质作为标准来划分主权行为和非主权行为。按照这一标准,主权行为是一国以主权者的身份依照公法行使的行为,而国家如果从事一切私人依照私法也能够做的行为,不管该行为的动机和目的如何,均属非主权行为。学者们称这种标准为"客观标准"或"性质标准"。第三派则认为划分主权行为和非主权行为,既要考虑国家行为的目的,也要考虑国家行为的性质,把两者结合起来,这实际上是一个"混合标准"。④

应该指出的是,上述的"客观标准"或"性质标准"受到持限

---

① 参见 B. 维塔伊:《国有船舶的豁免权》,载《荷兰国际法评论》,1963 年,第 176 页。

② 参见〔法〕尼波耶:《法国国际私法论》,1947 年,第 1758~1792 段。

③ 参见〔尼日利亚〕诺古古:《国家财产豁免——在外国法院的尼日利亚中央银行》,载《荷兰国际法年刊》1979 年英文版,第 149 页。

④ See J. G. Starke. *An Introduction to International Law*, 279 (8th ed. 1977).

制豁免立场的学者和国家占绝对优势的支持。早在 1923 年，曾任常设国际法院法官的魏斯就提出以行为的性质作为标准来区别主权行为和非主权行为。他说，一个国家的法院是否可以受理涉及外国国家的诉讼，只看该外国国家所从事的行为的性质。由此，法官无须对国家行为的目的加以追究，他的任务变得非常容易，因为他只需要简单地确认诉讼所涉的行为的性质是否只能由国家或以国家名义进行。如果行为的性质属于那些像缔结契约、履行债务一样可以由私人进行的行为，这种行为，无论其确定的目的如何，无论其意图如何，均属于私的行为，其他国家的法院可以受理涉及这种行为的诉讼。① 魏斯的观点得到许多西方学者的支持，如英国学者阿库斯特，奥地利学者施鲁厄尔均持类似观点。②

"客观标准"或"性质标准"在实行限制豁免主义国家的司法实践中亦被采用。例如，1960 年，美国在意大利法院被一家意大利公司起诉，该诉讼涉及那家意大利公司为美国后勤司令部建下水道。美国通过外交途径请求豁免，其理由是该案产生于具有主权者地位的美国政府活动。意大利最高法院判定对美国不予豁免，因为它以为尽管交易是为了军事目的，但该交易是私性质的。③ 此外，英国、联邦德国、比利时、瑞士、奥地利、埃及、希腊等国法院也持相同或类似的立场。

美国 1976 年的《主权豁免法》也肯定了性质标准。该法第 1603 条第 3 款规定："'商业活动'是指某种正常做法的商业行为，或是指某种特殊的商业交易或行动。一项活动的商业性，应当根据行为的做法的性质，或特殊的交易和行动的性质决定，而不是根据其目的来决定。"④ 除了这一概括性规定的条款外，美国众议院在关于该法的

---

① 参见[法]魏斯：《法院对外国国家的权限》，载《海牙国际法学院讲演集》，1923 年，第 546 页。

② 参见[英] M. 阿库斯特：《现代国际法概论》（中译本），汪瑄等译，中国社会科学出版社 1981 年版，第 130、216 页。

③ See L. Henkin, R. C. Pugh, O. Schachter & H. Smit. *International Law: Cases and Materials*, 509 (1980).

④ 联合国出版物：《关于国家及其财产管辖豁免的资料》（ST/LEG/SER. B/20），1982 年，第 57 页。

立法报告中还列举了诸如政府贷款、租赁、买卖、投资之类的商业活动，并说一般营利的活动可以推定为具有商业性质，而且可参照私人或私营公司是否从事同样的活动来决定某活动的性质。该立法报告还更明确地说："通过合同取得的商品或服务将用于公共目的的事实是无关紧要的；一项活动或交易的基本商业性质是关键的。因此，外国政府订立一项为其武装力量购买粮食或设备，或建造一幢政府大楼的合同构成商业活动。即使这种合同的最终目的是为促进公共职能，它们仍应视为商业合同。"① 不过，英国1978年的《国家豁免法》在这个问题上表示沉默，没有具体规定，尽管在该法的一个早期案文上含有拒绝目的标准的规定。然而，英国在司法实践中已采取性质标准，这实际上已成为普通法的一项规则。

由此可见，限制豁免理论中占优势的观点是以行为的性质来划分主权行为和非主权行为。持性质标准的人认为性质标准优于目的标准的主要理由是：（一）如果一个国家同另一个国家的私人或公司进行交易，并且此交易与有关私人或公司的本国领域有联系，那么，这个国家不应处于这样的特权地位，即它可以在法院对私人或公司起诉，而本身却对同样的行为享受诉讼豁免。（二）如果行为的目的具有决定意义，有关国家几乎可以把它的无论什么行为解释为和其公共责任有关，这就为国家主张豁免铺平了道路，因此，适用目的标准事实上会接近绝对豁免学说。（三）法院运用行为性质作为标准没有不可克服的困难。（四）任何希望在私性质行为方面排除外国法院干涉的国家，通过确定关于这种行为的争议提交某种形式的仲裁，仍然可以作出避免外国法院干涉的选择。（五）性质标准法院运用起来更方便。②

对限制豁免论来说，行为性质标准也许的确比目的标准和混合标准更符合它的宗旨。但是，实际上无论哪一种标准都有不可克服的困难，甚至一些持限制豁免论的人也有这种看法。为了避免区别主权行为和非主权行为的困难，他们主张，从方法上放弃对区分的一般标准

---

① 联合国出版物：《关于国家及其财产管辖豁免的资料》（ST/LEG/SER. B/20），1982年，第107页。

② See L. J. Bouchez. *The Nature and Scope of State Immunity from Jurisdiction and Execution*. 10 *Netherlands Yearbook of International Law*, 3（1979）.

的研究，而基于一般实践来确定豁免规则的例外。① 于是，在立法技术上出现了一种"否定式列举"或称为"详尽列举"的方法，即首先把国家及其财产豁免作为一般原则加以肯定，然后列举各种不予豁免的情况作为例外。英国、美国、新加坡、南非、巴基斯坦、加拿大等国家制定主权豁免法或国家豁免法，都采取了这种方式。1972年的《欧洲国家豁免公约》也是采取此种做法。但是，对否定式列举也有人表示怀疑。他们以为，由于否定式列举认定在列举的范围之外的任何活动即应视为享受国家豁免的政府活动，所以，仍然存在着一种风险，即对于那些其行为不具有公共性质的国家行为将须准予豁免，这意味着在对国家行为是主权行为还是非主权行为有疑问的情况下应准予豁免。② 持限制豁免论者在这些问题上有分歧，只能说明该理论依然是漏洞百出的。

按照限制豁免论，与主权行为和非主权行为的区别相联系，还有一个以什么法为准据法对区别标准进行识别的问题。如果以行为的目的为标准，有一个什么目的为公共目的，什么目的为非公共目的的问题；如果以行为的性质为标准，有一个什么样的行为只有国家能为，什么样的行为国家和私人都能为的问题。关于依什么法律识别主权行为和非主权行为的问题，限制豁免论者一致地认为应依法院地法。1954年国际法学会通过的那项持限制豁免立场的决议第3条确定，以法院地法决定什么是主权行为和非主权行为。③ 在实践中，联邦德国联邦宪法法院在1963年对一起诉伊朗王国的案件的判决中，对这个问题明确指出："原则上必须按照国内法决定国家活动为主权行为或非主权行为"。其理由是说国际法没有确定作出这种区别的任何标准；外国国家就其主权活动而享受国内法院管辖豁免的一般国际法原则，并不由于原则上将按国内法来区别主权行为和非主权行为而丧失效力和剥夺它作为一项法律规范的性质。该法院在判决中也不得不承

---

① 参见［英］布朗利：《国际公法原理》，1933年，英文第2版，第324～325页。

② See L. J. Bouchez. *The Nature and Scope of State Immunity from Jurisdiction and Execution.* 10 *Netherlands Yearbook of International Law*, 13 (1979).

③ 参见《国际法学会年刊》，1954年，第45卷，第293～295页。

认按国内法决定主权行为和非主权行为会使适用一般国际法更困难和造成法律上的不统一。因此，它指出用国内法来决定主权行为和非主权行为要受到国际法的限制，在大多数国家认为某一行为为主权行为时，即使按法院地国国内法该行为为私法行为，也应该视该行为为主权行为。该法院还认为，公认为属于主权活动范围的行为包括负责外交和军事事务、立法、行使警察权力和司法行政机关的活动。① 在这个问题上，一些学者也有相同看法。英国国际法学者辛克莱说："决定国家活动是主权行为还是非主权行为，必须按照法院地法决定，但要服从从国际法推导出的这一限制，即国内法不能把大多数国家看来属于广义或狭义的公共权力范围的行为视为非主权行为。"②

最后，我们根据英、美、新、加等国的豁免法来谈谈限制豁免论所主张的对国家及其财产豁免的主要限制。限制豁免论认为国家豁免原则的例外，也就是说一国在他国法院不能享受豁免的情况如下：（一）一国自愿接受他国法院管辖。（二）涉及国家从事商业交易的诉讼。按照英国、新加坡等国的豁免法，"商业交易"系指：任何提供货物或服务的合同；任何贷款或其他提供资金的交易，以及就任何此等交易或其他金融债务提供保证或补偿；外国国家从事或参加非行使主权权力范围内的其他（无论是商业的、工业的、金融的、职业性的还是其他类似性质的）交易或活动。（三）涉及外国国家在法院所在地国缔结或履行的雇佣合同的诉讼。（四）涉及国家因作为或不行为造成的人身伤亡和财产损失的诉讼。（五）涉及不动产权益，或者对不动产的占有或使用，或者由此产生的任何义务的诉讼。（六）涉及国家通过继承、赠予或无主物占有方式取得的对动产或不动产的任何权益的诉讼。（七）涉及专利、商标、设计、著作权或商业称号等权益的诉讼。（八）涉及国家作为法人团体、非法人团体或合伙组织成员资格的诉讼，但以这种组织有非国家成员为条件。（九）涉及对诉因产生时正用于或拟用于商业目的的国有船舶提起的对物之诉，

---

① 参见联合国出版物：《关于国家及其财产管辖豁免的资料》（ST/LEG/SER. B/20），1982年，第289页。

② I. M. Sinclair. *The European Convention on State Immunity*. 22 *International and Comparative Law Quarterly*, 266 (1973).

或为执行与该船舶有关的请求权而提起的对人之诉。（十）涉及仲裁的诉讼。由此可见，它们限制豁免的范围是相当广泛的，这样就把国家豁免限定在非常狭小的范围。

三、对限制豁免论的评价

国家及其财产豁免是国际法上的一项原则，限制豁免论不适当地对这一原则加以限制，无论在理论上还是在实践中都是不妥当的。

首先，限制豁免论最根本的错误在于它是与国家主权原则不相容的。众所周知，国家主权原则是国际法上的最基本原则。按照国家主权原则，国家各自根据主权行事，不受任何其他权威的命令强制，也不容许外来的干涉；主权国家只有根据自愿，它的权力的行使才可以受到限制；主权国家不能被强制把它的国际争端提交仲裁和司法解决，并且非经它自己同意，它的行为或财产也不受外国法院管辖。国家及其财产豁免原则是国家主权原则派生出来的原则，国家及其财产豁免权是国家主权权力的具体体现。如果按照限制豁免理论，允许一国法院任意对另一个国家的所谓非主权行为以及国家财产进行管辖和执行，显然是对国家主权原则的极大蔑视。正如苏联国际法学者波格斯拉夫斯基指出的那样："不管国家活动的性质如何，强调国家主权不容侵犯是重要的。未经一个国家的同意在外国法院对该国提起诉讼，特别是对其财产采取强制措施，通常等于直接侵犯它的主权。"[①]

限制豁免论的基础十分薄弱。它的一个重要依据就是，在 20 世纪，由于国家直接从事大量的国际经济活动，国家活动的性质发生改变，国家行为已分为主权行为和非主权行为。但是首先，国家及其财产豁免权导源于国家主权原则，而不是取决于国家行为的性质。国家活动的具体性质可能是多种多样的，但都是国家行使主权权力的体现。因此，国家活动的最根本性质是其主权性。用国家活动的表面性质来决定国家及其财产是否享受豁免，实际上就是以国家活动的表面性来否定国家活动最根本的主权性。

---

① 参见［苏联］波格斯拉夫斯基：《国家豁免》，1965 年德文版，第 44 页；转引自 L. Henkin, R. C. Pugh, O. Schachter & H. Smit. *International Law: Cases and Materials*, 490 (1980).

其次，限制豁免论关于主权行为和非主权行为的划分是不科学的。主权是构成国家的要素之一。国家作为主权者无论从事什么活动，都是国家行使主权权力的具体体现，都是主权行为。我们之所以这样说，是因为国家根据自己的意志从事政治、经济、外交、文化等活动都是为了公共目的，为了实现国家的职能。关于这一点，一些西方国家的判例早就加以肯定。在美国最高法院1926年审判的"佩萨罗号案"中，该法院肯定一条意大利国有商船的豁免权。法官德万特在说明法院的立场时说："我们认为，（豁免）原则同样适用于一个政府为公共目的拥有和使用的一切船舶。为了促进其人民的贸易和增加国库收入的目的，一个政府在从事贸易活动中获得、掌管和经营船舶时，这些船舶和军舰一样都是国有船舶。据我们所知，不存在这样的国际惯例，即认为就公共目的而言，和平时期为维持和增进人民的经济福利逊色于战时维持和训练一支海军力量。"① 诚然，在封建社会，甚至在资本主义社会早期，国家没有大规模地直接参加经济贸易活动，但并不等于说在那时国家不从事经济贸易活动，那时的国家仍具有经济职能。随着社会的发展，国家的经济职能在国家诸职能中的地位越来越重要，表现在国家通过各种不同形式干预经济。国家经济职能是国家主权活动所固有的，国家经济职能在20世纪的飞跃发展，是国家主权活动内在的发展，完全不能因国家更多地从事经济贸易活动而否认这些活动是国家的主权活动，否认国家及其财产所享受的豁免。

一些国际法学者对限制豁免论区别主权行为和非主权行为的做法也提出了尖锐的批判。如英国的莫里斯说："事实是这样的，一个主权国家并不因它从事私人可以从事的行为而不再是一个主权国家。②劳特派特甚至更明确地指出："一般不接受这种理论，即国家的经济活动，如国家管理工业、国家从事买卖，必然是纯'私法性质'，是管理权行为，并且国家参加这些活动就像一个私人一样行为。"他还说，即使国家从事的行为与政治或行政无关，"国家仍然是作为一个

---

① See W. Bishop. *International Law: Cases and Materials*, 658 (3rd ed. 1962).
② 参见[英]莫里斯：《国家在外国法院享有的诉讼豁免》，载《英国国际法年刊》，1933年，第121页。

公人格者为全社会的一般目的而行事"。"在真实意义上，所有的管理权行为都是统治权行为。""在现在社会，统治权行为和管理权行为的划分不能建立在稳固的逻辑基础上。"①

再次，即使承认限制豁免论关于主权和非主权行为的划分，其划分标准也是很成问题的。划分标准有三种，即"目的标准"、"性质标准"和"混合标准"。由于各自所持标准不一，对主权行为和非主权行为的理解就不同。例如同一项为军队购买水泥建造军营的行为，按目的标准会被视为主权行为，因为其目的是公共目的；而按性质标准则会被视为非主权行为，因为其行为方式是通过合同来实现的，是私人也能从事的行为；如果按照混合标准，由于各自的观点不同，就更不确定了。同时，即使根据同一标准来划分主权行为和非主权行为，主权行为和非主权行为的区别仍然是不确定的，因为各国对主权行为和非主权行为的识别是不相同的。在坚持限制豁免主义的国家的实践中，不同国家的法院，甚至相同国家的法院对具体问题的处理是不一致的。这样，由于对什么是主权行为，什么是非主权行为难以明确界定，就给法院极大的灵活解释权。美国国会众议院司法委员会在关于美国外国主权豁免法的报告中也直言不讳地承认："为本草案之目的，对什么是'商业活动'，法院有很大的自由裁量余地。"② 这实际上是为本国法院任意对外国国家及其财产行使管辖权大开方便之门。上述表明，限制豁免论区别主权行为和非主权行为，在理论上和实践上都是自相矛盾的。连一些持限制豁免论的学者也不得不承认："弄清特定的活动是属于主权行为还是非主权行为仍然不是一件容易的事。"③ "有限豁免规则比较严重的缺点是，政府行为和商务行为的区别并不总是明确的。"④

有人以为，在限制豁免理论中，目前占优势的观点是以行为的性

---

① H. Lauterpacht. *The Problem of Jurisdictional Immunities of Foreign State. The British Yearbook of International Law*, 251 (1950)

② 参见《国际法律资料》，1976年第6期，英文版，第1407页。

③ 参见 R. 希金斯：《国家豁免法的某些未解决的方面》，载《荷兰国际法评论》，1982年第2期。

④ 参见[英] M. 阿库斯特：《现代国际法概论》（中译本），汪瑄等译，中国社会科学出版社1981年版，第130、216页。

质为标准来区别主权行为和非主权行为,这样,可以克服多标准造成的理论上的困难。其实不然。这是因为即使主权行为和非主权行为可以依照国家行为的性质进行区别,但还有一个根据什么法律对国家行为作出识别的问题。目前限制豁免论者几乎一致地主张以法院地法对国家行为的性质进行识别。由于各国政治制度、社会制度、历史、文化传统不同等原因,各国法律制度千差万别。因此,用各国自己的法律来识别外国国家行为的性质,在各国实践中会产生不同的结果是完全可能的。这仍然难以克服在划分上的不确定性。劳特派特曾尖锐地指出,划分主权行为和非主权行为无疑否定了豁免原则,因为划分标准依法院所在国法律,而不是国际法规则(他认为没有这样的国际法规则),这必然导致滥用。① 更重要的是,一个国家根据自己的法律来判定另一个国家行为的性质,必然会导致粗暴地侵犯他国主权的后果。而且,如果按照行为性质标准,凡是国家从事私人能为的行为,国家就不能享受豁免,那么,国家几乎没有什么行为能享受豁免,这无异于否定了国家及其财产豁免原则。

限制豁免论的另一个理论依据是,在涉及外国的民事诉讼中,对外国国家实行广泛的豁免,将使本国国民与外国国家处于不平等的地位。这一点也是值得商榷的。任何在国际交往中持严肃态度的国家,如果它参加国际民事关系,都会恪守有关法律,履行自己所承担的义务,因为这样有利于它维护自己的信誉,更好地开展对外经济交往。当然,在国家参加的国际民事交往中仍然会有争议产生。在争议发生后,有关国家可能主张豁免,使对方当事人不能利用国内法院并通过一般国内司法程序对它起诉,因而双方在民事诉讼地位上是不平等的。之所以这样,是因为国家既是民事法律关系的参加者,又是主权者,而各国主权是平等和独立的,平等者之间无管辖权。坚持国家及其财产豁免原则,只是为了防止一个国家对另一个国家未经后者的同意而滥用管辖权,从而侵犯后者的主权和其他权益,并非表明,实质上国家在一般民事关系中不受法律约束,或者说取消国家在法律上理

---

① See H. LauterPacht. *The Problem of Jurisdictional Immunities of Foreign States. The British Yearbook of International Law*, 251 (1950).

应承担的义务。国家豁免不是法律责任的豁免。当争议发生后，提出要求的一方既可通过外交途径同有关外国进行交涉，也可同该外国协商采取司法程序以外的其他方法寻求解决。有的国家为了更好地促进对外交往还根据自己的意愿通过条约、合同或其他方式放弃自己的豁免权，以利于有效地解决法律责任问题。民事关系的当事人双方的平等，无非是在享有民事权利和承担民事义务上的平等。由于国家在国际民事交往中享受豁免并非法律义务的豁免，因此国家及其财产享受豁免并不否定国家和私人在民事关系中的地位平等，至少在实质上没有造成国家和私人在民事关系中的不平等。

而且，即使按照限制豁免论，对外国国家的私法行为予以豁免可能会在民事诉讼关系（而不是民事关系）中导致国家和私人在诉讼地位上的不平等，会影响国际民事交往，但是，如果在这个问题上实行国家和私人在诉讼地位上的平等，外国国家和私人所属国却由于后者法院对前者的管辖而被置于不平等的地位，并因而破坏了主权国家之间的正常的平等关系。这实际上是为了使交易中一国私人和外国国家处于平等的民事诉讼地位而否定该外国国家与该私人所属国之间的平等。国家之间的正常关系遭到破坏，必然危及国际民事关系的健康发展。

限制豁免论还错误地认为，涉及外国国家的民事纠纷只有诉诸当地法院解决才能保证公正，而外交谈判不能像诉诸法院那样公正地解决问题。这种论点也是经不起推敲的。在涉及外国国家的民事诉讼中，如果有关外国国家自愿接受当地法院的管辖，当地法院有权解决有关纠纷自不待言。但是，在外国国家没有同意放弃豁免权的情况下，一国法院单方面地对外国国家强行管辖，并按照国内司法程序对外国国家强行判决，侵犯后者主权和尊严的行为，显然不能说保障了公平和正义。

有些限制豁免论者以为，在国家豁免问题上，每个国家既是豁免的"要求者"，又是豁免的"给予者"，因此，限制国家及其财产的豁免在权利和义务上对各国都是平等的。这种为限制豁免论辩护的理由同样是牵强附会的。从逻辑上讲，既然限制豁免在权利和义务上对各国是平等的，那么实行绝对豁免也在权利和义务上对各国是平等的，为什么偏偏要坚持限制豁免论呢？而且，如果实行限制豁免，在这个问题上每个国家也许在形式上看来是平等的，但实际上发展中国家常常处于不平等境地。发达国家从事对外经济交往主要是通过私人或私营公司进行的，而发展中国家和社会主义国家为了更好地促进本国经济的发展则更多地以国家名义开展国际经济活动。因此，在大多数情况下，是发展中国家和社会主义国家在发达国家的法院被诉，并因种种原因受到败诉的判决。而在发展中国家和社会主义国家的法院中，几乎没有外国国家被诉的案件。这样，正如劳特派特所指出的，限制豁免只能带来滥诉之风，[1] 而对社会主义国家和发展中国家并无平等可言。

有人还武断地声称，限制豁免已成为普遍趋势，并最终会在国家豁免问题上取得统治地位。在这些人看来，国家作为豁免的授予者时处于主动地位，而国家作为豁免的要求者时则处于被动地位，虽然目前世界上还有持绝对豁免立场的国家，但已有相当数量的国家持限制豁免立场。诚然，持绝对豁免观点的国家在处于主动地位时可以对他国予以绝对豁免，但它在持限制豁免观点的国家处于被动地位时就无能为力了。持绝对豁免的国家也坚持互惠原则，当外国国家对它限制豁免，它会采取相应的报复措施，在同样的情况下拒绝外国国家的豁免。这样，持两种不同观点的国家在限制豁免方面一致起来，持绝对豁免观点的国家实际上抛弃绝对豁免理论，限制豁免理论最终会得到普遍接受。[2] 对这种观点，首先应指出的是，限制豁免并没有成为普遍趋势。1952年"泰特公函"只能举出十来个国家采取限制豁免理论。近年来，虽又有些国家转向限制豁免的立场，一些国家颁布了关于国家豁免的国内立法，但在整个世界范围内持限制豁免立场的国家只是少数，主要是少数西方发达国家。至于国家为了保护自己的权益，对实行限制豁免的国家采取报复性措施，正是为了维护国家及其

---

[1] See H. LauterPacht. *The Problem of Jurisdictional Immunities of Foreign States. The British Yearbook of International Law*, 251 (1950).

[2] 参见 G. M 巴德尔：《主权豁免的新发展趋势》，载《美国比较法杂志》1982年第4期。

财产豁免原则,实难推断出这种措施是支持限制豁免论的。总之,以主权行为和非主权行为的区别为基础来限制国家豁免在目前既不是普遍的趋势,在将来也不会得到世界各国的普遍接受。

最后应该指出,限制豁免论的产生和发展有着深刻的经济和政治背景。自19世纪末以来,国家越来越多地参加国际经济活动,而在第一次世界大战后,社会主义国家以及后来出现的发展中国家则要更多地直接或间接地从事国际经济活动。这样,一些资本主义发达国家为了保护本国私人的利益,就主张限制豁免。美国1952年的"泰特公函"说明了这一点。它明确地表示了实行限制豁免政策的用意,它认为,实行国营贸易的国家之愈加坚持绝对豁免的理由使得美国有改变政策的必要,政府广泛和增多地参加商业活动的实践,使得有必要发展由法院来决定同政府做生意的人的权利的惯例。① 奥地利学者施鲁厄尔也指出:限制豁免的"最主要成就之一,就是把保护私人对外国国家的请求权这件事,从变化莫测的在政治压力下的国家之间的竞争场所转移到更有效率的、不持偏见的国内诉讼场所。"② 在实行限制豁免的国家,其经济、贸易等活动主要是由私人经营的,国家本身很少从事它们所认为的"非主权行为",限制国家在"非主权行为"方面的豁免权,限制不到它们头上。因此,限制豁免论的主要锋芒是针对社会主义国家和其他发展中国家的对外经济贸易活动的。既然限制豁免论包含着这样的目的,无视广大社会主义国家和发展中国家的权益,理所当然会遭到它们的抵制、反对。一意坚持奉行限制豁免论只会造成国家间的摩擦和国际关系的紧张,不会有利于问题的解决。

---

① See L. Henkin, R. C. Pugh, O. Schachter & H. Smit. *International Law: Cases and Materials*, 502-504 (1980).

② See C. Schreuer. *State Immunity: Recent Development*. Grotius Publications, 224 (1988).

国家及其财产管辖豁免的几个悬而未决的问题[*]

国家及其财产管辖豁免,已被国际习惯法承认为一般规则。[①] 关于此项一般规则的适用范围,有绝对豁免论和相对豁免论两种不同的学说和实践。一般说来,社会主义国家及一些发展中国家坚持绝对豁免论,西方发达国家主张限制豁免论。自从苏联解体和东欧剧变以来,越来越多的国家主张限制豁免论。现今,发达国家如美国、英国、法国、德国、荷兰等,发展中国家如阿根廷、埃及等国家以及1972年的《欧洲国家豁免公约》均采用了限制豁免论。[②] 自1978年以来,联合国国际法委员会一直在从事关于国家及其财产管辖豁免的法律编纂工作。该委员会于1991年通过的《国家及其财产的管辖豁免条款草案》的二读草案(以下简称草案)也明确采用了限制豁免论,规定除传统的国家同意构成管辖豁免的例外之外,商业交易、雇用合同、知识产权和工业产权、国家拥有或经营的船舶等广泛领域内存在管辖豁免的例外。[③]

二读草案在1991年提交联合国大会后,大会决定设立第六委员

---

[*] 与曾涛(武汉大学法学博士,现为中国政法大学国际法学院副教授)、刘益灯(武汉大学法学博士,现为中南大学法学院副教授)、宋晓(武汉大学法学博士,现为南京大学法学院副教授)合作撰写,本文原载于《中国法学》2001年第4期。

[①] 参见[英]詹宁斯、瓦茨修订:《奥本海国际法》(第一卷第一分册),王铁崖等译,中国大百科全书出版社1995年版,第277页。

[②] 参见联合国文件,A/CN, 4/SER, A/1991/Add.1 (Part 2),1991年中译本,注释111~123。

[③] 参见1991年《国家及其财产的管辖豁免条款草案》(中译本),第10~17条。

会工作组，由来自各个国家的代表团对草案具体条文进行审议。最近的一次是 2000 年 11 月工作组会议。会议的讨论审议主要围绕五个尚未解决的实质性问题进行：（1）豁免目的的国家概念；（2）关于判断合同或交易的商业性质的标准；（3）关于国家企业或其他国家实体商业交易的概念；（4）雇用合同；（5）针对国家财产的强制措施。

在上述五个问题中，"国家商业行为的判断标准"、"国家与国有企业的关系"、"免于强制措施的国家豁免"这三个问题与我国发展中国家性质和经济体制改革现状关系密切。本文结合公约的审议情况和我国现实国情对这三个问题进行探讨。

一、国家商业行为的判断标准

限制豁免论认为，国家行为应区分为统治权行为和事务权行为，前者免受外国国家法院的管辖，后者不享有外国国家法院的管辖豁免。国家的商业交易行为覆盖了大部分事务权行为，许多国内判例甚至把商业交易行为等同于事务权行为。① 关于商业交易行为的管辖豁免的例外，联合国大会第六委员会拟定原则如下：如果国家参与同外国自然人或法人之间的商业交易，而且根据适用的国际私法规则，与该商业交易有关的争议属另一国法院管辖，则该国不能在该商业交易所引起的诉讼程序中援引司法管辖豁免权。② 但是，商业交易行为的具体内容应包括哪些，以及它的判断标准又是什么，各国莫衷一是。草案第 2 条第 2 款试图规定商业交易的判断标准："首先应考虑合同或交易的性质，但是，如果在作为其缔约一方的国家的实践中该合同交易的目的与确定其非商业性质有关，则也应予以考虑。"

针对草案的规定，在以后的讨论中仍然存在很大的分歧。在第 55 届会议第六委员会工作组会议上，主要有四种不同的意见：其一是删除此款，将商业交易的判断标准留给国家立法及司法实践；其二是确定合同或交易是否属于"商业交易"时，与案件最相关的情况应予以考虑；其三是首先应顾及合同或交易的性质，但如果在议定时

---

① See C. Schreuer. *State Immunity: Recent Development.* Grotius Publications, 10 (1988).

② 参见联合国文件，A/C, 6/55/L.12，2000 年中译本，第 6 页。

作为其当事一方的国家已明示保留该种可能性而对方却没有明示异议，则其目的也应予以考虑；最后是应顾及合同或交易的性质和议定的目的，即它是否涉及执行一项公务任务。①

（一）性质标准与目的标准

首先应该指明，"商业交易"的意义比"商业合同"的意义广泛，前者包括商业谈判等非订立合同的活动。国家之间进行的商业交易，或商业交易的当事方另有明确协议的，则国家仍然享有管辖豁免的权利。只有商业交易的主体一方是国家，另一方是外国自然人或法人的情形下，才可能存在国家管辖豁免的例外。对此，似乎不存在任何争议。从上文所列的四种不同意见可以看出，争议主要是围绕商业交易判断标准的性质标准与目的标准展开的。

性质标准认为，国家与外国私人的行为是否构成商业行为，只需表面审查该行为是否属于私法上的行为，即如果能把国家视为普通的民事主体，国家与外国私人的行为是否和私人与私人的交易行为毫无二致，如果是的话，则国家与外国私人的行为构成商业交易行为，不得主张对外国法院的豁免。在这项交易中，私人一般以赢利为目的，至于国家，甚至不需考虑是否以赢利为目的的问题。

目的标准认为，如果根据性质标准，国家与外国私人的行为确定为非商业性质的或者是政府性的，则不必作进一步审查；如果审查的结果表明，国家与外国私人的行为构成商业交易行为，则须进一步调查国家行为的目的，调查其是否涉及政府的公共目的。国家的许多行为，从表面来看，与一般的商业交易行为无异，但如果进一步审查其实质性的具体内容，常可以发现它们完全排除了赢利与否的目的，更重要的目的是为了国防、巩固统治或者重大社会公共利益。形象地说，它们是披着"商业外衣"的主权行为。例如，国家从外国私人手中购买军事设备、采购粮食赈济灾民、购买药品制止流行病的蔓延等行为，它们虽然采取了商业形式，但其目的显然不是通常的商业目的。这一类行为，按照目的标准，最后不应被认为是商业行为，而应认定是国家统治权行为，享有对外国法院的豁免。实质上，这等于给

---

① 参见联合国文件，A/C, 6/55/L.12, 2000年中译本，第5页。

予国家第二次豁免的机会。①

依据性质标准，商业行为较为容易成立，国家的管辖豁免权受到了更大的限制，所以说，它是严格的限制豁免理论。其出发点在于保护私人的利益，甚于保护外国被告国家的利益。这种方法被西方发达国家所采纳，因为按照他们的政治体制，国家直接参与和控制的贸易与投资额相对较少，主要由私人进行，而一些发展中国家与社会主义国家则刚好相反。例如，美国法律明确拒绝了目的标准而采用性质标准，② 美国1985年的一个法院判例指出："商业例外根植于禁止反言与信赖的概念"，③ 此即保护私人在与外国国家交易中的期望和信赖利益。

采用目的标准的限制豁免论趋于接近绝对豁免论。原本按照性质标准可以判断为商业交易行为的一部分，却被目的标准否决了。其结果是，目的标准扩大了国家豁免的范围。这是为了充分保障和保护发展中国家，尤其是在它们努力促进国民经济发展的时候给予充分的保障和保护。④ 最有说服力的反对意见认为，目的标准带有很大的不确定性，而且，国家的每个商业交易行为的背后似乎都可以找到一个公共目的的理由，从而能够享有对外国法院的豁免权。

但是性质标准与目的标准之间并没有明确的界限，也即商业行为与非商业行为没有非常明确的界限。通常，它们之间存在一个模糊的灰色区域，很难认定。该灰色区域主要包括以下内容：

一是政府公共权力干预所导致的违约，这个时候，是否整个交易行为（包括违约）都可得到外国法院的豁免？例如国有企业（state-owned enterprises）遵从政府指令而采取的违约措施；或者中央银行受政府紧急的外汇控制而不能实现对外国私人的如期兑现。

二是国家经营的大宗服务业，包括交通、电信、教育等领域的交

---

① See C. Schreuer. *State Immunity: Recent Development.* Grotius Publications, 17 (1988).

② See Foreign State Immunity Act, Section 1605.

③ Practical Concepts Inc. v. Republic of Bolivia, 615F, Supp. 92 at 94 (D. D. C. 1985).

④ 参见联合国文件，A/CN, 4/SER, A/1991/Add.1（Part 2），1991年中译本，第22页。

易行为能否享受外国法院的豁免？

三是涉及一国重要自然资源的交易，特别是自然资源构成国家的主要资源从而构成支柱性产业的时候，这些交易行为是否能够依据建立国际经济新秩序的要求和国家对自然资源永久主权的国际公法原则从而享有对外国法院的豁免？

对以上列举的交易行为，各个国家的法院实践非常不一致。[①] 有些国家的法院把它们判断为商业行为从而不给予豁免，有些国家则作出相反的认定。

(二) 国家商业行为判断中的国际私法问题

国家及其财产管辖豁免的商业例外中的国际私法问题主要有两个：一是商业与非商业，或者性质标准与目的标准应依被告国的法律还是法院地国的法律进行判断？其次是法院地国的管辖权问题，法院地国与整个案件事实应具有何种程度的联系？

对于第一个问题，最简单易行的办法是依据法院地国的法律作出商业与非商业的判断。但是豁免问题是一个国际法上的问题，仅仅依据一国国内法难以取得圆满公正的结果。如果法院地国完全采用性质标准，它就很难认同外国国家基于公共目的的抗辩。国际法委员会的二读草案的评注认为，决定一项合同或交易是否具有商业或非商业性质的是主管法院而不是被告国，[②] 但其在第2条第2款中规定，对于目的标准的运用，应考虑缔约一方的国家的实践。在这点上，前后出现矛盾，因为考虑被告国的实践，最终依据的是被告国的法律，而且，法院地国在不同案件中考虑不同国家的实践，其结果是失去了判断商业或非商业的统一的标准。因此，后来的讨论删除了考虑被告国实践的规定。

一项合同或交易，是属于公法性质还是属于私法性质，世界各国的法律规定相当接近。也就是说，如果各国单一采用性质标准，冲突法问题就不是很重要。分歧在于各国对目的标准的不同看法。但是，

[①] See C. Schreuer. *State Immunity: Recent Development*. Grotius Publications, pp. 26-28.

[②] 参见联合国文件，A/CN, 4/SER, A/1991/Add.1 (Part 2)，1991年中译本，第22页。

如果被告国和外国私人在交易过程中就对目的标准达成协议,那么,法院地国就可将此作为一个事实问题从而绕开法律选择的困难。

第二个问题涉及法院地国的管辖权。这是国际民商事诉讼中的基本问题,不独对国家及其财产管辖豁免有着重要的意义。有些国家,例如德国、荷兰、澳大利亚等不要求合同或交易和法院地国存在联系;而另一些国家,例如美国、英国等要求合同或交易和法院地国存在一定的联系。二读草案的第 10 条第 1 款规定,管辖权问题应由各国国际私法决定,并在评论中进一步指出,每一个国家在管辖问题上,包括其法院或其他法庭的组织和确定它们的权限方面,都是完全自主的。[①] 后来的数次讨论并没有改变此条规则。可见,草案对管辖权问题在实质上并没有作出任何规定。

为了防止不公正的挑选法院和原告对被告滥用诉权,规定诉讼案件和法院地国存在一定的联系,是合理而又必要的做法。同时,为了防止外国私人对一个主权国家滥用诉权,也应该要求豁免案件和法院地国存在一定的联系,甚至是实质性的联系。

(三) 小结

如果中国主张绝对豁免论,那么,中国国家与外国私人之间的商业交易或中国私人与外国国家的商业交易都不构成豁免的例外。但是,在现今世界法律环境中,中国如一味地坚持绝对豁免论,势必是行不通的。

限制豁免论本身是伸缩性非常强的概念,留下很大的回旋余地,我们必须结合自己的国情和现状加以接受。基于上文的分析,针对第 55 届会议上的四种分歧意见,关于商业例外,现得出如下结论:

1. 我国是发展中国家,国家在经济生活中的地位和作用特别显著,所以在性质标准与目的标准的争论中,我们不能丢弃目的标准,应力图做到目的标准与性质标准的均衡使用。性质标准与目的标准不应该有先后之分,而应统筹兼顾。

2. 两种标准达至均衡的最好办法,是对各种标准的自身作出限制。考虑性质标准时,不应该仅仅考虑交易或合同的法律形式,而同

---

① 参见联合国文件,A/CN, 4/SER, A/1991/Add.1 (Part 2), 1991 年中译本,第 36 页。

时应考虑它们的内容,因为并非所有的交易与合同形式都具有商业性质的内容。同时,为了防止目的标准无限制地趋于绝对豁免论,也应加以限制。最好的办法是双方在合同或交易的过程中达成协议,通常是由当事一方的国家作出目的标准明示保留,而外国私人相应作出反对与否的意思表示。可见,第 55 届会议中形成的第三种意见是非常可取的,这也符合合同或交易的意思自治的本质。

3. 不能无限制地保护主权国家利益,而剥夺私人在私法关系中的正当期望和信赖利益;另一方面,也不能允许外国私人对一主权国家滥用诉权,应主张诉讼案件和法院地国之间存在"实质性"的联系。如果涉及经济主权和重要自然资源的,应趋向于允许国家享有豁免权。

4. 最为重要的是,中国采取限制豁免论之后,无论是国家还是私人,在对外商业交往方面都应采取积极的态度。外国私人对我国的合理起诉,我们应积极应诉;同时,也应鼓励和支持中国私人对外国国家的合理诉讼。总之,只有积极进取,融入代表世界趋势的法律环境中去,我们才能真正受益,才能更好地维护我国国家及国民的利益。

二、国家与国有企业的关系

在国家及其财产豁免问题中,关于国家与国有企业的关系,总的原则是:国有企业或国家设立的其他实体在订立商业合同方面不享有国家豁免,只要该国有企业或其他实体具有独立法律行为能力,而且有能力起诉或被诉,并有能力获得、拥有、占有或处置财产,包括国家授权其经营或管理的财产。① 公约的二读草案第 10 条第 3 款充分体现了该原则。但是针对该条款,国际上仍然存在许多分歧:② 如果国有企业或其他实体以国家代理人身份行事,或国家作为此一国有企业或其他实体所承担的赔偿责任的担保人时,国家豁免能否不受到任何影响?如果国有企业或其他实体不具有独立法律行为能力,那么其在商业交易中是否自动享有国家豁免?我国实行社会主义市场经济体

---

① 参见联合国文件,A/C. 6/55/L. 12,2000 年中译本,第 8~9 页。
② 参见联合国文件,A/C. 6/55/L. 12,2000 年中译本,第 9 页。

制,国家和国有企业间的联系,特别是在财产问题上,目前仍处于转型期。在国家豁免问题中,我国国家和国有企业的联系引发了两个特殊重要的问题:其一,国有企业以其独立的法人资格行事,是否仍意味着我国的所有财产都要为该国有企业的对外债务负责?甚至其他的国有企业财产是否要为该国有企业的对外债务负责?其二,我国遭遇外国的诉讼时,外国法院是否可以扣押或执行中国任一国有企业财产以承担国家的对外债务?我国在国有企业的国家所有制和法人所有制问题上,立法存在矛盾和不足之处,这是导致我国企业财产被外国法院无端扣押和强制执行的重要原因,因此,完善我国的相关立法尤为重要。

(一)我国有关国家与国有企业的关系立法中存在的问题及其影响

1. 我国有关国家与国有企业的关系的立法中存在的问题

(1)两权分离,国有企业没有真正的独立法律人格。

两权分离是我国国有企业产权改革的主导思想,《全民所有制工业企业法》第2条规定:"企业的财产属全民所有,国家依照所有权与经营权分离的原则授予企业经营管理。""全民所有制工业企业是依法自主经营、自负盈亏、独立核算的社会主义商品生产和经营单位"。可见经济功能是企业的最基本功能,即实现资产的保值增值、获取最大利润是企业与其他组织的根本标志。关于财产所有权,《民法通则》第71条规定:"财产所有权是指所有人依法对自己的财产占有、使用、收益和处分的权利。"关于经营权,《全民所有制工业企业法》第2条规定:"企业对国家授予其经营管理的财产享有占有、使用和依法处分的权利。"比较而言,国家授予企业经营权以无收益权为"度"。企业无权支配收益,表明企业无独立的法律人格,是依附于国家的一个"单位"。企业的自主经营必须以企业拥有财产所有权为依托,不仅两权分离理论忽视了这一点,而且有关法律的规定也自相矛盾。例如,《民法通则》第41条规定:"全民所有制企业,集体所有制企业有符合国家规定的资金数额,有组织章程、组织机构和场所,能够独立承担民事责任,经主管机关核准登记,取得法人资格。"《全民所有制工业企业法》第2条规定:"企业依法取得法人资格,以国家授予其经营管理的财产承担民事责任";"企业财产属全民所有，国家依照所有权与经营权相分离的原则，授予企业经营管理。"而《民法通则》第 82 条："全民所有制企业对国家授予它经营管理的财产依法享有经营权，受法律保护。"以上均确认国有企业是法人，但无财产所有权，显然不符合企业法人的条件。正如《民法通则》第 36 条规定："法人是具有民事权利能力和民事行为能力，依法独立享有民事权利和承担民事义务的组织。"两权分离理论之所以陷入困境，就在于它没有揭示企业法人与企业法人财产权之间的天然联系。虽然 1993 年《中华人民共和国公司法》第 4 条规定："……公司享有由股东投资形成的全部法人财产权，依法享有民事权利，承担民事责任，公司中的国有资产所有权属于国家"，1994 年国务院公布《国有企业财产监督管理条例》时对国有企业法人财产权作了进一步规定，但都没有脱离"两权分离"的瓶颈，毕竟法人财产权只是法人经营权和法人财产所有权的一种过渡。

（2）政企不分，所有权人地位虚化。

政府集国家所有权和行政权于一身，不可避免地导致政企不分。《全民所有制工业企业转换经营机制条例》第 41 条规定："企业财产属于全民所有，即国家所有。国务院代表国家行使企业财产的所有权。"我国《宪法》第 85 条规定："中华人民共和国国务院，即中央人民政府，是最高国家权力机关的执行机关，是最高国家行政机关。"政府既是国家所有权主体，又是国家行政权主体，集所有权与行政权于一身，形成一个主体两种身份，为政府干涉企业提供了法律依据，使政府以所有权人身份凭借行政手段实现所有权，违背了所有权的行使应遵循的自愿、公平、等价有偿和诚实信用原则，违背了民事法律关系中财产所有者和其他民事主体的法律地位一律平等原则。

2. 我国相关立法的弊端所带来的负面影响

我国立法中存在的"两权分离"和"政企不分"等弊端，不仅制约社会主义市场经济的健康发展，而且使我国在国家及其财产豁免的理论与实践中授人以柄，失却国内法律依据，甚至陷入自相矛盾的尴尬境地，无法解释国家及其财产豁免中国家与国有企业的关系。在起草国家及其财产管辖豁免公约的过程中，中国代表阐述了自己的基本立场：如果国家以其名义从事以营利为目的的商业交易，则不应在外国主张管辖豁免，但如果国家是为了社会公共利益从事交易，外国法院在该国家没有明确放弃豁免的情况下对其行使管辖权,显然是不适宜的。对于国有企业依照法定的经营范围从事商业活动,国家不应承担责任。① 然而,从国家财产所有权的角度来看,上述主张失却法律依据,甚至自相矛盾。国有企业在法定范围内从事商业活动时不享有管辖豁免,其对债务的承担以国有企业的全部资产为限。而我国相关立法规定国有企业的财产所有权属于国家,由政府行使,因此,国家应对国有企业的债务承担连带责任。这实际上与"国家不应承担责任"的主张自相矛盾,使我国在国家及其财产豁免的外交实践中陷入极为被动的局面。

(二) 我国关于国家与国有企业的关系的立法对策

1. 修订相关立法,使国家享有股权,国有企业享有法人财产所有权。

在激烈的市场竞争中,公司法人人格及责任独立的基础是公司享有法人财产所有权。我国要建立现代企业制度,国有企业与私营企业一样享有法人财产所有权。因此,我国应修订《民法通则》、《公司法》、《海商法》、《全民所有制工业企业法》和《国有企业财产监督管理条例》等法律,推行公司制度,确立国有企业的法人财产所有权,实行股东所有权和企业法人财产所有权的分离。国家作为国有企业的股东,按投入国有企业的资本额享有所有者权益,包括资产受益权、重大决策权和选择管理者等权利,而国有企业享有由股东(包括国家)投资形成的全部法人财产所有权,这实际上是财产所有权和股权之间的交换。因此,通过立法认定国家对其投资于国有企业的财产只享有股权,不享有所有权,仅仅是改变了国有资产的存在形式与实现方式,国家并未丧失任何财产或者财产权益,这种改变正是国有资产与现代企业制度的契合点,也是国家对国有企业从事商业活动时不承担责任的法律依据。

2. 实行政企分开,解除国家对国有企业承担的无限责任。

由政府行使国家所有权的体制是计划经济的产物,完全背离市场经济对多元化利益主体的要求。所有权与行政权分属不同法律关系,

---

① 参见高燕平:《联合国六委 1997 年工作情况》,载《中国国际法年刊》(1991 年),第 427~428 页。

其权利属性、实现途径完全不同。在民事法律关系中，财产所有者和其他民事主体的法律地位一律平等。行政机关以行政命令行使所有权，会使所有权受制于行政权，破坏市场经济的运行机制。因而必须通过立法改变以政府为主导的计划体制，实现国家所有权与行政权主体的分离、使企业享有独立的法律地位，才能真正实行政企分开，转换企业经营机制，使企业摆脱对行政机关的依赖，也使国家解除对国有企业承担的实际上的无限责任。

（三）小结

以上主要分析了我国立法的不足。总结起来，我们应区分国家所有和法人所有，确立国有企业的法人所有制，法人对其财产享有完全的所有权、使用权和支配权，并以其财产为限对外承担责任。国家之于国有企业，作为投资者而享有公司法上的股东的全部权利和义务，以其所投资的限额对国有企业的对外债务承担责任。如果我国的国内立法能够按照上述理论理清国家与国有企业的关系，那么，在国家及其财产的豁免中，我们就可以顺理成章地得出这样的结论：国有企业在外国法院的诉讼并不影响国家及其财产本身的豁免，更不能影响其他具有独立法人资格的国有企业的法律及财产现状，国家所有的财产并不需要对国有企业的对外债务负责；国家遭遇外国法院的诉讼，外国法院不能扣押或执行国有企业的财产以承担国家的对外债务。只有这样，我们才能以充足的理由反对我国国有企业财产被外国法院的无端扣押和强制执行，才能更好地维护国家和国有企业的利益。

三、免于强制措施的国家豁免

在联合国国际法委员会讨论的草案中，"在法院诉讼中免于强制措施的国家豁免"是作为草案的第四部分出现的。对于该部分所涉及的一般性问题和各条款的具体规定，在几次委员会的审议讨论中，各国代表进行了激烈的讨论并形成不同的备选案文，现结合我国现状对争议的焦点问题进行评述。

（一）该部分公约草案涉及的基本问题

在草案讨论中，各国对于几个基本问题达成了大体一致的意见，包括案文的立法目的、立法安排和基本原则，但对基本原则中"公共秩序"条款的问题则有分歧。

1. 关于立法目的

首先草案在"免于强制措施的国家豁免"与"国家管辖豁免"两者关系上,采用了"区分说",即免于强制措施的豁免与管辖豁免在性质、法律根据以及效果上都属于不同领域的问题,因而应区别对待或处理。在对两者进行区分的同时,对外国财产的强制措施问题采取了更为严格的限制。

草案的此种态度,一方面反映出了绝大多数国家的国内立法和实践。正如公约的工作报告所表述的"国家实践已证实若干支持免于执行的豁免是独立于管辖豁免并同其毫无关联的理论"。[①] 另一方面,也是基于务实的考虑,由于免于执行的豁免可被视为国家豁免的最后阵地,对外国国家财产的任何执行措施都必然会直接触及该国的重要利益。[②]

其次,草案在立法目的中明确表示对发展中国家的国家财产应予以特别关注。目前,尤其对发展中国家来说,国家在外国财产的执行问题是关系到这些国家利益的大问题。许多包括跨国公司在内的私人诉讼当事人在工业发达国家法院提起的诉讼中,近来越来越多地通过扣押发展中国家所有、占有或使用的财产,如使馆的银行账户款项、中央银行或其他货币当局的资金,来寻求补救。有鉴于此,国家所有、占有或使用的这类财产的豁免对各国而言更为重要。[③] 我国作为对外民商事交往日益扩大的发展中大国,对草案的此种倾向无疑应予以肯定和重视。

2. 关于立法安排

对于此部分的立法,草案采用了以下三个层次的安排。首先是确立国家财产执行豁免的一般原则,即在诉讼任何阶段不得对国家财产实施执行权。其次为上述一般原则的例外,即豁免原则受几个条件制约,如符合其中任一条件,就会导致不豁免。最后,对于某些特定财

---

① 参见联合国文件,A/CN.4/SER.A/1991/Add.1(Part 2),1991年中译本,第59页。

② 转引自龚刃韧:《国家豁免问题的比较研究》,北京大学出版社1994年版,第356页。

③ 参见联合国文件,A/CN.4/SER.A/1991/Add.1(Part 2),1991年中译本,第59页。

产种类进行特别保护。由于这些财产基于本身性质决定，必须认为用于或意图用于排除任何商业考虑的政府性目的，所以将其排除在任何推定或默示同意强制措施的范围之外。公约案文中列举的这类财产有涉及国家外交职能的财产、军事性质的财产、中央银行的财产、一国文化遗产或档案、具有文化或科学或历史价值的物品展览五种。

3. 关于立法原则中的"公共秩序"问题

经几次委员会的讨论，确立了此部分的立法原则。① 但在讨论过程中，有个问题引起了代表们的争论，即是否有必要在原则中引入"公共秩序"的表述，并相应在立法中予以体现。

在1991年的二读草案中并未涉及公共秩序，但在之后的讨论中，有代表提出了这一问题，并在2000年工作组第三次会议对草案的讨论中曾将"公共秩序"明确列入了原则和备选案文中，从而引起了关注。

公共秩序是一个抽象、笼统和含糊的概念，公共秩序制度的实质在于维护内国的根本利益，内国法律和道德的基本原则，以及内国社会的基本法律秩序。② 在对国家财产执行强制措施时，允许被执行国以公共秩序来对抗，实质上给予了其拒绝执行最终裁决以一定的自由裁量空间。而过大的自由裁量权可能成为滥用的根源，从而使得公约对执行豁免的限制措施可能成为一纸空文。这也是反对者们最为担心的一点。这种担心并非没有依据。在公约的讨论中，一种适用"公共秩序"的极端看法即是主张不在国际法层面上对执行豁免进行规制，而考虑到公共政策，认为最好将执行判决的事务留交国家去做。③ 此种看法显然背离了公约的立法初衷——制止各国就此问题广泛立法，编纂各国在此领域的现有做法并推动制定一部关于国家豁免的统一法。

另一种比较温和的建议是对执行豁免原则及其限制作出规定的同时，加上"公共秩序"条款，或是进而提议在"公共秩序"一词前

---

① 参见联合国文件，A/c.6/55/L.12., 2000年中译本，第25页。

② 参见黄进、郭华成：《再论国际私法中的公共秩序问题》，载《河北法学》1998年第2期。

③ 参见联合国文件，A/c.6/54/L.12, 1999年中译本，第5页。

加上"国际"以限定其范围。就国际法委员会工作组的讨论来看，似乎反对规定"公共秩序"的主张占了上风。从2000年国际法委员会第六次会议确定的最后一轮订正案文看，条约草案未在原则及备选案文中采用"公共秩序"。

我国对此应持何种态度呢？由于国家财产的强制执行问题，直接影响一国国家的财产利益，我国应在此问题上采取比较慎重的态度。结合我国国情和公约的制定情况，笔者认为我国应积极主张在此部分条文中加入"公共秩序"的规定。

首先，立足于中国自身的角色定位。当前国际社会实践中，许多私人诉讼当事人在欧美发达国家法院提起的诉讼中，越来越多通过扣押发展中国家的财产来寻求补救。我国作为日益开放的发展中国家，在当前涉及国家豁免问题上，处于被执行国一方。加之我国市场经济体制尚有待完善，国有企业改革正在进行之中，国家财产的界定与发达国家存有差异，也易引起国有财产在涉外诉讼中被强制执行。如增加公共秩序这个"安全阀"则有利于保护我国国家财产的合法权益。

其次，从整个公约草案来看，公约的制定体现了对国家及其财产豁免的众多限制。由于对国家豁免问题的认识，各国的分歧是巨大而深刻的，如果在草案中规定过于严苛，无疑会损害普遍性国际公约的订立。而在此处设立"公共秩序"这一弹性制度，则会有助于减少分歧，消除一些国家的疑虑。

再次，就我国对公共秩序的立法、实践和理论研究而言。对于公共秩序保留制度，我国一贯持肯定态度，在立法上现已有较完备的规定，并在司法实践中有了重要案例。[①] 理论界也对此问题进行了较广泛的探讨。而且随着我国立法体系的进一步完善，司法体制改革的深入，将会更好地运用这一制度为我国涉外经济交往提供法律保障。

最后，就国际法的遵守来说，各国在处理国际往来中所发生的各项问题时，正是基于各国间相互制约平衡的因素来进行考虑和作出决

---

① 参见李健男、吕国民：《对公共秩序保留制度的反思与展望》，载《法学评论》1996年第4期。

定的。① 因而我们在设立公共秩序条款时，不必太过担心其成为自由裁量权滥用的根源。

(二) 该部分公约草案涉及的具体问题

1. 关于对判决前和判决后强制措施的区分

公约 1991 年的二读草案并未区分判决前和判决后强制措施，只是笼统地将其列入调整范围，在豁免及限制上也未区别对待。而 2000 年最后订正的草案却对此在立法上进行了明确的区分，并对判决前对外国财产的强制措施予以更多的限制。在具体条文规定上，判决前强制措施豁免只受两个条件限制，即国家明示同意和国家确定以此财产清偿；而判决后强制措施，则进一步加大了对国家豁免的限制，即通过对国家财产的分类，确定为商业用途的，则不享有豁免。②

这一问题早在 1985 年第七次报告中就有反映，当时的第一任专题报告员素差伊库就主张对两者进行区分并赋予判决前强制措施豁免更为绝对的性质，并陈述了理由。③ 但该主张在公约一读、二读草案中未被采纳。在之后的会议讨论中，又有代表提出这一问题并改变了原来草案的立法规定。当然，亦有代表对此种划分的意义提出了质疑。

由此看来，在判决前强制执行问题上，各国的实践还远远没有统一。该执行措施是在确定有无管辖权之前或判明诉讼当事人双方权利义务之前而采取的一种强制性措施，因而是一个更为敏感的问题。为了避免在此问题上引起争端，我国学者认为对判决前强制措施与判决后的执行作出区分还是有必要的。④

对于判决前强制措施，较之判决后强制措施予以更多限制，草案是采取这样一种方式加以实现的，即规定判决前强制执行问题上不能以财产的商业用途来制约豁免权。草案去掉了最容易引起争议的对国

---

① 参见李浩培：《国际法的概念和渊源》，贵州人民出版社 1994 年版，第 38 页。

② 参见联合国文件，A/C, 6/55/L. 12, 2000 年中译本，第 25～26 页。

③ 参见联合国文件，A/C, N. 4/388, 1985 年英文本，第 20～21 页。

④ 参见龚刃韧：《国家豁免问题的比较研究》，北京大学出版社 1994 年版，第 400 页。

家财产的用途界定这一制约标准。这无疑有力地保护了被执行国一方,有效防止了判决前强制措施的滥用。这样的规定对我国是有利的。因为一方面我国市场经济体制和产权改革未臻完善;另一方面,国有大中型企业对国际经济贸易法律和惯例缺乏充足的了解。现行案文的规定有助于减少我国被外国实施判决前强制措施的风险。

2. 对商业用途的国家财产的界定问题

草案对国家财产执行豁免进行了一项重大限制,即商业用途的国家财产不享有执行豁免。案文根据具体用途将国家财产分为政府非商业用途和商业用途,国家财产只能在前者范围内享有豁免。因此,如何确定国家财产为商业用途便成为一个关键问题。

从1991年二读草案来看,对国家财产的商业用途的界定主要通过以下三个方面:其一,确定国家财产与商业用途的时间关系,即国家财产现在正被用于或依"预定"用于商业用途。其二,国家财产与商业用途的地点关系,即要求国家财产须处于法院地国领土上。其三,国家财产与国家有关行为的关系,即要求财产和诉讼所基于的行为之间存在必要的联系。对于前两方面的界定,各国基本达成一致,但对于第三方面的界定,有代表持反对态度。

在这个问题上,对商业性用途在草案中界定得越清晰,相应各国在诉讼中的自由裁量权将越小。从最初的草案到新订的案文,各代表对此问题的分歧与不同也皆源于此。

早在对1986年一读草案的讨论中,一些发达国家即主张删除一读草案中关于财产与国家行为有关的上述内容。① 但国际法委员会最后还是根据多数委员的要求,在二读草案中坚持将财产与诉讼本身有关进行明确规定。在后几次的工作组会议上,仍不断有此问题的反对意见出现,并相应产生了不同的备选案文。②

我国对草案此项规定应持赞同立场。草案此条款旨在防止国内法院任意扩大对外国财产的执行扣押范围和保护外国国家财产。而围绕是否规定该项条款的争论,实质上是发达国家力图扩大其内国在判断

---

① 参见联合国文件,A/C, N.4/415,1988年英文版,第110页以后。
② 参见联合国文件,A/C, 6/55/L.12,2000年中文版,第18~20、25~26页。

国家财产商业用途上的自由裁量,而发展中国家相应对其进行反限制。鉴于国际实践中发展中国家国家豁免权被发达国家屡屡侵蚀并引发争端,我国应对该条款的规定予以支持,以期将来运用该规定有效维护我国国家财产的合法利益。

3. 关于判决履行宽限期的问题

根据最后一轮订正案文,判决履行宽限期是指当一国的法院针对另一国财产作出了终局判决后,在后者获得三个月的宽限期来执行该判决之前,执行国法院不得对后者的该项财产采取强制措施,除非适用的国际法规则另有规定。如果后者在这段期限内不服从该项判决,那么,就可针对后者的该项财产采取强制措施。在公约的一读二读草案中并无此项规定,该规定是在近几次工作组会议中经过代表团讨论,并订入最后一轮订正的备选案文中的。①

这一规定的立法要旨在于在执行国和被执行国间求取两者利益的平衡。一方面给予了被执行国一段合理的时间来履行判决,另一方面又使执行国能及时保证有关当事人获得的胜诉判决得到履行。②

就当今国际政治经济关系看,此项安排有其独到的作用。21世纪的全球图景展现出这样的画面:一方面,随着全球经济一体化,在"地球村"的时代,国家界限日渐模糊;另一方面,主权皇冠之下国家利益的维护却总在隐性地凸现,在主权林立的国际社会,主权仍是国家间交往的基石。两者必然会产生摩擦和矛盾。而在国家财产的强制执行问题上,设置履行宽限期可以缓冲两者之间的冲突,同时也是一个桥梁,可以将国际争端解决的法律方法和其他方法如政治方法结合起来,以期减少和避免国家间摩擦。

我国一贯主张和遵守国家间的和平共处原则,③ 对和平解决争端持积极态度。在国家执行豁免中,对履行宽限期的规定,有助于我国与各国在将来发生此类案件时减少纷争,因此在以后的公约讨论中应对此规定持肯定态度。尽管有代表提出,宽限期的提法会给这一期间

---

① 参见联合国文件,A/C,6/55/L.12,2000年中译本,第26页。
② 参见联合国文件,A/C,6/54/L.12,1999年中译本,第5页。
③ 参见王铁崖:《国际法引论》,北京大学出版社1998年版,第226~233页。

财产的地位增加不确定因素。① 但考虑到案文已对国家财产豁免中国家财产作了较全面的界定,这种担心似乎显得不太必要。

四、发展的趋向和我国的对策

自1978年联合国国际法委员会开始编纂《国家及其财产的管辖豁免公约》,② 至今已有二十多年了。虽然此公约草案的前景尚未明朗:究竟是通过外交会议订为有约束力的公约,还是成为一部示范法?但草案的制定过程无疑体现了该事项的国际法现状,给国内立法和实践尚处于发展和演变中的各国提供了交流和协调的讲坛。而公约案文本身是国际法委员会基于各国之间的协议和合意,对此领域国际法的"逐渐发展"。

透过国际层面的多元视角,可以看出下列趋势:

其一,在维护国家豁免的一般原则与发展对国家豁免的限制这两者之间,公约草案力图保持平衡。无论是从历次讨论发言还是形成的几次案文来看,坚持国家豁免的一般原则一直是各种立法设计的大前提。但与此同时,对国家豁免的限制亦充分得以体现。从管辖阶段到强制执行阶段,国家豁免都不再是无条件的。而从主观上讲,国家可以明示或默示放弃豁免;从客观上讲,对国家行为和国家财产的商业划分,也使得国家豁免在商业领域受到重大限制。

公约的制定实质也是豁免和限制相互制约、妥协的过程。这也反映出当前国际实践中,大多数国家都已抛弃或者正在抛弃绝对豁免原则。③ 限制豁免主义已成为一种世界性趋势,但限制豁免论却尚未被确立为国际习惯法上的规则。

其二,发展中国家与发达国家的潜在利益冲突,在公约制定中若隐若现。发展中国家由于其处于市场经济尚不完善阶段,加之在国际经济贸易分工中处于弱势地位,基于其自身的角色定位,更多关注对

---

① 参见联合国文件,A/C, 6/55/C.12, 2000年中译本,第20页。
② 参见黄进:《国家及其财产豁免问题研究》,中国政法大学出版社1987年版,第277页。
③ 参见[英]詹宁斯、瓦茨修订:《奥本海国际法》(第一卷第一分册),王铁崖等译,中国大百科全书出版社1995年版,第280页。

其本国的国家财产的保护。发达国家在外国有众多的投资，在对其跨国公司的利益保护的驱动下，则希望加强对国家及其财产豁免的限制。

其三，国际法与国内法的此消彼长。由于有关国家及其财产管辖豁免的公约的制定是对尚未确定的国际法规则进行"逐渐发展"，对于许多关键性问题，各国立法实践存在较大分歧。因此，一种倾向就是将这些争议的焦点问题交由国内法处理，而另一种倾向认为，公约的法典化形式本来就追求对该事项的全面规制，制定公约的一个初衷也即为完成一项国家豁免问题的国际统一法。两种倾向之间总会存有落差，未来完成的公约也终会反映出两者的相互渗透与制约。

对于公约的未来发展，我们将拭目以待。但我国不能坐等其成，在国家及其财产豁免问题上应该有所作为。当今世界，经济全球化趋势不断增强，国际民商事交往日益频繁，各国不可避免会遭遇国家及其财产豁免问题，因而不少国家先后制定国内立法，为自己的外交实践提供法律依据。目前，我国尚缺乏一部有关国家及其财产豁免的专门国内立法。即使将来公约对大多数国家产生效力，但仍会有许多问题留待各国国内法处理，因此我们应借鉴国际立法和外国相关立法的经验，结合正在拟订中的公约草案，尽快出台一部《中华人民共和国国家及其财产豁免法》。

总而言之，国家及其财产豁免问题仍处在不断发展的过程中。在这个问题上，中国应解决好原则性和灵活性的关系，即既要坚持国家及其财产豁免这一国际法原则，推动关于国家及其财产豁免的普遍性国际公约的订立，又要在实际的国际民商事活动中采取灵活多样的措施来协调在这个问题上同其他国家及其自然人或法人的利害冲突，从而既起到在国际民商事交往中保护我国主权和利益，又起到促进我国对外民商事关系顺利发展的作用。[①]

[①] 参见黄进主编：《国际私法》，法律出版社1999年版，第202页。

Immunities of States and Their Property: The Practice of the People's Republic of China[*]

The immunities of states and their property is a very important question both in theory and in the practice of contemporary international law. China, as a socialist big country that is playing an important role in international affairs and is now especially implementing the policy of "opening to the outside world", attracts worldwide concern for its practice in this respect. In this treatise the authors will briefly review China's practice on immunities of states and their property.

1. Domestic Legislation

Up to now, there is no special statute on immunities of states and their property in China. Nevertheless, in several laws concerning other matters a few stipulations can be found relating to state immunity.

The Law on Civil Procedure of the People's Republic of China (For Trial Implementation),① which was adopted by the 22nd Session of the Standing Committee of the 5th National People's Congress on 8 March 1982, contains one article (Article 188) that provides:

---

[*] This article was originally published in *Hague Yearbook of International Law* (Vol. 1, 1988) with co-author Ma Jingsheng.

① For the English version, see Eric Lee. *Commercial Disputes Settlement in China*, 78 *et seq.* (1985).

"With respect to civil lawsuits brought against foreign organizations or international organizations which enjoy judicial immunity, the People's court shall deal with such cases in accordance with the laws of the People's Republic of China and international treaties which China has signed or participated in."②

In respect to the question of immunities of states and their property, this article at least provides that:

(a) It does not deal definitively with state immunity itself. Whether the "foreign organizations", which enjoy judicial immunity referred to by the article could be construed as including foreign states or their subordinate institutions remains to be interpreted by the Chinese legislative organ. To the present the writers believe the term "foreign organizations" should cover at least those national institutions or other entities of foreign states which act in the name and on behalf of the foreign states themselves.

(b) When dealing with cases in which the defendant is a foreigner or a foreign institution enjoying judicial immunity, the Chinese people's court will abide by the domestic laws and the international treaties relating to immunity of states and their property that China has concluded or participated in. At present China has put into effect a few stipulations relating to the immunities of states and their property. For example, on 5 September 1986, the 17th Session of the Standing Committee of the 16th National People's Congress of China adopted the Regulations on Diplomatic Privileges and Immunities of the People's Republic of China.③ According to this municipal law, foreign diplomatic missions to China enjoy vast privileges and immunities compatible with those under the 1961 Vienna Convention on Diplomatic Relations. For instance, it provides that the premises of the embassy are inviolable and immune from search, requisition, attachment or execution (Articles 4, 6 and 10). A foreign

---

② See Eric Lee. op. cit. *supra* note 1, p. 135.

③ See *Collection of Laws of the People's Republic of China* (1986), 100 *et seq.* (Beijing: People's Publishing House, 1987).

diplomatic agent shall also enjoy immunity from the civil and administrative jurisdiction of the Chinese courts, except in the case of:

(i) an action relating to succession in which the diplomatic agent is involved as a private person; or

(ii) an action relating to any professional or commercial activity exercised by the foreign agent in China outside his official functions (Article 14).

However, the immunity from jurisdiction of the foreign diplomatic agent may be waived by the sending state, but the waiver of immunity from jurisdiction in respect of civil or administrative proceedings shall not include a waiver of immunity from the execution of the judgment, for which a separate waiver shall be necessary (Article 15). ④

This municipal law shows China's intention to affirm the principle of international law on immunity in its domestic legislation. However, at present the writers hold that the questions of state immunity and of diplomatic immunity are two different questions in international law, each of which forms an independent branch of international law, albeit that in some aspects they overlap or are the same. This is why mention was made above of the Chinese Regulations on Diplomatic Privileges and Immunities. ⑤ On the other hand, in some cases where Chinese legislation is absent, the people's court will apply the related international treaties to which China is a party. Furthermore, if such a treaty contains a provision conflicting with that of a Chinese law, the treaty provision shall be applied, unless China has made a reservation to it. In cases where there is neither a domestic law nor an international treaty to follow, the people's court would reach a decision according to the universally recognized rules of customary

---

④ See ibid., pp. 100-102.

⑤ See Huang Jin. *A Study of Immunities of States and Their Property*, Chapter 1, Section 5 (Beijing: China University of Political Science and Law Press, 1987).

international law on state immunity. ⑥

(c) When interpreting Article 188 of the Chinese Law on Civil Procedure, one should also consider Article 187 which provides:

"In the event that the courts of a foreign country impose restrictions on the litigation rights of citizens, enterprises and organizations of the People's Republic of China, the people's courts shall follow the principle of reciprocity with respect to the litigation rights of citizens, enterprises and organizations of such foreign country." ⑦

Now the question is, whether the Chinese people's courts will impose reciprocal restrictions upon the judicial immunity of a foreign state, its organs or its property if the courts of that state have done the same to China. There is no specific provision on this in the Chinese Law on Civil Procedure. For this reason, Article 188 is merely a very general provision in view of the question of immunities of states and their property.

It should be pointed out that although state immunity is a generally recognized principle of international law, there are still great divergences among different countries as to the extent and application of this principle. Moreover, it will be difficult to reach a consensus in the near future. Under such circumstances, the writers believe that China should announce its position on the issue of immunities of states and their property by its domestic legislation, in order to promote the progressive development of the international law on immunities of states and their property. ⑧

2. Treaties

Since differences and contradictions exist on the question of the

---

⑥ Cf. Article 189 of the Law on Civil Procedure of the People's Republic of China, see Eric Lee, op. cit. *supra* note 1, p. 136; and Article 142 of the General Principles of the Civil Code of the People's Republic of China (adopted by the 4th Session of the 6th National People's Congress, on 12 April 1986), see *supra* note 3, p. 53.

⑦ See Eric Lee. op. cit. *supra* note 1, p. 135.

⑧ See Huang Jin. op. cit, *supra* note 5, Chapter 6, Section 3.

immunity of states and their property in the world, the People's Republic of China fully supports the idea that in the light of mutual respect for sovereignty and equality and for mutual benefit, various countries should open consultations and reach an international agreement in order to iron out the differences. ⑨Although China adheres to the principle of absolute sovereign immunity, it nevertheless also maintains that each country may voluntarily waive its immunity. Moreover, China deems it more desirable to stipulate this waiver by concluding treaties with other countries. China believes that the contracting parties may agree to restrict their sovereign immunity in the treaty only on the basis of their own consent. This flexible stance on the part of China can be traced back to her practice in the 1950s. For instance, on 23 April 1958, the People's Republic of China concluded with the Soviet Union the Treaty of Trade and Navigation including an Annex. ⑩ The annex defined the legal status of the trade delegation of each contracting state in the territory of the other contracting state. Among other Matters, Article 4 of the Annex provided:

"The trade delegation shall enjoy all the immunities to which a sovereign state is entitled and which relate also to foreign trade, with the following exceptions only, to which the Parties agree:

(a) Disputes regarding foreign commercial contracts concluded or guaranteed under Article 3 by the trade delegation in the territory of the receiving state shall, in the absence of a reservation regarding arbitration or any other jurisdiction, be subject to the competence of the courts of the said state. No interim court orders for the provision of the security may be made;

---

⑨ See Statement by Ambassador Huang Jiahua on the Report of the International Law Commission (9 November 1983), *Collected Documents of the Chinese Delegations Attending the Conferences Concerned of the UN* (1983. 7-12), 201 (World Knowledge Publishing House, 1984).

⑩ The Annex was reprinted in *Materials on Jurisdictional Immunities of States and Their Property*, *United Nations Legislative Series* 1982, UN Doc. ST/LEG/SER. B/20, pp. 135-136.

(b) Final judicial decisions against the trade delegation in the aforementioned disputes which have become legally valid may be enforced by execution, such execution may be levied only on the goods and claims outstanding to the credit of the trade delegation". ⑪

This article affirmed the judicial immunity enjoyed by the trade delegations of both contracting states. In the meantime, however, it also stipulated that part of the immunities of the trade delegations could be waived by way of exception. This is a good example of China's position on this matter.

China will also comply with international conventions containing provisions on the immunities of states and their property to which it has become a party. For example, Article 9 of the 1969 International Convention on Civil Liability for Oil Pollution Damage⑫ provides that the courts of the contracting states where an accident has caused pollution damage possess jurisdiction to entertain actions for compensation for such damage. In connection with this article, Section 1 of Article 11 of the convention stipulates:

"The provisions of this convention shall not apply to warships or other ships owned or operated by a state and used, for the time being, only on governmental non-commercial service". ⑬

This means that such state-owned ships, when used in public and non-commercial service, are immune from the jurisdiction of the courts of the contracting states. On the other hand, Section 2 of Article 11 provides:

"With respect to ships owned by a contracting state and used for commercial purposes, each state shall be subject to suit in the jurisdiction set forth in Article 9 and shall waive all defenses based on its status as a sovereign state".

---

⑪ Ibid.

⑫ This convention was signed on 29 November 1969 at Brussels. See 9 ILM, 45 *et seq.* (1970).

⑬ Ibid.

That is to say, each contracting state shall waive its immunity from the jurisdiction of the foreign courts in lawsuits against its state-owned ships if they are engaged in commercial activities. Since China has participated in this convention, we shall certainly comply with these provisions and assume its international obligations of waiving its state immunity in this respect.

The same is true with regard to the 1944 Chicago Convention on Civil Aviation,[14] to which China acceded on 15 February 1974. According to Article 3, the Chicago Convention is not applicable to state aircrafts used in military, customary and police services. It is justified, therefore, to infer that state-owned or state-operated aircrafts that are engaged in activities other than the public services mentioned above, shall be deemed to be civil aircrafts, in which case the Chicago Convention is applicable. Under such circumstances the foreign state-owned or state-operated aircrafts will not be allowed to plead sovereign immunity and are accordingly subject to the jurisdiction of the courts of the other contracting States.[15]

In addition to the above-mentioned conventions, China has also become a party to many other international conventions that contain provisions relating to immunity. Among these are the 1961 Vienna Convention on Diplomatic Relations[16] and the 1963 Vienna Convention on Consular Relations.[17]

It can be expected that China will abide by those conventions, including, of course, the provisions on the immunities.

Since 1978, the International Law Commission of the United Nations has been preparing a draft convention on the jurisdictional immunities of

---

[14] This convention was signed at Chicago on 7 December 1944. See Wang Tieya and Tian Ruxian. *Selected Materials on International Law* 496 et seq. (Beijing: Law Publishing House, 1982).

[15] Ibid., p. 497.

[16] This convention was signed at Vienna on 18 April 1961. See Wang Tieya and Tian Ruxian. op. cit. *supra* note 15, p. 599 *et seq.*

[17] This convention was signed on 24 April 1963. See Wang Tieya and Tian Ruxian. op. cit. *supra* note 15, p. 614 *et seq.*

states and their property. The People's Republic of China appreciates the sincere efforts made by the International Law Commission, and hopes that the Commission, while adhering to the principle of international law of state immunity and taking full account of today's world reality and general practice, especially the practice of the third world countries, will have recourse to full consultation in order to coordinate the different views and stands and to work out a generally accepted international convention. [18]

3. Diplomatic Practice

Until now, the people's courts of China have not handled any cases involving the immunities of states and their property. It is therefore difficult to study China's practice in this respect. Since the founding of the People's Republic of China in 1949, however, China has more than once met with lawsuits against itself or its property in the courts of foreign countries or regions. The Chinese Government has on those occasions clearly and definitely declared its stand and attitude towards the question of the immunities of states and their property.

3.1 Cases before 1960

In 1949, the Chinese people, led by the Communist Party of China, finally established the Peoples' Republic of China. According to international law, it was natural that the Central People's Government of the People's Republic of China had the sacred and legitimate right to succeed to all of the Chinese national property both within and outside the territory of China. [19]

It was with this background that the government of the People's

---

[18] See Statement by Ambassador Huang Jiahua, op. cit. *supra* note 9, pp. 198-205.

[19] Cf. Zhou Gengsheng. *International Law*, 132-133 (Beijing: Commercial Press, 1976).

Republic of China found itself involved in several lawsuits in the courts of foreign states or regions against its state property in the early 1950s. For example, Civil Air Transport Inc. v. Central Air Transport Co-operation (1953) and Civil Air Transport Inc. v. China National Aviation Corporation (1953).[20] the "Yonhao" Oiltanker Case (1951),[21] Bank of China v. Wells Fargo Bank and Union Trust Co. (1952),[22] and the American Express Company Case (1953).[23]

The Central People's Government of the People's Republic of China struggled resolutely to safeguard China's right of state immunity and its national property.

The case concerning the assets of two Chinese civil aviation corporations may be summarized as follows: after the founding of the People's Republic of China on 1 October 1949, the Central Air Transport Corporation and the China National Aviation Corporation, which belonged to the Ministry of Communications of the former Chinese Nationalist Government, withdrew part of their airplane fleets to Hong Kong from mainland China. On 19 November 1949, the employees of these two corporations in Hong Kong declared to submit themselves to the Central People's Government of China. They also took physical control of the airplanes in Hong Kong for the Central People's Government of China. On 3 December, premier Zhou En-Lai of the Government Administration Council of the Central People's Government, issued a statement, in which he pointed out:

"The China National Aviation Corporation and the Central Air

---

[20] See Johnson. 29 BYIL, 464(1952), and Mann. 16 MLR, 226(1953). Also, *The International Law Quarterly* 1951, pp. 159-177, and 1953, pp. 136-143; Zhou Gengsheng. op. cit. *supra* note 20, pp. 160-163.

[21] See *Documents on Foreign Relations of the People's Republic of China* (in Chinese), Vol. 2, 14-17 (Beijing: World Knowledge Publishing House, 1958).

[22] See *Bank of China v. Wells Fargo Bank and Union Trust Co.*, 104 Supp. 59 (N. D. Cal. 1952). See also *supra* note 22, pp. 211-212.

[23] See *supra* note 22, pp. 137-138.

Transport Corporation have already been transferred to the Central People's Government of the People's Republic of China and been directly subjected to the Civil Aviation Administration of the Central People's Government. It is only the Central People's Government of China and its entrusted persons that have the right to dispose of the retained assets of the two aviation corporations in Hong Kong".

"This sacred property right of the Chinese Central People's Government should be respected by the Hong Kong Government". ㉔

In the mean time, however, the British Government joined the United States Government and the Taiwan authorities and plotted against the People's Republic of China. As a first step, the Taiwan authorities illegally sold in their own name all the assets of the two Chinese aviation corporations to two American citizens: Mr. Chanault and Mr. Whiting Willauer. They in turn "resold" the assets to the so-called Civil Air Transport Incorporation which was registered in the United States and in fact directly controlled by Chanault and Whiting Willauer themselves. In January 1950, the Civil Air Transport Incorporation filed a suit against Mr. Chanault and Mr Whiting Willauer in a Hong Kong court, alleging that the defendants had failed to deliver the assets on schedule.

Meanwhile, on 6 January 1950, the British Government formally recognized the government of the People's Republic of China as the *de jure* government of China. The trial court and the Court of Appeal of Hong Kong accordingly dismissed the plaintiff's claim on the basis of the principle of sovereign immunity. But on 10 May 1950, the British Privy Council issued an Order in Council to the effect that there still existed disputes over the ownership of the assets, and providing for the Hong Kong courts to render a decision on this issue. The Order also maintained that "it would be no bar to jurisdiction in any case concerning the aircraft that a foreign state was impleaded", Moreover, the Order even provided that before the court

---

㉔ *Documents on Foreign Relations of the People's Republic of China*, Vol. I, 88 (in Chinese) (Beijing: World Knowledge Publishing House, 1957).

rendered a decision, the Governor of Hong Kong might attach these aircrafts and enforce the judgment after the court had laid down the final decision. ㉕

On 17 May, the Chinese Deputy Minister of Foreign Affairs sent a letter to the British representative, who was negotiating to establish Sino-British diplomatic relations in Beijing, to protest seriously against the injunction of attachment of the Chinese airplanes issued by the supreme court of Hong Kong. ㉖ Thereafter, the Chinese Government refused to appear in the HongKong courts or in the British Privy Council to defend the case.

On 28 July 1952, the British Privy Council, rendered the final default judgment in favour of the US Civil Air Transport Incorporation. On 8 October of that year, the Supreme Court of Hong Kong rendered another decision on the case of Civil air Transport Inc. v. China National Aviation Corporation, ordering that the defendant's assets be transferred to the plaintiff. The Chinese Government strongly protested against these unlawful decisions of the courts. The Chinese Government declared:

"The British Government has no right of jurisdiction over the assets of the two Chinese aviation corporations retained in Hong Kong. Neither does it have any right to infringe upon, impair or transfer them. The British Government must immediately stop its illegal acts against the sovereignty of the People's Republic China."㉗

In opposing the unlawful decisions of the British courts on the assets of the two Chinese aviation corporations, the Chinese Government denounced the British Government's violation of both the sovereign right of the People's Republic of China to succeed to its state property and of the principle of international law of immunities of states and their property. With respect to the latter question, China's position in the cases

---

㉕ See *The International Law Quarterly* 1051, pp. 159-177.

㉖ See *supra* note 25, pp, 121-122.

㉗ See *supra* note 22, p. 85.

concerning the two Chinese aviation corporations was that, according to the principle of government succession, the assets of the two corporations retained in Hong Kong were Chinese state property; that accordingly these assets were entitled to immunity under international law; and that the courts had titled to immunity under international law; and that the courts had no jurisdiction over them. It was an absolutely illegal act of the British Privy Council and the courts of Hong Kong to even hear the so-called claims on the property right of the assets of the two Chinese aviation corporations and to further attach and to enforce the judgments on these Chinese state properties.

Another famous case, the "Yonghao" oiltanker case,[28] also happened in the early 1950s. On 18 march 1950, the Chinese Minister of Communications issued a statement on behalf of the Chinese Government, declaring that all vessels anchoring in the various foreign ports that were owned by the previous Nationalist Government and by the Chinese bureaucratic capitalists had already been transferred to the People's Republic of China and subject directly to the Ministry of Communications of the Central People's Government; that only the Chinese Central People's Government and its entrusted persons had the right to deal with these vessels; that no other persons or organizations should be allowed to infringe upon, impair, attach or transfer the vessels or interfere with their movement by any means; and that this sacred right of the Chinese Central People's Government should be respected by all of the foreign governments.[29] Thus, the "Yonghao" oiltanker which was owned by the former Shanghai China Oiltanker Corporation run by the former Chinese Nationalist Government had become the state property of the People's Republic of China and enjoyed jurisdictional immunity. In july 1948, the "Yonghao" oiltanker anchored in Hong Kong Huang-pu shipyard which was owned by a British businessman. In April 1950, th crew of the oiltanker submitted to the

---

[28] See *supra* note 22.
[29] See *supra* note 22, p.111.

leadership of the Central People's Government. However, in march 1951, when the repair work was about to be completed, the Huang-pu Shipyard plotted with the Taiwan authorities and brought an action *in rem* in a Hong Kong court, claiming the ship's title for the Taiwan authorities. In opposing this unlawful act, the Chinese Minister of Communications issued a statement on 14 March. On 7 April, the British authorities in Hong Kong, relying upon the so-called "Emergency Act", went so far as to "requisition" the oiltanker for the "public interest", and transferred it to the British Royal Navy. Regarding to this illegal act of violation of the immunity of Chinese state property, the Chinese Deputy Minister of Foreign Affairs made a solemn statement, sharply denouncing the British Government's act of "flagrant robbery" of the People's Republic of China, and lodging a serious protest thereof. ㉚

In the early days of the founding of the People's Republic of China, a few countries used the pretext of non-recognition of the People's Republic of China to deny China's right of immunity of the state and its property. For example, in the case of Bank of China v. Wells Fargo Bank and Union Trust Co. (1952), ㉛ concerning the deposit of more than US $ 600,00 of the old Bank of China in the defendant Bank, although the Government of the PRC had taken over all the property of the old Bank of China, the Californian State Court of the United States awarded the money to several former directors of the old Bank of China who had already been dismissed and had fled to the United States.

In fact, in international law, recognition of a new state or a new government has only declaratory effect and does not affect the latter's existence of the new state or government. The immunities of states and their property are derived from the principle of sovereign equality. Therefore, it has been confirmed in the practice of many countries that non-recognition of one state by another state does not imply a negation of the former sovereign

---

㉚ See *supra* note 22, pp. 14, 16.
㉛ See *supra* note 23.

immunity. Thus, in the case of the American Express Company Case, the Postmaster General of the China General Post Office issued the flowing statement on 20 June 1953, to protest against the illegal judgment of the American court:

"Without the consent of the China General Post Office, any disposition made by the American Government or its judicial organs of any right or interest of the former China Post Deposit and Remittance Office in the American Express Co. and other banks shall be null and invalid. The China General Post Office shall reserve all of Rights to recover all the losses."[32]

In this case it is clear that China insisted that any Chinese state property obtained by the People's Republic of China, in accordance with the international law shall be exempt from the jurisdiction of foreign courts, unless China has waived such immunity beforehand.

In 1957, in the case of Beckman v. the People's Republic of China[33] heard by the Swedish Supreme Court, the Chinese Government once again clarified its position on the question of sovereign immunity. The plaintiffs in this case, Carin Beckman and Ake Beckman, who were the children of Benget Johansson, applied to the City Court of Stockholm for a summons against the People's Republic of China. They held that on 4 October 1954 certain real property situated in Stockholm and belonging to the estate of their deceased father had been sold to the People's Republic of China by the administrations of the estate of their late father without their consent and in spite of their protests. They further alleged that the sale had not been required for the administration of the estate and that it had been disadvantageous to them, on this ground they demanded that the purchase—for which the King in Council had granted permission on 17 September

---

[32] See *supra* note 24.

[33] This case was reprinted in *Materials on Jurisdictional Immunities of States and Their Property*, United Nations Legislative Series 1982, UN Doc. ST/LEG/SER. B/20, at. 426-427.

1954—should be declared invalid.

During inquiries by the Royal Swedish Ministry for Foreign Affairs, the Chinese Embassy declared that it pleaded diplomatic immunity and that it was not willing to enter a defense.

The City Court of Stockholm thereupon held that the application for a summons against the People's Republic of China must be rejected, because the dispute in the case "is of such a nature that the Republic is entitled to immunity". On appeal, the Court of Appeal held that the ruling of the City Court must be upheld.

On further appeal to the Supreme Court, the Court examined the general practice of both Sweden and of other major foreign countries, and decided:

"As the property in this case is used by the Republic for its Embassy in this country, and the Republic for this reason must be regarded as entitled to plead immunity from the action brought by Carin and Ake Beckman, the Court upholds the ruling of the Court of Appeal".[34]

This case differed from those of the early 1950s in that it concerned with a real estate owned and used by the Chinese Embassy. According to a well established principle of international law, the premises and other property of foreign embassies are entitled to absolute diplomatic immunity.

The cases discussed above represent the practice of the People's Republic of China before the "Great Cultural Revolution" of 1966-1976. They clearly showed that China upheld the principle of absolute sovereign immunity and immunity of state property.

3.2 Chinese Practice Since the Policy of "Opening to the Outside World" in 1979

After the "Great Cultural Revolution" from 1966 to 1976, China began to adopt the policy of "opening to the outside world". Since 1979, there has been a steady increase in intercourses of economic and other civil

---

[34] Ibid., at 427.

affairs between China and foreign countries. Several cases involving the sovereign immunity of China and its property have also occurred. Some of them have even affected China's foreign relations to a certain extent, the most significant of which are Scott v. the People's Republic of China[35] (the "Fireworks Case" as it is called in China), Paterson, Zochonis (UK) Ltd. v. Compania United Arrow, SA[36] and the Huguang Railway Bonds Case (1982).[37] We will give a short introduction with comments to each of these cases.

The incidents in the Firework Case occurred in the United States in 1977. On 2 July of that year, M. Scott, an American young man, held a China-made firecracker in his hand and his friend lighted it. They intended to set it off in an open area, but it suddenly turned aside and flew towards M. Scott's younger brother, the seventeen-year old Dean Scott who was standing nearby, and injured his right eye. In June 1979, Dean Scott's parents, acting as his legal guardians, instructed their attorney to lodge a suit in the Federal District Court for the Dallas District of Texas. They took the People's Republic of China as the first defendant who, they believed, was the manufacturer of the fireworks, and the Foreign Minister of China as its agent *ad litem*. They also took the Far-east Import Corporation, which had imported the fireworks, as the second defendant, and the retailer as the third defendant. The plaintiffs claimed damages of US $1,000,000 for the injury incurred and punitive damages of US $5,000,000 from the defendants. The US court served the summons on the Chinese Foreign Minister via the American Embassy in Beijing, but it was rejected by the Chinese Foreign Ministry. The Chinese Government then sent a note to the US Department of State, claiming that the People's Republic of China, "is a sovereign state and invokes the doctrine of sovereign immunity, and thus

---

[35] See No. CA3-79-0836-D(N.D.Tex. Filed (29 June 1979).

[36] See 493 F. Supp. 621 (S.D.N.Y.1980).

[37] See 550 F. Supp. 869 (N.D.Ala.1982).

cannot be sued as a defendant." ㊳ Later, the proper Chinese organ concerned filed a bill of defence in the US court on the basis of facts and law. It pointed out that as for the question of immunity of states and their property, all independent sovereign states were equal under international law. Therefore, one state could not exercise jurisdiction over another state unless the latter had consented. That was the principle of sovereign immunity. For that reason, China as an independent sovereign state should enjoy total sovereign immunity. Without China's consent, the US Court should not exercise jurisdiction over the People's Republic of China as a defendant. The bill of defence also remarked that it was the China National Native Produce and Animal By-Products Import and Export Company that was engaged in the fireworks exporting trade. This company was an independent legal person with its own rights and duties, and was able to sue or to be sued in the court independently. Whereas the Chinese Government itself was not the manufacturer of the fireworks, nor dealt with the fireworks exporting trade, it was clearly wrong to name the People's Republic of China as a defendant in the lawsuit. ㊴

In dealing with this litigation the Chinese Government's stand can be summed up as follows:

(a) China adheres to the general principle of international law of immunities of states and their property because it derives from the sovereign equality of all states. Without China's consent, therefore, no foreign country shall exercise jurisdiction over China or its state property. Nor will China accept any country's compulsory jurisdiction contrary to the

---

㊳ Memorandum of Law in Support of Dismissal of the Action Based upon the Sovereign Immunity of the Defendant (prepared by attorneys for the China Council for the Promotion of International Trade) filed on 19 November 1982, at 3, *Scott v. the People's Republic of China*, No. CA 3-79-0836-D(N. D. Tex. Filed 29 June 1979).

㊴ See Liang Chuanyu. *American Dean Scott v. the People's Republic of China Case*. in *Shanhai Judicial Journal*, No. 3 (1984). See Also Jill A. Sgro. *China's Stance on Sovereign Immunity: A Critical Perspective on Jackson v. People's Republic of China*. 22 CJTL, 127-28 (1983).

international law.

(b) Although as a sovereign state, China itself cannot be sued in a foreign court, the China National Native Produce and Animal By-Products Import and Export Company (a state company) is an independent legal person capable of taking a litigation in a foreign court. This is a crucial argument which indicates that China intends to separate the legal status and responsibilities between the state itself and that of the state enterprises. The state itself enjoys sovereign immunity whereas state enterprises as independent legal persons do not.

Coincidently with the fireworks case. Another US Federal Court was hearing Paterson, Zochonis (UK) Ltd. v. Compania United Arrow, SA, which also raised the question of China's sovereign immunity. In 1976, a number of goods had been shipped from Dalian port and Fuzhou port in China to Chinese Hong Kong and then transshipped on board another ship, which belonged to a Hong Kong shipping company and was bound for Nigeria on 20 March 1977, the ship sank near the coast of South Africa. Consequently, more than forty consignees of the goods brought an action in the US Federal District Court for the Southern District of New York. They claimed indemnity of losses from the China Ocean Shipping Company, a Japanese company, the Hong Kong's shipping company, etc.

On 30 january 1980, the said US court dismissed the plaintiff's request of entering a default judgment against the China Ocean Shipping company. In its decision the court explained that the plaintiffs (none of them were United States nationals) demanded a judgment by default against the China Ocean Shipping Company, whereas the latter requested the court to dismiss the suit. It held that the China Ocean Shipping Company was subject to the Ministry of Communications and belonged eventually to the State Council of the People's Republic of China. It was therefore a foreign state organ. However, according to the 1976 US Foreign Sovereign immunities Act,[40] foreign state organs were not immune from the

---

[40] See 493 F. Supp. 621 (S. D. N. Y. 1980).

jurisdiction of the US courts in any case, in which the action was based on:

(a) a commercial activity in the United States by the foreign state;

(b) an act performed in the United States in connection with a commercial activity of the foreign state elsewhere;

(c) an act outside the territory of the United States in connection with a commercial activity of the foreign state elsewhere which causes a direct effect in the United States. [41]

In the case before the court the action was based neither on a commercial activity carried on by the defendant China Ocean Shipping Company in the United States, nor on an act performed by it in the United States in connection with a commercial activity, carried on elsewhere. Moreover, even the plaintiffs admitted that the incidents which occurred in this case had not caused any direct effect in the United States. The US court held, therefore, that the provisions of the US Foreign Sovereign Immunities Act concerning commercial activities were not applicable here, which meant that China Ocean Shipping Company enjoyed judicial immunity.

It should be stressed that although the US court ruled that the China Ocean Shipping Company was a state organ and enjoyed judicial immunity, it did not reach such a decision simply because this company was a state organ, but because under the US Foreign Sovereign Immunities Act the Chinese company's commercial activities had no direct or indirect connection with the United States, in which case the US court had no jurisdiction over it.

Pending the trial process of this case, the defendant China Ocean Shipping Company had appeared in the court and pleaded immunity. [42] This was really inconsistent with China's practice in the Fireworks Case. Although the China Ocean Shipping Company is a state enterprise subject to

---

[41] Cf. sec. 1605(a)(2) of the 1976 US Foreign Sovereign Immunities Act. 28 USC Sections 1330, 1602-1611 (1976).

[42] See Jill A. Sgro. *op. cit. supra.* note 39, at. 126.

the Ministry of Communications of China, it conduct its business as an independent legal person. Judicially speaking, it is an independent economic and legal entity capable of carrying on foreign trade in its own name, thus independently assuming legal responsibilities. For this reason we should distinguish such a state company, both in legal status and in legal responsibilities, from the sovereign state and government as well as from the governmental departments that supervise the state companies and enterprises.

The reason for such inconsistency in China's practice is that until the early 1980s, China had only a few laws or provisions regarding its legal person system. Since then China has carried on a full-scale economic structural reform and has stepped up its efforts of legislative work in general and of the legislation of civil and economic laws in particular. As a result, the legal person system has been gradually established and perfected. For example, on 30 January 1982, China promulgated the Regulations of the People's Republic of China on the Exploitation of Offshore Petroleum Resources in Cooperation with Foreign Enterprises,[43] of which Section 2 of Article 5 provides as follows:

"The China National Offshore Oil Company shall be a state corporation with the qualifications of a judicial person, and shall have the exclusive right to explore for, develop, produce and market the petroleum within the zones of co-operation with foreign enterprise."[44]

This provision indicates that China began to distinguish in its legislation the legal status and responsibilities of corporations from those of the state itself or from those of the supervisory governmental organs. On 1 April 1983, the State Council of China promulgated the Interim Regulations

---

[43] For the English version, see the China Investment Guide 1986 prepared by China International Economic Consultants, Inc. ,475-79 (Lonon: Longman).

[44] Ibid. , at. 476.

on State-Owned Industrial Enterprises,㊺ which in Article 8 also provided:

"A [state] enterprise shall be a legal person, and the director shall be its legal representative. In accordance with the law, the enterprise shall exercise its legitimate right to possess, use and dispose of the state property that is assigned by the state to be under its management or administration. It shall carry on the business activities on its own decision, assume the responsibilities prescribed by the state, and be able to sue or to be sued in the court independently."㊻

This stipulation has an important significance because it confirms the legal status of Chinese state companies or enterprises as separate legal persons.

Another major step forward was taken on 12 April 1986, when the 4th Session of the 6th National People's Congress adopted the General Principles of the Civil Code of the People's Republic of China. ㊼ This is the first basic law in the field of civil legislation of China. Chapter Three of this code specifically formulates the legal person system. For instance, Section 1 of article 36 provides:

"A legal person is an organization which has the capacities of civil rights and of civil disposals, and which can independently exercise its civil responsibilities in accordance with law."㊽

Section 1 of Article 41 stipulates:

"State-owned enterprises and collectively owned enterprises, having the required amount of capital set by the state, a document of the Articles of Association, and their own institutions and residence, and being able to undertake civil responsibilities independently, shall acquire the status of

---

㊺ See *Selected Materials on Economic Law* (in Chinese), 174-86 (the Masses Publishing House, 1986).

㊻ Ibid. at 175; unofficial translation by the authors.

㊼ See *supra* note 3, at 24-56.

㊽ Unofficial translation by the authors. For the standard English transcript, please check China's official publication, op. cit. *supra* note 3, at 32-33.

legal person after having been verified and registered by the authorities concerned."⑭⑨

Article 48 further provides:

"The state-owned enterprise which is a legal person shall undertake civil responsibilities within the limit of the property assigned by the state to be under its management or administration..."⑤⓪

It is thus well established in the above-mentioned Chinese laws that China's state corporations are independent legal persons separate from the state and the government. However, in China's current international economic transactions, there have been a number of foreigners or foreign judicial or administrative organs who have confused in a legal sense China's state enterprises with the state or the government itself, inadvertently or not, in order to make them bear civil liability jointly. For example, in Paterson, Zochonis (UK) Ltd. v. Compania United Arrow, SA, the US Federal District Court for the Southern District of New York concluded that the China Ocean Shipping Company was subject to the Ministry of Communications of China and ultimately was under the leadership of the State Council, so that it was a foreign state organ. Obviously, the US court confused the Chinese state corporation—which was an independent legal person—with the government itself. If the US court had been right and supposing the China Ocean Shipping Company has really carried on certain commercial activities which has a direct or indirect connection with the United States, needless to say that the company would have been sued, and even the Ministry of Communications of China or the Chinese Government could have been summoned as defendants. In other words, if the US court had held that it had jurisdiction over the China Ocean Shipping Company, then the plaintiffs could have claimed damages not only against the defendant company, but also against the Ministry of Communications or the Chinese Government itself. For this reason, we can

---

⑭⑨ Ibid.
⑤⓪ *Idem.*

see that when dealing with the question of immunities of states and their property, China must draw a clear distinction between the legal status and the legal responsibilities of the state or its organs on the one hand and those of state corporations or enterprises on the other hand.

The Huguang Railway Bonds Case or Russell Jackson et al. v. the People's Republic of China,[51] was an important case recently concerning China's sovereign immunity. In November 1979, Russell Jackson and eight other United States citizens filed a suit against the People's Republic of China in the US District Court for the Northern District of Alabama. The alleged facts in this case were the following: in 1911, just before its downfall, the Chinese Qing Dynasty contracted with a consortium of British, German, French and American banks and financiers in order to borrow six million (6,000,000) pounds sterling for the building of the Huguang railway. The Qing Government authorized these foreign banks to distribute and sell sterling bearer bonds on the financial market on behalf of the Qing Government. These were so called 5% Huguang railways sinking fund gold loan bearer bonds, or the Huguang railway bonds for short. The interests were in default in 1938, the principal was due and also in default in 1951, pending this period the People's Republic of China had claimed no recognition and no repayment of all the "odious debts" incurred by the former Chinese Qing Government. After almost thirty years, however, the plaintiffs began a class action and claimed US $ 100,000,000 repayment for the overdue principal of the bonds, plus interests and litigation costs. The US Federal District Court for the Northern District of Alabama accepted the suit and served the summons on the People's Republic of China on 13 November 1979, addressing it directly to Chinese Foreign Minister Huang Hua. It ordered the People's Republic of China to file a bill of defense with the court within twenty days following the receipt of the documents. Otherwise the court would enter a judgment by default. The Ministry of Foreign Affairs of China rejected the "summons" and returned all the

---

[51] See 550 US F. Supp. 869(N. D. Ala. 1982); 22 ILM,75(1983).

documents to the Department of State. Consequently, the US court issued a judgment by default on 1 September 1982, for the plaintiff bondholders.

In diplomatic documents delivered to the US Government, the Chinese Government repeatedly stated its position on this case as well as on the question of immunity of states and their property. On 9 November 1982, the Chinese Embassy in Washington stated with regard to the "Default Judgment, Memoranda Opinion, and Notice of Default Judgment" of the US District Court for the Northern District of Alabama and transmitted by the US Department of State:

"1. In accordance with the principle of equality of all countries as stipulated in international law, the People's Republic of China, as a sovereign state, is entitled to enjoy judicial immunity. It will accept no suit filed against it by any person at a foreign court, nor will it accept judgment against it by any foreign court;

...

4. The Chinese Government asks the US Government to take effective measures immediately to prevent the development of the situation and revoke the above unreasonable judgment. Should the US court execute the judgment forcibly and attach China's properties in the United States, the Chinese Government will reserve its right to take corresponding measures. The US side must be held responsible for all the consequences arising there from."

On 2 February 1983, the Chinese Minister of Foreign Affairs Wu Xueqian delivered an *Aide Mémoire*[52] to the US Secretary of State George Shultz during his visit to China, reiterating China's stand, The *Aide Mémoire* pointed out:

"Sovereign immunity is an important principle of international law. It is based on the principle of sovereign equality of all states as affirmed by the Charter of the United Nations. As a sovereign state, China incontestably

---

[52] The text of the *Aide Memoire* was translated into English, in *China Daily* of 10 February 1983; also in 22 ILM, 81 (1983).

enjoys judicial immunity. It is in utter violation of the principle of international law of sovereign equality of all states and the UN Charter that a district court of the United States should exercise jurisdiction over a suit against a sovereign state as a defendant, make a judgment by default and even threaten to execute the judgment. The Chinese Government firmly rejects this practice of imposing US domestic law on China to the detriment of China's sovereignty and national dignity. Should the US side, in defiance of international law, execute the above-mentioned judgment and attach China's property in the United States, the Chinese Government reserves the right to take measures accordingly."㊾

In August 1983, the Chinese Government appointed a private American counsel to enter a special appearance at the US court to move for relief of the default judgment and to oppose the court's jurisdiction over China. The counsel argued that the rule of absolute sovereign immunity was a rule of international law established long ago by consistent practice in the past.

Modern practice did not consistently act against this rule. In fact, many sovereign states adhered to the rule of absolute sovereign immunity, including the People's Republic of China, Japan, the Soviet Union, Venezuela, Brazil, and other countries. Thus the rule of absolute sovereign immunity remained a valid rule of international law, and the United States had no right to disregard it. The attorneys for the People's Republic of China also declared:

"(1) the People's Republic of China reserves its right under all circumstances to maintain its absolute defense of sovereign immunity; and

(2) nothing contained in any documents filed with this court or any arguments made before this court shall be deemed to waive the objection of the People's Republic of China to the jurisdiction of this court or to consent to the jurisdiction of this court. Any document or argument that might be deemed to subject the People's Republic of China to the jurisdiction of this

---

㊾ Ibid., see para. 3.

court is hereby void and unauthorized."

On 27 February 1984, the US District Court for the Northern District of Alabama finally revoked its judgment by default. The plaintiffs then appealed to the Court of Appeal for the Eleventh Circuit, but were dismissed on 25 July 1986. The plaintiffs again appealed to the US Supreme Court for a "Writ of Certiorari". On 9 March 1987, the US Supreme Court also dismissed the appeal, thus finally bringing the case to an end.

In the Huguang Railway Bonds Case at least three new points can be drawn from the Chinese Government's approach on the issue of immunities of states and their property. First, it is the first time that the Chinese Government formally declared that China adhered to the principle of absolute sovereign immunity. Second, it is the first time that the Chinese Government detained foreign private attorneys to enter a special appearance by counsel in a foreign court to oppose its jurisdiction over China. Such a special appearance should not be interpreted as an acceptance by China of the foreign court's jurisdiction. Thirdly, the Chinese Government has repeatedly stated in diplomatic documents to the United States that if the US court should execute the so-called default judgment and attach China's property in the United States, the Chinese Government would accordingly take corresponding measures. This means that China will take retaliatory measures against those countries that impair China's sovereign immunity in violation of international law.

4. Conclusions

China's position and approach to the question of immunities of states and their property can be briefly summed up as follows:

Firstly, China believes that immunities of states and their property is a principle of international law, and it opposes the doctrines of "restrictive immunities" or even that of "abolishing immunities".

Secondly, China insists on the sovereign immunity of the state *per se*, which means that all activities carried on in the name of the state should enjoy immunity, unless the state voluntarily waives its immunity. This is the principle of absolute sovereign immunity.

Thirdly, in its present-day practice, China distinguishes the state's own activities from the activities of state corporations or enterprises and the property of the State Treasury from the property of state corporations or enterprises. China deems that those state corporations and enterprises are separate economic entities with their own independent legal status, so they should not enjoy sovereign immunity. This shows that the doctrine of absolute sovereign immunity which China adheres to is already a revised one. In other words, it is not the absolute doctrine in its original meaning.

Fourthly, China advocates the approach of concluding international agreements among different countries in order to iron out differences on the question of immunities of states and their property.

In the fifth place, if a foreign state would impair the immunities of China and its state property in violation of international law, China will take appropriate counter-measures against that country.

Finally, a special appearance entered by China in a foreign court for the purpose of objecting its jurisdiction should not be deemed an acceptance of its jurisdiction.

第四编 宏观国际法学论

区际私法探究

区际法律冲突初探*

一、区际法律冲突的产生及其条件

区际法律冲突是在一国内的涉外民事法律关系中产生的,是指在一个国家内部不同地区的法律制度之间的冲突,或者是在一个国家内部不同属地性法域之间的法律冲突。区际冲突法则通常通过解决区际法律冲突来实现调整这种涉外民事法律关系的目的。

所谓涉外民事法律关系,就是法律关系的主体、客体和内容这三个要素中含有一个或一个以上的涉外因素的民事法律关系。我们这里讲的"涉外因素"与国际私法上讲的"涉外因素"(foreign element)有所不同,后者讲的"涉外因素"一般是指涉及外国的因素,而前者讲的"涉外因素"是指涉及一国内"外法域"或者另一个法域的因素。不过,在英美普通法系国家,学者们把这两者等同起来,他们讲的"涉外因素"既是指涉及外国的因素,又是指涉及一国国内的外法域因素。例如,英国冲突法学者莫里斯从英格兰的冲突法角度讲:"在法律冲突中,一个涉外因素和一个外国国家意味着一个非英格兰因素和一个非英格兰的国家。"① 但是,我们在研究区际法律冲突时所讲的涉外民事法律关系只是指在一国内涉及外法域的民事法律关系。在这种涉外民事法律关系中,或者主体的一方或双方是外法域的自然人或法人,或者作为民事法律关系的物或财产位于外法域,或者作为民事法律关系的内容即权利义务据以产生、变更或消灭的法律

---

* 本文原载于《法律学习与研究》(中国人民大学法律系、北京人文函授大学法律系合编)1988年第4辑。

① J. H. C. Morris. *The Conflict of Laws*, 3 (3rd ed. 1984).

事实发生在外法域。

如果在一个国家内部，民商法在全国是完全统一的，或者法院在处理涉外案件时案件所涉问题上的民商法是全国统一的，或者案件所涉法域的民商法规定完全一致，那么，就根本谈不上法律冲突或法律选择问题。然而，由于种种原因，世界上许多国家形成为复合法域国家，其国内各地区具有不同的民商事法律制度。犹如各国人民之间政治、经济、民事、文化交往不可阻挡一样，一国内各个地区的人民的政治、经济、民事、文化交往更是自然而然的事情，往往比国际交往更加密切，更加频繁。随着一国内具有不同法律制度的各地区人民之间的交往，涉外民事法律关系必然随之而生。但是，在一国内不同地区之间的不同民商事法律的存在以及随着各地区人民之间的交往而产生的大量涉外民事法律关系，只为区际法律冲突的产生创造了客观条件。如果说这时有法律冲突存在的话，充其量不过是隐存的法律冲突或虚拟的法律冲突。因为虽然各法域的法律依其属地或属人管辖权有一种隐存的或者虚拟的域外效力，但假设各法域又互不赋予外法域人在自己法域的民事法律地位和承认外法域的域外效力，仅仅依本法域的法律处理涉外民事法律关系，其法律的隐存的或虚拟的域外效力便不可能变成现实的域外效力，法律适用上的冲突仍然不会产生。所以，区际法律冲突的产生除了必须具备上述两个客观条件外，还必须具备一国内各法域相互赋予他法域人的民事法律地位和承认外法域的法律的域外效力这两个主观条件。

历史上，法律适用上的冲突首先是以区际法律冲突的形式开始发展起来的。不过，从出现涉外民事法律关系到产生法律适用上的冲突，经历了一个漫长的历史发展过程。在奴隶制国家产生后，随着商品交换的发展，已出现一些涉外民事法律关系。在欧洲的罗马帝国时代，法律属人主义盛行。罗马人受市民法（jus civile）支配，即使罗马人不在本土而在被罗马征服的地区亦享有受市民法保护的权利。随着商业的发展和罗马征服地区的扩大，罗马人与外来人之间以及被征服地区居民之间关于法律适用的矛盾突出起来，于是万民法（jus gentium）应运而生，用来调整罗马境内外来人与罗马人之间以及外来人之间的民事法律关系。尽管万民法不同于调整罗马人之间的关系的市民法，但它仍然只是罗马帝国的国内法。可见，在罗马帝国，由于不承认外来人与罗马人的平等民事法律地位,也不承认外来法的域外效力,故当时根本就不会发生法律适用上的冲突。

在罗马帝国衰亡后,由于"蛮族"人入侵,在欧洲法律属人主义更加盛行。那时,各"蛮族"部落的人受本部落的法律支配,而罗马人的后裔仍受罗马法的支配,当时仅有的法律冲突是人际法律冲突,而无法律适用上的空间冲突。到公元8、9世纪,在欧洲,属地主义已开始出现,当时的法兰克王国国王颁布的法令施行于全国,这已是属地性而非属人性的法律了。到公元10世纪,至少在当时的法兰西和德意志,地区性的法律已取代属人性的法律。在12、13世纪,意大利北部的各城市,随着东、西方中介贸易、手工业、商业和银钱业的蓬勃发展,自治权力的不断增大,逐渐发展成为城市国家(city state)。这些城市把自己的习惯法编纂成"法则"(statute),并加进一些新的内容,以适应各城市国家人民之间的经济往来。起初(大约在11世纪),各城市国家完全用自己的"法则"来解决各城市国家之间的民事纠纷,并不承认其他城市国家的"法则"的域外效力。到12、13世纪,由于保护和促进各城市人民之间结成的涉外民事法律关系的客观需要,各城市国家开始承认其他城市的"法则"的域外效力,真实意义上的区际法律冲突便在这时产生了。① 随后,15、16世纪在法国和17世纪在荷兰出现的引人注目的法律冲突,皆主要为这种区际法律冲突。

归纳起来,区际法律冲突产生的各种条件有:(1)在一国内存在着数个具有不同法律制度的法域;(2)各法域人民之间的交往导致产生众多的涉外民事关系;(3)各法域相互承认外法域人的民事法律地位;(4)各法域互相承认外法域的法律在自己的区域内的域外效力。

二、区际法律冲突的特征

我们所要探讨的区际法律冲突只是众多的法律冲突现象中的一种。为了把区际法律冲突同其他法律冲突区别开来,我们有必要分析一下区际法律冲突的特征。其特征如下:

---

① Cf. M. Wolff. *Private International Law*, 21-26 (1945).

(一) 区际法律冲突是在一个主权国家领土范围内发生的法律冲突。

区际法律冲突只可能发生在一国领土范围之内。如果某一法律冲突超越一国领土范围，或者说它是一种跨越国界的法律冲突，那么，它就不是区际法律冲突，甚至一个国家内某一法域与另一个国家内某一法域之间或者一个国家内的某一法域与一个法制统一的国家之间的法律冲突也不是区际法律冲突。澳大利亚国内各州之间的法律冲突，加拿大国内各省之间的法律冲突，英国国内的英格兰、苏格兰、北爱尔兰、海峡群岛及马恩岛相互之间的法律冲突，西班牙国内各地区之间的法律冲突，都是区际法律冲突。而美国的纽约州与日本法律之间的法律冲突，法国的法律与加拿大魁北克省的法律之间的冲突则是国际法律冲突。

(二) 区际法律冲突是在一个主权国家领土范围内具有独特法律制度的不同地区之间的法律冲突。

我们知道，法域有属地性法域和属人性法域之分，我们讲的区际法律冲突是指一国内属地性法域之间的法律冲突。而属地性法域之间的法律冲突显然也具有属地性，也就是说它是法律在空间上的冲突。国际私法和区际私法所解决的法律冲突都是这种空间上的冲突，只不过国际私法是解决法律在空间上的国际冲突，而区际私法是解决一国内部的法律在空间上的冲突罢了。有时，由于一种特殊情况的结果，在一个国家内部的同一地区的不同法律会产生法律冲突。例如，在15世纪，随着当时的德意志接受罗马法（Roman law）作为一般法律制度，用于解决同一问题的当地习惯法（local customary law）与罗马法发生冲突。对于这种在同一地区几种相对立的法律谁优先的问题，当时德意志的法院和法官确立了优先适用当地德国法的国内准据法原则。① 这种同一地方的不同法律之间的冲突，不是我们所讲的区际法律冲突，因为它们虽然同某一地区相联系，但它们不是不同地区之间的法律冲突，或者说它们不是法律在空间上的冲突。

(三) 区际法律冲突是一个主权国家领土范围内不同地区的民商事法律冲突。这也就是说，区际法律冲突是一种私法方面的冲突。对

---

① Cf. R. H. Graveson. *Comparative Conflict of Laws*, Vol. 1, 328 (1977).

于这一点，学者们颇有分歧。英、美等普通法系国家的学者认为，区际法律冲突与国际法律冲突一样，包括法律选择冲突（主要是民商事法律方面的冲突）、管辖权冲突以及判决的承认和执行方面的冲突。法国的学者则认为国籍的积极冲突和消极冲突也属于区际法律冲突，因为在有些实行联邦制的复合法域国家内，公民除共有联邦国家国籍外还具有所在成员国的国籍。还有些学者如萨瑟则认为区际法律冲突不仅仅是民商事法律的冲突，他指出："在发生冲突的法律制度内，可能会有民事、商事、劳动法，民事或刑事诉讼法，政治或行政法，刑法以及财政法的法律规则之间的冲突。"① 我们认为，刑法、行政法、财政法、程序法等都属公法领域，在这些领域中，由于世界各国（包括复合法域国家的各法域）历来从严格的属地主义出发，根本不承认外国法（或外域法）在本国（或本法域）的域外效力，而只适用自己的刑法、行政法、财政法、程序法，虽然也有法律冲突问题，但这种冲突不涉及外国法（或外法域法）的适用，只是一种隐存的冲突。而在民商法领域，各国（或各法域）承认外国（或外法域）的法律的域外效力，从而导致产生适用外国（或外法域）的法律的问题。因此，只有一国内部不同地区之间的民商事法律冲突才是我们所讲的区际法律冲突。严格讲，区际法律冲突应称为区际民商事法律冲突或者区际私法冲突。

（四）区际法律冲突是一个主权国家领土范围内不同地区的法律制度在同一平面上的冲突。（horizontal conflict）。一般来讲，一国内各法域是平等的。既然在一国内各法域是平等的，各区域法律制度是平等的，那么，各区域法律制度之间的区际法律冲突必定是同一平面上的冲突。在一国内，非同一平面上的法律冲突，如中央法律与地方法律之间的冲突，特别是在联邦制国家内联邦法律与各州，或各成员国，或各省之间的冲突，则不是区际法律冲突，因为它们之间的法律冲突是不同层次的法律之间的冲突，是上下级法律之间的冲突，或者说是一种垂直冲突（vertical conflict）。

根据上述区际法律冲突的特征，更确切地说，区际法律冲突是在

---

① I. Szászy. *Conflict of Laws in the Western, Socialist and Developing Countries*, 26 (1974).

一个主权国家领土范围内不同地区之间的民商事法律之间在同一平面上的冲突。

三、区际法律冲突的种类

对于区际法律冲突,学者们已有种种不同的分类,我们首先择要加以介绍。

著名国际私法学者卡恩—弗罗恩德曾对国际冲突和国内冲突(internal conflicts)进行过比较研究,他将国内冲突分为三类:(1)联邦制国家内的州际或省际法律冲突(interstate or interprovincial conflicts in a federal country);(2)单一制国家内的地方间的法律冲突(interlocal conflicts in a unitary country);(3)从同一主权单位内不同团体共存中产生的人际法律冲突(interpersonal conflicts arising from the symbiosis in the same unit of sovereignty of different groups)。① 从卡恩—弗罗恩德的这一分类可推断出他将区际法律冲突分为两类,即联邦制国家的州际或省际法律冲突和单一制国家的地方间的法律冲突。

匈牙利国际私法学者萨瑟根据他对区域法律制度的分类,将区际法律冲突分为六类:(1)在政合国与君合国内的区际法律冲突;(2)联邦制国家内的法律冲突(即在联邦制国家领域内产生的冲突);(3)省际法律冲突(即国家的自治管辖权内的冲突——conflicts within autonomous jurisdictions of the states);(4)地方间的法律冲突(即国家的非自治管辖权内的冲突——conflicts within non-autonomous jurisdictions of the states);(5)兼并区际法律冲突(interannexa-tional conflict of laws,即被兼并地区与兼并国以前的地区的法律之间的冲突);(6)殖民地间的法律冲突(即殖民国的法律同其他殖民地的法律之间,或者同属一殖民国的各殖民地的法律相互之间的法律冲突)。② 对于萨瑟的分类,有一点应该指出的是,萨瑟把君合国这种国家联合形式下的各成员国之间的法律冲突视为区际法律冲突是不适

---

① See Kahn-Freund. *General Problems of Private International Law*, 147-148 (1980).

② See I. Szászy. *Conflict of Laws in the Western, Socialist and Developing Countries*, 235 (1974).

当的。我们知道，君合国这种国家联合形式是一种极为松散的国家联合，它本身并不构成一个新的国家，并不构成为一个新的国际法主体，相反，各成员国在这种国家联合之下仍然是独立的主权国家。因此，君合国内各成员国的法律之间的冲突，从真实意义上讲是一种国际法律冲突，而不是区际法律冲突。

意大利国际私法学者维塔对区际法律冲突的分类值得一提，他在为《国际比较法百科全书》国际私法卷（第三卷）撰写的第九章——"区际法律冲突"中，专门探讨了区际法律冲突的类型，他将区际法律冲突分三类：（1）联邦制国家内的区际法律冲突；（2）在具有复合法律制度的单一制国家内的区际法律冲突；（3）在暂时由复合法律制度支配的国家内的区际法律冲突。① 其实，维塔划分的第三类区际法律冲突虽有其特殊意义，但完全可以根据它们出现在什么国家并入前两类区际法律冲突中去。

关于区际法律冲突的种类，笔者认为，可以按照不同的标准进行多种分类，而不必拘泥于某一种分类。

以国家结构形式为标准，区际法律冲突可以划分为单一制国家内的区际法律冲突和联邦制国家内的区际法律冲突。英国、西班牙、1919年至1924年的法国、1919年至1928年的意大利、1940年以前的希腊、1943年以前的罗马尼亚等国国内的区际法律冲突都是单一制国家内的区际法律冲突。而苏联、南斯拉夫、美国、加拿大、澳大利亚以及瑞士等国国内的区际法律冲突则属联邦制国家内的区际法律冲突。联邦制国家的区际法律冲突与单一制国家的区际法律冲突有一点不同，这就是在产生区际法律冲突的范围上或者说在哪些方面的法律会产生区际法律冲突上，联邦制国家一般是通过宪法对之加以规定；而单一制国家的实践则大不一样，如在西班牙是由一项普通法律对之加以规定的，而在英国则是习惯的结果。

以社会制度为标准，区际法律冲突可划分为具有相同社会制度的各法域之间的区际法律冲突和具有不同社会制度的各法域之间的区际法律冲突。到目前为止，在各复合法域国家内现存的区际法律冲突都

---

① Cf. E. Vitta. *Interlocal Conflict of Laws* (Chapter 9). in *International Encyclopedia of Comparative Law*, Vol. III, 5-11 (1985).

是社会制度相同的各法域之间的区际法律冲突。只是到1997年和1999年后，随着中国分别对香港和澳门恢复行使主权，仍然保持资本主义制度的香港地区和澳门地区的法律与实行社会主义的内地的法律之间出现的冲突，才是世界上前所未有的在一国内存在的具有不同社会制度的各法域之间的区际法律冲突。这种区际法律冲突与各个社会制度相同的法域之间的法律冲突比较起来要更复杂些。在解决这种冲突时，与解决其他区际法律冲突比较起来，"公共秩序保留"原则的运用可能更为重要，其频率也会高一些。①

以法系为标准，区际法律冲突可划分为属同一法系的不同法域之间的区际法律冲突和非属同一法系的不同法域之间的区际法律冲突。法系是根据各国法律的特点和历史传统的外部特征，对法律进行的分类，通常是把具有一定特点的某一国的法律同仿效这一法律的其他国家的法律，划为同一法系，如大陆法系和普通法系等。在一个国家内部，不同地区的法律制度由于种种历史原因可能分属不同的法系。例如，美国的路易斯安那州是美国于1803年从法国手中买来的。在此之前，路易斯安那地区曾在西班牙和法国的统治下，因而其法律深受大陆法的影响。美国买到路易斯安那后，原来实施的法律制度仍保持下来。该州于1825年制定的《民法典》也是按《法国民法典》模式编纂而成的。后来，虽然路易斯安那州的法律也受到英、美普通法的影响，但在不动产法、家庭法、继承法等方面仍保持法国传统。② 由此可见，路易斯安那州的法律属大陆法系，它与美国其他普通法系的州的法律之间的冲突显然为不同法系的法域之间的区际法律冲突。在加拿大，也有类似情况，加拿大的魁北克省原为法国在加拿大的殖民地中心，早在17世纪末期路易十四即把适用于巴黎最高法院辖区的法律引入这一地区。在这一地区依1763年英、法签订的巴黎和约割让给英国，但根据《1774年魁北克法》，法国私法在该地区继续有

---

① 参见廖瑶珠：《法律逐渐统一的方案》，载香港《大公报》1986年4月11日。

② 参见上海社会科学院法学研究所编译室编译：《各国宪政制度和民商法概要》（美洲·大洋州分册），法律出版社1986年版，第167、170～172、203页；[英]霍利迪：《简明英国史》，洪永珊译，江西人民出版社1985年版，第86页。

效。后来于 1866 年制定的至今仍有效的《魁北克民法典》亦是仿效 1804 年《法国民法典》的结构制定的。① 这表明，魁北克省的私法起源于法国的民法，属大陆法系范畴。另一方面，加拿大的其他九省的法律制度则深受普通法的影响，属普通法系。因此，魁北克省的法律与其他各省的法律之间的冲突同样是分属不同法系的区域法律之间的冲突。

将区际法律冲突区别为同一法系的区域法律制度之间的冲突和非同一法系的区域法律制度之间的冲突并不是毫无意义的。一般说来，同属于一种法系的区域法律制度有共同的法源基础和历史传统，有一些共同的性质特征，又加上长期相互影响和仿效，因而它们之间发生冲突的范围小些，而且在很多情况下是细枝末节方面的冲突。另一方面，非同属一种法系的区域法律制度，由于其传统和形成的历史条件不同，它们之间的差别比同属一种法系的区域法律制度之间的差别就更大些，因而发生法律冲突的范围就相应广一些，情况也会更复杂一些。

最后应指出的是，以国家结构形式为标准对区际法律进行分类，即把区际法律冲突分为联邦制国家内的区际法律冲突和单一制国家内的区际法律冲突这两种类型，是一种最通常的分类方式。许多学者在探讨区际法律冲突的类型时都采用了这一方式。

---

① 参见上海社会科学院法学研究所编译室编译：《各国宪政制度和民商法概要》（美洲·大洋州分册），法律出版社 1986 年版，第 167、170～172、203 页；[英] 霍利迪：《简明英国史》，洪永珊译，江西人民出版社 1985 年版，第 86 页。

略论区际冲突法的历史发展*

区际冲突法作为解决一国内部不同地区之间的民事法律冲突的法律适用法,同其他法律分支一样,有一个产生、发展的演变过程。但是,在区际冲突法发展的历史长河中,它展示了自己的极为特殊之处,并总是同国际私法的发展纠合在一起。因此,我们有必要对区际冲突法的历史发展进行专门的研究。

一、学说法时代——"法则区别说"时代

西方学者常说国际私法(或冲突法)是公元13、14世纪欧洲的产物。这个说法至少犯了两方面的错误。首先,如果这个说法意味着在公元13、14世纪之前世界上没有国际私法,那显然是不正确的。打开冲突法的史册,我们会发现,历史上最早的成文冲突规范是公元7世纪中国唐代《永徽律·名例律》中的一条规定:"诸化外人同类自相犯者,各依本俗法;异类相犯者,以法律论。"当时唐帝国是亚洲乃至世界政治、经济、文化活动的一个中心,有许多"化外人"来中国学习文化和进行贸易。这条冲突规范无疑是在唐朝与外国的交往中应运而生的。当然,由于历史条件的限制,作为中国封建鼎盛王朝的唐朝与外国的交往同今天的国际交往是不能相提并论的,现实没有提出需要更多的冲突规范的要求。因此,在发达的封建唐律中,仅此一条涉外规定。其次,在13、14世纪的欧洲出现的法律冲突一般是指在意大利北部各城市法则之间的冲突。严格讲,这种法律冲突不是现代意义上的主权国家之间的法律冲突,或者更直接地说是区际法律冲突,因而解决这种冲突的法律自然很难说是用于解决国际法律冲

---

* 本文原载于《武汉大学学报》(社会科学版) 1989 年第 3 期。

突的国际私法了。

在西方（和东方区别开来），区际冲突法的产生早于国际私法的产生。如果说在历史上国际私法与区际冲突法有联系的话，那就是说国际私法是随着区际冲突法的产生和发展而产生并发展起来的，或者不妨说，区际冲突法是国际私法的最初形态。早在12、13世纪，意大利北部的各城市，如威尼斯、米兰、热诺阿、佛罗伦萨等，随着东西方中介贸易、手工业、商业和银钱业的蓬勃发展，自治权力的不断增长，并对其周围广大地区取得了支配权，日益强大起来的城市逐渐发展成为城市国家。这些城市国家仍处于其共同统治者——罗马帝国皇帝和教皇的权力之下，尽管它们都是靠对外贸易发展起来的，但彼此之间在政治上很少联系，也没有政治统一的要求。不过，由于市场的竞争，彼此之间矛盾不断，经常冲突。在这种各城市政治上彼此独立和经济上多有往来的情况下，这些城市逐渐把自己的习惯法编纂成"法则"，并加进一些新的内容，以适应各城市人民之间的经济和民事交往的需要。起初，各城市的法官完全适用自己城市的法则来调整各城市之间的民事交往关系，并不承认其他城市的法则的域外效力，因为当时人们还有这样一种观念，即当事人选择了他们的法官就无保留地选择了法官所属的法律制度。但到13、14世纪，由于各城市人民之间的商业交往进一步发展，原来的做法已不能适应新的经济形势的需要。当时，各城市之间虽然缔结了许多条约，但没有规定法律选择问题，而只对哪个城市的法官有管辖权作了规定。

在这种情况下，以巴托鲁斯为代表的一些注释学者创立了"法则区别说"，用来指导解决各城市之间的法律冲突。于是，区际冲突法开始以一种学说法的形式发展起来。在国际私法中，巴托鲁斯常常被称为国际私法的鼻祖。其实，严格讲，他应该说是区际冲突法的鼻祖。把巴托鲁斯称为鼻祖并不在于他是最早研究区际冲突法的人。在他之前，意大利和法国的一些法学家已相继提出过一些早期的关于法律适用的见解或冲突原则。按照纽梅耶的研究，12世纪后期的奥尔德里古斯是最早研究意大利城市之间的法律选择问题的学者，他提出法官应适用更好的和较有益的法律。另一位叫鲍尔杜尼的学者率先提出了"场所支配行为"的原则，并开创实体法和程序法的划分，主张程序问题依法院地法，实体问题依行为地法。后来，法国法学家詹姆斯和彼得接受并发展了鲍尔杜尼的主张,并推动意大利学界最终接受了鲍尔杜尼的观点。巴托鲁斯之所以被称为区际冲突法的鼻祖,是因为他集"法则区别说"之大成。他不仅揭示了区际冲突法中包含的所有多方面的可能性,而且为具体问题及其解决方法开辟了新的道路。巴托鲁斯解决问题的出发点是对既存法律规则的分类,而不是对法律关系的归纳,他根据法则的不同目的,将其分为人的法则和物的法则。前者是有关人的法律,应按属人法适用,可以及于域外的属民,而后者是有关物的法律,则应按属地法适用,必须及于法则有效范围内的物。他还就法律适用提出了一些具体原则,如人的能力依其所属城市法;侵权应根据场所支配行为的原则依行为地法;合同形式依缔约地法;合同效力依合同履行地法或法院地法;不动产依物之所在地法;程序问题依法院地法等。这些原则至今仍有意义,为一些国家所采用。以巴托鲁斯为代表的"法则区别说"创立以后,在欧洲以后的几乎五个世纪里,一直为许多学者所追随。

15、16世纪,法国国内省际法律冲突比较突出。解决意大利各城市之间法律冲突的"法则区别说"的发展中心便从意大利转移到法国。在当时法国的法学家中,有两个人值得一提,一位是杜摩兰,另一位是达让特莱。杜摩兰生活在当时法国经济比较发达的法国南部,为了适应早期资产阶级商业交往的需要,他在其著作《巴黎习惯法述评》中,主张统一法国各地的法律,以消除各省之间的法律冲突;还主张扩大人的法则的适用范围,而缩小物的法则的适用范围;特别是提出了合同当事人可以选择法律支配其合同的意思自治原则。与杜摩兰恰恰相反,达让特莱长期生活在当时法国封建势力比较强大的北部的布列塔尼省,著有《布列塔尼习惯法述评》,他出于封建主把其领域内一切人、物、行为都置于当地习惯法控制之下的需要,支持属地主义原则,反对合同当事人意思自治,并极力主张扩大物的法则的适用范围,认为人的法则仅是那些用于解决人的身份、能力和财产(不涉及合同与侵权)的法则。为了限制人的法则的适用范围,他还提出了"混合法则"的概念,并且认为,尽管混合法则是一种既涉及人又涉及物的法则,但归根到底还是一种物的法则,是具有属地性质的法则。

正如德国国际私法学者沃尔夫所说的那样,达让特莱的学说先在法国没取得成功，但后来在荷兰取得了成功。1565 年开始，欧洲爆发了反对西班牙专制统治的尼德兰资产阶级革命。当时的尼德兰指莱茵河、缪司河、些耳德河下游及北海沿岸一带，相当于今日的荷兰、比利时、卢森堡和法国东北的一部分。尼德兰革命的结果是尼德兰南北分裂，北方各省于 1581 年成立了"联省共和国"，亦称荷兰共和国，这是在欧洲建立的第一个资产阶级共和国。但在荷兰共和国内，各省法律互不相同。为了指导解决荷兰国内各省之间的区际法律冲突，17 世纪的以保罗·沃伊特、胡伯和约翰·沃伊特为代表的荷兰法学家们很快接受了"法则区别说"，并特别崇尚达让特莱的属地主义保守思想，形成"法则区别说"中的荷兰学派，从而使"法则区别说"的发展中心从法国转移到荷兰。荷兰学派特别强调法律的属地性，认为法律只在其所属域内有效，并约束其域内的一切人，适用域外法是出于礼让的考虑。

可见，从意大利的"法则区别说"开始到荷兰的"法则区别说"，都是以解决一国内区际法律冲突为中心内容的，它延续了约五百年的时间。可以说，这五百年是区际冲突法发展史上的"法则区别说"时代。这个时代的区际冲突法还处在"学说法"阶段。意大利国际私法学者维塔曾经断言："最早的关于冲突法的理论是探讨具有地方性的国内法之间的冲突的。"这无疑是正确的。我们也不得不说，区际冲突法的成长与"法则区别说"的贡献是分不开的。

二、实在法时代

17 世纪的荷兰"法则区别说"既是区际冲突法学说法时代的终结，又是解决国际法律冲突的国际私法的开端。本来，荷兰的学者从意大利和法国引进"法则区别说"是为了指导解决新兴的荷兰共和国内的省际法律冲突的。但是，自作为欧洲第一个资产阶级共和国的荷兰共和国以后，由于资本主义生产关系取代了封建主义的生产关系，非常适合荷兰当时的生产力发展状况，资本主义势力得到迅速加强，其工商业、航运业以及海外殖民地扩张也都有新的很大发展。随之，国际法律冲突渐渐突出起来。由于当时的荷兰共和国处于封建国家的包围之中，为了在对外关系中维护国家主权，抵抗外国势力，因此，荷兰学者对达让特莱的属地主义主张特别欣赏。荷兰学派所主张的"国际礼让说"就是在这种情况下应运而生的。"国际礼让说"的代表人物胡伯在其著作《论罗马法和现行法》中提出了著名的解决国际法律冲突的三原则,即(1)每一个国家的法律在其领域内施行并约束其全体臣民,而不施行于域外;(2)一个国家的臣民是所有那些在其领域内的人,而不论其是常住还是暂居;(3)根据礼让,国家主权者承认他国的业已在其国内适用的法律保持其效力,但以不因此损害另外的主权者或其公民的权力和权利为条件。在这三个原则中,前两个原则强调了主权和法律的属地性,后一个原则阐明了适用外国法的根据和限制,同时提出了国际礼让的原则,前两个原则是后一个原则的基础。这三个原则可以说是国际礼让说的主要内容。可以毫不夸张地说,它们是荷兰"法则区别说"的国际化。"国际礼让说"的出现,反映了学者们从注重解决区际法律冲突转向更注重解决国际法律冲突,标志着以学说法形式的国际私法的开始,预示了区际冲突法和国际私法像兄弟般地在法律大家庭中并肩成长并成熟起来。

到18世纪,"法则区别说"在法国、德国等国仍发挥着影响。随着国际交往的范围日益扩大,在区际冲突法基础上发展起来的国际私法迅猛发展,并很快出现在制定法中。1756年的《巴伐利亚法典》和1794年的《普鲁士一般法典》率先规定了国际私法规范。从这两个法典关于国际私法的规定的内容来看,它们受"法则区别说"的影响是显而易见的。在随后的19世纪中,在1804年《法国民法典》的带动下,1811年的《奥地利民法典》、1829年的《荷兰王国立法总则》、1851年《智利民法典》、1854年的《瑞士苏黎世州民法典》、1856年《希腊民法典》、1865年的《意大利民法典》、1867年的《葡萄牙民法典》、1871年的《阿根廷民法典》等,都含有解决国际法律冲突的规定。总之,从18世纪开始到19世纪后期前,在欧洲大陆,由于新兴的国际私法蓬勃发展,又由于法国、荷兰等国的法制从不同走向统一,区际冲突法受到学者和立法的忽视,区际冲突法为国际私法发展的浪潮所淹没,上述各法典中都只有解决国际法律冲突的冲突规范便可证明这一点。不过,在19世纪后半叶,瑞士和德国国内的区际法律冲突仍很突出。瑞士先后在1862年、1876年、1887年的三个法律草案中拟订了区际冲突法规范,可惜这三个法律草案未被采纳。从1871年到1900年,德国是一个联邦国家,其邦际法得到相应发展。

而且,在这一时期内,以判例法形式出现的区际冲突法也得到一定程度的发展。在英国,尽管现在无论在理论上还是在实践中都将区际冲突法和国际冲突法等同起来,但早先,其区际冲突法的发展是其国际冲突法发展的先导。早在1607年,英格兰即有判例基于外国法承认外国法院的判决。自17世纪末,英格兰法院有时在肯定自己有管辖权的情况下拒绝适用英格兰法,而适用行为地法和所在地法。1700年,曼斯菲尔德爵士在鲁滨逊诉布兰德一案中声称,"合同缔结地是决定性的"为一般规则。按照莫里斯的观点,到18世纪末,主要由于英格兰和苏格兰的法律之间的冲突关系,冲突法问题才开始在英格兰法院中突出起来。到19世纪,随着英国与欧洲大陆的商业交往和社会交往迅速增长以及英国海外殖民地的开拓,英国法院才逐渐将解决国内区际法律冲突的规范用来解决国际法律冲突,并加以发展。19世纪以前,美国基本上没有系统的冲突法学说,其法院在司法实践中只是援引一些英国的判例和学者的理论。1834年,美国联邦最高法院法官斯托里在其于1834年出版的《法律冲突论》中将在17、18世纪的欧洲大陆占主导地位的"国际礼让说"引进美国并加以发展,为美国冲突法,特别是州际冲突法的发展开辟了新的道路。从这一点我们可以说,美国是先接受了欧洲大陆的解决国际法律冲突的理论和规则而后运用于解决美国国内州际法律冲突的。

从19世纪末开始,特别是在第一次世界大战后,由于西方国家瓜分世界,进行战争和利益再分配,一些法制本已统一的国家,如法国、意大利、希腊等,又出现特殊的区际法律冲突问题,当然还在其他一些原因的促动下,区际冲突法重新得到一些复合法域国家的立法和司法实践的重视。1888年的西班牙民法典第14条明文规定类推适用国际私法规则解决其国内的区际法律冲突,而第15条对区际冲突法的特殊问题作了规定。随后,1914年1月5日第147号希腊法和1923年4月22日第893号意大利法亦作了类似的规定。1891年,瑞士颁布了一项关于州际法和适用于在瑞士居住的外国人和居住在国外的瑞士公民的法律的联邦法，主要并详细地规定了解决瑞士州际法律冲突的冲突规范。1921年，法国立法机关通过了一项《防止和调整法国法与阿尔萨斯和洛林的地方法之间冲突的法律》。特别值得一提的是，1926年8月2日，波兰在颁布国际私法典的同时又颁布了一个完整的区际私法典，这是人类有史以来第一部专门用于解决区际法律冲突的区际私法典。另外，1898年的《日本法例》、1939年的《泰国国际私法》规定了依冲突规范的指引如何在多法域国家确定准据法的问题。另一方面，许多属普通法系的国家的法院出于解决本国国内区际法律冲突的需要，则在司法实践中发展了区际冲突法。同时，普通法系的国家在区际冲突法的成文法立法方面也迈开了脚步。例如，英国1882年的票据法、1892年的外国婚姻法、1894年的商业运输法和1926年的准正法等，就所涉问题规定了既适用于解决国际法律冲突又适用于解决区际法律冲突的冲突规范。

第二次世界大战后，各复合法域国家的区际冲突法得到进一步发展，区际冲突法逐渐形成为其国内冲突法的一个独立的法律部门。从立法方面看，值得一提的是，捷克斯洛伐克于1948年3月11日颁布的国际私法和区际私法典；1961年的《苏联和各加盟共和国民事立法纲要》也专门规定了其国内各加盟共和国之间的区际法律冲突的解决办法。特别引人注目的是，南斯拉夫于1978年颁布的债法第三篇和1979年颁布的《解决关于民事地位、家庭关系及继承的法律冲突与管辖权冲突的条例》，都是专门解决区际法律冲突的立法。可以说，它们是现代区际冲突法的立法范例。最近，美国一些州的立法机关也制定了或正在制定涉及专门问题的区际冲突法，如1986年1月1日生效的《威斯康星婚姻财产法》就设有专门的冲突规范；路易斯安那州正在起草的《关于继承和婚姻财产的法律草案》也就有关的州际法律冲突问题作了法律选择的规定。再从司法实践方面讲，各复合法域国家的法院，特别是普通法系国家的法院在司法实践中不断丰富和发展了自己的区际冲突法。例如，从20世纪50年代开始，在美国的司法实践中就出现了许多对现代美国冲突法（包括国际冲突法和州际冲突法）产生过重要影响的判例。1961年美国纽约上诉法院审判的基尔伯格诉东北航空公司一案便是一例。这些判例对在美国冲突法中确立最密切联系原则起了积极的作用。

从20世纪区际冲突法的发展来看，无论在立法方面还是在司法实践方面，无论在单一制的复合法域国家还是在联邦制的复合法域国家，区际冲突法表现出了集中统一的趋势，即各法域自己的区际冲突法部分或全部地向全国统一的区际冲突法发展。1926年8月2日以前，波兰国内各法域都适用自己的区际冲突法，但1926年8月2日的区际私法典使之归于统一。在苏联，尽管各加盟共和国的民事或家庭法律中可以有自己的区际冲突规范，但受中央的区际冲突法立法制约。例如，1962年5月1日生效的《苏联和各加盟共和国民事立法纲要》第18条就是全苏统一的区际冲突法立法。我们知道，在苏联的法律体系中立法纲要仅次于苏联宪法而又高于各加盟共和国的同类法律，每一纲要都是苏联和各加盟共和国立法机关必须遵循的这一部门法的基本原则，各加盟共和国颁布的法典和有关法律是立法纲要的具体化。由此可以推断，上述民事立法纲要第18条的存在，实际上促成了全苏区际冲突法的统一。南斯拉夫是第一次世界大战后产生的一个新的复合法域国家。在第二次世界大战前，南斯拉夫没有专门的国内冲突法，而是将国际法律冲突与国内法律冲突等同对待，用国际私法解决之。战后，这种情况仍然延续了一段时间。但1974年《南斯拉夫社会主义联邦共和国宪法》改变了这种状态，其第281条第15款明确规定由联邦立法机关"规定一个共和国或自治省的法律同其他共和国或自治省的法律发生冲突时的解决办法。"按照该立法，南斯拉夫联邦立法机关于1978年颁布了债法（第三篇），于1979年颁布了《解决关于民事地位、家庭关系及继承的法律冲突与管辖权冲突的条例》，它们都是全国统一的区际冲突法。另一方面，在司法实践中，如在澳大利亚，尽管各州原则上可以有其自己的冲突规范，但随着法律统一运动的开展，澳大利亚高等法院作为各州最高法院的上诉法院，在其司法实践中尽量避免各州过分地发展不同的冲突规范。加拿大的情况也是这样。加拿大冲突法学者卡斯特尔曾指出，关于法律冲突的普通法规则由于案件向加拿大最高法院上诉的结果已成为统一的了。上述这种趋势的出现反映了许多复合法域国家意欲集中统一地解决其国内的区际法律冲突，也反映了在复合法域国家内区际冲突法的统一易于实体法的统一。此外，在一些复合法域国家内，区际冲突法的统一常常是实体法统一的前奏，前者有力地带动了后者的统一，如波兰法制的统一，就是先统一了区际冲突法，进而统一全国的实体法的。

试论解决区际法律冲突的途径[*]

区际法律冲突就是一国内部不同地区之间的法律冲突。具有不同法律制度的若干地区组成的国家为复合法域国家。而那些具有独特法律制度的地区一般称为法域。区际法律冲突存在这一事实必然要求复合法域国家及其各法域对区际法律冲突加以解决，以便促进复合法域国家内不同法域的人民之间的正常民事交往。如何解决区际法律冲突呢？从各复合法域国家的立法和司法实践来看，与解决国际法律冲突一样，解决区际法律冲突的途径有二：一是冲突法解决途径；二是统一实体法解决途径。由于区际法律冲突毕竟是一主权国家内部不同法域之间的法律冲突，与国家之间的法律冲突有很大的差别，因而复合法域国家及其各法域在通过这两条途径解决区际法律冲突时则表现出有自己的特点来。

一、区际冲突法途径

通过区际冲突法途径解决区际法律冲突，就是复合法域国家或这类国家内的各法域通过制定冲突规范确定各种涉外民事关系应适用的法律，从而解决区际法律冲突。冲突规范是一种法律适用规范，它只指出适用哪个国家或地区的法律来确定某种涉外民事法律关系中当事人的权利与义务，而不是直接规范当事人的权利与义务。就调整涉外民事法律关系而言，冲突规范只能起一种间接调整的作用，同实体规范比较起来，它缺乏应有的预见性、明确性和针对性。但就冲突规范解决区际法律冲突（解决国际法律关系亦一样）而言，它就是为解决区际法律冲突而产生的，是一种必不可少的有效解决手段，因为法

---

[*] 本文原载于《法学评论》1988年第1期。

律冲突问题即适用什么法律调整涉外民事法律关系的问题,而冲突规范正好是确定某一涉外民事法律关系应适用什么法律。但也应该看到,通过冲突规范进行法律选择是一种立法管辖权选择,它只就有关涉外民事法律关系指定一个立法管辖权,而不问该管辖权调整这种涉外民事法律关系的立法之有无以及立法的内容。而且,除统一冲突规范外,各法域自己制定的冲突规范常常就同一问题作出不同的法律适用规定,或冲突规范表面上相同,而解释起来又不一样,从而导致各法域冲突规范之间的冲突,因而同一涉外民事争议在不同法域处理会得出不同的结果。此外,虽然冲突法能在具体问题上积极地解决区际法律冲突问题,但它在总体上不能像统一实体法那样积极地避免和消除区际法律冲突。

各复合法域国家及其法域通过区际冲突法途径解决区际法律冲突的方式并不相同,考察有关国家的立法和司法实践,有如下几种方式:

(一)制定全国统一的区际冲突法来解决区际冲突。在历史上,有的国家颁布过专门的全国统一的区际冲突法,如1926年8月2日波兰颁布的区际私法典;有的国家则颁布过全国统一的解决某些方面的区际法律冲突的区际冲突法,如1979年3月2日南斯拉夫联邦颁布的《解决关于民事地位、家庭关系及继承的法律冲突与管辖权冲突的条例》;有的国家则将全国统一的区际冲突法同国际私法结合起来加以规定,分别用于解决区际法律冲突和国际法律冲突,例如,瑞士1891年6月25日颁布的一项关于州际法(inter-cantonal law)和适用于在瑞士居住的外国人和居住在国外的瑞士公民的法律的联邦法,其中,州际法就是用于解决瑞士联邦内部不同州之间的法律冲突的。

(二)各法域分别制定各自的冲突法,用来解决自己的法律与其他法域的法律之间的冲突。比如,在波兰1926年的区际私法典颁布之前,其各法域都有自己的冲突规范,因而它们是用各自的冲突规范来解决区际法律冲突的。再如,在捷克斯洛伐克1948年的国际私法和区际私法典颁布以前,其各法域之间的法律冲突受制于各法域的冲突法。

(三)类推适用(analogous application)国际私法解决区际法律冲突。采取这种方式的国家,没有专门的全国统一的区际冲突法,其各法域也无用于解决区际法律冲突的规范,而通过在国际私法或民法典中明文规定准类推适用国际私法解决区际法律冲突。例如,1888年的西班牙民法典第14条明确规定,该法典第9~11条所规定的国际私法规则也适用于解决区际法律冲突。又如,1948年的捷克斯洛伐克国际私法和区际私法典第5条规定,区际法律冲突通过类推适用国际法律冲突规则加以解决。另外,1914年1月5日第147号希腊法令和1923年4月22日第893号意大利法令也采取了这样的规定。

(四)适用与解决国际法律冲突基本相同的规则解决区际法律冲突。在英、美等普通法系国家里,没有国际私法和区际私法之分,或者说没有国际冲突法与区际冲突法之分。在冲突法上,法院把本国内的其他法域都视为同其他主权国家一样的"外国",因而该法院在解决其所在法域的法律与本国内其他法域的法律之间的法律冲突时,适用与解决国际法律冲突基本相同的规则。在这里,我们之所以说"基本相同",是因为事实上由于区际法律冲突产生于一个主权国家内部的不同法域之间,受共同的宪法或其他因素的制约,普通法系的国家的法院对区际法律冲突的解决在某些方面还是不同于它们对国际法律冲突的解决的。还应注意,这一方式与上面所讲的类推适用的方式有所不同,即采用这一方式的国家把解决区际法律冲突的区际冲突法与解决国际法律冲突的国际冲突法等同起来,而不是类推适用国际冲突法来解决区际法律冲突。

虽然我们在上面对各国运用冲突法解决区际冲突的具体方式作了简单的归类,但实际并不是这样简单。的确,有的国家只采用上述某一种方式,如南斯拉夫联邦1974年宪法第281条第15款明确确定联邦机关有权"规定一个共和国或自治省的法律同其他共和国或自治省的法律发生冲突时的解决办法"。这表明,就解决各共和国或自治省相互之间的冲突而言,在南斯拉夫只有全国统一的区际冲突法,而没有各共和国或自治省的区际冲突法。但在不少联邦制国家既存在着联邦的冲突法,又有各成员国的冲突法。在瑞士历史上一度出现过这种情况。1891年6月25日的关于州际法和适用于在瑞士居住的外国人和居住在国外的瑞士公民的法律的联邦法颁布前,瑞士各州都有自己的冲突法。在该法令颁布后,大部分法律选择规则上升为联邦法,但各州仍保有剩余的法律适用规则。后由于1907年12月10日瑞士制定的《瑞士民法典》于1912年1月1日生效，各州的法律适用规则才因全国民法统一而失去效力。由此可见，在1891年至1912年期间，瑞士同时存在着联邦冲突法和各州冲突法，分别用于解决瑞士各州之间的法律冲突。美国和澳大利亚的情况也是如此。例如，在美国，冲突法主要是州法，因为大多数民商事问题属各州管辖事项。在苇尔斯诉西蒙兹研磨料公司案（Wells v. Simonds Abrasive Co.）中，首席法官文森（Chief Justice Vinson）曾指出："除受完全诚意和信任条款以及其他宪法限制外，各州自由采用它们所选择的法律冲突规范"。因此，各州都是用它们自己的冲突规范去解决州际法律冲突的。但这只适用于州法所支配的问题。至于"联邦问题"（federal question），如海事事故的后果等的法律适用问题则必须由联邦冲突法加以回答。所以，美国州际法律冲突的解决同时依靠各州的冲突法和联邦法冲突法，而主要是依靠各州的冲突法。

二、统一实体法途径

区际冲突法虽然能解决一时的区际法律冲突，但它并不能避免和消除区际法律冲突。自然，复合法域国家及其法域会寻求新的途径，即统一实体法途径，来达到避免和消除区际法律冲突的目的。

通过统一实体法途径解决区际法律冲突，就是由复合法域国家制定或由复合法域国家内的法域联合起来采用统一的民商事实体法，直接适用有关的民事法律关系，从而避免不同法域的法律选择，最终消除区际法律冲突。这显然是一种彻底解决区际法律冲突的方式。我们知道，统一实体规范并不像冲突规范那样，去指明某种涉外民事法律关系应适用何种法律，而是直接确定民事法律关系当事人的权利与义务。因此，就调整民事法律关系而言，统一实体规范是一种直接调整规范，比起冲突规范来更加明确、具体、有针对性；加之统一实体规范是在一定的范围内，或在全国或在数个法域内是统一的，自然成为解决区际法律冲突的最佳途径。

国际法律冲突也通过统一实体法途径加以解决。不过，这种统一实体法是国际统一实体法，而不是一国内的统一实体法。通过国际统一实体法解决国际法律冲突的发展晚于通过统一实体法解决区际法律冲突。几个世纪以来，许多国际私法学者倡导通过国际努力，制定国际条约来消除国际法律冲突。但是，由于各国在国家利益、社会制度、历史传统、文化习惯等方面差异很大，很难达成一致协议，制定出调整涉外民事法律关系的统一实体规范。直到19世纪末叶，经过各国的努力和实践，才逐渐在某些问题上以国际条约或国际惯例形式出现了某些共同适用的统一实体法。然而，在此之前，通过全国实体法的统一来消除国内的区际法律冲突已不鲜见。在法国资产阶级革命前，法国法制很不统一，早期与封建割据相适应，每个领地和城市各有自己的法律习惯，后来，随着国王势力的加强，国王敕令也混杂其间。但在法国资产阶级革命爆发后，法制逐渐统一，1804年的法国民法典和1807年的法国商法典的制定标志着全国民商法完全统一，最终消除了法国国内原有的区际法律冲突。这种现象和情况是与区际法律冲突的性质和特点分不开的。区际法律冲突是一国内各地区适用的法律不统一造成的，但各法域毕竟在一个共同的主权之下，相互间联系更紧密，有更多的共同利益。因此，通过发展统一实体法解决区际法律冲突比通过制定国际统一实体法解决国际法律冲突更容易实现。

正由于上述原因，历史上已有一些国家通过统一本国的民商法，已经消除或基本消除了本国的区际法律冲突。除上面提到的法国外，在德国，随着1900年《德国民法典》的施行，全国私法基本统一，从而基本上消除了区际法律冲突。瑞士的情况也是如此。19世纪末，瑞士发生了一场统一私法的运动，最后以1912年生效的《瑞士民法典》而告终。该民法典基本上统一了全瑞士各州的民法，各州只在非常狭小的范围内保留民事立法权能，这样，瑞士各州之间的法律冲突绝大部分由于统一立法得以避免。

通过统一实体法来解决区际法律冲突是每个复合法域国家所追求的目标。因为各复合法域国家的具体情况、法律传统、多法域产生的原因不一样，所以，各复合法域国家在寻求用统一实体法解决区际法律冲突的过程中所采用的方式是多种多样的，归结起来主要有如下几种：

（一）制定全国统一的实体法解决区际法律冲突。这种统一实体法是在复合法域国家出现区际法律冲突后，应解决区际法律冲突的现实需要而产生的。制定全国统一的实体法是复合法域国家中央立法机关的事情。有时,这种统一实体法立法是全面性的规定,以法典的形式出现,如前面提到的 1900 年的《德国民法典》和 1912 年的《瑞士民法典》即是。但在大多数情况下,这种统一实体立法是就某一方面的立法。这主要是因为在许多复合法域国家,由于宪法和其他条件的限制,要在全国一下子制定一个统一实体私法并解决所有区际法律冲突难度很大,只得一步一步地进行统一工作,一个方面一个方面地解决国内的区际法律冲突。美国联邦立法的情况就是一个例子。从 19 世纪开始,美国联邦立法就成为其进行法律统一的重要途径,如 1877 年的《州际商法》(the Interstate Commerce Act) 就是联邦制定的在全美施行的法律。至今,美国联邦机构发布的联邦立法和规则仍是美国法律统一的主要源泉。本来,联邦统一法律的活动,应该限于联邦权力行使的领域,但由于 19 世纪在立法上决策和权力不断向中央转移的趋势仍在继续,美国的联邦立法活动正处在一个扩张时期,并已侵入一些传统上保留给州法的私法领域。显然,美国联邦机构的统一立法活动推动了美国的法律统一运动,有利于解决其州际法律冲突。而澳大利亚则于 1975 年通过了《1975 年家庭法例》(the Family Law Act 1975) 随后,又制定了依上述家庭法有效的《家庭法规则》(the Family Law Regulations),从而在结婚、离婚、婚姻诉因、亲权、抚养、未成年人的监护以及其法律问题上实现了全国统一,消除了澳大利亚各州之间在这方面的法律冲突。

(二) 制定仅适用于部分法域的统一实体法来解决有关法域之间的区际法律冲突。适用于部分法域的统一实体法也是由复合法域国家中央立法机关制定的。只不过由于某种原因,使得立法机关明确在该统一实体法中规定该法仅仅在部分法域内施行。这种法律一般是就某一具体问题所作的规定。虽然它在其所施行的法域内导致在该问题上的统一,解决了有关法域之间在所涉问题上的冲突,但这毕竟不是全国范围的统一。而且,由于这种法律的存在,其施行的各法域又结合起来构成一个新的特殊法域,并可能在该统一实体法所涉问题上与未施行它的法域之间,产生新的区际法律冲突。举例来说,在英国,共有五个法域,即英格兰、苏格兰、北爱尔兰、海峡群岛和马恩岛。英国议会制定的《1948 年公司法》、《1958 年收养法》以及后来的《1968 年收养法》(Adoption Act 1968) 只适用于英格兰和苏格兰(即大不列颠),而不适用于北爱尔兰、海峡群岛和马恩岛。拿《1968年收养法》来说,虽然这一统一实体法解决了苏格兰和英格兰之间在收养问题上的法律冲突,但它并没有解决英格兰及苏格兰同北爱尔兰等其他三个法域在收养方面的冲突。而且,英格兰和苏格兰采用这一收养法,使两者在收养问题上统一起来,从而在收养问题上成为一个与北爱尔兰等其他三个法域相平行的特殊法域,它们之间仍存在着冲突。由此可见,采用这种方式解决区际法律冲突,有局部的效应,但不能从全国范围内解决问题,尽管如此,这仍是复合法域国家从法制不统一迈向统一的可喜的一步。

(三)各法域采用相同或类似的实体法求得统一,从而解决其相互间的区际法律冲突。虽然复合法域国家内民商事实体法的统一较之国际上的民商事实体法的统一容易些,但在走向统一的道路上仍有许多障碍。比如说,在美国、澳大利亚和加拿大这样的联邦制国家,其宪法都明确规定了中央的立法权限范围,凡未列明的剩余权力则归属各州,大部分私法性质的法律属于州或省的立法管辖范围。因此,联邦机关受宪法的限制不可能就所有私法问题制定全国统一的法律,进而解决国内的区际法律冲突。这显然是这些国家在法制统一道路上所遇到的一个法定障碍。为了绕开这个障碍,求得法制的统一和区际法律冲突的解决,在一些官方、半官方或民间组织的推动下,它们采取了曲线统一的方式,即各州或各省采用相同或基本相同的实体法,从而求得法律的统一。在这种情况下,各州或各省法院在处理涉及他州或省的案件时,尽管适用的是自己的实体法但由于各州或省在某一方面都采用了相同或基本相同的实体法,一般来说,案件处理的结果都是一致的,它们之间的法律冲突也就在很大程度上消除了。美国在这方面的实践尤为突出。而在其中,一些专业性组织起着重要作用。首先值得一提的是"全国统一州法专家会议"。该组织成立于1892年,其成员是各州任命的,而各州立法起草局的代表是该组织的联系成员(associate member)。该组织拟订统一法草案,草案经全体会议通过后建议各州采用。各州是否采用和如何采用由其自行决定。统一法草案经各州采用后即成为各州的法律,而不是联邦法。自该组织成立以来,它已起草了两百多个统一法草案。到1985年9月1日为止,已有二十多项草案得到普遍采用。该组织最重要的工作成果是同美国法学会合作取得的，即拟定了《统一商法典》（已出1978年正式文本）。该法典除路易斯安那州部分采用外，其他各州、哥伦比亚特区和维尔京群岛都已采用，从而使美国各州在商品买卖、银行交易以及有关投资证券、产权证和商业票据、商业企业买卖等方面的法律实现基本的统一。其次，美国法学会在美国的法律统一活动中，也发挥着重要作用。其主要成果是《法律重述》（Restatement of the Law）。在私法方面，它已对代理（1958年第2次）、合同（1932）、财产（1936~1944年，1947年增订）、证券（1941年）、侵权行为（1965~1966年第2次）、信托（1959年第2次）等部门进行了重述。这些重述的意图是要"重新阐明"普通法的真正规则，但它们不是官方立法，甚至重述的制定者也无意让立法机关去"采用"。不过，由于这些重述的质量以及报告人和学会的崇高信誉，美国的法院可能会按照重述中所阐明的情况来适用普通法，它们或以制定自己的类似规则的形式使用重述，或有时干脆声明"采用"了重述的规则。这样，通过法院参照重述来断案，各法院适用的法律逐渐趋于统一。

　　从上述美国的实践来看，各法域通过采用相同或基本相同的实体法求得法制的统一，是解决区际法律冲突极为有效的途径。但是，我们也应该看到，那些促进法制统一的官方、半官方或民间组织拟定的"示范法"是否被各州采用完全取决于各州的"自愿行动"（voluntary action）。因此，拟定出来的"示范法"（model code）有的被普遍接受，有的只被少数一些州接受，有的则完全不被采用。在"示范法"所涉问题上，已经采用"示范法"的州和没采用的州之间以及没采用"示范法"的州相互之间的法律冲突并没得到解决。而且，各州采用某一"示范法"时并不一定全盘采用，有时会根据本州的情况进行一些修改。另一方面，"示范法"本身也处在不断的修改之中，有不同的版本，有的州采用了修改的规定，有的州则未紧跟这种变化。此外，"示范法"被各州采用后成为各州的一部法律，这意味着对其解释要由各州法院作出，这样也会出现对同一规定有不同的解释。因此，在采用"示范法"的州之间，在"示范法"所涉问题上的法律冲突也不能完全杜绝，在一些细节问题上仍有法律冲突存在。但无论如何，这种方式加快了复合法域国家法制统一的进程，扩大了复合法域国家法制统一的范围，推动了复合法域国家内法律冲突的解决。

(四)一些复合法域国家的最高法院在审判实践中积极发挥作用,推动实体法的统一,从而促进其国内区际法律冲突的解决。这种情况在普通法国家表现得尤为明显。在加拿大,法院系统属一元化系统,加拿大最高法院是受理省和联邦法律问题的最高上诉法院。按照普通法上"根据判例"(stare decisis)的原则,各省的低级法院应受高级法院判例的制约,而各省法院均受加拿大最高法院判例的制约。因此,加拿大法院作为全国最高上诉法院对法律统一产生很大的影响,导致了各省采用实质上相一致的普通法规则。

(五)将在一个法域适用的实体法扩大适用于另一个法域,从而取得法制统一,消除区际法律冲突。这种做法多出现在因国家的兼并、国家领土的割让、国家领土的回归或国家的殖民等原因而形成的复合法域国家里。例如,于1871年被德国兼并的属于法国的阿尔萨斯和洛林地区在第一次世界大战后回归法国后,仍保持适用德国法,导致在法国内其原有地区同阿尔萨斯和洛林地区之间产生区际法律冲突。但不久,法国于1924年6月1日颁布了两个法律,将法国的民法和商法扩大适用于阿尔萨斯和洛林地区,从而实现了全国民商事法律的统一,消除其国内在短暂时间内出现的区际法律冲突。

三、结束语

前述可见,各复合法域国家对本国内的区际法律冲突采取何种途径或方式加以解决,有不同的具体做法,但从宏观的角度来看,无一不是同时通过区际冲突法途径和统一实体法途径来解决区际法律冲突。一般来说,复合法域国家及其法域一开始总是用冲突规范解决区际法律冲突,但冲突规范只能解决法律适用上的冲突,并不能根除区际法律冲突,显然有其局限性。于是,它们便通过统一实体法途径来解决区际法律冲突。虽然统一实体法克服了冲突法的缺陷,能彻底避免和消除区际法律冲突,但要在一个复合法域国家一下子实现全国法制统一也不是一件易事,只得一步一步来。即使在那些一举实现全国实体法统一的复合法域国家,一般在此之前也须经过一个用区际冲突法解决区际法律冲突的阶段。在有些复合法域国家,通过统一区际冲突法来解决区际法律冲突常常是它们实现通过统一实体法来解决区际法律冲突的前奏。如波兰，就是先统一了全国的区际冲突法，然后再逐渐统一全国的实体私法，从而最终消除了国内的区际法律冲突。从一些复合法域国家解决区际法律冲突的实践中不难看出，区际冲突规范的集中统一化和不同法域的实体法律不断统一化已成为一种趋势。更有效地解决区际法律冲突，实现国内法制统一，是各复合法域国家所梦寐以求的目标。各国解决区际法律冲突的已有经验，对于在将来我们解决我国国内的区际法律冲突，有很重要的参考和借鉴价值。

中国区际法律冲突问题研究*

我国政府为解决香港、澳门和台湾问题，提出了实行"一个国家，两种制度"的政治构想和设计。随着这一构想和设计的提出，中英和中葡分别于 1984 年 12 月 19 日和 1987 年 4 月 13 日正式签署《中华人民共和国政府和大不列颠及北爱尔兰联合王国政府关于香港问题的联合声明》（以下简称中英《关于香港问题的联合声明》）[①]和《中华人民共和国政府和葡萄牙共和国政府关于澳门问题的联合声明》（以下简称中葡《关于澳门问题的联合声明》）。[②] 这样，不久的将来将在中国出现的区际法律冲突及其需要解决的问题作为一个崭新的课题已摆在中国法学界面前，急需大力进行先行和前期研究。

一、中国区际法律冲突的产生

（一）中国区际法律冲突的产生

区际法律冲突是一国内部具有不同法律制度的地区之间的法律冲突，它是在一国内部不同地区的人民进行民事交往的过程中或一国内部的涉外民事交往中产生的。在我国恢复对香港和澳门行使主权，台湾同中国大陆统一后，各地区人民内部的交往必将有大幅度的发展，而由于内地、香港、澳门和台湾施行互不相同的法律，在区际民事交往中，当一项争议涉及两个或两个以上的地区时，不可避免地会产生

---

* 与韩德培教授合作撰写，原文载于《中国社会科学》1989 年第 1 期，中国人民大学书报资料中心复印报刊资料《法学》1989 年第 4 期转载，后收录于韩德培主编：《中国冲突法研究》，武汉大学出版社 1993 年版。

① 该声明及其附件载于《中国国际法年刊》1985 年，第 612~624 页。

② 该声明及其附件载于《中华人民共和国全国人民代表大会常务委员会公报》1987 年第 4 号，第 30~41 页。

究竟应适用哪个地区的法律处理争议的问题，亦即区际法律冲突问题。在一国内部，区际法律冲突产生须具备如下条件：(1) 在一国内部，存在着数个具有不同法律制度的法域；(2) 各法域人民之间的民事交往导致产生众多的涉外民事法律关系；(3) 各法域相互承认外法域的自然人和法人在内法域的民事法律地位；(4) 各法域互相承认外法域的法律在自己域内的域外效力。在这四个条件中，以第一条最为关键。具备了这一条，一个国家就形成了复合法域国家，就会产生区际法律冲突。复合法域国家可因多种原因而形成，诸如国家的联合、国家的合并、国家的复活等。前已述及，中国将成为复合法域国家并因此在中国国内产生区际法律冲突问题，是由香港、澳门领土的回归和台湾与大陆的统一两大原因促成的，现对这两大原因进行具体的分析。

中国成为复合法域国家的第一个原因是领土的回归。中英《关于香港问题的联合声明》和中葡《关于澳门问题的联合声明》已分别确定中华人民共和国将在1997年7月1日和1999年12月20日先后对香港和澳门恢复行使主权。香港和澳门回归祖国后，鉴于其法制分别深受英国法律、葡萄牙法律的影响，为了维护这两个地区的繁荣与稳定，两个联合声明规定允许其原有法律基本不变，并享有立法权、独立的审判权和终审权，也即允许这两个地区作为独立法域存在，这就导致中国成为复合法域国家，在中国各地区人民之间形成民事法律关系时，内地、香港和澳门各自不同的法律之间就会出现区际法律冲突。

就今后的香港特别行政区来说，从立法权来看，香港特别行政区的立法权属于香港特别行政区立法机关。立法机关可根据《香港基本法》的规定并依照法定程序制定法律，报中华人民共和国人民代表大会常务委员会备案。立法机关制定的法律凡符合《香港基本法》和法定程序者，均属有效。立法机关还可以使用中文和英文进行双语立法。从香港现行法律基本不变来看，香港的现行法律主要有如下几类：(1) "英皇制诰"和"皇室训令"。它们属于香港的最高法律，因而被称为香港的宪法性文件。香港的其他一切法律均不得与"英皇制诰"和"皇室训令"相抵触。(2) 普通法与衡平法。香港现行普通法及衡平法是英国的普通法及衡平法。根据规定，凡英国的普通法及衡平法适合香港情况者,均在香港有效,当然如不能适用于香港当地情况或其居民,香港立法机关可以对之进行修改。①(3)英国立法。由于香港1966年《英国法适用条例》的规定,凡在1843年4月5日以前的英国立法,除不适合于香港的那些法律或经香港立法加以修改外,大约尚有34项适用于香港。② 而1843年4月5日以后的英国立法要在香港有效则必须或者经英国枢密院的命令,或者有条例规定某法律应适用于香港,或者有关法律条款明文规定或暗示要适用于香港。(4)条例。香港目前大量的法律是由香港立法局制定的。但是依据英国有关法律的精神,结合香港的具体情况而制定的。但英国对香港制定条例有许多的限制:一是香港条例不得与英国议会为香港制定的法律相抵触;二是香港制定的条例无权修改普通法的一般原则;三是香港立法局只能制定适用于香港内部的条例,而无权制定有关香港地位以及香港同其他地区或国家关系等重大问题的条例;四是某些重要条例需经英皇或英皇枢密院的批准或认可。(5)附属立法。有时也被称为"授权立法",它是由立法机关授权行政机关或各种独立的管理机构制定的用于调整某些特定领域法律关系的各种规程、规则和细则。其执行受法院监督,法院有权审查并根据其越权或者与香港的成文法或英国议会制定的适用于香港的法律相抵触等理由而宣布其无效。(6)中国习惯法。在香港地区,中国的习惯法得到承认,但这些习惯法的适用受到严格限制,即只能在英国法律和香港法律没有规定的领域内适用。这样,到1997年7月1日以后,除了与《香港基本法》相抵触的以及经香港特别行政区立法机关修改过的现行法律失效外,香港现行法律基本保持不变,到那时,香港特别行政区施行的法律为:(1)《香港基本法》;(2)基本不变的原有法律;(3)香港特别行政区立法机关制定的新法律。可见,香港特别行政区将施行的法律在本质、形式和内容上都不同于中国内地的法律。最后,从独立的司法权和终审权来看,香港特别行政区成立以后,除因

---

① 参见〔新西兰〕瓦莱里·安·彭林顿:《香港的法律》,毛华等译,上海翻译出版公司1986年版,第16~17页。

② 参见〔新西兰〕瓦莱里·安·彭林顿:《香港的法律》,毛华等译,上海翻译出版公司1986年版,第18页。

香港特别行政区终审法院享有终审权和新法官的任命而产生的变化外,原在香港实行的司法制度予以保留。现行的香港司法机关由裁判司署(同级的还有死因裁判庭和少年法庭)、地方法院和最高法院(Supreme Court of Judicature)构成。最高法院包括高等法院和上诉法院。英国伦敦的枢密院司法委员会是香港法院的最高上诉机关。现在香港法院的法官一般由香港总督直接任命或根据司法委员会的推荐任命。① 香港特别行政区设立之后,香港特别行政区的审判权属于特别行政区法院。法院独立进行审判,不受任何干涉。司法人员履行审判职责的行为不受法律追究。法院依照香港特别行政区的法律审判案件。其他普通法适用地区的司法判例可作参考。香港特别行政区法院的法官,根据当地法官和法律界及其他方面知名人士组成的独立委员会的推荐,由行政长官予以任命。法官的选用应以其专业才能为标准,并可从其他普通法适用地区聘用。法官只有在无力履行职责或行为不检的情况下,才能由行政长官根据终审法院首席法官任命的不少于三名当地法官组成的审议庭的建议,予以免职。主要法官(即最高一级法官)的任命和免职,还须由行政长官征得香港特别行政区立法机关的同意并报全国人民代表大会常务委员会备案。法官以外的其他司法人员的任免制度继续保持。香港特别行政区的终审权属于香港特别行政区终审法院。终审法院可根据需要邀请其他普通法适用地区的法官参加审判。

再就今后澳门特别行政区来看,根据《关于澳门问题的联合声明》附件一的规定,澳门特别行政区成立后,立法权属澳门特别行政区立法机关,该立法机关由当地人组成,多数成员通过选举产生。它可以根据将由全国人民代表大会颁布的《中华人民共和国澳门特别行政区基本法》(以下简称《澳门基本法》)的规定并依照立法程序制定法律,报全国人民代表大会常务委员会备案。但该立法机关规定的法律必须符合法定程序,也不得与《澳门基本法》相抵触。澳门原有的法律、法令、行政法规和其他规范作出修改者外,予以保留。这样,今后澳门特别行政区的法律体系将由《澳门基本法》、基

---

① 关于目前香港的法院体制,参见[新西兰]瓦莱里·安·彭林顿:《香港的法律》,毛华等译,上海翻译出版公司1986年版,第53~69页。

本不变的原有法律和澳门特别行政区立法机关新制定的法律构成。这就使今后澳门特别行政区的法律在性质、形式和内容上都与中国内地的法律有很大差别。至于澳门特别行政区所享有的独立审判权和终审权以及新法官的任命等，则与香港特别行政区基本相似。另外，原在澳门实行的司法辅助人员的任免制度也予以保留。

从上述香港和澳门的情况中我们可以看出，在我国恢复对香港和澳门行使主权后，香港和澳门的原有法律基本不变，并享有立法权、司法权和终审权。这表明，到那时，从冲突法的角度讲，在中华人民共和国范围内，香港和澳门都将成为独立的法域。

促成中国成为复合法域国家的另一个原因是国家的统一。对于台湾问题，我国亦将按照"一国两制"的方案来解决。在台湾与大陆统一后，台湾作为特别行政区不仅将享有香港特别行政区和澳门特别行政区将享有的自由权，而且在某些方面将享有上述两个特别行政区所不能享有的自治权，如台湾可以保留自己的军队。那么，这就意味着在将来的台湾特别行政区内，不仅台湾现行的法律基本不变，而且台湾特别行政区享有立法权、独立的审判权和终审权。因此，如果成功地以"一国两制"的方针解决台湾问题，和平实现了祖国统一，那么在这个统一的中国大家庭中，台湾特别行政区的法律制度，既不同于中国内地，也不同于香港特别行政区和澳门特别行政区。台湾特别行政区也将成为一个独立的法域。

这样，随着我国恢复对香港和澳门行使主权，台湾同大陆的统一，中国将出现一国两制的局面，即在统一的中华人民共和国国内，在同一中央政府之下，在中国内地实行社会主义制度，在香港、澳门和台湾实行资本主义制度，而中国内地、香港、澳门和台湾则分别施行各自的法律制度，并成为四个法律制度互不相同的独立法域。因此，1997年7月1日以后的中华人民共和国的法律制度不再是单一的社会主义法律制度，而是逐渐由具有不同性质、形式和内容的多种法律制度组成的复合法律制度，中国也由此加入了多法域国家或复合法域国家的行列。到那时，从宪政的角度看，在中华人民共和国国内，社会主义制度仍然是主体，社会主义法制仍然是主体，但从冲突法的角度看，内地、香港、澳门和台湾都将成为平等、独立的法域。作者认为，除宪法、各特别行政区基本法、有关国防和外交的法律，对各特别行政区基本法所指定的属中央管辖事项的立法,以及将来在各法域完全自愿协商的基础上制定的全国统一的法律为中央法律制度外,针对香港、澳门和台湾而言,内地的其他法律制度应与今后香港、澳门和台湾地区的法律制度处于同等地位,属地区性法律。这是符合"一国两制"的精神实质的。

从上面对导致中国复合法域国家及区际法律冲突产生的两大原因的分析,我们可以看出,中国的区际法律冲突是当今中国社会的特定历史条件下的产物。因此,对中国区际法律冲突的解决,即使在本国无现存的可资借鉴的历史经验的情况下,我们也不能生硬地照搬外国解决其国内区际法律冲突的经验,而应该根据我国区际法律冲突产生的客观情况,并借鉴外国的有益经验,探索出一条自己的路子来。

(二) 中国区际法律冲突的特点

与世界上其他一些复合法域国家内的区际法律冲突相比较,中国的区际法律冲突具有自己的鲜明特点:(1) 中国的区际法律冲突是一种特殊的单一制国家内的区际法律冲突。根据《关于香港问题的联合声明》和《关于澳门问题的联合声明》,特别行政区所享有的高度自治权甚至大大超过在联邦制国家内其成员国所享有的权利。而且,各法域都有独立的立法权、司法权和终审权,实现全国法制统一的进程将是缓慢而艰难的。当然,由于这些地区享有的高度自治权绝非本身所固有,而是国家根据这些地区的历史与现实赋予它们的一种特殊待遇。特别行政区是在中央政府领导之下的地方行政区域,从行政上讲,它同中央政府的关系实质上仍是中央同地方的关系。因而这与在联邦国家内联邦和成员国之间的关系又有所不同。(2) 中国的区际法律冲突既有属同一社会制度的法域之间的法律冲突,也即阶级性质完全相同的法律之间的冲突,如香港、澳门和台湾相互之间的法律冲突;又有社会制度根本不同的法域之间的法律冲突,亦即社会主义法律与资本主义法律这两种性质不同的法律之间的冲突。如中国内地的法律与香港、澳门和台湾地区的法律之间的冲突。而世界上现有的区际法律冲突都是社会制度相同的法域之间的区际法律冲突。(3) 中国的区际法律冲突有属同一法系的法域之间的法律冲突,如台湾和澳门的法律制度深受大陆法系影响,这两个地区之间的区际法律冲突属同一法系的法域之间的法律冲突;同时,也有不同法系的法域之间的法律冲突,如属普通法系的香港法律与属大陆法系的台湾和澳门的法律之间的冲突即是;(4)中国的区际法律冲突不仅表现为各地区本地法之间的冲突,而且有时表现为各地区的本地法和其他地区适用的国际条约之间以及各地区适用的国际条约相互之间的冲突。根据《关于香港问题的联合声明》附件一之第十一节和《关于澳门问题的联合声明》附件一之第八节的规定,香港特别行政区和澳门特别行政区可以分别以"中国香港"和"中国澳门"的名义,在经济、贸易、金融、航运、通讯、旅游、文化、科技、体育等领域单独同世界各国、各地区及有关国际组织保持和发展关系,并签订和履行有关规定;中华人民共和国缔结的国际协定,中央人民政府可根据情况和香港及澳门的需要,在征询香港和澳门特别行政区政府的意见后,决定是否适用于香港和澳门特别行政区;而中华人民共和国尚未参加,但已适用于香港和澳门的国际协定仍可继续适用。这意味着,将来会出现一些国际协定适用于某地区而不适用于其他地区的情况。这就可能导致各地区的本地法同其他地区适用的国际协定之间以及各地区适用的不同国际协定之间的冲突。这是中国区际法律冲突中的一种特殊现象。(5)各法域都有自己的终审法院,而在各法域之上无最高司法机关。因此,在解决区际法律冲突方面,无最高司法机关加以协调。(6)在立法管辖权方面,无中央立法管辖权和各法域立法管辖权的划分。实际上,在民商法领域,各法域可能享有完全的立法管辖权。而且,我国香港、澳门和台湾地区的立法管辖权不是由中央宪法直接赋予的,而是由有关国际条约以及特别行政区基本法加以规定的。

上述我国区际法律冲突的特点表明,我国区际法律冲突的情况极为复杂,从现在开始,我们就应该着手深入研究,以便寻求合理的解决方法。

二、解决中国区际法律冲突的途径

中国区际法律冲突的异常复杂和独特增添了解决中国区际法律冲突的复杂性和特殊性。这就要求我们,必须从促进和维护国家统一的目的出发,按照"一国两制"的构想和设计,本着平等互利、保障正常区际民事交往的原则,找到一条适应这种复杂性和特殊性的解决中国区际法律冲突问题的切实可行的道路。

解决区际法律冲突问题不外乎区际冲突法途径和统一实体法途径,就区际冲突法途径而言,在实际中,各复合法域国家通过这种途径解决区际法律冲突的又分别采取如下四种不同的方式:(1)类推适用国际私法来解决区际法律冲突;(2)各法域分别制定自己的区际冲突法,用来解决自己的法律与其他法域的法律之间的冲突;(3)制定全国统一的区际冲突法来解决区际法律冲突;(4)对区际法律冲突和国际法律冲突不加区分,实际适用与解决国际法律冲突基本相同的规则来解决区际法律冲突。就统一实体法途径而言,各复合法域国家在寻求这种途径的过程中所采用的方式也是多种多样的,主要有:(1)制定全国统一的实体法用以解决区际法律冲突;(2)制定仅适用于部分法域的统一实体法来解决有关法域之间的区际法律冲突;(3)各法域采用相同或类似的实体法求得统一,从而解决其相互之间的区际法律冲突;(4)一些多法域国家的最高法院在审判实践中积极发挥作用,推动法域之间实体法的统一,从而促进其国内区际法律冲突的解决。

我国1997年后的区际法律冲突显然也要通过区际冲突法和统一实体法途径来加以解决。从区际冲突法途径来讲,首先,各法域分别制定自己的区际冲突法是不可取的。因为这样制定的区际冲突法,其规定必然各不相同,以致引起各法域的区际冲突法本身的冲突。这种冲突的存在大大增加了区际法律冲突的复杂性,它不仅会引起反致、转致问题,并使识别问题变得更加复杂,也容易导致"挑选法院"(forum shopping)的现象,即当事人选择于己有利的法院起诉,从而使对方蒙受不利。其次,各法域只能在短时期内类推适用各自的冲突规则来解决区际法律冲突。由于区际冲突法是用以解决一国内部不同法域之间的法律冲突的,它毕竟与解决国际法律冲突的国际私法有很大的差别,因此,在将来不宜长期类推适用国际私法来解决我国的区际法律冲突。再次,制定全国统一的区际冲突法是解决我国的区际法律冲突的最为可取的方式。就国际私法而言,虽然目前国际上已有一些国际私法的条约,但要在全球范围内和在所有的问题上能够实现统一是极为困难的事情。但就区际法律冲突而言,由于在各法域之上有共同的主权和中央政府,而适当地解决各地区之间的区际法律冲突也符合各地区的利益,因此区际冲突法的统一并不涉及各法域之间存在着根本分歧的实体民商法领域，自然比实体法的统一更易取得成功。另外，从区际冲突法本身来讲，制定全国统一的区际冲突法，不仅能使各法域的法院对同一案件的审理得出相同的结果，从而从根本上防止了"挑选法院"的现象，而且可以避免区际冲突法本身的冲突和反致问题的产生，也使识别问题变得简单多了，还可为各法域实体法的统一奠定基础。与此同时，在全国统一的区际冲突法中则可以设立公共秩序制度，各地区可借助这一"安全阀"来维护自己特殊的合法利益。

  从统一实体法途径来讲，制定仅适用于部分法域的统一实体法来解决我国将来的区际法律冲突这一方式不宜采用或宜少采用。因为这一方式只能局部地和在某些问题上而不能彻底、全面地消除区际法律冲突，并且还会由于各法域因法律在某些问题上得到统一而形成为新的法域反而增加了问题的复杂性。此外，由于我国成为复合法域国家后，各法域都有自己的终审法院，而在各法域之上无最高司法机关，因而我国今后区际法律冲突的解决，不可能像加拿大和澳大利亚那样通过最高司法机关在审判中促进法域的实体法统一。由于内地、香港、澳门和台湾的法律相互差异很大，要实现全国实体法的统一并不是轻而易举的事情。加之我国实行"一国两制"，就意味着要在较长时间内肯定各地区法律制度存在的差异，所以统一全国实体法只能是一个渐进的过程。我们估计，在充分尊重各自法律制度独立的情况下和在协商与协调的基础上，各法域在某些问题上逐渐实现实体法法制统一是可能的。一位香港法律界同仁曾就这个问题发表过很有意义的意见。她说："（实体法和冲突法）统一必定是渐进式的，而事实上，也只可能是一种协调。"她还认为，不同法域涉及各种社会关系的法律之可以统一或协调的程度各自不同。通常在国际经济方面，如在国际贸易、汇票、国际运输、注册商标和专利等领域，由于有国际多边协议的存在，或彼此做法日趋相同，其可统一或协调的程度较高。而对完全属内部事务的问题，如家庭关系、公民的权利义务等，由于其法律同当地的经济社会背景有较紧密的联系，其可以统一或协调的程度就低。不过，她又认为，就香港特别行政区而言，由于它的传统文化和种族血源同中国其余地区相同，家庭法可能成为首批得到统一或协调的领域之一。① 从这里我们更清楚地看到，制定全国的实体法来解决区际法律冲突只能建立在内地、香港、澳门和台湾的立法机关在各地区社会经济的发展更加接近、互相之间更为理解的基础上，可以逐渐通过各自采用相同或类似的实体法来求得实质上的统一，从而避免区际法律冲突的发生。

根据以上分析，我们设想，中国区际法律冲突的解决步骤应该是这样的：

首先，中国内地、香港、澳门和台湾类推适用各自的国际私法规则来解决区际法律冲突。目前各地区都有自己的国际私法立法或不成文法，如内地有《中华人民共和国民法通则》第八章关于"涉外民事关系的法律适用"的规定以及一些单行法规中就所涉问题所作的法律适用规定；香港则是适用英国普通法和制定法中的冲突规范来解决国际法律冲突的。这种情况为各地区类推适用各自的国际私法规则来解决区际法律冲突创造了条件。在这个阶段，各地区可以就其国际私法中不能适用于区际法律冲突的部分作变通的规定。需要特别强调指出的是，这应该是一个过渡的阶段和短暂的阶段。

然后，在各地区充分协商和协调的基础上，制定全国统一的区际冲突法，用以解决区际法律冲突。这应该是一个相当长的阶段。

再后，仍然在充分协商和协调的基础上，通过在某些问题上制定全国统一的实体法或者各地区分别采用相同或类似的实体法，求得在所涉及问题上避免和消除区际法律冲突。这一步骤可以在条件具备时同上一个步骤同步发展，但不应该也不可能取代上一个步骤。进而，全国法制最终实现统一，但这至少应是各特别行政区成立50年后的事情。

对于制定全国统一的区际冲突法或全国统一的实体法，还有一个立法技巧的问题。根据《关于香港问题的联合声明》和《关于澳门问题的联合声明》，全国人民代表大会及其常务委员会可以制定施行于香港和澳门的基本法、有关国防和外交的法律，但能否制定其他适用于香港和澳门的法律并不清楚。不过，这并不排除全国人民代表大

---

① 参见廖瑶珠：《法律逐渐统一的方案》，载香港《大公报》1986年4月16日。

会及其常务委员会可以制定其他有关体现国家统一和领土完整并且按基本法规定不属于特别行政区的高度自治权范围的法律并施行于特别行政区，也并不意味着全国人民代表大会制定的特别行政区的基本法中对此不可加以规定。笔者认为，在基本法中，应对特别行政区的自治权（包括立法管辖范围）予以肯定列举，未加列举的"剩余权力"则归属中央。这样，如果基本法能像1974年南斯拉夫宪法规定的那样，确定制定全国统一的实体法，那么，全国人民代表大会及其常务委员会完全可以在征询特别行政区政府意见的基础上制定这种全国统一的区际冲突法和实体法，并颁布施行于内地和各特别行政区。然而，如前所述，制定全国统一的区际冲突法并不一定属于中央立法管辖事项，而且，至少绝大多数民商法事项是各特别行政区自治权范围内的事项。在这种情况下，在立法技巧上，可以由全国人民代表大会或其常务委员会会同各地区立法机关，在充分协商和协调的基础上制定出法律，然后由全国人民代表大会或其常务委员会将该法颁布施行于内地，由各特别行政区立法机关分别颁布施行于本特别行政区。

最后应该指出的是，对于中国将来的区际法律冲突问题，在各特别行政区基本法中所应加以规定的，自然主要是解决区际法律冲突的基本原则和步骤。如果能在其中明确规定，应在适当的时候通过适当的形式制定全国统一的区际冲突法，那就是再好也不过的事情了。至于区际冲突法的具体内容则可另行立法规定。此外，为了恰当地解决区际法律冲突，对于与区际法律冲突有关的问题，如立法管辖权、司法管辖权、司法协助等也应加以明确。这样，在特别行政区基本法中，应有区际法律冲突的原则解决条款、立法管辖权条款、司法管辖权条款、司法协助条款。目前，我国正在草拟香港特别行政区基本法，该法通过生效后还将成为其他特别行政区的基本法的范例。因此，对于上述条款是否加以规定以及如何加以规定的问题在什么程度上取得共识，对我国将来区际法律冲突的解决是具有重要意义的。

三、中国区际冲突法的几项设计

我们认为，制定全国统一的区际冲突法是解决我国将来的区际法律冲突的最为可取的方式。对其可行性在前面已加以论证。这里，不妨对将来的中国区际冲突法作一些粗略的设计。

(一) 总体设计。将来的中国区际冲突法应该是一个单行法规。它不应该同中华人民共和国的民法或解决国际法律冲突的国际冲突法放在一个法规中加以规定，因为后两者并不能适用于特别行政区，而区际冲突法则适用于全中国各个地区。在这个单行的区际冲突法规中应有总则和分则之分。总则规定它的适用范围、基本原则、基本制度（包括识别、公共秩序、准据法内容的查明、法律规避等）、外国冲突规范对中国的指定、区际冲突法中的时际法问题等；分则规定各种具体涉外民事法律关系的法律适用问题。

(二) 识别。制定和实施全国统一的区际冲突法时必定会碰到识别问题。在理论和实践中，一般认为，识别应依法院地法进行，其有说服力的理由是冲突规范应按它所属的法律制度进行解释。不过，中国的区际冲突法如果是全国统一的话，依法院地法进行识别就行不通了。因为处理国内法律冲突案件的法院是内地、香港、澳门和台湾各自的法院，其法院地法显然是法院所属地区的法律，依法院地法识别，就会因各地区法院可以根据本地区的法律作出不同的解释，而使全国统一的区际冲突法名存实亡。按理说，对全国统一的区际冲突法应按全国统一的法制进行识别。但是，由于民商法领域的事项，或者说私法事项，绝大多数属各特别行政区立法管辖范围，因而民商法领域在短时期内很难有全国统一的民商实体法。这样，按全国统一的法制对全国统一的区际冲突法进行识别将会存在困难。鉴于此，对于我国全国统一的区际冲突法，可采取如下几种方式进行识别：（1）如果在某些问题上已有全国统一的实体法，可以依该实体法对统一区际冲突法中的相关问题进行识别。（2）借鉴德国学者拉伯尔和英国学者贝克特等提出的"分析学和比较法理论"，对于统一的区际冲突法，在对各地区的法律制度进行比较法研究和分析的基础上根据各地区法律制度对所涉及问题的共同认识或普通性概念来进行识别。虽然这种识别方法在国际上很难行得通，但在一国内部，由于各法域之间共同之处比各国之间共同之处多，而且各法域的法官更易知晓他法域的法律，所以，这种识别方法显然有其可行性。（3）自治识别，即由全国统一的区际冲突法法规本身对该法规中有关的概念加以解释或下定义，以消除和避免识别上的冲突。但运用这种方法应仅限于对该区际冲突法的理解和执行。（4）对统一区际冲突规范指定应适用的某一地区的准据法如需要解释的话,应以该准据法所属地区的法律为准。

(三)反致。反致问题产生的基础是在同一层次中同时有几种法律选择制度存在,且各自调整同一问题的冲突规范的连接点规定不同或在解释上不一致。由于在解决中国区际法律冲突的过程中,可能会有一个各地区类推适用各自的国际私法规则来解决区际法律冲突的阶段,即各地区用于解决区际法律冲突的冲突规范互不相同,就存在着反致问题产生的客观基础。至于在这一阶段中各地区是否接受反致制度,则要看各自的国际私法规则如何规定。目前,内地的国际私法立法尚无关于反致问题的规定。我国台湾1953年6月6日颁布的"涉外民事法律适用法"第29条明确规定接受反致(包括转致和狭义的反致)。香港法院在司法实践中则遵循英国冲突法中关于"单一反致"(single renvoi)和"双重反致"(double renvoi)的判例。由此可见,在解决中国区际法律冲突之初,反致制度至少会被一些地区接受并采用。

(四)外域法内容的查明。当一个地区的法院按照统一的区际冲突规范适用另一个地区的法律时,还会发生一个对外域法内容的查明问题。在国际私法上,各国解决外国法内容的查明问题的做法不一,但在区际冲突法上,极少有复合法域国家采取类似于国际私法中的做法,一般主张法院依职权查明外域法的内容,有的也同时要求当事人提供必要的协助。鉴于我国今后的四个法域中既有属大陆法系的法域,又有属英美普通法系的法域,还有属社会主义的法域,在外域法内容的查明问题上,我们建议采取一个折中的办法,即规定原则上由法院依职权查明外域法的内容,有关当事人也负有举证证明外域法内容的责任。

(五)公共秩序。在世界上各复合法域国家解决其本国内区际法律冲突的实践中,有的完全拒绝适用公共秩序;有的虽然适用公共秩序,但实际上比在解决国际法律冲突中适用公共秩序的机会少得多,适用的条件更为严格,也就是说有限地适用之。这是因为区际法律冲突毕竟是一个主权国家内部不同地区之间的法律冲突,各地区之间有一种更强的自然内聚力,同时,各地区之间的差别显然没有主权国家之间的差别那样大,况且,各地区之间还存在着共同的利益。但是,同世界上其他复合法域国家的区际法律冲突比较起来，中国的区际法律冲突又有不少特别之处，其中比较重要的比如内地法律同香港、澳门和台湾的法律之间的冲突是社会主义法律同资本主义法律这两种性质根本不同的法律之间的冲突；又如，在民商法领域，各地区的立法管辖范围相当广泛，这意味着各地民商法之间的差别极大。由于按照区际冲突法来解决区际法律冲突必然导致一个地区的法院援用另一个地区的法律来调整有关民事法律关系，这样就会影响前者内部的法律秩序，因此，在我国统一的区际冲突法中保留公共秩序制度是必要的。我国各地区的法院在依冲突规范适用其他地区的法律时，如发现其他地区的法律与自己的公共秩序相抵触，可以不予适用。这一方面可以从区际冲突法的角度保证"一国两制"方案的实施，有利于各法域在相当长的时期内共存；另一方面，也可以为各地区保护自己的根本利益不受侵犯提供一个"安全阀"。对此，也许有人会问，既然区际冲突法是全国统一的，而各地区法院在适用该法时又可以以本地区的公共秩序为由拒绝适用该法所指定的准据法，这不是否定了该法本身的效力吗？我们认为，公共秩序本身也是区际冲突法中的一项制度，而且具有一般指导意义，它虽然在某种程度上减少了具体冲突规范的适用机会，但并没有否定区际冲突法本身。同时，我们还应看到，在国际私法公约中也有这种情况，已有越来越多的公约规定了公共秩序条款，允许缔约国根据公共秩序排除依公约指定的法律的适用。例如，1971年5月4日订于海牙的《公路交通事故法律适用公约》第10条规定："根据本公约规定所适用的法律只有在其适用会明显地与公共政策相抵触时才可拒绝适用"。[①] 这至少从一个侧面证明了在我国统一的区际冲突法中确立公共秩序的可行性。当然，对公共秩序制度的适用，在立法中可适当地加以限制，司法实践中各地区的法官在适用公共秩序条款时也应有所抑制。因为我国各地区之间的区际法律冲突毕竟同国际法律冲突有所不同，如果滥用公共秩序制度，不仅会有碍于各法域的真诚合作与和平共处，而且会不利于各地区人民之间正常的民事交往。可以说，我国区际冲突法中的公共秩序

---

① 卢峻主编：《国际私法公约集》，上海社会科学院出版社1986年版，第350页。

制度，应是一种有限适用的公共秩序制度。

（六）法律规避。在今后"一国两制"下的中国，内地、香港、澳门和台湾之间人员和资金的流动显然会比在国际范围内更容易、更频繁、更迅速。这同时也为意图规避法律的人创造了条件，因为他们更容易故意制造或改变连结点，如改变住所，将财产从一个地区转移到另一个地区等。另一方面，由于内地、香港、澳门和台湾的法律差别很大，也可以助长人们去规避于己不利的法律，而去挑选于己有利的法律的适用。如果允许法律规避存在，势必人为地造成法律关系的混乱和不确定。这就使制定全国统一的区际冲突法，试图达到使各地区的法院对同一案件的审理得出相同的结果，并防止"挑选法院"现象发生的目的难以实现。因此，在我国统一的区际冲突法中，依照"诈欺使一切归于无效"的原则，应明文禁止区际法律规避。

（七）属人法。一般认为，与人的身份和能力有关的法律关系、婚姻家庭关系和继承关系等为属人法律关系。通常，属人法律关系主要由属人法支配。在国际私法上，属人法有两种理解，即当事人的本国法或国籍国法和当事人的住所地法。在区际冲突法上，极少数联邦制复合法域国家既承认其公民有联邦国籍又有所属成员国国籍，这时，以当事人所属成员国国籍国法作为属人法具有有限的意义。除此之外，国籍国法作为属人法毫无意义，因为在一国内部，各法域自然人的国籍都是相同的。这样，即使那些在国际私法上坚持本国法为属人法的国家，在区际冲突法上也不得不改用非国籍标准来确定属人法。在各复合法域国家的实践中，大多以当事人住所地法为属人法，也有以籍贯地法、故乡州法、习惯居所地法等为属人法的。由于我国成为复合法域国家后仍然是一个单一制国家，内地、香港、澳门和台湾的中国公民只有一个共同的中国国籍，显然，在区际冲突法中以当事人本国法作为属人法是完全不可能的，那么，应该以什么为标准来确定属人法呢？我们认为，以当事人的住所为标准比较合适，也就是说以住所地法为属人法。一则因为这是世界上大多数复合法域国家的通行做法；二则因为在中国，住所是一个比较通用的法律概念，以住所地法为属人法能为各地区所接受。当然，内地、香港、澳门和台湾各地区的法律可能对住所有不同的理解，因此会导致当事人住所的积极冲突和消极冲突。我们可以在全国统一的区际冲突法中对住所的定义加以规定,通过这种"自治识别"的方法避免此种冲突。总之,对于我国今后的区际属人法律关系,如果区际冲突规范确定属人法为其准据法的话,就应该依住所地法加以调整。

(八)合同关系的法律适用。内地、香港、澳门和台湾地区之间的许多民事交往,特别是经济交往将会通过合同作为纽带进行。因此,合同关系的法律适用在我国统一的区际冲突法中占有十分重要的地位。目前,内地、香港、澳门和台湾关于合同关系的法律适用的规定比较接近。首先,各地区法律都肯定了"意思自治"原则。例如,在内地施行的《中华人民共和国民法通则》第145条第1款规定:"涉外合同的当事人可以选择处理合同争议所适用的法律,法律另有规定的除外。"其次,在当事人未选择合同关系的准据法时如何确定合同关系准据法的问题上,各地区的法律规定有所不同。例如,香港在这个问题上遵循英国的做法。按英国学者对英国法院实践的总结,英国的做法是这样的:"在查明一个合同的准据法时,首先,英国法院查明,当事人双方是否有一个明确的准据法选择;第二,如果没有这种选择,查明是否有个暗含的选择;第三,如果暗含的选择也没有,选择与该交易有最紧密、最真实的联系的法律制度作为准据法。"① 《中华人民共和国民法通则》第145条第2款也肯定了最密切联系原则,规定:"涉外合同的当事人没有选择的,适用与合同有最密切联系的国家的法律。"但我国台湾地区的"涉外民事法律适用法"则采取了不同的做法,其中第6条第2、3款规定:"当事人意思不明时,同国籍者依其本国法,国籍不同者依行为地法,行为地不同者以发要约通知地为行为地,如相对人于承诺时不知其发要约通知地者,以要约人之住所地视为行为地。""前项行为地,如兼跨两国以上或不属于任何国家时,依履行地法。"② 这一硬性规定取代了,同时又在一定程度上体现了最密切联系原则,它为设计今后中国统一的区际冲突法中的合同准据法奠定了基础。从晚近订立的国际条约和一些国家制定的国际私法来看,在合同准据法的选择上,国际上也已逐渐形成了在当事人未选择合同应适用的法律时,根据最密切联系原则

---

① See J. H. C. Morris. *The Conflict of Laws*, 214 (2nd ed. 1980).
② 梅仲协:《国际私法新论》,台湾三民书局1984年版,第275页。

来决定合同关系准据法的新趋势。例如，1969年《比、荷、卢条约》（The Benelux Treaty）第13条规定，合同当事人可以明示或默示选择合同的准据法，但如未加选择，可以适用"与合同有最紧密联系的国家的法律"。① 再如欧洲共同体1980年的《关于合同债务的法律适用公约》第4条第1款规定："在当事人未根据第3条对合同适用的法律作有效选择时，该合同应适应与它有最密切联系的国家的法律；但如合同的可分离部分与另一个国家有更密切的联系，则该部分合同作为例外。可适用那个国家的法律。"② 另外，1971年美国法学会公布的《冲突法重述》（第二次）第186～188条，1982年的《土耳其国际私法和国际诉讼程序法》第24条第2款以及《瑞士联邦国际私法法规》第117条都采用了类似的规定。一些新近颁布的国际私法立法，如1978年《奥地利国际私法法规》，即便没有明确规定在合同当事人未选择合同准据法时应依最密切联系原则确定合同应适用的法律，而对各项具体合同应适用的法律作了硬性的规定，但它亦认为这种硬性的规定体现了最密切联系原则。③ 因此，为了顺应国际趋势，我国的统一区际冲突法在合同关系的法律适用问题上应该这样规定：合同关系适用合同双方当事人所选择的法律，法律另有规定的除外；合同双方当事人没有选择的，适用与合同有最密切联系的地方的法律。

（九）物权关系的法律适用。在物权关系的法律适用上，目前，中国各地区施行的法律既有不同之处，又有相同或相似之处。香港法律同英国法律一样，将财产分为不动产和动产两大类。在英国冲突法上，与不动产有关的一切问题受不动产所在地法支配。④ 这一原则当然为香港司法实践所遵循。而且，按照英国法，动产分为可实际占有的物（a chose in possession）和可依法主张但未实际占有的物（a

---

① Cf. Kahn-Freund. *General Problems of Private International Law*, 264 (1980).

② 参见《法学译丛》1984年第3期。

③ 1978年《奥地利国际私法法规》第1条第1款规定："与国外有连接的事实，在司法上，应依与该事实有最强联系的法律裁决。"第2款接着规定："本联邦法规（冲突法）所包括的适用法律的具体规则，应认为体现了这一原则。"

④ Cf. J. H. C. Morris. *The Conflict of Laws*, 343 (3rd ed. 1984).

chose in action)。① 对于可实际占有的物即有体动产，普通法上曾有"动产无场所"（personalty has no locality）的主张，强调适用当事人属人法即住所地法来解决与动产有关的问题。但是，"在英国真正受到历来判例直接支持的主要论点是，像不动产一样，决定问题的是财产所在地法"② 香港法院在司法实践中援用英国判例，也实行有体动产依物之所在地法。至于可依法主张但未实行占有的物，主要是指可以成为钱财或物品的权利，如债权、合同上规定的权利、股票、股份、流通票据、商誉等，香港同英国一样，主张对它们适用权利产生地（即授予地）的法律。内地施行的有关物权关系法律适用的规定只有一条，即《中华人民共和国民法通则》第144条，该条规定："不动产的所有权，适用不动产所在地法律。"而动产所有权的法律适用问题则不明确。从我国各地区目前的实践来看，在今后全国统一的区际冲突法中，规定不动产物权依物之所在地法是不成问题的。至于动产物权，自19世纪末以来，国际上已多主张依物之所在地法决定。③ 因此，在该区际冲突法中也不妨原则上规定动产物权依物之所在地法。但对于一些例外情况，可作例外的规定，比如，在财产继承问题上，对于不动产继承当然可以规定依不动产所在地法，而对动产继承，最好规定依被继承人死亡时的住所地法。关于运送中货物物权的法律适用问题，可以规定选择适用货物装载地法和运送目的法。关于船舶、飞机、汽车等交通运输工具的物权的法律适用问题，比较好的办法是规定适用其登记注册地区的法律。

四、我国内地与台湾、香港、澳门地区民事法律适用示范条例

第一章 总 则

第1条 为了促进和维护国家统一，便利内地与中国台湾、香

---

① 参见［新西兰］瓦莱里·安·彭林顿：《香港的法律》，毛华等译，上海翻译出版公司1985年版，第251～254页。
② ［英］托马斯：《国际私法》，倪征噢译，商务印书馆1983年版，第98页。
③ 参见韩德培主编：《国际私法》，武汉大学出版社1983年版，第120～122页。

港、澳门地区的自然人、法人在平等互利基础上进行民事交往,保障各地区自然人、法人的合法民事权益,特制定本条例。

第2条 本条例确定涉及跨内地、台湾、香港和澳门地区的自然人之间、法人之间、自然人和法人之间民事法律关系的法律适用。本条例没有规定的,类推适用(准用)内地的国际私法。国际私法没有规定的,直接适用与民事法律关系有最密切联系的地区的实体法。

第3条 在民事法律方面,内地、台湾、香港和澳门地区均为中华人民共和国国内平等的、具有独特法律制度的法域。

第4条 内地与台湾、香港和澳门地区的当事人在民事活动中地位平等,其合法民事权益受到法律同等的保护。

第5条 本条例用词,定义如下:

(1) 内地,系指除中国台湾、香港、澳门地区之外的中国领土。

(2) 台湾地区,系指台湾本岛、澎湖、金门、马祖及其附属岛屿和海域。

(3) 香港地区,系指香港岛、深圳河以南九龙半岛以及附属岛屿和海域。

(4) 澳门地区,系指澳门半岛、氹仔岛、路环岛及其附属海域。

(5) 内地自然人,系指在内地设有户籍者、自内地旅居国外并未取得外国国籍者。定居内地的外国人除外。

(6) 内地法人,系指依内地法律成立且其主要办事机构所在地在内地的法人。

(7) 台湾、香港、澳门地区自然人,系指分别在我国台湾、香港、澳门地区设有户籍者以及分别自我国台湾、香港、澳门地区旅居国外并未取得外国国籍者。定居上述地区的外国人除外。

(8) 台湾、香港、澳门地区法人,系指分别依我国台湾、香港、澳门地区法律成立且其主要办事机构所在地分别在我国台湾、香港、澳门地区的法人。

第6条 本条例规定适用的法律,是指现行的实体法,而不包括冲突法和程序法。

第7条 对案件、民事法律关系及其有关事实的定性和对冲突规范的解释,适用法院地法。对准据法的解释适用其所属地区的法律。

第8条 内地法院应当依职权查明本条例规定应适用的法律,并可以通过下列途径查明：

(1) 要求当事人提供；

(2) 请求法律专家提供；

(3) 基于协议或互惠请求有关地区的司法机关提供。

不能查明的或经查明有关地区不存在相应法律制度的，适用内地相应的法律。

第9条 当事人故意规避内地强制性或禁止性法律规范的，内地法院不适用该当事人企图适用的法律。

第10条 依本条例规定应适用非内地的法律时，其适用违背内地的社会公共利益的，则不得适用，而适用内地相应的法律。

第11条 根据所有情况，特别是当事人的合法民事权益需要予以保护时，产生纠纷的民事法律关系与本条例规定应适用的法律之间的联系并不密切，且明显地与另一法律的联系更为密切的，则可作为例外，不适用本条例规定应适用的法律，而适用该另一法律。

第12条 诉讼程序适用法院地法。

第13条 内地与我国台湾、香港、澳门地区同为国际条约的适用地区的，优先适用该国际条约的规定，但各地区声明保留的条款除外。

第14条 民事法律关系的行为地或事实发生地跨连两个或两个以上的地区的，以行为或事实结束地为行为地或事实发生地。

第二章 自然人和法人

第15条 自然人以其户籍所在地的居住地为住所，经常居住地与住所不一致的，经常居住地视为住所。自然人的住所不明或者不能确定的，以其经常居住地为住所。自然人有一个以上住所的，以与产生纠纷的民事法律关系有最密切联系的住所为住所。定居国外的自然人的住所以其旅居国外前所在地区的最后住所为准。

法人以其主要办事机构所在地为住所。

法人以其经营活动的场所为营业所，当事人有一个以上营业所的，以与产生纠纷的民事法律关系有最密切联系的营业所为营业所。当事人没有营业所的，以其住所或者经常居住地为准。

第16条 当事人的身份适用其住所地法。

第17条 当事人的民事权利能力和民事行为能力适用其住所地法。当事人在内地进行民事活动，如依其住所地法无民事行为能力，而依内地法律有民事行为能力的，应当认定为有民事行为能力。

第18条 宣告失踪和宣告死亡分别适用被宣告失踪人和被宣告死亡人的最后住所地法。

第19条 我国台湾、香港、澳门地区的法人在内地进行民事活动须经内地主管机关许可。

第三章 民事法律行为和代理

第20条 民事法律行为的成立、变更、解除、撤销、无效及方式适用民事法律行为所属民事法律关系的准据法。民事法律行为方式符合行为地法律者，亦为有效，但本条例另有规定的除外。

第21条 在委托代理中，被代理人与代理人之间的关系适用双方明示选择的法律。没有选择的，适用代理关系成立时代理人的营业所所在地法。被代理人与第三人以及代理人与第三人之间的关系适用代理人实施代理行为时的营业所所在地法。

法定代理和指定代理适用代理行为地法或者代理人实施代理行为时的住所地法。

第四章 物 权

第22条 动产和不动产物权适用物之所在地法，本条例另有规定的除外。

第23条 运输中的动产的物权适用送达地法。

第24条 运输工具的物权适用登记地法。

第25条 物之所在地如有变更，物权的得丧适用其原因事实完成时物之所在地法。

第26条 不动产物权的法律行为方式适用物之所在地法。

第五章 债 权

第27条 合同适用当事人协商一致和以明示方式选择的法律。当事人可以在订立合同时，或者合同发生争议后，或者法院开庭审理前作出选择。

在内地履行的合资经营企业合同、合作经营企业合同、合作勘探开发自然资源合同，必须适用内地的法律，当事人协议选择适用法律的条款无效。

第28条　当事人没有选择合同所适用的法律的，适用与其有最密切联系的地区的法律。在通常情况下，与合同有最密切联系的地区的法律依如下规定确定：

（1）货物买卖合同适用合同订立时卖方营业所所在地法。如果合同是在买方营业所所在地谈判并订立的，或者合同主要依买方确定的条件并应买方发出的招标订立的，或者合同明确规定卖方须在买方营业所所在地履行交货义务的，则适用合同订立时买方营业所所在地法。

（2）运输合同适用承运人营业所所在地法。

（3）借贷合同适用出借人营业所所在地法。

（4）担保合同适用担保人营业所所在地法。

（5）银行贷款或者担保合同适用贷款银行或者担保银行所在地法。

（6）保险合同适用保险人营业所所在地法。

（7）加工承揽合同适用加工承揽人营业所所在地法。

（8）技术转让合同适用受让人营业所所在地法。

（9）著作权许可使用合同和出版合同适用作者住所地法。

（10）工程承包合同适用工程所在法。

（11）科技咨询或者设计合同适用委托人营业所所在地法。

（12）劳务合同适用劳务实施地法。

（13）成套设备供应合同适用设备安装运转地法。

（14）代理合同适用代理人营业所所在地法。

（15）关于不动产的合同适用不动产所在地法。

（16）动产租赁合同适用出租人营业所所在地法。

（17）仓储保管合同适用仓储保管人营业所所在地法。

（18）赠与合同适用赠与人住所地法。

（19）委任合同适用受任人营业所所在地法。

（20）行纪合同适用行纪人营业所所在地法。

（21）其他合同适用特征性义务履行人的营业所所在地法。

第29条 侵权行为适用侵权行为地法。侵权行为地法包括侵权行为实施地法和侵权结果发生地法。当事人双方在同一地区有住所的,优先适用当事人住所地法。内地法律不认为在内地域外发生的行为是侵权行为的,不适用上述规定。

第30条 不当得利适用不当得利发生地法。不当得利起因于某一民事法律关系的,适用支配这种关系的法律。

第31条 无因管理适用无因管理发生地法。

第六章 知识产权

第32条 专利权适用专利申请地法或者请求保护地法。

第33条 商标权适用商标注册地法或者请求保护地法。

第34条 著作权适用作品首次发表地法或者请求保护地法。

第35条 有关知识产权的合同适用本条例关于合同的规定。

第七章 婚姻和家庭

第36条 结婚及婚姻的效力适用婚姻缔结地法,但内地当事人在内地域外结婚不得违反内地的禁止性规定。

第37条 夫妻间人身关系适用当事人双方共同的住所地法。无共同住所的,适用其经常居住地法。

夫妻间财产关系适用当事人双方以明示方式选择的法律。没有选择的,适用当事人双方共同住所地法。无共同住所的,适用其经常居住地法。但涉及不动产的,适用不动产所在地法。

第38条 离婚适用受理案件的法院所在地法。当事人双方自愿离婚适用离婚登记机关所在地法。

第39条 父母子女间的人身关系适用子女的住所地法。

父母子女间的财产关系适用子女的住所地法。但涉及不动产的,适用不动产所在地法。

第40条 非婚生子女的认领适用认领时认领人的住所地法或者被认领人的住所地法。认领的效力适用被认领人的住所地法。

第41条 收养的成立及终止适用收养人的住所地法或者被收养人的住所地法。

收养的效力适用收养人的住所地法。

第42条 监护的设立、变更和终止适用被监护人的住所地法。

第43条 扶养适用被扶养人的住所地法。

第八章 继 承

第44条 遗产的法定继承,动产适用被继承人死亡时的住所地法,不动产适用不动产所在地法。

第45条 遗嘱的方式符合下列法律之一的,应为有效:

(1) 立遗嘱人立遗嘱时的行为地法;

(2) 立遗嘱人立遗嘱时的住所地法;

(3) 立遗嘱人死亡时的住所地法。

关于不动产的遗嘱方式适用不动产所在地法。

第46条 关于遗嘱的成立、变更、撤销及效力,动产遗嘱适用立遗嘱人立遗嘱时的住所地法。立遗嘱后立遗嘱人的住所发生变更的,适用立遗嘱人立遗嘱时的住所地法或者立遗嘱人死亡时的住所地法。不动产遗嘱适用不动产所在地法。

第47条 无人继承又无人受遗赠的遗产的处理适用遗产所在地法。

第九章 时 效

第48条 时效适用其所属民事法律关系的准据法。

第十章 附 则

第49条 本条例不溯及既往,但未决事项除外。

第50条 本条例自颁布之日起生效。

论宪法与区际法律冲突*

一、导言

世界上每个国家都有自己的宪法,不论其内容如何,也不论是成文的还是不成文的。一般来说,宪法是一国法律体系中的根本大法,享有最高的法律权威,并且以法律的形式确立一国的基本制度和基本任务。事实上,对于具有数个不同法律制度的国家而言,其基本问题之一的区际法律冲突问题通常是由宪法来解决的。

在具有数个不同法律制度的国家(也称为复合法域国家或多法域国家),其国内法要么是属地性的,要么是属人性的。如果是属地性的,则不同的国内法适用于不同的法域或地区;如果是属人性的,则每一种法律制度仅适用于特定种类的人,尽管它们是在全国范围内适用的。无论是在复合属地性法域国家还是在复合属人性法域国家,都会产生以下问题:何时适用该国的法律;该国家的各种国内法律制度能否适用;如果是这样的话,究竟应适用哪一个法域的法律。最后一个问题就是所谓的一国内不同法律制度间的冲突问题,或者是"区际法律冲突",或者是"人际法律冲突"。①

所谓区际法律冲突,是指在一个主权国家内具有独特法律制度的不同地区的法律之间的冲突,它产生于一国内不同地区的人们之间的民商事交往。② 由于每个复合法域国家各自的情况不同,不同的国家

---

* 本文原载于《法学论坛》2003 年第 3 期。

① See K. Lipstein. *Private International Law.* in *International Encyclopedia of Comparative Law*, Vol. III, Chapter 9, 3 (1985).

② 参见黄进:《区际冲突法研究》,学林出版社 1991 年版,第 91~104 页。

和学术著作对于区际法律冲突有不同的表述，主要有 non-international conflict of laws（非国际法律冲突）、internal conflict of laws（国内法律冲突）、interprovincial conflict of laws（地方间的法律冲突）、interterritorial conflict of laws（域际法律冲突）、interprovincial conflict of laws（省际法律冲突，指加拿大各省之间的法律冲突）、intercantonal conflict of laws（州际法律冲突，指瑞士各州之间的法律冲突）、interstate conflict of laws（州际法律冲突，指美国和澳大利亚各州之间的法律冲突）等。① 以国家结构形式为划分标准，区际法律冲突可以分为两类，一类存在于联邦制的复合法域国家中，另一类存在于单一制的复合法域国家中。② 区际法律冲突得以产生的最重要的条件之一是一国之内有数个法域，一般由该国宪法规定、确定或设立。因此，一国的区际法律冲突问题与该国宪法密切相关。

随着"一国两制"③ 政治构想的提出，中、英于 1984 年 12 月 19 日签署了《中华人民共和国政府和大不列颠及北爱尔兰联合王国政府关于香港问题的联合声明》（以下简称《中英联合声明》），中、葡于 1987 年 3 月 26 日签署了《中华人民共和国政府和葡萄牙共和国政府关于澳门问题的联合声明》④（以下简称《中葡联合声明》），1990 年 4 月 4 日第七届全国人民代表大会第三次会议通过了《中华人民共和国香港特别行政区基本法》（以下简称《香港基本法》），1993 年 3 月 31 日第八届全国人民代表大会第一次会议通过了《中华人民共和国澳门特别行政区基本法》（以下简称《澳门基本法》）。在这种背景下，中国的区际法律冲突问题越来越受到人们的关注。因为根据"一国两制"的构想以及上述两个联合声明和两部基本法，在中国政府分别于 1997 年和 1999 年恢复对香港和澳门行使主权后，香港和澳门的原有法律基本不变。如果把和平统一后的台湾地区考虑进去，那

---

① See I. Szászy. *Conflict of Laws in the Western. Socialist and Developing Countries*, 233 (1974).

② See K. Lipstein. *Private International Law*. in *International Encyclopedia of Comparative Law*, Vol. III, Chapter 9, 4, 11 (1985).

③ "一国两制"的构想形成于 1978 年末，是由邓小平同志为和平解决台湾问题而提出的。参见《邓小平文选》第 3 卷，人民出版社 1993 年版，第 230 页。

④ See *Beijing Rev*., Apr. 6, 1987.

么中国将出现一国两制三法系四法域的局面，这样，我国香港、澳门及台湾地区的法律和内地的法律之间必然会产生区际法律冲突。为此，我们急需解决中国的区际法律冲突和宪法之间的关系问题。

二、宪法中的立法管辖权规范

立法管辖权，是指立法机关所拥有的立法权限的范围，立法管辖权规范即为决定全国立法和各地区的法律制度各自的适用范围的规范。在复合法域国家，中央和地方的立法管辖权的划分是常有的事，而确定这种划分的规范就是立法管辖权规范。这和国际情形很不相同。在国际社会中，各主权国家都是平等的，在各主权国家之上没有一个世界政府的存在，各国基于主权可以在任何领域内进行立法。当然，各国在制定法律特别是涉外法律时，不得不考虑遵守国际法的一般原则、规则和制度，并尊重其他国家的主权和利益，以便争取他国对本国法律的尊重。

立法管辖权规范触及国家的结构（从立法的角度看），决定全国立法和各地区法律制度各自的适用范围，还界定有关国家的复合法域结构，因而，立法管辖权规范本质上是宪法性规范，即使它们在形式上并非宪法的一部分。事实上，这种规范不仅可能源自宪法，还可能出自宪法性法律或宪法性习惯。在联邦制的复合法域国家内，立法管辖权规范一般规定在宪法之中，例如，《澳大利亚联邦宪法》第51条规定，州际的贸易与商业、州际的银行业、保险、汇票与本票、破产及无力偿付、版权、发明专利与外观设计专利、商标、外国公司、结婚、离婚、父母权利以及对未成年人的监护等事项为联邦议会的立法管辖范围。又如在英国，英格兰施行英格兰法、苏格兰施行苏格兰法以及北爱兰施行北爱尔兰法是宪法性习惯的结果。在英国，宪法的原则、规则和实践从未编纂成法典，它们分散在不同的成文法与习惯法之中，也就是说没有成文宪法，因此，英国划分国内各法域（英格兰、苏格兰、北爱尔兰等）的立法管辖权的规范主要源于宪法性习惯。①

---

① See V. Knapp. *National Reports.* in *International Encyclopedia of Comparative Law*, Vol. I, U-59 (1976)

立法管辖权规范的宪法性质意味着，只有作为主权者的国家才能制定法律以划分国家和地方各自的立法管辖权，或者说在属于国家的立法管辖项目和属于地方的立法管辖项目之间作出划分。这种划分触及司法方面的宪法体制，对复合法域国家来说是必不可少的，因为它可以满足这类国家根本的组织需要。

三、宪法中的立法管辖权规范与区际法律冲突

立法管辖权规范与区际法律冲突有着紧密的联系。

首先，复合法域国家立法管辖权规范的存在，从逻辑上讲，是这些国家区际法律冲突产生的前提，因为立法管辖权规范界定了一国的复合法域结构，之后才可能产生区际法律冲突问题。在实践中，立法管辖权规范和区际冲突规范之间的区别并不总是那么清晰，但这对于我们理解一国区际法律冲突的特殊性质是十分必要的。

其次，立法管辖权规范限定了复合法域国家区际法律冲突的产生范围。在通常情况下，立法管辖规范往往清楚地划分了中央和地方的立法权限范围，并且明确地规定了各地方有多大的立法权限。这就意味着各地方在多大程度上拥有独特的法律制度，并且在哪些民商法领域会产生区际法律冲突。例如，1787年美国宪法的第1条第8项就是一组立法管辖权规范。它规定，州际贸易、破产、海事、专利以及版权等事项由美国联邦国会管辖，这意味着在上述领域存在统一的联邦法律，也就不会有区际法律冲突。只有在其余事项上，各州才可以制定自己的法律。这些法律很可能彼此不同，因此导致区际法律冲突的产生。

再次，立法管辖权规范决定区际法律冲突的解决方法。一般而言，制定区际冲突法是解决区际法律冲突的一种方式。实践中，有的复合法域国家采用全国统一的区际冲突法来解决区际法律冲突问题，有的采用各法域自有的区际冲突法，还有的则既有全国统一的区际冲突法又有法域自有的区际冲突法。究竟采用何种类型的区际冲突法，是由有关国家的立法管辖权决定的。

复次，在既有全国统一的区际冲突法又有各法域自有的区际冲突法的复合法域国家内，立法管辖权规范决定对何种案件适用全国统一的区际冲突法，对何种案件适用各法域自有的区际冲突法。美国是一

个拥有五十个州及哥伦比亚特区的联邦国家,基于历史原因和其独立前的政治、宪法基础,美国国内的法制极不统一。因此,不仅各州的立法机关可以制定自己的法律,各州的司法机关也可以在其权限范围内自主地解释不成文的法律,即普通法。联邦法院必须服从其所在州对普通法的解释。美国联邦最高法院在斯威夫特诉泰森案① (Swift v. Tyson) 中曾确定,联邦法院适用其所在州的立法规定,但可以自由地解释普通法;联邦法院在所谓的"跨州案件" (diversity cases) (涉及不同州的公民) 中应适用"一般普通法"。然而联邦最高法院在埃里铁路诉汤普金斯一案② (Erie Railroad v. Tompkins) 中却宣布,联邦法院并没有自己的与各州平行的一套普通法,在所谓的"跨州案件"中,联邦法院应适用冲突规范所指引的那个州的普通法。三年后,联邦最高法院在克拉松公司诉斯坦特电机制造公司一案③ (Klaxon Co. v. Stentor Manufacturing Co.) 中宣称,只有在美国宪法规定属于联邦管辖事项的范围内,才有全国统一的冲突规范;在大量场合下,解决区际法律冲突的规范属于各州的普通法,是不成文规范,由各州自主地发展;联邦法院在"跨州案件"中也必须首先适用其所在州的冲突规范。上述美国的实践表明,立法管辖权规范不仅决定着区际冲突法的存在,而且决定着区际冲突法的适用。

最后,还应该指出,在复合法域国家意欲消除或部分消除本国内的区际法律冲突时,它们可以通过改变立法管辖权规范的实质内容来实现,因为区际法律冲突的产生、范围及其解决都是由立法管辖权规范限定的。因此,我们可以说,改变立法管辖权规范是消除或部分消除区际法律冲突的一种手段,至少可以说是一种法律表现形式。不过,改变立法管辖权规范意味着要修改宪法,而这通常必须经过复杂的修宪程序,是不容易做到的。

简言之,宪法中的立法管辖权规范在区际冲突法领域发挥着重要作用。要研究区际法律冲突和区际冲突法,就必须研究宪法中的立法管辖权规范,因为后者是了解和把握区际冲突法的途径。

---

① 16 Pet. 1, 10 L. Ed. 1 (1842).
② 204 U. S. 64 (1983).
③ 313 U. S. 487 (1941).

四、宪法与区际法律冲突

对中国而言,香港、澳门回归祖国以后,中国的区际法律冲突是不可避免的。中国的"一国两制"方针已经体现在中国签署的两个联合声明中,即《中英联合声明》和《中葡联合声明》。中国的这一方针还在两部基本法(即《香港基本法》和《澳门基本法》)中得到重申。事实上,随着中国政府分别于 1997 年和 1999 年恢复对香港和澳门行使主权,中国的区际法律冲突问题随之产生。

香港和澳门回归后,宪法与区际法律冲突之间在法律框架中是什么关系呢?

(一)单一制国家中的区际法律冲突

1982 年《中华人民共和国宪法》仅有第 31 条①直接涉及香港特别行政区和澳门特别行政区,其他大部分条款不适用于特别行政区。但是,这并不是说宪法规定对特别行政区没有间接的影响。根据该宪法,中国是单一制国家,而非联邦制国家。两部基本法也规定,特别行政区是中华人民共和国不可分割的组成部分。② 因而,中国的区际法律冲突问题显然不同于联邦制国家。特别行政区享有高度的自治权,其权力甚至大大超过联邦制国家(如澳大利亚、加拿大和美国)的成员所享有的权力。不过特别行政区的高度自治权仅仅来自于中国宪法和两部基本法的特别授权,这些地区只是中央政府领导下的地方行政区域。这与联邦制国家内的联邦政府及其成员之间的关系大不相同。

(二)特别行政区基本法框架下的区际法律冲突

1982 年《中华人民共和国宪法》没有直接规定区际法律冲突问题,但《香港基本法》和《澳门基本法》对此作了规定。毫无疑问,两部基本法都是由全国人民代表大会通过的宪法性法律,它们也将在中国的其他地区得到遵守。因此,在香港及澳门回归之后,中国的区际法律冲突问题包括区际法律冲突的产生、范围及其解决,实质上都

---

① 该条规定,国家在必要时得设立特别行政区。在特别行政区内实行的制度按照具体情况由全国人民代表大会以法律规定。

② 参见《香港基本法》和《澳门基本法》第 1 条。

由两部基本法决定,这与其他复合法域国家只由一部宪法规定立法管辖权规范的情况有很大不同。

(三)范围广泛的区际法律冲突

根据两部基本法,特别行政区是中华人民共和国的地方行政区域,享有高度自治权,包括行政管理权、立法权和独立的司法权,中央人民政府负责特别行政区的外交和国防事务。《香港基本法》第8条规定,香港原有法律,包括普通法、衡平法、条例、附属立法以及习惯法,除与基本法相抵触的,在香港地区继续有效并且由香港特别行政区立法机关修订。第18条进一步规定,在香港特别行政区施行的法律应为《香港基本法》、基本法第8条规定的香港原有的法律和香港特别行政区立法机关制定的法律。全国性法律制度不得在香港特别行政区实施,但有关国防和外交事务的法律,以及其他按基本法规定不属于香港特别行政区自治事项的法律除外。这意味着特别行政区在民商事领域享有充分的或完全的立法权限。也就是说,在香港和澳门回归祖国的初始阶段,特别行政区与内地之间的法律制度差异很大,特别是在民商事领域,因此,区际法律冲突的范围十分广泛。就宪法结构而言,统一全国法律制度的进程将是缓慢而又艰巨的。

(四)"一国两制"下区际法律冲突的解决

在法律适用方面,对于如何解决区际法律冲突问题,两部基本法付之阙如。然而,在司法协助领域,两部基本法都规定,通过协商并依据法律,特别行政区可以和全国其他地区的司法机关保持司法关系,并向对方提供协助。① 该规定是中国内地和特别行政区之间进行司法协助的基础,但它们过于原则,在实践中不易操作。因此,中国在恢复对香港和澳门行使主权后的初期,急需将上述规定具体化。事实上,1998年,最高人民法院与香港特别行政区代表协商达成了《关于内地与香港特别行政区法院相互委托送达民商事司法文书的安排》。1999年,双方又达成了《关于内地与香港特别行政区相互执行仲裁裁决的安排》。2001年,最高人民法院还与澳门特别行政区代表协商达成了《关于内地与澳门特别行政区法院就民商事案件相互委托送达司法文书和调取证据的安排》。这三个安排就是落实基本法规

---

① 参见《香港基本法》第95条和《澳门基本法》第93条。

定的具体举措。

根据特别行政区的两部基本法,香港和澳门回归后,在特别行政区施行的全国性法律仅限于各特别行政区基本法、有关国防和外交的法律以及涉及特别行政区自治范围以外事项的法律。很显然,中央不享有制定全国统一的区际冲突法的立法管辖权,这一立法权限属于各特别行政区。其结果是,各特别行政区和内地分别有自己的区际冲突规范,这样一来,很可能加剧各地区的区际冲突规范之间的差异,从而引起进一步冲突,即各地区区际冲突法本身的冲突。而且,这种冲突大大增加了区际法律冲突的复杂性,容易产生"挑选法院"、反致、转致等问题,识别问题也会变得更加复杂。

另外,与其他复合法域国家相比,中国没有一个最高的司法机关在各特别行政区法院之间进行协调以解决区际法律冲突。根据两部基本法,各特别行政区有自己的终审法院,独立于中国其他地区的法院。

宪法在一定程度上决定了复合法域国家区际法律冲突的产生、范围及其解决。随着1997年香港回归和1999年澳门回归,中国的情况也是如此。因此,对于我国的区际法律冲突,我们在研究时应当更加关注宪法和两部基本法对该问题的影响。

香港冲突法研究[*]

一、引言

香港现行法律属普通法系。从其法律构成来看，它主要包括"英皇制诰"和"皇室训令"、普通法及衡平法、条例、附属立法、习惯法以及英国政府同其他国家缔结的国际条约或协定等。无论在形式上还是在内容上，香港现行法律都深受英国法的影响。香港现行的冲突法是香港现行法律的重要组成部分，是关于解决不同国家或地区相互之间的民事法律冲突，调整涉外民事法律关系的法律规范的总称。

香港现行的冲突法与英国冲突法基本相同，相差不大。其冲突规范大多由英国普通法判例明确确定。由于英国政府同其他国家缔结的关于冲突法的条约或协定大都适用于香港，所以，适用于香港的有关条约和协定也属于香港现行冲突法的一部分。

与英国冲突法一样，香港的冲突法对国际冲突法和区际冲突法不加区分，笼统叫做冲突法，既适用于解决国际法律冲突，也适用于解决区际法律冲突。在香港冲突法看来，冲突法上讲的"涉外因素"（foreign element）和"外国国家"（foreign country）意味着一个非香港或非英格兰因素和非香港或非英格兰国家，"国家"（country）一词不是指宪法或国际公法意义上的国家，只是一个具有独特法律制度的法域（law district）的代名词。因此，像英格兰和苏格兰法律之间

---

[*] 本文原载于《法学评论》1990年第1期，中国人民大学书报资料中心复印报刊资料《法学》1990年第4期转载，后收录于韩德培主编：《中国冲突法研究》，武汉大学出版社1993年版。

这样的区际法律冲突,与像瑞士和法国法律之间这样的国际法律冲突,其解决都适用相同的冲突规则。① 不过,应该注意的是,香港冲突法尽管在实践中将国际冲突法和区际冲突法等同起来,但实际上两者并不是绝对等同的。

香港冲突法以法院审理涉外民事案件作为确定冲突法内容的出发点,认为冲突法解决如下三个问题:第一,涉外民事案件的管辖权;第二,法律适用或法律选择;第三,民事司法协助。而解决这些问题的各种法律规范构成冲突法的内容。下面,分别就这三个方面来介绍香港现行冲突法的基本内容。

二、香港法院对涉外民事案件的管辖权

冲突法上的管辖权是指一个国家或地区审判涉外民事案件的权限。所以,冲突法上的涉外民事案件的管辖权问题就是,确定不同的涉外民事案件应由何国或何地区法院审理的问题,它主要讨论应该根据什么原则或标准来确定一个国家或地区法院有权或无权审理某一涉外民事案件。冲突法上的管辖权不同于纯国内民事诉讼中的管辖权,因为后者是指一个国家内上下级法院之间和同级法院之间受理第一审民事案件的分工和权限,而不涉及各类涉外民事案件应由哪个国家或地区的法院来审理。

涉外民事案件的管辖权问题在冲突法中占有十分重要的地位。世界上许多国家的理论与实践,特别是英美普通法系国家的理论与实践,历来把涉外民事案件的管辖权视为冲突法的三大专题之一,有人甚至认为管辖权问题较之法律适用问题更为重要。英国著名冲突法学者莫里斯(J. H. C. Morris)曾说:"在英国法律冲突中,管辖权问题常常趋向超过法律选择问题,或者说,管辖权问题是处于一个特殊的地位。经常发生这样的情况,如果管辖权(无论是英国法院还是外国法院)得到满意解决,法律选择就不成问题了。"② 在香港冲突法中,涉外民事案件的管辖权问题也占有如此重要的地位。

香港法律将民事案件分为对人诉讼(*action in personam*)和对物

---

① See J. H. C. Morris. *The Conflict of Laws*, 4 (3rd ed. 1984).
② J. H. C. Morris. *The Conflict of Laws*, 5 (2nd ed. 1980).

诉讼（action in rem）两大类，对这两类诉讼分别实行不同的管辖原则，但无论在对人诉讼中还是在对物诉讼中，法院在确定管辖权时都是从"管辖权的基础是实际控制"这一原则出发的，也就是说法院对某一涉外民事案件行使管辖权时必须对该案件有实际的支配力。

（一）对人诉讼。对人诉讼，又称为当事人之间的诉讼（action inter-partes），是指原告向被告提起的，要求被告作为或不作为，以解决当事人之间权利问题的诉讼形式。例如原告要求被告偿还欠债，就违约或侵权行为付出损害赔偿，停止某一现行的侵权行为的诉讼，就属对人诉讼。① 对人诉讼的判决只拘束诉讼当事人。对于对人诉讼，香港法院既不考虑双方当事人的国籍、住所或居所，也不考虑诉因的性质，而只是从"实际控制"原则出发来决定自己的管辖权。香港法院在下列情况下，可就对人诉讼行使管辖权：（1）被告身在香港，而法院的起诉文件在香港送达被告；（2）被告自愿受香港法院的管辖；（3）被告在香港以外的地方，而法院根据《最高法院规则》（Rules of the Supreme Court）第 11 条之规定，批准将起诉文件于外地送达被告。②

（二）对物诉讼。对物诉讼是原告请求法院维护其财产权利或利益的诉讼形式。在对物诉讼中，法院就某一财产权利及当事人的权利作出的判决的效力，不仅约束当事人，而且可以及于有关的第三人。对物诉讼大致包括三种类型：（1）决定物之所有权或其他权利的诉讼；（2）海商诉讼（admiralty action），即为决定船舶或货物的权利或对该船舶或货物有任何请求的诉讼，包括因该船舶或货物所造成损害而有请求权的诉讼；（3）有关身份行为的诉讼。有关身份行为的诉讼，诸如有关婚姻的效力、离婚、婚生子女的确定、认领等诉讼，之所以被视为对物诉讼，是因为普通法认为身份（status）与物有类似之处，更重要的是当事人住所地法院对其身份问题的判决应被全世

---

① See G.C. Cheshire. *Private International Law*, 76-77 (London: Butterworths, 7th ed. 1965)；韩德培主编：《国际私法》，武汉大学出版社 1983 年版，第 388 页；董立坤：《国际私法论》，法律出版社 1988 年版，第 172~173 页。

② 参见陈弘毅、陈文敏：《人权与法治——香港过渡期的挑战》，香港广角镜出版社有限公司 1987 年版，第 40~41 页。

界所承认,其效力可以及于当事人之外的第三人。① 香港法院对前两类案件的管辖权同样是建立在"实际控制"原则基础上的,只要争议的财产、船舶或货物在香港域内,香港就有权对与该财产、船舶或货物有关的对物诉讼行使管辖。在海商诉讼中,有关船舶的国籍为何并不重要。至于有关身份行为的对物诉讼,香港法院一般根据当事人的住所地或经常居住地是否在香港来决定它是否有管辖权。举例来说,香港法院是否就婚姻诉讼享有管辖权,大致视当事人住所地或经常居住地是否在香港来决定。

(三)司法管辖豁免。根据英国1979年《国家豁免(海外属地)法令》——State Immunity (Overseas Territories) Order 1979,英国《1978年国家豁免法》(State Immunity Act 1978)施行于香港。按照该法的规定,外国国家在香港法院享有司法管辖豁免,也就是说,香港法院原则上不得受理对一个外国国家提起的民事诉讼。但在外国国家自愿接受法院管辖、进行商业交易、其作为或不作为构成侵权等情况下,该外国国家不享有香港法院的管辖豁免。② 另外,根据国际法,香港法院尊重外交代表、领事官员和一些国际组织及其部分职员所享有的一定的司法管辖豁免权。

三、香港冲突法中的法律适用规定

香港法院在确定它对某一涉外民事案件的管辖权后,紧接着就是决定案件所牵涉的各种问题适用何种法律,也就是对有关问题的法律适用进行法律选择。香港法律中的法律适用规定同英国的法律适用规定大致相同,内容较多,限于篇幅,这里不可能一一介绍,仅从以下几个方面择要述之。

(一)一般性规定

一般性规定,是对冲突法中带普遍性的原则、制度和其他问题所

---

① 参见陈隆修:《国际私法管辖权评论》,台湾五南图书出版公司1986年版,第30~34页。

② 参见黄进:《国家及其财产豁免问题研究》,中国政法大学出版社1987年版,第130~136页。

作的规定,它们对整个冲突法都具有指导作用。香港冲突法中的一般性规定可以归结为这么几个方面:(1)识别。在普通法看来,识别是把涉外民事案件的问题归入适当的法律范畴,或者按照法律分类对涉外民事案件的有关事实加以归类。香港冲突法主张依法院地法进行识别。(2)反致。英国法院在实践中发展了一种反致学说,称之为"双重反致学说"(the doctrine of double renvoi)、"全部反致学说"(the doctrine of total renvoi)或"外国法院理论"(the foreign court theory)。其主要就是指,英国法院在处理住所不在英国的当事人的涉外案件时,或者说当英国法院处理某一涉外案件依据自己的冲突规范应适用外国法,而该外国法的冲突规范则指定适用英国法时,应适用该当事人住所所在地或该外国法院在处理该案时将适用的法律。英国法院判例中的这种主张,无疑在香港法院的司法实践中会得到遵循。(3)外国法的证明。在香港法院,外国法是一个须由当事人举证的事实问题。如果一方当事人在香港法院援用某一外国法支持其请求,他必须像他所依赖的其他事实那样对其进行举证,否则,香港法院将适用香港法律取而代之。但是,对于英国和其他不列颠属地法律的查明,无须当事人举证,香港法院有权按照《1859年不列颠法律确定条例》规定的方式加以查明。(4)公共政策。香港法院在依据自己的冲突规范承认和执行外国法时,如果它认为承认和执行该外国法的结果与香港的公共政策不一致,可以拒绝承认和执行该外国法。(5)外国公法的适用。香港法院在处理涉外民事案件中不会直接或间接地执行外国刑法或税法,因为它们属于公法范畴,具有严格的属地性。(6)程序问题依法院地法。根据普通法的冲突规范,在香港进行的涉外民事案件的诉讼程序,都适用香港法律,而不考虑适用其他法域的法律。① (7)属人法。一般认为,与人的身份和能力有关的法律关系为属人法律关系。通常,属人法律关系主要由属人法支配。在冲突法上,属人法有两种理解,即当事人的本国法和当事人的住所地法。普通法系国家和地区的法律都视住所地法为属人法,香港法律自然也

---

① 参见陈弘毅、陈文敏:《人权与法治——香港过渡期的挑战》,香港广角镜出版社有限公司1987年版,第42页。

不例外。

(二) 财产关系的法律适用

香港法律同英国法律一样,将财产分为不动产和动产两大类。在冲突法上,与不动产有关的一切问题受不动产所在地法支配。而且,按照香港法,动产分为可实际占有的物(a chose in possession)和可依法主张但未实际占有的物(a chose in action)。① 对于可实际占有的物即有体动产,普通法上曾有"动产无场所"(personality has no locality)的主张,强调适用当事人属人法即住所地法来解决与动产有关的问题。但是,"在英国真正受到历来判例直接支持的主要论点是,像不动产一样,决定问题的是财产所在地法。"② 香港法院在司法实践中援用英国判例,也实行有体动产依物之所在地法。至于可依法主张但未实际占有的物,主要是指可以成为钱财或物品的权利,如股票、股份、流通票据、版权、商誉等,香港法律主张对它们适用权利产生地(即授予地)的法律。

(三) 合同关系的法律适用

在合同关系的法律适用问题上,香港法律是这样规定的。首先,如果缔约双方明确选择一个国家或地区的法律来支配他们的合同,则该法律便是该合同的适用法律(proper law)。但缔约双方的选择必须是善意(bona fide)和合法的,并不得选择与法院地公共政策相抵触的法律。其次,如果缔约双方对合同应适用的法律没有明示的选择,法院将在考虑了合同所使用的法律术语、用于交易的货币、合同所用的语言、当事人的居留地和合同纠纷仲裁地等因素后,查看缔约双方是否有默示的选择。如果一项合同的条款根据某一法律体系属有效,但根据另一法律体系属无效,法院可以推定缔约双方有意使前者适用于该合同。再次,如果缔约双方的默示选择也不存在,法院便会选择与合同有最密切、最真实联系的法律制度作为合同的准据法。法院在作出这种选择时会考虑合同的缔约地和履行地,缔约双方的居留地及

---

① 参见〔新西兰〕瓦莱里·安·彭林顿:《香港的法律》(上),毛华等译,上海翻译出版公司1985年版,第251~254页。

② 〔英〕托马斯:《国际私法》,倪征噢译,商务印书馆1963年版,第98页。

其从商地点，合同的性质及其主旨。①

（四）侵权行为的法律适用

英国法院于 1870 年审理了菲利普斯诉艾尔一案（Phihps v. Eyre），对侵权行为的法律适用，确立了双重可诉性规则（double actionability rule），即对于一项国际侵权行为的处理，英国法院应同时适用法院地法和侵权行为地法。② 比如，倘若一项行为在外国发生，行为人在英国法院受诉，英国法院判断该行为是否为侵权行为既要根据英国法，又要根据行为地法。如果英国法和该外国法有一个法律认为该行为不是侵权行为，则该行为就不能作为侵权行为来处理。这一传统规则虽然近来在英国司法实践中受到挑战。但它不失为占据优势地位的一般规则。③ 香港法律关于侵权行为的法律适用的规定亦复如此。

（五）婚姻家庭关系的法律适用

婚姻家庭关系与人的身份有关，为属人法律关系。一般而言，各国都主张属人法律关系原则上受属人法支配。英国和香港的冲突法也不例外，下面分几个方面来介绍：（1）结婚实质要件，特别是结婚能力问题适用当事人的住所地法。（2）结婚形式要件依据"场所支配行为"的传统原则适用婚姻仪式举行地法。（3）夫妻人身关系原则上依夫妻住所地法，但以法院地法加以控制；夫妻财产关系的法律适用依夫妻双方"意思自治"原则确定，如果夫妻对此未加确定，那么，夫妻财产的动产适用当事人住所地法，不动产适用不动产所在地法。（4）宣告婚姻无效适用婚姻前有关当事人的住所地法。香港法院对于离婚案件，只要夫妻双方一方居住在香港即有管辖权，并适用法院地法处理离婚问题。（5）在父母子女关系上，确立子女的婚生地位依其生父的住所地法；非婚生子女的准正依其生父结婚时的住

---

① 参见港人协会编：《香港法律 18 讲》，商务印书馆香港分馆 1987 年版，第 155~156 页。

② 关于菲利普斯诉艾尔一案，See J. H. C. Morris. *Cases on Private international Law*, 60-67（Oxford University Press, 1939）。

③ See Cheshire & North. *Private International Law*, 263-266（10th ed. 1979）。

所地法；收养的成立，其实质要件适用法院地法，其形式要件依收养成立地法；收养的效力依收养人住所地法；父母子女间关系适用父之住所地法；父母子女间的财产关系，动产适用父之住所地法，不动产则依不动产所在地法。

（六）继承关系的法律适用

首先，从法定继承方面来看，英国和香港冲突法采取"区别制"，即区分遗产中的动产和不动产，分别适用不同的冲突规范。香港的实际做法是，动产继承依被继承人死亡时的住所地法，不动产继承依不动产遗产所在地法。其次，从遗嘱继承方面来看，就不动产遗嘱而言，立遗嘱人的能力、遗嘱形式、遗嘱的撤销、遗嘱人的处分权、遗嘱的效力概依不动产所在地法。就动产遗嘱而言，立遗嘱人的能力依其立遗嘱时的住所地法；关于遗嘱形式的法律适用，根据1861年英国的"金斯唐法"（Lord Kingsdown's Act）在联合王国外所立遗嘱，只要符合立遗嘱地法、或其立遗嘱时的住所地法、或其死亡时的住所地法、或其原始住所地法，均为有效；在联合王国内所立遗嘱，只能适用其死亡时的住所地法；另外，动产遗嘱的效力依被继承人死亡时的住所地法。[①]

四、香港与外地的民事司法协助

从广义上讲，民事司法协助系指一国或地区司法机关应另一国或地区司法机关或有关当事方的请求，代为进行一定的司法方面的行为。它主要有三个方面的内容，即法律文书送达、调查取证和外国法院判决和仲裁裁决的承认与执行。

香港目前与世界很多国家和地区的民事司法协助关系是建立在英国缔结或参加的双边或多边国际条约基础之上的。这样的条约如1961年《取消要求外国公文书认证公约》、1965年《关于向国外送达民事或商事司法文书和非司法文书公约》、1970年《关于从国外调取民事或商事证据公约》、1970年订于海牙的《承认离婚和分居公

---

① See Cheshire & North. *Private International Law*, 511-519, 598-619 (10th ed. 1979).

约》、1973 年订于海牙的《抚养义务判决的承认和执行公约》、1958年订于纽约的《关于承认和执行外国仲裁裁决的公约》等，以及英国与外国缔结的一些关于相互承认和执行法院判决的协定。英国一些有关立法也在香港适用，如英国《1920 年司法执行法》(Administration of Justice Act 1920)、《1920 年赡养令（执行措施）法》——Maintenance Orders (Facilities for Enforcement) Act 1920 等。此外，香港自己也相应颁布了一些有关民事司法协助的法律或在一些法律中作了有关的规定，如《外国判决（相互执行）条例》——Foreign Judgments (Reciprocal Enforcement) Ordinance、《仲裁条例》(Arbitration Ordinance)、《赡养令（相互执行）条例》——Maintenance Orders (Reciprocal Enforcement) Ordinance、《证据条例》(Evidence Ordinance) 等。①

（一）文书送达。根据适用于香港的条约和香港的司法实践，目前，香港法院向域外送达文书主要通过如下方式：（1）基于有关司法协助协议，通过被请求国的中央机关送达，即香港的主管机关或司法官员向被请求国的中央机关递交一份请求书，该被请求国中央机关对请求无异议，便自行或由其适当的代理机构或根据该被请求国法律规定的方式送达。（2）通过外交或领事途径直接向境外人员送达或将文件转交给缔约国指定的机关请其代为送达。（3）在目的地国不反对的前提下，通过邮寄送达。（4）香港主管司法人员、官员、诉讼利害关系人或其他人员直接通过目的地国的主管司法人员、官员或其他人员送达。（5）代替送达（substituted service）。如果被告所在地不明，原告可以说明情况，向香港法院申请用"代替送达"的方式进行送达，如通过登报通知或在被告最后居住处张贴通告等方式传唤被告。

值得一提的是 1988 年香港最高法院和广东省高级人民法院就相互委托送达民事、商事案件诉讼文书达成如下协议：（1）双方互相委托送达民商事案件的诉讼文书，该类诉讼文书包括起诉状副本、上

---

① 参见陈弘毅、陈文敏：《人权与法治——香港过渡期的挑战》，香港广角镜出版社有限公司 1987 年版，第 43～44 页。

诉状副本、传票、判决书、调解书、裁定书、决定书、通知书。(2)委托方要求受委托方送达上述诉讼文书，应出具盖有委托方印章的书面委托书。委托书须写明被送达人的名称和详细地址，用中、英两种文字书写。(3)受委托方已送达诉讼文书之凭证须交给委托方。如果无法送达，则受托方须将无法送达的原因书面通知委托方。(4)受委托方无须负法律责任。(5)上述诉讼文书之样书，由双方互相提供。(6)互相委托送达诉讼文书，均通过广东省高级人民法院和香港最高法院进行。(7)代为送达诉讼文书均采用双挂号邮寄方法，不收取费用。如果委托方在委托书中指定采取特殊方法送达所发生的费用，由委托方负担。这一协议，为港粤之间的诉讼文书的送达提供了方便，也可以使我们从中了解香港法院涉外送达实践之一斑。

(二) 调查取证。根据适用于香港的条约和香港的司法实践，香港司法机关可以基于条约并根据其法律规定，通过嘱托书要求另一缔约国的司法机关调取证据或为不包括送达和执行措施的其他司法行为；可以委托外交或领事人员在另一缔约国领土上并在由其行使职权的区域内，进行涉及其侨民而且属于香港法院审理的诉讼的所有取证行为，或在有关国家指定的主管机关的概括或个别许可并遵守规定许可的条件的情况下，在该国领土上并在由其行使职权的区域内向所在国或第三国国民调取证据；还可以在证据调查地国指定的主管机关概括许可或个别许可并遵守规定许可的条件的情况下，指定特派员在另一缔约国进行查证行为。

(三) 承认和执行外国法院判决和仲裁裁决。在这个问题上，香港的实践深受英国普通法的影响。它们把承认和执行外国法院判决和仲裁裁决建立在"债务学说"(the doctrine of obligation)的基础上，在它们看来，当具有合法管辖权的外国法院或仲裁机关已裁定一方当事人应支付另一方当事人一笔金钱后，支付这笔金钱就成为法律上的债务，可以通过债务诉讼使之在内国执行。正因为如此，英国和香港的承认和执行外国法院判决和仲裁裁决的程序和条件很有特色。在承认和执行外国法院判决方面，它们同时实行着两套不同的承认和执行外国判决的程序，一套是判例法程序，一套是根据有关成文法实行特殊登记的程序。根据判例法程序，外国法院判决不能在英国和香港直接执行，它只能作为向英国和香港法院重新提起诉讼的根据，诉讼经英国和香港法院重新审理后，如认为与本地法律不相抵触，则由英国和香港法院作出一个与外国判决相同的判决，然后予以执行。根据英国的《1933年外国判决（相互执行）法》——Foreign Judgments (Reciprocal Enforcement) Act 1933 和香港的《外国判决（相互执行）条例》的规定，有关外国法院判决的胜诉方，可以在判决作出后6年以内将该判决在香港（或英国）登记，但要求该判决是外国高级法院作出的请求支付一笔金钱的终局判决，而且不属于支付税款、罚款的判决或其他惩罚性判决。登记时要对外国判决进行一般审查，在遇有下列场合之一时则必须拒绝登记：（1）判决不属于1933年法所适用的范围；（2）外国法院无管辖权判案；（3）作为原先诉讼中被告的判决债务人（judgment debtor）没有及时接到诉讼通知以便能够为自己辩护和出庭；（4）判决是通过欺诈获得的；（5）执行判决与本地公共政策相抵触；（6）判决所规定的权利不属于申请者。另外，如果一个有管辖权的法院已就外国判决所解决的问题作出了终审判决，也可以拒绝登记。凡经在香港（或英国）登记并经审查允许在香港执行的判决，将由香港司法机关强制执行，如同香港法院的判决。

在外国仲裁裁决的承认和执行问题上，香港法律是以英国《1979年仲裁法》（Arbitration Act 1979）以及其他有关法律和英国参加的1958年订于纽约的《关于承认和执行外国仲裁裁决的公约》为根据的。若外国仲裁裁决须在香港执行，仲裁胜诉方可以以互惠和有关国际条约为基础在香港申请按照条约规定的方式和条件加以执行，也可以以仲裁裁决为基础在香港法院重新提起诉讼来请求执行，还可以按照如同执行外国法院判决的特殊登记方式加以执行。外国仲裁裁决在香港执行必须满足下列条件：（1）裁决必须是依据支配仲裁的法律有效的仲裁协议作出的；（2）裁决必须是仲裁协议指定的仲裁庭作出的；（3）裁决必须是按照仲裁地国的仲裁程序规则作出的；（4）裁决必须是终局裁决；（5）裁决事项依据香港法是在法律上可以提交仲裁的事项；（6）裁决的执行不与香港法律和公共政策相抵触。在申请执行的诉讼中，被告可以基于以下理由请求不执行仲裁裁决：

(1) 仲裁庭无管辖权;(2) 裁决是通过欺诈方式取得的;(3) 裁决违反自然公正 (natural justice);(4) 裁决的执行与香港的公共政策相抵触。①

---

① See A. W. Scott. *Private International Law*, 120-122 (2nd ed. 1979);韩德培主编:《国际私法》,武汉大学出版社1983年版,第436~437页。

澳门国际私法初探*

一、澳门国际私法的概念

澳门现行法律以属于大陆法系的葡萄牙法律为蓝本。由于葡萄牙管治澳门近一个半世纪，① 故澳门现行法律无论在形式上、还是在内容上都深受葡萄牙法律的影响，澳门现行的绝大多数法律是葡萄牙法律的延伸或葡萄牙法律的翻版，在这种意义上说，澳门现行法律属大陆法系。又由于澳门是一个以华人为主的社会，与内地和香港地区在社会经济生活方面有千丝万缕的联系和交往，作为澳门人行为规范的澳门法律曾经或正在受相邻地区及当地的风俗习惯的影响。② 澳门现行国际私法作为澳门现行法律的一个分支就处于这样一种大背景中。

澳门自16世纪"开埠"以来，一直是一个开放的城市，在东西方交流中起着桥梁作用。因此，在澳门，国际民商事活动十分频繁。这为澳门国际私法的存在和发展奠定了客观基础，亦决定了澳门国际私法在调整国际民商事关系、规范国际民商事活动、解决国际民商事争议方面发挥着不可替代的作用。

在葡文中，国际私法被称为"direito internacional privado"（直译为"私国际法"），相当于英文中的"private international law"。葡萄牙的学者认为葡文的国际私法名称借自美国学者斯托里（Story）于

---

* 本文原分载于《法学评论》1996年第6期和1997年第1期。

① 虽然葡萄牙人居澳可上溯至1553年，但有效管治澳门（包括氹仔、路环两岛），则以1849年开始。参见黄进、郭华成撰写的《澳门国际私法的演进》一文。

② 澳门曾经有《华人风俗习惯法典》，曾设华务检察官署和澳门华人专有法庭，并曾承认华人在婚姻家庭和继承方面的风俗习惯。在商务领域，澳门法律则仍受着香港法律的重大影响，这在银行、票据、外贸等领域表现尤盛。

1834 年首次使用并为德国学者舍夫纳（Schaffner）于 1841 年应用的名称，这个名称经法国学者弗利克斯（Foelix）的努力而自 1843 年起在欧洲广为传播。

在葡萄牙，国际私法的名称由法尔康（L. H. Falcáo）于 1868 年首次使用。但十年以后，另一名学者佩德罗萨（A. L. G. Pedroza）改而使用"direito privado internacional"（字面含义为"国际私法"）一词。现在则通用"私国际法"的名称。我们按中文习惯译为"国际私法"。

葡文的国际私法名称与欧洲大陆各国所使用的名称相近，如法文"droit international privé"，西班牙文"derecho internacional privado"，意大利文"diritto internazionale privato"，德文"internationales privatrecht"。值得注意的是，在英美著述中，国际私法常常被称为"法律冲突法"（the conflict of laws），这个名称是 17 世纪荷兰"法则学派"的胡伯（Huber）首创的，葡萄牙学者有时也用这个名称。

澳门现行国际私法是澳门现行法律的重要组成部分。它是澳门用于解决不同国家和地区之间的民商事法律冲突，调整国际民商事法律关系的法律规范的总称。澳门现行国际私法同澳门现行其他法律制度一样，是经过长期发展和演变而成的。目前，其主要部分是葡萄牙法律的延伸，但也有一些适合本地情况并由本地立法机关作出的规定。而属葡萄牙法律的延伸部分随着澳门法律本地化的进程正在加紧本地化，但其基本内容、体系与具体规定基本未变。

二、澳门国际私法的调整对象

（一）葡澳学者认为，私法关系大致分为三种：纯粹国内关系、相对国际关系和绝对国际关系。

所谓纯粹国内关系，指仅涉及法院地国内部法律秩序的关系，例如，甲与乙为葡萄牙国籍，且其惯常居所地在葡萄牙，两人签订一份买卖合同且作为合同标的的不动产也在葡萄牙。在此情形中不涉及国际私法问题，而应直接适用葡萄牙的实体法。

所谓相对国际关系，指某一法律关系具有纯粹国内关系的性质，但又与某一外国法律秩序有关。例如，甲与乙均为西班牙国籍，其惯常居所地均在西班牙，两人签订一份买卖合同，且作为合同标的的不动产也在西班牙。在此情形中,如果此项合同涉及在外国(如法院地国)被承认的问题,则该合同就产生了国际私法问题。此案中不存在"法律选择"问题,因为只涉及一种法律(即西班牙法律),但由于涉及依据外国法承认既得权的问题,从而属于"相对"国际关系。

所谓绝对国际关系,指某项法律关系"从一开始"(ab initio)就与一个以上的法律秩序有关,例如,甲是西班牙人,其惯常居所地在马德里,乙是葡萄牙人,其惯常居所地在里斯本,两人签订一份买卖合同,而作为合同标的物的不动产在西班牙境内,在此情形中,西、葡两国法律秩序均与本案有关,因此,这两种法律秩序均是"潜在地"可适用的,或者说可能适用的。这里就产生了一个国际私法问题,即"确定准据法"或"法律选择"问题。

在上述三种私法关系中,第二种及第三种关系为国际私法关系。葡澳学者们认为,国际私法关系是一种具有"私人"或"私法"属性的,超越"界限"的个人之间的"私法关系"。这里讲的"界限",有两层含义:其一,指"法律"与"法律之外"之间的界限;其二,指适用新法与适用旧法之间的界限。

由于移民、资本流动、服务与财产的变动、技术转让以及国际交通与运输的发展,国际私法关系在当代世界的重要性与日俱增。法律的连续性、可预见性以及安全性要求对国际私法关系进行法律调整。例如,两名法国人之间的婚姻关系,若在澳门得不到承认,势必损害法律关系的稳定性、可预见性及连续性。因此,以调整国际私法关系为其本职的国际私法在澳门社会生活中日显重要。

(二) 国际私法关系的调整方式

葡澳学者认为,国际私法关系的调整方式主要有两种,即实体法调整方式与冲突法调整方式。① 所谓冲突法调整方式,即通过法律冲突规范指定某一私法关系应受何种法律调整,这是法律冲突规范的固有职能。所谓实体法调整方式,是指通过实体私法规范直接调整当事人的权利义务关系。在他们看来,实体法调整方式主要表现为:

---

① 参见桑托斯(A. M. Santos):《国际私法》,1989年葡萄牙文版,里斯本,第3页。

1. 以某一国家的国内普通实体法调整国际私法关系。此种方式的缺陷是造成国际私法关系缺乏连续性、安全性、稳定性及可预见性，从而损害当事人的合理期望，引致严重不便。例如，法国法规定以私文书签订的不动产买卖合同有效，而葡萄牙法规定无效（葡萄牙法规定此等合同须以公文书签订），这样，同一事项分别适用法国法和葡萄牙法就会导致不同的结果。因此，在各国国内普通实体法极不一致的情况下，采取这种做法很难实现国际法律和谐。

2. 以某一国家的特别实体法调整国际私法关系。如古罗马的《万民法》（Jus Gentium）即属这种特别法。这种方法要求划定适用此等特别实体法的适用范围。

3. 以国际公约形式通过的统一实体法调整某些国际私法关系。例如1930年日内瓦《汇票及本票统一法公约》及1931年的日内瓦《支票统一法公约》等国际公约同时适用于国内私法关系及国际私法关系。

4. 以国际公约形式通过的、只适用于国际私法关系而不适用于国内私法关系的统一实体法调整国际私法关系。如1952年伯尔尼《国际铁路运输公约》。在此情形中，国际法律关系适用国际公约，而国内法律关系仍适用各国国内法。

5. 以适用于国际商事关系的国际商事惯例（lex mercatoria）调整国际私法关系。但国际商事惯例之适用通常须由国内法认可。

6. 在国际仲裁中诉诸"衡平"（equidade）原则来解决商事性质的争议。

三、澳门国际私法的范围

国际私法的范围是指国际私法包含什么内容，包括哪些规范。如前所述，澳门现行国际私法主要是葡萄牙国际私法的延伸。而现代葡萄牙民法深受德国民法的影响，规定在1966年《葡萄牙民法典》中的葡萄牙国际私法规定，[1] 同样深受德国国际私法理论和实践的影响。德国国际私法理论和实践中占优势的"小国际私法"的观点，[2]

---

[1] 即第一卷第一编第三章，共52条（第14~65条）
[2] 参见韩德培主编：《国际私法》，武汉大学出版社1989年版，第6页。

即认为国际私法仅包括或主要包括调整国际民商事关系的法律冲突规范的观点,在葡萄牙国际私法理论和实践中得到充分反映。

葡澳学者认为,国际私法主要是"空间上的法律冲突规范"。这种规范是间接的、次等的或准用性的规范,而不是直接的、基本的或调整性规范。它依靠连结点进行法律选择,指明法律关系应适用何种法律,而不直接指明该法的内容和实质解决方案。

但有些学者认为,国际私法中还可以包含那些构成适用国际私法规则的前提或界限的规范:

1. 国籍法的一般规则,包括国籍积极或消极冲突的解决规则,因为国籍作为连结点对于适用冲突规范有重要作用。

2. 有关外国人权利或外国人地位的规范。例如,《葡萄牙共和国宪法》第15条对外国人、无国籍人、欧洲公民在葡萄牙的法律地位作了规定:"(1)身处葡萄牙或居住于此之外国人及无国籍人,享有葡萄牙公民之权利,且须履行葡萄牙公民之义务。(2)上款之规定不包括政治权利、担任非以技术性为主之公共职务、以及宪法与法律内专为葡萄牙公民保留之权利与义务。(3)根据国际协约及在互惠条件下,葡语国家之公民得获得外国人所不享有之权利,但不得任职于主权机关及自治区管理机关,不得在武装部队中服役,亦不得从事外交工作。(4)在互惠条件下,法律得将参加地方自治团体各机关据位人选举之选举资格及被选资格赋予在本国领土居住之外国人。(5)在互惠条件下,法律亦得将选举欧洲议会议员或被选为欧洲议会议员之权利,赋予在葡萄牙居住之"欧洲联盟"成员国之公民。"① 再如澳门现行的1966年《葡萄牙民法典》第14条规定:外国人享有与本国国民同等之民事权利,但法律另有规定的除外;如果有关国家赋予其国民的某权利,而在相同情况下不赋予葡萄牙人,则葡萄牙也不承认该外国的国民享有相应权利。

3. 有关法院及行政当局国际权限的规范。例如,澳门现行的1966年《葡萄牙民法典》第51条第1、2款就外国人在葡萄牙缔结婚姻时有关外国外交代表及领事代表的权限,以及葡萄牙人或葡萄牙

---

① 澳门政府法律翻译办公室译:《葡萄牙共和国宪法》,澳门政府印刷署印,1993年,第32~33页。

人与外国人在外国缔结婚姻时葡萄牙的外交代表及领事代表的权限作了规定。这种规范是适用冲突规范的前提。

4. 有关私权的外国公文书的承认规则，尤其是这方面的外国判决和外国仲裁裁决的承认规则。例如，海牙国际私法会议1961年制定的《取消要求外国公文书认证公约》适用于葡萄牙和澳门。

5. 有关国际问题的公法规范。如国际刑法、国际刑事诉讼法和国际税法中的某些规范。

6. 有关在区际冲突和人际冲突情况下准据法确定的规范。如1966年《葡萄牙民法典》第20条规定：如果一国法律因个人国籍而成为准据法，且在该国同时存在不同地方法制时，由该国国内区际私法确定应适用的法制；如果无区际私法规范，应适用该国国际私法；如果该国国际私法仍不足以解决有关问题，则以当事人惯常居所地法作为其属人法；如果该国法律秩序内有适用于不同类人之不同规范体系时，则应选用该国法律就人际冲突所定的规范。

四、澳门国际私法的渊源

法的渊源是指法由何种国家机关通过和何种方式创立，表现为何种法律文件形式，抑或被国家认可的习惯。简言之，法的渊源就是法的表现形式。法的这种意义上的渊源是多种多样的，并且随着社会经济、文化的发展而不断演变和发展，不同的国家在这方面也有所不同。澳门现行法律深受葡萄牙法律的影响，分别为延伸适用于澳门的葡萄牙法律、葡萄牙专门为澳门制定的法律和澳门政府自己制定的本地法律三大部分。

澳门现行国际私法的渊源可分为国际渊源和国内渊源两大类。下面分别述之。

（一）国际渊源

在葡萄牙和澳门，学者们认为，国际私法的国际渊源包括：

1. 国际条约。包括双边国际条约和多边国际条约。双边国际条约如1882年7月12日及1884年6月5日葡萄牙与法国关于无人继承财产处理的协议。① 多边国际条约如海牙国际私法会议制定的公约。葡萄牙作为海牙国际私法会议的成员国已批准 15 个海牙国际私法公约,并将其中的 1954 年《民事诉讼程序公约》、1956 年《儿童扶养义务法律适用公约》、1961 年《关于未成年人保护的机关的权力和法律适用公约》、1961 年《取消要求外国公文书认证公约》、1965 年《关于向国外送达民事或商事司法文书和非司法文书公约》等五个公约延伸适用于澳门。此外,1930 年《汇票及本票统一法公约》和 1931 年《支票统一法公约》也被延伸适用于澳门。

2. 国际惯例。葡萄牙和澳门学者认为,国际惯例有时构成国际私法的渊源,如"物之所在地法原则"(lex rei sitae)和"意思自治原则"作为国际惯例可以成为国际私法的渊源。但是,这些原则的范围与内容在各国并不完全一致,如调整不动产继承的"物之所在地原则"在法国与英国有效,但在葡萄牙则并非如此。② 此外,各国是否采纳此等惯例取决于各国立法,它们在国际上无普遍约束力。

3. 国际判例或司法见解(jurisprudencia)。国际法院及国际常设法院的判例,如 1955 年的 Nottebohm 案,1958 年的 Boll 案,1970 年的 Barcelona Traction 案。这些判例确定的见解对于国际私法具有渊源性作用。其他国际法庭,如海牙常设仲裁院及其他国际仲裁院的仲裁判例,有时也构成国际私法渊源。

(二) 国内渊源

1. 直接渊源——法律

这里是指广义的法律,即以某种形式创制出来的法律规范,包括宪法、法律、法令和规章等。在葡萄牙和澳门法律中,国际私法主要源于宪法、法律、法令。下面分别述之。

(1) 宪法。宪法是国内万法之母。《葡萄牙共和国宪法》有不少规定与国际私法有关,其中有的规定本身就是国际私法规定,有的则

---

① 参见桑托斯(A. M. Santos):《国际私法》,1989 年葡萄牙文版,里斯本,第 51 页。

② 1996 年《葡萄牙民法典》第 62 条在继承法律适用问题上采取"单一制",即遗产继承不区分遗产中的动产和不动产,统一适用被继承人死亡时的属人法,这意味着不动产继承也适用被继承人属人法,而不适用不动产所在地法。

是国际私法规范的适用前提。其内容将在后文介绍。①

（2）法律。这里指狭义的法律。在澳门，法律是最重要的法律渊源之一，其中一部分为延伸适用于澳门的葡萄牙法律；另一部分为1976年后，澳门本身的立法机构——立法会制定的法律。因此，在澳门，法律由葡萄牙和澳门双重立法制定。作为澳门现行国际私法渊源的法律主要有：1966年《葡萄牙民法典》和1961年《葡萄牙民事诉讼法典》。

（3）法令。② 在澳门，法令是总督根据《澳门组织章程》赋予的立法权，在本身立法权限内或在立法授权范围内制定并发布的规范性文件。它可以说是澳门除立法会制定法律之外最为重要的法律渊源。在国际私法方面，最为重要的法令是1991年5月6日发布的第32/91/M号法令。该法令对1966年《葡萄牙民法典》第31条加以修改，撤销了1948年7月24日第36987号法令。

2. 间接渊源

（1）判例（assentos）。按照大陆法系之传统，法院的判例或判决不是法律渊源，没有法律上的约束力。具体而言，上级法院的判决对下级法院无约束力；最高法院的判例对各法院无约束力；同一法院内部作出的先前判决对审判以后的案件无约束力。葡萄牙法律属大陆法系，原则上遵循上述传统。但是，由于复杂的社会、历史的原因，法律发展的结果导致一种特殊"判例"的产生，而这个判例有"普遍约束力"。按照1966年《葡萄牙民法典》第2条，在法律规定的情况下，法院得透过判例确定具有普遍约束力的规则（doutrina）。③该法典第8条第3款同时规定：审判者在裁判时须考虑所有应获类推处理的个案，以便统一法律的解释及适用。因此，判例是葡萄牙和澳门民商法和国际私法的一种渊源。在葡萄牙，最高法院及最高行政法院可以作出"有约束力的判例"。此等判例不仅对作出判例的法院构

---

① 参见本文关于"国际私法与宪法"的论述。应当知道的是，葡萄牙宪法是否在澳门有效，或具体地说，哪些宪法规范在澳门有效，在葡萄牙和澳门学者中是个有争议的问题。

② 法令（decreto-lei）与法律（lei）效力相同。

③ 澳门学者一般将之译为"学说"。

成有约束力的先例,对于一般公民、行政法院、财税法院及其他国家机关也有约束力。而且,判例只能由一项新的法律修改。如果新的法律是修订性的,则被修订的判例"失效";如果新的法律是解释性的,则有关判例被"撤销"。根据1961年《葡萄牙民事诉讼法典》第763、764条的规定,有两类案件可上诉至最高法院,要求最高法院4/5的法官参与审判,作出判决,并将其判决的根据概括成一项普通的规范,载于该判决的最后部分。该规范对所有其他法院在审理同类案件时有强制约束力。① 应该注意的是,判例的约束力来自法律的规定。在葡萄牙,最高法院已制定了许多判例。其中,少数判例涉及国际私法,如,1907年的一个判例采纳了反致学说。② 至于澳门法院制定判例的问题,1991年8月29日颁布的第112/91号法律《澳门司法组织纲要法》第10条第5款f项规定,澳门审计法院的合议庭运作时,有权"透过判例定出司法见解";而该法第14条第1款d项规定,高等法院以全会运作时,有权"依据诉讼法律之规定,统一高等法院之司法见解"。③ 这两项规定似有不同,即澳门审计法院有权制定判例,而澳门高等法院仅能统一本院内部各庭的司法见解。虽然到目前为止,两者均未作出有关国际私法的判例,但从法理上讲,判例仍是澳门的法律渊源之一。

与"判例"有关的是司法见解(jurisprudência)问题。它是执法机关在将法律规范适用到具体案件时对法律规范所作的指引,以揭示其含义。严格说来,称其为"司法见解"并不太恰当,因为执法机关不仅仅包括法院等司法部门,当然,法院是最重要的执法机关;另一方面,"司法见解"并不符合其字义。在澳门,高等法院全会之裁判中亦被冠以"jurisprudência"之名称。虽然从理论上说各类法院都可以形成自己的司法见解,但鉴于高等法院在审级上的重要性,它所作的司法见解理当最有权威性。目前,澳门法律界正在把各主要法律

---

① 参见范高祖等:《民法概要Ⅰ》,冯文庄译,澳门法律出版社1993年版,第31~32页。

② 参见桑托斯(A. M. Santos):《国际私法》,1989年葡萄牙文版,里斯本,第56页。

③ 该法中文本载于肖蔚云主编:《澳门现行法律汇编》(第一辑),北京大学出版社1994年版,第164~180页。

部门（刑法、民法、刑诉、民诉、行政法等）领域中高等法院作的合议庭裁判概要译成中文，以保障现行法律的延续性。应当注意的是，"jurisprudência"一词的原始含义是"法理学"或"法律科学"，接近于今天葡萄牙和澳门法律中的"doutrina"（学说）。此外，并非所有的司法见解都有约束力，按照葡萄牙和澳门法律，司法见解作为法律渊源似乎应具有下述条件：第一，在法律有规定的情形中，如《司法组织纲要法》第14条、第16条；第二，由法院作出，而非学者个人或其他机构作出；第三，以判例（assento）的专门形式表现出来，而不是以其他形式表现出来。由此看来，澳门审计法院有权"通过判例确定司法见解"，这种司法见解具有"普遍约束力"。至于澳门高等法院，第112/91号法律只规定它可按照程序法"统一"司法见解，因此，澳门高等法院也有权确定具有普遍约束力之判例，但是，高等法院所作的合议庭裁判及其概要，则显然不能作为法律渊源起作用。但是，考虑到高等法院目前处于最高审级（在绝大多数案件中），其裁判及概要能起到"说服性"效力，或者说"事实上的约束力"。

（2）习惯。习惯来自日复一日、陈陈相因的惯例。但此等惯例作为具有"约束力"的法律渊源要具备两个要件：一是实质要件，即此等习惯具有特定的普遍性；二是心理要件，即人们承认、信服其约束力。1966年《葡萄牙民法典》第3条规定：法律有规定时，不违背善意原则之习惯可视为法律。显然习惯在葡萄牙和澳门也是一种国际私法法源。按照这条规定，习惯作为法源须得到法律的认可，并不得违背善意原则，故习惯只在法律规定或法律援引时适用，其约束力仍源自法律的规定。①

（3）衡平原则。无论在国内社会中还是在国际社会中，制定调整各种社会关系的普遍的和一般的规范是十分重要的。但在实际生活中，理论上对某类个案公平的规范，当适用于某特定的实际个案时，会发觉并不适当，甚至不公平，因为该特定实际个案有其自身的特性。衡平原则的功能就是法官在作出决定时，要考虑各个实际案件的

---

① 参见范高祖等：《民法概要I》，冯文庄译，澳门法律出版社1993年版，第30～31页。

特殊情节,而不是呆板、毫无弹性地引用一般的规范。但另一方面,不适当或过分地适用衡平原则,很容易引致任意性,继而牺牲法律的准确性、稳定性和安全性。[①] 因此,葡萄牙、澳门法律秩序的首要原则是法院不得以法规之内容不公正或不道德为借口而不履行遵从法律的义务。[②] 但是,按1966年《葡萄牙民法典》第4条规定,在法律规定许可时,或在当事人对可处分的法律关系有合意时,或在当事人在仲裁协议中预先约定采用时,法院得按衡平原则解决争议。即使如此,衡平原则亦只是一种间接法源,因为其拘束力源自法律。

(4) 学说。学说不是葡萄牙和澳门国际私法的渊源。但是,权威法学家的学说不仅在实践中对法官的思维、判断有重要影响,而且可以作为确定法律原则之辅助资料。[③] 在葡萄牙,被继承人的国籍国法支配继承问题的做法,首先就是由著名学者的学说确定的。

五、国际私法与其他法律的关系

(一) 国际私法与国际公法

学者们对两者关系有不同的看法。荷兰的胡伯认为国际私法来自国际公法;意大利的孟西尼则认为《万民法》的基本原则是私法的国籍原则;德国的齐特尔曼(Zitelmann)则认为国际私法是各国立法权的限度问题;法国的皮耶(Pillet)认为冲突法是国家主权之间的冲突。

葡萄牙和澳门学者认为,国际公法与国际私法关系十分密切。第一,国际公法要求各国承认外国法及采纳一套法律冲突规则。第二,国际公法有时含有调整国际私法关系的实质性具体规定,如1965年3月18日《世界复兴开发银行公约》第42条之规定。第三,国际公法并不要求法院地法与外国法之间的"平等对待",但国际私法中有一项原则,即"法院地法与外国法平等对待"原则,这是两者的不

[①] 参见范高祖等:《民法概要 I》,冯文庄译,澳门法律出版社1993年版,第33页。

[②] 参见1966年《葡萄牙民法典》第8条关于审判之义务及遵从法律之义务的规定。

[③] 参见《国际法院规约》第38条之规定。

同之处。第四，有时，国际条约或公约中含有冲突规范，从而，国际公法有时可成为国际私法的渊源。第五，国际公约中确定的若干关于自然人国籍法的一般原则，也构成国际私法的一般原则，如"国家自由确定其国民原则"、"有效国籍原则"、"平等原则"等。第六，国际公法中规定的"人人依任何所在有被承认为法律上主体之权利"，① 是国际私法存在的基本前提。

（二）国际私法与宪法

传统的观点认为，国际私法是"宪法的自由空间"。现代葡萄牙学者普遍认为，宪法对国际私法有广泛的干预及限制。这种干预及限制表现为：

1. 《葡萄牙共和国宪法》对国际法在葡萄牙法律秩序中的地位作了规定。例如，该宪法第8条规定："（1）一般或共同之国际法规范及原则，为葡萄牙法律之组成部分。（2）经正式批准或通过之国际协约所载之规范，一经正式公布，只要在国际上对葡萄牙国家有约束力，即在国内秩序中生效。（3）葡萄牙所参加之国际组织内之有权限机关所制定之规范，亦直接在国内秩序中生效，但必须在设立该等组织之有关条约内有此订定方可。"② 这条规定表明，在葡萄牙法律秩序中，国际公法被"自动接纳"。因此，关于国际私法的一般或共同之国际法规范及原则，经葡萄牙正式批准或通过的有关国际条约，为葡萄牙法律的组成部分，在其国内秩序中有效。

2. 《葡萄牙共和国宪法》对国籍问题有专门规定。例如，该宪法第4条规定："根据法律或国际协约被认为系葡萄牙公民者，即为葡萄牙公民。"而第26条第1款和第3款分别对公民资格的权利和剥夺作了规定。

3. 《葡萄牙共和国宪法》对外国人、无国籍人和欧洲公民的权利作了专门规定。例如，该宪法第15条规定："身处葡萄牙或居住于此之外国人及无国籍人，享有葡萄牙公民之权利，且须履行葡萄牙公

---

① 参见《世界人权宣言》第6条。该宣言载于王铁崖、田如萱编：《国际法资料选编》，法律出版社1982年版，第145～154页。

② 澳门政府法律翻译办公室译：《葡萄牙共和国宪法》，澳门政府印刷署印，1993年版，第32～33页。

民之义务。"

4. 宪法对冲突规范有所限制。现代各国通常都有冲突规范不违宪的一般理念。在选择连结点时,应当考虑宪法的价值及取向。①

5. 因适用法院地冲突规范而导致适用外国实体规范时,该外国实体规范能否抵触法院地国家的宪法?这个问题产生于德国著名的"西班牙人案"。在该案中,一位未婚的西班牙人,拟娶一名离婚的德国女子,由于当时西班牙法不承认此项离婚的效力,从而提出该西班牙人有无结婚的行为能力问题。1971年5月4日,联邦德国宪法法院作出的判决撤销了下级法院的判决,认为适用西班牙法律的结果违反了德国宪法中婚姻自由的原则,并确认了一项原则,即适用法院地冲突法规范指向的外国法时,应当核实法院地的宪法规范。

6. 对于法院地国家的法院能否审查外国实体法是否符合该外国宪法问题,葡萄牙学者认为,如果外国实体法在该外国被宣布为违宪,则法院地国法院不应适用;同理,法院地国法院不应适用那些在本国有违宪之嫌问题的外国实体法,如该外国由普通法院负责违宪审查,且正由该外国法院审理其违宪问题,则此等有问题的规范不宜适用。如果该外国普通法院无权审查违宪案,则即使该外国实体法有重大违宪迹象,法院地国法院也不得拒绝适用该法。

六、澳门国际私法的原则

在葡萄牙和澳门国际私法中,有一些一般原则得到学术界的认同和立法的肯定。事实上,这些一般原则对立法、法律的执行及解释、填补法律真空和司法实践都有指导作用,并且都在《葡萄牙民法典》冲突法部分中得到体现。

(一) 国际法律和谐原则 (harmonia jurídica internacional)

该原则被德国著名国际私法学者温格勒 (Wengler) 称之为"最低冲突"原则。它是指无论法院地在哪个国家,对于涉外民商事案件或问题的处理,应尽可能实现相同的裁判结果或者说达到价值判断上的一致。葡萄牙和澳门学者认为,国际法律和谐原则在澳门国际私

---

① 参见澳门政府法律翻译办公室译:《葡萄牙共和国宪法》,澳门政府印刷署印,1993年版,第32~33页。

法中有所体现，例如，在人的身份（estatuto pessoal）方面，以"国籍"和"惯常居所地"作为连结点(《葡萄牙民法典》第 31 条第 1、2 款及第 25 条)；在法律行为所生之债领域，以"当事人愿意"为连结点(《葡萄牙民法典》第 41 条第 1 款)；在非合同责任领域，以"主要行为地"为连结点(《葡萄牙民法典》第 45 条第 1 款)；在物权领域，则以"物之所在地"为连结点(《葡萄牙民法典》第 46 条第 1 款)。为了实现国际法律和谐，葡萄牙和澳门国际私法还采取了"法院地法与外国法平等对待"原则，冲突规范几乎全是"纯粹双边冲突规范"（regras de conflitos bilaterais perfertas）。此外，反致规则也得到采用。

(二) 法律和谐原则（harmonia jurídica）

该原则是指采用统一的法律调整社会生活的各个方面，以避免法律体系内部各规范之间的矛盾。就国际私法而言，即指采用统一的国际私法规范来调整相应的国际私法问题，避免冲突规范之间的冲突。例如，《葡萄牙民法典》第 41 条和 42 条是关于法律行为所生之债的国际私法规范，所有法律行为所生之债的法律适用问题统一由这两条调整。

(三) 利益原则

该原则是"利益法学"（jurisprudência dos interesses）在国际私法上的反映。按照"利益法学"，利益包括秩序的利益、个人的利益、交易快捷的利益、法律交易的利益。在国际私法上，其制定和实施应考虑实现这些利益，如在秩序的利益实现方面，应注意国际法律的和谐，判决的一致。葡萄牙和澳门国际私法十分强调利益原则。例如，在人的身份、能力方面规定由国籍国法和惯常居所地法支配(《葡萄牙民法典》第 25 条和 31 条)，从而保证个人利益的实现；为了实现交易快捷的利益，在法律行为所生之债法律适用方面规定了意思自治（《葡萄牙民法典》第 41 条第 1 款)；而在冲突规范中采用"行为地法（lex loci actus）(《葡萄牙民法典》第 36 条第 1 款、第 42 条第 2 款、第 50 条、第 65 条第 1 款)"和"物之所在地法"（lex rei sitae）（《葡萄牙民法典》第 46 条第 1 款）等客观连结点亦是为了保护善意第三人和维护法律关系的稳定，从而实现法律交易的利益。不过，应注意的是，利益原则要受到国际公共秩序原则的限制。

(四) 有效性原则

该原则又称"效益原则",是指国际私法规则指定应适用的法律应为有最大权限国家的法律,也就是说国际私法关系应适用最大权限国家的法律。澳门学者认为,《葡萄牙民法典》第46条之规定体现了有效性原则。该条是这样规定的:占有、所有权及其他物权均适用物之所在地国法;设定或转移过境物之物权适用目的地国法;受注册制度约束的交通工具,其权利之设定及转移均受注册地国法支配。在他们看来,这条规定反映了哪个国家对实施裁决更为有效就适用哪个国家的法律的理念。葡萄牙和澳门国际私法在涉及不动产事项上对不动产所在地法这一冲突原则进行了肯定,如《葡萄牙民法典》第47条所规定的设定或处分不动产物权之能力由物之所在地法支配,亦体现了这一原则。

(五) 良好司法原则 (boa administracáo de justica) 与法院地法和外国法平等对待原则

这一对原则既统一又对立。良好司法原则有扩大法院地法(实体法)适用的倾向,而法院地法和外国法平等对待原则则强调在平等的内外国法之间进行选择。葡萄牙和澳门国际私法多采用双边冲突规范,即表明在这对原则对立时更倾向于选用法院地法和外国法平等原则。

(六) 实质正义原则

葡萄牙著名国际私法学者科瑞亚(F. Correia)认为,在某些国际私法案件中应不拘泥于冲突规范,而应寻求实质正义。《葡萄牙民法典》第12条和第29条关于动态冲突(conflito móvel)的规定,即关于在没有特别规定的情况下法律不溯及既往的规定(第12条)和按属人法规定而取得的成年身份不受属人法变更影响的规定(第29条);第31条第3款(原第2款)关于既得权的规定,即对表意人在惯常居所地国按该国法律所订立之法律行为在澳门予以承认的规定;第19条第1款关于不接受反致的情况的规定,即适用关于反致规定将导致按冲突规范指定的法律原为有效或产生效力之法律行为变成不完全有效或不产生效力,或令原为正当身份状态变成不正当身份状态时,不适用关于反致的规定之规定;第36条关于"有利于交易"(favor negotii)的规定,即法律行为意思表示不按意思表示地法律所规定的方式作出，但已遵守该法律冲突规范所指定的法律所规定的方式作出，该法律行为意思表示在形式上亦为有效的规定，第65条第1款对选择性连结点的采用，即遗嘱方式符合行为地法、被继承人意思表示时或死亡时的属人法，或当地冲突规范所指引的法律，均为有效的规定，均可视为实质正义原则在葡萄牙和澳门国际私法中的体现。

（七）国际公共秩序原则

在国际私法上，公共秩序原则是受到绝大多数学者和国内立法所肯定的制度。但是，究竟什么是公共秩序以及在什么情况下可以援用公共秩序原则，学者有不同看法，各国司法实践也各异，甚至一国的司法实践也有前后矛盾的情况。关于公共秩序的内容，在各国的国际私法著作中，有的认为是一国的善良风俗和道德，有的认为是一国的法律政策，有的认为是一国法律的禁止性规定，有的认为是一国法律的基本原则，众说纷纭。一般认为，公共秩序是一国在特定时间内、特定条件下、特定问题上的重大的或根本的利益所在。因此，它既是一个法律概念，也是一个政治概念，不可能在政治制度、社会结构、传统习惯等方面都不相同的国家之间，和在不同的时间内，有一个共同的统一的理解。由于公共秩序是一国在特定时间内、特定条件下和特定问题下的根本利益所在，因而各国在什么情况下援引公共秩序原则也是随着时间、地点、条件的不同而变化的。同世界上所有国家一样，葡萄牙国际私法也采用了国际公共秩序原则，但其把国际公共秩序原则上升到国际私法一般原则的高度，这是其独特之处。《葡萄牙民法典》第22条就公共秩序问题作了规定：如果适用冲突规范所指定的外国法之规定，导致违背葡萄牙国际公共秩序，则不适用该规定，代之适用该外国法中较合适的规定，或葡萄牙国内法的相应规定。从该规定本身来看，其内容同大多数国家的规定相同。

七、澳门国际私法的特点

澳门国际私法在其长期发展和演变过程中形成了一些自身的特点。

（一）以葡萄牙国际私法为蓝本

由于1849年以后，葡萄牙长期占领和管治澳门，故澳门法制是以葡萄牙法制为模式建立起来的。因此，作为澳门法制一部分的国际私法也是以葡萄牙国际私法为模式建立起来。首先，从澳门现行国际私法规范来看，它们主要规定在延伸适用于澳门的《葡萄牙民法典》、《葡萄牙民事诉讼法典》和其他法律中。澳门国际私法规范与葡萄牙国际私法内容基本相同，体系几乎一致。虽然19世纪曾有专门用于处理华人事务的《华人风俗习惯法典》，20世纪40年代曾有取代《华人风俗习惯法典》的第36987号国际私法法令，但它们都是葡萄牙政府为澳门制定的。1991年5月6日，澳门总督通过第32/91/M号法令修改了《葡萄牙民法典》第31条。虽然该法令是仅适用于澳门的国际私法规定，其第2款还规定在澳门有惯常居所的居民以澳门法为属人法，与《葡萄牙民法典》中原来的规定有所不同，但该法令从整体上看仍未脱离葡萄牙国际私法的本体，如该法令第1款仍强调属人法为自然人之国籍国法。其次，从澳门国际私法教学和研究来看，由于澳门地区专攻国际私法的专家较少，在澳门流行的国际私法著作和教材均为葡萄牙本土的人士所著。在澳门大学法学院，国际私法教学由来自葡萄牙本土的教师执掌教鞭，自然也使用葡萄牙的国际私法教材。这一现象强化了葡萄牙国际私法理论与实践对澳门国际私法的影响。

(二) 秉承大陆法系的传统

作为一个欧洲大陆国家，葡萄牙在法制方面自然而然追随大陆法系的传统。长期以来，葡萄牙虽有自己的法律文化，但它在法制方面同样也深受欧洲其他大国的影响。起初，它受法国法学和法制影响较大，1866年《葡萄牙民法典》明显反映了这种影响。后来，它逐渐更深地受到德国法学和法制的影响，20世纪中期它制定新民法典时完全采取了《德国民法典》模式就是一个例证。但无论如何，葡萄牙法律属于大陆法系，是大陆法系的一个分支。由于葡萄牙法律秉承了大陆法系的传统，当它们被移植到澳门时，这种大陆法系的传统也自然延伸到澳门。澳门国际私法亦莫能外，同样秉承了大陆法系的传统，例如，它以制定法为其基本法律渊源、以自然人国籍国法为属人法等。

(三) 以葡萄牙制定的法律为其主要渊源，逐渐转向以本地化的法律为唯一渊源在葡萄牙占领澳门后，为了有效管治澳门，葡萄牙一方面将其主要法律延伸适用于澳门，另一方面，它亦专为澳门制定了一些法律。可以说，在20世纪90年代以前，澳门的已失效甚至现在仍然有效的国际私法是葡萄牙法律的延伸或葡萄牙政府专门为澳门制定的法律。随着中葡《关于澳门问题的联合声明》的签订，澳门进入过渡时期，澳门当地的立法随着澳门法律的本地化得到加强，1991年5月6日第32/91/M号法令即为澳门本地的国际私法立法。考虑到1966年《葡萄牙民法典》等法典将在澳门过渡时期逐渐本地化，预计今后由澳门本地制定的国际私法法律或法令将会逐渐增多。因此，在澳门国际私法中，葡萄牙制定的法律和澳门本地制定的法律这两种法源兼而有之。1999年澳门特别行政区成立后，葡萄牙的国际私法渊源未经"本地化"者将不再在澳门有效。届时，澳门国际私法规范将完全出于本地立法机关。

（四）冲突规范以专章形式规定在《民法典》中

迄今为止，世界上各国冲突法立法有五种模式：(1) 将冲突规范分别规定在民法典的不同篇章中。1804年的《法国民法典》以及受该法典影响的奥地利、意大利、比利时、葡萄牙、西班牙、墨西哥、巴西、智利、阿根廷等国的民法都采取或曾经采取这种做法。(2) 在民法典中列入专章或专篇专门规定冲突法。例如，前苏联于1961年颁布的《民事立法纲要》第八章和1968年颁布的《婚姻和家庭立法纲要》第五章分别专门规定了有关的法律适用问题。(3) 以专门法典或专门法规的方式制定系统的冲突法。例如，日本1898年颁布的法例，波兰1926年和1965年颁布的《波兰国际私法》，泰国1939年颁布的《泰国国际私法》，1975年德意志民主共和国颁布的《关于国际民事、家庭和劳动法律关系以及国际经济合同适用法律的条例》以及奥地利1978年颁布的《奥地利国际私法法规》等都采取了这种立法方式。(4) 将冲突规范和国际民事诉讼程序规定或外国人民事法律地位规范合并规定在一个专门的法典或专门的法规中。阿尔巴尼亚1964年颁布的《关于外国人民事权利地位和适用外国法的法律》，1979年匈牙利人民共和国主席团关于国际私法的第13号法令，以及1987年通过的《瑞士联邦国际私法法规》等，都采用了这种立法方式。(5) 在单行法规中就所涉问题规定专门的冲突规范。

例如，联合王国《1882年汇票法》（Bill of Exchange Act 1882）和1985年中国的《涉外经济合同法》都含有相关的冲突规范。① 澳门现行国际私法中的冲突规范载于《民法典》第一卷第一编第三章中，可见澳门国际私法采用了在民法典中列专章专门规定冲突规范的模式。该章共52条（第14~65条），基本上规定冲突法的方方面面，比较系统和全面。不过，目前国际上，国际私法国内立法的法典化，即制定单独的国际私法典或单行的国际私法法规已成为趋势，由于澳门国际私法在体系上相对独立于《民法典》其他各篇，因此，若能在本地化的过程中从《民法典》中独立出来，自成一体，那将是澳门法制符合国际私法发展趋势之举。

（五）原则上以国籍法为自然人属人法，但以惯常居所地法和住所地法为适当变通或补充

属人法（lex personalis）是指自然人和法人所属国家或住所地的法律，或者说是以自然人或法人的国籍或住所作为连结点的系属。根据这种系属所确定的准据法，一般用来解决人的身份、能力、家庭关系以及继承等方面的民事法律冲突。属人法有"本国法"（lex partiae）也即"国籍国法"和"住所地法"（lex domicilii）之分。在1804年《法国民法典》颁布以前，欧洲国家均把当事人住所地法视为属人法。但1804年《法国民法典》改用当事人本国法为属人法，后来特别是经意大利法学家孟西尼所提倡，许多欧洲大陆国家也采用本国法为属人法。不过，以英、美为代表的普通法系国家以及南美一些国家仍坚持以住所地法为属人法。这样，在属人法方面形成了本国法和住所地法两大派别。但近来，一些欧洲大陆国家虽然原则上仍坚持以当事人本国法为属人法，但已开始有所改变。作为大陆法系国家，葡萄牙自然追随欧洲大陆法系国家的主张，坚持自然人的属人法为国籍国法。澳门国际私法也采用这一主张。在澳门施行的《民法典》第31条第1款明确规定："属人法即自然人之国籍国法。"但澳门国际私法不是绝对坚持国籍法主义或本国法主义，而是在原则上坚持国籍法主义的同时，在特定情况下变通适用惯常居所地法或住所地法。例如，该条第2款规定：澳门现行法律适用于本地区之常居者。

---

① 参见余先予主编：《冲突法》，法律出版社1989年版，第15~17页。

这实际上是讲澳门常居居民的属人法为澳门现行法律。该条第 3 款规定：表意人在惯常居所所在国按该国法律所为的法律行为在葡萄牙予以承认，只要该国法律认为自己有管辖权。这亦是肯定了惯常居所地法对自然人行为能力的支配作用。该法典第 32 条则进一步确定，无国籍人的属人法为其惯常居所地法，未成年或禁治产无国籍人的属人法为其住所地法。

关于审理涉港澳民事、经济案件的若干法律问题*

自我国实行对外开放以来，我国内地与香港和澳门地区之间的民事、经济往来日益频繁，特别是许多港澳同胞及其企业或组织来内地投资办企业、办事业或从事贸易等经济活动，从而使我国内地与港澳地区的民事、经济交往得到飞跃发展。但我们应该看到，在内地人民同港澳地区人民的交往过程中，双方难免发生一些民事、经济纠纷，有些纠纷还必然要诉诸法院解决。正因为如此，目前，一些内地人民法院，特别是邻近港澳地区的人民法院受理的涉港澳民事、经济案件日益增多，在法院受案中所占的比重相当大。中英和中葡分别于1984年12月19日和1987年4月13日正式签署的《关于香港问题的联合声明》和《关于澳门问题的联合声明》以及1990年4月4日全国人民代表大会通过的《中华人民共和国香港特别行政区基本法》，明确了1997年7月1日后的香港和1999年12月20日后的澳门的前途和法律地位，也为那时涉港澳民事、经济案件的处理描绘了蓝图。然而，由于1997年前的香港和1999年前的澳门所处的特殊地位，内地人民法院目前在处理涉港澳民事、经济案件时碰到一些特殊的法律问题，有待于在立法和司法上加以解决。笔者根据调查的情况，试图在本文中从理论上探讨中国恢复对香港、澳门行使主权以前人民法院审理涉港澳民事、经济案件的若干法律问题。

---

* 本文原载于黄炳坤主编：《中国涉外经济法律问题》（广西人民出版社1991年9月第1版）第386~410页。

一、关于审理涉港澳民事、经济案件的基本原则

研究如何处理涉港澳民事、经济案件,探讨一下处理原则是大有裨益的,这是因为我国目前处理涉港澳民事、经济案件的法制还不够完善,在不少方面尚付阙如,而人民法院把握住支配处理涉港澳民事、经济案件的基本原则,在处理有关案件时,就能避免方向上和原则上的错误,在一定程度上减少随意性,使案件得到公正的解决。可以说,处理涉港澳民事、经济案件的基本原则就是人民法院处理涉港澳民事、经济案件的最基本的指导方针,它们同我国解决香港和澳门问题的大政方针是一致的。我们认为,处理涉港澳民事、经济案件应遵循如下原则:

(一)维护国家主权和促进国家统一原则。维护国家主权和促进国家统一既是我国解决香港和澳门问题的出发点,也是我国解决香港和澳门问题的终极目的。根据这一原则,在处理涉港澳民事、经济案件时,首先,要把握香港和澳门是中华人民共和国领土不可分割的组成部分这一基本原则。虽然由于历史原因,目前这两个地区分别由英国和葡萄牙治理,但这只是暂时的,中国将恢复对它们行使主权。其次,处理涉港澳民事、经济案件的方式、途径、步骤和程序应无损于国家主权和无害于国家统一。再次,港澳同胞及其企业或组织来内地从事民事、经济活动,无论根据主权派生出来的属地优越权还是属人优越权,他们应遵守内地的法律,服从内地的立法、司法和行政管辖,不得违反内地法律的基本原则和社会公共利益,或者说不得违反内地的公共秩序。复次,内地人民法院代表国家对涉港澳民事、经济案件行使审判权时应遵守内地的法律,独立自主地办案,排除外来的干扰和影响。最后,内地司法机关和港澳地区的司法机关应有必要的协助与合作。

(二)平等互利原则。平等互利原则是指导内地人民与港澳地区人民进行民事、经济往来的重要原则。人民法院在处理涉港澳民事、经济案件时坚持平等互利原则,主要表现在以下几个方面:第一,内地、香港和澳门是平等的法域。虽然香港和澳门是中国不可分割的组成部分,中国对这两个地区拥有主权,但是,这两个地区都具有自己独特的法律制度,是独立的法域。由于内地、香港和澳门各自的民商

事法律千差万别，在各地区人民的相互交往中不可避免地会彼此冲突。但是，只有当各地区民商法处于平等地位时才有区际冲突法上所讲的区际法律冲突的存在，因为这种平等的结果必然是各地区互不歧视其他地区的民商法，彼此出于互利的考虑承认其他地区的法律在本地区的域外效力，承认依其他地区法律所产生的既得权，从而导致不同地区的法律选择或适用问题的产生。如果在民商法领域，各地区坚持狭隘的属地主义，在处理涉及其他地区的法律纠纷时，于法律适用上一味强调本地区的法律优于其他地区的法律，对其他地区的法律一概采取排斥态度，这在内地同港澳地区民事、经济交往空前发展的今天，既是不可能的，也是有损于各地区人民之间正常的民事、经济交往的。因此，内地人民法院在处理涉港澳民事、经济案件时，既要坚持国家主权原则，又要以实事求是的态度，在不违背内地法律的基本原则和社会公共利益的前提下，承认港澳地区的民商法在内地的效力，承认港澳地区当事人依港澳地区法律已取得的权益。第二，同等地保护内地当事人和港澳地区当事人的合法权益。平等互利意味着进行经济、民事交往的各地区的自然人和法人在法律上互相平等和在经济上彼此获利。"相互性"在其中占有很重要的地位。而且，平等和互利是互相联系而不可分割的，只有平等才能互利，也只有互利才能实现真正的平等。这样，平等互利原则要求内地人民法院对本地区和港澳地区的当事人赋予平等的民事法律地位，对他们的合法权益予以同等的法律保护。港澳同胞来内地从事民事、经济活动是受到内地法律保护的，而且，内地法律对于他们来内地投资给予许多特殊的优惠待遇。这样做是为了创造良好的投资法律环境，以便吸引更多的港澳同胞来内地投资，促进内地现代化建设。内地人民法院在处理涉港澳民事、经济案件时，不仅要保护内地当事人的利益，而且要做到切实保护国家法律赋予港澳投资者的权益，从而使港澳投资者感到投资有保障，调动其投资的积极性。而目前吸引更多的港澳同胞到内地投资来加速我国的现代化建设，正是国家的利益所在。第三，保障涉港澳民事、经济案件中港澳地区当事人与内地当事人具有平等的民事诉讼地位。我国全国人民代表大会常务委员会于1982年3月8日通过的《中华人民共和国民事诉讼法（试行）》（以下简称我国民事诉讼法）第186条规定："外国人、无国籍人在人民法院起诉、应诉，同中华人民共和国公民有同等的诉讼权利和义务。"既然外国人在我国享有民事诉讼的"国民待遇",港澳同胞以及港澳企业和组织在内地具有这种民事诉讼地位就自不待言了。

（三）促进和保障内地和港澳地区之间正常的民事、经济交往原则。涉港澳民事、经济纠纷是在内地与港澳地区人民之间的交往中产生的，内地人民法院如何处理涉港澳民事、经济案件直接影响内地和港澳地区之间民事、经济关系的发展。因此，人民法院在处理涉港澳民事、经济案件时应坚持促进和保障内地和港澳地区之间正常的民事、经济交往原则，秉公执法，依法办案，切实保护双方当事人的合法权益，使内地和港澳地区人民之间进行合法交往的愿望能够顺利实现，并使这种交往处于一种在法律控制下的正常状态。

二、关于涉港澳民事、经济案件的司法管辖权问题

处理涉港澳民事、经济案件有一个由内地人民法院还是由港澳地区法院来审理的问题，这就是关于涉港澳民事、经济案件的司法管辖权问题。司法管辖权是国家主权派生出来的一项权力。每个主权国家都是按照自己的法律来行使其根据属地优越权和属人优越权所具有的管辖权的。但一国的司法管辖权不是绝对的，其行使范围和自由受制于国际法，尤其受制于国家主权平等和互相尊重国家主权原则。管辖权在涉港澳民事、经济案件的诉讼中具有头等重要的意义，因为管辖权的确定直接关系到某一案件的法律适用和审理结果。一般说，确定了管辖权问题就确定了案件中双方当事人的权利与义务。而且，香港和澳门地区目前还分别受治于英国和葡萄牙，均为独立的法域，其司法管辖权在各自的地区都是客观有效的，难免在涉及内地的案件上与内地人民法院的司法管辖权发生冲突。

首先应该明确的是，内地人民法院只能按照内地的法律来确定自己是否对某一涉港澳民事、经济案件具有管辖权。我国民事诉讼法对涉港澳民事案件的管辖问题未作出专门规定。根据1984年8月30日《最高人民法院关于贯彻执行〈民事诉讼法（试行）〉若干问题的意见》，涉港澳案件不属于涉外案件，但鉴于港澳地区的特殊地位，在管辖权问题上可参照民事诉讼法第五编和其他有关规定办理。① 而民事诉讼法第五编对涉外民事案件的管辖权问题并未详加规定,只有参照适用该法第一编第二章的有关规定。

下面,笔者根据我国民事诉讼法和上述 1984 年 8 月 30 日的最高人民法院的意见分四个方面探讨一下内地人民法院对涉港澳民事、经济案件的管辖问题。

(一)级别管辖。我国司法实务部门曾经一度把涉港澳案件作为涉外案件处理过。这样,按照我国民事诉讼法第 17 条规定,涉港澳民事、经济案件应由中级人民法院作为第一审法院进行管辖。但后来随着中国对香港和澳门恢复行使主权问题的提出以及涉港澳民事、经济案件的迅速增加,人民法院逐渐已不把涉港澳案件作为涉外案件看待,有的把它们作为纯国内案件对待,有的则把它们作为一类特殊案件对待,并改由基层人民法院作为第一审法院对之行使管辖。1984 年 8 月 30 日最高人民法院的意见最后明确,涉港澳民事、经济案件不属于涉外案件,一般由基层人民法院作为第一审,重大、复杂的案件才由中级人民法院作为第一审。②

(二)地域管辖。地域管辖是采用某些地域作为连结点或联系因素来确定法院对案件的管辖权。我国民事诉讼法第一编第二章第二节对地域管辖作了规定。关于地域管辖,该法主要采用的联系因素有:被告户籍所在地或居所地、被诉单位所在地、原告户籍所在地或居所地、侵权行为地、合同履行地或签订地、查处运输纠纷的管理机构所在地、航空运输始发地或目的地、航空事故发生地或航空器最初降落地、海事事故受害船舶最初到达地或加害船舶被扣留地以及加害船舶船籍港所在地、海难救助地或被救助船舶最初到达地等。参照该法第 20 条规定,在通常情况下,涉港澳民事、经济诉讼应由被告户籍所在地或居所地或被诉单位所在地人民法院管辖。人民法院只是在其他例外情况下或对特殊案件才以其他联系因素作为行使管辖权的依据。

值得注意的是,对于被告居住在港澳地区或被诉单位所在地在港澳地区的案件,内地人民法院不能简单地根据我国民事诉讼法第 20

---

① 参见《中国法律年鉴》,1987 年,第 564 页。
② 参见《中国法律年鉴》,1987 年,第 565 页。

条的规定放弃管辖权，而应该以其他联系因素，如原告的户籍所在地或居所地、合同的履行地或签订地、侵权行为地等作为行使管辖权的根据。例如，按照我国民事诉讼法第21条之规定，对在港澳地区居住的人提起的有关身份关系的诉讼，应由原告户籍所在地或居所地人民法院管辖。

（三）专属管辖。专属管辖是指一国主张其法院对某些案件具有排他的或独立的管辖权。各国有关专属管辖的规定均属强制性规定。对属本国专属管辖的案件，各国一般都不会承认和执行外国法院就此类案件所作出的判决。在我国民事诉讼法中，专属管辖也属地域管辖的一类，因为它们所采用的行使管辖的标志或根据仍是地域，但它们是一般地域管辖规则的例外。按照我国民事诉讼法第30条规定，人民法院专属管辖的案件有：（1）因不动产提起的诉讼，由不动产所在地人民法院管辖；（2）港口作业中发生的诉讼，由港口所在地人民法院管辖；（3）因登记发生的诉讼，由登记机关所在地人民法院管辖；（4）因继承遗产的诉讼，由被继承人生前户籍所在地或者主要遗产所在地人民法院管辖。这意味着，在处理涉港澳民事、经济案件时，人民法院对上述四类案件同样有独占的或排他的管辖权。

（四）协议管辖。协议管辖是指根据当事人双方达成的协议来确定某法院的管辖权。我国民事诉讼法第一编第二章关于管辖权的规定中没有协议管辖的规定，但关于涉外民事诉讼程序的特别规定第五编第20章第192条作了相关的规定："对外经济、贸易、运输和海事中发生的纠纷，当事人有书面协议提交中华人民共和国的涉外仲裁机构仲裁的，不得向人民法院起诉；没有书面协议的，可以向人民法院起诉。外国企业、组织之间的经济、贸易、运输和海事中发生的纠纷，当事人按照书面协议，可以提交中华人民共和国的涉外仲裁机构仲裁，也可以向有管辖权的人民法院起诉。"这一规定表明，一方面，在发生涉外经济、贸易、运输和海事纠纷时，当事人可以通过书面协议选择中国涉外仲裁机构管辖案件，并因此排除了人民法院对案件的管辖权；另一方面，如外国企业、组织之间发生纠纷，既可以由当事人通过书面协议提交中国涉外仲裁机构管辖，也可以由当事人通过书面协议提交有管辖权的人民法院管辖。至于当事人的仲裁协议能否排除人民法院的专属管辖，在理论上曾颇有争议，在司法实践中也曾有不同的主张。但 1984 年 8 月 30 日的《最高人民法院关于贯彻执行〈民事诉讼法（试行）〉若干问题的意见》已经明确，我国民事诉讼法第 30 条规定的专属管辖不能依当事人的协议而改变。[①] 既然人民法院审理涉港澳民事、经济案件参照民事诉讼法第五编和有关规定办理，上述规定也应参照适用。

根据我国民事诉讼法以及其他有关规定，内地人民法院如对某一涉港澳民事、经济案件享有管辖权，就应坚决行使，绝不能随意放弃。一些法院对于港澳地区当事人及其财产均不在内地但理应属内地人民法院管辖的涉港澳民事、经济案件放弃行使管辖权，笔者认为，这种做法是不正确的。因为人民法院放弃理应属其管辖的案件无异于放弃代表国家行使主权，这与维护国家主权原则是相悖的。同时，在目前内地当事人难于到港澳地区进行诉讼的情况下，如果人民法院对这类案件不行使管辖权，就会使内地当事人投诉无门，这不利于保护他们的正当合法权益。也许有人会说，即使人民法院对这种案件行使了管辖权，作出了判决，但还是执行不了。然而，尽管管辖权和判决的执行两者有密切的联系，但毕竟是两个不同的问题。判决是否能在港澳地区执行是人民法院行使管辖权时需要考虑的因素，但不是决定性的因素，而决定性因素是人民法院代表国家行使基于国家主权的属地优越权和属人优越权。况且，港澳地区当事人及其财产不在内地的事实并不意味着内地人民法院就这种案件作出的判决在港澳地区绝对执行不了。实际上，内地当事人基于内地人民法院的判决到港澳地区法院申请执行曾取得成功。总而言之，内地人民法院对于港澳地区当事人及其财产均不在内地的案件，只要根据我国民事诉讼法以及其他有关规定享有管辖权，就应该行使管辖权。判决一时执行不了的，可以保留追索权。

三、关于审理涉港澳民事、经济案件的诉讼保全问题

一般来说，诉讼保全是指在民事诉讼中，法院在作出判决以前，为了保证将来判决能够执行，依一方当事人的申请，或依职权对另一方当事人的财物采取的某种强制措施。我国民事诉讼法第二编第十章

[①] 参见《中国法律年鉴》，1987 年，第 565 页。

第三节对诉讼保全问题作了专门规定,其中第92条规定:"人民法院对于可能因当事人一方的行为或者其他原因,使判决不能执行或者难以执行的案件,可以根据对方当事人的申请,或者依职权做出诉讼保全的裁定。"第93条又规定:"诉讼保全限于诉讼请求的范围,或者与本案有关的财物。诉讼保全采取查封、扣押、冻结、责令提供担保或者法律准许的其他方法。人民法院对查封、扣押的物品,不宜长期保存的,可以变卖,保存价款。"第五编第22章还对涉外诉讼保全作了专门规定,其中第199条规定:"人民法院裁定准许当事人诉讼保全申请后,应当责令被申请人提供担保;拒不提供的,即发布扣押令,扣押其财产。"内地人民法院在处理涉港澳民事、经济案件时,常常遇到港澳地区的当事人不在内地或他们的财产不在内地的情况。这种情况都可能成为法院判决执行的障碍。为了保证涉港澳民事、经济案件能够顺利审理以及判决的执行,人民法院往往不得不对某些案件采取诉讼保全措施。

内地人民法院对涉港澳民事、经济案件实行诉讼保全程序时,应参照适用我国民事诉讼法的有关规定。首先,应责令港澳地区的当事人提供担保。1984年8月30日发布的《最高人民法院关于贯彻执行〈民事诉讼法(试行)〉若干问题的意见》还特别强调:"必须到庭应诉或继续参加诉讼活动的港、澳当事人要求离境的,应向人民法院提供担保。"① 对拒不提供担保的,可查封、扣押或冻结其在内地的财物。对查封、扣押的物品,不宜长期保存的,可以变卖,保存价款。人民法院决定扣押的财产,需要监督的,应当通知有关单位实行监督,费用由被申请人负担。但是,为了保护港澳地区当事人的正当权益和免受不必要损失,人民法院在决定采取诉讼保全措施时,可以令内地申请人提供担保,拒绝提供的,驳回申请。由于申请错误所造成的损失和费用,由内地申请人负担。内地申请人败诉的,应当赔偿被申请人因诉讼保全所遭受的财产损失。

在实践中,内地人民法院在审理涉港澳民事、经济案件时会遇到这样的情况,即港澳地区的当事人在内地没有任何财产而又拒绝提供担保。对于这种情况,实践中内地人民法院主要采取如下两种措施加

---

① 参见《中国法律年鉴》,1987年,第565页。

以处理：一是如港澳地区的当事人在港澳地区中资银行有存款的，通过内地中国银行与港澳地区的中资银行联系，把其存在港澳地区中资银行的存款调到内地人民法院所在地的中国银行分行并加以冻结，从而达到诉讼保全的目的；二是"扣证"。

下面着重谈谈内地人民法院在处理涉港澳民事、经济案件中的"扣证"问题。所谓"扣证"，又叫"留置证件"，是指内地人民法院为了保证诉讼的顺利进行，自己直接作出裁定，或通过公安、海关部门的协助扣留港澳地区当事人的港澳同胞回乡证、入出境通行证和身份证等，从而使港澳地区当事人不能离境从而参加诉讼。如在"扣证"后，港澳地区当事人提供了适当的诉讼担保，即归还其证件，否则，待诉讼结束后才归还其证件。实践证明，"扣证"措施效果很好，十分有利于案件的顺利审理。不过，人们对"扣证"是否合法、是否属于诉讼保全措施，以及如何进行"扣证"等问题还存在着不同的认识。

笔者认为，"扣证"是合法的。因为按照我国民事诉讼法第122条规定，人民法院的裁定除适用于驳回起诉、诉讼保全等事项外，还可以适用于"其他需要裁定解决的事项"。因此，人民法院可以根据这条规定，合法地作出"扣证"裁定。而且，各国的有关出入境管理法规常常通过限制本国人和外国人出境这种方式来保障国内民事案件的正常审理，这已成为国际上的习惯做法。我国于1985年11月22日同时公布的《中华人民共和国外国人入境出境管理法》第23条和《中华人民共和国公民出境入境管理法》第8条也分别明确规定，人民法院通知有未了结民事案件的外国人和中国公民不能离境。这表明，我国有关当局完全有权合法地通过"扣证"来限制港澳地区的当事人在未了结其在内地的民事、经济案件以前离境。

对于"扣证"是否属于诉讼保全措施问题，我国民事诉讼法没有明确把"扣证"规定为诉讼保全的方法之一。笔者也认为，"扣证"不属于诉讼保全措施。首先，从"扣证"和诉讼保全措施实施的对象来看，前者是对拟出境的当事人的人身自由所采取的强制措施，即限制其出境自由，而后者是对当事人的财物所采取的某种强制措施。其次，从采取"扣证"和诉讼保全这两种措施的时间顺序来看，两者一前一后，处于不同的阶段。"扣证"一般是在港澳地区的当事人在内地既无财产又不愿提供担保的情况下实施的,内地人民法院在采取"扣证"措施后再责令港澳地区当事人提供担保,如果该当事人提供了适当的担保,人民法院不待案件审理完毕就归还其证件,而该当事人提供的担保作为诉讼保全持续到案件终结。从这个意义上可以说,"扣证"是为采取诉讼保全措施做准备。再次,从采取"扣证"和诉讼保全这两种措施的目的来看,尽管"扣证"的最终目的也可以说是为了保证人民法院判决的执行,但其直接目的是防止港澳地区当事人离境,不来应诉和逃避责任,从而保证案件的审理顺利进行;而诉讼保全的直接和最终目的都是为了保证法院判决的执行。最后,从"扣证"和诉讼保全措施的性质来看,虽然两者均属强制措施,但前者既可能是民事强制措施,也可能是行政强制措施,人民法院裁定"扣证"即为民事强制措施,公安机关采取"扣证"即为行政强制措施,而后者只是一种民事强制措施。总之,"扣证"是对人的强制措施,诉讼保全是对物的强制措施,这是两者的根本区别所在,也决定了"扣证"不属于诉讼保全措施。

至于如何实施"扣证",笔者认为,应由人民法院根据我国民事诉讼法第122条之规定,作出"扣证"裁定,然后,或根据我国民事诉讼法第163条之规定由执行员、书记员予以执行,或根据我国民事诉讼法第164条之规定,由人民法院通知有关公安机关协助执行。

四、关于审理涉港澳民事、经济案件的法律适用问题

目前,我国内地、香港和澳门地区都有自己的法律制度,而且互不相同,从法理上讲,它们都是具有独特法律制度的法域。由于涉港澳民事、经济案件牵涉到内地和港澳地区,而内地法律同香港和澳门的法律千差万别,故对同一民事、经济案件适用不同地区的法律会导致不同的结果。因此,内地人民法院在审理涉港澳民事、经济案件时,必然会碰到内地法律与港澳地区法律的冲突问题,也就是法律适用或法律选择问题。

我国内地和港澳地区的法律冲突是特定历史条件下的产物,具有自身的特殊性。我们应该看到,内地与港澳地区的法律冲突是社会主义法律与资本主义法律之间的冲突,亦即实行不同社会制度的法域之间的法律冲突。而且,内地和港澳地区的法律冲突还是分属不同法系的法律之间的冲突，即属社会主义法系的内地法律同属普通法系的香港法律以及属大陆法系的澳门法律之间的冲突。此外，我国内地、香港和澳门地区的司法制度也不一样，都有自己的终审法院，而在它们之上无最高司法机关，因此，在解决它们之间的法律冲突方面，无最高司法机关加以协调。由此可见，内地和港澳地区的法律冲突非常复杂和独特，这增添了解决它们的复杂性和难度。

审理涉港澳民事、经济案件的法律适用涉及两方面的法律适用：一是在审判程序问题上的法律适用，另一是在实体问题上的法律适用。

在审判程序问题上，法律适用的原则是程序问题依法院地法，即审判涉港澳民事、经济案件的内地人民法院只适用内地的民事诉讼程序法，不考虑适用港澳地区的程序法。程序问题依法院地法是国际上一项通行的原则，无论对国际民事案件的审理而言还是对一国内部不同法域之间的民事案件的审理而言，均是如此。

在实体问题上，法律适用问题颇为复杂。1997年7月1日前内地和香港的实体法律以及1999年12月20日前内地和澳门的实体法律要实现统一，也就是说通过统一实体法的途径来解决内地和港澳地区的法律在适用上的冲突，难度极大。这一方面是因为内地和港澳地区实体法律差异极大，又无凌驾于它们之上的具有权威的立法和司法机关加以推动和协调；另一方面是因为对于香港而言1997年7月1日之前和对于澳门而言1999年12月20日之前这段时期只是一个过渡时期，时间短，来不及做有关法律统一工作。当然，在过渡时期，在某种特定条件下，内地和港澳地区的某些实体法的统一也存在着可能性。比如说，中华人民共和国和英国及葡萄牙都加入了某一国际统一实体法条约，那么，在该条约所涉问题上，内地和港澳地区的法律即实现统一。正由于通过统一实体法的途径来解决内地和港澳地区的法律在适用上的冲突非常困难，内地人民法院在处理涉港澳民事、经济案件时，只有借助区际冲突法或区际私法中的冲突规范来解决在实体法上的法律适用问题。但内地目前尚无专门处理涉港澳民事、经济案件的区际冲突法，比较现实可行的办法是类推适用国际私法来解决内地和港澳地区法律在适用上的冲突。这是因为国际私法与区际私法既有区别更有联系，两者有许多类似之处。而且，这样做可以避免重新单立区际冲突法之累赘。何况，国际上也有法制不统一国家类推适用国际私法解决其国内区际法律冲突的先例，如1888年《西班牙民法典》第14条规定，该法典中的国际私法规则也适用于解决西班牙国内的区际法律冲突。事实上，中国在司法实践中已开始采取这种方式来解决内地和港澳地区的法律冲突。1987年10月19日发布的《最高人民法院关于适用〈涉外经济合同法〉若干问题的解答》曾就涉外经济合同法的适用范围确定：涉外经济合同法也可以适用于港澳地区的企业、其他经济组织或者个人同内地企业或者其他经济组织之间订立的经济合同，以及港澳地区的企业、其他经济组织或者个人之间，外国企业、其他经济组织或者个人与港澳地区的企业、其他经济组织或者个人之间在中国境内订立或履行的经济合同。[①] 这意味着该《涉外经济合同法》中关于处理涉外经济合同争议的法律适用问题的国际私法规定，也用于解决内地和港澳地区当事人之间的经济合同争议的法律适用问题。这也就是说，在经济合同的法律适用问题上，内地类推适用国际私法的有关规则。从1983年开始，我国陆续颁布的《中外合资经营企业法实施条例》、《涉外经济合同法》、《继承法》、《技术引进合同管理条例》、《民法通则》、《中国银行对外商投资企业贷款办法》等法律，均含有冲突规范，特别是《民法通则》第八章专门规定了涉外民事关系的法律适用问题。这样，在中国现有的法律体系中，一个粗具规模的中国冲突法分支体系已初步形成。这使内地人民法院类推适用其中的冲突规范解决审理涉港澳民事、经济案件的法律适用问题成为可能。尤其值得一提的是，在我国现行的冲突规范中，除《民法通则》第146条关于侵权行为的损害赔偿的法律适用有以国籍为连结点的情况外，其他均以非国籍的连结点作为确定法律适用的根据。而且，按上述第146条的规定，侵权行为损害赔偿仍是以适用侵权行为地法律为主要原则，当事人的本国法只是在当事人双方国籍相同而法院又选择适用之的条件下才适用。这种情况为内地人民法院类推适用国际私法解决审理涉港澳民事、经济案件的法律适用问题提供了极大的方便，几乎不需要作什么变通的规定即可类推适用。

应该注意的是，内地人民法院类推适用国际私法处理涉港澳民

---

① 参见《中国法律年鉴》，1988年，第561页。

事、经济案件时,应按冲突规范的规定来确定应适用的实体法,而不是冲突法,这是为了防止反致、转致的情况发生。

五、关于内地和港澳地区之间的司法协助问题

所谓司法协助,是指一个国家或地区司法机关应另一个国家或地区司法机关或有关当事人的请求,代为履行诉讼过程中一定的司法行为。从性质上讲,司法协助可分为民商事司法协助和刑事司法协助。从范围上讲,司法协助可分为国际司法协助和区际司法协助,前者是指不同国家之间的司法协助,后者则是指一国内部不同的具有独特法律制度的法域之间的司法协助。在理论上,民商事司法协助有广义和狭义之分,狭义的司法协助仅指协助送达文书、调查取证和查明法律等,而广义的司法协助除包括上述内容外还包括法院判决和仲裁裁决的承认和执行。内地和港澳地区之间的司法协助属区际司法协助。本文只限于探讨内地人民法院在处理涉港澳民事、经济案件中所碰到的民商事司法协助问题。

我国民事诉讼法第五编第23章对司法协助问题作了专章规定。其中第202条规定:"根据中华人民共和国缔结或者参加的国际条约,或者按照互惠原则,人民法院和外国法院可以互相委托,代为一定的诉讼行为。外国法院委托的事项同中华人民共和国的主权、安全不相容的,予以驳回;不属于人民法院职权范围的,应当说明理由,退回外国法院。"内地人民法院处理涉港澳民事、经济案件时开展司法协助,可以参照该章规定执行。

(一)内地和港澳地区开展司法协助的基础。不同国家之间进行国际司法协助的基础有二:一是国际条约,包括有关国家共同缔结或参加的涉及司法协助的国际公约或双边条约,尤其是专门的司法协助条约。如中国和法国开展司法协助就可基于1987年5月4日签订的《中华人民共和国和法兰西共和国关于民事、商事司法协助的协定》进行。二是互惠,即司法协助的请求国和被请求国之间虽然不存在有关司法协助的国际条约,但双方相互对等地给予对方提供司法协助的优惠。一个国家内部不同法域之间的区际司法协助的基础却有所不同,一般来说不存在基于国际条约开展区际司法协助的可能,而主要有如下几种基础:(1)一国宪法和宪法性文件。例如,根据美国宪法第4条确立的"完全诚意与信任条款",美国各州法院对他州法院判决无须任何确认和审核程序,应加以承认和执行。(2)凌驾于各法域之上的中央法律。例如,澳大利亚联邦制定的《1901~1968年诉讼中的送达和执行法》是澳大利亚各州法院进行州际送达和相互执行判决的法律基础。根据该法,在整个澳大利亚联邦范围内,各州之间的送达和判决执行就像在一个州内送达和执行一样简易。(3)地区之间的司法协助协议。如1988年7月1日施行的广东省高级人民法院和香港最高法院关于相互委托送达民事、经济纠纷案件诉讼文书的协议。① (4)互惠。

根据1990年4月4日通过的《中华人民共和国香港特别行政区基本法》第18条和第95条规定,到1997年7月1日后,全国人民代表大会常务委员会只能制定有关国防、外交和其他按该基本法规定不属于香港特别行政区自治范围的法律施行于香港,而不能制定同时施行于内地和香港的有关两地司法协助的法律,不过,香港特别行政区可与全国其他地区的司法机关通过协商依法进行司法方面的联系和相互提供协助。由此可见,目前,内地和港澳地区开展司法协助主要应基于地区之间的司法协助协议和互惠。就地区之间的司法协助协议而言,1988年7月1日施行的广东省高级人民法院和香港最高法院达成的相互委托送达民事、经济纠纷案件诉讼文书的七条协议是一个成功的例子。② 它为广东省各级人民法院开展同香港法院的司法协助奠定了基础。内地其他各省高级人民法院未尝不可借鉴广东省高级人民法院的经验,视需要同港澳地区的司法机关协商,达成协议,进行司法方面的联系和相互提供协助。当然,广东省高级人民法院和香港最高法院之间的这个协议只涉及送达问题,尚未涉及到司法协助的其他方面,有待于进一步深化和发展,但它们走的这条路是正确的,可以继续走下去。而且,按《中华人民共和国香港特别行政区基本法》第95条的规定,实际上还可延续施行到1997年7月1日以后。至于

---

① 参见广东省高级人民法院民事审判庭编印:《有关民事审判工作的政策法律选编》(六),1988年,第64~66页。

② 参见广东省高级人民法院民事审判庭编印:《有关民事审判工作的政策法律选编》(六),1988年,第64~66页。

内地和港澳地区基于互惠开展司法协助,在不存在有关地区之间的协议的情况下是可能和可行的。在实践中,内地和港澳地区的法院也曾基于互惠开展过一些协助。比如,当事人拿着内地人民法院的判决到香港法院申请执行,香港法院基于互惠执行了该判决。

目前内地和港澳地区基于某些国际条约进行司法协助的可能性也还是存在的。譬如,中国和英国都是1969年11月29日订于布鲁塞尔的《国际油污损害民事责任公约》和1958年6月10日订于纽约的《关于承认及执行外国仲裁裁决公约》的当事国,这两个公约均在内地和香港适用,因此,两地可以基于这两个公约开展有关的司法协助。另外,英国和葡萄牙已分别加入1965年《关于向国外送达民事或商事司法文书和非司法文书公约》和1970年3月18日订于海牙的《关于从国外调取民事或商事证据公约》,这两个公约现已适用于香港和澳门地区,而我国正在积极考虑加入这两个公约,一旦我国加入,内地和港澳地区便可在这两个公约的基础上开展有关送达和取证方面的司法协助。

(二)内地和港澳地区开展司法协助的内容。国际司法协助的内容主要有文书送达、调查取证、查明法律、判决及裁决的承认和执行,内地和港澳地区开展区际司法协助的内容亦复如此。下面,我们分别加以探讨。

1. 文书送达。文书送达是诉讼程序中的一个重要环节,也是司法协助的一项重要内容。目前,内地和港澳地区实行着不同的诉讼制度,彼此开展这方面的司法协助很有必要。1988年,广东省高级人民法院和香港最高法院就相互委托送达民事、经济纠纷案件诉讼文书达成了七条协议,其内容为:(1)双方互相委托送达民商事案件的诉讼文书,该类诉讼文书包括:起诉状副本、上诉状副本、传票、判决书、调解书、裁定书、决定书、通知书。(2)委托方要求受委托方送达上述诉讼文书,应出具盖有委托方印章的书面委托书。委托书须写明被送达人的名称和详细地址,用中、英两种文字书写。(3)受委托方已送达诉讼文书之凭证须交给委托方;如无法送达,则受委托方须将无法送达的原因书面通知委托方。(4)受委托方无须负法律责任。(5)上述诉讼文书之样本,由双方互相提供。(6)互相委托送达诉讼文书,均通过广东省高级人民法院和香港最高法院进行。

(7) 代为送达诉讼文书均采用双挂号邮寄方法，不收取费用；如果委托方在委托书中指定采取特殊方法送达所发生的费用，由委托方负担。① 这一协议为广东省各级人民法院和香港各级法院在诉讼文书送达方面开展司法协助铺平了道路。按照1988年7月8日《广东省高级人民法院关于广东省高级人民法院和香港最高法院相互委托送达民事、经济纠纷案件诉讼文书问题的通知》规定，即使有了这个协议，但民事审判方面过去已采用的送达方法，如有代理人的由代理人转达，没有代理人而有其他亲属在内地的由亲属转达以及其他行之有效的办法，仍可采用。只有在的确无其他办法时，才采取委托香港法院送达的办法。②

对于那些未同港澳地区法院达成送达协议的省份的人民法院而言，文书送达可参照我国民事诉讼法第196条的规定办理。该条规定，人民法院对不在中华人民共和国领域内居住的当事人送达诉讼文书，可以用下列方式：（1）通过外交途径送达；（2）对中国籍当事人，可以委托所在国的中华人民共和国使、领馆代为送达；（3）当事人所在国的法律允许邮寄送达的，邮寄送达；（4）当事人所在国和中华人民共和国有司法协助协议的，可以委托外国法院代为送达，或者按协议规定的其他方式送达；（5）由当事人的诉讼代理人送达；（6）不能用上述方式送达的，公告送达。自公告之日起，满六个月，即视为送达。以上六种送达方式中的第一、二、四种方式显然在目前处理涉港澳民事、经济案件中是不宜且不能适用的。1984年8月30日《最高人民法院关于贯彻执行〈民事诉讼法（试行）〉若干问题的意见》又专门对内地人民法院向居住在港澳地区的当事人送达诉讼文书问题发表了意见，指出可以邮寄送达，也可以由当事人的诉讼代理人送达。不能用上述方式送达的，公告送达。自公告之日起，满三个月，即视为送达。③ 但在实践中，内地人民法院对居住在港澳地

---

① 参见广东省高级人民法院民事审判庭编印：《有关民事审判工作的政策法律选编》（六），1988年，第64~66页。

② 参见广东省高级人民法院民事审判庭编印：《有关民事审判工作的政策法律选编》（六），1988年，第64~66页。

③ 参见《中国法律年鉴》，1987年，第565页。

区当事人的文书送达,除了采取邮寄送达、当事人的代理人代为送达和公告送达方式外,还常常采取委托港澳地区当事人的内地亲属送达,委托内地驻港澳地区的机构或人员代为送达以及委托港澳地区有关团体代为送达等方式。在广东省高级人民法院和香港最高法院达成相互委托送达诉讼文书的协议后,也有内地其他省份的高级人民法院通过委托广东省高级人民法院再委托香港最高法院代为送达诉讼文书的。内地人民法院通过上述种种方式送达文书是基于互惠和港澳地区法院的默示同意进行的。

最后应指出的是,1965年订于海牙的《关于向国外送达民事或商事司法文书和非司法文书公约》已在香港和澳门地区施行,我国不仅可以通过加入该公约来促成内地和港澳地区在文书送达方面的司法协助,而且,即使在我国未加入之前,内地人民法院仍可在同港澳地区法院商谈建立文书送达协助关系或向港澳地区当事人送达文书时加以借鉴。

2. 调查取证和查明法律。在港澳地区调查取证是目前内地人民法院审理涉港澳民事、经济案件时经常碰到但比较难办的问题,这主要是由于内地的司法机关不能直接到港澳地区调查取证,而内地和港澳地区之间又无任何有关的协议。目前,内地人民法院在处理涉港澳民事、经济案件的司法实践中,注重由当事人双方提供有关证据,并由当事人双方和有关部门加以核对或鉴定,最后由法院认定;在可能的情况下,有时也委托内地驻港澳地区的机构、港澳地区的律师或群众团体协助调查和了解有关情况。

从1982年开始,我国司法部委托其认可的香港律师代为办理公证等下列事项:(1)凡发生在我国香港地区的法律行为,有法律意义的事实和文书的公证事项,均可由委托的香港律师办理;(2)公证机关在受理内地与香港的一些公司、企业签订的经济合同时,如有需要,可要求香港地区的当事人提供由司法部委托的香港律师出具的证明、该公司或企业登记注册记录的证明、银行资信情况证明、委托代签经济合同的委托书的证明、公司或企业纳税的证明、银行担保证明等;(3)港澳同胞因婚姻、财产纠纷在内地人民法院诉讼时,提交给人民法院的答辩书、意见书、委托书等有关材料的证明;(4)香港公司、企业因经济合同纠纷在内地人民法院诉讼时,提交给人民法院的法人登记注册证、委托书等有关材料的证明；（5）关于港澳同胞到内地申请收养子女等与其有关的证明。以上五个方面的内容，虽然是就委托香港律师代为办理公证等事项而言的，但都包含有对在香港的当事人或在香港发生的事实和行为进行调查证明的内容，在客观上清除了内地人民法院在处理涉港澳民事、经济案件时因无司法协助而碰到的调查取证方面的一些障碍。①

1970年订于海牙的《关于从国外调取民事或商事证据公约》已在香港地区生效。该公约确定，缔约一国的司法机关在处理民商事案件中，既可依其本国法的规定，通过提出请求书的方式，请求缔约另一国主管机关协助取证或履行其他司法行为，又可通过其派驻缔约另一国的外交或领事官员，或法院委派的特派员在缔约另一国直接取证。如果我国加入该公约，便可为内地和港澳地区在调查取证方面开展区际司法协助开通道路。另外，在互惠的基础上，内地人民法院也可以考虑试行个案委托港澳地区法院代为调查取证，当然，这取决于港澳地区的法院是否愿意。

查明法律是国际司法协助不可缺少的内容。在内地和港澳地区之间的区际司法协助中，查明法律也是一项重要的内容。由于内地和港澳地区语言相通，文化基本认同，法律资料和信息交流频繁，在这方面碰到的困难要少一些。目前，内地已能见到香港和澳门地区的法律汇编，研究香港法律的学术著作也时有问世，这为内地人民法院审理涉港澳民事、经济案件时了解港澳地区的法律提供了极大方便。不过，也应该看到，香港地区的成文法皆为英语立法，适用于香港地区的法律还包括以判例形式出现的普通法和衡平法以及习惯法；而澳门地区适用的法律为葡萄牙语立法。故内地人民法院查明和确定港澳地区的法律仍有一定的困难，有必要借助司法协助来查明港澳地区的法律，特别是在了解港澳地区法律的实质、精神和内涵上更应如此。

3. 法院判决和仲裁裁决的承认和执行。法院判决和仲裁裁决的承认和执行作为内地和港澳地区之间的司法协助的一项重要内容包括两个方面：一是内地人民法院的判决和仲裁机构的裁决在港澳地区的承认和执行；一是港澳地区法院的判决和仲裁机构的裁决在内地的承

---

① 参见董立坤：《香港法的理论与实践》，法律出版社1990年版，第319页。

认和执行。目前，内地和港澳地区之间不存在相互承认和执行各自法院判决和仲裁裁决的专门协议或安排，但 1958 年订于纽约的《关于承认及执行外国仲裁裁决公约》适用于内地和香港地区，两者在仲裁裁决相互承认和执行方面可以按该公约办理。另外，1969 年订于布鲁塞尔的《国际油污损害民事责任公约》由于中国和英国的加入而在内地和香港地区发生效力。该公约第 10 条规定，各缔约国对具有管辖权的法院就油污损害案件作出的判决，只要该判决不是以欺骗取得的并且在审判过程中给予被告以合理的通知和陈述其立场的公正机会，应不进行实质审查，保证予以承认和执行。这一规定为内地和香港地区互相承认和执行各自法院就油污损害案件作出的判决提供了可资参照的依据。

在一般情况下，内地人民法院的判决和仲裁机构的裁决在港澳地区的承认和执行，应参照我国民事诉讼法第 20 条的规定办理。该条规定："中华人民共和国人民法院发生法律效力的判决，或者仲裁机构确定的裁决，申请人要求强制执行的，如果被申请人或者他的财产不在我国领域内，人民法院可以根据我国缔结或参加的国际条约，或者按照互惠原则，委托外国法院协助执行"。据此规定可以看出，我国人民法院要求外国法院协助执行法院判决或仲裁裁决，必须具备四个条件：第一，法院判决或仲裁裁决是发生法律效力的终局判决或裁决；第二，申请人提出了强制执行的请求；第三，被申请人或其财产不在我国领域内；第四，委托请求基于我国缔结或参加的国际条约或按照互惠原则提出。在中国恢复对香港、澳门行使主权之前，就内地人民法院的判决或仲裁裁决在港澳地区的承认和执行而言，比较可行的办法是内地人民法院按照互惠原则，就个案委托港澳地区法院协助执行，或者由当事人或其委托的代理人根据港澳地区的法律规定，到港澳地区的法院申请承认和执行。这就需要我们了解港澳地区现行的承认和执行外国或外地法院判决或仲裁裁决的法律制度。香港法院对于香港以外国家或地区作出的判决在香港的执行，根据香港 1960 年 5 月 6 日制定并经过多次修改的《外地判决（相互执行）条例》办理。该条例规定，债权人在外国（地）判决作出后 6 天内向香港高等法院申请登记判决，登记的条件为：（1）判决是终局判决，并是未予执行的判决，如果判决部分执行了，已执行的部分不予登记；（2）

判决中决定的支付，不属于税金或类似的性质的支付，也不属于罚金的支付；(3) 判决是规定香港《外地判决（相互执行）条例》对该国（地）适用的命令生效之后作出的。凡符合以上条件的，香港高等法院将接受申请人的申请，予以登记。然后，香港高等法院将对登记的外国（地）判决进行审查，凡有下列情况之一者，则撤销登记：(1) 判决不属于香港《外地判决（相互执行）条例》所指的范围，或判决的登记违反了该条例的规定；(2) 判决作出国（地）法院对其所判决的案件无管辖权；(3) 判决的债务人未能及时收到起诉通知，因而没有足够时间答辩，并未能出庭；(4) 判决是以欺诈取得的；(5) 判决的执行违反香港的公共秩序；(6) 判决赋予的权利不属于登记申请人。经审查，如外国（地）判决符合各种条件和要求，香港高等法院将颁发"外地判决（相互执行）令"，承认该判决并由香港法律保证其执行。

对港澳地区法院的判决和仲裁机构的判决在内地的承认和执行，则应参照我国民事诉讼法第204条之规定办理。

Constitutional Law and Inter-regional Conflict of Laws: A Survey of Hong Kong and Macao*

I Introduction

In the world, every country has its own constitutional law, no matter what it is, written or unwritten. Generally speaking, in a country's legal system, its constitutional law is the fundamental law, has supreme legal authority and, in legal form, defines the basic system and basic tasks of the country. In fact, as one of basic issues in countries with several different legal systems, their constitutional law usually deals with the issue of inter-regional conflict of laws.

In countries with several different legal systems (sometimes called countries with a composite legal system or plural-legal countries), the domestic laws are either territorial or personal in character. If territorial, they apply in different legal districts or regions. If personal, several legal systems apply throughout the entire territory of the country, but each governs only a specific category of persons. In both types of countries the question arises as to the circumstances when the country's own law applies, when that of the various domestic legal systems is applicable and, if so, which. The last of these raises the question of so-called conflicts between

---

＊ 本文原载于《澳门研究》1999 年第 11 期。

legal systems within a state, which are either "inter-regional conflicts" or "inter-personal conflicts". ①

Inter-regional conflict of laws refers to conflict of laws between different regions with a separate system of law within a sovereign country. It arises from civil contacts and commercial transactions among people from different regions within a sovereign country. ② This concept has different names or expressions in different countries and academic works because of the different specific situations of each country with a composite legal system. It is also called "non-international conflict of laws", "internal conflict of laws", "inter-local conflict of laws", "inter-territorial conflict of laws", "inter-provincial conflict of laws" (between the laws of the provinces of Canada), "inter-cantonal conflict of laws" (between the laws of the cantons of Switzerland), "interstate conflict of laws" (between the states of the United States and Australia), etc. ③ On the basis of the classification of countries, inter-regional conflict of laws are divided into two types, namely one within federal countries with a composite legal system, and the other within unitary countries with a composite legal system. ④ One of the most important conditions on which inter-regional conflict of laws relies for existence is that there are composite legal systems within a country, which are always provided, reflected or established by that country's constitutional law. Therefore, the issue of inter-regional conflict of laws within a country is closely related to that country's constitutional law.

---

① See K. Lipstein. *Private International Law.* in *International Encyclopedia of Comparative Law*, Vol. III, 9-3 (1985).

② For a discussion of the concept and characteristics of inter-regional conflict of Laws, See Huang Jin. *A Study of the Inter-regional Conflict of Laws*, 91-104 (1991).

③ See I. Szászy. *Conflict of Laws in the Western, Socialist and Developing Countries*, 233 (1974).

④ See *supra* note 1, at 9-11.

With the raising of the concept of "one country, two systems"⑤ and the conclusion of the Joint Declaration of the Government of People's Republic of China and the Government of the United Kingdom of Great Britain and Northern Ireland on the Question of Hong Kong (hereinafter referred to as the Sino-British Joint Declaration) signed on December 19, 1984,⑥ and the Joint Declaration of the Government of the People's Republic of China and the Government of the Republic of Portugal on the Question of Macao (hereinafter referred to as the Sino-Portuguese Joint Declaration) signed on March 26, 1987,⑦ as well as the promulgation of the Basic Law of the Hong Kong Special Administrative Region of the People's Republic of China (hereinafter referred to as the Basic Law of the HKSAR) adopted at the 3rd Session of the 7th National People's Congress on April 4, 1990, and the Basic Law of the Macao Special Administrative Region of the People's Republic of China (hereinafter referred to as the Basic Law of the Macao SAR) adopted at the 1st Session of the 8th National People's Congress on March 31, 1993, the issue of China's inter-regional conflict of laws will be given more and more attention. This is because, in accordance with the concept of "one country, two systems" and the above two Joint Declarations and Basic Laws, the current laws in Hong Kong and Macao will remain basically unchanged after the Chinese Government resumes the exercise of sovereignty over Hong Kong and Macao in 1997 and 1999 respectively. If the situation of Taiwan after peaceful unity is considered, China will become one country with two systems, three law families and four legal regions or law districts. Inter-regional conflict of

---

⑤ The strategy of "one country, two systems" emerged in late 1978 when Deng Xiaoping formulated his policy for the peaceful settlement of the Taiwan question. See *Deng Xiaoping's Talk with Yang Liyu. in Selected Works of Deng Xiaoping*, 230 (1993).

⑥ See 23 I. L. M. 1371. For Comments, See Michael Davis. *Where Two Legal Systems Collide: An American Constitutional Scholar in Hong Kong.* 20 Case W. Res. J. Int'l L. 127, 145 (1988); David M. Corwin. *China's Choices: The 1984 Sino-British Joint Declaration and Its Aftermath.* 19 L. & Pol'y Int'l Bus. 505 (1987).

⑦ See *Beijing Rev.*, Apr. 6, 1987.

laws will arise unavoidably between the laws of the above three areas and the law of mainland China. For this reason, it is very necessary for us to approach a relationship between inter-regional conflict of laws and constitutional law in China.

II Rules Determining Legislative Jurisdiction in Constitutional Law

Legislative jurisdiction is the sphere of competence enjoyed by legislators, and rules determining legislative jurisdiction are that which have the function of determining the sphere of operation of national legislation and of the regional legal systems respectively. In countries with a composite legal system, the division of legislative jurisdiction between the center and the regions is usually done. The rules determining this division are the rules determining legislative jurisdiction. This is very different from the international situation. In international society, every sovereign country is equal, there is not a world government over all the countries. Each country, based on sovereignty, has power to make laws in any area. Naturally, when every country makes laws, especially laws concerning foreign elements, it has to consider respecting for the general principles, rules and systems of international law and the sovereignty and interests of other countries, in order to obtain other countries' respect for its own laws.

Since the rules determining legislative jurisdiction touch upon the structure of the state (from the legislative point of view), determine the sphere of operation of national legislation and of the regional legal systems respectively and define the composite legal structure of the country in question, they are rules of constitutional law in substance, even if they are not in form part of the constitution. In fact, such rules may stem not only from the constitution but also from constitutional ordinary laws or constitutional custom. For example, rules determining legislative jurisdiction are generally provided in the constitution within federal countries with a composite legal system. Article 51 of the Commonwealth of Australia Constitution Act is a provision determining legislative jurisdiction. It provides that matters such as trade and commerce among the States, banking among the States, insurance, bills of exchange and promissory notes, bankruptcy and insolvency, copyrights, patents of inventions and designs, trade marks, foreign corporations, marriage, divorce, parental rights and the custody and guardianship of infants belong to the sphere of legislative jurisdiction of the Commonwealth Parliament. In the United Kingdom, the operation of English law in England, of Scots law in Scotland, of Northern Ireland's law in Northern Ireland, etc. is due to constitutional custom. The constitutional principles, rules and practice have never been codified, scattering in different written acts and customary laws, this is to say, no written constitution exists, in the United Kingdom. Therefore, rules dividing legislative jurisdiction among its domestic law districts (England, Scotland, Northern Ireland and so on) mainly stem from constitutional custom. ⑧

The constitutional nature of rules determining legislative jurisdiction means that it is only countries, in their capacity of sovereign entity, who have power to make rules dividing legislative jurisdiction into two groups, national and regional, or to make a division between topics falling within the legislative jurisdiction of the country and of the regions (which may be uniform for all the law districts or may differentiate between them). Such a division is relevant to judicial-constitutional purposes and is very necessary in countries with a composite legal system, for it solves a fundamental organizational need of such countries.

---

⑧ For a discussion of the situations of the United Kingdom, See V. Knapp. *National Reports*. in *International Encyclopedia of Comparative Law*, Vol. I, U-59 (1976); Huang Jin. *supra* note 2, at 148-149.

III Rules Determining Legislative Jurisdiction in Constitutional Law and Inter-regional Conflict of Laws

Rules determining legislative jurisdiction are closely related to inter-regional conflict of laws.

First of all, logically speaking, the existence of rules determining legislative jurisdiction in countries with a composite legal system is a prerequisite for the emergence of inter-regional conflict of laws in those countries, for the rules determining legislative jurisdiction define the composite legal structure of the country in question and precede logically the possible inter-regional conflict of laws. Even if in practice the distinction between rules determining legislative jurisdiction and inter-regional conflict rules is not always recognized clearly, it appears to us to be essential for understanding the special nature of inter-regional conflict of laws within a country.

Secondly, rules determining legislative jurisdiction define the sphere of inter-regional conflict of laws within a country having a composite legal system. The rules determining legislative jurisdiction may, under normal conditions, make a clear division between the central and the regional, provide definitely how much legislative jurisdiction each region has. This means that how different and special each region's legal systems are, and in which field of civil or commercial law inter-regional conflict of laws will emerge. For example, Article 1, Section 8 of the United States Constitution of 1787 is a group of rules determining legislative jurisdiction. It provides that commerce among the several States, bankruptcies, maritime matters, patent and copyright, etc. are regulated by the federal congress. This decides that, in the fields as mentioned above, there are uniform federal laws, and no inter-regional conflict of laws exists. Only beyond these matters, may each State make its own laws, which are possibly different from the laws of other States, and are there inter-regional conflicts among the several States.

Thirdly, rules determining legislative jurisdiction decide the solution of inter-regional conflict of laws. In general, to make an inter-regional conflicts law is one way of solving inter-regional conflict of laws. In practice, national uniform inter-regional conflicts law is applied to solve inter-regional conflict of laws in one country with a composite legal system, regional inter-regional conflicts law in another country, and both national uniform and regional inter-regional conflicts law in another country. Which type of inter-regional conflicts law to be applied is decided by the rules determining legislative jurisdiction of the country in question. For instance, Article 281, Clause 15 of the Constitution of the Socialist Federal Republic of Yugoslavia of 1974, which was replaced by the new Constitution of the Republic of Yugoslavia of 1992, provided that "to adopt measures to resolve conflict of laws between one Republic and the other Republics or Autonomous Provinces" was under the federal jurisdiction of Yugoslavia. This rule decided that inter-republican conflicts law was uniform throughout Yugoslavia at that time.⑨

Fourthly, in some countries with a composite legal system, which have both national uniform and regional inter-regional conflicts laws, which case should be dealt with by the national uniform inter-regional conflicts law and which case should be dealt with by the regional inter-regional conflicts law are decided by the rules determining legislative jurisdiction of the country concerned. In the United States, the 50 member States and the District of Columbia, which make up the American federal country, owe their legal diversity not only to historical reasons but also to a pre-existing political and constitutional basis. As a result, the legislative organs of the various member States are able not only to pass laws of their own, but unwritten law itself, i. e. the common law, may be interpreted autonomously within their jurisdiction by the judicial authorities of these States. The federal courts are bound to comply with the interpretation of the common law as administered in the member States in which the federal court sits. Previously, the

---

⑨ See Huang Jin. *supra* note 2, at 150.

Federal Supreme Court in Swift v. Tyson⑩ had held that federal courts must take into account the legislative enactment of the State in which they operate, but are free to interpret the common law themselves; the federal courts in so-called "diversity cases" (between citizens of different member States) should apply the "general common law". However, the Federal Supreme Court in Erie Railroad v. Tompkins ⑪stated that no federal common law existed side by side with that of the various member States and the federal courts in so-called "diversity cases" should apply the common law of that member State referred to by the conflict rule. Three years later, the Federal Supreme Court in Klaxon v. Stentor Electric Manufacturing Co.⑫ stated that, only in the sphere of matters under the federal jurisdiction provided by the American Constitution, were there uniform conflict rules throughout the United States; in most cases, the rules for resolving interstate conflict of laws are the common law of the member States, which are also entirely unwritten and are developed autonomously by the various member States; the federal courts in "diversity cases" also must resort to the choice-of-law rules of the State in which they sit. The above-mentioned practice of the United States makes clear that not only the existence but also application of inter-regional conflicts law are decided by the rules determining legislative jurisdiction.

Finally, it should be pointed out that if countries with a composite legal system intend to eliminate or partly eliminate inter-regional conflict of laws within their territory, they may do so by way of changing the substantive contents of rules determining legislative jurisdiction, for the emergence, sphere and resolution of inter-regional conflict of laws are limited by the rules determining legislative jurisdiction. Thus, one can say that to change rules determining legislative jurisdiction in constitutional law is one kind of legal means to eliminate or partly eliminate inter-regional

---

⑩ 16 Pet. 1, 10 L. ed. 1 (1842).
⑪ 304 U.S. 64 (1938).
⑫ 313 U.S. 487 (1941).

conflict of laws. At least one can say that it is the legal expression of eliminating or partly eliminating inter-regional conflict of laws. However, to change rules determining legislative jurisdiction means to amend rules of one country's constitution. Usually, it is subject to the complicated process of amending the constitution, and not easy to do so.

In short, rules determining legislative jurisdiction in constitutional law have played an important role in the field of inter-regional conflicts law. A study of inter-regional conflict of laws and inter-regional conflicts law must be accompanied by a study of rules determining legislative jurisdiction in constitutional law because the latter is a special way of understanding and grasping the essence of inter-regional conflict of laws and inter-regional conflicts law.

IV   Constitutional Law and Inter-regional Conflict of Laws among the Mainland, Hong Kong and Macao in China

Chinese inter-regional conflict of laws will be an inevitable result of the returning to the motherland of Hong Kong and Macao. Mr Deng Xiaoping's policy, known as "one country, two systems", has been incorporated by the PRC in two joint declarations — the Sino-British Joint Declaration for the return of Hong Kong in 1997, and the Sino-Portuguese Joint Declaration for the return of Macao in 1999. China's policy was reaffirmed in the two basic laws: the Basic Law of the HKSAR and the Basic Law of the Macao SAR. Since July 1, 1997, the Government of the PRC has resumed the exercise of sovereignty over Hong Kong, and preparations for the return of Macao to the PRC have already begun. Thus, inter-regional conflict problems are emerging.

What is the relationship between the constitutional law and inter-regional conflict of laws in the legal framework after the return of Hong Kong and Macao?

1. Inter-regional Conflict of Laws within a Unitary Country

In the Constitution of the PRC (1982), only Article 31⑬ is directly concerned with the HKSAR and the Macao SAR. Most articles of this Constitution will not be applied in the SARs. However, this does not mean that its provisions will not have an indirect influence upon the SARs. According to this Constitution, China is a unitary country, not a federal country. The two Basic Laws also provide that the SARs are an inalienable part of the PRC.⑭ So the emerging inter-regional conflict problems in China are distinctly different from the conflict issues that arise within a federal country. The degree of high autonomy enjoyed by the SARs will be much greater than the member states within a federal country such as Australia, Canada and the United States, yet, the high autonomy of these regions exists only by special grant of China's constitutional law (including the two Basic Laws), and the SARs are therefore only local administrative regions under the leadership of the central government. This is quite different from the relationship between a federal government and the member states within a federal system.

2. Inter-regional Conflict of Laws under the Basic Law of SARs

The Constitution of the PRC (1982) has not any direct provision concerning inter-regional conflict of laws, but both the Basic Law of the HKSAR and the Basic Law of the Macao SAR do. Undoubtedly, both of them are constitutional laws adopted by the National People's Congress, which will be complied with by the other regions of China. So China's inter-regional conflict problems, including the emergence, sphere and resolution of inter-regional conflict of laws, will be decided in essence by the two

---

⑬ According to this article, the state may establish special administrative regions when necessary. The systems to be instituted in special administrative regions shall be prescribed by law enacted by the National People's Congress in the specific conditions.

⑭ See Article 1 of the Basic Law of the two SARs.

basic laws. This situation is very different from that of the other countries with a composite legal system, in which it is only a constitution that gives some rules concerning inter-regional conflict of laws.

3. Inter-regional Conflict of Laws with Comprehensive Scope

In accordance with the two Basic Laws, the SARs shall be a local administrative region of the PRC, which shall command a high degree of autonomy, including possession of executive, legislative and independent judicial power. The Central People's Government shall be responsible for both the foreign affairs relating to and the defense of the SARs. Article 8 of the Basic Law of the HKSAR provides that the laws previously in force in Hong Kong, that is, the common law, rules of equity, ordinances, subordinate legislation and customary law shall be maintained, except for any that contravene the Basic Law, and subject to any amendment by the legislature of the HKSAR. Article 18 further provides that the laws in force in the HKSAR shall be the Basic Law, the laws previously in force in Hong Kong as provided for in Article 8, and the laws enacted by the legislature of the HKSAR. National laws shall not be applied in the HKSAR except for those relating to defense and foreign affairs as well as other matters outside the limits of the autonomy of the HKSAR as specified by the Basic Law of the HKSAR. This means that the SARs have full or complete legislative jurisdiction over the civil and commercial matters. This is to say, during the initial stage, when Hong Kong and Macao return to China, the Laws in SARs will be greatly different from the legal system of the Mainland, especially in the field of civil and commercial matters, and the scope of inter-regional conflict of laws is very comprehensive. As far as the frame of constitutional law concerned, the process of achieving a national uniform legal system will be slow and difficult.

V The Resolution of Inter-regional Conflict of Laws under "One Country, Two Systems" Formula

In respect of the application of law, how to resolve inter-regional conflict of laws is not dealt with in the two Basic Laws. However, in the area of judicial assistance, the two Basic Laws provide that the SARs may, through consultations and in accordance with law, maintain judicial relations with the judicial organs of other parts of the country, and they may render assistance to each other.⑮ This provision is a basis for judicial assistance between the Mainland and the SARs in China. But it is principled and hard to operate. The concretization of this provision in the near future after the return is very necessary.

According to the two Basic Laws of the SARs, the laws made by the Central Government which will be applied in the SARs after the return of Hong Kong and Macao, will be only the Basic Law and those respecting defense and foreign affairs as well as other matters outside the limits of the autonomy of the SARs. Obviously, the Central Govemment has not any legislative jurisdiction for making national uniform inter-regional conflicts law, and the legislative jurisdiction for making inter-regional conflicts law belongs to the SARs. As a result, the SARs will have their own inter-regional conflict rules. This situation, allowing each region to work out its own inter-regional conflict rules, would likely result in the development of widely divergent provisions among the regions, which would lead to further conflicts, *i.e.* clashes between inter-regional conflict rules of the different regions. Furthermore, such conflicts would only increase the complexity of inter-regional conflict of laws, leading to problems of "forum shopping", *renvoi*, transmission, and making characterization more complicated than ever.

---

⑮ Article 95 of the Basic Law of the HKSAR and Article 93 of the Basic Law of the Macao SAR.

Lastly, in contrast to other countries with a composite legal system, China has no supreme judicial organ to coordinate and to resolve inter-regional conflict of laws among the independent courts of the SARs because each SAR will have a court of final adjudication which will be independent of all other courts of China in accordance with the two Basic Laws.

VI Conclusion

To a certain extent, constitutional law decides the emergence, sphere and solution of inter-regional conflict of laws within countries with a composite legal system. This is/will be how things stand with the return of Hong Kong in 1997 and Macao in 1999 to China. Therefore, we have to pay more attention to the effects of constitutional law, especially the two Basic Laws, on the inter-regional conflict of laws issues when we research them.

Evolution of Private International Law of Macao*

I Introduction

As in all legal systems, the private international law of Macao is an inalienable part of the whole legal system of Macao. In analyzing the evolution of the legal system of Macao, we can divide it into two major stages: Chinese governance and Portuguese residence in Macao. The latter can be further subdivided into four periods according to the differing status of Portuguese presence in Macao over a period of time: tenancy; occupation; administration and transition. ① This paper will explore the evolution of the private international law of Macao in accordance with this division of stages and subdivision of periods.

II Stage of Chinese Governance

Since ancient times Macao has been part of China's territory. From the Qin Dynasty, Macao and its neighboring areas were incorporated into

---

* This article was originally published with co-author Guo Huangcheng in *Journal of Chinese Comparative Law* (Vol. 2, No. 2, 1996).

① There are different academic views concerning the development stages and period of Macao's legal history. See Xin Yue *et al. Introduction to Macao's Law*, 1-3 (1993); Mi Jian *et al.* ed. *Macao's Law*, 1-3 (1995); Wu Zhiliang. *Political System in Macao*, 7-72 (1995).

China's territory and incorporated in Panyu County, Nanhai Prefecture. Later, it was successively incorporated in Dongguan Prefecture in the Jin Dynasty, Nanhai County in the Sui Dynasty, and Dongguan County in the Tang Dynasty. In 1152 the Government of the Nan Song Dynasty dissolved Dongguan county. It separated the coastal areas of the three counties, Nanhai, Panyu and Xinhui to establish Xiangshen County, to which Macao was subordinate. At the end of the Nan Song Dynasty and the beginning of the Yuan Dynasty, residents already existed in Mong Ha (Wangxia), Houng King (Haojing) and some other areas of the Macao Peninsula.② Therefore, we may conclude that Macao had been under China's jurisdictional control before Portugal entered in 1553. At all times before this date, it was Chinese law that applied in Macao.

It is well known that there were few civil and commercial rules in Chinese feudal law during the dynasties, to say nothing of the rules of private international law. It is, however, generally believed that the rules of private international law were included in YONGHUI Lü (Yonghui Law) of the Tang Dynasty, as follows:

" If foreigners infringe among themselves, the *lex patriae* shall be applied; while this law shall be applied to infringement among the persons of different countries."③

TANGLü SUYI (The Annotation of the Law of the Tang Dynasty) explains:

"Foreigners are those persons of other countries which have their own kings, customs and different legal systems. If they infringe among themselves, the legal system of their own country shall be considered, the infringement shall be governed by the *lex patriae*. If the infringement among the persons of different countries happens, for instance, the infringement between the persons of Gaoli (Korea) and Baiji happens, this law of the

---

② See Huang Hanqiang & Zhu Zhiliang *et al.* ed. *Comprehensive Summary of Macao*, 10 (2nd ed. 1986).

③ See Yu Xianyu. *The Conflict of Laws*, 42 (1989).

Tang Dynasty shall be applied to decide."④

There were no similar stipulations in the feudal law of other dynasties. During this period Chinese legal culture, especially that of the Ming and Qing Dynasties, did have some impact on the legal systems of the latter stage of the Portuguese residence in Macao.

III Stage of Portuguese Residence in Macao

As noted above, Portuguese people began to settle in Macao in 1553.⑤ Over the past 400 years, Macao's legal system has developed over the following four different periods:

A. Period of Tenancy (1553-1849)

The period of tenancy began in 1553 when Portuguese residence was permitted by the Chinese feudal authorities, and lasted until 1849 when Governor Ferreira Amaral closed down the Chinese custom-house by force and refused to pay tax to the Government of the Qing Dynasty.

During this entire period, it was the local officers of Guangdong in China who possessed jurisdictional power, including tax-collecting rights. The Portuguese enjoyed considerable autonomous power, they established autonomous organs and executed certain administrative rights. However, they were still under the jurisdiction and control of the local government of Guangdong and had to pay land rent every year. Therefore, Macao adopted a general Chinese legal system while Portuguese law was applied to the Portuguese communities. Various Portuguese activities and all relationships with the Chinese were regulated and confined to a great extent by Chinese

---

④ Id.

⑤ According to Portuguese academic commentations, Portuguese began to settle down in Macao in 1557. See CR Boxer. *Seventeenth Century Macao*, 4 (1984); Wu Zhiliang. *supra* note 1, at 9; Huang Hanqiang & Wu Zhiliang *et al.* ed. *supra* note 2, at 11.

law. For instance, the Government of the Ming Dynasty built "Yishiting", a pavilion for discussion of official business in Macao, where the Chinese officers declared the government rules and regulations to "aliens". Later, the Government of the Qing Dynasty set up a number of stone tablets within the "pavilion", on which to inscribe Chinese laws to confine and govern the Portuguese residents in Macao. ⑥

As the Chinese Government exercised its sovereignty fully over Macao, the Portuguese residents were merely autonomous tenants. All civil and commercial relationships between the Portuguese residents and the Chinese, especially the local Chinese, typically involved foreign elements and hence private international relationships. It is worth mentioning that, in handling such relationships, the Government of the Ming Dynasty abided by the stipulations of the law of the Tang Dynasty, that if foreigners infringe among themselves, the *lex patriae* shall be applied; while this law shall be applied to infringement among the persons of different countries. Portuguese judges were permitted to try and punish Portuguese residents according to their own law if they violated rights and interests among themselves. Those who were against the decision might appeal to the High Court which was located in Goa, India. But if Chinese were involved in the case, whether plaintiffs or defendants, they would be tried by the Chinese officers in Macao. Notably when it was a serious case, for example, murder of a Chinese person, more Chinese officers would come to Macao to investigate and handle the case. Criminals were taken back to Guangzhou, tried again and punished decreed. The jurisdiction of the Ming Dynasty was obviously characterized by personal jurisdiction. ⑦ However, it was different in the Qing Dynasty, where the principle that foreigners who violated the law in China should be tried and punished according to the Chinese law was strictly applied. ⑧ If

---

⑥ See Mi Jian *et al.* ed. *supra* note 1, at 1-2; Huang Hanqiang & Wu Zhiliang *et al.* ed. *supra* note 2, at 12-14.

⑦ See Huang Hanqiang & Wu Zhiliang *et al.* ed. *supra* note 2, at 13.

⑧ See Huang Hanqiang & Wu Zhiliang *et al.* ed. *supra* note 2, at 14.

the Portuguese residents in Macao violated the law in China, the Chinese officers should conduct a trial according to the Chinese law, which was characterized by territorial jurisdiction.

B. Period of Occupation (1849-1976)

The Period of occupation began in 1849 when Governor Ferreira Amaral closed down the Chinese custom-house, refused to pay tax to the Government of the Qing Dynasty and expelled the Chinese customs officers. It continued until 1976 when the Portuguese Government, after the Portuguese Revolution (1974), declared that Macao was a territory of China which was administrated by the Portuguese as a special region. ⑨

During this period, the Portuguese step by step applied their law in Macao, extending Portuguese law gradually to non-Portuguese residents.

a. Legislation

On 1 July 1867, the first Portuguese civil Code, the Código Civil Português (the Portuguese Civil Code), came into force. This is an important milestone in Portuguese legal history. The Code systematized and unified previous Portuguese civil laws and regulations and reflected the European legal developments of the time. It clearly followed the Roman legal tradition and was influenced by the French Civil Code. After the Code entered into effect, Portugal passed the Decree of 18 November 1869 extending its application to Macao. Given Macao's historical and cultural background, Portugal amended some rules inappropriate to Chinese customs. ⑩ The rules of private international law within this code, such as the stipulations about "Foreigners in Portugal" in articles 26-31, Chapter 5, Part I, were applied to Macao.

It should be mentioned in particular that although the Decree of 18 November 1869 extended the application of the Civil Code of 1867 to Macao, Art. 8 (1)(b) clearly stated:

---

⑨ See Art. 292 of the Constitution of the Republic of Portugal.

⑩ As for the content of this Decree, See A. M. Hespanha. *supra* note 7, at p. 49.

"In Macao, the Procurator in charge of Chinese affairs is permitted to reserve Chinese customs involved in cases with the extent of his authority."⑪

Thus the civil code was partially inapplicable to case handled by the Procurator in charge of Chinese affairs when appointed by the Portuguese Government according to Chinese customs. The Chinese mentioned here included also the Portuguese-Chinese in the racial and cultural sense. ⑫ Although the Chinese authorities had withdrawn from Macao in 1849, the Portuguese authorities continued to treat the case of Chinese residents in Macao in a particular way. The only difference was that it was the Procurator who was in charge of the trial. Under such circumstances, the Portuguese Ministry of Navy and Overseas Affairs promulgated the Código de Usose Costumes Chineses (the Code of Chinese Customs and Usages) on 17 June 1909. ⑬ The Code, which contained 33 articles and was based on the local customs and legal rules of Guangdong and Guangxi regions, stipulated somewhat specific rules in respect to marriage, family, inheritance and other related civil problems to the Chinese residents in Macao. In addition to a great number of substantive rules, there were a few conflict rules to incorporate the general conflict of laws, the interpersonal conflicts of laws and the conflict between this Code and the Portuguese Civil Code and other laws.

For example, Art. 21 of the Code laid down:

"Wills shall be concluded in accordance with the Portuguese law."⑭

Article 30 permitted parties by agreement to choose the Portuguese Civil Code and other laws, excluding the application of this Code itself.

After the Chinese Revolution of 1911, great changes took place in

---

⑪ Id.

⑫ Id., at 53-54.

⑬ The Chinese version of this code can be found in Huang Hanqiang & Wu Zhiliang et al. ed. supra note 2, at 67-69; Wu Zhiliang. supra note 1, at 44-48.

⑭ Id.

Chinese conception and customs, including the initiation of equality between men and women, which was to some extent reflected in the marriage law, family law and nationality law of China at that time. Against this background, a group in Macao was appointed to research the revision of the Code in 1933. ⑮ As a result, on 24 July 1948, the Portuguese Government promulgated the Decree No. 36987 to cancel the Code of Chinese Customs and Usages of 7 June 1909. ⑯

The Decree No. 36987 may be considered a special rules of private international law decreed and executed by the Portuguese Government for the Chinese and native-born Portuguese in Macao. The Decree contained five articles.

Article 1 provided:

"Those who are born in Macao and stipulated as being of the Portuguese nationality according to the Decree of 3 November 1905 shall abide by the Portuguese civil law." ⑰

Article 2 provided:

"The Chinese without the Portuguese nationality who were born in Macao and other Chinese shall abide by the Chinese civil law in respect to family and inheritance." ⑱

These are two typical universal-unilateral conflict rules. Article 1 demonstrated that the Portuguese born in Macao should abide by the Portuguese law while Article 2 demonstrated that the Chinese in Macao should abide by the Chinese civil law in respect to family and inheritance.

Although the Code of Chinese Customs and Usages was cancelled, the particular family and nationality laws applicable to the Chinese in Macao continued to exist and would follow the possible changes in Chinese

---

⑮ See Huang Hanqiang & Wu Zhiliang *et al.* ed. *supra* note 2, at 67.

⑯ The Chinese version of this code can be found in Huang Hanqiang & Wu Zhiliang *et al.* ed. *supra* note 2, at 69; Wu Zhiliang. *supra* note 1, at 49.

⑰ Id.

⑱ Id.

civil law.

After 1909, as the Portuguese Civil Code of 1867 became less and less adaptable to prevailing social conditions, a new Portuguese Civil Code was promulgated in 1966. The former code was mainly influenced by the French Civil Code, and the latter code was mainly influenced by the Italian Civil Code of 1942. The general principles contained in Volume I of the new Code (Part I, Chapter 3, 52 articles 14-65) and referred to as "the rights and interests of foreigners and the conflict of laws", systematically explain the legal status of foreigners and the rules relating to conflict laws. The Code was made applicable in Macao through the Governor's Order (Portaria) No. 22869 of 4 September 1967. That Code later became the main body of Macao's private international law. However, it should be pointed out that the Decree No. 36987 of 1948 did not lose its effect just because of the promulgation of the Portuguese Civil Code of 1966.

b. Specialized Agencies

During this period, the Portuguese specialized agencies handling Chinese affairs in Macao were consolidated. At first, the Portuguese Government strengthened the authority of the Procurator in charge of Chinese affairs. Then it set up the *Tribunal Privativo dos Chinas de Macau* (the Special Tribunal for Chinese in Macao).⑲The post of Procurator was set up at the time when the Senate (Senado) was established in 1583. Initially, the Procurator represented the Senate in communications with the Chinese Government in addition to holding responsibility for finance, customs and implementing administrative measures. Authorized by Xiangshan County in 1584, he began to coordinate the relationship between the Chinese and the Portuguese in Macao, the Procurator actually became the specialized agency in charge of Chinese affairs in Macao. In respect to civil affairs, the Statute of the Procuratorial Office of Chinese Affairs

---

⑲ As for '*Tribunal Privativo dos Chinas de Macau*', See A. M. Hepanha. *supra* note 7, at 57-58; Huang Hanqiang & Wu Zhiliang *et al.* ed. *supra* note 2, at 67; Wu Zhiliang. *supra* note 1, at 43.

(Procuratura dos Negócios Sínicos) was promulgated on 17 December 1862. The Statute granted the Procuratorial Office of Chinese Affairs the authority to handle disputes between the Chinese or in which defendants were Chinese. The Office was in charge of not only civil disputes, but criminal disputes as well.

Article 77 of the new Statute of Procuratorial Office of Chinese Affairs, approved by the Decree of 3 August 1881, provided:

"Lawsuits accepted by the Procuratorial Office shall be as far as possible decided according to Chinese customs and usages; witness may swear according to Chinese rituals; all types of family inheritance, contracts and established legal rules shall be respected; wills concluded according to Chinese customs and usages shall be effective under all circumstances."[20]

This is a typical rule of private international law. Article 78 further provided that a committee of 12 Chinese subordinates to the Procuratorial Office should be set up to be responsible for explaining Chinese customs and usages to the Procurator.[21] The Statute also made sure that all particular principles in respect to the application of law stipulated in the Statute should be applicable to all Chinese residents, no matter what nationality they possessed.[22] But on 20 February 1894, the Procuratorial Office of Chinese Affairs was abolished.[23]

After the *Código de Usos de Costumes Chineses* (the Code of Chinese Customs and Usages) was promulgated and implemented in 1909, the Portuguese thought it was necessary to set up a special tribunal handling the disputes of the Chinese community in Macao, since the Procuratorial Office of Chinese Affairs had already been abolished in 1894. On 29 November 1917, the Portuguese Government promulgated the Decree No. 3637, approving the Statute of the Special Tribunal for Chinese of Macao, which

---

[20] A. M. Hepanha. *supra* note 7, at 54.
[21] Id.
[22] Id.
[23] Id., at 55.

provided the form of the Tribunal's organization, the extent of its competence and the levels of appeal. According to the provisions of the Statute, the Tribunal was in charge of handling civil, commercial (except bankruptcy) and minor criminal cases; if the defendants were Chinese, then it was unnecessary for the parties to make an appeal; the Tribunal applied the customary law recorded in the Code of 1909; at the same time, it also relied on other customs and usages; every year, six people from male Chinese tax payers were elected by lottery to form a committee to provide judges their opinions on the Chinese customs and usages were required to be explained.[24] However, there were few cases in which Chinese invoked the tribunal's jurisdiction and the Tribunal did not last long. The Decree of No. 14453 of 10 October 1927 abolished this Special Tribunal and its authority was transferred to the common court of Macao.[25]

c. International Treaties

Another aspect worth mentioning here is that the Portuguese extended the application of some international conventions involving private international law to Macao during this period. These include the Convention for the Settlement of Certain Conflict of Laws in Connection with Bills of Exchange and Promissory Notes (concluded on 7 June 1930 at Geneva) and the Convention for the Settlement of Certain Conflict of Laws in Connection with Cheques (concluded on 19 March 1931 at Geneva).

Additionally, since 1893, Portugal has been a member state of the Hague Conference on Private International Law. Since 1951, it has ratified 15 conventions successively and is one of the states that have joined many of the Hague conventions on private international law. And at the end of the sixties and the beginning of the seventies of the 20th century, five of the Hague conventions on private international law previously ratified by Portugal were extended to Macao. They were as follows:

(1) Convention on Civil Procedure of 1954, which came into force on

---

[24] Id., at 57.

[25] Id., at 58.

6 January 1986;

(2) Convention on the Law Applicable to Maintenance of Obligations in Respect of Children of 1956, which came into force on 29 March 1969;

(3) Convention concerning the Powers of Authorities and the Law Applicable in Respect of Protection of Minors of 1961, which came into force on 29 March 1969;

(4) Convention Abolishing the Requirements of Legislations for Public Foreign Documents of 1961, which came into force on 13 June 1970; and

(5) Convention on the Service Abroad of Judicial and Extrajudicial Documents in Civil or Commercial Matters of 1965, which came into force on 3 July 1971.

These conventions became part of the private international law of Macao.

C. Period of Administration (1976-1987)

The period began when the Organization Statute of Macao (Estatuto Organico de Macau) was promulgated on 17 February 1976, and ended when the Joint Declaration of the Government of the People's Republic of China and the Government of the Republic of Portugal on the Question of Macao was signed on 13 April 1987.

On 8 March 1972, the Government of the People's Republic of China, which had just restored its legal position in the United Nations, wrote a letter to the Special Committee on Decolonization, stating that Hong Kong and Macao were not in the category colonies to be decolonised and that Hong Kong and Macao were part of China. On 8 November of the same year, the General Assembly of the United Nations passed the resolution to cross Hong Kong and Macao off the list of colonized regions. On 25 April 1974, a military *coup d'etat* took place in Portugal. The Portuguese Government began to carry out a policy of decolonization in Africa and to some extent changed its policy towards Macao, declaring that Macao would not be regarded as a colony of Portugal. On 17 February 1976, the Portuguese President promulgated the Law No. 1/76 – the Organization Statute of Macao (Estatuto Organico de Macau) formulated by the Portuguese Council of the Revolution (Conselho da Revolusao). Article 292 (1) of the new Constitution of the Republic of Portugal of the same year, stipulated that:

"The territory of Macao, administered by Portugal, shall be ruled in accordance with the statute appropriate to its particular situation."

This article also confirmed the legal effect of the Law No. 1/76. From then on, the legal system of Macao began to enter a new period. On 8 February 1979, China and Portugal established the official foreign relationship and status of Macao as China's territory administered by Portugal was confirmed. Thus, Macao in fact became a region enjoying considerable autonomy, whose sovereignty and administrative power were separated.

During this period, Portugal more quickly formulated separate laws for Macao. On the other hand, the local legislation of Macao, namely that made by the Government and the Legislative Assembly of Macao (Assembleia Legislativa de Macau), developed very fast. Many important laws of the society of Macao, especially in respect to the legislation of social economy, foreign trade and labor, were formulated. Since the laws of Macao in this period were in accordance with the actual situation, they were actually implemented in the society of Macao. However, the private international law of Macao enjoyed little development in respect to the application of civil and commercial law, since it continued to apply the Decree No. 36987 of 1948 and the Civil Code of 1966 to the existing pattern formed after the latter had been extended to Macao.

D. Period of Transition (1987-1999)

In Beijing, 13 April 1987, China and Portugal officially signed "the Joint Declaration of the Government of the People's Republic of China and the Government of the Republic of Portugal on the Question of Macao".

The Joint Declaration declare that the region of Macao is China's territory and the Chinese Government will resume the exercise of sovereignty over Macao on 20 December 1999. During the transition period, the Portuguese Government will be responsible for the administration of Macao, and continue to promote the economic development of Macao and maintain its social stability, and the Chinese Government will give its cooperation in this connection. ㉖ Since 1987, the localization of the laws of Macao has become one of the most important tasks in the transitional period. Portugal and China have done a great amount of work for the construction of the legal system of Macao. In order to realize the localization of the laws, Portugal, the Governor the Legislative Assembly of Macao have successively formulated and revised a great number of important laws. In particular, in April 1990, the Portuguese Assembly (*Assembleia da República*) significantly revised the Organization Statute of Macao㉗ to coordinate the Joint Declaration and to strengthen the legislative and judicial autonomy of Macao. On 29 August 1991, it promulgated and implemented the Law No. 112/91—the Law of Principles of the Judicial Organization of Macao (*Lei de Bases da Organizasao Judiciária de Macau*).㉘ On 31 March 1991, China promulgated the Basic Law of the Macao Special Administrative Region, in order to lay the constitutional basis for the legal system of Macao Special Administrative Region after 1999.

During the transitional period, the evolution of the private international law of Macao is characterized by the following aspects. First, article 1 of the Decree-Law No. 32/91/M of 6 May ㉙ has revised article 31 of the

---

㉖ See articles 1 and 3 of the Joint Declaration of the Government of the People's Republic of China and the Government of the Republic of Portugal on the Question of Macao.

㉗ This Statute can be found in Xiao Weiyun et al. ed. *Laws and Regulations of Macao*, 11-13 (Vol. 1, 1994).

㉘ This law can be found in *Judicial Organization of Macao*, printed by the Official Press of Macao, 25-69 (1993).

㉙ This Decree-Law was published in the No. 18 Official Gazette of Macao in 1991.

Civil Code of 1966, providing that the existing laws (i.e. personal laws) of Macao apply to the habitual residents of Macao. In addition, it stipulates that in the case of other residents, Macao shall accept the legal status of any declarant in accordance with the law of the country where his habitual residence is situated, as long as the courts of that country possess jurisdiction. Secondly, article 2 of that law repeated the Decree No. 36987 of 24 July 1948. Thus, it is impossible for the Chinese residents in Macao continually to apply the Chinese civil law in respect to disputes relating to family and inheritance. Finally, the legislative organs of Macao are revising the Civil Code of 1966. If those revisions are carried out, the whole code will become part of the local law of Macao.

IV Conclusion

To sum up, the evolution process of the private international law of Macao is tortuous, covering different stages and periods. It has experienced tremendous changes. The current private international law of Macao is subject to re-evolution and revision. However, the highlights of the private international law of Macao, based on the concept of "one country, two systems", the stipulations of the Joint Declaration between China and Portugal, and the Basic Law of the Macao Special Administrative Region, will continue after 1999. With the resumption of Chinese sovereignty over Macao, it begins a new period both in respect to its legal system and the private international law.

第五编 宏观国际法学论

名家法思探寻

董必武国际法思想初探[*]

董必武同志是伟大的马克思主义者、无产阶级革命家与法学家、中华人民共和国早期法制的主要奠基人。在长达 60 多年的革命生涯中，董必武同志历经辛亥革命、北伐战争、土地革命、抗日战争和解放战争，为中国的革命事业鞠躬尽瘁。中华人民共和国成立后，他积极参与党和国家的领导，尤其是在担任政务院副总理兼政务院政法委员会主任、最高人民法院院长期间，曾长期从事政权建设和法制建设的领导工作，提出了一系列加强和健全社会主义民主法制的科学理论、思想观点和方针原则，完整科学地论述了建设社会主义法制国家的理论，发展了马克思主义的国家学说，对人民政权的立法、司法和行政都作出了不可磨灭的贡献。

董必武同志通晓古今中外法学，积极投身于国际法实践，善于运用国际法同帝国主义进行斗争，维护国家和中华民族的利益。在长期的革命斗争中，他积累了丰富的国际法思想。他的许多讲演、报告，诸如《我们目前的两个大斗争》、《联合起来扑灭法西斯》、《辛亥革命三十周年》、《中国共产党的基本政策》、《纪念七七抗战十二周年》等，虽然主要是宣传党的主张、政策，但字里行间却从不同方面展现了他的国际法思想，构成其法学思想的重要组成部分。具体说来，他的国际法思想主要表现在如下几方面：

一、主张废除不平等条约及帝国主义在华特权

在第一次大革命中，1924 年 8～9 月间，为了配合北京、上海、

---

[*] 与邹国勇（武汉大学 WTO 学院教师，武汉大学法学博士）合作撰写，本文原载于《武汉大学学报》（社会科学版）2003 年第 1 期。

天津等地的反帝联盟活动，董必武同志和陈潭秋、刘昌群等人以湖北教育界的名义，联络武汉 50 余个民众团体，组成了武汉反帝国主义运动大联盟。同年 9 月 5 日，董必武同志在武昌中华大学主持召集了加入该联盟的各团体代表大会。在大会上，他和钱介磐、陈潭秋、刘昌群等当选为联盟执行委员。会后，他以该联盟名义，发起组织 50 个民众团体代表和各界群众数千人，在武昌阅马场举行"九七"国耻纪念大会，他被推举为大会主席，并在会上发表了重要讲话。他在讲话中分析了清政府与帝国主义列强签订的辛丑条约的不平等性及其利害关系。他指出，1901 年受八国联军威胁所缔结的辛丑条约为我国外交史上"最大耻辱之事，为我国人民所痛心疾首"，强调"此种条约利害之大，有如封豕长蛇，一日不废除，吾国本一日不能伸张，而吾国人亦无享平等幸福之一日"，号召人民群众要为"废除种种不平等条约，及谋人类之生存，谋国际外交之平等"而群起努力。接着集会群众分向武昌及城外各地游行示威，各团体自备传单，沿途散发，以唤醒广大民众的觉悟。①

同时，董必武同志为宣传革命主张，先后创办了《楚光日报》和《汉口民国日报》，并担任《楚光日报》经理。《楚光日报》独树一帜，坚持反帝反封建的办报原则，反对强加给中国人民的不平等条约，要求取消帝国主义在华特权。1926 年 6 月 9 日，该报以显著位置刊登了汉口"六一一"惨案纪念宣传大纲，提出了"收回租界"、"取消领事裁判权"、"废除不平等条约"等口号。《楚光日报》以它鲜明的革命立场、通俗易懂的文字、形式多样的版面，深受广大读者的欢迎。

1927 年北伐军胜利占领武汉，工农运动迅猛发展。但国民党右派却加紧勾结帝国主义，准备公开叛变革命。以蒋介石为代表的国民党妥协分子一方面压迫工农运动，而另一方面向帝国主义势力妥协，并指使白崇禧对外国驻上海领事表示愿意尊重不平等条约。在这种局势下，针对国民党右派的妥协卖国行径，董必武在国民党湖北省党部召开的孙中山纪念周年会上，发表了《我们目前的两个大斗争》这

---

① 参见 1924 年 8 月 25 日和 9 月 7 日、9 月 9 日《江声日报》，转引自《研究与学习董必武文集》，华中师范大学出版社 1991 年版，第 226～227 页。

篇重要演讲，一方面揭露蒋介石是与帝国主义妥协的反革命的代表，强调"要打倒帝国主义必先除掉妥协分子"，要严厉制裁与帝国主义及军阀妥协的反动分子。另一方面，他号召各级党部向各地群众经常不断地宣传废除不平等条约的主张，① 打破桎梏中国人民的沉重枷锁。

我们知道，自鸦片战争以来，帝国主义列强通过武力和武力威胁逼迫清政府签订了一系列不平等条约，从中国攫取了大量特权，践踏中国主权。这类用武力或武力威胁方式签订的不平等条约和攫取的种种特权是违反国际法的，严重损害了中国的主权和独立，完全违背了国际法上的国家平等原则，必须反对和废除。而董必武同志废除强加给中国人民的不平等条约和特权的主张，无疑符合现代国际法的基本原则，也是各族人民的共同愿望，得到了全国人民的广泛支持和响应，也有力地吸引了广大民众加入到反帝反封建的革命运动中来，为革命运动的进一步发展创造了条件。

二、联合各种力量反抗帝国主义违反国际法的行为

董必武同志作为一名杰出的革命家，善于从国际法角度看问题、分析问题、解决问题，并注重团结一切可以团结的力量来反抗帝国主义违反国际法的行为，从而领导人民取得了反帝斗争的一次又一次胜利。

1926年12月上旬，英国水兵在汉口登陆，向正在准备迎接国民党中央和国民政府由广州迁鄂的武汉人民耀武扬威。同月26日，英帝国主义的亚细亚煤油公司的"光复"号油轮在团风上乌驿又蓄意撞沉我"神电"号轮，淹死我同胞400余人，激起武汉人民的无比愤怒。当日，武汉工农商学各界30万人在武昌、汉口举行反英运动大会。担任大会主席的董必武同志，在武昌大会上揭露了英帝国主义破坏中国革命、坚持侵略政策的罪行。会后，他领导省党部和汉口特别市党部联合发表反英通电，在提出扣留"光复"轮、抚恤死难家属、赔偿一切损失等最低要求条件的同时，还提出收回内河航运权、收回海关、收回英租界、废除中英一切不平等条约的主张，号召各界

---

① 参见《董必武选集》，人民出版社1985年版，第10页。

民众一致奋斗。① 31日,武汉临时中央党政策联席会议决定将此案交外交部向英严正交涉。1927年1月,英帝国主义在汉口制造"一三"惨案,武汉群众怒不可遏,掀起了反帝斗争高潮。同年1月7日,武昌市民20余万人在阅马场为"团风惨案"和"一三"惨案举行对英大示威运动。董必武同志以国民党中央党部特派员身份任示威大会总主席,发表讲话,并随后领导省党部发出了通电和告民众书,号召团结一致,坚持到底,争取收回英租界的胜利。接着,许多县市也先后成立了反英运动委员会,使反英浪潮席卷湖北全省。董必武同志领导省党部开展的这些工作和斗争,使武汉国民政府坚定了反帝的立场和态度。经过反复斗争,武汉国民政府和湖北人民终于迫使英国政府于2月19日和20日正式将汉口、九江的英租界无条件地交还国民政府管理,成为反帝斗争史上的一个伟大创举。

英帝国主义在中国虽然连遭重创,但并不愿放弃其侵略中国的帝国主义政策,企图采用武力干涉和经济封锁的办法,用兵力霸占广州、上海、天津,封锁中国沿海港口,以钳制中国的经济命脉。现代国际法禁止任何方式的干涉。英帝国主义对我国进行的武力干涉和经济封锁违背了国际法上的国家主权平等原则。董必武同志经过对国际形势的分析,识破了英帝国主义的阴谋,及时地提出了反对帝国主义武力干涉和经济封锁,号召大家一致行动起来,反对英帝国主义的武力干预,用经济的武器反对英帝国主义的经济封锁,他说,"在英国将用武力干涉的行动之前,要一致切实反对它,使它有所畏而不敢实施","帝国主义如果采取经济封锁的时候,我们也同样用经济的武器来对待它"。在中国人民英勇顽强的斗争面前,英帝国主义最后不得不放弃武力干涉与经济封锁政策。

在与帝国主义的长期斗争中,董必武同志还意识到:反抗帝国主义,不仅要团结国内各族人民,更要联合全世界热爱和平的各种力量,共同捍卫世界和平与安全。1952年,美帝国主义入侵朝鲜,在朝鲜搞灭绝人性的细菌战。美国的这种行径,违背了《联合国宪章》的宗旨与原则,受到全世界人民的谴责。为了捍卫世界和平,更为了

---

① 参见1927年1月6日《汉口民国日报》,转引自《研究与学习董必武文集》,华中师范大学出版社1991年版,第247页。

各国人民的健康,国际民主法律工作者协会理事会号召全世界的法律工作者团结起来,结成反帝统一战线,反对美国的细菌战。消息传到国内,董必武同志立即响应,在中国政治法律学会第三次筹备会议上,他号召全国法律界组织一个打倒帝国主义的阵线,不仅要谴责美国的暴行,并要系统、全面地研究美国违反国际法的行为。董必武同志用他开阔的眼界看世界,强调要建立法学界的反帝统一战线,以扩大中国法学界在国际上的影响。他认为,"法律战线在中国过去是很弱的。现在参加到国际民主法协中去,就是参加一个反对帝国主义的战线……"他还指出,"国际民主法协也是一个反帝统一战线,要把帝国主义国家内拥护和平的人团结起来……这个力量要加以团结,要对国际反帝战线用全力来支持。"① 当时,中国百业待兴,法制工作刚起步,法学界思想较为混乱,且国际形势对我国的安全还构成威胁,在此局势下,对于中国来说,建立起一个法律上的反帝统一战线就较为重要。董必武同志参加国际民主法律工作者协会反帝统一战线的远见卓识在今天仍然值得我们学习。

三、坚决反对法西斯侵略暴行,揭示中国抗日战争的正义性

1931年9月18日,日本帝国主义侵占我国东北,揭开了法西斯主义侵略的序幕。德意日等法西斯帝国发动的侵略战争规模大、破坏性强,威吓着全世界爱好和平、民主和自由的人民,是危害世界和平与安全的元凶,与现代国际法所追求的世界和平与安全宗旨相悖。对法西斯帝国的侵略暴行,董必武同志进行了无情的揭露与批判,他在《联合起来扑灭法西斯》一文中指出,"法西斯主义就是野蛮的统治阶级向民主自由和劳动群众进行的最残酷的进攻"、"法西斯主义就是横行无忌的民族侵略主义的强盗战争"。② 然后,他对国际反法西斯形势进行了具体分析,在对比了法西斯与反法西斯力量之后,他对世界反法西斯斗争的胜利充满信心,认为"如果中、苏、英、美四大国联合起来反法西斯,胜利是可操左券的。"③ 对于中国抗日战争

---

① 《董必武法学文集》,法律出版社2001年版,第144~145页。
② 《董必武选集》,人民出版社1985年版,第63~64页。
③ 《董必武选集》,人民出版社1985年版,第69页。

的性质,董必武同志认为,中国的抗日战争,与苏联抗击德、意一样,性质是完全一致的。① 董必武同志还指出,"七七抗战,我国系进行正义的民族解放战争",是"伟大的爱国战争"。②

在国际法上,战争有正义和非正义之分。侵略战争和殖民主义战争是非正义的战争;反侵略战争和反殖民主义战争是正义战争。众所周知,中国的抗日战争是保卫祖国抵御外来侵略的战争,是中国人民反抗日本帝国主义压迫的战争,因而是正义的战争。董必武同志对中国抗日战争性质的正确认识和阐述,不仅符合现代国际法的战争观点,而且动员和团结了各种抗日力量,为支持世界反法西斯运动,争取友邦民主国家的更多帮助,使中华民族赢得抗日战争的最后胜利作出了贡献。

四、参加创建联合国筹备会议,维护《联合国宪章》

董必武同志不仅有丰富的国际法思想,而且还积极投身于国际法实践。1945年4月25日,在世界反法西斯战争胜利在望,离德国投降不到两周之际,50个国家在旧金山举行创建联合国筹备会议。这次会议是国际关系史上一次极为重要的国际会议。中国作为联合国的创始会员国,参加了这次旧金山会议。董必武同志作为中国共产党以及解放区代表,成为中国10人代表团成员之一。在整整两个月的时间里,董必武等中国代表团成员为维护国家和民族权益,据理力争,同各国代表一起研究、讨论了橡胶园建议案、雅尔塔表决方案和各国政府所提的修正案,最后在橡胶园建议案和雅尔塔方案的基础上完成了《联合国宪章》的起草工作。董必武等中国代表在联合国筹备会议上的行为,维护了中国在联合国的合法权益,提高了中国在联合国的声誉。中国作为第二次世界大战中参战时间最长的国家,获得了宪章第一个签字国的殊荣,董必武同志代表中国第一个在宪章上签字。同年10月24日,《联合国宪章》生效,联合国正式宣告成立。

《联合国宪章》生效后,成为一项对全球产生影响最大的公约,并成为现代国际法最重要的渊源。它所载的各项宗旨与原则及其相关

---

① 参见《董必武选集》,人民出版社1985年版,第67页。
② 《董必武选集》,人民出版社1985年版,第77页。

规定，是世界各国公认的国际法准则。1955年，董必武同志在纪念联合国成立十周年时，认为《联合国宪章》所规定的宗旨和原则与全世界人民维持和平的意愿相符合，因而中国人民完全支持联合国的目的和宗旨，并寄予很大的希望。① 中国作为安理会的常任理事国，一直遵守《联合国宪章》，积极维护世界和平与安全，为促进国际经济及社会的发展，发挥着日益重要的作用。

五、关心中国未来的国际法学研究和教育

作为一个马克思主义法学家，董必武同志高瞻远瞩，十分关心和重视中国未来的国际法学研究和教育。

1945年，董必武同志参加旧金山联合国筹备会议时，应"华美协进社"的邀请在纽约发表演讲，有些亲国民党的中国留学生到会场捣乱。当时正在美国哈佛大学留学的韩德培先生从华文报纸上看到有关报道后，很不以为然，就写信给董必武先生，表示这些学生不能代表留美学生的大多数，同时也向这位中国共产党的杰出代表请教有关未来中国法学研究的问题。② 董必武同志毫无架子，亲笔给韩德培先生回信，坦言法学研究一定要联系实际，尤其是中国的实际，国际法学研究也是如此。此后，董必武同志与韩德培先生保持书信往来。韩德培先生受到极大的鼓舞，迸发出一股为祖国国际法事业而奋斗的热情，更加坚定了回国从事国际法研究与教育的决心。回国后，韩德培先生在武汉大学50多年如一日，在珞珈山麓辛勤地耕耘着，成为我国国际私法学的一代宗师、环境法学的开创者和奠基人，并且在国际公法学、法理学等领域也颇有建树，为我国的法学教育事业作出了突出贡献。

中华人民共和国成立以后，董必武同志作为法制建设的直接领导者，非常重视法制的建设和发展。他认为，要创建并发展法制，必须首先培养为法制建设服务的人才、熟悉业务的坚强的政法队伍。他在

---

① Dong Biwu. "The 10th Anniversary of the United States". in People's China, pp. 6-8. 转引自王铁崖：《国际法引论》，北京大学出版社1998年版，第228页。

② 参见韩铁：《风雨伴鸡鸣——我的父亲韩德培传记》，中国方正出版社2000年版，第27页。

司法改革运动还未结束时,就创办了中央政法干部学校,并大力推动各大区成立政法学院。1951年之后,华东、中南、西北几大行政区增设了政法学院,招收青年学生,全国高等学校政法院系招生也有所扩大。另外,为了教育干部,促进法学研究,董必武同志早在1949年11月初,就领导建立了新政治学研究会和新法学研究会。在此基础上,1952年他提出建立中国政治法律学会。1953年中国政治法律学会成立,董必武同志当选为会长。在他的关怀下,中华人民共和国第一份法学杂志《政法研究》于1954年创刊,他亲自为《政法研究》写了发刊词。在发刊词中他揭露以美国为首的侵略集团对外穷凶极恶地违反国际法,破坏各个大小民族自由平等、各国互相尊重主权独立、不干涉他国内政、相互信守国际条约法的基本原则,制造国际紧张局势,破坏世界和平。他指出,《政法研究》必须担负的重大责任之一就是"联合全世界民主法律工作者,为着保卫世界和平、保卫世界人民民主自由和民族独立平等的神圣原则,在法律战线上进行坚决的、正义的斗争"。[①]他希望通过《政法研究》的出版,让全国政治法律工作者,在马克思列宁主义伟大的科学理论指导下,更进一步地团结起来,对于国内国际重大政治法律问题进行共同的研究。他鼓励全国的法律工作者积极研究国际法律问题,联系中国的实际,为中国的社会主义建设事业争取一个良好的国际法律环境。所有这些,不仅表现了董必武同志对中国国际法学事业的高度重视与关心,更体现了董必武同志根据客观需要逐步发展中华人民共和国国际法学研究与教育的宏伟思想。

六、结语

综上所述,董必武同志作为无产阶级法学家、中华人民共和国法制的主要奠基人,不仅对中国的民主与法制建设作出了卓越的贡献,而且在国际法方面,他主张废除不平等条约,维护民族利益,反对帝国主义违反国际法的行为,捍卫《联合国宪章》,关心中国的国际法研究与教育,为中国的法学事业呕心沥血,为人民民主和社会主义法制建设奋斗了一生。

---

① 参见《董必武法学文集》,法律出版社2001年版,第190~192页。

当今国际社会，强权政治和霸权主义依然存在，地区冲突不断，世界和平与安全仍受到威胁。现在，我们深切缅怀董必武同志的崇高思想境界和伟人风范，学习他博大精深的法学思想，不仅要学习他的一些具体论述，更要学习他从国际法角度看问题、分析国际形势，运用国际法同霸权主义斗争，维护国家和民族权益的爱国精神。

韩德培教授法学思想研究*

韩德培先生是我国当代著名的法学家。先生不仅是我国国际私法学的一代宗师、环境法学的开创者和奠基人,而且在法理学、国际公法学等领域也颇有建树,作出了突出贡献。早在哈佛大学求学期间,先生在研究国际私法的同时,就开始研究国际公法学和法理学,写过评介庞德的社会法学派学说和凯尔森的纯粹法学派学说的文章。在20世纪40年代后期,先生撰写了《我们所需要的"法治"》一文,发表在当时的著名刊物《观察》上,其思想之深邃,论证之严密,说理之透彻,令人耳目一新,为之振奋。50年代,先生任武汉大学法律系主任,还兼任其他行政工作,行政事务繁多,但先生仍将俄文的《苏联的法院和资本主义国家的法院》翻译出版,并发表了《要为法学上的争鸣创造条件》等论文。1957年,先生蒙受不白之冤,放下了笔杆,扬起了牛鞭,此后有20年没有在他心爱的法学领域耕耘。70年代先生复出,写的第一篇文章是先生率我国法学代表团赴荷兰阿姆斯特丹参加第二届国际法律科学大会时在大会上宣读的《中华人民共和国正在加强社会主义法制建设》(英文)。随后,先生与他人合作完成的《关于终止若干合同所涉及的一些法律问题》的咨询报告,使国家避免了重大经济损失。尤其值得一提的是,先生在1984年主持整理出版了我国当代著名马克思主义理论家、哲学家李达教授的遗著《法理学大纲》,并在《美国比较法杂志》上发表了英文文章《中国的法律教育》。在国际公法领域,先生主编的《现代国

---

* 与何其生(武汉大学法学博士,现为武汉大学国际法研究所副教授)、萧凯(武汉大学法学博士,现为上海交通大学法学院副教授)合作撰写,本文原载于《法学评论》2000年第1期。

际法》和《人权的理论与实践》先后出版,还陆续发表了《要大力加强国际法的研究》、《海洋法公约与条约制度的新发展》(英文)、《论改革与加强关税及贸易总协定多边贸易体系》、《关贸总协定及其基本原则与规则》和《关贸总协定与中国》等论文。此外,据不完全统计,改革开放以来,先生还在法制建设和法学教育与研究方面发表了《让法学更进一步繁荣》、《要创造必要的条件加强法学研究工作》、《我们的战略应该是:一手抓教育,一手抓法制》、《中国的法人制度》(英文)、《充分发挥新宪法在社会主义现代化建设中的伟大作用》、《运用法律手段管理经济》、《对外开放法制环境的调查与研究》、《中国行政法制建设的新发展》、《实施〈行政诉讼法〉的重要意义及需要解决的问题》、《解放思想和对外开放中的法律环境问题》、《扩大对外开放与加强法制建设》等论文。上述可见,先生在国际私法学和环境法学之外的其他法学领域知识渊博,学养深厚,治学勤奋,匠心独具,成果叠出,成就斐然。

本文拟就先生的主要法学思想作一初步探讨。考虑到先生的国际私法思想和环境法思想将另以专文加以探讨,故本文不涉及先生在这两个领域的思想贡献。

一、法治思想

先生作为一代著名法学家,其法治理论和思想非常丰富。早在1946年,先生就提出我们所需要的法治应该是建立在民主政治上的法治。特别要强调的是,先生当时用的是"法治"一词,而非"法制"一词。中华人民共和国成立后,先生运用马克思辩证唯物主义观点进一步加深了对法治的认识,并形成了自己完整而系统的法治观,为依法治国这一治国方略的提出作出了重大贡献。先生通过一系列论著,从四大方面对依法治国的思想进行了阐述。

(一)法治与民主

法治与民主,两者可以说相互依存、相互渗透。历史业已证明,民主是法治的前提和基础,法治则是民主的体现和保障。同时,民主与法治还有更深一层的内在关系,这就是两者相互制约,相互促进,从而导致彼此不断完善。亚里士多德曾经指出:凡是不凭感情治事的统治者总比感情用事的人们优良。① 而法律以其理性的内涵和对恣意的限制赢得人们的青睐，维护着社会的民主。先生在半个世纪前就深刻地认识到法治与民主的辩证关系。先生在文中写道："所谓法治，可有两种意义。若从形式方面来说，法治就是在一个国家里面，由一个具有最高权威的机构，利用法律的强制力，来实行统治，以维持安宁秩序。所谓'万事皆归于一，百度皆准于法'，就可拿来做它的注脚。若从实质方面亦即政治意识方面来说，法治却是借法律的强制力来推行或实现政治上的一定主张的制度。"并认为"如谈法治，则不仅要注重法治之形式的意义，而尤须注重法治之实质的意义"。② 在形式与实质的角色定位中，先生以其睿智的眼光拨开外表的迷雾，探寻法治的真谛。法治是民主政治的产物，只有真正的民主政治社会才能实现依法治国，才能彻底摒弃人治下的专制和人治下的法制。因此，先生认为，"我们诚然需要一个'万事皆归于一，百度皆准于法'的法治国家，但我们更需要一个以实行民主政治为主要目的的法治国家……法治如不建筑于民主政治之上，则所谓法治云云，定不免成为少数人弄权营私欺世盗名的工具。唯有在民主政治的保证之下，法治才能成为真正于人民有利的一种制度。也唯有在民主政治的保证之下，法治才更易求其充分彻底的实施。"③ 这种深邃的远见无疑是理论的一种深化。但先生并没有止于此，而是从思辨的角度进一步认识法治与民主政治的关系。先生认为法治需要以民主政治为背景，而民主政治也需要法治，因此没有法治，民主政治就不能巩固，而将成为群魔乱舞的局面。④ 这种认识在今天的中国已得到公认。邓小平同志根据马克思主义关于民主与法制的论述，提出的"发扬社会主义民主，健全社会主义法制，两个方面是统一的"和"社会主

---

① 参见［古希腊］亚里士多德：《政治学》，商务印书馆1983年版，第169页。
② 参见韩德培：《我们所需要的"法治"》，载《韩德培文选》，武汉大学出版社1996年版，第494页；原载于《观察》第一卷，1946年第10期。
③ 韩德培：《我们所需要的"法治"》，载《韩德培文选》，武汉大学出版社1996年版，第495~496页。
④ 参见韩德培：《我们所需要的"法治"》，载《韩德培文选》，武汉大学出版社1996年版，第496页。

义民主和社会主义法制是不可分的"① 等著名论断,无疑是对像先生这样的法学家的深远洞察力的肯定。中华人民共和国成立后,人民成了国家的主人。对于中国的民主法制问题,先生认为,建设社会主义民主要有社会主义现代化的经济基础,并和精神文明的建设相配套,同时社会主义民主一定要用法制来保障。由于人们的法制观念还有待加强,民主的发展就不能操之过急。而且,搞好社会主义民主,必须注意下面几点:(1)认清社会主义民主和资本主义民主之间的本质区别;(2)社会主义法制要以社会主义民主为基础,而社会主义民主又必须有社会主义法制作保障;(3)实现社会主义民主,必须坚持四项基本原则。② 先生理性的分析不仅使其民主法治观不断深化,而且具有重要的现实意义。

(二) 法治与宪法至上

宪法是国家的根本大法,维护宪法的最高权威和至上性是法治之路的灵魂。正如《布莱克维尔政治学百科全书》所指出的那样,法治是"人们提出的一种应当通过国家的宪政安排使之得以实现的政治理想"。③ 宪法至上无疑是法治社会的内在要求。先生在对英美法治理论和实践的比较中认为,成文宪法"更具有限制政府滥用权力保护人民正当利益"的优越性。④ 先生还密切关注中国宪法的发展。1982年宪法通过后,先生给予了高度评价,认为它具有划时代的意义,标志着我国社会主义民主与法制进入一个新的发展时期。同时,为保证宪法的实施,先生认为必须抓紧解决以下几个问题:

第一,必须广泛地进行宪法的宣传和教育工作,使之在全国范围内家喻户晓,人人皆知,让大家都能够自觉地遵守宪法、执行宪法。

第二,宪法是根本法,是一种"母法",但单有"母法"还不够,还必须有一系列的"子法",对宪法的各项原则一一加以具体

---

① 《邓小平文选》第2卷,人民出版社1994年版,第276、359页。
② 参见周祥斌、余俊:《资产阶级自由化是对社会主义民主的否定——著名法学家韩德培谈两种社会制度下的民主》,载《学习月刊》1987年第3期。
③ 《布莱克维尔政治学百科全书》,中国政法大学出版社1992年版,第675页。
④ 韩德培:《我们所需要的"法治"》,载《韩德培文选》,武汉大学出版社1996年版,第496页。

化。这就是说，必须以宪法的规定为准绳，加速制定各种法律、法规。

第三，需要建立必要的机构以监督宪法的实施。这种机构必须具有很高的权威，最好是设在全国人大常委会内，而且应该是常设的而非临时的机构。

第四，各级领导干部，应该带头作执行新宪法、维护新宪法的模范，通过广泛的宣传教育和领导同志的以身作则，在社会上形成一种以遵纪守法为荣，以以权代法为耻的社会舆论和社会风气。①

（三）法治与权力制约

在法治社会中，国家权力是以法律的形式赋予各个国家组织来行使的，同时国家组织在行使权力时必须遵循一定的价值法则，严格依法进行权力制约。只有把权力运行的制约同权力运行本身一样都纳入法治轨道，才能保障权力公正、高效和有序地运行。因此有学者就认为，权力制约是依法治国的重要环节和表现形式之一，是社会主义民主政治建设的客观要求。②而通过一定的法律程序来监督和矫正行政权力的恣意，是权力制约在现实生活中最直接的体现。1989年《中华人民共和国行政诉讼法》通过后，先生十分高兴，他认为《行政诉讼法》对于贯彻执行宪法关于公民权利的原则规定，对推进社会主义民主政治的建设，有十分重要的意义。先生说，在过去，我国习惯于通过行政手段来解决管理者与被管理者之间的矛盾，但随着社会民主化程度的不断提高，这种手段已不适应社会前进的步伐。现在通过公正、中立的司法程序来解决政府机关与人民群众的行政争议，无疑是我国法制建设的一个重大步骤。《行政诉讼法》的规定，如公民、法人或其他组织在其合法权益受到行政机关或行政机关工作人员具体行政行为侵犯时，有权依法向人民法院提起诉讼，在诉讼中与行政机关的法律地位平等，且都有权进行辩论，等等，体现了行政诉讼法保障公民、法人及其他组织合法权益的精神，有利于加强民众的司

---

① 参见韩德培：《充分发挥新宪法在社会主义现代化建设中的作用》，载《法学评论》1983年第1期。
② 参见李龙主编：《依法治国——邓小平法制思想研究》，江西人民出版社1998年版，第221页。

法信仰，塑造法律的权威。另一方面，行政诉讼法又维护和监督行政机关依法行使职权，可以促进行政机关依法行政，把行政管理纳入法治轨道。先生还认为依法行政是造就廉洁政府的必由之路，它在一定程度上限制了政府权力行使的恣意。因此，《行政诉讼法》的实施是我国社会主义民主政治的重要发展，是我国人民政治生活中的一个重要里程碑。①

（四）法治与经济建设

历史经验告诉我们，把经济建设纳入法制的轨道是国民经济健康发展的内在需求。市场经济，作为权利型经济，则更需要法律制度来规范市场的运行。在我国20世纪80年代国民经济的管理中，突出使用行政手段、经济手段，而较为忽视法律手段的作用。对此，先生著文深入分析各种手段的利弊，强调法律手段的重要性。先生认为，单纯依靠行政手段管理经济或指挥经济活动，常常会把复杂的经济关系简单化，结果必然导致经济管理和经济活动的僵化和硬化，其最大弊端是不重视客观经济规律，不讲究经济效率，不注意经济利益和经济责任，从而不利于调动各方面的积极性，有碍于经济的发展。经济手段对调整国民经济运行非常重要，但只有上升为制度化、法律化，才能使国民经济长期健康地发展。先生还认为，运用法律手段管理经济是目前新形势下提出和强调的新任务和新要求。法律手段不仅是推行经济政策、调整经济关系、改善经济管理、发展社会生产力的一个重要手段，而且可以保障和促进经济体制改革；而对于提高经济效益，法律手段更是不可缺少。为此，先生主张加快我国经济立法的步伐，加强司法工作，加强法制的教育和宣传工作。② 对我国的对外开放，先生认为良好的法制环境不仅能够促进市场的发育和民主政治的发展，而且能够保障对外开放政策的连续性、稳定性，增强其透明度，

---

① 参见韩德培：《实施〈行政诉讼法〉的重要意义及需要解决的问题》，载《韩德培文选》，武汉大学出版社1996年版；韩德培：《中国行政法制建设的新发展》，载《行政法制》1990年第5期。

② 参见韩德培：《运用法律手段管理经济》，载《武汉大学学报》（社会科学版）1985年第5期。

并有利于吸引外资。① 我国的社会主义市场经济确立后，先生指出，市场经济必须要有健全的法制作为规范和保障，这是由市场经济本身的性质所决定的，这就需要加快立法的步伐，尽快建立与市场经济相配套的法律体系。另一方面，要加大法学研究的力度，他还特别强调为促进国内市场与国际市场的接轨，要大力加强我国国际私法的立法和研究。

总之，法律在当代社会生活和经济发展中的重要地位和作用，越来越突出了法治的优越性和必要性。依法治国方略在我国的提出和确立，不仅是时代的呼唤，同时也反映了一代法学家的不懈追求。

二、法学体系的构想②

在中国，19世纪末20世纪初，法学或法律科学的名称随着西方文化大量传入才被广泛使用。③ 随着法学从其他学科中分化出来，特别是随着立法活动日益广泛而复杂以及法律部门的出现，法学自身的分科也就相继出现。合理、科学地划分法学体系，不仅是法律实践和法学教育的需要，而且对法学学科的发展具有重要的意义。先生作为一代法学巨擘，学贯中西，知识渊博，他特别关心我国法学事业的发展。近年来，先生虽年近九旬，但仍对我国法学学科体系提出了科学的构想。先生认为，在社会科学类，法学无疑是一级学科。由于法学与政治学、社会学、民族学具有完全不同的内容，不应该把政治学、社会学、民族学包括在法学学科门类内，而应该把这几个学科并列起来，都作为一级学科。对于法学二级学科的划分，先生也有许多独到的认识。

1. 经济法学与环境法学。有人认为，经济法学除包括自身的内容外，还包括劳动法学、环境法学、社会保障法学。先生认为，经济法学作为一门独立的学科，其内容已相当广泛，根本没有必要再去

---

① 参见韩德培、姚梅镇、李双元、刘丰名：《对外开放法制环境的调查与研究》，载《武汉大学学报》（社会科学版）1989年第1期。

② 本节有关韩德培先生的观点，参见韩德培：《谈合并学科和设立博士点的问题》，载《法学评论》1996年第6期。

③ 参见沈宗灵主编：《法理学》，高等教育出版社1994年版，第2页。

"拓宽"。而环境法学是一门新兴学科,它是从法律上研究如何保护和改善环境,如何防治各种环境污染和如何保护自然资源和生态平衡的。近年来,随着"可持续发展战略"在我国的提出,环境法学的深入研究越来越重要。谈到经济法学与环境法学的关系,先生认为二者联系并不紧密。先生曾兼任武汉大学环境法研究所所长、现任中国法学会环境资源法研究会的会长,主编过《环境保护法教程》和其他著作,并多次出国参加有关环境法的国际会议,先生对环境法的认识无疑是有分量的。因此,他的观点受到人们的关注,并被国家有关部门采纳。

2. 国际法学。我们通常所说的国际法学有狭义和广义两种理解,狭义仅指国际公法学,广义则包括国际公法学、国际私法学和国际经济法学等。而广义的国际法学实际上是作为一种分类方式,相对于国内法学而存在的。① 国际公法学、国际私法学和国际经济法学这三个学科可以说都有各不相同的内容和各自内在的逻辑性。它们之间虽互有联系,甚至内容还有一些重叠,但各成体系,分属不相隶属的专门学科。在国际法学上,先生不为传统概念所束缚,一直主张相对于国内法来广义理解"国际法"这一概念,反对对"国际法"一词持狭隘的观念。另一方面,尽管先生长期研究国际私法,被公认是当代中国国际私法学的一代宗师,同时他还指导过国际公法专业的博士研究生,并在国际经济法方面也有很深的造诣,但在这三个学科的分合问题上,他坚决反对合并成一个二级学科。先生曾著文认为,国际公法学、国际私法学和国际经济法学各有自己的科学体系和各不相同的内涵与外延,不能混为一谈。这三个学科的内容都很丰富,尤其是近几十年来,它们的内容都正在发展和扩大。例如国际公法除原有的内容外,就有新的"空间法"和"海洋法"等;国际私法除原有的内容外,就有新的"国际统一实体法"和"直接适用的实体法"等;国

---

① 在沈宗灵先生主编的全国高等学校法学教材《法理学》一书中,就认为法学可分为:(1)国内法学,其中又可分为宪法、民法、刑法等部门法;(2)国际法学(广义),又可分为国际公法、国际私法和国际经济法等;(3)法律史学;(4)比较法学和外国法学。参见沈宗灵主编:《法理学》,高等教育出版社1994年版,第3页。

际经济法是一门新兴学科，它包括国际投资法、国际金融法、国际税法、国际经济组织法，还有人主张增加"国际海事法"、"国际技术转让法"等。世界上至今恐怕还没有哪一位学者能写出一本包括这三个学科的专著。合并不仅不利于国际交流，与我国对外开放的实践不相符合，也不利于教学和科研的安排以及研究生的培养，同时更不利于这三个学科的发展。

3. 有关其他二级学科的问题

（1）法学理论，先生认为可改称"法理学"，它不但包括法学中各种基本概念，还包括各种法律学说即法律思想。

（2）法律史，先生认为应改为"法制史"，包括中国法制史和外国法制史。至于各种法律学科的历史，则应放在各门法律学科中去讲述。

（3）其他二级学科，如刑法学、民法学、诉讼法学、军事法学，先生认为应为独立的二级学科，但对于宪法与行政法是否能合并的问题，应多听听两个学科专家的意见。

总体而言，先生主张的法学二级学科有：法理学、法制史、宪法与行政法学、刑法学、民商法学、经济法学、环境法学、诉讼法学、国际公法学、国际私法学、国际经济法学、军事法学。先生的主张在法学界引起了强烈的反响。

三、法学研究方法

先生作为一代法学家特别重视法学研究，主张法学研究方法应多元化，但他特别强调理论联系实际的方法。早年先生留学美国时，就曾向当时在旧金山参加联合国筹备会议的董必武同志请教，如何进行法学研究才能最有利于未来的中国。董老很快亲笔回信给先生，指出进行法学研究一定要联系实际，尤其是中国的实际。对此，先生深有体会。20世纪80年代初，正当中国法学百废待兴的时候，先生正确地指明，法学要"着重研究当前经济建设中出现的新情况、新问题，使法学研究工作更好地为经济建设服务"。①

1981年，先生与周子亚教授、李双元副教授应邀赴京为国家进

---

① 韩德培：《让法学更进一步繁荣》，载《学习与实践》1984年第1期。

出口委员会进行咨询,他们的咨询意见①为国家减少了数亿美元的赔偿金额。1987年又为财政部提供了我国加入《多边投资担保机构公约》的意见,② 全面评价了该公约的利弊得失以及我国若加入该公约应注意的问题,为政府决策提供了有力的学理支持。不仅如此,先生也密切关注我国涉外案件的审判实践。诚如先生所言,"法学应该首先是一门实践科学","研究冲突法不能离开对本国(当然也包括其他国家)实际案例的分析与研究。"③ 1991年,就我国某海运局诉美国金鹰航运公司、印度尼西亚贝尔航运有限公司船舶碰撞案,先生作专文予以剖析,其观点得到广泛赞同。④

20世纪80年代,当中国与英国、葡萄牙在"一国两制"的框架下达成香港、澳门问题的解决方案时,⑤ 先生敏锐地注意到在不久的将来,我国领域内将同时存在着几个不同法域,并由此而产生不同的法域之间的法律冲突——区际法律冲突问题。对此,先生针对中国的现实,发表文章阐明了解决我国区际法律冲突的原则、途径和步骤,作了大量的奠基性工作。⑥ 这可以说是先生理论联系实际,解决中国

---

① 参见《关于终止若干合同所涉及的几个法律问题》,载《韩德培文选》,武汉大学出版社1996年版,第35~41页。

② 参见《我们对〈多边投资担保机构公约〉的看法》,载《韩德培文选》,武汉大学出版社1996年版,第72页及以下。此文与姚梅镇教授合作。

③ 参见韩德培、李双元:《应该重视对冲突法的研究》,载《武汉大学学报》(社会科学版)1983年第6期。

④ 参见韩德培:《关于"金鹰一号"案的几点看法》,载《法学评论》1992年第2期。

⑤ 1984年12月9日中英签署《关于香港问题的联合声明》;1987年4月13日中葡签署《关于澳门问题的联合声明》。

⑥ 事实上,先生早在1983年就注意到中国区际私法的问题,在《应该重视对冲突法的研究》一文中就指出,随着台湾问题的解决和香港的回归,我国冲突法还将可能有一个解决地区间法律冲突的"区际私法",也将可能在我国国际私法中占一席重要的地位。参见韩德培、李双元:《应该重视对冲突法的研究》,载《武汉大学学报》(社会科学版)1983年第6期。其他文章参见韩德培:《论我国的区际法律冲突问题》,载《中国法学》1988年第6期;韩德培、黄进:《中国区际法律冲突问题研究》,载《中国社会科学》1989年第1期;韩德培、黄进:《大陆地区与台湾、香港、澳门地区民事法律运用示范条例》,载《武汉大学学报》(社会科学版)1993年第4期。

实际问题的典范之一。

另外，先生也特别注重比较的方法，这是因为只有在比较的基础上才能加深对问题的认识，才能使法学理论正确服务于实践。在编写完中华人民共和国成立以来第一本国际私法教材后，先生阐述道，"比较法是现代法学中的一个重要学科，又是进行各部门法研究的重要方法……国际私法的性质决定了它的研究不能只囿于本国法，而必须放眼于世界各国的法律。"① 正是基于这一认识，先生一直主张对外文图书资料的利用，要关注国外法学的发展动向，研究外国的最新立法资料，比较和借鉴其经验，以得出切实可行的、符合我国实际的理论观点。② 为此，先生与李双元教授主持编著了两卷本的国际私法教学资料选编，差不多收集了当时所有重要的涉及国际私法的国内、国际立法资料。③ 这为我国学者研究国际私法提供了丰富的资料和素材。

四、法学教育思想

先生从事法学研究的几十年也是先生教书育人的几十年。自1945年，应著名国际法学家、时任武汉大学校长周鲠生教授之聘回国执教以来，先生作为武汉大学法学院教授至今已执教五十余载，谓之桃李满天下，实不是过誉之言。先生年仅三十五岁时便担任武汉大学法律系主任、校教授会主席，从那时起先生就一直致力于办好武汉大学，办好法学院。先生曾与周鲠生校长专门探讨过怎样办大学的问题，对蔡元培先生的气度和精神最为心仪，并始终恪守着"兼容并包，兼收并蓄"的办学思想。④ 以武大法学教育为例，"文革"一结束，先生便担当恢复重建法律系的重任。先生远见卓识，先后筹建了

---

① 参见《编写〈国际私法〉的体会》，载《韩德培文选》，武汉大学出版社1996年版，第484页。这一论断也为其他著名学者所赞同。如茨威格特、克茨便主张："今日国际私法的方法只是作为一种比较的方法。"参见[德]茨威格特、克茨：《比较法总论》，潘汉典等译，贵州人民出版社1992年版，第11页。

② 参见《韩德培文选》，武汉大学出版社1996年版，第454、457、458页。

③ 参见韩德培、李双元主编：《国际私法教学参考资料选编》，武汉大学出版社1991年版。该书共计80万字。

④ 参见《韩德培文选》，武汉大学出版社1996年版，第464页。

国际法研究所、环境法研究所,这在国内均处于领先地位。① 多年来,先生广延人才,培养新秀,硕果累累。武汉大学法学院今日的成就是与先生的努力和卓著的工作密不可分的。值得一提的是,1987年10月,全国性的国际私法民间学术团体"中国国际私法研究会"正式宣告成立,先生被一致推举为该研究会会长,这无疑是对先生几十年学术研究和教育成就的最佳评价。

在教书育人上,先生也十分重视,并且身体力行。先生常言,作为一名教师,应该"教书与育人并重,教学与科研并重,严谨治学,言传身教"。② 在五十多年的教学生涯中,先生为人师表,守志善道,培养了大量人才,他们都在不同的岗位上作出了贡献。每年法学院新生入学,先生都不顾高龄亲自在开学典礼上致辞,勉励同学们努力学习,将来更好地为祖国建设服务。先生常告诫同学们,"做学问就像金字塔一样,基础要扎实",并且应广泛地掌握好法律的基础知识,只有这样才能做到深和专。③ 他指出,大学生作为高层次的专门人才,知识面不宜过窄,要"博览群书",不仅要看自己的专业书,还应多涉猎其他专业的书籍。基于此,先生提倡各系的学生可以不受系别限制到其他系进行选修,从而不断扩大知识面。外语学习是先生一再要求学生应努力学好的。先生打比方说:"一个人懂一门外语,等于在面孔上多长了一只眼睛。如果连一门外语都不懂,那么知识的领域和范围就会受到很大的局限。"④ 先生本人便通晓英、法、德、俄等语言,这大约也是先生学术造诣精深的一个原因吧。在教学上,先

---

① 武汉大学国际法研究所成立于1980年7月,是我国综合性大学中最早成立的国际法研究所,由先生兼任第一任所长。1981年6月,武汉大学与中国环境科学研究院合办的中国环境科学研究院武汉大学环境法研究所成立。1985年,该所更名为国家环保局武汉大学环境法研究所,这是目前我国唯一专门从事环境法研究和教学工作的机构,先生兼任第一任所长。1992年,武大法学院成为全国法学方面仅有的三个博士后流动站之一,国际法研究所三个专业都成为建站专业,这也是全国范围内唯一的一个可以吸收国际法博士后研究人员的流动站。1999年11月,中国法学会环境资源法研究会在武汉大学成立,先生被一致推选为会长。

② 参见《韩德培文选》,武汉大学出版社1996年版,第489页。

③ 参见《韩德培文选》,武汉大学出版社1996年版,第471页以下。

④ 参见《韩德培文选》,武汉大学出版社1996年版,第480页。

生很早就主张把法律条文和法院的判例很好地结合起来,只有这样讲课的内容才会有血有肉,显得丰富多彩,活泼生动。① 这大概是我国法学教育中较早提出案例教学的主张之一。② 不仅如此,先生曾进一步建议,"由各省高级法院出版一种'判例简报'性质的刊物",登载"重要的或具有代表意义的判例",以"帮助和推动法学教育工作者的研究工作"。③

先生重视大学里法学教育的质量,同时,先生也关心法制建设,主张大力进行法制宣传教育工作。他指出"我们应积极编写法学通俗读物……在广大人民群众和干部中间,普及法制教育,增强法制观念,从而使得人人懂得法律,人人遵守法律。"④

学术的薪火相传也是先生所积极倡导的。改革开放初期,先生便呼吁加紧培养年轻一代的法学研究工作者,"除高等院校应多多招收法学方面的本科生和研究生外,也可适当选派一些合格的人到国外去进修,使法律专门人才较快地成长起来。"⑤ 在中国国际私法研究会创立后,每次年会他总是尽可能出席,他主张充分发扬民主,鼓励与会代表本着"双百"方针,各抒己见,畅所欲言。研究会每届年会都要出版一本论文集,这种长期一贯性的做法受到了广泛的赞誉。在先生的指导扶持下,一大批年轻的法学教师成长起来并成为教授、博士生导师。先生扶持后进可见一斑。

先生一直致力推进中外法律文化之间的交流。1980年,先生率领我国法学家代表团,第一次参加了在荷兰召开的国际法律科学大会第二次会议,作了《中华人民共和国正在加强社会主义法制建设》的学术报告。1982年,先生以法学客座教授和富布莱特亚洲访问学者的身份进行了为期四个月的访美讲学和访问,在美国密苏里大学和

---

① 参见《韩德培文选》,武汉大学出版社1996年版,第453页。原文曾载于1957年的《光明日报》。
② 先生于1994年出版新著《美国国际私法(冲突法)导论》,书中大量引证分析了美国法院的判例,极大地丰富了我国学者对国际私法的案例研究的材料。参见韩德培、韩健:《美国国际私法(冲突法)导论》,法律出版社1994年版。
③ 参见《韩德培文选》,武汉大学出版社1996年版,第453页。
④ 参见《韩德培文选》,武汉大学出版社1996年版,第456页。
⑤ 参见《韩德培文选》,武汉大学出版社1996年版,第459页。

其他 11 个州的 19 所大学以及部分法学团体着重介绍了中国近几年来加强社会主义法制和发展法律教育的情况,受到听讲者及有关人士的高度评价和热烈欢迎。① 在美讲学期间,先生为促成和实施中美法学交流计划作了富有成效的推动工作。之后从国际法研究所派出国外进修访问、留学的教师就达几十人次,而且,还邀请或接受了美国、瑞士、德国、加拿大、澳大利亚等国的学者来武大法学院访问、讲学或学习。这一切都促进了中外学术交流。1999 年 4 月,海牙国际私法会议的秘书长汉斯·范·鲁专程访问武汉大学法学院,当面盛赞了先生对中外法学交流作出的杰出贡献。

先生之学识,高山仰止;先生之精神,青云不坠;而先生于法学研究和教育之贡献,更为人们所敬慕。

---

① 先生的英文讲稿,后由美国西北大学法学院院长肯特教授加入评介和附注,以《中国的法律教育》为题,发表在著名的《美国比较法杂志》上,受到许多国家法学者的重视和好评。参见《美国比较法杂志》1984 年第 3 期。